KB039411

민법연구

제 2 권
채권양도와 채무인수

오 수 원 지음

박영사

머리말

민법 제3편 제1장 제4절, 제5절의 지명채권양도와 채무인수에 관해서 주로 학술지 등에 발표했거나 발표할 생각으로 쓴 논문들을 모아, '민법연구 제1권 채권자대위권'에 이어서, '민법연구 제2권 채권양도와 채무인수'로 한 것입니다. 채권양도와 채무인수라고는 하지만, 주로 지명채권양도에 관한 것이고 채무에 관해서는 단 1편의 논문이 실려 있으며, 엄격한 의미에서는 채권양도라고 할 수 없는 유증과 관련된 것도 1편이 실려 있습니다.

대부분의 민법 규정들, 특히 재산법 분야의 것들은, 우리나라에서 토착적으로 생긴 것이 아니라, 다른 나라에서 온 것들임은 널리 알려진 사실입니다. 그렇기 때문에 이들 법조문의 법문들이 무엇을 뜻하는지는 다른 나라의 해당 규정들을 살펴보는 것도 도움이 되는 일일 것입니다.

민법 제정 당시 간행된 민법안심의록에 따르면 대부분의 민법초안 조문들은 당시의 일본민법조문과 같다고 하거나 같은 취지라고 하고 있습니다. 일본민법은, 프랑스의 G. Boissonade가 프랑스민법을 바탕으로 작성한 일본민법초안, 이를 주로 번역하듯 만든 일본구민법을 거쳐서 이루어진 것입니다. 이 논문집에 실린 글들 다수에서 민법 제450조, 제451조의 지명채권양도 규정과 관련하여 이들 외국법 및 Boissonade 민법초안 등의 해당규정들을 같이 살폈습니다.

채권법에 있어서 채권양도, 특히 지명채권양도는 채권의 권리변동에 관한 가장 중요한 원인이고, 물권법에 있어서 물권양도에 상응하는 개념이라고 할 수 있는데, 물권과는 달리 대항요건주의를 취하고 있습니다. 그럼에도 대부분의 민법교과서나 해설서에서는 독일민법에서처럼 채권양도를 채권이전채무를 발생케 하는 원인행위와 구별된다고 하고, 이를 전제로, 물권변동에 있어서 조차도 유용하다고 할 수 없는, 독자성·무인성을 논하고 있습니다. 그러나 채권은, 매매나 증여와 같은 양도행위 자체에 의해서 당연히 양도되는 것이고, 물권양도에서의 등기나 점유의 이전 등과 같은 별개의 요건이 필요한 것은 아닙니다.

그 밖에 이 글 모음 중 주요 내용들을 보면, (i) 민법 제450조의 대항요건은, 이를 갖추지 못하면 양수인은 권리행사를 할 수 없으므로, 채무자 및 제3자를 위한 것이 아니라 양수인을 위한 것이며, (ⅱ) 지명채권양도는 유동적무효행위이며 그 통지나 승낙 등 대항요건은 그 효력발생요건이고, 통지·승낙이 있으면 이로써 채권양도는 양도 시에 소급하여 효력을 발생하며, (ⅲ) 채권양도의 대항요건에 있어서 공적인 확정일자는 핵심적인 것이므로 이를 규정한 민법 제450조 제2항이 원칙규정이고, 그것이 없는 그 제1항은 예외규정이며, (ⅳ) 채권양도승낙은 채권양도라는 법률행위를 승낙하는 것이므로 관념통지나 사실통지가 아닌 승낙이라는 의사표시이며, (ⅴ) 채무자는 이의 보류 없는 승낙으로 존재하지 않는 채무를 새롭게 부담하는 것이고, 이는 '제3자의 부담을 목적으로 한 법률행위'에 있어서 '부담의 의사표시'로서의 효력이 있고, 민법 제451조의 채무자가 이의 없는 승낙'으로 양수인에게 대항할 수 없는 항변은, 채권이 무효 등으로 부존재하거나 소멸 등으로 채권이 존재하지 않는 항변에 한정되며, (ⅵ) 지명채권이 중복양도된 경우에 그 우열의 기준은 확정일자 있는 증서의 도달시가 아닌 그 확정일자작성시이며, (ⅶ) 유류분 산정에 가산되는 증여는 그 이행을 기준으로 상속개시 1년 전에 이행된 것에 한정되며, (ⅷ) 중첩적 채무인수는 부종성이 있으므로 그 법적 성질은 연대보증채무관계라는 것 등입니다.

이 글을 읽는 분들께 양해를 구할 것이 있습니다. 첫째는 이 글 일부에서 2016. 2. 10. 프랑스민법 개정 전 채권양도규정들을 현행 규정으로 고치지 아니하고 발표된 글 그대로 둔 점입니다. 가령 제1689조, 제1690조 등이 그 두드러진 예입니다. 둘째는 각주 표기가 일관되지 못한 점인데, 이는 발표된 글의 출처가 다른 데서 오는 것입니다.

이 책이 나올 때까지 여러 분들의 도움을 받았습니다. 제가 속한 법인에서 같이 일한 이고은변호사는 글을 쓸 때마다 꼼꼼하게 바로잡아주었습니다. 박영사 출판관계자들은 이익이 별로 없을 것으로 생각되는데도 이 책을 출판하기로 하였고, 이영조님과 한두희님께서 노고가 많았습니다. 이들 여러 분들께 더 없는 고마움을 느낍니다.

이 책으로 민법, 특히 채권법을 공부하거나 연구하는 이들, 법조실무가들에게 작은 도움이라도 될 수 있다면 더 없는 기쁨으로 여기겠습니다.

마지막으로 이 책의 출간의 기쁨 또한 가족들과 함께 하겠습니다.

2020. 1.

무등산자락에서 오수원 씀

차　례

약　어

al. = alinéa

A.C.P.C. = Code de procédure civile ancien

art. = article

Bull.civ. = *Bulletin des arrêts des Chambres civiles de la Cour de cassation*

Bull.crim. = *Bulletin des arrêts des Chambres criminelle de la Cour de cassation*

Bull.com. = *Bulletin des arrêts des Chambres commerciales de la Cour de cassation*

Cass.Ass.plénière(Ch.mixte, Ch.réunies) = Arrêt de la Cour de cassation siégeant en
　　Assemblée plénière(en Chambre mixte, toutes Chambres réunies)

Cass.civ.1re.(2e, 3e.) = Arrêt de la Cour de cassation, 1re(2e, 3e) Chambres civiles

C.ass.fr. = Code des assurances français

Cass.com. = Arrêt de la Cour de cassation, Chambre commerciale

Cass.rec. = Arrêt de la Cour de cassation, Chambre des requêtes

Cass.soc. = Arrêt de la Cour de cassation, Chambre sociale

C.c.fr. = Code civil français

C.com. fr. = Code de commerce français

cf. = conférer, comparer

Cons.d'Et. = Arrêt du Conseil d'Etat

d. = décret

éd. = édité ou édition

D. = *Recueil Dalloz*

D.A. = *Recueil Dalloz analytique*

D.C. = *Recueil Dalloz critique*

D.H. = *Recueil Dalloz hebdomadaire*

D.P. = *Recueil Dalloz périodique*

D.S. = *Dalloz−Sirey*

Gaz.Pal. = *Gazette du Palais*

infra = *ci−dessous*

J.C.P. = *Juris−Classeur Périodique(Semaine juridique)*

L. = Loi

n° = numéro

N.C.P.C. = Nouveau Code de procédure civile

obs. = observateur

ord. = ordonnance

Rep.dr.civ. = *Encyclopédie Dalloz Répertoire de droit civil*
Rev.civ. = *Revue trimestrielle de droit civil*
Rev.com. = *Revue trimestrielle de droit commercial*
S. = *Recueil Sirey*
th. = thèse de doctorat
v. = voir
v° = *verbo* = *mot*

1. 민법의 채권양도규정의 유래와 일본에서의 그 입법이유

Ⅰ. 머리말

　지명채권양도에 관하여 민법 제3편 채권 제1장 총칙 제4절에서 "채권의 양도"라는 제목으로 제449조에서 제452조까지 4개조에 걸쳐서 규정하고 있다. 민법안심의록에 따르면, 이들 규정 중 민법안 원안 제440조는 그 제2항에 "채권은"이라는 말이 첨가되어 있는 외에는 한국민법 제449조와 같은데, "현행법 제466조와 동일하다."[1]고 하고, 원안 제441조는 한국민법 제450조와 동일한데, 그 제1항에서 "기명채권(記名債權)이라는 말을 쓰고 있다.",[2] "현행법 제467조와 동일한 취지이다."[3]라고 하고, "제1항 중 '기명채권'을 '지명채권'으로 자구(字句)수정한다(초안 제338조 참조)."라고 하며, 원안 제442조는 한국민법 제451조와 온전히 동일한데, "현행법 제468조와 동일하다."[4]고 한다. 마지막으로 원안 제443조는 한국민법 제452조와 온전히 동일한데, "현행법에는 규정이 없고 신설조문이다.(제93조 초안 제102조 참조)"[5]라고 하고, "Estopel(금반언)의 원칙을 명문화한 것

---

1) 民議院法制司法委員會民法案審議小委員會, 民法案審議錄, 上卷, 1957, 265쪽.
2) 위의 民法案審議錄, 265쪽.
3) 위의 民法案審議錄, 265쪽.
4) 위의 民法案審議錄, 266쪽,
5) 이상 위의 民法案審議錄, 267쪽.

으로 타당한 것이다(초안 제102조 참조)."6)라고 한다. 민법안심의록에서 현행법이라고 하는 것은 한국민법제정 당시 한국에 적용되고 있던 일본민법을 말하는 것이다. 그러므로 한국민법 제449조, 제450조, 제451조에서 "현행법과 동일하다"고 하거나 "동일한 취지이다"라고 하는 것은, 해당 일본민법 조문과 동일하거나 동일한 취지라는 뜻이고, 이는 채권양도에 관한 한국민법 규정 중 제452조를 제외한 3개 규정이 일본민법에서 온 것이라는 것을 뜻한다.

    법의 해석은 우선 실정법의 각 조문을 대상으로 하고, 이와 같이 그 대상이 현행 조문에 있는 이상, 그 해석은 각 조문이 규정하고 있는 뜻을 정확하게 파악하는 데서 출발할 수밖에 없다.7) 이를 위해서는 그 기초취지를 검토하고, 입법단계에서 참고했던 다른 나라의 관련 규정들을 분석할 필요가 있다.

    아래에서는 민법의 채권양도규정의 유래를 알아보기 위하여 일본민법에서의 지명채권양도규정에 관한 일본민법이유와 Boissinade의 일본민법초안 주석(이유)을 우리말로 옮기고, Boissinade의 일본민법 초안의 바탕이 되었던 프랑스민법의 2016.2.10. 개정전 규정 및 그 뒤의 규정을 살펴본다.

Ⅱ. 채권양도에 관한 일본민법이유8)

1. 제4절 채권의 양도

    (이유) 기성법전9)은 민법 재산편 제2부 제1장 제1절 제3관 합의의 효력이라

---

6) 이상 위의 民法案審議錄, 267쪽.
7) 대법원은, "민사법의 실정법 조항의 문리해석 또는 논리해석만으로는 현실적인 법률적 분쟁을 해결할 수 없거나 사회적 정의관념에 현저히 반하게 되는 결과가 초래되는 경우에 있어서는 법원이 실정법의 입법정신을 살려 법률적 분쟁을 합리적으로 해결하고 정의관념에 적합한 결과를 도출할 수 있도록 유추해석이나 확장해석을 할 수 있다"(대법원 1994. 8. 12. 선고 93다52808 판결)고 한다.
8) 廣中俊雄編, 民法修正案(前3編)の理由書, 有斐閣, 1987, 446-449頁.
9) 여기에서 기성법전은 일본의 구민법(舊民法)을 말한다. 후자는, 일본의 법률 제28호로 1890. 3. 27.에 공포된 민법 중 재산편, 재산취득편, 채권담보편, 증거편, 그 해 10. 6.에 공포된 인사편, 재산취득 편 중 증여, 유증, 부부재산계약 부분으로 구성되었다. 이는 1879년 이래의 Boissonade초안을 주된 내용으로 한 것으로, 편찬기구, 편찬위원 등은 여러 차례 바뀌었지만 프랑스민법을 본으로 하여 편찬하였고, 그에 따라 편별, 내용 등은 두드러지게 프랑스민법과 비슷하다(이에 관해서는 前田達明편, 史料民法典, 成文堂, 2004, 942頁,

는 제목 아래 채권양도에 관한 총칙과 같은 것 및 기명채권[지명채권]의 양도에
관한 규정을 두고 있다. 그리고 상법에서 지시증권 및 무기명증권에 관한 규정
을 약간 상세하게 두고 있음에도 이제 이를 일괄하여 민법 중에 두는 것이 가하
다고 믿어 다수 당사자의 채권에 이어서 본 절을 두게 되었다. 프랑스민법 및 프
랑스법주의의 법률은 모두 이를 매매법의 일부라고 하면서도 채권의 양도는 결
코 매매에 한정되지 아니하므로 당연히 이를 채권의 총칙 중에 두어야 하는 것
이라고 한다. 또 외국의 법률에는 채권양도의 규정 중에 담보에 관한 법문을 삽
입하는 것이 많지만 담보문제는 오히려 그 적용이 무엇보다도 넓은 매매의 규정
중에 넣어 이를 다른 곳에 준용하는 것이 좋다고 생각하여 본 절에서는 이를 두
지 않는 것으로 하였다.

2. 제466조[10]

일본민법 제466조(채권의 양도성, 양도금지의 특약) ① 채권은 이를 양도할 수
있다. 그러나 그 성질이 양도를 허용하지 아니하는 때에는 그러하지 아니하다.
　② 전항의 규정은 당사자가 반대의 의사를 표시한 경우에는 이를 적용하지
아니한다. 그러나 그 의사표시는 이로써 선의의 제3자에게 대항할 수 없다.

（이유） 기성민법 재산편에는 본조와 같은 명문이 없다. 이를 이와 같이 두지
않은 것은 결코 반대의 정신이 있어서가 아니고 당연하다고 믿었기 때문이다.
마치 물권의 양도를 명문으로 허용하는 조문이 없음에도 이를 양도할 수 있음이
당연함과 같다. 또 기성법전에서는 일반적으로 채권의 양도를 허용하는 것은 그
재산취득편 제169조에서 어떤 종류의 채권은 당연히 양도할 수 있다고 하고 다
른 종류의 채권은 설정자(채무자)가 이를 양도할 수 없음을 정할 수 있다고 함에
의해서 알 수 있고, 이는 재산편 제27조 및 제29조 등의 규정을 보면 더욱 분명
해진다. 채권의 양도는 외국에서도 역시 허용되는 바로서 특히 벨기에(白國)민법

우리말 문헌으로는 오수원, "프랑스에서의 지명채권양도의 채무자에 대한 대항요건의 변
　용과 일본민법 제467조의 불완전한 대항요건제도의 성립 — 한국민법 제450조의 입법배경
　과 관련하여 —", 저스티스, 통권 제160호, 한국법학원, 2017, 62쪽 주 10).
10) 일본민법 이유서에서는 제466조가 제465조로 되어 하나가 올라와 있다. 나머지 조문도 마
　찬가지이다.

초안 등은 당사자의 합의로써 채권을 불양도물(不讓渡物)로 할 수 없다고 규정하고 있다. 본안은 이점에 관해서는 기성법전 및 여러 다른 나라의 법률과 온전히 동일한 주의(主義)를 취하고 있음에도 이를 명시적으로 규정하는 까닭은 일본의 예부터의 관습으로서 채권의 자유양도를 인정하지 않고, 지금도 역시 때때로 금지해야 한다고 부르짖는 이가 있어, 이를 명백하게 허용하는 조문을 두어 그 허부에 관해서 어떤 의문도 품지 않게 됨을 보장해야 한다. 채권은 자유로 이를 양도할 수 있음을 원칙으로 하고, 다만 어떤 작위를 목적으로 하는 채권과 같이 그 성질상 이를 양도할 수 없는 것 또는 당사자의 특별계약으로써 그 양도를 금하는 것은 예외로서 양도하는 것을 할 수 없게 된다. 혹은 특별계약으로써 채권의 양도를 금하는 것을 허용할 때에는 양도인과 양수인과의 공모에 의하여 양수인의 채권자를 해하는 폐단을 낳게 할 수 있는 이가 있음에도 불양도물은 반드시 모두 압류할 수 없는 물건으로 해야 한다면 채권자는 이러한 합의에 의한 불양도물을 압류하여 채무의 변제에 제공하지 못하게 된다. 따라서 논자가 염려하는 것과 같이 심한 폐해를 낳게 할 수 없다. 본조 제2항은 두게 된 것은 당사자의 계약으로써 선의의 제3자를 해할 수 없게 하기 위한 것이다.

3. 제467조

일본민법 제467조(지명채권양도의 대항요건) ① 지명채권의 양도는 양도인이 이를 채무자에게 통지하거나 채무자가 이를 승낙하지 아니하면 이로써 채무자 기타 제3자에게 대항할 수 없다.

② 전항의 통지 또는 승낙은 확정일자 있는 증서에 의하지 아니하면 이로써 채무자 이외의 제3자에게 대항할 수 없다.

(이유) 본조는 기성법전 재산편 제347조 제1항과 대체로 그 주된 뜻(주의, 主意)이 같고 다만 아래 3가지 점을 수정한 것이다.

1. 기성법전에서는 양수인이 그 양수받은 채권을 채무자에게 대항함에도 합식(合式, 정식)의 통지 또는 증서로써 하는 승낙이 필요하다고 하였으나 본안에 있어서 증서를 필요로 함은 단순히 양도를 채무자외의 제3자에게 대항하는 경우로 한정했다. 대체로 채권자와 채무자 사이에서는 단순한 통지 또는 승낙으로써

충분하고 증서를 필요로 함은 필경 다른 제3자에 대하여 사기가 발생하는 것을 막기 위한 것이다. 말 그대로 이 목적으로 인하여 증서가 필요하다고 한다면 그 증서에는 반드시 확정일자를 붙여야 한다. 그리고 이를 붙이는 방법과 같은 것은 특별세칙으로써 규정해야 한다.

2. 기성법전은 앞에서 본 통지를 양수인으로부터 해야 하는 것이라고 하고 또 이로써 충분한 통지가 된다고 하지만 양수인 자신이 그 양수를 통지하여 채무의 변제를 청구할 수 있다고 할 때에는 정당하게 양수하지 않는 이도 때때로 자유자재로 양수를 통지하여 채무자를 속임으로써 그 변제를 받는 등의 염려가 있으므로 이 안은 고쳐서 통지는 양도인으로부터 이를 해야하는 것으로 했다. 이를 이와 같이 고친 것은 등기법에서 등기는 재산의 양수인이 마음대로 이를 할 수 없게 하는 것과 동일한 정신이다.

3. 기성법전은 앞에서 본 통지 또는 승낙을 절대적으로 필요하다고 하고, 제3자가 만약 어떤 조건으로써 양도사실을 안 때에는 통지 또는 승낙이 없어도 역시 그 제3자에 대하여 채권의 양수를 대항할 수 있는 것으로 하지만, 본안은 먼저 물건의 양도를 제3자에게 대항함에도 동산의 인도 또는 부동산의 등기를 절대적 요건으로 하는 것과 같이 채권의 양도에 있어서도 역시 통지 또는 승낙을 절대적 요건으로 한 것이다.

4. 제468조

일본민법 제451조(승낙 또는 통지의 효과) ① 채무자가 이의를 보류하지 아니하고 전조의 승낙을 한 때에는 양도인에게 대항할 수 있는 사유로써 양수인에게 대항하지 못한다. 그러나 채무자가 채무를 소멸하게 하기 위하여 양도인에게 급여한 것이 있으면 이를 회수할 수 있고 양도인에 대하여 부담한 채무가 있으면 이를 성립되지 아니하는 것으로 보는 것을 방해하지 아니한다.

② 양도인이 양도통지를 하는 것에 그친 때에는 채무자는 그 통지를 받은 때까지 양도인에 대하여 생긴 사유로써 양수인에게 대항할 수 있다.

(이유) 본조는 기성법전 재산편 제347조 제2항 및 제527조를 병합하여 그 뜻을 확장·부연한 것에 지나지 않는다. 제347조 제2항은 단순히 채무자는 양도를 승낙한 때에는 양도인에 대한 항변을 신채권자에게 대항할 수 있다고 한다. 양도이전에 이미 변제·경개 또는 상계 등을 한 때에는 이를 어떻게 할 것인가에 대해서 상세하지 않다. 그리고 제527조는 단순히 상계에 관해서 말할 뿐이므로 명백하게 규정한 것이다.

Ⅲ. Boissonade의 주석(이유)

1. 채권양도에 관한 Boissonade초안

초안 제367조 ①지명채권의 양수인은 양도가 채무자에게 정식으로 집행관 송달되었거나 채무자에 의해서 공정증서 또는 확정일자 있는 증서로 승낙된 때 이후가 아니면 자기의 권리를 채권자의 승계인 또는 채무자에 대하여 대항하지 못한다.

② 채무자의 승낙은, 채무자가 양도인에게 대항할 수 있었던 모든 항변 또는 불수리이유로써 양수인에게 대항하는 것을 저지한다. 송달만으로는 채무자로 하여금 그 송달 후에 생긴 항변을 상실하는데 그친다.

③ 전항의 행위 중의 하나가 있을 때까지는, 채무자의 변제, 채무면제의 합의, 양도인의 채권자가 한 지급금지나 이의 또는 정식으로 송달되었거나 승낙받은 채권의 새로운 취득은 모두 선의로 한 것으로 추정되며 또한 게을리 한 양수인에게 대항하지 못한다.

④ 승계인의 악의는 그 자백 또는 법정에서의 선서의 거절로써만 증명할 수 있다. 그러나 양도인과 공모하여 한 속임이 있을 때에는, 그 공모는 모든 통상의 증거방법으로써 증명할 수 있다.

⑤ 배서로써 하는 상업증권의 양도에 관한 특별규정은 상법으로 규정한다.11)

---

11) Art. 367 Le cessionirere d'une créance nominative ne peut opposer son droit aux anyant—cause du cédant ou au débiteur cédé qu'à partir du moment où la cession a été dûment signifiée à ce dernier, ou acceptée par lui dans un acte authentique ou ayant date certaine. [1690])

L'acceptation du cédé l'empêche d'opposer au cessionnair toute les exceptions ou fins de

2. 주석(이유) — 제367조[12]

175. 프랑스법과 이탈리아법은 채권의 양도나 채권의 이전을 매매의 관(titre)에서만 규정하고 있을 뿐인데, 이것은 방법상 잘못이다. 채권은 증여하는데 적합할 수도 있고, 바로 이 조문의 대상이 되는 것과 같은 채권양도의 몇몇 특수성은 무상양도나 유상으로 하는 것에 공통되기 때문이다. 한편 매매는 유상의 채권양도를 생기게 하는 유일한 행위가 아니다. 교환 외에도 대물변제, 조합에의 출자, 화해 등을 들 수 있고, 우리의 관심을 끄는 관점에서, 고유 의미의 양도는 아니지만, 담보채권자에게 같은 대비책을 요구하는 우선권을 주는 입질이나 담보제공도 이와 같은 것으로 보아야 한다.

불편함이 없이 매매의 장에 남겨둘 수 있는 것으로, 무상양도에서는 일어날 수 없는 추탈담보책임, 채무자의 자력담보책임이 있다.

176. 채권양도는 실제에 있어서 대단히 중요하고, 이에 관한 프랑스법 규정들(제1295조, 제1689에서 제1695조)에는 많은 어려운 문제들이 있다. 여기에서 이를 미리 생각해 보았다. 그 밖에, 우리가 보는 바와 같이, 이 조문의 법문에서 양도

---

non−recevoir qu'il eût pu opposer au cédant; la simple signification ne fait perdre au cédé que les exceptions néees depuis qu'elle a été faite. [1295]

Jusqu'à l'un desdits actes, tous payments ou conventions libératoires du débiteur, toutes saisies−arrêts ou oppositions des créanciers du cédant, toutes acqusitions nouvelles de la créance, dûment signifiées ou acceptées, sont présumées faites de bonne foi et sont opposables au cessionnaires négligent. [1691]

La mauvaise fois des ayant−cause ne peut être prouvé que par leur aveu ou leur refus de serment en justice; toutefois, s'il y a eu fraude concertée avec le cédant, la collusion pourra être établie par tous les moyens ordinaires de preuve.

Les règles particulières à la cessin des effets de commerce, par voie d'endossement, sont établies au Code de commerce. (G. BOISSONADE, *Projet de Code civil pour l'empire du Japon*, t. 2, 2ᵉ éd., Tokyo, Kokoubounsha, pp. 175−176), 이상의 초안 제367조 제1항의 일본어 번역문으로는 池田眞郎, 債權讓渡の硏究, 弘文堂, 1997, 39頁}, 우리말 번역에 관해서는 오수원, " 프랑스에서의 지명채권양도의 채무자에 대한 대항요건의 변용과 일본민법 제467조의 불완전한 대항요건제도의 성립 − 한국민법 제450조의 입법배경과 관련하여 −", 저스티스, 통권 제160호, 한국법학원, 2017, 59−85쪽.

12) 'G. BOISSONADE, *Projet de Code civil pour l'empire du Japon*, t. 2, 2ᵉ éd., Tokyo, Kokoubounsha, 1883. pp. 186−191.

에 대하여 공시하는 방법도 적어도 이해관계인에게 이를 알리는 것이 중요하다.

프랑스민법(제1690조)과 이탈리아민법(제1539조)은 양수인의 통지(송달) 또는 승낙에 의해서만 제3자에 대하여 양도된 권리의 귀속자가 되고, 그에 대한 권리가 있다고 한다. 여기에서 '제3자'라는 표현은 온전히 부적합하다. 이는 절대적으로 써야 할 표현과 반대되는 것이다. 특히 양수인은, 양도인의 장래의 승계인들과 관련하여 어떤 공시조치를 취해야 한다. 이러한 승계인들에게 알리거나 양도할 권리가 없는 양도인이 승계인이 될 위험을 방지할 정보를 제공하는 것은, 그들에게 양수인의 지위를 받아들이게 하고, 그들의 이러한 지위를 붙잡아두는 일이 된다.

잠시 채권양도에 어떠한 공시도 없을 때를 가정해본다. 여기에는 어떻게 일이 될 것인가? 양수인은 그의 권리를 다음의 사람에게 대항할 수 있어야 한다.

1. 채무자 : 그는 양도채권자에게 더 이상 유효하게 변제할 수 없어야 할 것이다.

2. 양도인의 채권자들 : 이들은 더 이상 그들의 채무자에게 속하지 않는 채권에 대하여 압류 및 지급금지명령이나 제3자 이의를 할 수 없게 될 것이다.

3. 후순위 양수인들 : 이들은 이미 양도된 채권을 더 이상 유효하게 취득할 수 없게 될 것이다.

제1양수인의 권리를 대항할 수 있는 이러한 사람들은 명백히 양도인의 승계인일 수 있고, 이들의 선행행위를 존중해야 한다. 양수인 자신도 자신에 앞선 선행행위에 있어서 승계인일 수 있다(가령 일부변제나 채권을 감소시키는 화해의 경우). 그러나 그는 후순위 행위에 대해서는 제3자이다.

그러나 이러한 상황은 일반의 관념에 대단히 바람직스럽지 못하다. 이는 계약당사자들에게 받고 싶지 않고 벗어나고 싶은 놀람과 환멸을 나타나게 할 수 있다. 법률은, 여기에서 권리증서의 인도나 반환을 충분한 공시로 생각할 수 없으므로, 다른 것을 마련했다. 그러나 법률이 채권양도를 어떤 공시에 따르게 할 때, 이는 각각의 지위의 보존을 양수인에 의해서 쉽게 충족할 수 있고, 바로 승계인들이 부담하게 되는 특별한 위험을 방지하는 조건에 따르게 하는 것에 다름 아니다.

1. 민법의 채권양도규정의 유래와 일본에서의 그 입법이유   15

177. 이제 통지 또는 승낙이라는 형식(formalité)이 공시기능(lieu de publicité)을 어떻게 하는지에 관해서 설명해야 한다. 우선 여기에는 2가지가 있다. ① 채무자(cédé)에게 양도인이 하거나, 적어도 양도가 사서증서로 된 때에는 양도인과 공동으로 또는 양도인의 허가를 얻어서 양수인이 할 수 있는 집행관송달(signification) 또는 일반송달(notification)이다.13) ② 채무자가 동의한 채권양도증서 자체로 하거나 이와는 별개로 한 채무자의 승낙(acceptation du cédé)이다. 이러한 승낙은 공적으로 하거나, 적어도 확정일자(date certaine)가 있어야 한다. 왜냐하면 채무자가 알았는지의 문제(difficulté à prévenir)가 각각 행위시점의 우선성문제로 될 수 있기 때문이다. 통지에 관해서 마찬가지로 확정된 일자가 있어야 하고, 그것은 공무담당관(officier public)에 의해서 되어야 한다.

채무자에 대한 이러한 예고(avertissement)를 통해서 모든 이해관계인을 만족하게 할 것이다. 우선 채무자 자신은 채권자에게 더 이상 변제하지 않게 되고, 양수인을 해하는 양도인과의 거래나 채무면제합의를 아니하게 되어 그 자신을 만족하게 한다. 또한 채권에 관한 압류 및 처분금지명령(saisie-arrêt)을 얻으려는 양도인의 채권자, 채권을 취득하려고 하는 사람들을 만족하게 한다. 왜냐하면 압류나 거래 전에는 이들은 외관상의 채무자에 대하여 채권이 실제로 있는지 및 그 채무액이 얼마인지 확인할 수 없기 때문이다. 이들에 대한 서증의, 기망이나 착오를 예견하게 하는 답변에 따라서 이들은 거래를 하거나 아니할 수 있다.

178. 제2항은 2가지 공시방법에 주목할 만한 차이를 보이고 있다. 통지(송달)는, 채무자가 참여하지 아니하므로 그에게 해가 되지 아니한다(제365조). 결국 이는 채무자로 하여금 양수인에 대하여 그가 양도인에 대하여 가진 모든 항변자료들, 가령 합의, 원인·목적이 없음을 이유로 한 채무의 절대무효, 합의의 하자나 무능력을 이유로 한 취소, 모든 채무의 전부 또는 일부의 소멸사유 등으로

---

13) 프랑스민법([개정전]제1691조)은 양도인이 하는 통지(signification)와 양수인이 하는 통지 사이에 차이를 두고 있지 않다. 그러나 사서증서로 하는 양도통지에 양도인의 참여를 요구하지 않는 것은 중대한 지장이 있다. 만약 가장양수인이나 가상양도통지에 의해서 채무자의 선의변제(초안 제479조, [개정전]프랑스민법 제1240조)가 인정되면 진정한 채권자가 권리를 상실하거나, 채무자가 진정한 채권자에게 중복 변제한다면 채무자가 손해를 보게 되는 결과에 이르는 거짓이 있을 수 있다[G. BOISSONADE, *op. cit.*, p. 188, note b; 이 부분에 대한 일본어 번역문으로는 池田眞郎, 前揭書, 21頁].

써 대항할 수 있게 하였다.

반대로 승낙은 그가 한 것이므로, 하나의 권리포기 또는 채무승인으로서, 이들 모든 항변사유를 배제했다. 프랑스법은 한 가지의 경우, 즉 상계의 경우에만 그 공시방법 사이에 차이를 보이고 있다(제1295조 참조). 그러나 이 규정은 필수적으로 일반화해야 한다. 주저되는 한 가지의 경우는 절대무효의 경우이고, 이는 추인에 의해서 효력이 인정될 수 있을 것이다. 그러나 채무가 유효한 원인과 목적이 있다면, 이는 새로운 합의에 의하여 개시될 것이다.

179. 제3항은 양수인이 통지(송달)하는 것이나 승낙을 얻는 것이 지체된 경우를 가정하고 그 결과를 보여주고 있다. 채무자가 양도인에게 변제하거나 면책된 경우, 양도인의 채권자가 채무자에 대한 채권에 대하여 압류 및 지급금지명령을 받은 경우, 다른 양수인이 새로운 양도에 관하여 통지한 경우, 이들이 우선권 있는 사람들이고, 이들이 알지 못한 채권양도와의 관계에서, 제3자가 되는 사람들이며, 존중해야 할 행위관계에서 양도인의 승계인이 되는 양수인이다.

180. 법률은 유효기간 안에 통지나 승낙이 없을 때의 결론을 이끌어내는 데에 한정하고 있지 않다. 법률은 아주 중대한 문제를 해결하고 있는데, 대단히 공정한 의미로 이를 행하고 있다. 그러나 프랑스법에서 대단히 적은 수의 사람들이 감히 이를 지지하고 있다. 일반적으로 채권양도의 통지가 없다면, 이해관계인이 이를 알지 못한 것으로 추정하며, 여기에 절대적 법정추정이 나타나게 되어, 어떠한 반대증거도 인정하지 않으며, 제3자의 선·악의, 달리 말하면 전의 채권양도가 있었을 것이라는 인식의 조사가 허용되지 않는다. 이러한 해결은 확실히 정의에 반하고, 절차의 어려움을 피할, 이른바 필요성에 의하여 충분하게 정당화되지 못한다. 일본민법 초안은 법정추정에 대한 반증으로서 악의의 입증을 인정하고, 다만 통지(송달)을 이용한 자백이나 묵시적 자백과 같은, 법정에서의 선서거부로 이를 제한함으로써 정당성과 일반적인 유용성을 조정하였다.

물론 채무자는 양도인과 화해할 때 이미 이루어진 양도를 알았다고 자백한 채무자는 법의 보호를 받을 자격이 없고, 전에 양도되었으나 통지가 되지 않는 채권양도를 알았다고 자백한 제2양수인도 마찬가지로 법의 보호를 받을 자격이 없다. 이들이 양도를 알지 못했다고 선서하기 위하여 소환되어 이러한 뜻으로 선서하는 것을 거부하는 경우에도 마찬가지이다. 이는 정직의 증거(preuve d'honnêteté)가 될 것이지만, 그러나 이러한 정직조차도 이들이 양도인과 부정하게 한 행위로부터 이들을 보호한다.

이 초안에서 증거를 다룰 때(제5편), 자백과 선서는, 그것이 가장 강한 법정추정에 반하는 것조차도, 적어도 오직 사적인 이익에 관한 것이면 언제나 받아들일 수 있는 증거라고 규정했다. 이는, 이들 증거에서 당사자는 자신의 고유의 사건에 관한 판단자이고, 그가 스스로 자책한다면, 그 확실성은 절대적이기 때문이다.

초안에서, 적어도 원칙적으로 허용하지 않는 것은 악의를 증인이나 사실추정에 의하여 증명하는 것이고, 또한 양도인과 새로운 양수인 사이에 공모된 사기행이나 결탁이 있을 때, 이는 전형적인 민사불법행위이므로, 이러한 금지는 적용하지 않는다.

같은 문제와 같은 해결책이 부동산 양도에서 하는 공시에 관해서도 나타난다. 그리고 이 문제의 더 중대한 이해관계 때문에, 관련한 주제를 언급하면서, 이에 관해서는 멈추기로 한다.

181. 앞의 조문에서, 법률상, 무기명채권(créance aux porteurs)을 유체물과 동일시 하고 있으므로 현재의 조문에서는 지명채권으로 제한되어 있다. 그러나 일부 채권은 또한 다른 규정에 의해서 규율되는데, 이는 배서에 의해서 양도할 수 있는 채권이나 증권이고, 일반적으로 상업증권(effet de commerce, 유가증권)으로 알려져 있다. 이에 관해서는 상법에서 다루어지고, 여기에서는, 동일한 문서 위에 하는, 채권양도를 나타내는 배서가 이해관계인들을 위하여 충분한 공시를 하고 있다.

3. 그 밖의 규정

Boissonade초안 제1349조

사서증서는, 당사자의 특정승계인이 그 증서에 의해서 뒤에 당사자와 약정한 때에는, 그 특정승계인의 이익 및 불이익으로 당사자 사이에서와 동일한 증명을 한다. 그러나 그 날짜가 확정되지 않으면 제3자를 승계인과 구별하기 위하

여 원용할 수 없다.14)

초안 제1349조
사서증서는 다음의 경우에 확정일자를 취득한다.
1. 공적인 등록15)

IV. 채권양도에 관한 일본구민법 재산편 제347조

1. 일본구민법 재산편 제347조

제347조 ① 기명증권(記名證券)의 양수인은 채무자에게 그 양수를 합식(合式)으로 고지하거나 또는 채무자가 공정증서 또는 사서증서로 이를 승낙한 후가 아니면 자기의 권리를 양도인의 승계인 및 채무자에 대항하지 못한다.

② 채무자가 양도를 승낙한 때에는 양도인에 대한 항변으로써 신채권자에 대항하지 못한다. 또 양도에 관한 고지만으로는 채무자로 하여금 그 고지 후에 생긴 항변만을 상실시킨다.

③ 위 행위의 하나를 하기 전까지는 채무자의 변제, 면책의 합의, 양도인의 채권자에 의한 불도압류(拂渡押留, 압류 및 지급금지명령) 또는 합식(合式)으로 고지 또는 수락된 신양도는 모두 선의로 이를 행한 것으로 추정하며, 또한 이를 게을리 한 양수인에게 대항할 수 있다.

④ 당사자의 악의는 그 자백에 기인하는 것이 아니면 이를 증명하지 못한다. 그러나 양도인과 통모한 사해가 있는 때에는 그 통모는 통상의 증거방법으로써 이를 증명할 수 있다.

⑤ 배서로써 하는 상업증권의 양도에 [관한] 특별한 규칙은 상법으로 이를 규정한다.16)

---

14) Art. 1349. Les actes sous seing privé font la même foi qu'entre les parties en faveur et à l'encontre de leurs ayant−cause particuliers, lorsque ceux−ci ont traité avec elles postérieurement auxdits actes; mais leur date ne peut être invoquée, pour distinguer les tiers des ayant−cause, que si elle est certaine. [1328.]

15) Art. 1350. Les actes sous seing privé acquièrent date certane :
    1° Par l'enregistrement officiel

일본의 구민법 제347조는 Boissonade초안 제367조의 몇몇 낱말을 바꾸거나 (가령 제1항, 제2항의 '피양수인'을 '채무자'로, 제4항이 '승계인'을 '이해관계인'으로), 생략하였을 뿐이어서 거의 동일하다.

2. 이유

앞에서 본 Boissonade초안 주석(이유) 중 175부분이 없고, 나머지는 Boissonade 초안 주석(이유)과 동일하다.

V. 채권양도에 관한 프랑스민법 규정

1. 개정 전 규정

2016. 2. 10. 개정 전 프랑스민법 제3책 소유권을 취득하는 여러 방법 제6편 매매 제8장 채권 및 그 밖의 무형의 권리의 이전에서 다음과 같이 채권양도에 관하여 규정하고 있다.17)

---

16) 이 조문의 프랑스어 공정역(公定譯)은 다음과 같다. Art. 347 Le cessionaire d'une créance nominative ne peut opposer son droit aux anyant−cause du cédant ni au débiteur qu'à partir du moment où la cession a été dûment signifiée à ce dernier, ou acceptée par lui dans un acte authentique ou sous seing privé.
L'acceptation du débiteur l'empêche d'opposer au cessionnair toute les exceptions qu'il eût pu opposer au cédant; la simple signification ne fait perdre au débiteur que les exceptions néees depuis qu'elle a été faite. [1295]
Jusqu'à l'un desdits actes, tous payments ou conventions libératoires du débiteur, toutes saisies−arrêts des créanciers du cédant, toutes acqusitions nouvelles de la créance, dûment signifiées ou acceptées, sont présumées faites de bonne foi et sont opposables au cessionnaires négligent. [1691]
La mauvaise fois des intéressés ne peut être prouvé que par leur aveu; toutefois, s'il y a eu fraude concertée avec le cédant, la collusion pourra être établie par tous les moyens ordinaires de preuve.
Les règles particulières à la cessin des effets de commerce, par voie d'endossement, sont établies au Code de commerce. [佛語公定譯日本帝國民法典並立法理由書 第1卷, 條文, 1891 (Code Civil de l'Empire du Japon Accompagné d'une Exposé de Motifs, t. premier, Texte, Traduction officielle, Tokio, 1891), 復刻版, 信山社, 1993, pp. 137−138]; 위 제1항의 우리 말 번역에 관해서는 오수원, 앞의 논문, 79쪽.

17) 여기에는 제1689조에서 제1695조까지 7개조가 있고, 이 가운데 제1693조 이하는 담보책임

제1689 채권·권리 또는 제3자에 대한 소권의 이전에 있어서, 인도는 양도인과 양수인 사이에서 증서의 교부로써 이루어진다.[18]

제1690조 ① 양수인은 채무자에게 이전의 통지를 한 때에만 제3자에게 대항할 수 있다.

② 그러나 양수인은 채무자가 공정증서에 의하여 한 이전의 승낙에 의해서도 역시 제3자에게 대항할 수 있다.[19]

제1691조 양도인 또는 양수인이 채무자에게 이전통지를 하기 전에 채무자가 양도인에게 변제한 때에는, 채무자는 유효하게 채무에서 벗어난다.[20]

제1692조 채권의 매매 또는 양도는 보증·우선특권 및 저당권과 같이 채권에 부수된 권리를 포함한다.[21]

2. 개정 후 규정

2016. 2. 10. 개정된 프랑스민법 제3책 소유권을 취득하는 여러 방법 제4편 채무의 일반제도 제2장 채권의 운용 제1절 채권양도(제1321조에서 제1326조)[22]에서 다음과 같이 규정하고 있다.[23]

에 관한 규정이다.

18) Article 1689 Dans le transport d'une créance, d'un droit ou d'une action sur un tiers, la délivrance s'opère entre le cédant et le cessionnaire par la remise du titre.

19) Article 1690 Le cessionnaire n'est saisi à l'égard des tiers que par la signification du transport faite au débiteur.
Néanmoins, le cessionnaire peut être également saisi par l'acceptation du transport faite par le débiteur dans un acte authentique.

20) Article 1691 Si, avant que le cédant ou le cessionnaire eût signifié le transport au débiteur, celui-ci avait payé le cédant, il sera valablement libéré.

21) Article 1692 (abrogé au 1 octobre 2016) La vente ou cession d'une créance comprend les accessoires de la créance, tels que caution, privilège et hypothèque.

22) 여기에는 제1321조에서 제1326조까지 6개조가 있고, 이 가운데 제126조는 담보책임에 관한 규정이다.

23) 이 제2장에서는, 그 밖에도 제2절 채무인수(제1327에서 제1328-1조), 제3절 경개(제1329에서 제1335조), 제4절 지급위탁(제1336에서 제1340조) 등을 규정하고 있다.

제1321조 ① 채권 양도는 양도인인 채권자가 채무자에게 대하여 가진 채권의 전부 또는 일부를 유상 또는 무상으로 양수인이라고 불리는 제3자에게 이전하는 계약이다.

② 채권양도는 현재 또는 미래의, 하나 또는 여러 개의 채권에 대하여 할 수 있다.

③ 채권양도는 그 부수된 권리에도 미친다.

④ 채권은 양도할 수 없다고 합의한 것이 아닌 한, 그 양도에 채무자의 동의는 필요하지 아니하다.[24]

제1322조 채권의 양도는 서면으로 이루어져야 한다. 그렇지 않으면 무효이다.[25]

제1323조 ① 당사자 사이에서 채권의 양도는 행위 시에 이루어진다.

② 채권양도는 이 시점부터 제3자에게 대항할 수 있다. 이의가 있는 경우, 양도날짜에 관한 입증은 양수인이 하고, 모든 증거방법으로 이를 할 수 있다.

③ 그러나 장래의 채권의 양도는 당사자 사이 및 제3자에 대하여 그 발생일에만 생긴다.[26]

제1324조 ① 채권양도는, 채무자가 사전에 동의한 것이 아니면, 그것이 채무

---

24) Article 1321 La cession de créance est un contrat par lequel le créancier cédant transmet, à titre onéreux ou gratuit, tout ou partie de sa créance contre le débiteur cédé à un tiers appelé le cessionnaire.

Elle peut porter sur une ou plusieurs créances présentes ou futures, déterminées ou déterminables.

Elle s'étend aux accessoires de la créance.

Le consentement du débiteur n'est pas requis, à moins que la créance ait été stipulée incessible.

25) Article 1322 La cession de créance doit être constatée par écrit, à peine de nullité.

26) Article 1323 Entre les parties, le transfert de la créance s'opère à la date de l'acte.

Il est opposable aux tiers dès ce moment. En cas de contestation, la preuve de la date de la cession incombe au cessionnaire, qui peut la rapporter par tout moyen.

Toutefois, le transfert d'une créance future n'a lieu qu'au jour de sa naissance, tant entre les parties que vis-à-vis des tiers.

자에게 고지되거나 채무자가 승낙한 경우에만 채무자에 대하여 주장할 수 있다.27)

② 채무자는 양수인에 대하여 채권에 부착된 항변, 가령 무효, 채무불이행의 항변, 해제, 관련채권의 상계 등의 사유로써 대항할 수 있다. 채무자는 또한 자신에게 양도를 대항할 수 있기 전에 양도인과의 관계에서 발생한 항변, 가령 기한의 허여, 채무의 면제 또는 관련 없는 채권의 상계 등의 사유로써 대항할 수 있다.

③ 양도인과 양수인은 연대하여 채무자가 부담할 필요가 없는, 양도에 의해 발생한 모든 추가비용을 부담한다. 달리 규정하지 않는 한, 비용은 양수인이 부담한다.

제1325조 중복된 양수인들 사이의 경합은 날짜가 앞선 사람을 위한 것으로 된다. 날짜가 앞선 사람은 채무자에게서 변제를 받은 사람에 대하여 상환청구를 할 수 있다.28)

3. 개정 내용

개정된 제1321조는 개정전 제1692조에 해당하며, 제1322조는 개정전 1689조, 제1690, 제1691조와 관련된 것으로 본다.

개정 전 프랑스민법에서 채권양도는 낙성계약(contrat consenuel)으로 하였으나 개정된 법에서의 채권의 양도는 서면으로 하도록 하여 요식행위(acte solennel)로 하였다(제1322조). 이러한 서면작성은 채권양도의 유효요건(ad validitatem)이라

---

27) Article 1324 La cession n'est opposable au débiteur, s'il n'y a déjà consenti, que si elle lui a été notifiée ou s'il en a pris acte. Le débiteur peut opposer au cessionnaire les exceptions inhérentes à la dette, telles que la nullité, l'exception d'inexécution, la résolution ou la compensation des dettes connexes. Il peut également opposer les exceptions nées de ses rapports avec le cédant avant que la cession lui soit devenue opposable, telles que l'octroi d'un terme, la remise de dette ou la compensation de dettes non connexes.
Le cédant et le cessionnaire sont solidairement tenus de tous les frais supplémentaires occasionnés par la cession dont le débiteur n'a pas à faire l'avance. Sauf clause contraire, la charge de ces frais incombe au cessionnaire.

28) Article 1325 Le concours entre cessionnaires successifs d'une créance se résout en faveur du premier en date; il dispose d'un recours contre celui auquel le débiteur aurait fait un paiement.

고도 한다.[29] 그러나 엄격한 형식은 필요하지 않으며, 의무적 기재사항도 규정되어 있지 않다.[30] 이는 개정 전 프랑스민법에서 제3자에 대한 대항력 발생요건으로 엄격한 통지(송달)방식을 폐지하는 대신 여기에서 안전을 보장하기 위한 것으로 보기도 한다.[31]

채권양도의 효력은 제3자에 대한 것과 채무자에 대한 것으로 나누어진다.

우선 제3자에 대하여는 개정 전 제1690조에서 규정했던 대항력에 관한 형식주의를 폐지했다(제1323조). 그에 따라 당사자 사이에서 채권양도는 바로 효력이 발생한다.[32] 채무자에 대하여는 형식주의가 남아 있다(제1324조). 그러나 개정 전 프랑스민법 제1690조와는 달리 채무자에 대한 고지방식에 제한이 없다. 그러나 제1324조를 근거로 그 증명은 채무자가 승낙한 것이 아닌 한 문서로 해야 할 것이라고 하는 이도 있다.[33]

개정 전과는 달리 개정된 제1324조 제2항은 항변할 수 있음을 규정하고 있다. 예외적으로 상계항변의 경우에는 항변하지 못할 수도 있는데(제1347-5조, 개정 전 제1295조 제1항), 이는 개정 전과 같다.

VI. 맺음말

우리 민법의 채권양도에 관한 규정은 일본민법에서 온 것이고, 후자는 Boissonade가 프랑스민법을 바탕으로 하여 작성한 일본민법초안규정을 바탕으로 번역과 다름없는 내용으로 일본의 구민법규정을 만들었으며, 이 구민법규정을 바탕으로 일본민법규정을 만들었다고 할 수 있다.

그러므로 우리 민법의 채권양도에 관한 규정은 Boissonade가 프랑스민법을 바탕으로 하여 작성한 일본민법초안규정이 바탕이라고 할 수 있다.

---

29) M. FABRE-MAGNAN, *Droit des obligations*, 4e éd., puf. 2016 n° 558, p. 617.

30) Ph. MALAURIE, L. AYNES et Ph. STOFFEL-MUNCK, *Droit des obligations*, 9e éd., Ed. Cujas, 2017, n° 1418. p. 800.

31) Y. BUFFELAN-LANORE et V. LARRIBAU-TERNEYRE, *Droit civil, Les obligations*, 15e éd., Sirey, 2017 n° 531, p. 174.

32) Ph. MALAURIE, L. AYNES et Ph. STOFFEL-MUNCK, *op. cit.*, 1419, p. 800; A. BENABENT. *Droit des obligations*, 16e éd., LGDJ, 2017, n° 703, p. 548.

33) A. BENABENT. *op. cit.*, n° 704, p. 549.

2. 채권양도금지특약에 있어서의 양수인의 과실 또는 중과실 문제

Ⅰ. 머리말

로마법에서는 채권을 채권자와 채무자의 인적 결합관계에 기초를 둔 법의 사슬(juris vinculum)로 보아 당사자의 변경을 가져오는 채권양도나 채무인수는 인정되지 아니하였다.[1] 근대에 이르러 채권을 하나의 재산권으로 보고 그 양도를 인정해야 할 사회적, 경제적 필요가 있어 이를 인정하면서 그 유통성과 안정성을 확립하기 위하여 노력하여 왔다.

민법 제449조 제1항은 "채권은 양도할 수 있다. 그러나 채권의 성질이 양도를 허용하지 아니하는 때에는 그러하지 아니하다."고 하여 채권의 양도성을 인정하고 있다. 그러나 제2항은 "채권은 당사자가 반대의 의사를 표시한 경우에는 양도하지 못한다. 그러나 그 의사표시로써 선의의 제3자에게 대항하지 못한다."고 하여 양도금지특약[2]을 할 수 있다고 하고, 다만 이를 선의의 제3자에게 대항

---

1) 이에 관해서는 玄勝鍾, 曺圭昌, 로마法, 博英社, 1996, 889쪽. 현실적으로 채권양도 등을 인정할 필요가 있었으므로 간접적·우회적인 방법이 사용되었는데, 제3자에 대한 지급지시(delegatio), 소송대리(cognitio, procuratio) 등이 이용되었다고 한다(같은 책, 같은 쪽).

2) 민법 제449조 제2항은 "당사자가 반대의 의사를 표시한 경우"라고 하므로 '양도금지특약'이라는 말에 갈음하여 채권의 '양도금지의사표시'라고 하여야 할 것으로 생각되기도 하나 여기에서는 일반적인 용어사용례를 따른다.

할 수 없다고 한다.3)

채권양도를 금지하는 당사자 사이의 특약을 인정할 것인가에 관해서는 입법례가 나뉘어져 있다. 독일민법(제399조), 스위스채무법(제164조)은, 이러한 특약을 당사자가 할 수 있다는 뜻을 규정하고 있음에 반하여, 프랑스민법(제1689조)에는 이러한 규정이 없다. 일본민법은 독일민법, 스위스채무법과 같이 채권의 양도금지특약을 할 수 있도록 하고 있다.

민법 제449조 제2항은 "...선의의 제3자에게 대항하지 못한다."고 하여 채무자가 양도금지특약으로써 대항할 수 없는 사람을 선의의 제3자로 규정하고 있으나, 이론적으로는 이에 한하지 아니하고 선의의 제3자가 과실이 없어야 한다고 하거나 그에게 중대한 과실이 없어야 한다고 하여 양도금지특약으로써 채무자가 대항할 수 있는 사람의 범위를 넓히고 있으며, 이와 마찬가지로 대법원의 판례 또한 선의의 제3자가 중대한 과실이 없어야 한다고 한다.

아래에서는 프랑스, 독일, 스위스, 일본에서의 채권의 양도금지특약에 관해서 살펴본 뒤, 우리나라에서 양도금지특약으로 대항할 수 없는 제3자는 그 선의만으로 족한지, 아니면 그 밖에도 무과실이나 무중과실이어야 하는지에 관하여 살펴본다.

Ⅱ. 채권의 양도금지특약에 관한 다른 나라에서의 논의

1. 프랑스에서의 논의

프랑스민법 제1689조는 "제3자에 대한 채권, 권리 또는 소권의 양도에 있어서, 인도는 양도인과 양수인 사이에서 증서의 교부로써 이루어진다."고 하고, 제1690조는 "양수인은, 채무자에게 한 양도의 통지로써만 제3자에게 대항할 수 있다. 그러나 양수인은 채무자가 공정증서로써 한 이전의 승낙으로써도 대항할 수 있다."고 규정하고 있을 뿐, 양도금지특약에 관해서는 특별히 규정하고 있지 아

---

3) 채권양도의 제한의 경우에도 채권양도의 금지의 하나로서 유효하다고 본다(郭潤直, 債權總論, 博英社, 2007, 219쪽). 판례도 "소외 회사가 그 영업 또는 재산을 제3자에게 양도할 경우에 피고의 사전 서면동의를 얻도록 약정하고서도 그러한 동의 없이 원고에게 채권양도를 한 경우 위 약정은 선의의 제3자인 원고에 대하여 대항할 수 없다."(대법원 1980. 1. 29. 선고 78다1237 판결)고 하여 이를 인정한다.

니하다.

프랑스법에서도, 일신전속권임을 이유로 하거나, 양도를 금지하는 강행법을 근거로 양도할 수 없는 많은 권리와 채권들이 있다. 같은 이유로, 엄격히 말하면 양도할 수 없는 것이라고 할 수는 없지만, 일정한 조건 아래 양도할 수 있는 채권들도 있다.4)

프랑스에서 채권의 자유양도성의 원칙은 강행적인 것이 아니므로, 계약당사자들은 언제나 이를 제한하거나 배제할 수 있다고 본다.5) 채권발생행위로써 채권의 양도불가성(incessibilité)을 규율하는 데에 아무런 지장이 없다고 보는 것이다. 이론적으로 인정된 이러한 원칙은 특별히 제조업자, 상인, 기업가, 수공업자 등의 채권의 양도불가조항을 금지한, 새로운 경제규제(Nouvelle Régulations Economique)에 관한, 2001. 5. 16.자 법률(C. com. art. L. 442.6, Ⅱ. C.)에서 찾아볼 수 있다. 즉, 제조업자, 상인, 기업가, 수공업자에 대하여 계약당사자에게 그가 가진 채권의 제3자에 대한 양도를 금지하는 계약조항이나 계약은 무효이며, 법 문언상으로는 —반대문언으로—이러한 계약조항이 원칙적으로 유효하다는 것을 고려하도록 하고 있다. 그러나 파기원이, 실제로 채권을 양수받은 은행은, 양도인과 채무자 사이에서 체결된 계약에 나타난 승낙조항(clause d'agrément)에 구속되지 않는다고 판결함으로써,6) 이 법문의 영향력은 제한적인 것이 되었다. Dailly채권양도7)라는 특수한 영역에서 한 것이기는 하지만, 일반적인 동기를 이유로, 판례는 이를 일반적인 범위에서 모든 형태의 채권양도에 확대하고 있다. 이러한 해법은 이론의 여지가 없지 않다. 이는 사실상 합의의 대항력의 원칙(principe de l'opposabilité des convention)에 반하는 것이고, 이 원칙은 다른 사람의 계약을 모르는 것으로 가장하여 합의의 상대성의 뒤에 숨어서 그 위반행위에 가담하는 것을 금지하는 것이다.

---

4) L. CADIET, *Juris-Classeur*, Art. 1689 à 1695, fasc. 20, p. 7. n° 31.

5) 이하의 내용은 L. CADIET, *op. cit.*, n° 38, pp, 8−9을 우리말로 옮긴 것임. 그 밖에 프랑스에서의 채권양도 금지특약에 관한 우리말 문헌으로, 崔秀貞, "지명채권의 양도금지특약 재고", 民事法學, 第38號(2007.09), 韓國司法行政學會, 2007, 145−146쪽.

6) Cass. com. 21 nov. 2000, *Bull. civ.*, 2000, Ⅳ. n° 180; *D.* 2001, oct. p. 123, obs. V. Avéna−Robert; *RTD com.* 2001. 9. 54, obs. M. Cabrillac.

7) Dailly채권양도(cession Dailly)는 프랑스의 「통화 및 금융법」(Code monétaire et financier) 제L313−23조에 규정된 것으로, 프랑스민법 제1689조가 규정한 채권양도의 특수한 형태이다.

2. 독일에서의 논의

BGB 제137조는 "양도할 수 있는 권리에 관한 처분권은 법률행위에 의해서 배제되거나 제한될 수 없다. 이러한 권리에 관하여 처분하지 않기로 하는 의무는 이 규정에 의하여 영향을 받지 아니한다."라고 규정하고 있다. BGB 제399조는 "채권은, 그 내용을 변경하지 아니하고는 원래의 채권자 외의 자에게 급부를 할 수 없을 때 또는 채무자와의 합의에 의하여 양도가 금지된 때에는, 양도할 수 없다."고 하고, 제405조는 "채무자가 채무에 관한 증서를 발행하고 그 증서를 제공하여 채권이 양도된 때에는, 채무자는 채무관계의 개시나 승인이 가장(假裝)하여 행하여졌거나 양도인과의 합의에 의하여 양도가 금지되었음을 양수인에 대하여 대항할 수 없다. 그러나 양수인이 양도 당시 그 사실을 알았거나 알 수 있었던 때에는 그러하지 아니하다."고 한다.

BGB 제399조 제2문(양도금지)은 독일민법 제정당시 제2위원회의 결정에 바탕을 둔 것으로, 이는 특히 여러 보험회사의 규약에 나타나는 보험금청구권의 양도불가에 관한 규정과 당시의 철도운송일반약관에서 발생하는 운송청구권의 양도배제에 관한 직접적인 권리형성적 효력(rechtsgestaltende Wirkung)을 제공하는 것을 목적으로 하였다(Prot. Ⅰ. 384).[8] 이 규정은 상법(HGB) 제354조에서는 부분적으로 폐기되었다. 이와 같이 BGB 제399조에 제2문[양도금지]을 덧붙인 것은, 채권의 사슬화(Vinkulierung, 양도금지)를 거부하는 경향을 특징으로 하는 국제적인 발전과 일치하지 않는 것으로 본다.[9]

BGB 제932조[10]에 따른 소유권의 선의취득의 경우와는 달리, 채권양도에 있어서는 양수인의 양도금지에 대한 악의·경과실은 채권양도에 지장이 있으며,[11] 양수인이 그러한 사정을 알았다면 채무증서의 진정성에 대한 그의 신뢰는 문제가 되지 않으며, 양수인이 그러한 사정을 알 수 있었다면 과실로 알지 못함으로 인한 신뢰도 보호받지 못한다.[12]

---

8) Staudinger/Jan Bouche, Buch 2, §§ 397−432, Berlin, Sellier−de Gruyter, 2005, Rn. 50, S. 171.

9) A. a. O., Rn. 50, S. 171.

10) BGB 제932조 제2항 양수인이, 물건이 양도인에게 속하지 아니하다는 것을 알았거나 중대한 과실로 알지 못한 때에는 선의가 아니다.

11) Staudinger/Jan Bouche, a. a. O., § 405, Rn. 12, S. 220; Münchener/Roth, Schuldrecht, Algemeiner Teil, München, C. H. Beck, 2005, § 405, Rn. 8. S. 2532.

12) Staudinger/Jan Bouche, a. a. O.

양수인의 악의나 과실에 대한 입증책임은 채무자에게 있다.[13] 채권양도에서 이러한 요건이 충족되면 재양도(Weiterabtretung)에 있어서 전득자(Nächsterwerber)에게 증거의 제출과 그의 선의가 더 이상 필요하지 아니하다. 즉, 지배적인 견해에 따르면 BGB 제405조의 항변은 제1양도로써 종국적으로 소멸하게 되고, 반대로 제1양도에서 BGB 제405조의 요건을 충족하지 못하면 그 전득자를 위하여 그에 의하여 제405조의 요건이 충족되는 것으로 족하다.[14] 그러나 이는, 선행양도 [양도금지가 아닌]가 다른 하자로 책임을 질 때에는, 적용되지 않으며, 이러한 원칙은, 지배적인 견해에 따르면, 원래 악의이고 그에 따라 항변이 부착된, 부적법한 양도인에 의한 재취득(Rückerwerb)에 있어서는, 적용되지 않는데, 이러한 경우에는 일반적인 재취득 문제의 하나로서 달리 볼 계기가 전혀 없다고 한다.[15]

3. 스위스에서의 논의

양도금지특약과 관련하여, 스위스채무법 제164조 제1항은 "법률, 합의 또는 법률관계의 성질에 반하지 않는 한, 채권자는 자신에게 속한 채권을 채무자의 승낙 없이 다른 사람에게 양도할 수 있다."고 하고, 제2항은 "채무자는 양도금지를 포함하지 않은 서류상의 채무인정을 신뢰하여 채권을 취득한 제3자에 대하여 합의에 의하여 양도가 배제되었다는 항변할 수 없다."고 규정하고 있다.

스위스채무법 제164조 제1항은 채권자와 채무자에게 채권의 양도가능성을 계약으로 배제할 수 있음을 인정하고 있는 것이다(이른바 양도금지계약, pactum de non cedendo).[16]

이러한 채권양도배제는 특별한 계약형식이나 계약조항으로, 명시적 또는 묵시적으로, 전부 또는 일부에 관해서 합의하여 할 수 있고, 이는 제3자에 대해서도 원칙적으로 효력이 있고, 또 이러한 양도금지형식(Form)은 채무자의 승낙으로 소급하게 할 수 있는 것으로 본다. 그러나 이러한 양도금지합의에 관한 국제상법의 경향은 이와는 반대이며, 현대의 법체계, 특히 미국과 캐나다뿐만 아니라 최근의 통일법기구들(einheitsrechtliche Instrumente)은 계약에 의한 양도금지의 무효

---

13) Münchener/Roth, a. a. O.

14) Münchener/Roth, a. a. O.

15) Münchener/Roth, a. a. O.

16) 이를 '불양도계약'으로 번역하기도 한다(徐敏, 債權讓渡에 관한 硏究, 經文社, 1985, 39쪽).

에서 출발하고 있고, 이러한 상황은, 적어도 한계를 넘는 스위스법에 속하는 법률관계에 대해서도 광범한 특별결합이론(Sonderverbindung)이나, 가령 새로운 유럽계약법원칙(Prinzipien des Europäischen Vertragsrechts)에서 볼 수 있는 예외 양식(Formalierung von Ausnahmen)의 적용을 통해서 제한적 해석을 의미 있게 하고 있다고 한다.[17)

4. 일본에서의 논의

(1) 일본민법 제466조는, 그 제1항이 "채권은 양도할 수 있다. 그러나 그 성질이 양도를 허용하지 아니하는 때에는 그러하지 아니하다."고 하고, 제2항이 "전항의 규정은 당사자가 반대의 의사를 표시한 경우에는 적용하지 아니 한다. 그러나 그 의사표시는 선의의 제3자에게 대항하지 못한다."고 하여, 표현을 달리하는 부분은 있지만, 우리 민법 제449조와 같은 내용을 규정하고 있다.

(2) 일본민법 제466조에 관해서는 채권의 양도성을 인정하는 외국법과 이를 제한해온 일본의 전통법[18)의 타협의 산물로 보고 있다. 우선 일본민법 기초자의 한 사람은, "본조는 채권의 원칙으로서 이를 양도할 수 있다는 것을 규정하고 있다. 무릇 권리의 원칙으로서 양도할 수 있다는 것은 전혀 의문이 없는 바이므로 다른 권리에 관해서는 법문에 이를 명언하지 않는 것이 일반적이다. 오로지 채권에서는 사람과 사람의 관계로 되므로 혹은 성질상 이를 양도할 수 없고 혹은 당사자의 의사에 의하여 이를 양도하는 것을 허용하지 않는 것이 많다는 학설도 있으므로 특히 이를 명언하게 되었다. 특별히 일본에서는 종래 채권의 양도를 허용하지 않는 것을 원칙으로 하는 것과 같았다(메이지 9년 3월 6일 포고 제99조 참조). 다른 권리는 당사자의 의사로써 이를 양도할 수 없도록 할 수 없다. 그런데

---

17) 이상의 내용에 관해서는 D. Girsberger, Basler Kommentar zum Schweizerischen Privatrecht, Obligationenrecht, I, Art. 1−270, hrsg. von H. Honsell/N. P. Vogt/W. Wiegant, Basel · Genf · München, Helbing & Lichtenhahn, 2003, Art. 164, Rn. 32, S. 813; 스위스에서의 채권양도금지특약에 관한 우리말 문헌으로는 徐敏, 앞의 책, 39쪽.

18) 일본에서 1876년(明治 9年) 太政官布告 第9號로 채권양도에 채무자의 승인을 필요한 것으로 하였다고 한다(이에 관해서는 米倉明, 債權讓渡−禁止特約の第三者効, 學陽書房 1976, 23頁; 星野英一, 民法槪論, Ⅲ, 債權總論, 良書普及會, 1988, 201頁).

도 채권은 본조 제2항의 규정으로써 당사자가 이를 양도할 수 없도록 하는 것을 허용하고 있는 것이다. 또 외국에서도 이러한 반대의 의사를 허용하지 아니하는 예가 많음에도 채무자는 때때로 아무개에 대해서 의무를 지는 것을 승낙하지만 다른 사람에 대해서 의무를 지는 것을 승낙하지 않는 의사가 적지 않다. 이러한 의사에 상당한 이유가 있을 때 반드시 공익상 이를 금할 필요는 없다. 특히 일본에서는 이미 말한 바와 같이 종래 채권의 양도를 허용하지 않는 것을 원칙으로 하였으므로 이제 온전히 당사자의 반대의사로써도 [이를] 인정하지 않을 때는 관습에 반하는 면이 있다. 실제에 있어서도 어려움이 없지 않다. 본조에 있어서 원칙으로서 채권의 양도를 허용하고 예외로서 당사자의 반대의사를 인정하는 까닭."[19]이라고 한다. 또 일본에서는 그 "민법 제정 전의 관습에 채권양도를 허용하지 않는 것이 원칙이었음에도, 민법의 기초자들은 양도자유를 인정하여 법전논쟁의 하나의 쟁점이 되었으며, 그 뒤 일본민법을 제정하면서 그 타협의 산물로 다른 근대법제와 같은 모습으로 양도성이 있는 것을 원칙으로 하고 특약으로써 양도금지를 제한한 것"[20]이라고도 하며, 양도금지의 의사표시에 관하여 "이와 같은 예외를 인정하는 입법은 드물다. 일본민법은 메이지 초년에 채권양도에 채무자의 동의가 필요하였던 점, 채권을 싸게 양수받아 이를 받을 때에 폭력단을 사용하기도 하는, 이른바 해결사(추심집, 取立屋)의 발호로 인한 폐해를 막는 것과 같은 이유로 이와 같이 규정한 것"[21]이라고도 한다.

(3) 채무자가 선의이나 과실 있는 자에게 대항할 수 있는지에 관하여 3가지 견해가 있다.

첫째로 법문에 충실하게 악의의 양수인에게만 대항할 수 있다고 보는 이들이 있다. 이에 따르면, "...민법의 규정은 제3자의 선의 · 악의만을 문제 삼고 있는 것과 같"다[22]고 한다.

---

19) 梅謙次郎, 民法要義, 卷之三, 債權編, 1911復刻板, 有斐閣, 1985, 204-205頁. 또 일본민법 제466조 제2항 단서에서 '선의의 제3자에게 대항할 수 없다'고 한 것은, 선의의 제3자에 대항할 수 있다고 하면 제3자는 손해를 입게 되고, 그 때문에 채권의 양도성을 저해하게 되며, 이는 일본민법 제466조 제1항에서 양도의 원칙을 정한 정신에 반하게 되기 때문에 둔 규정이라고 하는 이(梅謙次郎, 上揭書, 206頁)도 있다.

20) 米倉明, 前揭書, 21頁 以下.

21) 星野英一, 前揭書, 201頁.

22) 植林 弘, 注釋民法, (11), 債權, (2), 西村信雄編, 有斐閣, 1981, 364頁.

둘째로 과실있는 선의자에게도 대항할 수 있다고 하는 이들이 있다. 이에 따르면, 선의의 제3자에게 대항할 수 없게 한 것은 "무릇 표견[외견]적인 것의 신뢰를 보호하여 거래의 안전을 꾀하는 제도이기 때문"[23)이라고 한다.

셋째로 "중대한 과실은 악의와 같게 취급해도 좋다"[24)고 하여 중과실 있는 선의자에게 대항할 수 있지만 경과실 있는 선의자에게는 대항할 수 없다고 하는 이[25)도 있다.

처음에 일본의 하급심판례는, 채권양수인이 양도금지가 기재된 채권증서나 예금증서를 교부받거나 그 증서를 보관[점유]한 경우에 양수인이 양도금지특약을 알지 못했더라도 그 특약의 존재를 당연히 알 수 있는 상태에 있었던 경우, 가령 A회사와 대차거래가 있는 B가, 일반대부약관조항에서 양도를 금지하는 A회사에 대한 예금채권을 양수받은 경우와 같이, 채권양수인이 양도금지 특약의 존재를 알지 못했더라도 이를 알 수 있었던 상태에 있었던 경우에는 양수인이 악의라고 하기도 하였다.[26) 그러나 이러한 경우에, 적극적으로 독일민법 제405조와 같이 선의·무과실의 양수인만을 보호하려는 것이 아니고, "악의의 양수인으로 인정함에 상당하다"[27)고 하거나 "특약이 있다는 것을 알고 있었다고 인정할 수밖에 없다"[28)라는 표현에서도 알 수 있는 바와 같이, 판례는 오히려 양수인이 양도금지특약의 존재를 알 수 있었던 경우에는 양수인의 악의를 추정하고 있다.[29)

---

23) 我妻榮, 債權總論, 岩波書店, 1985, 524頁. 이 저자는 "채권증서에 양도금지의 기재가 있는 것(예금통장이나 정기예금증서에 이러한 예가 많다)은 적어도 과실을 추정할 수 있다."(同 頁)고 한다.

24) 林良平外二人, 債權總論, 安永正昭補訂, 靑林書院, 1996, 490頁.

25) 淡路剛久, 債權總論, 有斐閣, 2002, 442頁; 奥田昌道, 債權總論, 悠悠社, 1993, 430頁; 田山 輝明, 債權總論, 成文堂, 2011, 179-180頁; 潮見佳男, 債權總論, 信山社, 2004, 455頁; 米倉 明, 前揭書, 201頁.

26) 東京地方裁判所 1918. 6. 28. 判決, 植林 弘, 前揭注釋民法, 364頁에서 재인용.

27) 京都地方裁判所 1938. 5. 20. 判決, 植林 弘, 前揭注釋民法, 364頁에서 재인용.

28) 長野地方裁判所 1915. 11. 11. 判決, 植林 弘, 前揭注釋民法, 364頁에서 재인용.

29) 이 점에 관해서는 我妻榮, 前揭書, 524頁; 於保不二雄, 債權總論, 有閣, 1989, 276頁; 植 林 弘, 前揭注釋民法, 364頁. 그 밖에 "이른바 참여지불이라 함은 제3채무자가 채무자에게 변제함에 있어서, 채권자에게 연락하여 변제의 현장에 참여함으로써 채무자로부터의 채권의 변제의 확보를 목적으로 하는 채권회수방법"이라고 하고, "참여지불에 의해서 채권을 회수하는 금융기관은, 채권의 양도금지의 특약의 존재에 관해서 악의로 보아야 하므로 이를 알지 못하여 위 특약에 반해서 받은 채권의 양도는 무효"[福岡高等裁判所 1970. 8. 24.

이어서 "무기명정기예금을 양수받는 자가 대학교수인 때에는 은행거래에 경험이 있고, 양도금지의 특약의 존재를 알고 있었다고 추인하는 것이 상당하다 —설령 양수인이 은행거래에 무경험자이고 또한 예금증서의 교부를 받지 아니하였다고 하더라도, 한 개인이 38,903만여엔의 무기명정기예금을 양수받기 위해서는 예금증서가 교부되지 않았다는 것에 의심을 가지고 어떠한 방법으로든 예금증서의 존재를 확인하고 예금증서에 양도금지의 특약기재의 유무를 확인해야 하는 것이어서, 특약의 존재를 알지 못했다면 알지 못한 것에 과실이 있다고 하지 않으면 아니 된다."30)고 하기도 한다.

뒤에 일본의 상급심판례는, (ⅰ) 금지특약이 기재된 채권증서를 양수인이 점유하고 있거나, (ⅱ) 은행예금채권에 관해서 양수인이 은행거래 경험자인지 여부를 특약의 존재에 관한 선의, 악의의 인정기준으로 하여, 이들 중 어느 하나라도 갖춘 때에는 악의를 추정하거나 중과실을 인정하고 있다. 즉, A회사는, Y은행(피고, 상고인)에 대한 정기예금 등의 예금채권을 X(원고, 탈퇴하고 Z가 소송승계)에게 양도하고 그 통지서가 1961. 2. 9.에 Y에게 도달했는데, Y는 이 예금채권에 관해서 같은 해. 2. 4. 근질권을 취득하고, 이를 같은 달 10.과 16.에 실행하여 A에 대한 어음환매채권을 회수하고, 어음을 A에게 반환한 사안에서, "일본민법 제466조 제2항은, 채권의 양도를 금지하는 계약은 선의의 제3자에게 대항할 수 없다는 뜻을 규정하고, 그 문언상으로는 제3자의 과실의 유무를 묻지 않는 것처럼 되어 있지만, 중대한 과실은 악의와 같이 취급해야 하므로 양도금지특약의 존재를 알지 못하고 채권을 양수한 경우에도, 이에 관해서 양수인에게 중대한 과실이 있을 때에는 악의의 양수인과 마찬가지로 양도에 의해서 그 채권을 취득할 수 없다고 보는 것이 상당하다. 그에 따라 은행을 채무자로 하는 각종의 예금채권에 관해서도 일반적으로 양도금지특약이 붙어있어서 예금증서 등에 그러한

宣告 昭和44年(ネ)592號 判決, 判例體系, 民法, 11(1)-3, 債權總論, Ⅱ, 427-473, 第一法規出版株式會社, 11-872の108頁]라고 하고, "신용금고에 대한 정기예금채권 및 정기적금채권의 양수에 있어서, 이들 채권에 관해서 양도금지특약이 되어 있는 것을 그 금고의 지점장에게서 고지 받은 사실이 있고, 더욱이 양도금지의 기재가 있는 정기적금증서가 그 당시 양수인의 수중에 있었을 때에는, 양수인은 양도금지의 특약이 있다는 것을 알면서 채권을 양수받은 것으로 인정될 수 있다."[東京高等裁判所 1965. 12. 24. 宣告 昭和 38年(ネ)2960號 判決, 前揭判例體系, 民法, 11(1)-3, 追補 13. 466條, (6), 11-872, 105-106頁]고 한 경우에도 악의를 추정한 것이라고 할 수 있다.

30) 東京地方裁判所 1967. 7. 11. 宣告 昭和 39년(ワ)10494號判決, 前揭判例體系, 872の106-107頁.

뜻이 기재되어 있고, 또 예금의 종류에 따라서도 명시의 특약이 없더라도 그 성질상 묵시의 특약이 있다고 보는 것은, 널리 알려진 바이며, 이는 적어도 은행거래에 관해서 경험있는 자에게는 주지의 사실에 속한다고 해야 할 것이다. 원심에는 X에게 중과실이 있는지에 관해서 심리미진의 위법이 있다."31)고 한다.

판례의 이러한 태도에 대해서는, 금액이 근소하여 특별히 주의하여 약관을 보지 않은 자나 과거 은행거래경험이 있다 하더라도 채권양도거래를 한 적이 없거나 채권양수경험이 있더라도 특약을 이유로 지급을 거부당한 적이 없는 자가 있을 수 있고, 채권증서가 있다는 것에 안심하여 내용을 보지 않고 양도인에게 맡겨 둔 자도 있을 수 있으며, 또 은행거래에 밝은 자라도 당해 구체적 사정에 영향받아 증서를 보지 않거나 특약이 있더라도 이미 해제된 것으로 믿고 양수하는 자도 있을 수 있으므로, 특약이 존재하고 그것이 주지성이 있다고 하여 은행경험자를 악의 내지 중과실이 있다고 보는 것에는 문제가 있으므로 중과실의 인정에 있어서 신중해야 한다는 이32)도 있다.

(4) 한편 일본민법 제466조 제2항 단서의 반대해석상 양도금지 특약을 알고 있는 자, 즉 특약에 관해 악의인 자에 대해서는 모두 특약을 주장할 수 있다고 보는 것이 일반적이다. 그런데 일부에서는 채권의 양도성을 중시하고 양도금지특약의 효력을 제한해야 하는 것으로 보는 입장에서 악의자와의 관계에서도 특

---

31) 日本最高裁判所 1973. 7. 19. 宣告 昭和 47년(オ)判決[이 판결의 내용에 관해서는 寺田正春, 民法判例百選, Ⅱ, 債權, 第五版, 別冊ジュリスト, No. 160(2001/10), 有斐閣, 2001, 64- 65頁; 植林 弘, 前揭注釋民法, 364頁]. 이 판결에 대해서는, 경과실자에게는 특약으로써 대항할 수 없다는 취지라고 추측하는 이, 특약을 기재한 증서가 제시되지 않았기 때문에 양수인이 선의라고 한 원심인정을 전제로 한 사실이라는 점을 고려한 것이라는 이, 중과실을 적극적으로 요건화하였다고 하기 보다는, 선의만이 요건이라는 것을 유지하고, 악의인정을 보완하는 방법을 보여 준 것이라고 볼 여지가 있다고 하는 이 등이 있다고 한다(이상에 관해서는 寺田正春, 前揭評釋, 65頁). 다른 판례는, 금전대여를 부업으로 하는 자는 은행거래 및 은행업무의 실태나 관행에 관하여 일반인 이상의 지식과 경험을 가지고 있다고 보기 어렵다는 점과 일반 예금채권의 경우 양도를 금지할 필요성이 인정되나 부도어음이의신청예탁금반환채권에는 양도금지를 필요로 하는 사정이 보이지 아니하는 점을 아울러 참작하여 위 예탁금반환채권의 양도성 유무에 관하여 확인하지 아니한 양수인에게 중과실이 없다(日本最高裁判所 1987. 11. 24. 判決, 朴孝寬, "債權 讓渡禁止 特約과 善意의 讓受人", 判例研究, 제8집, 부산판례연구회, 1998, 253쪽에서 재인용)고 한다. 그 밖의 일본의 판례에 관한 우리말 문헌으로는 朴孝寬, 앞의 논문, 252-254쪽 참조.
32) 米倉明, 前揭書, 184-185頁. 그 밖에 다른 견해에 대해서는 寺田正春, 前揭評釋, 65頁.

약의 효력을 제한하려는 '특약의 효력제한론'을 주장하는 이가 있다. 이에 따르면, 특약의 악의자에 대한 효력에 관하여, 우선 특약이, (ㄱ) 오로지 채권자의 이익을 추구하는 경우, (ㄴ) 오로지 또는 주로 채무자의 이익을 추구하는 경우, (ㄷ) 채권자·채무자 쌍방의 이익을 추구하는 경우로 크게 나눈 뒤, 다시 (ㄴ)의 경우를 (i) 단순 사전절차의 번잡화를 막는데 그치거나, 그 이상의 이익이 있어도 다른 방법으로써 목적을 달성할 수 있는 경우(후자에는 잘못 지불할 위험회피를 위한 경우와 상계권의 확보를 위한 경우가 이에 해당하는 것으로 본다), (ii) 변제기에 변제를 면하는 것을 목적으로 하는 경우, (iii) 당사자 사이의 특수한 관계의 유지를 위한 경우로 분류하고, 각각의 경우를 이익의 비교형량을 기준으로 결정해야 한다고 하고,[33] "특약이 있음에도 채권양도의 악의의 양수인을 새로운 채권자로 다루는 것이, 양도인·양수인의 이익 및 채무자(제3채무자)가 특약에 의해서 추구하는 이익을 비교형량하여 채무자에게 가혹하다고 할 수 없는 경우에는(이러한 경우를 채무자에게 있어서 채권양도는 배신성을 띠지 않는다고 부른다), 채무자는 특약으로써 악의자에게 대항할 수 없고, 거꾸로 채무자에게 있어서 가혹하다고 할 수 있는 경우(채무자에게 있어서 채권양도가 배신성을 띤다고 부른다)에는 특약으로써 악의자에게 대항할 수 있다."[34]고 한다.

이러한 '채권양도금지특약효력제한론'에 대해서는 "주목할 만한 이론"[35]이라고 하는 이들도 있고, "주목할 만한 사고의 모습이지만, 법문에 반할 뿐만 아니라 악의자임에도 특약으로써 대항할 수 없다고 하는 것에 대한 명확한 기준이 없다."[36]고 비판하는 이도 있다.[37]

---

33) 米倉明, 上揭書, 68−90頁. 이에 따르면, 오로지 채권자의 이익만을 추구하는 경우로는, 가령 채권자의 이익만을 위한 금전위탁을 들고(同書, 68−70頁), 채권자·채무자 쌍방의 이익을 추구하는 경우로는, 가령 법률상 부양의무 없는 자들의 상호부양약정(同書, 88−90頁) 등을 든다.

34) 米倉明, 上揭書, 98頁. 이 저자는 스스로 이를 '배신이론'이라고 부르고 싶다고 한다(上揭書, 90頁).

35) 林良平外二人, 前揭書, 489頁.

36) 淡路剛久, 前揭書, 441頁.

37) 이와 관련하여 「우리 민법의 해석론으로서도 [민법] 제449조 제2항을 형식논리에만 얽매어 새겨 양도금지의 의사표시의 효력을 일률적으로 평가하여야 할 필요가 있는지는 의문이다. 왜냐하면 양도금지의 의사표시를 하는 당사자의 목적은 구체적인 경우에 따라 천차만별이라고 할 수 있는데, 이러한 구체적인 사정을 전혀 고려하지 아니하고 그 의사표시의 효력을 한 가지로만 평가하는 것은 법률행위에 대한 올바른 해석이라고 할 수 없기 때문이다.

(5) 특약이 있는 채권양도에 있어서 대항요건의 필요여부와 관련하여, 선의의 제3자가 보호되기 위해서는 일본민법 제467조가 규정한 통지 또는 승낙과 같은 대항요건을 갖추어야 하는가가 문제인데, 이에 관해서, 특약이 없는 채권이 양도된 경우에 양수인이 채무자에게 대항함에 있어서 대항요건을 갖추어야 하는 이유는, "채권자의 변경을 채무자에게 알게 할 필요가 있기 때문"이라고 하고, "이러한 이유를 전제로 하는 경우에, 이는 특약이 있는 채권이 양도된 경우에 있어서는 보다 더 들어맞을 것."[38]이라고 하며, "양도금지특약이 있는 채권에서도 채무자는 양도가 되지 않을 것이라고 생각할 것이고...양도가 되지 않는다고 생각한 채무자에 대해서는 그 예상에 반하여 채권자의 변경이 있다는 것을 알게 할 필요가 특약이 없는 때보다 더 크다고 할 수 있다."[39]고 하고, "본래라면 무효인 것에, 양수인이 때때로 선의(무중과실)이기 때문에 유효로 다루어지는데 지나지 않는 채권양도가, 대항요건도 요하지 않는다는 대우를 받는 것은 통상의 유효한 채권양도와의 사이에 균형을 잃는 것"으로 되며, 특약의 효력에 관한 채권적효력설에 있어서는 "본래 채권자에게서 양수인으로의 양도는 유효한 것이므로 이 또한 대항요건을 요하는 것"[40]이라고 한다.

양수인이 채무자 외의 제3자, 가령 압류채권자에게 대항함에는 확정일자 있

따라서 양수인이 악의인 경우에는 일본의 양도금지특약의 효력제한론에 있어서와 마찬가지로 채무자가 고지한 양수인에게 양도의 무효를 주장할 수 있는 경우를 인정함으로써 그 효력을 구체화·개별화하는 해석을 함이 바람직하다고 믿는다.」(徐敏, 앞의 債權讓渡에 관한 研究, 62쪽)라고 하고, 「실제문제로서 우리나라의 금융거래에서도 예금약관에는 예금채권의 양도를 금지하는 조항이 있는데, 이러한 양도금지는 채무자인 은행의 번잡을 피하려는 편의적인 목적을 위한 것임에 불과하며, 이러한 양도금지에 무제한의 효력을 인정하여야 할 것인지는 의문이다.」(徐敏, 같은 책, 62쪽)라고 하는 이도 있다. 또 이러한 효력제한론을 바탕으로 민법 제449조 제2항 단서의 '선의'를 '해의'로 보아야 한다는 이도 있는데, 이에 관해서는 뒤에서 다시 본다.

38) 米倉明, 前揭書, 210頁.

39) 米倉明, 上揭書, 210頁. 또 이 저자는 "특약이 있는 채권이 양도된 때에는 특약의 효력에 관한 물권적효력설에 따르면 본래 양도는 무효가 될 터이고, 채무자로서는 양수인이 선의(무중과실)이기 때문에, 이에 대해서 특약으로써 대항할 수 없고 결과적으로 양도인으로부터 양수인에의 양도가 유효한 것으로 다루어진다. 결국 본래 무효인 것이 유효한 수준으로까지 올려진 것이고, 그 이상으로 되는 것은 생각할 수 없다. 유효한 수준으로 올려진 이상 유효한 채권양도를 규제하는 규정에 따라야 할 것"이라고도 한다.

40) 米倉明, 上揭書, 210−211頁.

는 증서로써 하는, 채무자에 대한 통지 또는 승낙(일본민법 제467조 제2항)을 필요로 하는가에 관해서는, "물권적효력설을 전제로 하더라도 특약이 없는 채권양도에 관해서도 확정일자 있는 증서에 의한 대항요건이 필요하다면, 이와의 균형상, 같은 대항요건을 요하는 것이고, 본래라면 무효이어서 양수인의 주관적 모습에 의해서 유효하게 취급됨에 지나지 않는 채권양도에 있어서는 더욱더 같은 대항요건을 필요로 한다고 해야 할 것이다. 채권적효력설에 선다면 특약이 있는 채권의 양도도 본래 유효한 것이므로 통상의 채권양도와 같은 대항요건을 필요로 하는 것"41)이라고 하는 이가 있다.

(6) 채무자의 항변과 관련하여 일본민법 제466조 제2항 단서에 따라 채권의 양수인이 선의인 경우에는, 채무자는 양도금지특약으로써 양수인에게 대항할 수 있는데, 채권양도통지가 양도인에게서 채무자에게 한 경우에 채무자는 양도금지특약으로써 일본민법 제468조 제2항의 통지 전에 채무자가 채권자에게 대항할 수 있었던 사유로써 그 특약의 존재를 양수인에게 주장하여 변제를 거부할 수 있는가가 문제인데, 이에 관하여 "만약 그것이 가능하다면 실제상 일본민법 제466조 제2항 단서는 거의 모든 경우에 의미가 없게 될 것이다. 그에 따라 양도금지특약에 관한 한 일본민법 제466조는 제468조 제2항의 특칙이라고 할 것이므로, 선의양수인의 보호를 위해서, 양도금지특약에 관해서는 제468조 제2항은 적용되지 않는다고 해야 할 것"42)이라고 하는 이가 있다.

Ⅲ. 한국민법상의 채권양도금지특약에 있어서의 양수인의 과실 또는 중과실 문제

1. 학설

가. 해의설

민법 제449조 제2항 단서의 '선의'를 '해의'(害意)로 제한적으로 해석해야 한다는 이가 있다. 이에 따르면, 「일반적으로 양도금지특약의 효력을 인정할 것이

---

41) 米倉明, 上揭書, 211－212頁.
42) 植林 弘, 前揭注釋民法, 367頁.

아니라, 당해 채권관계의 특수성에 비추어 신뢰관계가 특별히 강조되어야 할 경우에 한해서 양도금지의 특약이 유효한 것으로 민법 제449조제2항을 제한적으로 해석하는 것이 필요하다」고 하고, 「양도금지 특약의 효력을 인정하는 근거는, 채권의 성질상 그 양도가 금지되는 경우와 같이, 당해 채권자와 채무자 사이에서 이행되어야 할 긴밀한 필요가 인정되는 경우 그를 보호할 필요가 있다는 데 있다고 할 것임에도, 오늘날 거래현실에서는 경제적 강자인 당사자가 단지 거래관계가 복잡하게 되는 것이 귀찮다는 이유로 경제적 약자를 강요해서 양도금지특약을 맺는 경우가 많다는 점에서도 일반적으로 양도금지특약의 효력을 인정할 근거를 상실하고 있는 것」이라고 하고, 「이와 같은 맥락에서 양도금지채권의 양수가 무효가 되는 제3자의 악의도 단순히 특약이 있었다는 사실을 안 정도로는 부족하고 제3자가 채권을 양수받음으로써 당해 채권자와 채무자 사이에서 요구되는 특별한 신뢰관계를 해하게 된다는 사실을 알면서도 이를 양수한 경우, 즉 해의로 제한적으로 해석함이 상당하다」[43]고 한다.

나. 선의설(단순선의설)

제3자가 선의인 한 과실이 있더라도 채무자는 양도금지특약으로써 대항할 수 없고 채권은 유효하게 이전된다고 보는 이들이 있고, 이 가운데에는 "그것이 민법규정의 법문(法文)에도 부합한다."[44]고 하거나, "채권양도금지 특약이 있는 경우 채권의 양도성이 극도로 제한되어, 채권의 양도의 자유를 인정하고 있는 취지에 반하고, 더 나아가 국제적인 흐름에 부합되지 못한다"[45]고 하는 이, "양도제한약정을 무시하고 양도한 채권자에게 약정위반의 책임을 내부적인 관계에서 추궁하도록 하고, 선의의 제3자에게까지 그 약정의 효력을 확대하지 못하도록 하는 것이 민법의 취지"이며, "양도행위의 상대방인 제3자에게 양도제한약정의 존부에 대해 조사할 주의의무를 부과하는 것은 민법이 인정한 채권의 양도성 인정의 원칙에 비추어 볼 때 부당하다."[46]고 하여, 민법 제449조의 법문이나 그

---

43) 文興洙, "債權의 讓渡性과 押留可能한 債權의 範圍 — 특히 讓渡禁止特約의 效力과 관련하여 —", 人權과 正義, 제284호, 대한변호사협회, 2000, 97 – 98쪽.

44) 송덕수, 채권법총론, 박영사, 2013, 351쪽.

45) 尹喆洪, "채권양도의 금지특약에 관한 소고", 法曹, 通卷, 第651號 (2010. 12.), 法曹協會, 2010, 20쪽.

46) 李銀榮, 債權總論, 博英社, 2009, 613쪽.

입법취지에서 그 근거를 찾는 이들이 있으며, 이에 한하지 아니하고 (ⅰ) 우리 민법이 그대로 본받은 일본 민법상의 양도금지특약과 선의의 제3자에 대한 대항 요건을 규정하게 된 입법배경, (ⅱ) 민법이 선의와 선의·무과실을 요하는 경우를 분명하게 분리하여 밝히고 있는 점, (ⅲ) 선의의 제3자에게 중과실이 없을 것을 요구할 경우에 중대한 과실이 구체적으로 어떠한 내용을 의미하는 것인지 문제가 된다는 점, (ⅳ) 제3자의 무과실을 요하는 견해는 제3자 보호를 표견법리(권리외관보호법리)에서 도출하고 있으나 법이 원칙으로 선언한 채권의 양도성과 그 제한 특약의 대외적 효력에 대한 평가 문제는 개별거래에서의 외관을 신뢰한 선의·무과실의 제3자 보호법리와는 동일하다고 볼 수 없으며, 예외적인 사실로서의 양도금지 특약의 유무를 조사할 주의의무를 양수인인 제3자에게 부과한다는 것은 민법이 규정한 채권의 양도성 인정의 원칙에 비추어 볼 때 부당하다는 점 등을 이유로 하는 이47)도 있다.

다. 선의무과실설

제3자가 선의·무과실인 경우에 양도금지특약으로써 대항할 수 없다고 하는 이들이 있다. 이에 따르면, 양도금지특약으로써 선의의 양수인에게 대항할 수 없다는 것은 「표견적인 것, 즉 겉으로 드러나 보이는 것에 대한 신뢰를 보호해서 거래안전을 꾀하려는 제도이기 때문」48)이라고 한다.

라. 선의무중과실설

(1) 채무자는 제3자가 선의·무중과실인 경우에 채권양도금지의 특약으로써 대항할 수 없고 악의자와 중과실 있는 선의자에게 대항할 수 있다고 하는 이

---

47) 李相旭, "債權讓渡 禁止 特約의 제3자에 대한 效力", 영남법학: 月汀 曺定鎬 敎授 停年退任 紀念特輯號, 제4권 제1·2호(통권 제7·8호), 영남대학교 법학연구소, 1998, 258–259쪽.
48) 郭潤直, 앞의 책, 219쪽; 金容漢, 債權法總論, 博英社, 1988, 438쪽. 이들은 또 「양수인이 양도금지 특약이 있음을 알지 못하였지라도, 이를 알 수 있었을 상태에 있었던 때(예컨대 채권증서에 양도금지의 기재가 있는 경우)에는, 양수인은 악의로 추정된다고 해석하여야 한다.」(郭潤直, 앞의 책, 219쪽; 金容漢, 앞의 책, 438쪽)고도 하는데, 이에 대하여는, 과실과 악의는 차원이 다른 문제로서 과실이 있다고 하여 악의가 추정된다는 경험칙이 존재한다고 할 수 없을 뿐만 아니라, 양수인이 과실이 있는 것만으로써 양수인은 유효하게 채권을 취득할 수 없다는 것이므로 추정에 의한 악의를 끄집어낼 아무런 필요도 없」다(金先錫, "指名債權讓渡의 證明責任", 司法論集, 第23輯, 法院行政處, 1992, 258쪽)고 하는 이도 있다.

들[49]이 있다. 여기에는, 「중대한 과실은 악의와 동일히 취급하여야 한다」[50]고 하는 이, "중대한 과실로 양도금지의 특약을 알지 못한 양수인을 보호할 필요는 없을 것"[51]이라고 하는 이, 이 제도가 외관을 신뢰한 자를 보호하여 거래안전을 위한 것이라는 점에서 취득자의 선의 무과실을 요건으로 하는 동산의 선의취득과 취지를 같이 하나, 「채권의 양도통지는 양도성의 원칙에 대한 예외이므로 그 효력의 인정에 있어서도 되도록 제한적으로 해석할 필요가 있고, 이 경우에는 동산의 선의 취득에 있어서와는 법적 상태가 같지 아니하므로」, 「양수인에게 경과실조차도 없어야 보호할 수 있다고 해석함은 형평에 맞지 않」다고 하고, 「다만 중과실은 고의와 맞먹는 책임사유로 평가되므로 고의와 마찬가지의 효과를 인정함이 옳다.」[52]고 하는 이, "채권의 양도에 대한 제한은 엄격하게 해석하여야 하고, 양수인에게 무과실을 요구하는 것은 거래의 안전에 문제가 있다"고 하고 "양수인이 선의임에 중대한 과실이 있는 경우까지 보호할 필요는 없다"고 하는 이,[53] "증권적 채권과 달리 지명채권에 관하여는 유통 보장의 필요가 있다고 하여도 제3자에게 과실 유무를 묻지 않고 선의이면 족하다고 할 정도로까지 후하게 확보할 필요는 없고 입법자의 의사는 채권양도의 자유의 신장에 기울어져 있었다고 생각되지만 그렇다고 그렇게까지 신장시킬 생각이었는가는 분명하지 않으며, 특약에 의하여 채무자가 추구하고 있는 이익을 고려하여 채무자에게 있어서 누구에게 변제하더라도 채무이행의 의미에 변함이 없다고 한다면 제3자는 선의이면 족하다 할 것이나 특약의 이익을 전혀 무시하는 것은 타당하지 않고 그 이익 보호를 고려하여 무중과실을 요한다고 함으로써 과실 유무의 판단을 통하여 쌍방의 이해 조정이 가능하다."[54]고 하는 이, "양도금지 특약은 상계 이익의 확보, 과오불 위험의 회피, 상대방의 성실한 채무이행의 확보의 필요성이 인정되

---

49) 金亨培, 債權總論, 博英社,1998, 578쪽; 林正平, 債權總論, 1989. 法元社, 376쪽; 徐敏, 註釋民法, 債權總則, (2), 朴駿緖편, 韓國司法行政學會, 2000, 541쪽; 徐敏, 앞의 債權讓渡에 관한 硏究, 60쪽.
50) 金基善, 韓國債權法總論, 法文社, 1987, 278쪽.
51) 김상용, 채권총론, 화산미디어, 2014, 372쪽; 尹喆洪, 債權總論, 法元社, 2012, 395쪽; 金疇洙, 債權總論, 三英社, 1996, 359쪽; 李尙勳, 民法注解, [X], 債權, (3), 郭潤直편, 博英社, 1995, 569쪽.
52) 徐敏, 앞의 註釋民法, 541쪽; 같은 저자, 앞의 債權讓渡에 관한 硏究, 60쪽.
53) 金大貞, 債權總論, 피데스, 2007, 863쪽.
54) 朴孝寬, 앞의 논문, 249쪽.

는 한 그 합리성이 있다고 할 것이고, 채권 양도금지특약에 의하여 진실과 다른 외관을 작출하였다 하더라도 이 역시 법이 허용한 것이므로 채무자에게 다른 선의자 보호 제도에 비교하여 귀책성이 강한 것은 아니고 현재 지명채권의 유통성에 대한 수요가 그다지 큰 것이 아닌 점을 고려하면, 거래상 당연히 요구되는 주의의무를 현저히 태만히 한 채 위험에 접근한 중과실 있는 양수인은 선의라고 하더라도 법적 보호를 받을 가치가 없다고 할 것이므로 채권양도금지 특약 제도의 운용에 있어서 경과실 있는 선의자까지만 보호하고 중과실 있는 선의자는 보호에서 제외함이 공평"[55]하다고 하는 이 등이 있다.

(2) 민법 제499조 제2항 단서의 선의의 입증책임과 관련하여 채무자가 '악의'를 입증할 책임이 있다는 전제 아래 채무자가 이를 입증하는 것이 쉽지 아니하므로 양수인의 무중과실이 필요하다고 하는 이가 있다. 이에 따르면 "본래 채권의 양도성의 존재 자체가 법적 진실이고 다만 법이 예외적으로 특약에 의하여 채무자의 형편에 따라 양도성 박탈을 허용한 결과로서 법적 진실과 일치하지 않는 외관이 발생하였다는 점에 이 경우의 특징이 있다."고 하고, "특약에 의하여 이익을 받는 채무자와 제3자의 지위를 대비하면, 제3자의 보호에 기울지 않을 수 없으므로 제3자의 보호에 무과실을 요구하면 타당하지 않다."고 하며, "그런데 악의의 입증책임이 채무자에게 있다면 양수인이 자백하지 않는 한 악의 추인의 객관적 사정의 증명에 의하여야 하고 이는 대단히 어려운 것이므로 악의의 증명책임을 완화하여 객관적 사정으로 보아 악의 개연성이 높은 경우에는 보다 용이한 중대한 과실의 주장입증을 허용함으로써 쌍방 이익의 균형을 맞추는 것이 타당하다."[56]고 한다.

(3) 재판실무상의 경험을 바탕으로 양수인은 선의·무과실이어야 한다고 하

---

55) 朴孝寬, 앞의 논문, 256쪽. 나아가 이 저자는 "선의자 보호제도 가운데 법문상 무과실을 요건으로 명시한 경우에는 그 과실은 경과실을 의미한다고 보아야 할 것이고 이와 달리 중과실이라고 보기 위해서는 특별한 사정 변경이 있어야 할 것이지만 선의라고만 되어 있는 규정은 선의에 무중과실이 요구되는지, 선의로서 족한지에 관하여 향후 법해석에 맡겨 놓은 것이라고 볼 여지도 있다"(같은 논문, 257쪽)고 하고, 민법 제449조 제2항 단서의 선의는 중과실 없는 선의라고 해석하더라도 법문을 벗어난 것은 아니라고 한다.
56) 朴孝寬, 앞의 논문, 앞의 논문, 248쪽.

는 이도 있다. 즉, 채권양도금지의 특약은 공사대금채권이나 물품대금채권의 경우에 많고, 이는 상대방의 성실한 채무이행의 확보를 위한 경우가 압도적으로 많은데, 공사의 미완성 내지 부실시공으로 공사대금을 받기 어렵거나, 판매한 물품 등에 하자가 있어서 대금지급을 거절당하면, 채권자는 채권회수의 방책으로서 그 채권을 제3자에게 양도하는 형식을 취하고, 제3자로 하여금 대금청구소를 제기토록 하는 것이 다반사인데, 이런 경우 법문대로 채권양수인의 선의만 따진다면 그 입증책임이 피고인 채무자에게 있어 사실상 채무자가 피해를 입을 염려가 매우 크므로, 채권양수인의 중과실을 악의와 같이 취급하여 채무자를 보호할 필요성은 대단히 크다고 한다.57)

(4) 선의·무중과실설에 대한 비판으로는, "우리 민·상법, 어음·수표법에서 중대한 과실의 개념을 채택하여 여러 곳에서 이를 책임요건의 하나로 규정하고 있는 것에 비추어 보면 무중과실설의 논거인 '중대한 과실은 악의와 동일하게 취급하여야 한다'는 주장은 중대한 과실을 개념상 악의에 포함시켜 이해한다는 의미가 아니라 법적 효과의 면에서 악의와 동일하게 취급한다는 의미로 보아야 할 것이고 그렇다면 법문상 중대한 과실이 요건화되어 있지 않은 경우에 중과실에 대하여 악의와 동일한 법적 효과가 부여될 근거가 없다"58)고 하는 이, "중과실을 악의와 동일시하는 것은, 경우에 따라서는 타당성은 있을지 몰라도, 법률을 뛰어넘은 해석일뿐더러 민법의 여러 곳에서 선의만을 규정하고 있는데 일정한 사항에 관하여만 [중과실이라고] 그렇게 해석할 근거가 있는지도 문제이므로, 섣불리 그러할 일은 아니다."59)라고 하는 이 등이 있다.

2. 판례

가. 과실 또는 중과실의 필요여부

판례는, "민법 제449조 제2항이 채권양도 금지의 특약은 선의의 제3자에게 대항할 수 없다고만 규정하고 있어서 그 문언상 제3자의 과실의 유무를 문제 삼

---

57) 朴孝寬, 같은 논문, 259−260쪽, 토론자 허상수 별개의견(같은 논문, 259−260쪽).
58) 朴孝寬, 같은 논문, 249쪽.
59) 송덕수, 앞의 책, 351쪽.

2. 채권양도금지특약에 있어서의 양수인의 과실 또는 중과실 문제 43

고 있지는 아니하지만, 제3자의 중대한 과실은 악의와 같이 취급되어야 하므로, 양도금지 특약의 존재를 알지 못하고 채권을 양수한 경우에 있어서 그 알지 못함에 중대한 과실이 있는 때에는 악의의 양수인과 같이 양도에 의한 채권을 취득할 수 없다고 해석하는 것이 상당하다."[60]고 하고, 이를 전제로 "여기서 말하는 중과실이란 통상인에게 요구되는 정도의 상당한 주의를 하지 않더라도 약간의 주의를 한다면 손쉽게 그 특약의 존재를 알 수 있는데도 그러한 주의조차 기울이지 아니하여 특약의 존재를 알지 못한 것을 말한다."[61]고 한다.

나. 판례상의 구체적인 사례

(1) 중과실을 긍정한 경우

(가) 증서교부의 경우

임대차와 관련하여 "종합병원 영안실의 임차인으로부터 임대차보증금 반환 채권을 양수한 자가 그 채권을 양수하면서 채권양도금지 특약이 기재된 임대차계약서를 교부받고 이를 채권양도서류에 첨부하여 사서증서 인증까지 받는 등 여러 사정에 비추어 볼 때, 위 양수인은 채권양도금지 특약이 존재한다는 사실을 알았거나 이를 알지 못한 데 중대한 과실이 있다"[62]고 한다.

---

60) 대법원 1996. 6. 28. 선고 96다18281 판결[이 판결에 대하여는, 선의무중과실설의 관점에서 "양도금지 특약 있는 채권을 유효하게 양수하기 위해서는 양수인에게 선의 외에 선의인데 중과실이 없어야 한다고 판시한 연구대상 판결은 정당하다"고 하고, "무중과실설을 취하는 이유로 제3자의 중대한 과실은 악의와 같이 취급되어야 할 것이라고 판시한 부분은 다른 선의자 보호 규정에 대한 해석과 관련하여 각 규정마다 기본적으로 무중과실설, 단순선의설, 무과실설이라는 3가지 견해가 나누어지는 가운데서도 상법 제24조를 제외하고는 법문대로 선의이면 족하다고 보고 중과실은 악의와 동일하게 취급되어야 한다는 법리를 채택하지 아니하고 있는 판례의 태도에 비추어 보면 채권양도금지 특약에 한해서는 제3자의 중대한 과실은 악의와 같이 취급되어야 할 것이라는 취지이지 이를 선의자 보호 규정 전반에 통하는 일반적 법리로 설시한 것은 아니라고 보인다"고 하고 "상고인이 피상고인의 과실을 주장하면서도 과실 유무에 관한 자료를 제대로 제시하지 못하여 연구 대상 판결을 통하여 중과실 유무의 구체적 인정 기준을 얻지 못한 것이 아쉽다."(朴孝寬, 앞의 평석, 257쪽)고 하는 이, 선의설의 입장에서 "이 판결의 논지에는 찬성할 수 없다."고 하는 이(李相旭, 앞의 평석, 259쪽) 등이 있다. 그 밖에 이 판결과 같은 취지로 대법원 1999. 12. 28. 선고 99다8834 판결; 대법원 2010. 5. 13. 선고 2010다8310 판결; 대법원 2000. 4. 25. 선고 99다67482 판결; 대법원 2003. 1. 24. 선고 2000다5336,5343 판결 등.

61) 대법원 2014. 1. 23. 선고 2011다102066 판결; 대법원 2010. 5. 13. 선고 2010다8310 판결.

62) 대법원 2010. 5. 13. 선고 2010다8310 판결. 이 판결에 대한 평석으로 金紋寬, "채권양도금지 특약으로 대항할 수 있는 제3자 및 확정일자 있는 증서의 의미", 대법원판례해설, 제83

도급 또는 하도급과 관련하여, 원고 등과 소외 회사는 채권양도금지 특약이 있는 공사도급계약을 체결하고, 이 도급계약은 소외 회사가 제공한 계약서 용지를 사용하여 체결되었고, 계약서 용지에는 민간건설공사 표준도급계약서 일반조건 양식이 인쇄되어 첨부되어 있으며, 채권양수인과 그 대리인은 소외 회사의 임직원으로서 공사에 직·간접으로 관여해 왔고, 특히 계약담당상무이사로서 공사도급계약을 체결하였던 이도 채권양수인에 들어가 있는 사실을 알 수 있어 채권양수인이나 대리인 등은 공사대금 채권에 대하여 양도금지의 특약이 존재하는 사실을 알았다고 할 것이고, 그렇지 않다고 하더라도 알지 못한 데에 중대한 과실이 있다고 봄이 상당하다."[63]고 한다. 또 하수급인으로부터 피고에 대한 위 공사대금채권 중 15억 8,600만 원의 채권을 양도받을 당시 하수급인으로부터 양도금지특약이 기재된 하도급계약서를 건네받아 그 내용을 확인한 다음 계약서의 1면과 마지막 면의 사본을 교부받고 나머지를 반환한 사실이 있고, 하수급인과 설비공사에 관한 물품공급계약을 체결할 때에는 물품대금채권에 관하여 채권양도금지 특약을 하지 않았으나, 역무자동화설비에 관한 물품공급계약을 체결할 때에는 하수급인의 서면승인 없이 물품대금채권을 제3자에게 양도할 수 없다는 내용의 채권양도금지 특약을 한 경우에 관하여 "건설공사도급계약에 의한 공사대금채권의 경우 채권양도금지 특약이 있는 것이 일반적인데 그와 같은 특약이 포함되어 있음은 원고와 같이 역무자동화설비를 전문적으로 공급하는 회사의 경우 이를 잘 알 수 있었던 것으로 보이고, 원고는 다른 사업자와 거래를 함에 있어 채권양도금지 특약을 정할 것인지 여부와 양수하고자 하는 채권에 관한 채권양도금지 특약이 있는지 여부를 살필 만큼 충분한 전문지식을 가지고 있었던 것으로 보이며...하도급계약서를 건네받아 그 내용을 확인한 다음 계약서의 1면과 마지막 면의 사본을 교부받고 나머지를 반환하기까지 한 만큼 이 사건 하도급계약서에 있는 채권양도금지 특약의 존재를 알았거나 알 수 있었을 것으로 추인할 수 있다고 판단하였다. 그리고 현실적으로 채권양도금지 특약의 존재를 알지 못하였다고 하더라도 원고로서는 채권양도금지 특약의 존재를 충분히 예상할 수 있었고, 원고가 이 사건 하도급계약서를 읽어보았거나 피고에게 채권양도금지 특약 여부에 관해서 물어보았더라면 이 사건 설비공사의 공사대금채권과 관련하

호(2010 상반기), 법원도서관, 2010, 155-165쪽.
63) 대법원 2014. 1. 23. 선고 2011다102066 판결.

여 채권양도금지 특약이 있다는 것을 쉽게 알 수 있었는데도 그러한 확인을 하지 아니하여 특약의 존재를 알지 못하였으므로 채권양도금지 특약의 존재를 알지 못한 데에 중대한 과실이 있는 것으로 보아야 한다고 판단하였다. 위에서 본 법리와 적법하게 채택된 증거들에 비추어 살펴보면, 원심의 위와 같은 판단은 정당."[64]하다고 한다.

(나) 은행거래의 경우

은행거래에서 발생하는 채권인 "예금채권의 양도를 제한하고 있는 사실은 적어도 은행거래의 경험이 있는 자에 대하여는 널리 알려진 사항에 속한다 할 것이므로, 은행거래의 경험이 있는 자가 예금채권을 양수한 경우 특별한 사정이 없는 한 예금채권에 대하여 양도제한의 특약이 있음을 알았다고 할 것이고, 그렇지 않다 하더라도 알지 못한 데에 중대한 과실이 있다고 보아야 한다."[65]고 한다.

(2) 중과실을 부정한 사례
(가) 임대차

앞의 대법원 2000. 4. 25. 선고 99다67482 판결은, "임직원이 부도 위기에 처한 회사로부터 임금 등 채권을 확보하기 위하여 양도금지 특약이 있는 회사의 임대차보증금반환채권을 양수한 경우, 양도금지 특약이 기재된 임대차계약서가 존재하고 양수인이 회사의 임직원들이며 특히 일부는 전무 등 핵심 지위에 있었다는 사정만으로는 양수인의 악의나 중과실을 추단할 수 없다"고 한다.

(나) 은행거래의 경우 – 명시·설명의무와의 관계

은행거래의 경우에도 명시·설명 의무를 이유로 양도금지특약을 주장할 수 없다고 한 판결이 있다. 즉, "예금채권은 금전채권의 일종으로서 일반거래상 자유롭게 양도될 필요성이 큰 재산이므로, 은행거래약관에서 예금채권에 관한 양도금지의 특약을 정하고 있는 경우, 이러한 특약은 예금주의 이해관계와 밀접하게 관련되어 있는 중요한 내용에 해당하므로, 은행으로서는 고객과 예금계약을

---

64) 대법원 2014. 1. 23. 선고 2011다102066 판결.
65) 대법원 2003. 12. 12. 선고 2003다44370 판결.

체결함에 있어서 이러한 약관의 내용에 대하여 구체적이고 상세한 명시·설명의무를 지게 되고, 만일 은행이 그 명시·설명의무에 위반하여 예금계약을 체결하였다면, 은행거래약관에 포함된 양도금지의 특약을 예금계약의 내용으로 주장할 수 없다."[66)]고 한다.

3. 학설 및 판례의 검토

가. 민법 제449조의 취지의 관점

민법 제정 당시 민법 제449조의 초안 제440조는 일본민법 제466조, 민법 제450조의 초안 제441조는 일본민법 제467조, 민법 제451조의 초안 제442조는 일본민법 제468조와 각각 동일하다고 하고 있다.[67)] 그런데 우리 민법 제449조와 같은 일본민법 제466조가 타협의 산물임은 앞에서 본 바와 같고, 그에 따라 우리 민법 제449조 제2항 본문에서 "채권은 당사자가 반대의 의사를 표시한 경우에는 양도하지 못한다."고 한 것은 채무자를 보호하기 위한 것이고, 그 단서에서 "그 의사표시로써 선의의 제3자에 대항하지 못한다."고 한 것은 양수인, '나아가서 거래안전'을 위한 것이라고 할 수 있다.

민법 제449조에서 "선의"의 제3자에게 대항하지 못한다고 한 것을, "해의"의 제3자에게 대항하지 못한다고 한다면 채무자가 양도금지특약으로써 대항할 수 있는 양수인의 범위를 좁히는 것이어서 채무자보호취지에 반하고, 반대로 "선의의 과실이 없는" 또는 "선의의 중과실이 없는" 제3자에게 대항하지 못한다고 하다면 이는 채무자가 양도금지의 의사표시로써 대항할 수 있는 양수인의 범위를 확대하는 것이고, 이로써 채무자를 위하여 제3자인 양수인, 나아가서는 거래안전을 해치는 것이 되어 그 입법취지에 반한다.

그러므로 채무자가 양도금지의 의사표시로써 대항할 수 있는 제3자는 선의이면 족하고, 해의 있는 자로 한정하거나 과실 또는 중과실이 있는 자까지 포함하는 것은 아니라고 할 것이다.

---

66) 대법원 1998. 11. 10. 선고 98다20059 판결; 같은 취지로 대법원 1996. 6. 25. 선고 96다12009 판결.

67) 民議院法制司法委員會民法案審議小委員會, 民法案審議錄, 上卷, 1957, 265쪽.

나. 법문언의 관점

(1) 민법이나 상법에는, 민법 제449조제2항 단서와 같이, '선의의 제3자에게 대항하지 못'하도록 한 규정이 여러 곳에 있다. 민법에는, 제8조 제2항(미성년자에 대한 영업허락의 취소 또는 제한), 제107조 제2항(진의 아닌 의사표시), 제108조 제3항(통정한 허위의 의사표시), 제109조 제2항(착오로 인한 의사표시), 제110조 제3항(사기, 강박에 의한 의사표시), 제129조(대리권소멸후의 표견대리), 제492조 제2항(상계금지약정), 제827조 제2항(부부간의 가사대리권의 제한), 제943조(후견인의 목록작성전의 권한), 제959조의 19(임의후견인의 대리권 소멸과 제3자와의 관계) 등이 있고, 상법에는 제11조(지배인의 대리권), 제37조(등기의 효력), 제39조(불실등기의 효력), 제86조의 8(합자조합의 준용규정), 제200조의 2(합명회사의 직무대행자의 권한), 제265조의 2(합명회사 청산인의 준용규정), 제287조의 13(유한회사의 직무대행자의 권한 등), 제751조(선장의 대리권에 대한 제한), 제765조(선박관리인의 대리권에 대한 제한) 등이 있다.[68]

---

68) 그 밖의 선의의 제3자에 대한 규정으로, 법인의 직무대행자의 권한과 관련하여 민법 제60조의 2 제1항은 "제52조의2의 직무대행자는 가처분명령에 다른 정함이 있는 경우 외에는 법인의 통상사무에 속하지 아니한 행위를 하지 못한다. 다만, 법원의 허가를 얻은 경우에는 그러하지 아니하다."고 하고, 제2항은 "직무대행자가 제1항의 규정에 위반한 행위를 한 경우에도 법인은 선의의 제3자에 대하여 책임을 진다."고 하며, 또 선택채권에 있어서의 선택의 소급효와 관련하여 제386조는 "선택의 효력은 그 채권이 발생한 때에 소급한다. 그러나 제3자의 권리를 해하지 못한다."고 한다. 민법에서 '선의'를 규정한 것으로는 제29조 제1항(실종선고의 취소전에 선의로 한 행위), 제2항(실종선고를 직접원인으로 한 재산취득), 제60조의 2 제2항(직무대행자의 권한위반행위), 제197조 제1항, 제2항(점유자의 선의점유 추정), 제201조 제1항(선의점유자와 과실), 제202조(점유자의 회복자에 대한 책임), 제245조 제1항(점유로 인한 부동산소유권의 취득기간), 제246조 제2항(점유로 인한 동산소유권의 취득기간), 제249조(선의취득), 제251조(도품, 유실물에 대한 특례), 제426조(연대채무에서의 구상요건으로서의 통지), 제445조(보증인의 구상요건으로서의 통지), 제446조(주채무자의 보증인에 대한 면책통지의무), 제452조 제1항(양도없이 한 양도통지와 금반언), 제465조 제1항(채권자의 선의소비, 양도와 구상권), 제470조(채권의 준점유자에 대한 변제), 제514조(증권적채권의 선의취득), 제571조 제1항(선의의 매도인의 담보책임), 제572조 제2항, 제3항(권리의 일부가 타인에게 속한 경우와 매도인의 담보책임), 제573조(담보책임에서의 권리행사의 기간), 제745조 제1항(타인의 채무의 변제), 제748조 제1항(부당이득에서의 수익자의 반환범위), 제749조 제2항(수익자의 악의인정) 등이 있다. 또 상법 제14조(표견지배인), 제69조(매수인의 목적물의 검사와 하자통지의무), 제121조(운송주선인의 책임의 시효), 제127조(화물명세서의 허위기재에 대한 책임), 제146조(운송인의 책임소멸),

이들 규정 가운데, 민법 제129조(대리권소멸후의 표견대리)[69]와 같이, 선의와 더불어 무과실까지도 규정하고 있는 경우를 제외한 나머지의 경우에는 제3자의 선의만을 규정하고 있을 뿐 무과실이나 무중과실에 대해서는 규정한 바가 없다. 그에 따라 제3자가 선의로써 대항하기 위해서는 무과실이나 무중과실이어야 하는지에 관해서 문제가 되고, 이들 규정에 관해서는 개괄적으로 모두 무과실이나 무중과실은 문제가 되지 않으며 선의만으로 족하다고 하는 이도 있고,[70] "제3자에 대한 규정의 규범목적에 비추어 과실있는 선의자를 포함할 수도 있고, 혹은 중과실있는 선의자를 배제할 수도 있다"고 하고, "특약을 가지고 대항할 수 있는 선의의 제3자의 범위를 채권의 양도성의 원칙에 비추어 볼 때 …가능한 한 넓게 해석하는 것이 바람직하다"[71]고 하는 이, 민법 제108조의 통정허위표시와 관련하여「스스로 외형적 표시행위를 한 자는 이와 동시에 '무효로 하는 합의'를 하고 이것을 숨기면서 제3자가 그러한 합의의 존재를 알지 못한 데 대하여 과실이 없어야 한다는 것까지 요구할 자격은 없다.」고 하여, 무과실은 요건이 아니라고 하고, 그러나「제3자가 약간의 주의로 '무효로 하는 합의'의 존재를 알 수 있었음에도 그러한 주의를 하지 아니하였기 때문에 그러한 합의의 존재를 알지 못한 경우, 즉 제3자에게 중과실이 있는 경우 제3자를 보호할 필요는 없을 것」[72]이라고 하여 중과실이어야 한다고 하는 이도 있다.

　　판례는, 민법 제108조의 통정한 허위의 의사표시에 관하여, "…제3자는 그

제154조(공중접객업자의 책임의 시효), 제166조(창고업자의 책임의 시효), 제804조(운송물의 일부 멸실·훼손에 관한 통지), 제916조(운송물의 일부 멸실·훼손 등에 관한 통지) 등에서는 악의인 경우에는 적용하지 아니한다고 하고, 제176조(회사의 해산명령)에서는 악의를 소명하도록 하고 있다. 제405조(제소주주의 권리의무)에서는 "…악의인 경우 외에는 회사에 대하여 손해를 배상할 책임이 없다."고 하고, 제797조(운송인의 책임의 한도)에서는 "운송인은 자기 또는 그 사용인이 악의인 경우를 제외하고 운송물의 손해에 대하여 책임을 면한다."고 한다.

69) 민법 제129조(대리권소멸후의 표견대리) 대리권의 소멸은 선의의 제3자에게 대항하지 못한다. 그러나 제3자가 과실로 인하여 그 사실을 알지 못한 때에는 그러하지 아니하다.

70) 통정한 허위의 의사표시에 관하여 곽윤직·김재형, 민법총칙, 박영사, 2015, 313쪽; 李英俊, 民法總則, 博英社, 349쪽.

71) 崔秀貞, 앞의 논문, 164쪽[그에 따라 이 저자는 "특약이 기재된 채권증서의 존재만으로 양수인의 악의나 중과실을 추단할 수 없으며, 선의임에 중과실이 있는 때에는 이를 악의와 동일하게 취급할 것은 아니다."(같은 논문, 같은 쪽)라고 한다]; 그 밖에 같은 취지로 朴孝寬, 앞의 논문, 258쪽.

72) 高翔龍, 民法總則, 法文社, 1990, 455쪽.

2. 채권양도금지특약에 있어서의 양수인의 과실 또는 중과실 문제 49

선의 여부가 문제이지 이에 관한 과실 유무를 따질 것이 아니다."라고 하며,[73] 민법 제449조 제2항에 있어서는 앞에서 본 바와 같이 중과실은 악의와 동일하게 취급하여야 한다는 법리를 들어 무중과실이어야 한다고 하고 있다.

또 법 규정 자체가 선의 외에 중대한 과실을 요구하고 있는 경우도 있다. 민법에서 제109조 제1항(착오로 인한 의사표시), 제401조(채권자지체와 채무자의 책임), 제514조(증권적 채권의 선의취득), 제518조(증권적채무에서의 채무자의 변제), 제734조 제3항(공공의 이익에 적합한 사무관리), 제735조(긴급사무관리), 제757조(도급인의 책임), 제765조 제1항(불법행위 손해배상의무자의 배상액의 경감청구), 제1019조 제3항(상속의 단순승인자의 한정승인) 등과 같다.[74]

법규정 자체가 이와 같이 선의만으로 족한 경우, 선의·무과실이 필요한 경우, 선의·무중과실이 필요한 경우를 구별하여 규정하고 있고, 민법 제449조 제2항 단서에서는 선의만을 규정하고 있을 뿐 해의 또는 무과실이나 무중과실에 관해서는 규정한 바가 없다.

그러므로 해의가 있는 제3자 또는 선의나 중과실이 있는 제3자에 대하여 채무자가 양도금지특약으로써 대항할 수 있다고 주장하는 것은 실정법상 근거가 없다.

다. 민법 제449조 제2항 단서의 입증책임의 관점

양도금지특약으로써 선의·무중과실의 제3자에게 대항할 수 없다고 보는 이들에 따르면 민법 제449조 제2항의 요건 사실은, (ㄱ) 양도인과 양수인 사이에 양도금지특약이 있다는 사실, (ㄴ) 양수인이 양도금지의 특약이 있다는 것에 관하여 선의·무중과실이라는 사실, (ㄷ) 채무자가 악의의 양수인에 대하여 채권양도에 관하여 동의 또는 승낙을 했다는 사실이 될 것이고,[75] 이 가운데 (ㄱ)의 양도금지특약의 존재, (ㄴ) 중 양수인의 중과실에 관해서는 채무자가, (ㄷ)의 양도금지특약채권의 양도승낙에 관해서는 양수인이 주장·입증 책임을 부담한다는 점에 관해서는 이론 없는 것으로 본다.[76]

---

73) 대법원 2006. 3. 10. 선고 2002다1321 판결; 대법원 2004. 5. 28. 선고 2003다70041 판결.
74) 상법에서 제191조(설립무효의 소 또는 설립취소의 소를 제기한 패소원고의 책임), 제322조(발기인의 손해배상책임), 제325조(검사인의 손해배상책임), 제414조(감사의 책임) 등의 경우에는 악의 또는 중대한 과실이 있는 때에 손해를 배상하도록 하고 있다.
75) 이에 관해서는 金先錫, 앞의 논문, 222쪽.
76) 金先錫, 같은 논문, 256-257, 및 같은 논문, 258-259쪽.

이들 요건 중 (ㄴ)의 양수인의 선의에 관한 주장·입증책임에 관해서는 채무자에게 그 책임이 있다고 하는 이들(채무자입증설)도 있고, 양수인에게 있다고 하는 이들(양수인입증설)도 있다. 우선 전자에 따르면, 「양도금지도 양도성의 원칙에 대한 예외이고 예외적 사실의 존재에 관해서도 원칙적으로 선의가 추정되므로, 그 예외적인 사실의 인정에 의하여 이익을 얻으려는 채무자가 이를 주장·입증해야 한다고 하거나,[77] 법은 채권의 양도성을 선언하고 있고, 다만 채무자의 특수사정을 고려하여 특약에 의한 양도성의 박탈을 예외적으로 허용하고 있으므로 "채무자는 이러한 법의 특전을 주장하기 위해 필요한 요건사실, 즉 특약의 존재와 양수인의 악의 또는 중과실을 주장, 입증하여야 한다."[78]고 한다. 후자, 즉 양수인입증설에서는, 「(민법) 제449조 제2항은 동조 제1항에 대한 예외이고, 동조 제2항 단서는 동조 제2항 본문의 예외임이 제449조 법문에 형식과 구조에 의하여 명백하므로, 규범설」에 따라 양수인이 자신이 선의임을 주장·입증해야 한다[79]고 한다.[80] 판례는 "제3자의 악의 내지 중과실은 채권양도 금지의 특약으로 양수인에게 대항하려는 자가 이를 주장·입증하여야 한다."[81]고 한다.

입증책임의 분배에 관해서는 여러 이론이 있으나,[82] 대체로 법규정이 원칙

---

77) 徐敏, 앞의 債權讓渡에 관한 硏究, 60쪽, 그 밖에 채무자가 주장·입증해야 한다고 하는 이로는, 郭潤直, 앞의 책, 220쪽; 金基善, 앞의 책, 278쪽; 金錫宇, 債權總論, 博英社, 1977, 318쪽; 金容漢, 앞의 책, 438쪽; 金疇洙, 앞의 책, 325쪽; 金曾漢, 앞의 책, 276쪽; 金亨培, 앞의 책, 598쪽; 李銀榮, 앞의 책, 613-614쪽; 林正平, 앞의 책, 376쪽.

78) 朴孝寬, 앞의 논문, 255-256쪽. 이 저자는 나아가 "양수인의 악의를 추인하거나 중과실 있다고 인정함에 있어 고려해야 하는 요소는 채권증서(계약서 또는 예금통장)에 특약이 기재되어 있는지 여부, 양수인이 채권증서를 점유하고 있는지 여부, 채권의 종류 및 액수, 양도금지 특약의 존재가 주지성이 있는지 여부, 양수인의 사회적 지위 및 거래 경험 유무 등"(朴孝寬, 같은 논문, 252쪽)이라고도 한다.

79) 金先錫, 앞의 논문, 258-259쪽. 이 저자는 다시 채무자측에서는 양수인의 선의에 중과실이 있음을 주장, 입증할 책임이 있다고 한다(같은 논문, 258쪽).

80) 일본의 학설에서는 대체로 채무자가 양수인의 악의를 입증해야 한다고 하나(植林 弘, 前揭注釋民法, 367頁; 林良平外二人, 前揭書, 490頁; 於保不二雄, 債權總論, 有斐閣, 1989, 304頁; 奧田昌道, 前揭書, 430頁), 일부에서는 "증명책임은 소송에 있어서의 부담의 공평평등을 피하는 취지가 있다는 것을 불문에 붙일 수 없다. 오히려 제3자가 선의라는 것이 확정(증명)되지 않음으로써 받는 불이익은, 그 단서규정의 적용을 구하는 자에게 돌아 가야한다."(村上博已, 證明責任의 硏究, 有斐閣, 1982, 161頁)라고 하여 양수인이 이를 입증할 책임이 있다고 하고, 일본의 판례는 채무자가 양수인의 악의를 증명할 책임이 있다고 한다(日本大審院 1905. 2. 28. 判決, 植林 弘, 前揭注釋民法, 367頁 참조)

81) 대법원 1999. 12. 28. 선고 99다8834 판결; 대법원 2015. 4. 9. 선고 2012다118020 판결.

82) 이에 관해서는, 李時潤, 新民事訴訟法, 博英社, 2011, 501쪽 이하.

규정과 예외규정으로 이루어졌을 때 원칙규정인 본문의 요건사실은 당해 법조가 규정하는 법률효과를 주장하는 자가 입증책임을 부담하고 예외규정인 단서의 요건사실은 그 법률효과를 다투는 상대방이 입증책임을 부담하게 되는 것으로 본다. 민법 제449조 제2항의 본문과 단서는 원칙과 예외의 관계에 있음은 부인할 수 없는 사실이므로 양도금지특약의 존재를 양수인이 알지 못한 데 대하여 양수인 스스로 입증해야 하고, 이 점에서 채무자입증설은 타당하지 못하며, 이러한 채무자입증설을 전제로 하여 채무자의 입증의 곤란을 이유로 법에 규정되지 아니한 양수인의 무중과실까지 요구하는 것은 타당하지 못하다.

라. 의사표시의 도달주의의 관점

(1) 강학상 법률사실 중 의사표시는 외부적 용태에 해당하고, 선의·악의는 내부적 용태에 해당하는 것으로 보아 서로 다르게 다루고 있다. 민법 제111조 제1항은 "상대방 있는 의사표시는 그 통지가 상대방에게 도달한 때로부터 그 효력이 생긴다."고 하여 의사표시의 도달주의를 규정하고 있다. 여기에서 '도달'이란 의사표시가 상대방의 지배영역 내에 들어가 상대방이 요지할 수 있는 상태에 놓인 것으로 보며, 의사표시가 직접 상대방에게 교부될 필요는 없고 우편함에 투입되거나 동거하는 사람에게 교부하였으면 상대방이 보지 않았더라도 도달된 것으로 본다. 도달의 경로는 표의자가 생각했던 것과 다르더라도 상관없으며, 도달주의의 효과로서, 의사표시가 도달하지 않았다든가 늦게 도달하면, 그것은 표의자의 불이익으로 돌아가는 것으로 본다.

판례는, "채권양도의 통지는 채무자에게 도달됨으로써 효력을 발생하는 것이고, 여기서 도달이라 함은 사회관념상 채무자가 통지의 내용을 알 수 있는 객관적 상태에 놓여졌다고 인정되는 상태를 지칭한다고 해석되므로, 채무자가 이를 현실적으로 수령하였다거나 그 통지의 내용을 알았을 것까지는 필요로 하지 않는다."[83]고 한다.

---

83) 대법원 1997. 11. 25. 선고 97다31281 판결. 또 이 판결에서는, "우편법 소정의 규정에 따라 우편물이 배달되었다고 하여 언제나 상대방 있는 의사표시의 통지가 상대방에게 도달하였다고 볼 수는 없으며, 등기우편물에 기재된 사무소에서 본인의 사무원임을 확인한 후 우편물을 교부하였다는 우편집배원의 진술이나 우편법 등의 규정을 들어 그 등기우편물의 수령인을 본인의 사무원 또는 고용인으로 추정할 수는 없다."고 하고, "채권양도통지서가 채무자의 주소나 사무소가 아닌 동업자의 사무소에서 그 신원이 분명치 않은 자에게 송달된

(2) 앞에서 본 바와 같이, 민법 제459조는 제3자의 '선의'만을 규정하고 있을 뿐 그의 과실이나 중과실을 규정하고 있지 아니하므로, 학설이나 판례에서 말하는 바와 같이 민법 제449조의 해석으로 과실이나 중과실을 요한다고 할 것은 아니다. 그러나 실무에서 지적하는 바와 같이, 채무자로 하여금 양도금지특약을 주장하지 못하도록 하기 위하여 채권을 가장양도함으로써 양도금지특약을 회피하는 폐단을 막을 필요가 있다. 이를 위해서는 법규범의 규정에 따라 입증책임을 양수인이 자신의 선의를 입증하도록 하는 것도 하나의 방법일 수 있으며, 나아가 구체적인 사실인정에 있어서 악의를 추정하는 경우를 넓힐 필요도 있다. 가령 앞의 판결들 중, 대법원 2010. 5. 13. 선고 2010다8310 판결이 "종합병원 영안실의 임차인으로부터 임대차보증금 반환채권을 양수한 자가 그 채권을 양수하면서 채권양도금지 특약이 기재된 임대차계약서를 교부받고 이를 채권양도서류에 첨부하여 사서증서 인증까지 받는 등 여러 사정에 비추어 볼 때, 위 양수인은 채권양도금지 특약이 존재한다는 사실을 알았거나 이를 알지 못한 데 중대한 과실이 있다."고 한 경우, 대법원 2014. 1. 23. 선고 2011다102066 판결이 "도급계약은 소외 회사가 제공한 계약서 용지를 사용하여 체결되었고, 계약서 용지에는 민간건설공사 표준도급계약서 일반조건 양식이 인쇄되어 첨부되어 있으며, 채권양수인과 그 대리인은 소외 회사의 임직원으로서 공사에 직·간접으로 관여해왔고, 특히 계약담당상무이사로서 공사도급계약을 체결하였던 이도 채권양수인에 들어가 있는 사실을 알 수 있어 채권양수인이나 대리인 등은 공사대금 채권에 대하여 양도금지의 특약이 존재하는 사실을 알았다"고 보아야 한다고 한 경우 등과 같이, 양도금지특약이 기재된 증서를 교부받았고, 이를 쉽게 알 수 있는 경우에는, 실제 이를 읽지 않았다고 하더라도, 의사표시가 도달하여 요지할 수 있는 상태에 있었던 것처럼, 이를 안 것으로 보아 악의로 추정해야 하며, 은행거래에 있어서와 같이 간접적인 방법으로 양도금지사실을 알고 있는 경우에도 마찬가지로 악의로 추정해야 한다.

이와는 달리 단순히 양도금지가 기재된 문서가 있었다고 하더라도 구체적으로 이를 알 수 없었던 경우에는 선의로 보아서는 안 될 것이다. 이러한 의미에서

경우에는 사회관념상 채무자가 통지의 내용을 알 수 있는 객관적 상태에 놓여졌다고 인정할 수 없다."고 한다. 이 판결과 같은 취지로 대법원 2010. 4. 15 선고 2010다57 판결; 대법원 2011. 1. 13 선고 2010다77477 판결.

한 판결이, "일반적으로 지명채권의 양도거래에 있어 양도대상인 지명채권의 행사 등에 그 채권증서(계약서 등)의 소지·제시가 필수적인 것은 아닌 만큼 양도·양수 당사자 간에 그 채권증서를 수수하지 않는 경우도 적지 아니한 실정이고(특히 양수인이 채권양도 거래의 경험이 없는 개인이라면 더욱 그렇다.), 또한 수수하더라도 양수인이 그 채권증서의 내용에 대한 검토를 아예 하지 아니하거나 혹은 통상의 주된 관심사인 채권금액, 채권의 행사시기 등에만 치중한 채 전반적·세부적 검토를 소홀히 하는 경우가 있을 수 있으며, 그 밖에 전체 계약조항의 수, 양도금지 특약조항의 위치나 형상 등에 따라서는 채권증서의 내용을 일일이 그리고 꼼꼼하게 검토하지 않은 채 간단히 훑어보는 정도만으로는 손쉽게 그 특약의 존재를 알 수 없는 경우도 있을 수 있음에 비추어, 나아가 양도금지 특약이 기재된 채권증서가 양도인으로부터 양수인에게 수수되어 양수인이 그 특약의 존재를 알 수 있는 상태에 있었고 그 특약도 쉽게 눈에 띄는 곳에 알아보기 좋은 형태로 기재되어 있어 간단한 검토만으로 쉽게 그 존재와 내용을 알아차릴 수 있었다는 등의 특별한 사정이 인정된다면 모르되, 그렇지 아니하는 한 양도금지 특약이 기재된 채권증서의 존재만으로 곧바로 그 특약의 존재에 관한 양수인의 악의나 중과실을 추단할 수는 없다."[84]고 한 것은 정당하다. 그러나 은행거래에서 발생하는 채권에 관하여 대법원 2003. 12. 12. 선고 2003다44370 판결이, "예금채권의 양도를 제한하고 있는 사실은 적어도 은행거래의 경험이 있는 자에 대하여는 널리 알려진 사항에 속한다"고 한 것은 타당하지 못하며, 구체적으로 양수인이 같은 은행에 같은 종류의 예금에 관한 거래가 있었는지 등 구체적인 사정을 바탕으로 선의여부를 판단하여야 한다.

IV. 입법론 검토

민법 제449조 제2항에 관해서는, 악의자에는 중대한 과실이 있는 자를 포함시켜, 이러한 자에게도 대항할 수 있도록 해석하는 것이 판례와 통설적인 견해이며 이러한 해석이 채권의 자유로운 양도성을 규정하고 있는 민법 제449조 제1항에 대한 규정 정합적 해석인가에 대해서는 의문이 제기되고 있다고 하고, 채

---

84) 대법원 2000. 4. 25. 선고 99다67482 판결.

권의 양도성을 강화하려는 외국입법례들과 함께 우리의 학설과 판례의 태도 역시 고려하여 "민법 제449조 1항을 현재와 같이 존치하고, 동조 제2항을 "채권양도의 금지나 제한의 의사를 표시한 경우에도 채무자는 그 의사표시로서[써] 제3자에게 대항하지 못한다."고 개정하자는 의견[85])이 있다.

민법 제449조 제1항에서 지명채권의 양도성을 원칙적으로 인정하고, 제2항에서 예외적으로 당사자의 의사표시에 의한 양도제한을 인정한 뒤 이에 대하여 다시 예외를 인정하여 선의의 제3자에게 대항하지 못하도록 하고 있고, 이는 지명채권의 양도성과 그 의사표시에 의한 제한을 절충하는 방법으로 선의의 제3자에 대한 대항불가방법을 택한 것으로, 입법에 있어서의 하나의 타협의 산물임은 앞에서 본 바와 같다. 또한 채권양도에 있어서의 양도금지채권은 다른 계약내용과 같이 채권자와 채무자의 합의에 의하여 이루어진 것이어서 이러한 양 당사자의 의사를 무시하는 것은 타당하지 아니하다. 나아가 정적 안전을 중시하는 민법의 지명채권에 있어서는 증권적채권과 같은 정도의 양도성과 제3자 보호가 필요한 것도 아니다.

그러므로 민법 제449조를 개정할 필요는 없어 보이고, 오히려 문제가 있다면, 법 규정의 해석을 통해서 보완하는 방법으로 해결하는 것이 타당하다.

V. 맺음말

민법 제459조는 제3자의 '선의의 제3자에게 대항할 수 없다'고 규정하고 있을 뿐, 양수인의 과실이나 중과실을 규정하고 있지 아니하므로, 양수인의 과실이나 중과실을 요한다고 할 실정법적인 근거도 없고, 이를 요한다고 해석하는 것은 입법취지에도 맞지 아니하다.

그러므로 선의 외에 무과실이나 무중과실을 요구하는 이론이나 무중과실을 요구하는 판례는 타당하지 못하다.

실무에서 지적하는 바와 같이, 채무자로 하여금 양도금지특약을 주장하지 못하도록 하기 위하여 채권을 가장양도함으로써 양도금지특약을 회피하는 폐단을 막을 필요가 있다. 이를 위해서는 법규범의 규정에 따라 양수인이 자신의 선

---

85) 尹喆洪, 앞의 논문, 29쪽 이하.

의를 입증하도록 하는 것도 하나의 방법일 수 있으며, 나아가 구체적인 사실인정에 있어서 악의를 추정하는 경우를 넓힐 필요도 있다.

그러므로 민법 제449조 제2항이 규정한 바대로 선의의 제3자에게 대항하지 못하는 것으로 보되, 의사표시의 도달에 관한 민법 제111조 제1항을 유추적용하여 구체적인 사실인정에 있어서 악의를 추정하는 경우를 넓혀야 한다.

[無等春秋, 제13호, 광주지방변호사회, 2016, 230−263쪽에 실림]

3. 채권양도금지특약의 법적 성질과 양도금지채권양도의
사후승낙의 소급효

I. 머리말

민법 제449조 제2항은 "채권은 당사자가 반대의 의사를 표시한 경우에는 양도하지 못한다. 그러나 그 의사표시로써 선의의 제3자에게 대항하지 못한다."고 한다. 채권자와 채무자가 채권을 양도하지 아니하기로 합의하는 의사표시를 통상 '양도금지특약'이라고 한다.

채권자와 채무자가 채권의 양도금지특약을 하였음에도 채권자가 이러한 채권을 양도한 경우에 그 효력이 문제된다. 이는, 민법 제449조 제2항 단서의 선의의 제3자에 대한 대항여부의 문제에 앞서, 이러한 양도금지특약이 채권의 양도성을 박탈하는 것인지 채권자가 그 채권을 양도하지 아니할 의무를 부담하는데 그치는 것인지의 문제이기도 하다.

민법 제449조 제1항이 채권의 양도성을 인정하면서 민법 제449조 제2항 본문에서 당사자의 의사표시로써 양도금지특약을 할 수 있도록 하고 있으므로, 채권자와 채무자가 먼저 채권양도금지특약을 한 뒤, 양도 전에 계약내용을 바꾸어 다시 양도할 수 있도록 사전합의하거나, 채권자가 양도금지특약채권을 일단 양도하고 채무자가 이를 사후승낙하는 경우도 있을 수 있다. 이 가운데 전자인 승낙의 사전합의의 경우에는 당사자의 청약과 승낙[1]에 의하여 계약을 변경하는

것이므로 그 효력은 그 변경계약에 따를 수밖에 없다. 그러나 사후승낙의 경우
에는, 채권양도의 시기가 채권양도계약을 한 때인지 채무자가 승낙한 때인지, 즉
사후승낙이 소급효가 있는지가 명백하지 아니하다.

　　채권을 양도한 때와 그 양도를 승낙을 한 때 사이에 채권의 중복양도가 있
거나, 채권압류나 그에 따른 이부명령(移付命令)이 있을 수 있고,[2] 이러한 경우에
채권양도시기가 언제인지는 양수채권자들이나 압류채권자 또는 이부채권자들의
권리취득에 중대한 영향을 미친다.

　　당사자가 채권양도를 금지하는 특약을 할 수 있는가에 관해서는 입법례가

---

1) 이때 "양도제한 약정이 있음에도 채무자가 양도인이나 양수인에 대하여 양도의 사전동의
   를 한 경우에는 양도 제한의사의 철회"(李銀榮, 債權總論, 博英社, 2009., 614면)가 된다고
   하는 이가 있으나, 원래 철회는 법률행위 또는 의사표시의 효과가 확정적으로 발생하기 전
   에 행위자 자신이 그 효과의 발생을 원하지 않음을 이유로 하는 일방적 행위이고(곽윤직/
   김재형, 「민법총칙」, 박영사, 2014., 390면), 양도금지특약은 채무자가 일방적으로 할 수 있
   는 것은 아니므로, 이를 철회로 보는 것은 타당하지 못하다. 또 「양도금지특약 있는 채권
   의 양도에 대하여 양도 전에 승낙하는 것은 양도금지조항의 철회」라고 할 수 있다고 하고,
   「그 법적 성질은 양도금지특약의 해제계약의 승낙이라고 보아야 한다」고 하며, 「구체적으
   로 분석하면 양도하려는 채권자가 채무자에게 양도에 승낙해줄 것을 요청하는 의사표시에
   특약해제계약의 청약으로서의 성질을 인정하고, 채무자의 승낙은 이 청약에 대한 승낙의
   의사표시로서의 성질을 가지는 것」[徐敏, "讓渡禁止特約 있는 債權의 讓渡에 대한 事後承
   諾의 效力", 民事判例硏究, XXIII, 民事判例硏究會편, 博英社, 2001., 317면; 같은 이, 註釋
   民法, 債權總則, (2), 朴駿緖편, 韓國司法行政學會, 2000., 545면]이라고 하는 이가 있으나.
   이러한 변경계약에서는 채무자가 청약하고 채권자가 승낙하는 경우도 있을 수 있다.
2) 판례는 양도금지채권도 압류 및 전부명령이 가능한 것으로 본다(대법원 2002. 8. 27. 선고
   2001다71699 판결; 대법원 1976. 10. 29. 선고 76다1623 판결(이 판결에 대한 평석으로 李
   在性, "債權讓渡禁止의 特約과 轉付命令의 效力", 民事裁判의 理論과 實際, 第3卷, 法曹出
   版社, 1978., 331면 이하). 종래의 日本大審院 判例는, 채권의 전부(轉付)는 압류채권자에게
   원채권자의 지위를 취득하게 하는 것으로서 그에 의하여 민법상의 채권양도와 실질적으로
   동일한 효력이 생기는 것이므로 전부명령에 의한 채권이전의 효과에 대하여도 민법상의
   채권양도의 규정을 그대로 적용하는 것이 타당하다는 것 등을 이유로 하여 전부명령을 얻
   은 채권자가 압류 당시에 악의였을 때에는 제3채무자는 전부채권자에 대하여 양도금지의
   특약을 대항할 수 있고 전부명령은 무효가 된다고 하였다(日本大審院 1931. 8. 7. 判決, 이
   에 관해서는 李在性, 앞의 평석, 337면). 그러나 뒤에 판례를 변경하여 "일본민법 제466조
   제2항은 그 문리상 채권의 양도를 금지하는 특약에 관해서 그 효력을 인정하는 것으로 양
   도 외의 원인에 의한 채권의 이전에 관해서 이 조항의 규정을 적용 또는 유추적용해야 한
   다는 견해는 수긍할 수 있는 합리적인 근거를 찾을 수 없"다[日本最高裁判所 1970. 4. 10.
   判決, 川井 健外4人編, 民法コメンタール, (10), 債權總則, 2, § 427-520, ぎょうせい,
   1991, 1636~1638頁]고 한다.

나뉘어져 있다. 독일민법(제399조), 스위스채무법(제164조)은 당사자가 이러한 특약을 할 수 있음을 규정하고 있음에 반하여, 프랑스민법(제1689조)에는 이러한 규정이 없다. 일본민법은 독일민법, 스위스채무법과 같이 당사자가 채권의 양도금지특약을 할 수 있도록 하고 있다.

아래에서는 채권의 양도금지특약의 법적 성질과 양도금지채권양도의 사후승낙에 관해서, 먼저 독일과 일본 등 다른 나라의 경우를 살펴본 뒤, 이어서 우리나라의 경우를 살펴본다.

Ⅱ. 다른 나라에서의 채권양도금지특약에 관한 논의

1. 독일에서의 논의

가. 독일에서는 채권양도금지특약에 관해서 종전에는 상대적 효력이 있다고 보았고(RGZ 148, 110), 그에 따라 단지 채무자의 이익을 위한 처분금지만이 문제되어 채권자의 처분은 독일민법 제185조[3]에 따라 채무자에 대해서 상대적으로 무효이고, 제3자관계 및 그 고유의 채권자에 대한 관계에 있어서는 유효한 것으로 보았다.[4]

오늘날에는 "채권자가 채무자와의 합의(이른바 양도금지약정, pactum de non cedendo)에 의해서 채권양도가 금지된 때에는 독일민법 제399조 제2문[5]에 따라 채권은 양도될 수 없다"[6]고 보며, 독일민법 제137조 제2문[7]에 따라서는 제3자

---

3) 독일민법 제185조(무권리자의 처분) ① 무권리자가 어떤 목적물에 대하여 한 처분이 권리자의 사전승인 아래 행하여진 경우에는 그 처분은 효력이 있다. ② 권리자가 이를 추인한 경우, 처분자가 목적물을 취득한 경우 또는 권리자가 처분자를 상속하고 또 권리자가 상속채무에 대하여 무한의 책임을 지는 경우에는 그 처분은 효력 있게 된다. 후 2자의 경우에 목적물에 대하여 한 다수의 처분이 서로 저촉되는 때에는 최초의 처분만이 효력 있다.

4) 이에 관해서는 K. Larenz, Lehrbuch des Schuldrechts, Band 1, Allgemeiner Teil, München, 13. Auf., 1982, S. 528, Fußnote 19.

5) 독일민법 제399조(내용변경 또는 합의에 의한 양도의 금지) 채권은, 그 내용을 변경하지 아니하고는 원래의 채권자 외의 자에게 급부를 할 수 없을 때 또는 채무자와의 합의에 의하여 양도가 금지된 때에는, 양도할 수 없다.

6) Staudinger/Jan Bouche, Buch 2, §§ 397−432, Berlin, Sellier−de Gruyter, 2005, Rn. 50, S. 171.

7) 독일민법 제137조(법률행위적 양도금지) 양도할 수 있는 권리에 관한 처분권은 법률행위에 의해서 배제되거나 제한될 수 없다. 이러한 권리에 관하여 처분하지 않기로 하는 의무는

와의 합의를 통해서 채권자는 채권을 양도해서는 아니 될 의무를 부담할 뿐이지만,[8] 이와는 반대로 "채무자와의 양도금지 약정은 의무부담적 효력뿐만 아니라 직접적인 권리형성적(물권적), 즉 권리제한적 효력도 가지고 있다고 보며, 그에 따라 제399조 제2문의 규정은, 합의가 물권적인 것이 아닌, 채권적 효력을 가진 때에는, 적용할 수 없다"[9]고 한다. 판례도 같다.[10]

양도금지합의의 직접적인 효력은, 특약에 위반한 양도는 오로지 무효이고,[11] 양도의 무효는 모든 제3자에 대해서 적용되며,[12] 독일민법 제242조[13]의 규정에 반대되는 것이 아니라면, 이는 채무자뿐만 아니라 모든 사람에 의해서 주장될 수 있는 것으로 본다.[14]

나. 이러한 무효는, 앞의 제185조, 제184조[15]를 유추하여 채무자의 추인으로 치유되어 소급적으로 유효하게 될 수 있는지에 관해서는 의견이 대립되어 있다.

우선 무효의 소급적 치유를 긍정하는 이가 있고, 이에 따르면, "양도금지는

이 규정에 의하여 영향을 받지 아니한다.

8) K. Larenz und M. Wolf, Allgemeiner Teil des Bürgerlichen Rechts, 9. Auf., München, C. H. Beck, 2004, § 23, Rn. 49, S. 415; a. a. O., Rn. 53, S. 416.

9) Staudinger/Jan Bouche, a. a. O., Rn. 50, S. 171; cf. Münchener/Roth, Schuldrecht, Allgemeiner Teil, München, C. H. Beck, 2005, § 399, Rn. 36, S. 2514; K. Larenz, a. a. O., S. 528; W. Fikentscher und A. Heinemann, Schuldrecht, 10, Auf., Berlin, De Gruyter Rechtwissenschaften Verlag—GmbH, 2006, § 57 II A, S. 354; D. Medicus, Schuldrecht, I, Allgemeiner Teil, 8. Auf., München, C. H. Beck, 1995, § 62, Rn. 718, S. 338. 물권적 양도금지합의에 관한 독일민법 제399조 제2문의 예외가 있다. 즉, 금전채권이 쌍방의 상행위나 채권자 일방의 상행위로 발생하고 그것이 공법인이나 공법상의 특별재산에 대한 것일 때가 그러한 경우이다(독일상법 제354조 제1문)(Staudinger/Jan Bouche, a. a. O.; K. Larenz, a. a. O.).

10) BGH, NJW 1982, 2768, Staudinger/Jan Bouche, a. a. O., Rn. 50, S. 171에서 재인용.

11) Staudinger/Jan Bouche, a. a. O., Rn. 65, S. 176; Münchener/Roch, a. a. O.; K. Larenz, a. a. O., S. 528.

12) BGHZ 40, 156, 160; 56, 228, 230; 70, 299, 303; 102, 293, 301; 108, 172, 176; 112, 387, 389, Staudinger/Jan Bouche, a. a. O., Rn, 65, S. 176.에서 재인용.

13) 독일민법 제242조(신의와 성실에 따른 급부) 채무자는, 거래관행을 고려한 신의성실이 요구하는 바대로 급부할 의무를 부담한다.

14) BGHZ 56, 173, 176, Staudinger/Jan Bouche, a. a. O., Rn, 65, S. 176.에서 재인용.

15) 독일민법 제184조(추인의 소급효) ① 사후의 동의(추인)는 다른 의사표시가 없는 때에는 법률행위 시에 소급하여 효력이 있다. ② 추인 전에 추인자가 법률행위의 목적물에 대하여 한 처분이나 강제집행 또는 가집행에 의하여 행하여지거나 도산관리인이 행한 처분은 소급효에 의하여 효력 없게 되지 아니한다.

통상 오로지 채무자를 보호하기 위한 것이고, 그 포기는 그의 이익을 해하는 것
이 아니기 때문"16)이라고 한다.

　　반대로 많은 이들이, 추인을 새로운 계약으로 보아 소급효를 부정하고 있
다. 그에 따라 "채권자의 양도금지위반에 대하여 그 채권양도를 승낙하려면, 독
일민법 제182조17) 이하의 의미에서의 일방적인 동의로는 충분하지 아니하고, 오
히려 양도채권의, 계약에 의한 양도금지의 제거에 관하여 채무자와의 합의가 필
요하다. 채권자의 양도참여나 양도에 대한 그의 요청은 변경계약에 관한 청약이
고, 채무자의 동의는 이러한 청약에 대한 승낙이다. 원래 합의한 양도금지에 의
해 채권의 양도불가능성이 채권의 내용으로 높여진 것이므로, 채무자의 일방적
인 승낙으로는 충분하지 못하다. 즉, 이러한 내용변경은 오직 당사자의 합의를
통해서만 다시 소급하게 할 수 있다. 따라서 독일민법 제182조 이하의 직접적용
은 배제되며, 승낙의 소급효는 발생하지 않는다. 양도금지채권의 양도승낙에 관
해서는 위 제182조 이하의 유추적용을 위한 상당한 근거가 없다. 독일민법 제
185조를 적용하기 위해서는 무권리자의 처분이 있어야 한다. 그런데 채권을 양
도하는 채권자는 양도할 수 없는 채권의 관점에서 보면 채권자이다. 다른 한편
으로 채무자 자신은 채권에 관해서 전혀 처분권이 없지만 양도된 채권의 채무자
는, 위 제184조에 있어서 권리자로서 승낙해야 한다. 변경계약에는 소급효가 없
으므로 그 동안에 채권자의 제3채권자에 의해 이루어진 권리의 압류도 유효하
다"18)고 하는 이도 있다. 또 "사후에 채무자가 양도에 동의하면, 독일민법 제182
조 이하의 의미에서 추인이 문제되는, 유동적무효만의 문제가 것이 아니고, 오히
려 계약에 의한 양도가능성의 배제 및 계약 변경에 대한 채무자의 동의의 의사
표시의 문제"이며, "이는 양도시점으로 소급하는 것이 아니고, 그에 따라 그 사
이에 이루어진 제3채권자의 압류는 유효하게 된다."19)고 하는 이도 있다. 그 밖
에도 "이와 같이 양도금지특약은 물권적 효력이 있으므로 그 양도는 효력이 없

---

16) D. Medicus, a. a. O., Rn. 718, S. 338.
17) 독일민법 제182조(법률행위의 동의) ① 계약 또는 다른 사람에 대하여 하는 단독행위의 효
　　력이 제3자의 동의에 달려 있는 때에는, 그 동의의 수여나 거절은 당사자의 한 쪽뿐만 아
　　니라 양쪽에 대하여 할 수 있다. ② 동의는 법률행위를 위한 일정한 형식을 요하지 아니한
　　다. ③ 효력이 제3자의 동의에 달려있는 단독행위가 제3자의 동의로 행하진 때에는, 제111
　　조[단독행위] 제2문, 제3문의 규정이 준용된다.
18) Staudinger/Jan Bouche, a. a. O., S. 175, Rn. 63.
19) K. Larenz, a. a. O., S. 528, W. Fikentscher und A. Heinemann, a. a. O., S. 354.

지만, 채무자는 그 양도를 추인할 수 있고, 그에 따라 양도는 유효하게 된다. 이러한 결과는 의사의 합치에 의해 생긴다. 비록 합의된 양도배제의 제거를 위한 새로운 의사로써 다시 계약을 요구하는 것이지만, 통상 적어도 묵시적인 일치된 채권자의 의사표시를 찾는 것은 어렵지 않지만 소급효에 관해서는 차이가 있다"[20]고 하는 이, "소급효의제는 채무자에게만 관계되는 것이 아니고 그 양도는 모든 사람에게 효력이 있으므로, 제3자에게도 관계가 된다...양도인의 계약상의 양도금지에 의하여 그의 채권자는 재산으로서의 채권에 대한 강제집행을 할 수 없게 된다."[21]고 하는 이 등이 있다.

2. 일본에서의 논의

가. 일본민법 제466조는 "채권의 양도성, 양도금지의 특약"이라는 표제 아래 그 제1항에서 "채권은 이를 양도할 수 있다. 그러나 그 성질이 이를 허용하지 아니하는 때에는 그러하지 아니하다."고 하고, 제2항에서 "전항의 규정은 당사자가 반대의 의사를 표시한 경우에는 이를 적용하지 아니한다. 그러나 그 의사표시는 이로써 선의의 제3자에게 대항하지 못한다."고 한다. 이는 표현은 조금 다르지만 우리 민법 제449조와 같은 내용이다.

일본민법 제466조 제2항이 규정한 양도금지특약의 법적 성질을 어떻게 볼 것인가에 관해서는 2가지 사고모습이 있다.

(1) 우선 양도금지특약에 의해서 채권은 양도성이 박탈되어 원래부터 양도인과 양수인 사이에서는 채권양도가 효력이 생기지 않는다고 하는 이들(물권적효력설)[22]이 있다. 여기에는 "양수인의 선의·악의 중 어느 것인가에 따라서 채권양도계약의 효과가 달라지거나 채권이 악의의 양수인을 거쳐서 선의의 전득자에게 양도된 경우에 전득자의 채권취득이 원시취득이 아님에도 왜 양수인이 취득할 수 없었던 채권을 전득자가 취득할 수 있는가, 더욱이 왜 양수인의 채권양수 행위가 무효인데 선의의 전득자가 다시 채권을 양수받음으로써 양수인의 양수행

20) Münchener/Roch, a. a. O., Rn. 37, S. 2524.
21) W. Fikentscher und A. Heinemann, § 59 II A. S. 354.
22) 我妻榮, 債權總論, 岩波書店, 1985, 524頁; 淡路剛久, 債權總論, 有斐閣, 2002., 438~439頁; 植林 弘, 注釋民法, (11), 債權, (2), 西村信雄編, 有斐閣, 1980., 365頁.

위가 유효하게 되는가라는 점에서 의문이 있고, 채권적효과설에 있어서도 악의의 제3자에 대한 양도무효의 항변은, 양도무효라고 하는 물권적 효과를 주장하는 것에 다름 아니고 양 학설이 모두 악의의 제3자에 대해서는 양도금지의 효과를 물권적으로 파악하고 있는 점, 아울러 양도금지의 특약을 선의의 제3자에게 대항할 수 없는 점 등에서 일본 민법 제466조 제2항을 보면 물권적효력설이 논리적으로 정당한 것"[23]이라고 하는 이가 있다.

반대로 채권에서 양도성이 박탈될 이유가 없고 채권자는 채무자에 대해서 채권을 양도하지 아니할 의무를 부담할 뿐이며 만약 채권자가 이를 양도한 경우에는 양도는 유효하고 구채권자는 채무자에게 채무불이행책임을 질뿐이며, 다만 채무자는 일본민법 제466조 제2항에 따라 항변할 수 있다고 하는 이들(채권적효력설)[24]이 있다. 또 양설의 차이는, 근본적으로 일본민법 제466조 제1항의 채권의 양도성을 제2항과의 관계에 있어서 원칙이라고 하여 중시할 것인지 여부에 있고, 이를 긍정하는 것이 채권적효력설이고 양 규정을 대등하다고 보는 것이 물권적효력설이며, 후자는 제466조 제2항 단서를, 양도는 무효이지만 선의의 제3자에게 대항할 수 없다고 읽는 것으로 법문에 충실함에 반하여, 전자의 항변권 주장은 법문과는 좀 거리가 있다고 하는 이,[25] "…이념의 차원에서, 물권적효력설은 양도금지 특약에 중한 효력을 인정하려는 것이고, 채권적효력설은 채권의 양도가능성을 확립하려고 하는 것"이고, "물권적효력설은 채권자와 채무자의 인적 관계를 중시하고, 채권적효력설은 채권의 재화성을 중시하는 것"이라고 하고, "채권의 유통성의 촉진이 현재의 경제 실제에 맞는 것이므로 이후에는 채권적효력설이 강하게 될 것"[26]이라고 하는 이도 있다.

(2) 일본의 다수의 판결들[27]은, 물권적효력설에서 주장하는 바와 같이, 양도금지특약이 채권의 양도성을 물권적으로 빼앗는 것이고, 그에 따라 양도금지특약

23) 이상 植林 弘, 前揭注釋, 365頁.
24) 平井宜雄, 債權總論, 弘文堂, 1994., 136頁.
25) 淡路剛久, 前揭書, 438頁.
26) 加藤雅新, 加藤雅新, 債權總論, 有斐閣, 2005., 307頁.
27) 日本大審院 1915. 4. 1. 判決; 1925. 4. 30. 判決; 1931. 8. 7. 判決; 1931. 10. 13. 判決 등. 이에 관해서는 佐久間毅, "讓渡禁止特約付指名債權の讓渡後にされた債務者の讓渡承諾と承諾前の第三者", 平成9年度重要判例解說, ジュリスト, 臨時增刊6月10日號, No. 1135, 有斐閣, 1997., 69頁.

에 위반하여 채권을 제3자에게 양도한 채권자는, 그 특약 불이행의 책임을 부담함
과 더불어, 악의의 양수인에 대해서는 채권이전의 효과가 생기지 않는다고 한다.

또 양설은 입증책임의 취급에 있어서 차이가 있는 것처럼 보이지만[28) 실제에
있어서는 그 차이가 없어, 이론상의 차이에 그친다고 보는 것이 일반적이다.[29)

나. 일본에서 양도금지특약은 채무자의 이익을 보존하기 위한 것이므로 뒤
에 채무자가 양도를 승낙하면 양도제한은 해소되며,[30) 양도금지의 특약이 있는
채권을 양도한 경우에, 채권적효력설에서는 채권양도는 양도 시부터 유효하고,
다만 채무자에 대한 채무불이행의 문제만 남게 되므로, 그 소급효는 문제가 되
지 아니한다고 한다.[31)

일본에서 많은 이들이 양도금지의 특약은 물권적 효력이 있는 것으로 보아
그에 위반한 양도는 무효라고 하고 있음은 앞에서 본 바와 같다. 이때 채무자의
승낙은 무효행위의 추인인지 무권대리의 추인인지가 문제되는데, 일본민법 제
116조가 유추적용되는 무권리자에 의한 처분행위로 보아, 권리자가 추인한 경우
에는 무권리자에 의한 처분행위 시에 소급하여 효력이 생긴다고 한다.[32)

일본의 판례 또한 채무자의 승낙의 유효근거를 일본민법 제116조[33)(무권대리
의 추인)에서 구하여, "양도금지의 특약이 있는 지명채권에 있어서, 양수인이 이러
한 특약의 존재를 알았거나 중대한 과실로 이러한 특약의 존재를 알지 못하고 이
를 양수받은 경우에, 그 뒤 채무자가 이 채권의 양도에 관해서 승낙을 한 때에는,
이러한 채권양도는 양도 시에 소급하여 유효로 되지만, 일본민법 제116조의 법의

---

28) "물권적효력설에 따르면, 채무자가 특약의 존재의 주장입증책임을 지고, 양수인이 선의·
    무과실의 주장입증책임을 지게 됨에 반하여, 채권적효력설에 따르면 채무자가 특약의 존재
    와 양수인의 악의(또는 중과실)의 주장입증책임을 진다고 해야 할 터이지만, 후자와 같은
    결론은 판례·통설도 긍정하고 있으므로 채권적효력설이 타당하다"(前田達明, 口述債權法
    總論, 成文堂, 1993., 400頁, 淡路剛久, 前揭書, 439頁에서 재인용)고 한다.
29) 淡路剛久, 前揭書, 438~439頁.
30) 奧田昌道, 債權總論, 悠悠社, 1993, 430頁; 左久間毅, 前揭解說 70頁.
31) 이에 관해서는 野澤正充, 民法判例百選, Ⅱ, 債權, 第五版, 別冊ジュリスト, No. 176(2005/4),
    有斐閣, 2005, 69頁.
32) 이에 관해서는 野澤正充, 前揭評釋, 69頁 및 그곳에서 인용된 문헌 참조, 그 밖에 淡路剛
    久, 前揭書, 444頁.
33) 일본민법 제116조(무권대리의 추인) 추인은 별단의 의사표시가 없는 때에는 계약의 시에
    소급하여 그 효력을 발생한다. 그러나 제3자의 권리를 해하지 못한다.

에 비추어, 제3자의 권리를 해할 수 없다고 풀이하는 것이 상당하다."[34]고 한다.

다. 채권자가 양도금지채권을 양도하고 그 양도통지가 채무자에게 도달한 뒤, 채무자의 승낙 전에 이 채권을 압류한 제3자와 채권의 양수인의 우열은 어떻게 되는가가 문제된다.

이에 관해서는 다음과 같이 4가지 해결방법이 있는 것으로 보아,[35] ① 채무자의 승낙으로 대항력도 소급하는 방법, ② 제3자의 압류로 채무자의 처분권이 상실되어 채무자의 승낙은 효력이 없다고 보는 방법, ③ 채무자의 승낙에 의하여 채권양도 및 대항력이 모두 소급하지만, 일본민법 제116조 단서의 유추적용에 의해서 이 채권을 압류한 제3자의 지위를 바꿀 수는 없게 하는 방법, ④ 채무자의 승낙에 의하여 채권양도는 양도시에 소급하여 유효하지만, 대항력은 소급하지 않고 승낙시부터 장래에 향하여 효력이 생긴다고 하는 방법 등이 있고, 이 가운데 앞의 1997. 6. 5.자 판결은 ③의 방법을 취하고 있고, 그에 따라 이 경우에 제한되는 것은 대항력의 소급효가 아니고 채권양도 자체의 소급효라고 하고, 일본민법 제116조에서 소급효가 문제되는 것은 무권대리행위 그 자체이고, 이에 비추어 보면 채권양도 자체의 소급효가 문제가 되기 때문이라고 하는 이[36]가 있다.

위의 1997. 6. 5.자 판결은 1953. 7. 19.자 판결,[37] 1977. 3. 17.자 판결을 각각 인용하고 있고, 후자인 1977. 3. 17.자 판결[38]은 채무자의 승낙으로써 채권양도가 양도시에 소급하여 유효라면 그 대항력도 채무자의 승낙의 시부터가 아닌, 확정일자 있는 통지가 도달한 때에 소급해서 생기는 것으로 본다고 하는데, 이

---

34) 日本最高裁判所 1997. 6. 5. 宣告 平成 5年(オ)第1164號 判決(원심은 양도금지 특약 있는 지명채권 양도 후에 채무자가 양도를 승낙하면 채권양도는 양도 시에 소급하여 유효하지만 그 대항력은 승낙시까지 소급하는데 그친다고 하여, Y의 청구를 인용하였고, 이에 대하여 X가 상고하였다). 이 판결의 소개에 관해서는 左久間毅, 前揭解說, 69頁; 野澤正充, 前揭評釋, 68頁[이 저자는, 이 판결이 "일본민법 제116조를 유추적용한다고 하고 있지 아니한데, 이 판결에서 그 '법의'(法意)라고 한 이유가 분명하지 않다"(野澤正充, 同評釋, 69頁)고 한다].

35) 이에 관해서는 野澤正充, 上揭評釋, 69頁.

36) 이에 관해서는 野澤正充, 上揭評釋, 69頁.

37) 日本最高裁判所 1953. 7. 19. 宣告 昭和 47年(オ)第111號 判決.

38) 日本最高裁判所 1977. 3. 17. 宣告 昭和 48年(オ)第823號 判決(양도금지특약이 있는 임대차에 따른 보증금반환청구권을 A가 이러한 특약을 알고 있는 양수인 X에게 양도하고 A가 확정일자 있는 양도통지를 했으며, 그 뒤 채무자 B가 이를 승낙하고, 다시 그 위에 B의 다른 채권자 Y가 같은 채권을 압류·전부명령을 받은 사안).

판결에 반대하는 이는, "양도금지의 특약이 있는 지명채권을 그 양수인이 이러한 특약의 존재를 알고 양수 받는 경우에도, 그 뒤 채무자가 이 채권의 양도에 관해서 승낙한 때에는, 이 채권양도로 양도 시에 소급하여 유효"하다고 하고, "채권자로부터 채무자에 대하여 확정일자 있는 양도통지가 되어 있는 한, 이 승낙 이후에 채권압류·전부명령을 받은 제3자에 대해서도 이 채권양도가 유효라는 것을 대항할 수 있는 것으로 보는 것이 상당하고, 이 승낙에 있어서 다시 확정일자 있는 증서로써 하는 채권자로부터의 채권양도통지 또는 채무자의 승낙을 요하는 것이 아니다."39)라고 한다.

라. 양도금지채권의 양수인이 채무자 외의 제3자, 가령 압류채권자에게 대항함에는 확정일자 있는 증서로써 하는, 채무자에 대한 통지 또는 승낙(일본민법 제467조 제2항)을 필요로 하는가에 관해서는, "물권적효력설을 전제로 하더라도 특약이 없는 채권양도에 관해서도 확정일자 있는 증서에 의한 대항요건이 필요하다면, 이와의 균형상, 같은 대항요건을 요하는 것이고, 본래라면 무효이어서 양수인의 주관적 모습에 의해서 유효하게 취급됨에 지나지 않는 채권양도에 있어서는 더욱더 같은 대항요건을 필요로 한다고 해야 할 것이다. 채권적효력설에 선다면 특약이 있는 채권의 양도도 본래 유효한 것이므로 통상의 채권양도와 같은 대항요건을 필요로 하는 것"40)이라고 하는 이가 있다.

III. 우리나라에서의 양도금지특약의 법적 성질과 양도금지채권양도의 사후승낙의 소급효

1. 우리 민법상의 양도금지특약의 법적 성질

가. 용어문제

양도금지특약의 법적 성질을, 양도금지특약이 있는 채권은 그 자체가 양도성이 없어 모든 사람들에게 이로써 대항할 수 있다고 보는 이들도 있고, 반대로 채권양도금지특약은 채권자가 채무자에게 그 채권을 양도하지 아니할 의무를 부담

---

39) 淡路剛久, 前揭書, 443頁; 同旨 左久間毅, 前揭解說, 70頁.
40) 米倉明, 債權讓渡－禁止特約の第三者効, 學陽書房, 1976., 211~212頁.

하게 하는데 그친다고 보는 이들도 있다. 독일이나 일본에서처럼, 우리나라에서도 종래 많은 이들이 전자를 물권적효력설 또는 물권적효과설, 후자를 채권적효력설 또는 채권적효과설이라고 하고, 극히 일부에서는 전자를 양도무효설, 후자를 항변설[41]이라고 하기도 하고, 전자를 절대적구성론, 후자를 상대적구성론[42]이라고 하기도 한다. 이와 같은 용어사용례는, 일반적으로 물권은 대세적 효력이 있는 절대권, 채권은 당사자 사이에서만 효력이 있는 상대권으로 보는 점, 채권양도를 처분행위로서 준물권행위라고 하거나, 채권양도행위를 채권양도계약과 구분하여 후자를 채권양도의 원인행위로 보는 점 등을 생각하면 일면 타당성이 있다.

그러나 민법상 물권(민법 제2편)과 채권(민법 제3편)은 구분되어 있고, 채권은 채권양도계약 등 양도행위에 의하여 바로 효력이 발생하며, 별도로 처분행위나 물권행위가 필요한 것은 아니므로, 이와 같은 용어사용례는 바람직스럽지 않다.

물권에 있어서 물권적효력은 물건을 지배하는 권리로 누구에게나 대항할 수 있는, 배타적이고, 대세적 · 절대적인 효력을 말한다. 또 통상 무효에서 제3자에게 대항할 수 없는 경우를 상대무효, 모든 사람에게 효력 없음을 주장할 수 있는 경우를 절대무효라고 한다. 채권양도금지특약은 선의의 제3자에게 대항할 수 없는 상대무효에 그친다. 양도금지특약의 효력과 그 위반 시의 효력을 구별할 필요가 있으므로, 아래에서는 물권적효력설을 절대효력설, 채권적효력설을 상대효력설 등으로 부른다.[43]

나. 학설 및 판례의 내용

(1) 학설

(가) 절대효력설

양도금지특약의 법적 성질에 관하여 절대효력설에서는, 「당사자에 의한 양도금지의 의사표시로 채권은 양도성을 잃게」된다고 하거나,[44] 「양도금지의 특약이 있는 채권을 양도하더라도 채권은 이전하지 않는다.」[45]고 하여, 양도금지특

---

41) 李鍵浩, "債權讓渡禁止特約의 效力", 司法行政, 第27卷 第10號, 韓國司法行政學會, 1986., 9면.
42) 高翔龍, 民法總則, 法文社, 1990., 454면.
43) 그러므로 여기에서 절대효력은 절대무효와, 상대효력은 상대무효와 각각 같은 개념이 아니라는 점은 주의를 요한다.
44) 郭潤直, 債權總論, 博英社, 2007., 219면.
45) 金疇洙, 債權總論, 三英社, 1996., 358면.

약이 있는 채권은 그 자체가 양도성이 없어 모든 사람들에게 이를 대항할 수 있다고 본다.

절대효력설을 주장하는 이들 중에는, 상대효력설에 대하여 「채권의 재산화 및 상품화의 경향을 중시하여 양도성을 강조하려는 입장에서 주장되는 것이지만 당사자의 의사를 무시하면서까지 채권의 양도성을 인정하려는 것은 지나친 이론 구성」이라고 비판하고, 「양도금지를 선의의 제3자에 대하여 대항할 수 없다고 한 민법 제449조 제2항 단서의 규정에 비추어」 절대효력설이 논리적으로 설득력이 있다[46]고 하는 이가 있다.

이를 반대하는 이들은, 「법문상으로는 분명하지 아니하나 위 양도무효설은 채권양수인의 선의·악의라는 주관적 요소여하에 따라 양도의 효과가 달라지게 되는 흠이 있을 뿐 아니라 채권이 악의의 양수인 갑을 거쳐서 선의의 전득자 을에게 양도된 경우에 을의 채권취득을 시인한다면 을이 그 채권을 원시적으로 취득하는 것이라고 보지 아니하는 한 갑이 취득한 바 없는 채권을 을이 어떻게 갑으로부터 승계하여 취득한다는 것인가(다시 말하면 갑의 채권양수가 무효라고 하면서 다시 을이 갑으로부터 양수한 것은 유효라고 할 수 있는가)하는 의문이 제기될 수 있어 이에 동조하기 어렵다.」[47]고 하거나, 절대효력설은 "특약이 당사자를 넘어서 제3자에게까지 효력을 미치는 근거를 충분히 제시하지 못하고 있으며, 무엇보다 당사자의 이해관계를 적절하게 조절할 수 없고, 그 효율성의 측면에서도 타당하지 못하다."[48] 고 한다.

(나) 상대효력설

채권양도금지특약은 채권자가 채무자에게 그 채권을 양도하지 아니할 의무를 부담하게 하는데 그치는 것으로 보는 이들[49]이 있는데, 이에 따르면 「항변설[상대효력설]도 채무자와 원채권자간의 상대적 효력만이 있는 양도금지특약을 비록 악의의 제3자라고는 하지만 그 제3자에게까지 항변하여 주장할 수 있다고

---

46) 徐敏, 앞의 논문, 310면; 같은 저자, 債權讓渡에 관한 研究, 耕文社, 1985., 58면.
47) 李鍵浩, 앞의 논문, 9면; 崔秀貞, 註釋民法, 債權總則, (3), 金龍潭편, 韓國司法行政學會, 2014., 352~353면.
48) 崔秀貞, "지명채권의 양도금지특약 재고", 民事法學 第38號(2007.09), 韓國司法行政學會, 2007., 159면; 같은 저자, 앞의 주석, 352~353면; 金先錫, "指名債權讓渡의 證明責任", 司法論集, 第23輯, 法院行政處, 1992., 219면.
49) 李鍵浩, 앞의 논문, 9면.

하는 논거를 명확히 제시하지는 못하고 있다는 결점이 없지는 아니하나(그러한 제3자에 대한 항변권은 법률이 특히 인정한 효과라고 보아야지 양도금지특약의 채권적 효력이 제3자에게까지 연장된 것으로 설명할 것은 아니라고 생각한다) 채권의 재산화·상품화의 경향과 양도금지특약이 원채권자와 채무자 사이에서 이루어지는 상대성에 비추어 그 특약의 효력의 대세적 한계성을 강조한 점에서 위 항변설[상대효력설]을 따르고 싶다.」[50]고 하는 이, "실질적인 측면에서도, 압류 및 전부명령에 의해 채권은 이전가능하고 압류채권자의 선의, 악의 여부는 그 효력에 영향을 미치지 못하기 때문에, 채권자가 양수인에 대해 집행력있는 공정증서정본을 작성해주고 양수인이 이에 기해 양도금지채권에 대하여 압류 및 전부명령을 받으면 심지어 악의의 양수인도 얼마든지 채권을 취득할 수 있다."고 하고, "오히려 당사자들의 이익상태를 충실히 반영하고, 거래의 수요에 상응할뿐더러, 성질상의 양도제한과의 체계적이고 조화적인 해석이라고 하는 관점에서는 특약의 효력을 그 당사자로 제한하는 해석이 보다 타당하다"[51]고 하는 이 등이 있다.

(2) 판례

(가) 한 판결은, 양도금지특약이 있는 물품대금채권에 관하여, "당사자의 양도금지의 의사표시로써 채권은 양도성을 상실하며 양도금지의 특약에 위반해서 채권을 제3자에게 양도한 경우에 악의 또는 중과실의 채권양수인에 대하여는 채권 이전의 효과가 생기지 아니하나, 악의 또는 중과실로 채권양수를 받은 후 채무자가 그 양도에 대하여 승낙을 한 때에는 채무자의 사후승낙에 의하여 무효인 채권양도행위가 추인되어 유효하게 되며 이 경우 다른 약정이 없는 한 소급효가 인정되지 않고 양도의 효과는 승낙 시부터 발생한다."[52]고 하는데, 이는 절대효력설과 같다.

---

50) 李鍵浩, 같은 논문, 9면; 崔秀貞, 앞의 주석, 352~353면.
51) 이상 崔秀貞, 앞의 논문, 159쪽. 같은 취지에서 "물권적효력설에 의하면 양도금지특약에 따라 양도성 자체가 부정되는데, 이렇게 양도성이 상실된 채권이 전득자에게 이전되는 것에 대해 설명할 수 없다는 점과 양도금지특약이 체결된 채권에 대해 압류나 전부명령이 유효하다고 하는 판례의 태도나 전부채권자로부터 다시 채권을 양수한 자가 악의나 중과실인 때에도 채무자는 양도의 무효를 주장할 수 없다는 점 등을 고려한다면 채권적효과설이 상대적으로 타당한 견해라고 여겨진다."[尹喆洪, "채권양도의 금지특약에 관한 소고", 法曹, 通卷 第651號(2010. 12.), 法曹協會, 2010., 17면]고 하는 이도 있다.
52) 대법원 2009. 10. 29. 선고 2009다47685 판결.

(나) 다른 판결들은, 수몰지구 이재농민이 양도금지특약이 있는 간척농지의 일정량을 분배받게 될 권리의 양도에 관하여, "...제3자에 대한 양도행위가 당연 무효가 되는 것은 아니다."53)라고 하고, 양도에 일정한 절차를 거치게 한 골프개인회원권에 관하여 "피고 회사에 의하여 운영되는 컨트리클럽의 골프개인회원권은 입회희망자가 피고 회사 이사회의 입회승인을 얻어 입회금을 납입함으로써 취득하게 되며 재산적 가치를 갖는 계약상의 지위로서 자유로이 양도할 수 있으나 그 회칙상 회원자격심사위원회의 심의와 이사회의 승인을 얻은 후 소정의 수수료를 납부하도록 되어 있다면, 그 회원권의 양수인이 위 이사회의 승인을 얻지 못한 단계에서는 그 회원권 양도양수계약은 계약당사자 사이에서만 효력이 있을 뿐 피고 회사나 제3자에 대한 관계에서는 양수인이 아직 회원으로서의 지위를 취득하지 못하여 여전히 양도인이 회원권자라고 할 수 밖에 없고, 그 양도인의 채권자는 양도인이 보유하는 회원권이나 또는 회원으로서의 지위에서 피고 회사에 대하여 가지는 입회금반환청구권을 가압류할 수 있을 것이며 그 가압류 후에는 그 회원권의 양수인이 피고 회사 이사회의 승인을 얻어 회원의 지위를 취득하였더라도 위 가압류채권자에 대해서는 그 회원권 취득의 효력을 주장할 수 없다."54)고 한다.

이들 판결을 상대효력설(채권적효력설)을 따른 것으로 보는 이들55)이 있다. 양도금지채권양도를, 절대효력설(물권적효력설)에서는 무효이지만 절대적·확정적으로 당연히 무효라는 뜻이 아니라고 하고, 상대효력설에서는 이를 채권자와 채무자 사이에서 채권자가 채권을 양도하지 아니할 의무를 부담할 뿐이고 양수인은 채무자에게 채권을 행사할 수 있다고 본다. 이들 판례는 이러한 채권양도는 당연무효는 아니고 양수인에게 효력이 없어 채권을 행사할 수 없다고 보고 있고, 당사자 사이에서 유효한 것이라고 하더라도 양수인이 선의이거나 채무자의 추인이 없는 한 불능한 급부를 목적으로 한 것이어서 의미 없는 것이다.

그러므로 이들 판결이 상대효력설(채권적효력설)을 따른 것으로 보는 것은 타당치 못하다.

---

53) 대법원 1981. 6. 23. 선고 80다2664 판결.

54) 대법원 1989. 11. 10. 선고 88다카19606 판결; 같은 뜻으로 대법원 1992. 5. 22. 선고 92다 7238 판결; 대법원 2000. 3. 10. 선고 99다70884 판결 등.

55) 崔秀貞, 앞의 주석, 352면.

다. 학설 및 판례의 검토

(1) 민법 제449조 제2항의 법문의 관점–상대무효

강학상 무효에는 절대무효와 상대무효가 있다. 후자는 통상 특정인에 대하여 행위의 무효를 주장할 수 없는 경우, 가령 비진의의사표시(민법 제107조 제2항)나 통정허위의사표시(민법 제108조 제2항), 착오나 사기·강박으로 인한 의사표시가 취소된 경우(민법 제109조 제2항, 제110조 제2항) 등에서 그 무효를 선의의 제3자에게 주장하지 못하는 경우로 본다.56) 민법에서는 이들 상대무효행위에 관해서 무효를 '주장하지 못한다'고 하지 아니하고 '대항하지 못한다'고 하고 있는데, 여기에서 '대항하지 못한다'는 뜻은 「법률행위의 당사자가 제3자에 대하여 법률행위의 효력을 주장하지는 못하지만, 제3자가 그 효력을 인정하는 것은 무방하다는 것」57)으로 본다.

---

56) 곽윤직, 김재형, 앞의 민법총칙, 385면.

57) 곽윤직, 김재형, 같은 책, 49면. 우리 민법에 있어서의 절대무효와 상대무효의 구별은 일본에서, 일본의 것은 프랑스에서 온 것이지만, 프랑스민법의 절대무효(nullité absolue)와 상대무효(nullité relative)는 일본민법의 무효와 취소에 대응하는 것이다[鎌田薰, "いわゆる「相對的無效」について, (上), 法律時報, 67卷4號(通卷825號)(1995.4), 日本評論社, 1995., 79頁]. G. BOISSONADE(*Projet de Code civil pour l'empire du Japon*, t. 2, 2ᵉ éd., Tokyo, Kokoubounsha, 1883., t. 2, pp. 53–54)는, 프랑스민법의 절대무효(nullité absolue)를 일본민법의 무효(radicale nullité)로, 프랑스민법의 상대무효(nullité relative)를 일본민법의 취소(vicié ou annulable)로 규정하였으며, 일본민법제정과정에서 우메 켄지로(梅謙次郎, 民法要義, 卷之一, 總則編, 1911復刻板, 有斐閣, 1980., 305頁)가 이를 계승하였고[이상 鎌田薰, 前揭論文, 80~81頁; 尹容德, "無效에서의 對抗不能에 대한 考察 – 相對的 無效를 중심으로–", 比較私法, 第9卷 第4號(通卷 第19號)(2002.12), 韓國比較私法學會, 2002., 188면], 독일법의 영향으로 무효와 취소로 된 것으로 본다[尹容德, 위의 논문, 200~202면; 森田 修, 新版注釋民法, (3), 總則, (3), 川島武宜, 平井宜雄編, 有斐閣, 2003, 214頁]. 우리나라에서 제3자에 대하여 대항할 수 없는 것을 상대무효라고 하는 것과는 달리, 프랑스에서는 상대무효에 관하여 "법률이 보호해야 할 일정한 사람이 주장(원용)할 수 있다고 함은, 오직 계약당사자만이 이를 주장할 수 있고 그 밖의 다른 사람은 주장할 수 없다는 것을 뜻한다"(Ph. MALAURIE et L. AYNES, *Cours de droit civil*, t. VI, Les obligations, 4ᵉ éd., Paris, Ed. Cujas, 1993, p. 307. n. 563)고 하여 행위자가 무효를 주장할 수 있는 것을 상대무효라고 하고, 제3자에게 그 무효를 주장할 수 없는 것을 대항불가성(inopposabilité)이라고 하여 양자를 구별하고 있다. 그에 따라 "우리 민법에서는 이러한 대항불능[대항불가성]을, 예컨대 통정허위표시의 무효를 이른바 '상대적 무효'라 하고 있으나, 오히려 이것은 '대항불능'과의 관계로 논하는 것이 정당하다"(尹容德, 앞의 논문, 192~193면)고 하는 이도 있다.

법규정 자체가, 가령 물권법정주의에 관한 민법 제185조의 경우에 이를 위반한 경우의 효력을 무효로 보고 있는 것처럼, 그 위반에 관한 효력규정이나 처벌규정을 두지 않는 경우에는 이를 강행규정으로 보아 무효로 보는 것이 일반적이다.[58] 민법 제449조 제2항 본문은 채권은 당사자가 반대의 의사를 표시한 경우에는 양도하지 못한다고 하고, 그 단서에서 그 의사표시로써 선의의 제3자에게 대항하지 못한다고 한다. 또 채권자의 양도금지특약이 있는 채권을 양도한 데 대하여 민법에 어떠한 효력규정이나 처벌규정을 두지 않고 있다. 나아가 법문에서 양도하지 못한다고 한 것을 양도할 수 있다고 해석할 수도 없다.

그러므로 양도금지특약이 있는 채권의 양도는 선의의 제3자에게 대항할 수 없는 상대무효이고, 민법 제449조 제2항은 양도금지특약이 있는 채권을 양도하는 것은 무효임을 규정한 것이라고 할 수밖에 없다.

(2) 계약자유의 원칙과 채무자의 항변의 관점

물권의 경우에는 그 종류와 내용은 법률이 정하는 것으로 한정하고 당사자가 임의로 이와 다른 물권을 창설하지 못한다는 물권법정주의가 적용되는 것이 일반적이다. 민법 제185조도 "물권은 법률 또는 관습법에 의하는 외에는 임의로 창설하지 못한다."고 규정하고 있다. 물권법정주의에 관한 민법규정은 강행규정이므로, 이에 위반한 법률행위는 무효라고 보는 데에 이론이 없다. 이와는 반대로 채권의 경우에는, 특정된 채무자가 있고, 계약자유의 원칙이 지배한다. 계약자유의 원칙의 내용 중의 하나가 계약내용결정의 자유이다. 계약당사자는 계약대상, 그 수량 및 가액, 그와 관련된 조건들을 개별적으로 자유롭게 정할 수 있다.

채권양도는 채권이 그 동일성을 유지하면서 양수인에게 이전되며, 채무자는 채권양도통지를 받을 때까지 채권자에게 대항할 수 있는 사유로써 양수인에게 대항할 수 있다(민법 제451조 제2항). 여기에서 '채권자에게 대항할 수 있는 사유'란 채권의 성립, 존속, 행사저지·배척 등의 모든 사유를 가리킨다. 그에 따라 채권은, 다른 항변사유가 없는 한, 계약에서 정한 내용대로 양수인에게 이전될 수밖에 없고, 채권의 양도금지특약도 계약내용의 하나라는 점은 부인할 수 없으며, 이로써 누구에게나 대항할 수 있는 절대효력이 있음이 원칙이다.

---

58) 金滉植, 民法注解, [IV], 物權, (1), 郭潤直편, 博英社, 1996., 121~122면.

(3) 입증책임분배의 관점

우리 민법의 해석으로서는 제449조 제2항 단서의 규정으로 말미암아 양도금지특약에 위반하여 채권이 양도된 경우에 채무자는 선의의 양수인에 대해서는 대항할 수 없어 어느 설에 따르든지 결과에 있어서는 차이가 생기지 아니하고, 다만 그 효과주장의 이론적 근거에 차이가 있을 뿐이라고 하고, 물권적효력설 [절대효력설]에 의하면 채권양도의 무효를 이유로 채권양도의 효과를 부정할 수 있음에 대하여, 채권적효력설[상대효력설]에 따르면 악의를 이유로 한 양도무효 내지 악의의 항변을 주장할 수 있을 뿐이라고 하는 이59)가 있다. 그러나 민법 제449조 제2항 단서는 '선의의 제3자에게 대항하지 못한다'고 규정하고 있고 '악의의 제3자에게 대항할 수 있다'고 규정하고 있지 아니하다. 양수인이 선의라는 점에 대한 입증책임에 관하여 판례가, "제3자의 악의 내지 중과실은 채권양도금지의 특약으로 양수인에게 대항하려는 자가 이를 주장·입증하여야 한다."60) 고 한다. 물권적효력설[절대효력설]에 따르면, 채무자가 특약의 존재의 주장입증 책임을 지고, 양수인이 선의·무과실의 주장입증책임을 지게 됨에 반하여, 채권 적효력설[상대효력설]에 따르면 채무자가 특약의 존재와 양수인의 악의(또는 중 과실)의 주장입증책임을 진다고 해야 하게 될 터이고,61) 「(민법) 제449조 제2항은 동조 제1항에 대한 예외이고, 동조 제2항 단서는 동조 제2항 본문의 예외임이 제449조 법문의 형식과 구조에 의하여 명백하므로, 규범설」에 따라 양수인이 자 신의 선의임을 주장·입증해야 하는 것62)을 보면 민법 제449조는 물권적효력설 [절대효력설]을 바탕으로 한 것이라고 할 수 있다.

라. 소결론

민법 제449조는 양도금지특약 있는 채권의 양도에 관하여 상대적 무효를 규 정하고 있고, 계약당사자는 계약대상, 그 수량 및 가액, 그와 관련된 조건들을 개 별적으로 자유롭게 정할 수 있으며, 채권의 양도금지특약도 계약내용의 하나임은 부인할 수 없다. 채권양도는 채권이 그 동일성을 유지하면서 양수인에게 이전되 는 것이어서 채무자는 그 통지를 받을 때까지 채권자에게 대항할 수 있는 사유로

---

59) 徐敏, 앞의 책, 58면; 윤철홍, 앞의 논문, 310면.
60) 대법원 1999. 12. 28. 선고 99다8834 판결; 대법원 2015. 4. 9. 선고 2012다118020 판결.
61) 일본에서의 이러한 주장에 관해서는 주 31에서 본 바와 같다.
62) 金先錫, 앞의 논문, 258~259면.

써 양수인에게 대항할 수 있으므로(민법 제451조 제2항), 양도금지특약으로써도 양수인에게 대항할 수 있다. 그럼에도 민법 제449조 제2항 단서에서 이로써 선의의 제3자에게 대항할 수 없게 한 것은 선의의 취득자, 나아가서는 거래의 안전을 보호하기 위하여 특별히 둔 것이라고 할 수 있다. 또 민법 제449조 제2항 단서는 '선의의 제3자'를 규정하고 있고, '악의의 제3자'를 규정하고 있지 아니하다.

그러므로 채권양도금지특약은 절대효력이 있는 것으로 보는 것이 타당하다.

2. 우리 민법상의 양도금지특약채권양도의 사후승낙의 소급효

가. 사후승낙의 소급효의 유무

상대효력설(채권적효력설)에서는 "이미 양도인과 양수인 간에 양도가 유효하고, 양수인의 채권행사를 저지하는 특약이 채무자의 승낙에 의해 해소된 것에 지나지 않는다."고 하므로 양도금지채권양도의 사후승낙으로 소급효문제는 발생하지 않는다.[63]

양도금지특약이 절대효력이 있다고 보는 이들 중에는 사후승낙의 법적 성질을 밝히지 아니한 채 소급효를 긍정하는 이[64]도 있고, "채권을 양도한 채권자의 요청에 대하여 승낙을 하는 채무자의 진의는 양도의 효력을 양도 시부터 인정하는 것이라고 추정되고, 그렇게 해석하는 것이 양도 후에 발생된 권리이전관계를 간편하게 처리할 수 있을 것"[65]이라고 하여 승낙의 취지에서 소급효의 근거를 찾는 이도 있다. 그러나 양도금지채권의 양도에 대한 사후승낙에 소급효가 있는지는 승낙요청이나 사후승낙의 법적 성질을 어떻게 보는지에 따라 다르다.

나. 사후승낙의 법적 성질과 소급효

(1) 해제계약설

양도금지채권의 양도에 대한 채무자의 사후승낙 또는 추인에 관하여 이로써 일종의 해제계약이 성립하는 것으로 보는 이가 있다. 이에 따르면, 「양도의

63) 崔秀貞, 앞의 주석, 355면; 같은 저자, 앞의 논문, 163면; 尹喆洪, 債權總論, 法元社, 2012., 395면.
64) 金先錫, 앞의 논문, 222면.
65) 金亨培, 債權總論, 博英社, 1998., 578~579면; 같은 취지로 김상용, 채권총론, 화산미디어, 2014., 457면; 徐敏, 앞의 책, 64면.

승낙을 요청하는 양도인의 의사표시에 양도금지특약을 해제하려는 해제계약의 청약으로서의 효력을 인정하고, 채무자의 승낙의 표시에 이 청약에 대한 승낙의 의사표시로서의 가치를 인정할 수 있다.」고 하고, 「당사자의 계약에 의하여 양도가 금지된 경우에는 이 금지를 제거하는 데에도 또한 당사자의 합의가 필요하며...양도의 동의요청이 양도금지조항의 제거를 위한 계약의 청약의 성질을 띠고, 동의의 의사표시는 이에 대한 승낙의 성질을 가진다.」[66]고 한다.

사후승낙의 소급효에 관하여, 계약해제의 효과에 관한 직접효과설에 따라, 「승낙에 의하여 양도금지특약이 소급적으로 소멸되는 결과...승낙은 소급효를 가지게 되며, 양도금지특약의 효력을 소멸시키려는 당사자의 의사, 특히 사후의 승낙을 하는 채무자의 진의는 이미 이루어진 양도가 양도시부터 유효하도록 하려는 것이라고 추정되고, 또한 승낙시까지의 중간의 처분을 보호하기 위해서도 소급효를 인정하는 것이 타당하고 다만 승낙(해제계약)의 소급효를 인정하더라도 이는 채권적 효력을 발생할 뿐이며, 제3자의 권리를 침해할 수는 없는 것으로 해석」[67]해야 한다고 한다.

양도금지채권이 양도된 경우에 채권자와 채무자가 그 채권의 양도금지특약이 없었던 것으로 하는 계약을 체결하는 것은 계약을 변경하는 것이거나 일부해제계약으로서 계약자유의 원칙상 당연히 유효할 것이지만,[68] "계약이 합의해제되기 위하여는 계약의 성립과 마찬가지로 계약의 청약과 승낙이라는 서로 대립하는 의사표시가 합치될 것(합의)을 요건"으로 하고,"[69] "그 효력은 그 합의해제의 내용에 의하여 다루어지는 것"[70]이다. 그러나 양도금지채권의 양도에 대한 사후승낙은 채무자의 일방적인 단독행위로도 가능하고 반드시 채권자와 채무자가 합의해야 하는 것은 아니므로 이를 해제계약이라고 보는 것은 타당하지 못하다.

(2) 무효행위추인설

양도금지채권양도에 관한 승낙을 무효행위의 추인으로 보아 소급효가 인정

---

66) 徐敏, 앞의 주석, 545면[또 양도에 의하여 입게 될 불이익을 방지하기 위한 항변권의 포기라고 보는 구성(단독행위설)과 특약의 효력을 소멸시키기 위하여 체결되는 계약의 요소로 보는 구성(계약설)의 두 가지 구성이 가능하다고도 한다].

67) 徐敏, 같은 논문, 316~317면.

68) 郭潤直, 債權各論, 博英社, 2007., 80면.

69) 대법원 2011. 2. 10. 선고 2010다77385 판결.

70) 대법원 1979. 10. 30. 선고 79다1455 판결.

되지 아니한다고 보는 이가 있는데, 이에 따르면, "양도제한약정으로 인한 양도행위의 무효는 채무자가 그 양도행위에 동의함으로써 치유될 수 있다(제139조 참고). 양도제한 약정이 있음에도...사후승낙을 한 경우에는 무효행위의 추인이 된다. 사후승낙의 경우에 다른 약정이 없는 한 소급효가 생기지 않고, 승낙시로부터 양도의 효과가 생긴다"[71]고 한다.

민법 제139조가 무효인 법률행위의 추인에 관해서 소급효를 부인하고 있으므로, 채권자의 양도금지채권양도에 대하여 채무자가 한 사후승낙을 무효행위의 추인으로 보는 이들에 따르면 사후승낙은 소급효가 없는 것으로 보는 것은 당연하다.[72] 그러나 양도금지채권양도는 절대적·확정적인 무효가 아니고, 사후승낙으로 유효하게 될 수도 있으므로 무효행위추인설은 타당하지 못하다.

(3) 무권대리추인설

양도금지채권양도에 관한 사후승낙의 일반적인 법적 성질을 말하는 것이 아니고 대법원 2000. 4. 7. 선고 99다52817 판결상의 사안[73])에서의 양도금지채권양도에 관한 사후승낙에 관하여 무권대리추인의 법리적용을 생각할 수 있다고 하는 이가 있다. 이에 따르면 「채무자에 대하여 상대적인 관계에서 효력이 없을 뿐인 양도금지채권의 양도는 양도당사자 사이에서는 효력이 있으므로, 그 법률상태는 오히려 무권대리행위가 그 자체로는 무효인 행위가 아니며 본인에 대해서만 효력이 없는 것과 마찬가지의 상태」이므로 「법원이 승낙의 계약성을 부정하고 단독행위로 본다고 하더라도 전혀 법상태가 다른 무효행위의 추인에 관한 규정(민법 제139조)을 유추적용거나, 민법이 규율하고 있지 아니한 처분권한 없는 자의 처분행위에 대한 추인이론을 유추하기보다는 가장 가까운 법상태를 규율하고 있는 무권대리행위의 추인에 관한 규정(민법 제130조)을 유추적용하는 것이 합리적인 해석」[74]이라고 한다.

민법 제133조가 무권대리인에 의한 법률행위의 추인에 관해서 소급효를 인정하고 있으므로 채권자의 양도금지채권양도에 관하여 채무자가 한 사후승낙을

---

71) 李銀榮, 앞의 책, 614면.
72) 그러나 "무효행위의 추인에도 소급효를 인정하는 것이 승낙의 취지에도 부합한다"(김상용, 앞의 책, 373면)고 하는 이도 있다.
73) 이 판결의 사안에 관해서는 徐敏, 앞의 논문, 305~306면.
74) 이상 徐敏, 앞의 논문, 319~320면.

무권대리의 추인으로 본다면 이는 소급효가 있다고 볼 수밖에 없다.

(4) 판례

판례는, "당사자의 양도금지의 의사표시로써 채권은 양도성을 상실하며 양도금지의 특약에 위반해서 채권을 제3자에게 양도한 경우에 악의 또는 중과실의 채권양수인에 대하여는 채권 이전의 효과가 생기지 아니하나, 악의 또는 중과실로 채권양수를 받은 후 채무자가 그 양도에 대하여 승낙을 한 때에는 채무자의 사후승낙에 의하여 무효인 채권양도행위가 추인되어 유효하게 되며 이 경우 다른 약정이 없는 한 소급효가 인정되지 않고 양도의 효과는 승낙시부터 발생한다."[75]고 하는데, 이는 민법 제139조의 무효행위의 추인으로 보아 소급효를 인정하지 않은 것이라고 할 수 있다.[76]

이 판결에서 대하여는, 「일반적으로 무효행위의 추인은 법률이 규정하는 요건을 갖추지 못하여 전혀 법률행위로서의 가치를 인정할 수 없는 경우에 법률행위로서 인정될 수 있도록 하는 제도」라고 하고, 「무효행위의 추인에 있어서는 추인권자는 행위자 자신이며, 제3자의 행위에 대하여 추인하는 것이 아니다.」[77]라고 하여 무효행위의 추인이론을 적용한 판단은 부적절한 법리를 원용한 것이라고 볼 수밖에 없다고 하고, 「양도금지특약이 있는 채권의 양도에 대한 채무자의 사후의 승낙은 양도금지특약의 합의해제라고 보는 것이 합리적인 해석이고, 계약의 합의해제는 원칙적으로 소급효를 가지는 것이므로 대법원의 위와 같은 해석은 승낙의 법적 성질에 대한 오해에서 비롯된 잘못된 결론」[78]이라고 하는

---

75) 대법원 2009. 10. 29. 선고 2009다47685 판결. 대법원 2000. 4. 7. 선고 99다52817 판결은 "채권 양도시 채무자에 대한 대항요건으로서 하는 채권 양도의 통지는 양도인이 채무자에 대하여 당해 채권을 양수인에게 양도하였다는 사실을 알리는 관념의 통지인데, 채권의 성질상 또는 당사자의 의사표시에 의하여 권리의 양도가 제한되어 그 양도에 채무자의 동의를 얻어야 하는 경우에는, 통상의 채권 양도와 달리 양도인의 채무자에 대한 통지만으로는 채무자에 대한 대항력이 생기지 않으며 반드시 채무자의 동의를 얻어야 대항력이 생긴다"고 한다. 이 판결에 대하여 "이러한 해석은 이 경우의 승낙의 실질관계를 고려하지 아니한 피상적인 판단으로서 부당한 결론"(徐敏, 앞의 논문, 2001., 315면)이라고 비판하는 이가 있다. 원래 관념의 통지는 어떤 사실이 있었다는 통지이므로 채무자의 사후승낙을 관념의 통지로 보는 것은 타당하지 못하다.
76) 이점에 관해서는 李銀榮, "債權讓渡에 관한 最近判例動向", 考試界, 제45권제11호(통권525호), 2000., 23면.
77) 이상 徐敏, 앞의 논문, 319면.
78) 徐敏, 같은 논문, 320면.

이가 있다.

다. 유동적무효(불확정무효)의 추인과 소급효

(1) 앞에서 본 바와 같이, 채권양도금지특약은 채무자가 양도금지채권으로써 모든 사람들에게 대항할 수 있는 절대효력이 있으므로 그 양도는 무효라고 할 수밖에 없다.

(2) 강학상 무효는 확정무효와 불확정무효로 나누고 있고, 후자는 무효인 법률행위가 뒤에 다른 의사표시 등에 의해서 유효하게 되는 것으로 주로 유동적무효라고 부르고 있다.79) 학설과 판례가 유동적무효로 인정한 것으로는, 대체로 무권대리행위(민법 제130조, 133조), 토지거래허가제 하의 토지거래행위(국토의 계획 및 이용에 관한 법률 제118조 제1항, 제6항),80) 채무자와 인수인 사이의 채무인수(민법 제457조), 채권자의 양도통지나 채무자의 승낙이 없는 채권양도 등이 있다.81)

채권자의 양도금지채권의 양도는 채무자의 사후승낙에 의하여 유효로 될 수 있는 것이므로 확정무효는 아니고, 그에 따라 불확정무효, 즉 유동적무효라고 할 수밖에 없다.

(3) 유동적무효인 법률행위의 소급효에 관해서, 우리나라에서는, 앞에서 본 독일민법 제184조와 같은 일반적 규정이 없고,82) 다만 무권대리의 추인에 관하

---

79) 원래 유동적무효(불확정무효)라는 개념은 독일법에서 온 것이다. 독일에서는 무효인 법률행위에 절대적 무효인 법률행위(nichtiges Rechtsgeschäft)와 상대적 무효인 법률행위(relativ unwirksames Rechtsgeschäft)가 있고, 후자는 다시 확정적·상대적 무효인 법률행위와 불확정적·상대적 무효인 법률행위(schwebend unwirksames Rechtsgeschäft)가 있다. 여기에서 불확정적·상대적 무효인 법률행위는 법률행위가 효력을 발생하기 위해서는 의사표시 외에, 예컨대 추인, 허가, 동의 등과 같은 법적으로 규정된 효력발생요건(gesetzlich vorgeschrieben Wirksamkeiterfordernis)의 구비가 필요한 법률행위로 이를 유동적무효(schwebende Unwirksamkeit)라고 하며, 그 효력발생시기에 관하여 개별법이 규정하는 경우도 있으나, 앞에서 본 바와 같이, 독일민법 제184조 제1항은 사후추인의 소급효를 규정하고 있다[이상 독일법에서의 유동적무효에 관해서는 오수원, "대항요건을 갖춘 지명채권양도 효력의 소급성과 유동적무효론"「法曹」, 통권 제662호(2011. 11), 法曹協會, 2011., 206~208면].

80) 대법원 1991. 12. 24. 선고 90다12243 전원합의체 판결.

81) 우리나라에서의 유동적무효에 관해서는 오수원, 같은 논문, 208~210면.

82) 프랑스의 상대무효에 관하여 "그 추인은 변칙적인 행위를 유효하게 하며, 그 효력은 당사자 사이에서 행위를 한 날로 소급(rétroactif au jour de l'acte)하지만, 제3자나 그 승계인에 대

여 민법 제133조가 무권대리인에 의한 계약의 소급효에 관하여 규정하고 있고, 채무자와 인수인 사이의 채무인수에 관하여 민법 제457조가 "채권자의 채무인수에 대한 승낙은 다른 의사표시가 없으면 채무를 인수한 때에 소급하여 그 효력이 생긴다. 그러나 제3자의 권리를 침해하지 못한다."라고 하여 소급효를 규정하고 있다.[83]

법으로 소급효를 규정하지 아니한 유동적무효에 있어서의 소급효의 근거를 어디에서 찾아야 할 것인지가 문제이다. 이론적으로는, 「처분행위 특히 물권행위의 추인은 제3자의 권리를 해하지 않는 경우에 한하여 소급효를 갖는다고 해석할 것」[84]이라고 하여, 유동적무효의 하나인 무권리자의 처분의 소급효의 근거를 법률행위의 해석의 문제로 보는 이가 있다. 판례는 "타인의 권리를 자기의 이름으로 또는 자기의 권리로 처분한 후에 본인이 그 처분을 인정하였다면 특별한 사정이 없는 한 무권대리에 있어서 본인의 추인의 경우와 같이 그 처분은 본인에 대하여 효력을 발생한다."[85]고 하여, 무권리자의 처분도 무권대리의 하나로 보고 있다.

그러므로 유동적무효에 있어서의 소급효에 관해서는 민법 제133조를 유추적용하는 것이 타당하다.

나아가 소급효를 인정하는 이들도 제3자의 권리를 침해할 수 없는 것으로 보는데, 양도금지채권양도의 승낙에 민법 제133조를 유추적용하는 한 이는 당연한 것이다.

라. 소결론

채권자의 양도금지채권양도는 뒤에 추인에 의하여 유효하게 될 수 있는 유동적무효행위이고, 채무자가 사후에 채권자의 양도금지채권양도에 대하여 승낙한 경우에 그 법적 성질은 이와 같은 유동적무효행위의 추인이므로, 그에 관해서는 민법 제133조의 무권대리행위의 추인에 관한 규정을 유추적용해야 한다.

해서는 그러하지 아니하다"(Ph. MALAURIE et L. AYNES, *op. cit.*, p. 307. n. 563.)고 한다.

83) 그 밖에 우리 민법상 소급효를 규정한 것은 제167조(소멸시효의 소급효), 제386조(선택채권에서 선택의 효력), 제860조(인지의 소급효), 제1015조(상속재산분할의 소급효), 제1042조(상속포기의 소급효), 제1074조(유증의 승인, 포기) 등이 있다.

84) 李英俊, 民法總則, 博英社, 1987., 666면.

85) 대법원 1981. 1. 13. 선고 79다2151 판결.

무권대리행위의 추인은 소급효가 있으므로 양도금지채권양도는 승낙이 있으면 양도 시에 소급하여 효력이 발생하고, 다만 이로써 제3자의 권리를 해하지 못하는 것은 민법 제133조 단서의 규정상 당연한 것이다.

Ⅳ. 맺음말

민법 제449조는 양도금지특약 있는 채권의 양도에 관하여 상대적 무효를 규정하고 있고, 계약당사자는 계약대상, 그 수량 및 가액, 그와 관련된 조건들을 개별적으로 자유롭게 정할 수 있고, 채권의 양도금지특약도 계약내용의 하나임은 부인할 수 없으며, 채권양도는 채권이 그 동일성을 유지하면서 양수인에게 이전되는 것이어서 채무자는 그 통지를 받을 때까지 채권자에게 대항할 수 있는 사유로써 양수인에게 대항할 수 있으므로(민법 제451조 제2항), 양도금지특약으로써도 양수인에게 대항할 수 있다. 그럼에도 민법 제449조 제2항 단서에서 이로써 선의의 제3자에게 대항할 수 없게 한 것은 선의의 취득자, 나아가서는 거래의 안전보호를 위하여 특별히 둔 것이라고 할 수 있다. 또 민법 제449조 제2항 단서는 '선의의 제3자'를 규정하고 있고, '악의의 제3자'를 규정하고 있지 아니하다.

그러므로 채권양도금지특약은 절대효력이 있는 것으로 보는 것이 타당하다.

채권자의 양도금지채권양도는 뒤에 추인에 의하여 유효하게 될 수 있는 유동적무효행위이고, 채무자가 사후에 채권자의 양도금지채권양도에 대하여 승낙한 경우에 그 법적 성질은 이와 같은 유동적무효행위의 추인이고, 그에 관해서는 민법 제133조의 무권대리행위의 추인에 관한 규정을 유추적용하여야 한다. 양도금지채권양도는 승낙이 있으면 양도시에 소급하여 효력이 발생하고 다만 이로써 제3자의 권리를 해하지 못하는 것은 민법 제133조 단서의 규정상 당연한 것이다.

[인권과 정의, 제465호, 대한변호사협회, 2017, 6-23쪽에 실림]

4. 프랑스에서의 지명채권양도의 채무자에 대한 대항요건의 변용과 일본민법 제467조의 불완전한 대항요건제도의 성립 - 한국민법 제450조의 입법배경과 관련하여 -

I. 서론

　　민법 제450조 제1항은 "지명채권의 양도는 양도인이 채무자에게 통지하거나 채무자가 승낙하지 아니하면 채무자 기타 제3자에게 대항하지 못한다."고 하고, 제2항은 "전항의 통지나 승낙은 확정일자 있는 증서에 의하지 아니하면 채무자 이외의 제3자에게 대항하지 못한다."고 하는데, 이를 지명채권양도의 대항요건이라고 한다.

　　지명채권양도는 낙성, 불요식의 계약이므로 양도인과 양수인의 합의만으로 성립하며, 채무자는 채권양도계약의 당사자가 아니다.[1] 민법 제450조가 규정한 대항요건제도는, 채권양도에 관여하지 않은 채무자와 제3자가 채권양도사실을 알지 못함으로 인하여 불측의 손해를 입을 염려가 있으므로 이들을 보호하기 위하여 둔 것으로 보는 것이 일반적이다.

　　채권양도에 있어서는 채무자는 양도계약 당사자가 아닌, 제3자 중의 한 사람이다.[2] 그럼에도 채무자와 제3자가 구분된다는 전제 아래 민법 제450조는 채

---

[1] 채권양도에는 증권채권의 양도도 있으나, 이하에서 채권양도는 지명채권양도로 한정한다.

[2] 岡松參太郎, 註釋民法立法理由(下卷), 債權編, 富井政章校閱, 有斐閣書房, 1899, 復刻版, 信山社, 1991, 227頁.

권양도의 대항요건에 관하여 확정일자가 있는 경우와 그것이 없는 경우라는, 형식이 다른 2중의 기준을 두고 있다. 그리고 양자는 각각 그 취지를 달리하는 것으로 보아, 「'채무자에게 대항한다'는 것은, 양수인이 채무자에 대하여 양수한 채권을 주장하는 요건이 된다는 것을 의미하고, '기타 채무자 외의 제3자에게 대항할 수 있다'는 것은, 그 채권을 이중으로 양수하거나 또는 압류한 자들 사이에서 그 우열을 결정하는 표준이 된다는 것을 의미한다.」고 하고, 민법 제450조 제1항의 채무자부분이 임의규정임을 전제로 「제3자에 대한 대항요건은, 사회질서에 관계되는 것이므로, 특약으로 배제하지 못하나, 채무자에 대한 대항요건은 채무자의 이익만을 보호하는 것이므로. 채무자가 이 이익을 포기하여 채권자와의 특약으로 대항요건 없이 대항할 수 있음을 약정하는 것은 상관없다」[3]고 한다.

---

3) 郭潤直, 債權總論, 博英社, 2007, 220−221면; 金曾漢·金學東, 債權總論, 博英社, 1998, 300−301면; 金亨培, 債權總論, 博英社, 1998, 583−584면; 송덕수, 채권총론, 박영사, 2013, 353−354면; 尹喆洪 債權總論, 法元社, 2012, 398면; 李尙勳, 民法注解[X], 債權(3), 郭潤直 편, 博英社, 1996, 576−577면; 徐敏, 註釋民法, 債權總則(2), 朴駿緒편, 韓國司法行政學會, 2000, 550−565면; 李銀榮, 債權總論, 博英社, 2009, 619면; 朱基東, "指名債權讓渡 通知의 要件과 效力", 民事裁判의 諸問題, 第7卷, 韓國司法行政學會(1993), 38−39면{반대로 「제3자에 대한 대항요건으로서 통지 등에 확정일자를 요구하는 입법취지가 달성되지 않을 우려가 있다.」고 하여 강행규정으로 보는 이로는 梁彰洙, 民法硏究, 第1卷, 博英社, 1991, 377면; 金先錫, "指名債權讓渡의 證明責任", 司法論集, 23集, 法院行政處,(1992), 230면}; 임의규정이라는 판례로 대판 1987. 3. 24, 86다카908; 대판 2008. 1. 10, 2006다41204. 일본의 학설도 대체로 같은 이유로 일본민법 제467조 제1항의 채무자에 대한 부분을 임의규정으로 본다{於保不二雄, 債權總論, 有斐閣, 1989, 308頁; 我妻榮, 債權總論, 岩波書店, 1985, 541頁; 鈴木祿彌, 債權法講義, 創文社, 1995, 433頁(이 저자는, 이러한 경우에는 "본래 의미에서의 대항요건과 구별하여 이를 '권리보호자격요건'"이라고 한다.); 林良平 外 二人, 債權總論, 靑林書院, 1996, 496頁; 加藤雅新, 債權總論, 有斐閣, 2005, 311−312頁(이 저자는 "우선 통지·승낙불요특약은, 채권자, 채무자 간의 합의한 것으로 유효하지만, 양수인에게 당연히 효력이 미칠 리가 없다. 따라서 양수인이 채권양도에 의한 신채권자로서 채무자에게 청구한 때에, 채무자는 통지·승낙의 흠결항변을 주장할 수 있다. 그러나 양수인은 구채권자와의 채권양도를 기초로, 구채권자, 채무자 간의 통지·승낙불요특약을 일본민법 제423조에 의해 대위하여 주장할 수 있다. 이 주장은 재항변으로 통지·승낙불요특약이 최종적으로 의미를 갖는 것으로 된다. 다만 채무자가 구채권에게 변제한 경우에도 채무자는 변제에 의한 채권소멸을 양수인에게 주장할 수 있어서, 채권양도를 알지 못함으로 인한 위험을 채무자가 부담하는 것이 아니다."라고 한다}. 반대로 일본민법 제467조는 모두 강행규정이라고 보는 이들(池田眞郎, 債權讓渡の硏究, 弘文堂, 1997, 98−99頁; 平井宜雄, 債權總論, 東京, 弘文堂, 1994, 140頁; 淡路剛久, 債權總論, 有斐閣, 2002, 447−448頁)이 있고, 日本大審院 1921. 2. 9. 大正9年 (才) 第915號 判決(이 판결은, 양도금지특약이 있는 저당권부채권이 양도되자, 특약을 한 채무자가 양수인의 저당권실행에 대하여 한 이의를 인정한

채무자의 승낙은 그 형식이 규정되어 있지 아니하며, 묵시적 승낙도 가능한 것으로 본다. 그에 따라 채권이 중복양도되거나 양도와 압류 등이 있는 경우에 확정일자 없는 대항요건과 확정일자 있는 대항요건들 상호간에 또는 교차하여 경합하는 경우가 발생하며,4) 이때 어느 양수인이 우선하는가라는 해결이 쉽지 않은 문제가 생긴다.5)

한편 많은 이들이 확정일자 없는 제1양수인이 확정일자 있는 제2양수에게 대항할 수 없다고 하는 것과 관련하여, 「대항관계는, 채권이 존재하고, 그 채권 위에 양립할 수 없는 권리관계가 생긴 경우에만 발생하며, 먼저 양도된 채권이 소멸한 후에는 발생할 여지가 없다」고 본다.6) 이렇게 되면 대항요건제도 자체가

것이다)도 강행규정으로 본다.

4) 채권이 중복양도되거나 양도와 압류 등이 경합된 경우에 다음과 같은 유형의 대항력의 경합 문제가 생긴다. (i) 제1양수인, 제2양수인 모두 확정일자 없는 증서로써 통지·승낙이 된 경우, (ii) 제1양수인이나 제2양수인 중 어느 한 쪽에는 확정일자 없는 증서로써 통지·승낙이 되었고, 다른 쪽은 확정일자 있는 통지·승낙이 된 경우(이때 제1양수인은 확정일자가 있고, 제2양수인은 확정일자가 없는 경우도 있을 수 있으나 이때에는 당연히 제1양수인이 우선하게 될 것으로 보는 것이 일반적이지만, 확정일자 없는 채무자의 승낙도 법이 규정한 대항요건의 하나이므로 반드시 이렇게 보아야 하는 것은 아니다), (iii) 애초에는 확정일자가 없다가 뒤에 제1양수인, 제2양수인 모두 확정일자가 있는 증서로써 통지·승낙이 된 경우 등이다.

5) 제1양도가 확정일자 없이 통지가 된 뒤, 제2양도가 되어 확정일자 있는 통지가 된 경우에, 민법 제450조 제1항에 따르면 제1양수인이나 제2양수인 모두 채무자에 대하여 대항요건을 구비한 것이 된다. 이때 채무자는 누구에게 변제해야 하는가? 일본의 판례는 처음에 "채무자는 일단 양도통지를 받았거나 이를 승낙한 때에는 확정일자 있는 증서의 유무에 관계없이 양수인과 자기와의 사이에 채무관계가 있음으로써 달리 같은 채권을 주장하는 이가 있어도 이를 배척할 수 있음은 자명한 이치"{日本大審院 1903.4.18. 判決; 同旨 日本大審院 1917.1.30. 判決, 이상의 판결에 대해서는 池田眞郎, 前揭書(주 3), 92頁}라고 하였으나, 그 뒤 판결은 이를 바꾸어 "동조[일본민법 제467조] 법의를 살피건대 제1양수인은 동조 제1항의 규정에 의하면 그 채권을 채무자에게 대항할 수 있는 것과 같음에도 동조 제2항의 규정에 의해서 제2양수인에게 대항할 수 없는 결과로 채무자에게도 그 채권을 대항할 수 없음에 이른다. 이를 자세히 보면 제2양수인은 확정일자 있는 증서로써 채권양도사실을 채무자에게 통지한 까닭에 동조 제2항의 규정에 의해서 그 뒤에 권리로써 제1양수인에게 대항할 수 있는 결과, 제1의 양수인은 그 채권을 채무자에게 대항할 수 없어서 일단 취득한 채권도 취득하지 못하기 때문에 제2양수인이 유일한 채권자로 되는 것으로 보는 것이 상당하다."(日本大審院 1919.3.28. 連合部判決)고 하였다.

6) 대법원 2003. 10. 24, 2003다37426; 서울고판 1963. 5. 13, 62다304(민사상고부); 郭潤直, 앞의 책(주 3), 227-228면; 최수정, "지명채권양도에서의 대항요건주의 : 그 내재적 한계와 극복을 위한 과정", 民事法學, 第52號, 韓國民事法學會(2010. 12), 408면. 그 밖에 徐敏, 앞의 民法註釋(주 3), 563면. 이 점의 일본에서의 논의에 관해서는, 池田眞郎, 前揭書(주 3), 94-95頁.

의미 없는 것이 될 수도 있다. 즉, 확정일자는 일자의 소급을 방지할 수 있을 뿐이어서, 만일에 당사자가 서로 통모하여 채권의 변제·상계·면제 등이 있었던 것과 같이 꾸민 경우에는, 확정일자 있는 증서에 의한 채권양도는 의미 없는 것이 되고 마는데, 「이러한 결과는, 채권의 성질 및 공시방법의 불안전에 기인하는 것이며, 부득이하다.」[7]고 한다.

두루 알려진 바와 같이 채권양도의 효력발생과 관련하여 2가지의 입법례가 있다. 그 하나는 채권양도사실을 채무자에게 통지하거나 채무자가 승낙하는 것을 대항요건으로 하는 것이고(프랑스민법 제1690조,[8] 일본민법 제467조), 다른 하나는 양도 당사자의 의사표시 외에 다른 요건을 요하지 아니하는 것이다(독일민법 제398조, 제407조, 제408조, 스위스채무법 제167조). 우리 민법 제450조는 앞의 입법례처럼 대항요건주의를 취하고 있다. 지명채권양도의 입법주의에 있어서 대항요건제도를 취한 이상 공적인 확정일자가 있는 대항요건이 원칙이라고 할 수 있다. 그럼에도 민법 제450조가 채무자에 대한 대항요건에 관해서는 확정일자 있는 증서에 의한 대항요건을 요하지 않는 것으로 한 것은, 앞에 본 바와 같이 확정일자 있는 것과 없는 것들이 경합하고, 대항요건제도 자체를 의미 없는 것으로 만들 수도 있다는 점에서, 불완전한 대항요건제도라고 할 수 있다.

그렇다면 이러한 불완전한 대항요건제도는 어떻게 성립되었는가?

대항요건을 규정한 민법 제450조의 초안 제441조는, "현행법 제467조와 동일취지이다."[9]라고 하여 민법 제450조가 일본민법 제467조와 같음을 밝히고 있으므로, 앞의 물음에 답하기 위해서는 일본민법 제467조가 어떻게 성립하였는지를 살펴보아야 한다.

일본민법 제467조는 프랑스민법 제1690조를 바탕으로 한 Boissonade의 일본민법초안 제367조 제1항과 일본구민법 재산편[10] 제347조를 거치면서 성립한

---

7) 郭潤直, 앞의 책(주 3), 227－228면.

8) 프랑스민법이 2016. 2.10. 법률명령 제2016－13호(Ordonnance n° 2016－131 du 10 février 2016) 대폭 개정되었는데, 이 조문은 변경된 바 없다(프랑스법에 관해서는. https://www. legifrance.gouv.fr/).

9) 民議院法制司法委員會民法案審議小委員會, 民法案審議錄 上卷, 1957, 265면.

10) 일본의 구민법(舊民法)은, 법률 제28호로 1890. 3. 27.에 공포된 민법 중 재산편, 재산취득편, 채권담보편, 증거편, 그 해 10. 6.에 공포된 인사편, 재산취득 편 중 증여, 유증, 부부재산계약 부분으로 구성되었다. 이는 1879년 이래의 Boissonade초안을 주된 내용으로 한 것으로, 편찬기구, 편찬위원 등은 여러 차례 바뀌었지만 프랑스민법을 본으로 하여 편찬하였

것이라고 한다.[11] 프랑스민법 제1690조는 채권양도의 대항요건에 관하여 양도인이 통지할 때에는 집행관송달로써 하도록 하고, 채무자가 승낙할 때에는 공정증서로써 하도록 하여, 양자는 그 방법이 다르지만, 확정일자로써 하도록 하였다는 점에 있어서는 차이가 없다. 그러나 프랑스에서는 이 조문이 규정한 문언대로 실행되고 있지 아니하며, 실제에 있어서는 법의 규정과는 다르게 채무자에 대해서는 무방식의 통지나 승낙으로써도 대항할 수 있는 것으로 변용하고 있다.

아래에서는 프랑스에서의 지명채권양도 대항요건의 변용과 일본민법 제467조의 불완전한 대항요건제도의 성립배경에 관하여 살펴보기로 한다.

II. 프랑스민법 제1690조의 대항요건의 성립과 그 변용

1. 프랑스민법 제1690조 대항요건의 성립

지명채권양도의 대항요건에 관해서 프랑스민법 제1690조는 "양수인은 채무자에게 한 양도의 집행관송달(signification)[12]에 의해서만 제3자에 대하여 권리자가 된다. 그러나 양수인은 채무자가 공정증서로써 한 양도의 승낙에 의해서도 마찬가지로 권리자가 될 수 있다."[13]고 한다.

고, 그에 따라 편별, 내용 등은 두드러지게 프랑스민법과 비슷하다(이에 관해서는 前田達明편, 史料民法典, 成文堂, 2004, 942頁).

11) 池田眞郎, 前揭書(주 3), 57−58면.

12) 프랑스어 signification은 통상 '통지'를 뜻하나, 법적으로는 '집행관송달' 또는 '집행관송달문서'(exploit)를 뜻한다. 이는 소송절차에서 있어서 소환장이나 신청서 등의 소송문서의 송달(notification) 중 집행관에 의해서 하는 송달이나 그 문서로서, 법률이 특별한 송달방식을 정하지 아니한 때에는 이 방법으로 한다(프랑스신민사소송법 제651조, 제653조 이하, 이하에서는 신민사소송법이라고 줄인다). 일본에서 이를 '통지'라고 번역하는 것은 "번역어로서도 부적당할 뿐만 아니라, 해석론에서 일본학설상 중대한 오해를 가져온다."고 지적하는 이도 있다{池田眞郎, 前揭書(주 3), 74頁}. 이 글에서는 '집행관송달'이라고 우리말로 옮긴다. signification의 상위 개념으로 notification이 있는데, 이는 송달 또는 송달문서를 말하고, 이해관계인에 의해서 작성된 소송서류 등을 송달하는 것이거나 그 문서이다. 여기에는 집행관송달(signification, 신민사소송법 제651조), 우편송달(notification par voie postale, 같은 법 제668조 이하), 변호사 사이의 송달(notification entre avocats, 같은 법 제671조 이하) 등이 있고, 우편송달은 법령에 따라 허가 받은 경우 또는 소심법원(tribunal d'instance) 등에서 사용되고 있다. 프랑스에서의 송달에 관한 일본문헌으로는 司法研修所編, フランスにおいて民事訴訟の運營, 法曹會, 1993, 49頁.

13) Article 1690 Le cessionnaire n'est saisi à l'égard des tiers que par la signification du

프랑스에서도 유상으로 하는 채권양도는, 당사자의 합의만으로 이루어진다. 이는 이론적으로는 양도인과 양수인의 의사의 합치만으로 완성된다. 그러나 이와 같이 법적으로 완성되었다 하더라도 이로써 양수인이 실제적인 이익, 양도 채권의 변제를 얻는 방법이 없다면 아무런 의미가 없다. 그런데 변제를 받는 것은 원칙적으로, 양도를 제3자, 특히 채무자에게 대항할 수 있을 때에만 가능하다. 그리고 이러한 대항력은 프랑스 민법 제1690조가 규정한 일정한 형식을 구비함으로써 인정된다.[14]

지명채권양도의 대항요건이 누구를 위한 제도인가에 관하여는 채무자 및 제3자를 위한 것으로 본다.[15]

프랑스에서는 부동산소유권 이전에 관해서 대항요건주의를 채용하고 있지만, 1804년에 성립된 프랑스민법에는 이러한 규정이 없었고, 1855년 이른바「등기법」(Loi du 23 mars 1855)에 이르러서 비로소 소유권이전의 대항요건으로 등기(transcription)가 필요한 것으로 하였다. 그러므로 프랑스민법 및 그와 관련된 법률을 현상면(現象面)으로 볼 때에는, 프랑스법에서는 채권양도에 있어서의 대항요건제도의 채용은, 부동산소유권 양도의 처리와 일치하는 것이 아니고, 법전상으로는 거꾸로 부동산소유권 양도의 대항요건에 앞서 등장한 것이다.[16]

프랑스의 채권양도의 대항요건을 규정한 프랑스민법 제1690조는 파리관습법(Coutume de Paris) 제108조[17]와 Pothier의 이론[18]서 온 것으로 본다.[19] 대항요

---

transport faite au débiteur. Néanmoins, le cessionnaire peut être également saisi par l'acceptation du transport faite par le débiteur dans un acte authentique. 여기에서 "제3자에 대하여 권리가 있다"(est saisi)는 것은 "당사자 사이에서는 유효하지만 제3자에게는 대항할 수 있다"(opposable aux tiers)는 뜻으로 본다(H – L. J. MAZEAUD et F. CHABAS, *Leçons de droit civil*, t. Ⅱ, 1er vol. Obligations, Théorie générale, 8ᵉ éd., Paris, Montchrestien, 1993, n° 1260, p. 1279).

14) Cass. civ., 3e, 12 juin 1985, Ball. civ., 1985, Ⅲ, n° 95; RTD. civ., 1986. p. 350. obs. J. Mestre; L. CADIET, *Lexis Nexis, Art.* 1689 à 1695, fasc. 20, Vente, Editions du Juris–Classeur, 2007, n° 52, p. 10.

15) L. CADIET, *op. cit.*, n° 53. p. 10.

16) 이에 관해서는 池田眞郎, 前揭書(주 3), 60-61頁.

17) Coutume de Paris Article 108 Un simple transport ne saisit point, il faut signifier le transport à la partie et en bailler copie(단순한 이전은 취득을 하게 하지 않는다. 당사자에게 이전을 통지하고 그 증서를 주어야 한다).{이에 관해서는 池田眞郎, 前揭書(주 3), 67頁, 각주 14}.

18) Traité du contrat de vente, n° 554.

19) 이에 관해서도 池田眞郎, 前揭書(주 3), 62頁 및 그곳에서 인용한 문헌 참조.

건주의를 취하고 있는 프랑스에서 채권양도는 그 대항요건과 밀접하게 관련되어 있고,[20] 후자는 멀리 로마법에서 비롯된 것으로 본다.[21] 로마법에서는 처음에 채권을 채권자와 채무자의 인적 결합에 기초를 둔 법의 사슬(juris vinculum)로 보아 당사자의 변경을 가져오는 채권양도나 채무인수는 인정되지 아니하였다.[22] 그러나 실제거래에 있어서는 채권양도나 채무인수와 같은 제도가 필요하였고, 이 가운데 채권양도의 경우에는 지급지시(delegatio)[23]나 '자기를 위한 소송대리' (procuration in rem suam)제도가 그 역할을 하였다. 이러한 제도들 가운데 후자는, 채권자가 자기의 채권에 관해서 소송대리인(procurator)에게 본인을 대리하여 추심소송을 하는 것을 위임하고, 그와 동시에 목적물의 반환을 미리 포기함으로써 그 채권을 그의 소송대리인이 취득하게 하는 것이다. 이는 법정에서 쟁점결정 (litis contestatio)의 절차를 거치게 되는데, 이 결정의 효과로써 구채무는 소멸하고 소송대리인과 채무자 사이에는 새로운 채권관계가 발생하여, 소송대리인은 채권자의 법적 지위를 취득하였다.[24] 그러나 이 제도는, "① 위임은, 위임자(즉, 채권자)의 사망으로 종료한다. ② 쟁점결정시까지 채권은 위임자에게 속하고, 위임자는 이를 처분하여 소멸시키는 것이 가능하다고 하는 2가지 점이 있는, 위약하고 불완전한 것"[25]이었다. 뒤에 우선 양수인은 양도인의 사후에도 유효한 소권을

---

20) 프랑스민법 제1690조에서 대항요건 제도를 채용한 것은, "양도를 완전하게 하기 위한, 다시 말하면 양수인의 지위를 보장하기 위한 방책"이었고, "로마법의 출발점에서는 양도성이 부정되어 있던 채권의, 양도성의 획득의 역사 그 자체가 양수인의 지위의 확립의 역사"였다고 하는 이{池田眞郞, 前揭書(주 3), 62頁}도 있다.

21) 로마에 있어서는 양수인이 소권을 가짐은 통지를 한 후라고 하여, 통지는 "양도된 채권을 채무자에게 대항하는 조건"이었다{岡松參太郎, 前揭理由書(주 2), 225頁}고 한다.

22) 이에 관해서는 玄勝鍾·曺圭昌, 로마法, 博英社, 1996, 889−891면.

23) 지급지시는 지시인(délégaunt)이 피지시인(délégué)에게 지시하여, 지시인의 이름으로 수취인(délégataire)에게 금전 그 밖의 급부를 하도록 하는 것이다. 지시인이 피지시인의 채권자이고 수취인의 채무자인 것과 같은 3자간의 관계에 있어서 결제를 간이화하는 이점이 있다. 여기에는 완전지급지시(délégation parfaite)와 불완전지급지시(délégation imparfaite)가 있고, 전자는 채무자의 교체에 의해서 채무관계에 경개(novation)의 효과가 생기고, 후자는 이러한 효과가 생기지 않는다(이에 관해서는 Ph. MALAURIE et L. AYNES, Cours de droit civil, t. VI, Les obligations, 4ᵉ éd., Paris, Ed. Cujas, 1993, nos. 1250−1259, pp. 734−744). 이를 채무전부(債務轉付)라고 우리말로 옮기는 이도 있다{李尙勳, 앞의 책(주 3), 545면 이하}.

24) 玄勝鍾·曺圭昌, 앞의 책(주 22), 891면.

25) M. PLANIOL, G. RIPERT et J. BOULANGER, Traité de droit de droit civil, n° 1633, 池田眞郞, 前揭書(주 3), 61頁 재인용. 그 밖에 채권자는 위임을 철회하거나, 지급지시의 방법으로 채권을 타인에게 양도하거나 채무의 면제·포기·변제수령 등과 같은 처분이 가능하

행사할 수 있도록 정함으로써 양수인의 권리가 강화되었고, 다시 양수인에 대해서 채무자에게 송달(signification)함으로써 소권을 행사하기 전에 양도채권의 권리자로 되는 방법이 인정되고, 여기에서의 통지는 송달을 뜻하는 것이었다. 현재의 프랑스민법에서의 대항요건주의를 취한 채권양도는 이러한 자기를 위한 소송대리에서 유래한 것이다.26)

2. 프랑스민법 제1690조의 대항요건의 변용

가. 개관

(1) 채권양도에 있어서 이해관계를 가진 제3자에게 이미 일어난 채권이전을 알리기 위한 공시제도(publicité)확보가 문제라고 보고, 프랑스에서는 이러한 공시제도로서의 대항요건은 한편으로는 지나친 것이고 다른 한편으로는 불충분하다고 한다. 즉, 채권양도를 알아야 할 채무자와 관련해서는 보다 단순하게 할 수 있다는 점에서 지나친 것이고, 반대로 이해관계를 가진 제3자, 특히 프랑스민법 제1690조의 대항요건구비와 직접적인 관련을 갖지 못하는, 양도인의 승계인에게는 충분하지 못하다고 한다.27)

지명채권양도에 있어서 통지방법으로서의 집행관송달(signification)절차가 비용이 지나치게 많이 들고 번잡하다는 비판이 있어 이를 완화하는 방법이 이용되고 있다. 그 하나는 일반송달(notification)방법이고, 다른 하나는 채권양도를 대신하여 '채권자의 의사에 의한 변제자대위'(프랑스민법 제1346－1조, 개정전 제1250조 제1항28))의 방법이다. 채권양도에서는 프랑스민법 제1690조가 규정한, 집행관송

여다{玄勝鍾·曺圭昌, 앞의 책(주 22), 891면}.

26) M. PLANIOL, G. RIPERT et J. BOULANGER, n° 1633, 池田眞郎, 前揭書(주 3), 61頁에서 재인용.

27) L. CADIET, op. cit., n° 53. p. 10. 또 이러한 대항요건은 "경제활동의 신속성과 유연성요구에 따르지 못하고 있고, 그렇지만 채권양도는 필수적으로 산업계에 영향을 미치고 있다."(loc. cit.)고도 한다.

28) 프랑스민법 제1346－1조 제3자에게서 그의 변제를 받은 채권자가 제3자에게 채무자에 대한 그의 권리를 대위하게 할 때, 약정대위는 채권자의 결정으로 일어난다. 대위는 명시적이어야 한다. 사전행위로 대위자가 공동계약자에게 변제 시에 그를 대위한다는 의사표시를 하지 않는 한, 대위는 변제와 동시에 합의해야 한다. 대위와 변제가 동시에 이루어진 점은 모든 증거에 의하여 증명될 수 있다.((Article 1346－1 La subrogation conventionnelle s'opère à l'initiative du créancier lorsque celui－ci, recevant son paiement d'une tierce

달이나 공정증서에 의한 승낙과 같은 대항요건이 필요하기 때문에, 드물기는 하지만 이러한 요건이 필요하지 않는 변제자대위(subrogation en paiement)제도[29]가 채권양도와 선택적으로 이용되는 것이다.[30]

한편 일반송달(notification)에 있어서 배달증명등기우편(lettre recommondée avec demande d'avis de reception)제도가 상법, 공공사업도급계약(marchés publics)의 채권질(nantissement, 프랑스민법 제2355조, 개정전 제2075조[31]), 은행법, 중소기업의 특정 분야, 보험 등에서 집행관송달(signification)을 갈음하고 있다.[32]

(2) 프랑스 판례는 프랑스민법 제1690조의 대항요건의 변용과 관련하여 원칙적으로 2가지에 프랑스민법 제1690조를 유추적용하고 있다고 한다. 그 첫째는 채권자의 양도통지와 관련하여 변제를 위한 소환(assignation en paiement)을 집행관송달로 유추하는 것이고, 둘째는 채무자의 승낙과 관련하여 채무자의 공정증서에 의하지 않은 승낙, 즉 사서증서에 의한 승낙(acceptation sous signature privée ou sous seing privé)을 공정증서에 의한 승낙으로 유추하는 것이다.

---

personne, la subroge dans ses droits contre le débiteur. Cette subrogation doit être expresse. Elle doit être consentie en même temps que le paiement, à moins que, dans un acte antérieur, le subrogeant n'ait manifesté la volonté que son cocontractant lui soit subrogé lors du paiement. La concomitance de la subrogation et du paiement peut être prouvée par tous moyens.). 이 조문은 앞에서 본 프랑스민법 개정 전에는 제1250조였다.

29) Cass. civ., ler, 5 avril 1978, *Bull. civ.*, Ⅰ, n° 144, p. 114, 池田眞郎, 前揭書(주 3), 300頁 각주 5에서 재인용.

30) F. TERRE, Ph. SIMLER et Y. LEQUETTE, *Les obligations*, 5ᵉ éd., Dalloz, 1993, n° 1291. p. 970. 이는 원채권자와 채무자 사이에 있어서는 채권은 소멸하는 것으로 하고, 대위변제자를 위해서는 단순한 구상권이라는 형태가 아닌, 채권 그대로 존속하는 것으로 하며, 더욱이 약정대위의 경우에는 대위자가 채무자의 관여 없이 채권자와 약정하는 것, 또는 대위자가 채권자의 동의 없이 채무자와 약정하는 것도 가능하고(개정전 프랑스민법 제1250조 제1항, 제2항), 전자인 채권자와 대위자의 합의에 의한 대위에서는, 변제 시에 명시하면 원채권자의 채권, 그에 부수하는 소권, 저당권, 선취특권 그 밖의 모든 채권자에 대한 권리가 함께 대위자에게 이전하는 것(같은 조 제1항)이다{이에 관해서는 池田眞郎, 前揭書(주 3), 299頁 참조}. 이때 대위자로서는 채무자가, 채권자가 누구인지를 알지 못하고 원채권자에게 변제하여 면책되는 것(개정전 프랑스민법 제1240조)을 막기 위해서 고지(avertissement) 등이 필요하다고 한다(F. TERRE, Ph. SIMLER, *Les obligations*, 4ᵉ éd., Dalloz, 1986, p. 1002, n° 1046 note 81).

31) 프랑스의 2006.3.23. 법률명령 제2006-346호(Ordonnance n° 2006-346 du 23 mars 2006)에 의하여 전에 프랑스민법 제2075조에서 규정한 채권질은 제2355조에서 규정하고 있다.

32) 이에 관해서는 池田眞郎, 前揭書(주 3), 300-304頁.

나. 채권자의 채권양도통지에 있어서 집행관송달의 유추적용[33]

(1) 집행관송달(signification)은, 가령 변제를 위한 소환(assignation en paiement)[34]과 같이, 주된 목적이 채권양도가 아닌 방법으로도 할 수 있는가? 판례는, 변제를 위한 집행관에 의한 소환(exploit signifié)[35]에, 부수적으로 채권이전을 위한 집행관송달(통지)을 인정할 수 있는 모든 요소를 포함하는 것을 조건으로 하여, 이를 인정하고 있고, 프랑스파기원은 사실심법관은 이러한 조건이 갖추어졌는지를 살펴야 한다고 한다.[36] 일반적으로 집행관송달을, 정보제공조건에 합당한 모든 행위, 특히 이해관계인에게 자세하게 정보를 제공하는 소송행위(acte de procédure)의 결과일 수 있다고 여긴다.[37] 채권양도의 집행관송달은 양수인이 채무자에게 변제를 받기 위하여 청구하는 소환(assignation)으로도 할 수 있는데, 이 소환으로써 공문서위조확인신청(inscription de faux)[38]시까지, 특히 그 날짜의 기재를 입증할 수 있다.[39] 반대로 소심법원(tribunal d'instance)에의 출석을 유도하면서 채무자

---

33) 이하의 내용은 주로 L. CADIET, *op. cit.*, nos. 103−109, pp. 17−18을 우리말로 옮겨 정리한 것임.

34) 프랑스어 assignation은 소환이나 소환장을 뜻하고, 이는 원고가 집행관을 통해서 피고에 대해서 법원에 출석하도록 부르거나 부르는 문서(소환장)이다. 우리나라에서 소송개시는 소의 제기, 즉 원고가 소장을 법원에 제출하여서 하나(민사소송법 제248조), 프랑스에서는 원고가 피고를 소환함으로써(통상은 집행관을 통하여) 개시되는 것이 원칙이다(신민사소송법 제550조). 같은 뜻으로 citation이라는 말이 쓰이고 있다(신민사소송법 제471조). 소환장은 집행관의 문서(집행관증서)이므로, 그 송달은 집행관송달(signification)로써 한다(신민사소송법 제651조). 또 프랑스에 있어서 소환장이 피고에게 송달된 뒤 원고나 피고가 소환장 사본을 관할법원 서기과에 제출한 때에 비로소 법원에의 소송계속이 일어난다(신민사소송법 제757조). 프랑스에서의 소제기에 관한 우리말 문헌으로는 사법연수원편, 프랑스법, Ⅱ, 2004, 32면; 일본문헌으로는 司法研修所編, 前揭書(주 12), 46頁.

35) 프랑스에서 exploit에 갈음하여 1976년의 신민사소송법서는 acte d'huissier de justice(집행관증서)라는 말을 쓰고 있다.

36) Cass. 2e civ, 4 jan. 1947, *Bull. civ.*, 1974, Ⅱ, n° 3, RTD. civ., 1974, p. 808, n° 7.

37) Cass. civ., 14 mai 1889, S., 1889, I, p. 460; D.P., 1890, Ⅰ. p. 264; Cass. civ., 13 nov., 1928, D.H., 1928, p. 605; Cass. civ., 17 févr, 1937, D.H., 1937, p. 221; Cass. civ. 21 févr. 1951, J.C.P., G. 1951, Ⅳ, 61; *Bull. civ.*, 1951, I, n° 71.

38) 공문서위조확인신청은 공정문서(공정증서, acte authentique)의 위조확인을 구하는 절차(신민사소송법 제306조, 제314조)로서 사서증서(acte sous seing privé)의 진부검증신청(verification d'écriture et faux, 신민사소송법 제287조 이하, 제296조 이하)과 대비한다.

39) Cass. civ., 4 mars 1931, D.P., 1933, I, p. 73 note Radouant; Cass. com., 18 févr. 1969, *Bull. civ.*, 1969, Ⅳ, n° 65; D., 1969, p. 354; 1996, *Bull. civ.*, 1996, Ⅳ, n° 156; D., 1996,

에게 하는 단순한 예고통지(remise d'un avertissemennt)는 프랑스민법 제1690조의 요건을 갖추지 못한 것으로 보아야 할 것이라고 한다.[40]

채무자에 대한 변제최고(commandement)는 필요한 집행관송달과 같은 효력이 있고,[41] 최고 효력이 있는 소환(sommation interpellative)도 마찬가지이다.[42]

일반적으로 집행관송달(signification) 외의 우편송달(notification par voie postale) 등과 같은 채권양도의 일반송달(notification)은, 비록 양수인이 소송절차에서 명시적으로 밝히지 않았더라도, 그 소송절차에서 채무자에게 채권양도를 인정할 수 있는 모든 정보를 준 때에는, 프랑스민법 제1690조의 요건을 충족한다. 또 양수인이, 명시적으로 관련 양도행위를 근거로, 양도채권자를 대위한다는 점을 분명하게 밝힌, 부동산압류절차에서의 채무자에 대한 변제최고도 이러한 형식요건을 충족하며, 채무담보로 취득한 저당권등기부의 여백에 양도를 기재하는 것도 마찬가지라고 한다.[43] 임대차 해지통지(congé)가 임차인에게 양도행위의 충분한 실체를 알리는 소환장으로 된 때에는, 집행관송달은 이러한 해지에 의해서 이루어질 수도 있다.[44]

이러한 요건은 소송 중에, 특히 변론 중에 양도서류 자체가 제출되었다면, 그 진술조서의 송달로써도 갖출 수 있다.[45]

(2) 프랑스민법 제1690조에 따른 채권양도의 대항요건이 갖추어지지 않았더라도, '변제를 위한 소환'은 집행관송달과 같은 효력이 있으므로, 양수인은 채무자에게 채무변제를 청구할 수 있다. 그러나 그에 따른 변제는 기존의 어떠한 권리도 침해해서는 안 된다. 그에 따라 양도인인 채권자는 이제는 더 이상 그 채권이 자신에게 속하지 않음에도 채무자에게 여전히 그 채권의 변제를 청구할 수

---

jurispr. p. 630, note M. Billiau, inf. rap. p. 166; CA. Paris, 23 jan. 1992, Juris−Data, n° 1992−020122.

40) L. CADIET, *op. cit.*, n° 106, p. 18.

41) CA. Paris, 16 juin 1982, Juris−Data, n° 1982−029030.

42) CA. Paris, 8 févr. 993, Juris−Data, n° 1993−021634.

43) TGI. Lille, 8 nov. 1957, D., 1958, somm. p. 61.

44) Cass. soc., 15 juin 1962, *Bull. civ.*, 1962, Ⅳ, n° 557.

45) Cass. soc., 7 mars 1963, *Bull. civ.*, 1963, Ⅳ, n° 226; CA. Rennes, 7 mai 1986, Juris−Data, n° 1986−044149; v. aussi Cass. com., 29 févr. 2000, *Bull. civ.*, 2000, Ⅳ, n° 41; Cass. 1 civ., 8 oct. 1980, *Bull. civ.*, 1980, I, n° 249, RTD civ., 1981, p. 852, obs. F. Chabas.

있다. 채무자로서는, 채권전액을 청구할 수 있는 양도인과 양수인이라는 양 채권
자가 있게 되고, 이는 연대채권(solidarité active)이라는 기묘한 경우가 된다고 하
는 이[46]도 있다.

다. 채무자의 채권양도승낙에의 유추적용

(1) 프랑스민법 제1690조에서 채권양도를 제3자에게 대항할 수 있도록 하기
위해서 예상한 두 번째 절차는 공정증서(acte authentique)에 의한 채무자의 승낙이
다. 여기에서 문제가 되는 것은 이러한 승낙을 사서증서(acte sous seing privé)로 할
수 있는지, 그것이 가능하다면 구두나 묵시적인 단순한 표시(simple manifestation
verbale ou tacite)로 할 수 있는지 등이다.[47]

공정증서의 형태는 엄격하다. 그러므로 확실한 특정일자가 있더라도, 사서
증서에 포함된 승낙으로써 제3자에게 대항할 수 없는 것이 원칙이다.[48] 그러나
이러한 원칙은, 오직 양수인과 채무자 사이에서는 변용(aménagement)되고 있다.
채무자가 양도계약의 당사자가 아님은 명백하다. 그에 따라 채권의 이전에 의해
원칙적으로 그의 권리를 침해할 수 없으며 채무자는 원래의 채권자에게 변제하
거나 그를 갈음하는 이에게 변제할 수 있어야 한다. 또 사서증서에 의한 승낙은
권리이전을 채무자에게 주장할 수 있도록 하기 위한 것이고, 채무자는 양수인
외의 다른 사람에 의해서는 채무로부터 벗어나지 못하게 되는 것으로 본다.[49]
사서증서에 의한 지명채권양도의 승낙에 관해서 19세기 전반, 즉 1830년부터
1850년까지의 주석학파의 성립시기의 일부 학자들[50]은, 채무자와 다른 제3자를
일단 구별하여, 제3자에 대해서 양수인이 채권을 주장하기 위해서는 반드시 공
정증서에 의한 승낙을 요하지만, 채무자에 대한 관계에서는 사서증서에 의한 승

---

46) Ph. MALAURIE et L. AYNES, *op. cit.*, n° 1225, p. 710.

47) 이하의 내용은 주로 L. CADIET, *op. cit.*, nos, 110−118, pp. 18−19를 우리말로 옮겨 정리
한 것임.

48) Cass. civ., 29 juill. 1863, S. 1863, 1, p. 477; D.P.. 1863, 1, p. 465; Cass. civ., 26 jui; l,
1880, S., 1882, 1, p. 356; D.P., 1880, 1, p. 366; CA. Paris, 8 janv. 1969, D., 1969, somm.
p. 37; RTD. civ., 1969, p. 564, n° 14.

49) Cass. civ., 1er déc 1856, D.P., 1856, 1, p. 439; Cass. civ., 6 févr. 1878, S., 1878, 1, p.
168; D.P., 1878, 1, p. 275; Cass. civ, 1er, 19 janv. 1970, *Bull. civ.*, 1970, Ⅰ, n° 19; Cass.
civ. 3e, 31 mai 1983; J.C.P., G. 1984, Ⅱ, 20156, note B. Petit.

50) Duranton, Cours de droit civil français suivant le code civil, 4ᵉ éd., t. 16, p. 1844, 池田眞
郎, 前揭書(주 3), 70頁에서 재인용.

낙도 좋다고 하는 이론이 나타났고, 19세기 후반에는 학설은 모두 채무자에 대한 관계에 한해서 이와 같은 승낙의 효력을 인정하였다. 이는 프랑스민법 제1372조(개정전 제1322조)[51]의 규정을 인용하여, 사서증서도 서명한 당사자 및 그 상대방·승계인 사이에서는 공정증서와 동일한 증명력을 가진다는 이론을 바탕으로 한 것이다.[52]

판례는 처음에는 프랑스민법 제1690조의 형식을 완화하는데 대한 우려로 이를 인정하지 않았지만,[53] 1878년에 이르러서 태도를 바꾸어, 채무자와 양수인과의 관계에서는 채무자가 한 승낙은, 그것이 사서증서로써나 구두로도 할 수 있고, 묵시적으로도 할 수 있으며, 여기에서 생긴 채무자의 대인적 약속(engagement personel)은 채무자를 양수인에게 구속하게 하는데 충분하고, 채무자에 대해서 양수인 외에 다른 사람에게 변제하는 것을 금하는 것이라고 하였다.[54] 또 사서증서에 의한 승낙과 마찬가지로 묵시적 승낙(acceptation tacite)은, 채무자를 제외한 제3자에 대하여 어떠한 효력도 발생할 수 없지만, 프랑스민법 제1690조의 형식요건을 갖추지 못한 것이, 채무자의 채무이행이 다른 이에게 어떠한 해가 되지 아니하여 그 이행을 요구할 수 없는 것이 아닌 경우에는, 그러하지 아니하다고 한다.[55] 같은 이유로 진정한 묵시적 승낙으로써만 채무자에게 권리를 주장할 수 있고, 불분명하거나 불확실한 추정적 의사(prétendue manifestation)에 의해서는 그렇지 못하다고 한다.[56] 또 채권양도에 대한 채무자의 채권양도승낙에 필연적으

---

51) 프랑스민법 제1372조 상대방 당사자에 의해서 인정되거나 법률상 인정된 것으로 보는 사서증서는, 그에 서명한 자들 사이 및 그 상속인들과 승계인들에게 공정증서와 동일한 증명력을 가진다(Article 1372 L'acte sous signature privée, reconnu par la partie à laquelle on l'oppose ou légalement tenu pour reconnu à son égard, fait foi entre ceux qui l'ont souscrit et à l'égard de leurs héritiers et ayants cause.).

개정전 프랑스민법 제1322조 상대방에 의해서 인정되거나 법률상 인정된 것으로 보는 사서증서는, 그에 서명한 자들 사이 및 그 상속인들과 승계인들 사이에 있어서 공정증서와 동일한 증명력을 가진다.

52) 池田眞郞, 前揭書(주 3), 310頁.

53) 가령 Dijon, 9 févr 1847, S., 39, 2. 327; Renne, 29 juillet 1880, D., 1880, 1, 365. 제3자에 대해서 어떠한 효력도 미치지 않음은 당연하다고 하였다(Cass. req., 29 juillet 1863, D., 1863, 1, 465; Cass. civ., 26 juillet 1880, D., 1880, 1, 366).

54) Cass. reg., 6 févr. 1878, D., 1878, 1, 275; 12 mars 1878, D., 1878, 1. 273.

55) Cass. civ. 3e, 26 févr. 1985, J.C.P., G, 1986, Ⅱ, 20607, note B. Petit; RTD. civ., 1986., p. 349, obs. J. Mestre.

56) L. CADIET, op. cit., n° 117, p. 18.

로 따르는, 채무자의 모든 태도에는 묵시적 승낙도 포함되는 것으로 보고,[57] 이에 대해서는 그 자체 반론이 있을 수 있다고 한다.[58]

(2) 사서증서로 하는 채무자의 승낙도 유효한 대항요건이 된다고 보는 앞의 판례들은, 프랑스민법 제1690조의 요건을 갖추지 않는 한, 채무자는 채권양도를 주장할 수도 없고 채권양도 주장을 받을 수도 없다고 하는 판결들[59]과 외관상 모순되는 것으로 보인다. 이러한 모순은 채무자가 가진 2가지의 자격(qualité)에 의하여 해결된다. 즉, 채무자가 양수인이나 채권자에게 한 변제로써 유효하게 면책될 수 있을 때에는, 비록 프랑스민법 제1690조의 대항요건을 갖추지 못했더라도, 단지 그의 선의(bonne foi), 즉 채권양도가 있었을 것임에 대한 인식을 고려하여, 결국 프랑스민법 제1342-3조(개정전 제1240조[60]))를 적용하여 해결한다.[61] 반대로 채무자가, 그 사이에 양도인의 채권자가 되어 상계가 가능하거나 양도인과

---

57) Cass. req., 6 févr. 1878, D.P., 1878, 1, p. 275; Cass. civ., 28 mars 1922, D.P., 1925, 1, 165; Cass. req., 27 déc. 1933, D.P., 1934, 1, p. 13; Cass. req., 22 déc.. 1937, DH., 1938, p. 83; Cass. com., 17 janv. 1951, J.C.P., 1951, II, 6297, note Cohen; RTD. civ., 1951, p. 392. obs. J. Carbonnier; Cass. soc., 20 mars 1953: *Bull. civ.*, 1953, IV, n° 237; CA Paris, 8 mai 1980, Juris-Data, n° 1980-000313; CA. Reims, 12 déc. 1984, Gaz. Pal., 1985, 1, p. 232, note E.-M. Bey; CA. Paris, 10 déc. 2004, Juris-Data, n° 2004-268875; CA. Aix-en-Provence, 15 janv. 2002, Juris-Data, n° 2002-174180; v. aussi Cass. com., 15 juill. 1986, *Bull. civ.*, 1986, IV, n° 157; RTD. civ., 1987, p. 758, obs. J. Mestre; Cass. civ., 3e, 14 déc.. 1994, *Bull. civ.*, 1994, III, n° 212; J.C.P., 1995, IV, 388.

58) 이들 판결 중 다수는 내용적으로는 임차권 양도에 관한 것이고, 임차권 관계에서의 채무자인 소유자가 임차권양수인에게서 차임을 영수해 온 것이 양도의 묵시의 승낙이라고 한 것이다[묵시적 승낙으로도 족하다고 한 것으로는 Cass. reg., 29 déc. 1933, D., 1934. 1, 13. rapport. Pilon; Cass. com., 17 janv. 1951, J.C.P., 1951, II, 6247, note Cohen, RTD. civ., 1951, p. 390. obs. Carbonnier, 사서증서로도 족하다고 한 것으로는 Cass. civ., 28 mars 1922, D. P., 1925, 1, 165가 있고, 다만 승낙의 의사는 묵시의 것이라도 좋지만 입증해야 할 대상이고 단순히 채무자가 묵시의 인식을 얻은 사실만으로는 충분하지 않다고 한다 (Cass. assem. plén., ler mars 1950, D. 1950, 363). 이상에 관해서는 池田眞郎, 前揭書(주 3), 313頁, 각주 13 참조.

59) Cass. civ. 3e, 12 juin 1985, *Bull. civ.*, III, n° 95.

60) 프랑스민법 제1342-3조 외관상의 채권자에게 선의로 한 변제는 유효하다(Article 1342-3 Le paiement fait de bonne foi à un créancier apparent est valable).
   개정전 프랑스민법 제1240조 채권의 점유자에 대하여 선의로 한 변제는, 그 이후에 점유자가 변제결과를 추탈당한 경우에도, 유효하다.

61) Ph. MALAURIE et L. AYNES, *op. cit.*, n° 1225, p. 711.

양도채권에 관한 합의로 이해관계가 있게 될 때, 채무자는 그에게 채권양도를 주장할 수 없는 진정한 제3자로서 다루어져야 한다. 그리고 이때 채권양도는 채무자에게 채권발생 후에 발생한 이해관계가 된다.[62]

라. 채무자가 채권양도사실을 안 경우 유추적용 부정

프랑스판례는, 채무자가 채권양도 사실을 안 것(connaissance de fait de la cession)만으로는 집행관송달에 유추할 수 없다고 한다.[63] 가령 서신이나 구두통지가 있었다고 하더라도 이를 집행관송달에 유추할 수 없다.[64] 그러나 이에 대해서는 전통적인 예외가 있다. 이는 양도인과 채무자가 양수인에 대해서 하는 짜고 하는 속임(fraude ourdie)과 관련된 것이다. 이러한 경우에는 채무자는 양수인에게 집행관송달이 없음을 항변하지 못하며 채무자는 채무를 변제할 의무가 있다. 현실적으로 이러한 속임이라는 사기관념이 부동산등기에 있어서와 마찬가지로 대항력원칙을 점차 잠탈하고 있으며, 사실상 악의, 즉 양도사실을 안다는 것을 속임으로 보고 있다.

Ⅲ. 일본민법 제467조의 불완전한 대항요건제도의 성립배경

1. 변용된 프랑스민법상의 대항요건의 영향

가. 앞에서 본 바와 같이, 일본민법을 제정하던 19세기 말에 프랑에서는, 프랑스민법 제1690조가 집행관송달이나 공정증서에 의한 승낙과 같은 확정일자 있는 증서를 지명채권양도의 대항요건으로 하고 있었음에도 실제에 있어서는 사서증서로 하는 채무자의 승낙도 유효한 대항요건으로 취급하였다.

나. 그런데 일본민법 제467조(입법 당시에는 제470조)를 심의한 1895년 3월 22일 제72회 법전조사회에서 일본민법 기초자의 한 사람인 우메 켄지로(梅謙次郎)는, 이 조문취지의 모두부분에서 다음과 같이 말하고 있다. "본조 규정은 [구민

---

62) Ph. MALAURIE et L. AYNES, *op. cit.*, n° 1225, pp. 711–712.
63) 이하 Ph. MALAURIE et L. AYNES, *op. cit.*, n° 1225, pp. 710–711.
64) PA., 14 févr. 1975, D., 75, 349.

법]재산편 제347조 제1항과 정신은 같습니다. 즉, 주의(主意)가 같습니다. 다만 한 가지는 이 원문에 '합식(合式)으로65) 고지하거나 채무자가 공정증서 또는 사서증서로써 이를 수락하도록 한 뒤가 아니라면' 운운이라고 하는 모습으로 썼습니다. 이 안(案)에 있어서 채무자에 대해서만은 그렇게 하는 것을 요하지 않는 방식이 없음에도 통지 또는 그 승낙을 받으면 좋다고 하는 것에 이르게 된 것입니다. 그러니까 [이] 제2점에 있어서는, 외국에서도 대체로 의심 없이 프랑스 그 밖의 프랑스법률에 따라 법문(法文)을 쓰고 있는 국가들의 명문을 보더라도 모두 공정증서가 필요하다는 모습으로 쓰고 있으면서 그 해석상은 어떻게 되었냐 하면, 대체로 물론 채무자에 의해서 다른 제3자에 대한 조건으로서 '채무자가 승낙한다' 라고 하면, '그것은 하나의 계약이다. 그 계약은 원래 유효하다. 그에 따라 그 채무자에 대한 것만은 공정증서가 필요한 것이 아니라고 하는 것을 학자들이 모두 다 인정하고 있는 상태여서, 채무자에 대해서는 방식이 필요 없다.'라고 하는 것이 온당하다고 생각합니다. 오직 제3자에 대해서는 반드시 상당한 방식이 필요하고…"66)라고 하여, 프랑스민법을 비롯한 프랑스법계의 여러 외국의 입법은, 모두 채무자의 승낙에 공정증서를 요한다고 규정하고 있지만, 실제의 해석론에 있어서는 채무자와의 관계에 한해서는, 무방식의 승낙으로써도 유효하다고 하므로, 일본민법에서도 채무자에 대해서만은 무방식으로 하는 쪽이 온당하다고 하고 있다.67)

---

65) '합식(合式)으로'라는 말에 해당하는 프랑스어는 'dûment'(Boissonde초안 제367조)이고, 이를 '정식으로'라는 뜻으로 본다{池田眞郎, 前揭書(주 3), 39頁}.

66) 法典調査會, 民法議事速記錄, 學進版, 第22卷, 138-139丁; 法務大臣官房司法法制調査部監修, 日本近代立法資料叢書, 商事法務研究會版, 第3卷, 523頁, 池田眞郎, 前揭書(주 3), 82-83頁에서 재인용(일부는 같은 책, 56頁과 중복됨). 또 그는 여기에서 제3자에 대한 사기방지의 의미에서 무슨 일이 있더라도 확정일자가 필요하다고 하고, 이어서 "초안에 있어서는, 잘 아시겠습니다만, 확정일자라고 하는 것을 필요로 했던 것을 이제 이를 삭제한 것은 어떤 이유인가. 살펴건대 어떻든 이 확정일자라고 하는 것을 증서에 부여하는 방법이 실제 대단히 곤란하다고 하는 데에서 이는 삭제되어 이제는 공정증서 또는 사서증서로 된 것이라고 생각합니다. 그렇지만 어렵다고 해서 규정하지 않을 수는 없습니다. (중략) 무릇 본 안(案)에 있어서는, 원래의 초안처럼 외국에서 이와 같은 방법을 채용하고 있는 나라에서와 같이 확정일자를 필요로 함에 이르렀다"{前揭 民法議事速記錄, 138-140丁; 前揭 日本近代立法資料叢書, 524頁, 池田眞郎, 前揭書(주 3), 32頁에서 재인용}고 한다. 그 밖에 권철, "지명채권양도의 대항요건에 관한 일본민법 규정의 연혁 小考", 民事法學, 第64號, 韓國民事法學會(2013. 9), 376면 참조.

67) 池田眞郎, 前揭書(주 3), 84頁. 이 저자는, 우메 켄지로가 채무자의 승낙에 대항요건이 필

여기에서 우메 켄지로는 여러 외국에서의 그 입법과는 다른 실제운용상황을 이야기하고 있으나, '프랑스 그 밖의 프랑스법률에 따라 법문(法文)을 쓰고 있는 국가들'의 경우를 들고 있는 점을 보면, 일본민법 제정 당시 프랑스의 채권양도의 대항요건의 운용상황을 참작했음을 알 수 있다.

그러므로 변용된 프랑스민법상의 대항요건이 일본민법 제467조의 불완전한 대항요건성립에 한 원인이 된 점은 부인할 수 없는 것으로 보인다.

2. 지명채권양도의 대항요건에 관한 일본민법 제467조의 입법이유

가. 지명채권양도의 대항요건에 관하여 일본민법 제467조 제1항은 "지명채권의 양도는 양도인이 이를 채무자에게 통지하거나 채무자가 이를 승낙하지 아니하면 이로써 채무자 기타 제3자에게 대항하지 못한다."고 하고, 제2항은 "전항의 통지나 승낙은 확정일자 있는 증서로써 하지 아니하면 이로써 채무자 이외의 제3자에게 대항하지 못한다."고 규정하고 있다.

우리 민법 제450조와 마찬가지로, 일본 민법 제467조는, 제1항에서 '채무자 기타 제3자'에 대한 대항요건으로 통지·승낙을 규정하고, 제2항에서 '채무자 이외의 제3자'에 대한 대항요건으로 통지·승낙이 '확정일자 있는 증서'에 의해 행해져야 한다는 것을 규정하고 있다.

나. 지명채권양도의 대항요건이 누구를 위한 제도인가에 관해서, 이를 양수인을 위한 것이라고 보는 입장에서는 채무자에 대한 대항요건을 어떠한 방식으로든 채무자가 알게 하는 것으로 족하다고 할 수는 없고, 채무자에 대한 대항요건과 제3자에 대한 대항요건을 다르게 할 이유가 없다. 반대로 이 대항요건을 양도를 알지 못함으로 인하여 입는 손해로부터 채무자 및 제3자를 보호하기 위

요하지 않다고 한 점에 관해서, 우메 켄지로의 논리는 중대한 오류가 있음을 놓쳐서는 안 되는데, 이는 "채무자의 승낙에 관해서만 무방식의 이유를 들고 있을 뿐 채권자의 통지에 있어서의 무방식의 근거에 관한 이유는 전혀 없는 점"이라고 하고, "…프랑스민법에서는 원칙적으로(그리하여 조문상으로도) 공정증서에 의한 승낙을 요구하고 사서증서 등에 의한 승낙의 효력을 부정하고 있으며, 예외적으로 채무자에 대한 관계에서만은 무방식의 통지나 승낙으로써도 대항력을 갖는 것으로 하고 있는데, 이것과, 일본민법과 같이 정면에서 조문상으로 무방식의 승낙으로써도 채무자에 대한 관계에서는 유효하다고 하는 것과는 확실히 다른 것"이라고 한다(同書, 同頁).

한 것이라고 보게 되면 채무자에 대해서는 어떠한 방법으로든 채무자가 양도사실을 아는 것으로 족하게 되어 그에 대한 대항요건을 제3자에 대한 대항요건과 같이 엄격한 방식을 요하지 않게 된다. 그런데 아래에서 보는 바와 같이 일본민법 제467조 입법이유에서는 그 대항요건이 채무자 및 제3자를 위한 것임을 분명히 하고 있다.[68]

일본민법 제467조의 입법이유를 보면, "…채권은 채무자의 행위를 목적으로 하므로, 채무자는 누가 채권자인가를 알아야 할 필요가 있음은 말할 나위가 없다. 이에 채권의 양도와 채무자에 대한 통지와의 관계에 예로부터 여러 이론이 있고, 로마법에서는 양수인이 소권을 갖는 것은 통지를 한 뒤라고 함으로써 통지는 양도를 채무자에게 대항하는 조건이 되었다……통지는 형식 있는 서면을 필요로 하는가에 관해서는, 채무자와 그 외의 제3자를 구별하지 않으면 안 된다 (양도에 있어서는 채무자도 역시 제3자의 1인이 된다). 채무자에 대해서는 반드시 서면을 요하는 것이 아니고 양도사실을 알게 하면 충분하다. 어떤 채무자는 오로지 누가 채권자인가를 알아야 할 필요가 있을 뿐이다. 그렇지만 채무자 외의 제3자는 그 양도인이 악의 또는 중과실에 의해서 중복양도를 한 경우에 제2의 양수인 또는 양도인의 채권자에 대해서는 양도일자 있는 증서가 없으면 누가 먼저 양수 받았는지 또는 양도는 채권발생 전 또는 후인지(양도인의 채권자는 그 채권이 생긴 후 양도인이 타에 채권을 양도한 때에는, 경우에 따라서, 일본민법 제423조[채권자대위권], 제424조[사해행위취소권]의 권리를 행사할 수 있다)를 알 수 없고, 그에 따라 이러한 일자있는 증서는 단순히 사서증서로써는 그 목적을 달성할 수 없어, 반드시 공적인 수단을 거친 것으로 하지 않으면 안 된다. 이것이 일본민법 제467조에서 확정일자 있는 증서를 요한다고 하는 까닭이다…"[69]라고 한다.

이 점은 우메 켄지로의 저서에서도 나타나 있다. 즉, 그는 일본민법 제467조의 채권양도의 대항요건으로서의 통지·승낙의 의의에 관해서 다음과 같이 설

---

68) 지명채권양도의 대항요건이 누구를 위한 제도인가에 관하여, 일본법이 프랑스법을 받아들인 시대에는 "프랑스민법 제1690조의 대항요건은 양수받은 권리를 완전하게 한다는 의미에서 원래 양수인을 위한 것이라고 이해하는 전통적인 입장과, 양도를 알지 못함으로 인하여 입는 손해로부터 채무자 및 제3자를 보호하기 위한 것이라고 이해하는 기능적인 면에 착안한 새로운 입장이 병존하던 시대"였다고 한다{프랑스에서의 이 점에 관한 당시의 논란에 대해서는 池田眞郎, 前揭書(주 3), 62-64頁 참조}.

69) 岡松參太郎, 前揭書理由(주 2), 225-228頁.

명하고 있다. "지명채권의 양도는 … 당사자 간에 있어서는 당사자의 의사만으로 완성할 수 있지만, 채무자 기타의 제3자에 대해서는 특히 채무자에게 통지하거나 채무자가 그 양도를 승낙함을 요하는 것으로 하게 되었다. 무릇 채무자가 만일 채권양도사실을 알지 못한 때에는 양도인을 의연 정당한 채권자로 믿고 그에게 변제하거나 그 밖에 채권에 관하여 여러 행위를 해야 할 뿐만 아니라 채무자에 대해서 양도가 당사자의 의사만으로 효력을 발생하는 것으로 한다면 채무자는 다시 양수인에게 변제해야 할 의무가 있는 자라고 하지 않을 수 없다. 이와 같은 것은, 채무자가 전혀 과실이 없음에도 중복변제를 하지 않을 수 없게 되어 자못 가혹하다고 하지 않을 수 없다. 그러므로 채무자에 대해서는 양도를 통지 또는 그 승낙을 얻지 아니하면 그 양도로써 효력을 발생하게 할 수 없다…다른 제3자, 즉 채권의 제2양수인, 그 채권 위에 질권을 취득한 자, 그 채권을 압류한 채권자 등은, 주의 깊은 사람이라면, 먼저 그 채권의 채무자에게 과연 양도인 등이 채무자에 대해서 채권을 가지고 있는지를 확실하게 한 뒤가 아니면 결코 양수나 다른 행위를 하지 않을 것이다. 또 압류채권자와 같이 채무자가 바로 이의를 하면 압류채권자는 다른 재산에 강제집행을 할 수 있는([개정전] 일본민사소송법 제609조[제3채무자의 진술의무]) 등 제3자에 대해서도 이러한 조치는 필요하다. 혹은 이를 비난하여 만약 채무자가 거짓말을 할 때에는 제3자는 이에 속을 수 있어서 본조의 규정은 실제 유명무실하게 된다고 하는 이가 있을 수 있음에도, (제1) 채무자가 악의로 되는 것은 그다지 빈번하지 않고, (제2) 달리 적당한 공시방법이 없으므로 이 방법을 채용하게 된 것이다. 외국에서는 드물게 등기를 하도록 하는 예도 없지 아니하지만, 이를 실제로 함에는 어려운 바가 없지 아니할 뿐만 아니라 등기장소에 관해서 일정한 규정을 마련하는 것도 극히 어려울 수 있고… 이러한 본조의 규정이 불완전함에도 여러 나라가 대체로 모두 [이를] 채용하는 까닭이다."[70]라고 하고, 대항요건으로서의 통지·승낙의 방법에 관해서, "이러한 통지 또는 승낙은 당사자 사이에 있어서는 어떠한 방법으로써나 이를 할 수 있다. 예컨대 서간, 그 밖의 서면은 말할 것도 없고 구두, 용태(容態) 등으로써 이를 할 수 있다. 오직 제3자에 대해서는 확정일자 있는 증서로써 하는 것을 요하는 것으로 하였다. 그렇지 않으면 이러한 통지 또는 승낙에 관해서 사기

---

70) 梅謙次郎, 民法要義, 卷之一, 總則編, 1911, 復刻版, 有斐閣, 1980. 208−210면. 제3자 부분에 대한 우리말 번역으로 梁彰洙, 앞의 책, 372−373면 참조.

가 행해지는 것이 극히 쉬워서 채무자는 양도인과 통모하여 통지 또는 승낙의 시일을 앞당김으로써 제3자의 권리를 해하는 것을 꾀할 수도 있다. 예컨대 1896. 11. 5.에 양도통지를 받거나 그 승낙을 한 것임에도, 그 전날, 즉 11. 4.에 이미 동일 채권에 관해서 양도의 통지 또는 승낙이 있음으로써 후의 양도는 온전히 무효로 되지 않을 수 없다. 그런데 채무자는 채권자와 통모하여 11. 5.에 통지 또는 승낙이 있었던 것을 꾸며서 11. 3.에 이것이 있었다고 하는 것에 대해서, 제3자는 그 반대의 사실을 입증할 수 없는 것이 매우 많을 수 있다. 그러므로 본 조 제2항에서는 이러한 통지 또는 승낙으로써 제3자에게 대항하기를 바라면 반드시 확정일자 있는 증서로써 해야 하는 것"[71]이라고 한다.

다. 요컨대 일본민법 입법자들은 그 민법 제467조의 대항요건을 채무자 및 제3자를 위한 것으로 이해하여 채무자는 어떠한 방법으로든 채권양도사실을 알면 족한 것으로 보았고, 이것이 일본민법 제467조의 대항요건을 채무자에 대해서는 무방식의 통지나 승낙으로도 할 수 있도록 함으로써, 불완전한 대항요건제도가 되도록 한 하나의 원인이 되었던 것으로 보인다.

3. 확정일자제도가 없었던 일본구민법 재산편 제347조의 수정

가. Boissonade의 일본민법초안에서의 확정일자제도의 규정

(1) 처음에 Boissonade의 일본민법초안에서의 지명채권양도의 대항요건은 채무자에 대한 것이나 제3자에 대한 것 모두 확정일자를 요하는 것으로 하였다. 지명채권양도에 관한 그의 초안 제367조 제1항[72]은 다음과 같다.

제367조 지명채권의 양수인은 양도가 채무자에게 정식으로 집행관송달되었거나 채무자에 의해서 공정증서 또는 확정일자 있는 증서로 승낙된 때 이후가 아니면 자기의 권리를 채권자의 승계인 또는 채무자에 대하여 대항하지 못한다.[73]

---

71) 梅謙次郎, 前揭書(주 70), 212-213頁.
72) 이 조문의 원문에는, 프랑스민법과 같이, 항목표시 없이 내용을 달리하는 단락으로 나누어져 있을 뿐이나 통상은 이 단락을 항목으로 보고 있다.
73) Art. 367 Le cessionirere d'une créance nominative ne peut opposer son droit aux anyant—cause du cédant ou au débiteur cédé qu'à partir du moment où la cession a été dûment

Boissonade는 이 부분의 주석에서, 통지 또는 승낙이라는 형식(formalité)이 공시기능(lieu de publicité)을 어떻게 하는지에 관해서, "우선 여기에는 2가지가 있다. ① 채무자(cédé)에게 양도인이 하거나, 적어도 양도가 사서증서로 된 때에는 양도인과 공동으로 또는 양도인의 허가를 얻어서 양수인이 할 수 있는 집행관송달(signification) 또는 일반송달(notification); ② 채무자가 동의한 채권양도증서 자체로 하거나 이와는 별개로 한 채무자의 승낙(acceptation du cédé)."이라고 하고,[74] "이러한 승낙은 공적으로 하거나, 적어도 확정일자(date cetaine)가 있어야 한다. 왜냐하면 채무자가 알았는지의 문제(difficulté à prévenir)가 각각 행위시점의 우선성문제로 될 수 있기 때문이다. 통지에 관해서 마찬가지로 확정된 일자가 있어야 하고, 그것은 공무담당관(officier public)에 의해서 되어야 한다. 채무자에 대한 이러한 예고(avertissement)를 통해서 모든 이해관계인을 만족하게 한다. 우선 채무자 자신은 채권자에게 더 이상 변제하지 않게 되고, 양수인을 해하는 양도인과의 거래나 채무면제합의를 아니하게 되어 그 자신을 만족하게 한다. 또한 채권에 관한 압류 및 처분금지명령(saisie-arrêt)을 얻으려는 양도인의 채권자, 채권을 취득하려고 하는 사람들을 만족하게 한다. 왜냐하면 압류나 거래 전에는 이들은 외관상의 채무자에 대하여 채권이 실제로 있는지 및 그 채무액이 얼마인지 확인할 수 없기 때문이다. 이들에 대한(서증으로 잘 할 수 있고, 기망이나 착오를 예견하게 하는) 답변에 따라서 이들은 거래를 하거나 아니할 수 있다."[75]고 한다. 그는 또 "프랑스민법([개정전]제1691조)은 양도인이 하는 통지(signification)와 양수

---

signifiée à ce dernier, ou acceptée par lui dans un acte authentique ou ayant date certaine. [1690])(G. BOISSONADE, *Projet de Code civil pour l'empire du Japon*, t. 2, 2ᵉ éd., Tokyo, Kokoubounsha, pp. 175-176), 이 조문의 제2항 이하는 다음과 같다. "채무자의 승낙은, 채무자가 양도인에게 대항할 수 있었던 모든 항변 또는 불수리이유로써 양수인에게 대항하는 것을 저지한다. 송달만으로는 채무자로 하여금 그 송달 후에 생긴 항변을 상실하는데 그친다. 전항의 행위 중의 하나가 있을 때까지는, 채무자의 변제, 채무면제의 합의, 양도인의 채권자가 한 지급금지나 이의 또는 정식으로 송달되었거나 승낙받은 채권의 새로운 취득은 모두 선의로 한 것으로 추정되며 또한 게을리 한 양수인에게 대항하지 못한다. 승계인의 악의는 그 자백 또는 법정에서의 선서의 거절로써만 증명할 수 있다. 그러나 양도인과 공모하여 한 속임이 있을 때에는, 그 공모는 모든 통상의 증거방법으로써 증명할 수 있다. 배서로써 하는 상업증권의 양도에 관한 특별규정은 상법으로 규정한다." {이상의 초안 제367조의 일본어 번역문으로는 池田眞郎, 前揭書(주 3), 39頁}.

74) G. BOISSONADE, *op. cit.*, n° 177, p. 188.
75) G. BOISSONADE, *op. cit.*, n° 177, p. 188.

인이 하는 통지 사이에 차이를 두고 있지 않다. 그러나 사서증서로 하는 양도통지에 양도인의 참여를 요구하지 않는 것은 중대한 지장이 있다. 만약 가장양수인이나 가상양도통지에 의해서 채무자의 선의변제(초안 제479조, [개정전]프랑스민법 제1240조)가 인정되면 진정한 채권자가 권리를 상실하거나, 채무자가 진정한 채권자에게 중복 변제한다면 채무자가 손해를 보게 되는 결과에 이르는 거짓이 있을 수 있다."76)고 한다. 또 Boissonade는 이 초안 제367조 제1항을 프랑스민법 제1690조와, 같은 내용의 이탈리아민법 제1539조에 대비하고 있다.77)

(2) 한편 Boissonade초안 제1349조에서 "사서증서는, 당사자의 특정승계인이 그 증서에 의해서 뒤에 당사자와 약정한 때에는, 그 특정승계인의 이익 및 불이익으로 당사자 사이에서와 동일한 증명을 한다. 그러나 그 날짜가 확정되지 않으면 제3자를 승계인과 구별하기 위하여 원용할 수 없다."고 하고, 제1350조에서 사서증서가 확정일자를 취득하는 3가지 방법을 열거하고, 그 제1호로 "공적인 등록"을 들었다.78)

(3) 앞에서 본 바와 같이, 프랑스민법 제1690조의 채권양도의 대항요건을 Boissonade가 프랑스민법을 일본에 들여올 때 프랑스에서는 채권양도의 대항요건의 하나로서 채무자의 공정증서에 의한 승낙을 규정하고 있지만, 실제에 있어서는 학설·판례가 공정증서가 아닌, 사서증서에 의한 승낙도 그 효력을 인정하였다. 그러나 Boissonade는 당시 프랑스에서 지명채권양도의 대항요건에 관하여 학설·판례가 프랑스민법 제1690조가 규정한 대항요건 중 채무자의 승낙을 사서증서로써도 할 수 있도록 한 것과는 달리, 그 승낙에 관해서도 확정일자를 요구하고 확정일자가 없는 사서증서로 한 승낙을 인정하지 아니하였다. 또 그는 통

---

76) G. BOISSONADE, *op. cit.*, p. 188, note b. 이 부분에 대한 일본어 번역문으로는 池田眞郎, 前揭書(주 3), 21頁.

77) G. BOISSONADE, *op. cit.*, n° 176, p. 186.

78) Art. 1349. Les actes sous seing privé font la même foi qu'entre les parties en faveur et à l'encontre de leurs ayant-cause particuliers, lorsque ceux-ci ont traité avec elles postérieurement auxdits actes; mais leur date ne peut être invoquée, pour distinguer les tiers des ayant-cause, que si elle est certaine. [1328.]

Art. 1350. Les actes sous seing privé acquièrent date certane :

1° Par l'enregistrement officiel

지에 관해서는 공무담당관(officier public)에 의해서 하도록 하여 확정일자를 구비하도록 하였다. 즉, Boissonade는 당시의 프랑스의 학설, 판례가 사서증서에 의한 채권양도의 승낙의 유효성을 인정하는 것과는 다르게, 프랑스민법 제1690조 법문과 같은 내용의 대항요건을 규정하였다.[79]

나. 일본구민법 재산편 제347조에서의 확정일자제도의 배제

일본구민법 재산편 제347조 제1항은 "기명증권(記名證券)의 양수인은 채무자에게 그 양수를 합식(合式)으로 고지하거나 또는 채무자가 공정증서 또는 사서증서로 이를 승낙한 후가 아니면 자기의 권리를 양도인의 승계인 및 채무자에 대항하지 못한다."[80]고 한다.

이 규정의 취지는 Boissonade초안 제367조 제1항의 내용을 그대로 복사한 것이라고 할 만큼 그 내용이 같다.[81] 문제는 대항요건에 있어서 확정일자 요구 여부이다. 이 조문은 그 문언에서 보는 바와 같이, 통지에 관해서는 "합식(合式)으로 고지하거나"라고 하고, 승낙에 관해서는 "채무자가 공정증서 또는 사서증서로써 이를 승낙하고"라고 하고 있을 뿐이고 그 자체로는 확정일자를 요구하고 있지 않다.

---

79) Boissonade초안 제367조 제1항의 일본에서의 평가에 관해서는 池田眞郎, 前揭書(주 3), 78−81頁.

80) 이 조문의 프랑스어 공정역(公定譯)은 다음과 같다. Art. 347 Le cessionirere d'une créance nominative ne peut opposer son droit aux anyant−cause du cédant ni au débiteur qu'à partir du moment où la cession a été dûment signifiée à ce dernier, ou acceptée par lui dans un acte authentique ou sous seing privé[佛語公定譯日本帝國民法典並立法理由書 第1卷, 條文, 1891(Code Civil de l'Empire du Japon Accompagné d'une Exposé de Motifs, t. premier, Texte, Traduction officielle, Tokio, 1891), 復刻版, 信山社, 1993, p. 137]. 이 조문의 나머지 조항은 다음과 같다. 채무자가 양도를 승낙한 때에는 양도인에 대한 항변으로써 신채권자에 대항하지 못한다. 또 양도에 관한 고지만으로는 채무자로 하여금 그 고지 후에 생긴 항변만을 상실시킨다. 위 행위의 하나를 하기 전까지는 채무자의 변제, 면책의 합의, 양도인의 채권자에 의한 불도압류(拂渡押留) 또는 합식(合式)으로 고지 또는 수락된 신양도는 모두 선의로 이를 행한 것으로 추정하며, 또한 이를 게을리 한 양수인에게 대항할 수 있다. 당사자의 악의는 그 자백에 기인하는 것이 아니면 이를 증명하지 못한다. 그러나 양도인과 통모한 사해가 있는 때에는 그 통모는 통상의 증거방법으로써 이를 증명할 수 있다. 배서로써 하는 상업증권의 양도에 [관한] 특별한 규칙은 상법으로 이를 규정한다.

81) 佛語公定譯日本帝國民法典並立法理由書 第2卷, 財産編・理由書, 1891(Code Civil de l'Empire du Japon Accompagné d'une Exposé de Motifs, t. second, Exposé des motifs du livre des biens, Traduction officielle, Tokio, 1891), 信山社, 復刻版, 1993, pp. 442−445.

Boissonade 초안 제367조가 구민법재산편 제347조로 되는 과정에서 중대한 논란을 불러일으킨 것은, 앞에서 본 Boissonade초안 제5편 증거편에 있던 제1349조의 확정일자에 관한 규정을 존치할 것인지 여부였다. 이 조문을 심의한 1888. 12. 15의 법률취조위원회재조사안의사록은, 무슨 이유인지 이 규정이 "조세를 위한 기록"으로 옮겨져 있었고, Boissonade초안에 대한 오역도 있었으며, 심의를 맡았던 법률취조위원회의 구성원들 다수가 확정일자제도에 상당히 무지하였기 때문에 확정일자를 부여할 때의 수수료를 받는 것을 이유로, 이 제도를 금전취득주의(전취주의, 錢取主義)라고 비난하는 의견이 나오기도 하여 회의는 큰 논란에 빠졌고, 결국 구민법에서는 Boissonade의 뜻에 반하여 확정일자제도 그 자체를 삭제하고 말았다.[82]

다. 일본민법 제467조에서 일본구민법 재산편 제347조의 수정

(1) 일본민법 기초위원 3인이 1895.3.19.에 법전조사회에 제출한 일본민법초안[83] 내용은 다음과 같다.[84]

제470조 ① 지명채권 양도는 양도인이 이를 채무자에게 통지하거나 또는 채무자가 이를 승낙하지 않으면 이로써 채무자 기타 제3자에게 대항하지 못한다.
② 전항의 통지 또는 승낙은 확정일자 있는 증서로 하지 않으면 이로써 채무자 이외의 제3자에게 대항하지 못한다.[85]

(2) 민법수정안이유서에서는 일본민법 제467조는 일본구민법 재산편 제347조를 수정한 것이라고 하고, 그 이유를 다음과 같이 설명하고 있다.[86]

---

82) 이상의 논의에 관해서는, 池田眞郎, 前揭書(주 3), 33-34頁; 同書, 87頁. 현행 일본민법의 제467조의 제정 시에도 이러한 논란이 있었다{이에 관해서는 池田眞郎, 前揭書(주 3), 87-89頁}.

83) 甲號議案이라고 한다{이에 관해서는 권철, 앞의 논문(주 66), 370면; 池田眞郎, 前揭書(주 3), 14-15頁}.

84) 이는 대체로 현재의 일본민법 제467조와 같다.

85) 이 조문의 일본어 문언에 관해서는 池田眞郎, 前揭書(주 3), 15頁; 우리말 번역문에 관해서는 권철, 앞의 논문(주 66), 370면.

86) 廣中俊雄編, 民法修正案(前3編)の理由書, 有斐閣, 1987, 448-449頁. 이 이유서는 불완전하고 비공식적인 것이라고 한다{池田眞郎, 前揭書(주 3), 56頁}.

본조는 기성법전[구민법] 재산편 제347조 제1항과 그 대체(大體)의 주의(主意)를 같이하고, 다만 다음 3점에 있어서 수정을 했을 뿐이다.

1. 기성법전에 있어서는 양수인이 그 양수받은 채권을 채무자에게 대항함에는 합식(合式)의 통지 또는 증서로써 하는 승낙을 필요로 함에도, 이 안에 있어서 증서를 요함은 단지 채무자 이외의 제3자에 대항하는 것에 한한다. 무릇 채권자와 채무자와의 사이에 있어서는 단순한 통지 또는 승낙으로써 충분하고, 증서를 필요하다고 함은 필경 다른 제3자에 대해서 사기가 발생함을 방지하기 위함이다. 과연 이러한 목적으로 인하여 증서를 요하는 것이라면 그 증서에는 반드시 확정의 일자를 붙이지 않으면 안 된다. 그와 동시에 이를 붙이는 방법과 같은 것은 특별세칙(細則)으로써 규정해야 하는 것으로 한다.

2. 기성법전은 전술의 통지를 양수인에 의해서 해야 하는 것으로 되어있다. 또 이로써 충분한 통지가 된다고 하더라도 양수인이 스스로 그 양수를 통지하여 채무의 변제를 청구할 수 있는 것으로 할 때에는 정당한 양수를 할 수 없는 자도 때때로 [자유]자재로 양수를 통지하여 채무자를 속임으로써 그 변제를 받는 등의 염려가 있으므로, 이 안은 새로이 통지는 양도인에 의해서 이를 해야 하는 것으로 하고, 이와 같이 고치는 것은 등기법에서 등기는 재산양수인이 수의(隨意)로 이를 할 수 없는 것으로 하는 것과 동일한 정신으로 되는 것이다.

3. 기성법전은 전술한 통지 또는 승낙을 절대적으로 필요하지는 않다고 하여 제3자가 만약 어떤 조건으로써 사실을 안 때에는 통지 또는 승낙 없이도 또한 그 제3자에 대해서 채권의 양수를 대항할 수 있도록 하였음에도, 이 안은 먼저 물건의 양도를 제3자에게 대항함에는 동산의 인도 또는 부동산의 등기를 절대적인 요건으로 하는 것과 같이 채권의 양도에 있어서도 역시 통지 또는 승낙을 절대적인 요건으로 한 것이다.

여기에서 "……기성법전 재산편 제347조 제1항과 그 대체(大體)의 주의(主意)를 같이"한다는 것은 일본민법 제467조에서, 바로 대항요건주의 채용에 관한 것을 말하는 것으로 본다.[87] 현재의 일본민법 제467조는 기본적으로 구민법 재산편 제347조를 수정한 것으로, 채무자에 대한 대항요건에 관해서는 무방식으로 하였다는

---

87) 池田眞郎, 前揭書(주 3), 16頁.

점은 구민법 재산편 제347조와 같지만, 제3자에 대한 대항요건에 관해서는 확정일자 있는 증서만으로 하도록 한 점은 이와 다른 것이다. 이와 같이 양자를 달리 규정하였다는 점에서 일본민법 제467조는 일본구민법 재산편 제347조를 부분적으로 수정한 것이고, 이 점에서 일본구민법 재산편 제347조는 일본민법 제467조가 불완전한 대항요건을 규정하게 된 또 하나의 계기가 되었다고 할 수 있다.

Ⅳ. 맺음말

우리 민법 제450조와 일본민법 제467조가 규정한 대항요건이 채무자에 대해서는 확정일자가 없는 증서로써도 할 수 있도록 하여 불완전한 대항요건제도가 되도록 한 데에 관해서는 다음과 같은 사정들이 있었다.

첫째, 다른 나라의 입법례, 특히 일본민법 제367조의 본이 되었던 프랑스민법 제1690조는 지명채권양도에 있어서 집행관송달과 공정증서로써 한 양도의 승낙을 대항요건으로 규정하고 있지만, 해석상으로는 채무자의 승낙은 사서증서로써도 할 수 있도록 변용되고 있었고, 일본민법의 기초자들은 이를 참작한 점,

둘째, 일본민법의 기초자들은 그 민법 제467조의 대항요건을 채무자 및 제3자를 위한 것으로 이해하여 채무자는 어떠한 방법으로든 채권양도 사실을 알면 족한 것으로 보았고, 이로 인하여 일본민법 제467조의 대항요건을 채무자에 대해서는 무방식의 통지나 승낙으로도 족하다고 보았던 점,

셋째, 일본민법의 기초자들은 지명채권양도에 있어서 대항요건제도의 필요성을 인정하였지만 당시 시행되고 있었던 일본구민법 재산편 제347조에 확정일자제도가 없었던 점을 고려할 수밖에 없었던 점 등이다.

이와 같은 불완전한 대항요건제도가 가져온 결과는 채권이 중복양도되거나 양도와 압류 등이 경합된 경우에, 확정일자 있는 양수인을 우선하게 할 것인지 그것이 없는 양수인을 우선하게 할 것인지의 해결하지 쉽지 않은 문제가 발생하며, 경우에 따라서는 대항요건제도 자체를 무력하게 할 수도 있는 등의 문제가 있는데, 이는 이 글의 범위를 넘은 것이므로 할애하여 별고로 미룬다.

[저스티스, 통권 제160호, 한국법학원, 2017, 59−85쪽에 실림]

5. 확정일자 없는 대항요건을 갖춘 지명채권양도의 경합과 민법 제450조 제1항, 제2항의 상호관계

Ⅰ. 머리말

민법 제450조 제1항은 "지명채권의 양도는 양도인이 채무자에게 통지하거나 채무자가 승낙하지 아니하면 채무자 기타 제3자에게 대항하지 못한다."고 하고, 제2항은 "전항의 통지나 승낙은 확정일자 있는 증서에 의하지 아니하면 채무자 이외의 제3자에게 대항하지 못한다."고 하여, 지명채권양도에 관한 대항요건을 규정하고 있다.

이러한 민법 제450조는 일본민법 제467조 및 프랑스민법 제1690조에서 유래한 것으로 본다. 그러나 프랑스민법 제1690조는 채권양도의 대항요건에 확정일자가 필요한지에 관하여 채무자와 제3채무자를 구분하지 아니한다.[1] 독일민법에서는 대항요건 자체를 요구하고 있지 아니하다.

민법 제450조가 규정한 대항요건은 채무자에 대한 것과 제3자에 대한 것이 다르다. 즉, 채무자에 대한 대항요건은 특별한 방식을 요구하고 있지 않으나, 제3자에 대한 대항요건은 확정일자 있는 증서로써 하도록 하고 있다. 그에 따라

---

1) 실제에 있어서 채무자의 승인은 무형식으로 하고 있다. 이에 관해서는 오수원, "프랑스에서의 지명채권양도의 채무자에 대한 대항요건의 변용과 일본민법 제467조의 불완전한 대항요건제도의 성립 – 한국민법 제450조의 입법배경과 관련하여 –", 저스티스 통권 제160호(2017. 6), 한국법학원, 2017, 63–72쪽 참조.

지명채권이 중복양도된 경우에 (i) 그 채권양도가 모두 확정일자 없는 대항요
건을 갖춘 경우, (ii) 확정일자가 있는 대항요건을 갖춘 채권양도와 그것이 없는
대항요건을 갖춘 채권양도가 경합하는 경우, (iii) 모두 확정일자가 있는 대항요
건을 갖춘 채권양도가 경합하는 경우가 있다.

먼저 모두 확정일자가 있는 대항요건을 갖춘 채권양도가 경합하는 경우에
는, 민법 제450조 제2항을 적용함에 있어서, 종래 그 우열결정기준을 확정일자를
기준으로 할 것인지 그 도달시를 기준으로 할 것인지2)와, 채권양도통지가 동시
에 도달한 경우에 이를 어떻게 처리할 것인지 등이 문제 되고 있다.3)

---

2) 중복양도가 모두 확정일자가 있는 대항요건을 갖춘 경우에 있어서 그 우열결정기준에 관
해서는 확정일자설(郭潤直, 債權總論, 博英社, 2007, 221쪽; 金亨培, 債權總論, 博英社,
1998, 662쪽; 金疇洙, 債權總論, 三英社, 1996, 337쪽; 徐敏, 債權讓渡에 관한 硏究, 經文社,
1985, 98쪽)과 채무자에의 도달시설(李銀榮, 債權總論, 博英社, 2009, 629쪽; 朴鏞秀, "確定
日字있는 指名債權 讓渡通知의 同時到達과 辨濟請求", 判例硏究, V, 釜山判例硏究會, 1995,
123-124쪽) 등이 있고, 대법원판례는 도달시를 기준으로 하고 있다(대법원 1994. 4. 26.
선고 93다24223 전원합의체 판결). 일본에서는 처음에 판례가 채무자에의 도달시를 기준으
로 하였으나(日本大審院 1903. 3. 30. 判決), 그 뒤 이를 고쳐서 확정일자를 기준으로 하였
고(日本大審院 1914. 12. 22. 連合部判決), 다시 이를 고쳐, 채무자에의 도달시를 기준으로
하고 있다(日本最高裁判所 1974. 3. 7. 판결). 일본에서의 이상의 내용에 관해서는, 安達三
季生, "指名債權の二重讓渡と優劣の基準", ジュリスト, 增刊, 民法の判例, 基本判例解說
シリーズ, 4, 加藤一郎, 平井宜雄編, 有斐閣, 1979, 132-137頁. 일본에서의 이 점에 관한
우리말 문헌으로는 朴慶亮, "指名債權의 二重讓渡와 對抗要件 -日本의 判例와 學說을 中
心으로-", 民事法學, 韓國民事法學會 創立30周年 및 晴軒金曾漢敎授停年記念, 第6號, 韓國
司法行政學會, 1986, 187-199쪽 참조.
3) 한편 확정일자 있는 양도통지의 동시도달의 경우에 채무자는 먼저 청구한 자에게 변제해
야 한다는 이(金疇洙, 앞의 책, 373-374쪽)가 있으나, 대법원 1994.4.26. 선고 93다24223
전원합의체 판결은 채권양도 통지, 가압류 또는 압류명령 등이 제3채무자에게 동시에 송
달되어 그들 상호간에 우열이 없는 경우에 그 권리자 모두가 그 전액의 이행청구를 할 수
있고 제3채무자로서는 이들 중 누구에게라도 그 채무 전액을 변제할 수 있으며, 양수채권
액과 가압류 또는 압류된 채권액의 합계액이 제3채무자에 대한 채권액을 초과할 때에는
그들 상호간에는 각 채권액에 안분하여 이를 내부적으로 다시 정산할 의무가 있다고 한다
(같은 뜻으로 대법원 2002. 7. 26. 선고 2001다68839 판결 참조). 일본의 판례도 같다[日本
最高裁判所 1980. 1. 11. 判決; 日本最高裁判所 1993. 3. 30. 宣告 昭和63년(オ)第1526 判
決, 이 판결의 평석으로는 池田眞郎, "同順位の債權讓受人間における供託金還付請求權の
歸屬", 民法判例百選, II, 別冊ジュリスト, N. 176(2005/4), 星野英一 外 2人編, 有斐閣,
2005, 76-77頁]. 이에 관한 일본의 학설로는 청구불가설, 분할채권설, 연대채권설, 부진정
연대채권설 등이 있다고 한다(朴慶亮, 앞의 논문, 199-211쪽; 朴鏞秀, 앞의 논문, 124-
127쪽 참조).

또 중복양도로 채권양도가 확정일자가 있는 것과 없는 것이 경합하는 경우, 즉 제1양도는 단순한 통지·승낙을 하고 제2양도는 확정일자 있는 증서에 의한 경우, 또는 그 순서가 반대로 된 경우에는, 민법 제467조 제2항이 이들 상호간의 우열을 결정하는 기준을 정한 것으로 보아, 확정일자 있는 대항요건을 갖춘 양수인이 우선한다는 데에 관해서는 이론이 없어 보인다.[4] 판례 또한 민법 제450조 제2항을 근거로 "채권양도를 채무자가 승낙하였다 할지라도 (제1의 채권양도) 그 승낙이 확정일자 있는 증서에 의한 것이 아닌 이상, 그 후에 제2의 채권양도에 관하여 확정일자 있는 증서에 의한 채권양도 통지가 있었다면 위 제2의 채권양도는 확정일자 있는 증서에 의하지 아니한 채무자의 승낙이 있는 위 제1의 채권양도에 우선하여 그 효력을 가지게 된다"[5]고 한다.

---

[4] 송덕수, 채권법총론, 박영사, 2013, 363쪽.

[5] 대법원 1972. 1. 31. 선고 71다2697 판결(그에 따라 "확정일자 있는 증서에 의한 통지를 한 채권양수인만이 채권양수에 의한 적법한 채권자가 된다할 것이고 채무자는 위의 채권자에 대하여 만이 채무변제의 의무가 있게 된다 할 것이며, 그 결과 위 제1의 채권양도에 있어서의 채권양수인(확정일자 있는 증서에 의하지 아니한 채무자의 승낙이 있는 채권양도에 있어서의 채권양수인)에 대하여는 채무변제의 의무가 없게 되는 것이라고 하여야 할 것"이라고 한다.); 같은 취지로, 지명채권인 임차보증금반환채권이 양도되고 이에 대한 채무자의 승낙이 있었다 하더라도 위 채권에 관하여 가압류명령을 받고, 전부명령을 받은 자에 대해서는 우선하지 못한다고 하고(대법원 1985. 9. 10. 선고 85다카794 판결; 대법원 1986. 2. 11. 선고 85다카1087 판결), 지명채권인 임차보증금 반환채권이 양도되고, 이에 대한 양도통지가 있었고 또 채무자에 의한 승낙이 있었다 하더라도, 이것이 확정일자가 있는 증서에 의한 것이었다고 볼만한 아무런 자료가 없는 경우에 있어서는, 위 채권에 관하여 전부명령을 얻은 자에게 우선할 수 없다고 한다(대법원 1983. 2. 22. 선고 81다134 판결; 대법원 1963. 5. 13 선고 62다304 판결 참조).
일본민법 제467조 제1항의 확정일자 없는 대항요건과 그 제2항의 확정일자 있는 대항요건이 경합하는 경우에 일본민법 제467조 제2항이 그 우열을 정한 기준으로 보아 확정일자 있는 채권양수인이 우선한다고 한다(가령 我妻榮, 債權總論, 岩波書店, 1985, 544頁). 다만 일본의 판례는, 단순한 통지·승낙은 제1양수인에게 먼저 되었고, 확정일자는 제2양수인이 먼저 갖추었을 때, 처음에는 채무자에 대한 관계에서는 오로지 제1항이 적용되고, 단순한 통지·승낙이 앞선 제1양수인만이 청구할 수 있고, 제2항은 채무자 외의 제3자와의 관계만을 규율하고, 그에 따라 제2양수인은 채무자로부터 지불받은 제1양수인에게 밖에 관계가 되지 않는다고 보았지만(日本大審院 1903. 4. 18. 判決; 日本大審院 1917. 1. 30. 判決, 이상에 대해서는 池田眞郎, 債權讓渡の硏究, 弘文堂, 1997, 92頁), 이를 바꾸어 제2양수인만이 채무자에게 청구할 수 있다고 하고[日本大審院 1919. 3. 28. 連合部判決. 이는 앞의 판결들이, 제1양수인은 채무자에 대해서는 채권자이지만 제3자에 대해서는 채권자가 아니라고 하는 기묘한 모습을 보이고, 또 채무자로부터 지불받은 제1양수인이 무자력일 때 제2양수인은 사실상 구제를 받을 수 없는 결과로 되므로 가혹하다고 하여, 이와 같이 고친 것이라고

마지막으로 확정일자 없는 대항요건을 갖춘 채권양도가 서로 경합하는 경우가 있어서, 제1양도계약의 관점에서 보면 제2양수인은 제3자이고, 제2양도계약의 관점에서 보면 제1양수인은 제3자이며, 그에 따라 이 중복양수인들 중 누가 우선하는가, 즉 이때 민법 제450조 제1항을 적용해야 하여 확정일자 없는 대항요건을 갖춘 자가 우선하는가, 아니면 제2항을 적용하여 확정일자 있는 대항요건을 갖춘 자가 우선하는가가 문제이다.

아래에서는 이 문제에 관한 논의를 살려보고. 이어서 이 문제와 불가분의 관계가 있다고 생각되는 민법 제450조 제1항과 제2항의 상호관계, 이와 관련된 확정일자 있는 대항요건의 한계문제로서 제1양수채권이 소멸한 뒤 다시 채권이 중복양도되고 대항요건이 구비된 경우의 효력문제, 대항요건제도에 대한 입법론 등을 살펴본다.

Ⅱ. 확정일자 없는 대항요건을 갖춘 채권양도의 경합

1. 학설

가. 선양수인우선설

중복양수인들 모두 확정일자 없는 대항요건을 갖춘 경우에 어느 양수인이 우선하는지에 관하여 먼저 양수 받은 양수인이 우선한다는 이들이 있다. 이에 따르면, "채권양도는 양도계약만으로 효력이 생긴다는 원칙에 따라서 먼저 채권을 양수받은 자가 채권을 취득하고, 다만 제2의 양도가 먼저 통지되어 채무자가 제2양수인에게 선의로 변제 기타의 면책행위를 한 경우에는 채권양수인(제1의 양수인)에 대하여 면책행위의 유효를 주장할 수 있다."[6]고 한다.

한다(이에 관해서는 安達三季生, "債權讓渡の對抗要件", ジュリスト, 民法の判例, 基本判例解說シリーズ, 4, 山本阿母里編, 有斐閣, 1967, 125頁)], 채무자도 제2양수인에게만 유효한 변제를 할 수 있으며(日本大審院 1936. 7. 12. 判決), 제1양수인에게 변제해도 이는 무효로 되며(日本大審院 1932. 5. 24. 判決), 제1양수인의 채권자가 압류한 경우에도 제2양수인에게 대항하지 못한다(日本大審院 1936. 7. 11. 判決)고 한다.

6) 金曾漢·金學東, 債權總論, 博英社, 1998, 372쪽(이 저자들은 독일민법 제408조, 스위스채권법 제169조를 참고하고 있다).

나. 민법제450조제1항적용설 - 무형식대항요건선취득자우선설

확정일자 없는 대항요건의 경합에 민법 제450조 제1항을 적용하여 확정일자 없는 대항요건을 먼저 갖춘 자가 우선하는 것으로 보는 이들이 있다. 이에 따르면 「누구도 우선적 지위를 주장할 수 있는 다른 법적 근거를 가지지 아니하므로 권리변동의 일반원칙에 의하여 해결할 수밖에 없으며, 따라서 먼저 채무자에 대한 대항요건을 갖춘 제1양수인만이 채권을 취득한 것」으로 보아야 한다고 하는 이[7]도 있고, "비록 대항력을 지니고 있지 못하지만 [확정일자 있는 증서에 의한 대항요건을 요구하고 있는 민법 제450조] 제2항에서와 같이 해석"하는 것이 타당하다고 하는 이[8]도 있다.

다. 민법제450조제2항적용설 - 확정일자선취득자우선설

확정일자 없는 대항요건의 경합에도 민법 제450조 제2항을 적용하여 확정일자 있는 대항요건을 먼저 갖춘 자가 우선하는 것으로 보는 이들이 있다. 이에 따르면, "제1양수인이 비록 채무자의 승낙을 통해 채무자에 대한 관계에서 채권자로서 인정받았더라도 그것을 가지고 확정일자 있는 통지를 갖춘 제2양수인에 대하여 우선권을 가질 수 없다. 먼저 확정일자 있는 채권양도통지를 받은 양수인이 채권자로서 인정된다."[9]고 한다. 또 다른 이는 "이중양도가 행해지고 각 양도에 대하여 모두 [무형식의] 「통지」가 행해진 경우 각 양수인은 상호간에 대항할 수 없는 결과, 채무자에 대해서도 대항할 수 없다."[10]고 하는데, 이 역시 민법 제450조 제2항을 적용하여 제2항의 대항요건을 구비하지 못하면 대항하지 못한다는 뜻으로 보인다.

---

7) 徐敏, 앞의 책, 130-131쪽. 「채무자에 대한 대항요건으로서는 보통의 대항요건만으로 충분하므로, 이 경우에는 선권리우선의 원칙이 적용되어야 하기 때문」이라고 한다(같은 책, 133쪽).

8) 尹喆洪, 債權總論, 法元社, 2012, 405-406쪽; 같은 취지로 김상용, 채권총론, 화산미디어, 2014, 383쪽; 송덕수, 앞의 책, 362쪽.

9) 李銀榮, 앞의 책, 620쪽.

10) 金亨培, 앞의 책, 597쪽. 이 저자는, "채무자측에서는 양수인 중의 한 사람을 임의로 선택하여 변제하면 유효한 변제가 된다."고 하고, "1인에 대해서만 확정일자 있는 증서에 의한 통지가 행하여진 경우 그 양수인만이 진정한 권리자가 된다."(같은 쪽)고도 한다.

2. 판례

가. 민법 제450조 제1항의 무형식의 대항요건 선취득자가 우선한다고 한 판례

(1) 판례는, 주권발행 전 주식에 관하여 확정일자 있는 증서에 의하지 아니한 주식의 양도 통지나 승낙의 요건을 갖춘 주식양수인에게 명의개서를 마친 뒤, 그 주식을 이중으로 양수한 주식양수인이 그 후 회사에 대하여 양도 통지나 승낙의 요건을 갖춘 경우에, "그 통지 또는 승낙 역시 확정일자 있는 증서에 의하지 아니한 것이라면 제2주식양수인으로서는 그 주식 양수로써 제1주식양수인에 대한 관계에서 우선적 지위에 있음을 주장할 수 없으므로, 회사에 대하여 제1주식양수인 명의로 이미 적법하게 마쳐진 명의개서를 말소하고, 제2주식양수인 명의로 명의개서를 하여 줄 것을 청구할 권리가 없다."[11]고 하는데, 이는 민법 제450조 제1항의 대항요건의 선취득자가 우선한다는 취지로 보인다.[12]

(2) 원심이 "채권을 이중으로 양도하고 양도시마다 확정일자 있는 증서에 의하지 않은 통지 또는 승낙을 하였다면 그 양도 또는 승낙의 선후에 의하여, 양도 또는 승낙의 효력이 우선하는 것이 아닌 것이므로 채무자가 후에 양도받은 사람에게 변제하였다고 하더라도 그 변제는 유효한 변제라고 할 것이니 피고는 소외 2에게 변제한 이상 그의 채무는 소멸된 것이고 다시 원고에게 변제하여야 할 의무가 없다고 설시하여 원고의 청구를 배척"한 데 대하여,[13] 대법원은 "지명채권의 양도는 특별한 사정이 없는 한 채권자와 양수인 사이의 계약에 의하여 이루어지며 채무자에게 대한 통지 또는 채무자의 승낙이 없으면 채무자 기타 제3자에게 대항할 수 없는 것이고 또 위 통지나 승낙이 확정일자 있는 증서에 의

---

11) 대법원 2010. 4. 29. 선고 2009다88631 판결. 이 판결은, 또 "이러한 경우 회사가 제2주식양수인의 청구를 받아들여 그 명의로 명의개서를 마쳐 주었다 하더라도 이러한 명의개서는 위법하므로 회사에 대한 관계에서 주주의 권리를 행사할 수 있는 자는 여전히 제1주식양수인이라고 봄이 타당하다."고도 한다.

12) 많은 이들이 제1양도 후 변제로 인하여 소멸한 경우에는 제1양도만 유효하다고 하고, 대법원 2003. 10. 24. 선고 2003다37426 판결도 마찬가지인데, 주식명의개서를 채무의 이행으로 본다면 이는 결국 제1양도 후 변제로 채무가 소멸한 경우와 같은 취지라고도 할 수 있다.

13) 이러한 원심은 선변제자수령우선설이라고 할 수 있다.

한 것이면 어디까지나 제3자에 대한 대항요건에 불과한 것"14)이라고 하여, 소외 1이 피고에 대한 채권을 원고에게 먼저 양도하고 피고에게 채권양도 통지를 하여 피고가 원고에게 위 채권을 변제할 것을 승낙한바 있고, 소외 1이 그 후 소외 2에게 위 채권을 다시 양도하고 피고에게 그 채권양도 통지를 하여 피고가 위 2에게 그 채권양도에 따른 채무를 변제하였다고 하더라도 피고는 원고에게 위 채권의 내용에 따른 채무를 변제할 의무가 있다고 하여 원심을 파기하였다.

나. 민법 제450조 제2항의 확정일자 있는 대항요건 선취득자가 우선한다고 한 판례

또 다른 판례는, "주권발행 전 주식의 이중양도가 문제되는 경우, 그 이중양수인 중 일부에 대하여 이미 명의개서가 경료되었는지 여부를 불문하고 누가 우선순위자로서 권리취득자인지를 가려야 하고, 이때 이중양수인 상호간의 우열은 지명채권 이중양도의 경우에 준하여 확정일자 있는 양도통지가 회사에 도달한 일시 또는 확정일자 있는 승낙의 일시의 선후에 의하여 결정하는 것이 원칙"15)이라고 한다.

3. 확정일자 없는 대항요건을 갖춘 채권의 중복양도에 관한 일본에서의 논의

가. 일본의 학설

(1) 채권양도에 있어서 제1양수인, 제2양수인 모두 확정일자 없는 증서로써 통지·승낙이 된 경우에, 중복양수인 상호간의 우열은 어떻게 결정하는가에 관해서, 일본민법 제467조 제1항을 적용해야 한다는 이들도 있고, 제2항을 적용해야 한다는 이들도 있다.

---

14) 대법원 1971. 12. 29. 선고 71다2048 판결.
15) 대법원 2006. 9. 14. 선고 2005다45537 판결(다만 이때 "채권양도의 통지를 하기 전에 제3자에게 이중으로 양도하고 회사에게 확정일자 있는 양도통지를 하는 등 대항요건을 갖추어 줌으로써 양수인이 그 제3자에게 대항할 수 없게 되었고, 이러한 양도인의 배임행위에 제3자가 적극 가담한 경우라면, 제3자에 대한 양도행위는 사회질서에 반하는 법률행위로서 무효"라고 한다).

(2) 일본민법 제467조 제1항을 적용해야 한다는 이들도 다시 견해가 나뉜다.

(가) 우선 중복양수인 모두가 채무자에 대해서 채권의 취득을 주장할 수 있다고 하는 이들이 있다. 여기에는, "본래 채무자는 변제할 의무를 부담하고 있는 것이므로 확정일자 있는 통지·승낙이 동시에 도달한 경우와 마찬가지로 어느 양수인으로부터의 청구에 대하여도 변제를 거부할 수 없고, 어느 양수인에게나 변제한 때에는 면책된다."[16]고 하는 이도 있고, "굳이 채무자에 대한 변제청구를 부정할 이유도 없으며, [이것이] 이론상으로는 이치에 맞다"고 하는 이[17]도 있다.

중복양수인 모두가 채무자에 대해서 채권의 취득을 주장할 수 있다는 이러한 주장에 대해서는, "채무자가 누구에게 변제해야 하는가를 해결할 수 없다."[18]고 비판하는 이가 있다.

(나) 또 다른 이들은 선행의 확정일자 없는 통지·승낙을 갖춘 양수인이 우선한다고 본다. 이에 따르면, "등기에 관해서 이로써 서로 양립하지 않는 부동산 물권변동의 선후관계를 결정하기 위한 법정증거라고 보는 입장"에서 "모두 등기 없는 중복양수인 상호간에는 자유심증주의에 의해서 먼저 양수 받은 것으로 인정되는 양수인이 우선하는 것으로 보지만 … 이러한 방식은 원칙적으로 채권의 중복양도에도 적용되어야 한다고 본다. 다만 후자의 경우에는 확정일자 있는 증서에 의하지 않은 단순한 통지·승낙으로, 확정일자 있는 증서에 의한 것이 어디에도 없는 경우에 있어서의 제2차적인 대항요건이 바로 법정증거라고 보고, 그에 따라 그 앞선 양수인이 우선하고, 그와 더불어 단순한 통지·승낙도 없는 경우에만 자유심증주의에 의한 사실인정에 의해서 양수가 앞선 것으로 인정되는 이를 우선해야 하는 것"으로 보고, "이와 같은 것은, 제2항에 의한 확정일자 있는 증서에 의한 통지·승낙이 없기 때문에 이를 중복양도의 전후관계를 결정하기 위한 법정증거라고 할 수 없는 경우에는, 원칙적 규정인 제1항에 의해서 이를 결정해야 하고, 다른 한편으로는 단순한 통지·승낙도 이로써 채무자 외의 제

---

16) 平井宜雄, 債權總論, 東京, 弘文堂, 1994, 150−151頁. 이 저자는, 이때 어느 한 양수인이 변제를 받으면 확정일자 있는 채권양도가 동시에 도달한 경우에 준해서 처리해야 한다고 한다.(同書, 151頁).

17) 淡路剛久, 債權總論, 有斐閣, 2002, 476頁.

18) 明石三郎, 注釋民法, (11), 債權, (2), 西村信雄編, 1980, 383頁.

3자에 대한 대항요건으로 되는 실질적 가치를 갖기 때문"[19]이라고 하고, "채무자가 하는 변제나 양수인의 면제에 이의를 하지 않은 사실에는 일본민법 제467조에서 말하는 채무자의 승낙으로서의 의미가 포함되어 있고, 그에 따라 그 상대방인 양수인은 우선적인 양수인이 되기 때문"이라고 하며, "채무자도 먼저 통지·승낙을 받은 양수인에게만 변제해야 하고, 양자 사이의 면제, 기한의 유예 등만이 유효"[20]라고 한다.

선행의 통지·승낙을 받은 양수인이 우선한다는 이 주장에 대해서는, 일본민법 제467조 제2항[우리 민법 제450조 제2항]의 취지에 비추어 타당하지 못하다고 비판하는 이[21]가 있다.

(3) 일본민법 제467조 제2항을 적용해야 한다는 이들은, 제2항의 대항요건을 갖추기 전에는 제1양수인, 제2양수인 누구도 우선할 수 없고, 채무자는 누구에게나 변제를 거부할 수 있다고 본다.[22] 이들은, "양 양수인 상호간에는 누구도 자기의 채권취득이 우선한다고 주장할 수 없다는 것, [이는] 마치 부동산의 수인의 양수인이 누구도 등기를 하지 않는 경우와 마찬가지일 것"[23]이라고 하는 이,

---

19) 安達三季生, 前揭債權讓渡の對抗要件, 125頁. 이 저자는, 같은 이유로 "전혀 통지나 승낙이 없는 경우, 채무자에 대한 관계에 있어서 자유심증주의에 의해서 먼저 양수받은 것으로 인정되는 양수인만이 청구할 수 있을 터이지만, 제1항에 의한 채무자에 대한 대항요건이 갖추어지지 않았기 때문에, 사실상 권리행사를 할 수 없는 것"으로 되며, "다른 한편으로 채무자는 어느 양수인에게나 유효하게 변제해도 좋고, 또 어느 양수인으로부터 면제를 받더라도 그 유효성을 주장할 수 있는 것"이라고 한다.

20) 安達三季生, 前揭債權讓渡の對抗要件, 125頁. 이 저자는 이를 전제로, 제2양수인에 관해서 확정일자 있는 통지·승낙 전에 제2양수인과의 사이에 변제·면제가 있는 때에는, "제2양수인과의 사이의 변제·면제는 무효이므로 제1양수인은 이를 무시하고 채무자에게 청구할 수 있지만, 제1양수인이 만족을 얻거나 그 청구가 판결로써 인용될 때까지 사이에 제2양수인에 관해서 확정일자 있는 통지·승낙이 있다면 변제 등의 무효는 치유되어, 그 한도 내에서 제2항이 적용되는 것으로 보아야 할 것"(同 債權讓渡の對抗要件, 126頁)이라고도 한다.

21) 明石三郎, 前揭注釋民法, 383頁.

22) 明石三郎, 上揭注釋民法, 383頁; 我妻榮, 前揭書, 544-545頁; 林良平 外 2人, 債權總論, 靑林書院, 1996, 523頁; 奧田昌道, 債權總論, 悠悠社, 1993, 452頁(이곳에서는, 채무자는 임의로 양수인 중 1인을 선택하여 변제할 수 있다고 한다).

23) 이상 我妻榮, 前揭書, 544-545頁. 한편 이 저자는 "채무자에 대한 관계에서는, 등기와 동일하게 볼 수 없다. 무릇 확정일자 있는 증서에 의하지 않은 통지·승낙도 채무자에 대해서는 대항력을 갖기 때문이다…채무자가 중복하여 통지·승낙이 행해짐으로써 채권양도가 진실·유효하게 행해졌는지 어떤지의 의문을 품은 경우에는 누구에 대해서도 변제를 거부할 수 있다고 보아야 하는 것"이라고도 한다.

양 양수인 모두 자기의 채권취득을 상대방에 대해서 대항할 수 없다는 것은 일
본민법 제467조 제2항의 규정상 당연하다고 하는 이[24] 등이 있다.

이러한 주장에 대해서는, "제1양도만 있었다면 채무자로서는 변제를 거부할
수 없었던 채권의 양도가 서로 상대방에게 대항할 수 없는 제2양도가 있게 되면
채무자가 변제를 거부할 수 있는 것으로 된다고 하는 것은 그다지 설득력이 없"
다고 비판하기도 하고,[25], 모두 단순한 통지·승낙이 있는 중복양수의 경우에,
"만약 양 양수인이 모두 청구할 수 없다면 채무자는 어느 양수인에게도 유효한
변제를 할 수 없다고 하는 것이 타당하고, 거꾸로 채무자는 어느 양수인에게나
변제할 수 있다면 양 양수인들 모두 청구권을 가지고 있다고 하는 것이 타당하
지 않는가?"[26]라고 비판하기도 한다.

나. 일본의 판례

종래의 일본판례는, 채권의 제1양도가 확정일자 없이 통지가 된 뒤, 제2양
도가 되어 확정일자를 갖춘 통지가 된 경우에 관하여, 처음에 "채무자는 일단 양
도통지를 받았거나 이를 승낙한 때에는 확정일자 있는 증서의 유무에 관계없이
양수인과 자기와의 사이에 채무관계가 있음으로써 달리 같은 채권을 주장하는
이가 있으면 이를 배척할 수 있음은 자명한 이치"[27]라고 하여, 무형식의 대항요
건이라도 그것을 먼저 갖춘 양수인이 우선한다고 하였으나, 그 뒤의 판결은 이
를 바꾸어 확정일자를 갖춘 제2양수인이 유일한 채권자로 되는 것으로 보는 것
이 상당하다고 하고,[28] "이러한 이치는 채무자가 제1양수인에 관해서 이의를 보
류하지 않은 승낙을 한 경우에, 제2의 양도에 관해서 확정일자 있는 통지가 된
때에도 다르지 않다고 하고,[29] 같은 이유로 제1양도의 양수인에 대한 채권자가,
양수인에 대한 채권을 바탕으로 양수인의 채무자에 대한 채권을 압류·전부명령
을 받았더라도, 확정일자 있는 제2의 양수인만이 채무자에 대해서 채권을 행사
할 수 있으므로, 채권을 전부(轉付)하는 효과는 생기지 않는다고 한다.[30] 그러나

---

24) 淡路剛久, 前揭書, 476頁.
25) 淡路剛久, 上揭書, 476頁.
26) 安達三季生, 前揭債權讓渡の對抗要件, 126頁.
27) 日本大審院 1903. 4. 18. 判決; 日本大審院 1917. 1. 30. 判決.
28) 日本大審院 1919. 3. 28. 連合部判決.
29) 日本大審院 1919. 3. 28 判決.
30) 日本大審院 1936. 7. 11. 判決.

동일채권에 질권설정과 채권양도가 서로 전후로 되고, 모두 확정일자가 없는 경우에, 먼저 통지가 된 질권취득자를 존중해야 한다고 하여,[31] 먼저 통지·승낙을 받은 양수인이 우선하는 것으로 보았다.

또 다른 판결은 확정일자 있는 통지가 동시도달했기 때문에 서로 우선권을 주장할 수 없는 사건에 있어서, 단순히 동순위의 양수인이 타에 존재한다는 것을 이유로 채무자는 변제책임을 면할 수 없다고 한다.[32]

4. 소결론

민법 제450조가 대항요건주의의 입법례를 따르고 있으므로, 지명채권의 중복양수인들 모두가 확정일자 없는 대항요건을 갖춘 경우에 어느 양수인이 우선하는지의 문제는, 민법 제450조 제1항과 제2항의 양 대항요건이 대항요건주의의 원칙에 있어서 서로 어떠한 관계에 있는지, 다시 말하면 어느 것을 원칙적인 것으로 보고 어느 것을 예외적인 특별규정으로 보는지에 따라서 답이 다르게 될 것이다.

Ⅲ. 민법 제450조 제1항과 제2항의 상호관계

1. 민법 제450조 제1항과 제2항의 관계에 관한 학설

민법 제450조의 제1항과 제2항의 관계에 대해서는 아래와 같은 견해들이 있다. 다만 이 점을 명시적으로 밝힌 우리 판례는 아직 없는 것으로 보인다.

가. 민법 제450조 제1항 원칙규정설

민법 제450조 제1항과 제2항의 관계에 관해서, 제1항을 원칙규정이라고 명백하게 밝힌 이는 없는 것으로 보인다. 다만 일부에서는 「제3자에 대한 대항요건에는 일정한 형식이 요구되고」[33]있다고 하기도 하고, "동조 제1항에는 그 내

용을 달리하는 두 개의 대항요건이 규정되어 있다… 제1항은 그 실질에 있어서 일반규정이라고 하기 보다는 다른 내용을 가진 두 개의 대항요건을 정한 규정이라고 할 수 있다. 이에 대하여 동조 2항은 제3자에 대한 대항요건에 관해서만 다시 종국적으로 규정한 것"[34]이라고 하여, 민법 제450조 제2항을 특별규정으로 보고 있는데, 이는 민법 제450조 제1항을 일반규정 또는 원칙적인 규정으로 보는 것을 전제로 한 것이라고 할 수 있다.

나. 민법 제450조 제2항 원칙규정설

민법 제450조 제2항을 원칙규정이라고 하는 이가 있다. 이에 따르면, 민법 제450조 「제1항과 제2항은 차원을 달리하는 사항을 정하는 것이 아니라, 요컨대 채권의 귀속에 관하여 양립할 수 없는 지위에 선 사람이 둘 이상 존재하여 그들 사이의 우열관계를 가릴 필요가 있는가 여부에 따라 적용할 조항이 달라지는 것 뿐」이므로 「그와 같은 우열관계를 가릴 필요가 있을 경우에는 제2항을, 그러한 필요가 없으면 제1항을 적용할 것」이라고 하고, 「단순한 통지 등을 일방적으로 '채무자에 대한 대항요건'이라고 하는 것은 정확한 표현이 되지 못한다.」고 하며, 「…채권양도에 있어서 공시방법이라는 관점에서 보면 제2항이 원칙적 규정이고, 제1항은 예외적인 규정이라고 할 수 있다. 이는 부동산물권변동과의 대비에서 확연히 드러난다. 부동산 물권 변동에 있어서 요구되는 공시의 필요가 등기에 의하여 충족된다면, 채권양도에 있어서 대항요건은 부동산등기와 마찬가지로 그 채권에 대하여 별도의 이해관계를 취득하는 자, 즉 이중양수인·질권자·압류채권자 등의 '채무자 이외의 제3자'에 대한 관계를 규율하는데 그 본질적인 기능이 있다고 볼 것」이고, 「그러한 대항요건으로서 통지 등의 방법을 선택하였고, 위와 같은 대 제3자관계를 통지 등의 일자의 확정성 및 그 선후에 의하여 정하기로 입법적 선택을 한 이상, 이러한 확정일자 있는 통지 등이 채권양도에 있어서의 대항요건을 이해함에 있어서 중심적인 위치를 차지하여야 할 것」[35]이라고 한다.

---

34) 金亨培, 앞의 책, 583−584쪽.
35) 이상 梁彰洙, 民法研究, 第1卷, 博英社, 1991, 375쪽. 그에 따라 민법 450조 「제1항은 제2항과 마찬가지로 강행규정」이며, 「채권양수인은 양도인에 대하여 확정일자 있는 통지를 할 것을 청구할 수 있다」고 한다(같은 책, 179−180쪽).

2. 일본민법 제467조 제1항과 제2항의 상호관계를 중심으로 한 논의

가. 일본의 학설

(1) 일본민법 제467조 제1항과 제2항의 상호관계에 관해서 일본민법 제467조 제1항을 원칙규정이라고 하는 이도 있고 제2항을 원칙규정이라고 하는 이도 있다.

(가) 일본에서 많은 이들이 일본민법 제467조 제1항을 원칙규정으로, 제2항을 예외적인 제한적·부수적 규정으로 보고 있다.36) 이들에 따르면 "한마디로 대항요건이라고 하더라도 채무자에 대한 경우와 제3자에 대한 경우가 다르기 때문에 제1항에는 2가지 내용이 포함되었다"고 하기도 하고,37) "제1항은 채권양도에 관해서 채무자를 포함하여 널리 양도당사자 이외의 제3자에의 대항요건의 일반규정이고, 제2항은 그 특별규정이다. 제1항은 제2항에 의해서 제한을 받아, 채무자 이외의 제3자에 대한 관계에서는, 제1항의 통지·승낙에 특히 확정일자를 필요로 하는 것"38)이라고 하거나, "일본민법 제467조의 입법취지·목적을 보면, 제1항은 채무자를 포함하여 널리 양도당사자 외의 제3자에의 대항관계에 관한 일반규정이고, 그에 따라 특히 채무자 외의 제3자에 대한 대항요건에 관해서는 제2항이 제1항을 전제로 하여, 불완전한 공시방법을 조금이라도 실효성이 있는 것으로 하기 위해 보충방법을 정한 것에 지나지 않는다."39)고 한다.

이를 반대하는 이는, 이러한 설명은 "통지·승낙이라고 하는 대항요건의 형태와 확정일자라고 하는 그 내용과를 분리시킨 점에서, 또 전자, 즉 대항요건의 외형만을 '원칙'이라고 불러 주요한 지위를 부여하고, 확정일자라고 하는 내용을 부수적 규정의 지위로 놓고 있는 점에서 긍정할 수 없고, 또 기초자의 의도를 넘고 있다."40)고 한다.

---

36) 이것이 일본의 통설이라고 한다(明石三郎, 前揭注釋民法, 379頁; 角紀代惠, 民法講座, 4, 債權總論, 星野英一編, 有斐閣, 1985, 272頁; 池田眞郎, 前揭書, 52頁.

37) 角紀代惠, 前揭 民法講座, 273頁.

38) 明石三郎, 前揭注釋民法, 379頁; 於保不二雄, 前揭書, 308頁.

39) 舟橋諄一, 判批民商, 第一卷第二號, 1945, 89頁, 角紀代惠, 前揭民法講座, 272頁에서 재인용.

40) 池田眞郎, 前揭書, 98頁.

(나) 일부에서는 일본민법 제467조 제1항은 대항요건과는 무관하게 '채무변제의 적격성'을 규정한 것으로 본다.[41] 이에 따르면 일본민법 제467조 제1항은 "통설과 같이 대항요건의 원칙을 규정한 것이 아니고, 오로지 legitimation[적격성]의 문제로서 채무자는 통지에 따라서 변제하면 확실히 채무를 면하게 하고 양도인으로 하여금 통지를 하게 한 양수인이 양수채권을 행사하면 채권은 완전히 소멸하게 하는 방면(方面)에서 규정한 것"이고, "따라서 이 제1항의 범위에 있어서는 원래 채무자 외의 제3자에게 대항하는 문제는 생기지 않고…제2항에 이르러서 비로소 직접 제3자와의 대항문제를 생기게"[42]한다고 한다.

이에 대해서는, "적격성의 문제라고 하는 것은 무엇을 근거로 그와 같이 말하는 것인지 이해하기 어렵다."[43] 고 비판하는 이가 있다.

(다) 일본민법 제467조 제2항이 원칙규정이고 제1항이 예외규정이라고 보는 이들이 있다.[44] 이 가운데 일부에서는, "일본민법 제467조 제1항, 제2항은 원래 하나의 항이었던 것(확정일자 있는 통지 · 승낙을 채무자나 제3자 모두 공통의 대항요건으로 한다)을 입법과정에서 둘로 나눈 것(채무자에 대한 대항요건과 제3자에 대한 대항요건으로 나누어진 것)이고, 이러한 분할의 최대의, 그리하여 이의 유일의 노림은 단순한 방식으로의 간략화이고, 달리 적극적인 정책적인 것은 찾을 수 없다."[45]고 하고, "근대법에 있어서의 채권양도의 대항요건으로서의 통지 · 승낙은 [양도]일자의 확정성을 그 불가결의 요소로 포함하는 성질의 것이 되지 않으면 안 되었고, 그에 따라 (채무자를 포함한) 제3자에 대한 확정일자 있는 통지 · 승낙이 대항요건의 원칙으로서 일본민법 제467조에서도 규정해야 했다."[46]고 하며, "그런데 이러한 원칙으로부터 채무자에 대한 관계에 한해서 방식(확정일자)의

---

41) 이를 有泉說이라고 한다(角紀代惠, 前揭民法講座, 272頁).
42) 이상 有泉亨, 判例民事法, 昭和8年52事件評釋, 191-192頁, 池田眞郎, 前揭書, 52頁에서 재인용. 같은 뜻으로 일부에서는, 채무자로서는, 본조 제1항이 실질적으로 채무자의 변제의 형식적 자격을 규정한 것이므로 누구에게 변제해도 그 채권양도가 진실·유효한 것인 한 그 책임을 면한 것으로 보아야 한다고 한다(明石三郎, 前揭注釋民法, 383頁; 奧田昌道, 前揭書, 452頁).
43) 池田眞郎, 前揭書, 98頁.
44) 이를 池田說이라고 한다(角紀代惠, 前揭民法講座, 273頁).
45) 池田眞郎, 前揭書, 96-97頁.
46) 池田眞郎, 上揭書, 97頁.

요소를 뺐고, 그것만이 일본민법 제467조 제1항이 되었고, 따라서 이러한 의미에서는 일본민법 제467조는 제1항이 예외를 규율한 것이라고 하지 않으면 안 된다."[47]고 한다.

또 다른 이는, 같은 취지에서 "일본민법 제467조 제1항은, ① 채권이 누구에게 귀속하는가를 외부에서 알 수 있게 하는 방법(공시방법), ② 양수인이 채무자에게 변제를 청구할 수 있는 방법에 관해서 정한 것이고, 제2항은, ③ 채무자 외의 제3자(전형적인 것으로는 중복 양수인)에 대하여 양수인이 채권자임을 주장하기 위한 요건을 정한 것이다. 물권변동에 있어서와 마찬가지 의미에서의 대항요건이라 함은 ③만을 말한다. ① 및 ②는, 채무자의 존재를 필요로 하는 채권양도에 있어서 특유한 문제이다[무엇보다도 변제를 청구할 수 있는 자격도 등기로 결정한다고 하는 판례(가옥의 신소유자가 대항력 있는 임차인에게 임료를 청구하는 경우)에 의하면 ①, ②도 넓은 뜻의 '대항요건'이다]. 그러나 확정일자로써 하는 통지 또는 승낙에 의해서 양도를 받지 아니한 양수인은, 제3자가 나타난 경우에는 제2항에 의해서 제3자에게 대항할 수 없는 결과 채무자에게도 대항할 수 없으므로, ②와 ③과도 명확하게 구별할 수 있는 것이 아니다. 결국, 일본민법 제467조는, 제1항, 제2항이 서로 어울려서 ① ② ③의 기능을 갖고 있다고 할 수 있을 것이다. 무엇보다도 양수인은 확정일자 있는 증서를 갖춘 통지 또는 승낙이 있으면, 제3자뿐만 아니라 채무자에 대한 관계에서도 일단 채권자로서의 지위를 확실하게 할 수 있다는 의미에 있어서는, 제2항이 포괄적 요건이라고 해도 좋다."[48]고 한다.

(라) 마지막으로 "문리해석상으로는 통설이 일단 타당하지만, 실질적으로는 소수설이 알맞다고 생각된다. 그러나 실제적으로는 어떻게 하더라도 거의 다르지 않은 것 같다. 어떻든 제2항의 대항관계에 따라서 채권의 귀속이 확정되고 그에

---

47) 池田眞郎, 上揭書, 97頁. 이 저자는, "기초자는 이 점(채무자에 대한 것에 한하여 방식을 떼어낸 점)을 인식하면서 채무자에 대한 것에 관한 규정을 제1항에 놓기 위하여, 제2항은 필연적으로 제1항을 받는 모습으로 썼고(전항의 통지 또는 승낙은 …을 하지 않으면 …채무자 외의 제3자에게 …), 그 결과, 본래보다 원칙적인 규정이 될 터였던 제2항이, 제1항의 첨가물처럼 읽히고, 제1항이 거꾸로 원칙과 같이 보이는 규정이 이루어지게 되었다."(池田眞郎, 前揭書, 97頁)라고도 한다.

48) 平井宜雄, 前揭書, 139頁.

따라 채무자의 변제의 상대방도 규제를 받는 것으로 된다."[49]고 하는 이도 있다.

나. 일본의 판례

일본의 판례는, "일본민법 제467조 제1항이 채권양도에 관해서 채무자의 승낙과 아울러 채무자에 대한 양도의 통지로써, 채무자뿐만 아니라 채무자 이외의 제3자에 대한 관계에 있어서도 대항요건으로 한 것은, 채권을 양수받으려고 하는 제3자는 우선 채무자에 대하여 채권의 존재 또는 그 귀속을 확인하고, 채무자는 당해 채권이 이미 양도되었다고 하더라도, 양도의 통지를 받지 아니하였거나 그 승낙을 하지 않은 한, 제3자에 대하여 채권의 귀속에 변동이 없다는 것을 표시하는 것이 보통이고, 제3자는 이러한 채무자의 표시를 신뢰하여, 그 채권을 양수받을 수 있다고 하는 사정이 있는 것으로 되는 것이다. 이와 같이 일본민법이 규정한 채권양도에 있어서의 대항요건제도는 당해 채권의 채무자의 채권양도의 유무에 관한 인식을 통해서, 채무자에 의해서 그것이 제3자에게 표시되는 것을 근간으로 하여 성립하는 것이라고 할 수 있다. 그리하여 같은 조 제2항이, 이러한 통지 또는 승낙이 제3자에 대한 대항요건도 될 수 있기 위하여, 확정일자 있는 증서로써 하는 것을 필요로 하는 취지는, 채무자가 제3자에 대하여 채권양도가 있다는 것을 표시하였기 때문에, 제3자가 이를 신뢰하여 그 채권을 양수받은 뒤에 양도인인 주채권자가 채권을 다른 곳에 중복양도하고 채무자와 통모하여 양도의 통지 또는 그 승낙이 있던 일시를 소급하는 등의 행위로, 이 제3자의 권리를 해함에 이르는 것을 가능한 한 방지함에 있는 것이라고 풀이해야 하므로, 앞에서 본 바와 같은, 같은 조 제1항 소정의 채권양도에 있어서의 대항요건제도의 구조에 전혀 변경을 가하는 것이 아니다."[50]라고 하는데, 이는, 통설과

---

49) 明石三郎, 前揭注釋民法, 379-380頁.

50) 日本最高裁判所 1974.3.7. 昭和47年(オ)第596號 判決. 이어서 이 판결은 "이와 같은 일본민법 제467조의 대항요건제도의 구조에 비추어보면, 채권이 중복 양도된 경우, 양수인 상호간의 우열을 양도 또는 승낙에 붙은 확정일자의 선후에 의해서 정해야 하는 것이 아니고, 확정일자 있는 통지가 채무자에게 도달한 일시 또는 확정일자 있는 채무자의 승낙의 일시의 선후에 의해 정해야 하고, 또 확정일자는 통지 또는 승낙 그 자체에 관해서 필요한 것이라고 풀이해야 한다. 그리하여 이러한 원리는 채권의 양수인과 동일채권에 대하여 가압류명령을 집행한 자와의 사이의 우열을 정하는 경우에 있어서도 전혀 달라야 하는 것은 아니다."라고 한다. 이 판결에 관해서는 池田眞郎, "債權讓渡の對抗要件の構造", 民法判例百選, Ⅱ, 債權, 第五版, 別冊ジュリスト, No. 176(2005/4), 有斐閣, 2005, 74頁.

같이, 제2항이 제1항을 전제로 하고 있는 것으로 본다는 점에서, 제1항이 원칙규정이고, 제2항은 부수적 규정에 불과한 것으로 보는 취지라고 할 수 있다.

3. 학설·판례의 검토

가. 지명채권양도의 대항요건의 취지의 관점 – 채권양수인 보호를 위한 제도

(1) 민법 제450조 제1항에서는 채무자와 그 밖의 제3자에 대한 대항요건에 관해서 규정하고 있고, 제2항에서는 채무자 외의 제3자에 대한 대항요건에 관해서 규정하고 있어서 규율범위가 제1항이 넓기 때문에 외형상으로 보면 제1항은 원칙규정이고, 제2항은 예외규정이라고 생각할 수도 있다. 그런데 민법 제450조 제1항원칙규정설에 따라 민법 제450조 제1항을 채권양도의 대항요건의 원칙규정이라고 한다면, 확정일자 없는 채권양도통지의 경우에 원칙적으로 제1항을 적용하게 될 터인데, 이때에는 채무자가 구체적으로 선양수인에게 변제할 것인지, 확정일자 없는 대항요건을 먼저 갖춘 양수인에게 변제할 것인지, 그것도 아니라면 채무자는 어느 양수인에게나 변제할 수 있는 것인지 등이 다시 문제가 되며, 이러한 불분명한 방법으로는 채무자나 제3자를 보호하지 못한다. 나아가 뒤에서 보는 바와 같이, 후순위 양수인과 채무자의 통모에 의하여 대항요건제도를 무용하게 할 수도 있다.

(2) 채권양도는 낙성·불요식계약이므로 양도계약의 당사자인 채권자와 양수인의 합의만으로 채권이 이전된다는 점에 관해서는 이론이 없다. 채권양도의 대항요건의 법적 성질에 관해서는, "양도계약이 있으면 양도인과 양수인 사이에서는 채권양도의 효력이 곧 바로 발생하여 채권이 양수인에게 귀속되므로, 채무자가 채권양도의 효력을 인정하여 변제를 하면 그것은 유효하다."고 하는 이도 있고(효력발생설 내지 항변설), 양도인과 양수인 사이에서는 양도계약에 의하여 바로 효력이 발생하지만 채무자와의 관계에서는 대항요건을 구비한 때에 효력이 발생한다고 하는 이(상대적무효설)도 있다. 그러나 민법에서 "대항하지 못한다"는 말은 일반적으로 권리를 주장하지 못한다는 의미로 사용하고 있고,[51] 이는 권리

---

51) 곽윤직·김재형, 민법총칙, 박영사, 2015, 313쪽 및 321쪽.

를 행사할 수 없다는 의미라고 할 수 있다. 채권을 가진 채권자는 우선 채무자에 대해서 주장하거나 행사할 수 있는 청구력이 있어야 하는데, 양도통지나 채무자의 승낙이 없는 채권양도의 양수인은 채무자에 대하여 권리를 행사할 있는 청구력이 없다. 채권양도에 있어서는 성질상 채권양도행위만으로는 그 효력을 발생할 수 없는 것이고, 양도통지나 채무자의 승낙이 있어야만 효력을 발생할 수 있는 것이다(효력발생요건설).[52] 이는 채권양도에 있어서 채권자의 양도통지나 채무자의 승낙이, 효력이 발생하지 않는 불완전한 채권을 취득한 양수인으로 하여금 완전한 채권을 취득하도록 하는 기능을 하는 것을 뜻하며, 이러한 의미에서 대항요건은 우선 양수인을 위한 것이라고 할 수 있다.[53]

연혁적으로 보더라도 원래 프랑스의 채권양도의 대항요건을 규정한 프랑스 민법 제1690조는 프랑스 고법(ancien droit)인 파리관습법(Coutume de Paris) 제108조와 Pothier의 이론에서 온 것으로 보는데,[54] "파리관습법 및 Pothier의 이론과 같은 것이 나온 것은 조리에 의한 것이 아니고 이에 비교가 되는 것이 있었다. 즉, 그것은 유체동산의 매도인이 물건을 인도(tradition)할 때까지 그 소유권자로

---

52) 이상의 학설에 관해서는 오수원, "대항요건을 갖춘 지명채권양도 효력의 소급성과 유동적 무효론", 법조, 통권662호(2011.11), 2011, 196−198쪽.

53) 이와 관련하여 일본판례는, "채권양도인은 당연히 양수인을 위해서 채무자에의 양도통지를 해야 할 의무를 진다."(日本大審院 1918.10.14.判決, 明石三郎, 前揭注釋民法, 393頁에서 재인용)고 한다. 한편 일본에서 대항요건제도를 취한 본질적 의미는, "양도계약의 목적인 채권의 가치를 현실로 획득하기 위하여 활동할 필요가 있는 채무자라고 하는 존재를, 본래의 채권양도계약의 하나의 요소로서 계약의 외부에 버려두어서는 안 되는 것으로 알고, 그 존재를 넓은 의미의 계약과정에 끌어들이는 것"으로 이해해야 한다고 하고, 이 점이 부동산양도의 경우와 다르다고 하며, 아울러 "이러한 대항요건의 절차를 이행하는 것은, 단순히 자기가 취득한 권리의 다른 사람에의 선언이 아니고, 자기의 권리의 취득·실현을 위한 필수요건이고, 계약에 흐르고 있는 하나의 필연의 작업"(池田眞郎, 前揭書, 107頁)이라고 하고, 채권양도에 있어서 통지와 승낙이라는 대항요건 절차를 이행함으로써, "양수인의 권리행사가 보장됨과 동시에 채무자도 [중복변제의 위험으로부터] 보호된다."고 하며, 양수인의 권리행사 보장은, 거래사회의 진전에 따라서, "양수인의, 채무자에 대한 직접의 권리행사요건부분과, 양수인의, 다른 제3자에 대한 부분, 오늘날의 이른바 제3자 대항요건부분으로 나누어진 것으로 인식되며, 여기에서 이 두 가지의 요소를, 채무자에의 통지(송달)나 채무자의 승낙이라는 절차 위에 겹쳐 놓은 것으로 되었다."(이상 池田眞郎, 前揭書, 107−108頁)고 하는 이가 있다. 그러나 사견으로는 채권양도계약에 있어서 채무자는 그 당사자가 아니므로 제3자에 속하고, 그 대항요건은 채권양도의 효력발생요건이므로 채무자와 제3자를 구별하여 논할 필요는 없다고 본다.

54) 池田眞郎, 前揭書, 62頁.

남아있는 것과 마찬가지로, 채권의 양도인은 양도의 통지(송달, signification)가 있을 때까지는 결코 그 채권자로서의 지위를 잃지 않는 것이 원칙"이었고,[55] 채권양도의 통지나 승낙에 의하여 이와 같이 채권자에게 남아있는 채권을 양수인에게 종국적으로 이전하는 효력이 발생하는 것이었다.[56]

한편 채권양도의 대항요건을 양도를 알지 못함으로 인하여 입는 손해로부터 채무자 및 제3자를 보호하기 위한 것이라고 보게 되면 채무자에 대해서는 어떠한 방법으로든 채무자가 양도사실을 아는 것으로 족하게 되어 그에 대한 대항요건을 제3자에 대한 대항요건과 같이 엄격한 방식을 요하지 않게 되며,[57] 반대로 양수인을 위한 것이라고 보는 입장에서는, 앞의 에서처럼 채무자에 대한 대항요건을 어떠한 방식으로든 채무자가 알게 하는 것으로 족하다고 할 수는 없고, 채무자에 대한 대항요건과 제3자에 대한 대항요건을 다르게 할 이유가 없다.[58] 앞에서 본 바와 같이 채권양도의 대항요건을 채권양도의 효력발생요건으로 본다면, 이는 엄격한 방식을 요구하게 되고, 공적인 확정일자는 그 핵심적인 요소가 되므로 민법 제450조 제2항과 같이 확정일자 있는 증서로써 양도통지를 하도록 할 수밖에 없다.

나. 다른 입법례의 관점

다른 입법례를 보더라도 대항요건주의 하의 채권양도는 확정일자 있는 증

---

55) 池田眞郎, 上揭書, 62頁. 이 저자는, "프랑스민법 제1690조는, 이러한 프랑스 고법의 하나의 원칙에서 그 계보를 이끌어 낸 것이고, 여기에서는 대항요건제도의 채용은, 채권양도를 완전하게 하기 위한, 다시 말하면 양수인의 지위를 보장하기 위한 방책"이었으며, "로마법의 출발점에서 양도성이 부정되었던 채권의 양도성획득의 역사 그 자체가, 양수인의 지위의 확립의 역사"(上揭書, 62頁)였다고 한다.

56) 다만 양도의 효력은 양도계약 시로 소급하며, 이 점은 부동산물권변동에 있어서 등기나 인도의 경우와 다르다(이에 관해서는 오수원, 앞의 "대항요건을 갖춘 지명채권양도 효력의 소급성과 유동적무효론", 201−202쪽).

57) 岡松參太郎, 註釋民法立法理由, 下卷, 債權編, 富井政章校閲, 有斐閣書房, 1899, 復刻版, 信山社, 1991, 226頁("여기에서는 채무자에 대해서는 반드시 서면을 요하는 것이 아니고 양도사실을 알게 하면 충분하다. 어떤 채무자는 오로지 누가 채권자인가를 알아야 할 필요가 있을 뿐"이라고 한다).

58) 프랑스민법 제1690조와 관련하여 이를 지적하는 이는 池田眞郎, 前揭書, 63−64頁("그 양도를 완전하게 하는 성질을 가진 것이라면, 이는 당사자 이외의 모든 사람에 대해서 동일하게 효과를 미쳐야 하고, 이러한 의미에서도 대항요건은 상대방에 따라서 구별하지 않는 것이 원칙"이라고 한다).

서에 의한 것과 같이 공시방법을 갖추도록 하는 것이 원칙이었다. 즉, 로마법이나 프랑스민법에서의 채권양도에 있어서는 공적인 방법으로 하는 양도통지나 승낙 등의 대항요건으로써 공시기능을 하도록 하였다.

　우선 로마법에서는 처음에 채권을 채권자와 채무자의 인적 결합관계에 기초를 둔 법의 사슬(juris vinculum)로 보아 당사자의 변경을 가져오는 채권양도는 인정되지 아니하였지만, 실제거래에 있어서는 채권양도와 같은 제도가 필요하여 '지급지시'(delegatio)나 '자기를 위한 소송대리'(procuration in rem suam)제도가 그 역할을 하였고, 후자의 경우 채무자에게 통지(송달, signification)를 함으로써 소권을 행사하기 전에 양수인이 피양도채권의 권리자로 되는 방법이 인정되었다.59)

　프랑스민법 제1690조는 "양수인은 채무자에게 한 양도의 통지(송달)에 의해서만 제3자에 대하여 권리자가 된다. 그러나 양수인은 채무자가 공정증서로써 한 양도의 승낙에 의해서도 마찬가지로 권리자가 될 수 있다."고 한다. 일본민법의 바탕이 되었던 Boissonade초안 제367조도 "지명채권의 양수인은 양도가 채무자에게 정식으로 송달되었거나 채무자에 의해서 공정증서 또는 확정일자 있는 증서로 승낙된 때 이후가 아니면 자기의 권리를 채권자의 승계인 또는 채무자에 대하여 대항하지 못한다."고 하여 대항요건은 확정일자가 있어야 하는 것으로 하였으나, 이것이 일본민법 제정과정에서 몇몇 사정으로 일본민법 기초자들이 채무자에게는 확정일자 없는 통지나 승낙으로써도 대항할 수 있도록 바꾸었다.60)

다. 공시기능의 관점

　원래 공시방법은 권리의 변동을 타인이 인식할 수 있도록 하는 표상이고 이는 권리의 소재를 제3자가 알 수 있는 방법으로 하지 않으면 제3자에게 예측하지 못한 손해를 끼쳐서 거래의 안전을 해치게 되므로 이를 막기 위해서 요구되

---

59) 이에 관해서는 오수원, 앞의 "프랑스에서의 지명채권양도의 채무자에 대한 대항요건의 변용과 일본민법 제467조의 불완전한 대항요건제도의 성립 – 한국민법 제450조의 입법배경과 관련하여 –", 64–65쪽.
60) 이에 관해서는 오수원. 위의 논문, 72–82쪽. 일본에서 "일본민법의 기초자들이 행한 수정은, ① 이른바 편의주의에 기운 것이고, ② 프랑스법의 예외해석을 전면에 내세웠기 때문에 새로운 혼란을 낳았다고 할 수 있다."고 하고, "일본민법 제467조가 가진 결함을 인식하고, 그 결함을 최소한으로 하기 위해서는, 같은 조 제1항이 어디까지나 예외적인 규정이고, 그 적용범위를 한정하지 않으면 안 된다고 하는 해석론의 방향을 확인할 필요가 있다."(이상 池田眞郎, 前揭書, 96頁)라고 하는 이도 있다.

는 것이다.61)

　채권양도의 대항요건이 공시방법인가에 관해서는 논란이 있으나, 프랑스에서 "처음에 통지(송달) 또는 승낙에 의해서 채권의 양도사실을 인식하고, 그 다음에 다른 제3자가 그 채권과 관련되었을 때에는 그 채권의 존부 등을 채무자에게 물어서 채권양도를 알게 되어, 결국 통지(송달)·승낙은 양도를 알게 하는 하나의 공시의 역할을 하게 된다고 구성"62)하였다.

　채권양도의 공시방법으로서의 확정일자 있는 통지나 승낙은, 물권에 있어서 부동산등기나 동산인도에 비하여 충분한 것은 아니지만, 공적으로 양도사실을 보여주는 것이므로 공시방법이라고 할 수 있다. 그러나 가령 채권자가 개인적으로 채권을 양도한다는 서신을 보내거나 구두의 양도통지를 하고, 채무자가 같은 방법으로 승낙하는 것 등과 같은, 확정일자 없는 통지나 승낙 등의 대항요건의 경우에는 공시기능이 있다고 보기 어렵다.

　민법 제450조의 대항요건이 우선 양수인을 보호하기 위한 것임은 앞에서 본 바와 같고, 채권양도가 단순히 채권자, 채무자, 양수인의 제3자간의 문제에 그친다면 공시제도는 불필요할 것이다. 그러나 채권양도는 무형적인 존재이므로 언제든지 중복된 양도나 처분 등이 있을 수 있고, 그에 따라 이들 3당사자 외에도 제3자가 나타날 수 있다. 민법 제450조는, 양수인뿐만 아니라 이러한 제3자의 보호, 나아가서는 거래안전보호를 위해서도 대항요건제도를 규정한 것이다. 이 점에서도 민법 제450조 제2항이 원칙규정이고, 공시제도로서는 공시기능이 없는 그 제1항은 예외규정이라고 할 수밖에 없다.

---

61) 이러한 뜻으로 「근대법에 있어서는 물권 가운데에서도 가장 중요한 소유권과 저당권은 현실적 지배를 요소로 하지 않는 관념적인 권리로 되어 있다. 따라서 예컨대 소유권을 양수하거나 저당권의 설정을 받으려고 하는 자를 위하여서는, 그 물건 위에 누가 어떠한 내용의 물권을 가지고 있는가를 안다는 것이 필요하다. 여기서 물권의 귀속과 그 내용, 즉 물권의 현상을 외부에서 인식할 수 있는 일정한 표상·표지에 의하여 공시하는 것이 필요하다.」(郭潤直, 物權法, 博英社, 1987. 48쪽)고 한다.

62) M. PLANIOL, G. RIPERT et J. BOULANGER, *Traité de droit de droit civil*, n°, 1614, 池田眞郞, 前揭書, 64頁에서 재인용. 이 점은, 19세기 전반의 프랑스학설에 있어서는 그다지 명확하지 않지만, 적어도 19세기 후반, 특히 1870년대 이후의 학설은, 거의 모두가 프랑스민법 제1690조의 통지(송달), 승낙에 관해서 그 '공시'(publicité)의 의미를 논하고 있으며, 그리하여 통지(송달)·승낙을 양도의 공시방법이라고 하는 것은, 곧 학계의 통설로 되었다고 한다(池田眞郞, 前揭書, 64頁).

라. 소결론

요컨대 채권양도의 대항요건에 있어서 공적인 확정일자가 없으면 양수인의 권리양수가 불안정하며, 채권양도의 공시기능이 없게 되므로 채권양도의 대항요건에 있어서 공적인 확정일자는 핵심적인 것이어서 채권양도에 관하여 대항요건주의를 채택한 우리 민법에서는 확정일자 있는 대항요건을 규정한 민법 제450조 제2항이 원칙규정이고, 그것이 없는 그 제1항은 예외규정이라고 할 수밖에 없다. 그에 따라 확정일자 없는 대항요건을 갖춘 채권양도가 중복된 경우에는 민법 제450조 제2항을 적용하여 확정일자 있는 대항요건을 먼저 갖춘 자가 우선한다고 해야 한다.[63)]

IV. 확정일자 있는 대항요건의 한계문제 – 제1양수채권 소멸 후의 중복양도

1. 서설

대항요건을 갖추지 못한 제1양수인의 양수채권이 소멸한 후에 제2의 채권양도가 있는 경우에. 종래 많은 이들이 이를 대항요건과 관련 없는 별개의 문제로 보고 있다. 만약 이러한 해석에 따른다면, 경우에 따라서는, 대항요건제도 자체가 의미 없는 것이 될 수도 있다. 즉, 「확정일자는…일자의 소급을 방지할 수 있을 뿐이어서, 만일에 당사자가 서로 통모하여 채권의 변제·상계·면제 등이 있었던 것과 같이 꾸민 경우에는, 확정일자 있는 증서에 의한」채권양도는 의미 없는 것이 되고 만다.[64)]

이러한 경우에 제2양수인은 채권을 취득하지 못하는가?

---

63) 다만 채무자보호는 채권의 준점유자에 대한 변제제도에 의하도록 해야 할 것인데, 판례는 "채권양도를 승낙한 채무자가 그 후 채권양도인이 확정일자를 받았는데 그 여부를 살펴보지 않은 채 그 후 그 채권을 압류하고 전부한 제3자에게 위 채무를 변제한 경우에는 그것이 채권의 준점유자에 대한 변제라 하더라도 채무자에게 과실이 있다 할 것"(대법원 1965. 12. 21. 선고 65다1990 판결)이라고 한다.

64) 「이러한 결과는, 채권의 성질 및 공시방법의 불안전에 기인하는 것이며, 부득이하다.」(郭潤直, 앞의 책, 227－228쪽)고 한다.

2. 학설 및 판례

가. 학설

(1) 제2양도무효설

확정일자 없는 제1양도가 확정일자 있는 제2양도에 대항할 수 없다고 하는 것은, 그 채권이 존재하는 동안의 일이라고 보아, "대항요건을 갖추지 못한 제1양수인에게 변제를 한 후에 제2양도가 이루어졌다면, 제2양도는 존재하지 않는 채권의 양도로서 효력이 없다."[65]고 하는 이들이 있다. 이는 민법 제450조 제1항을 대항요건의 원칙규정으로 보는 것을 전제로 하고 있다고 할 수 있다.

(2) 제2양도유효설

이와는 반대로 제2양도를 유효한 것으로 보아, 「이러한 불합리에 대한 대응을 가능하게 하는 기본 사고의 하나가 바로 제1항과 제2항의 관계를 새로 인식하여 제1항을 오히려 예외적인 규정으로 파악함으로써 그 적용범위를 분명하게 한정하는 것」이라고 하고, 「만일 이러한 기본 사고 위에 선다면, 채권양도에 있어서 확정일자 있는 통지 등을 갖추지 못한 자는 원칙적으로 채무자에 대하여도 채권양도를 대항하지 못하며, 단지 채권의 귀속에 관하여 양립할 수 없는 이해관계를 가지는 자가 없는 경우에만 그에게 대항할 수 없으므로 채무자가 단순한 통지 등만이 있었던 채권양수인에 대하여 채무를 변제 하였더라도 그 후에 확정일자 있는 통지 등을 거친 채권양도가 있으면 그러한 양수인에게는 대항할 수 없다」고 하고, 「그러한 경우 변제를 한 채무자는 가령 채권의 준점유자에 대하여 변제를 한 것으로써 [민법] 제470조의 요건을 갖추는 경우에만 변제로 인한 채무의 소멸을 주장할 수 있다고 해석할 수도 있는 것」[66]이라고 하는 이가 있다.

이는 민법 제450조 제2항을 대항요건의 원칙규정으로 보는 것을 전제로 하고 있다고 할 수 있다.

---

65) 郭潤直, 앞의 책, 227쪽; 徐敏, 앞의 책, 132쪽; 같은 저자, 註釋民法, 債權總則, (2), 朴駿緖 편, 韓國司法行政學會, 2000, 563쪽; 李尙勳, 民法注解, [X], 債權, (3), 郭潤直편, 博英社, 1996, 586쪽; 최수정, "지명채권양도에서의 대항요건주의 : 그 내재적 한계와 극복을 위한 과정", 民事法學, 第52號(2010. 12), 韓國民事法學會, 2010, 408쪽.

66) 이상 梁彰洙, 앞의 책, 378−379쪽.

나. 판례

판례는 "민법 제450조 제2항 소정의 지명채권양도의 제3자에 대한 대항요건은 양도된 채권이 존속하는 동안에 그 채권에 관하여 양수인의 지위와 양립할 수 없는 법률상의 지위를 취득한 제3자가 있는 경우에 적용되는 것이므로, 양도된 채권이 이미 변제 등으로 소멸한 경우에는 그 후에 그 채권에 관한 채권압류 및 추심명령이 송달되더라도 그 채권압류 및 추심명령은 존재하지 아니하는 채권에 대한 것으로서 무효이고, 위와 같은 대항요건의 문제는 발생될 여지가 없다." [67]고 하는데, 이는 제2양도무효설과 같다.

3. 제1양수채권 소멸 후의 중복양도에 관한 일본에서의 논의

가. 일본의 학설

일본에서도 우리민법 제450조 제1항에 해당하는 일본민법 제467조 제1항을 원칙규정으로 보아, 제1양도에 관해서 이미 변제가 되어 채권이 소멸한 뒤에 확정일자 있는 통지·승낙이 있는 제2양도가 되었어도 이는 소멸한 채권의 양도이므로 무효이고 대항문제도 생기지 않는다고 하는 이들이 있다.[68] 또 같은 입장에서, "이러한 행위들은 우선 채무자와의 관계에서는 유효하다고 할 수밖에 없다. 만약에 그렇지 않다면 제1항의 적용 여지를 전혀 없게 할 뿐만 아니라, 채무자는 과연 일어날 것인지 아닌지가 당시로서는 전혀 불명한, 제2양수에 관해서의 확정일자 있는 통지·승낙을 기다리지 않으면, 제1양수인과의 사이에 편안하게 변제 그 밖의 법률행위를 할 수 없는 것으로 되고 [이는] 극히 불합리하기 때문"[69]이

---

67) 대법원 2003. 10. 24. 선고 2003다37426 판결; 서울고등법원 1963. 5. 13. 선고 62다304 민사상고부판결.

68) 淡路剛久, 前揭書, 476頁; 平井宜雄, 前揭書, 151頁(여기에서는 "그렇다고 해서 채무자에 대한 관계에서도 확정일자 있는 증서를 요구하면 일본민법 제467조 제1항의 명문에 반하고, 또한 이는 공문(空文)에 다름없는 것으로 되는 것인데, 여기까지 요구하는 것은 것에는 해석론으로서는 한계가 있다."고 한다). 그 밖에 이 점의 일본에서서의 논의에 관해서는, 池田眞郎, 前揭書, 94-95頁.

69) 安達三季生, 前揭債權讓渡の對抗要件, 125頁. 이 저자는, 제2양수인과의 관계에서는 채무가 소멸하는 경우와 그렇지 아니한 경우를 나누어서, "변제는 유효하고... 만약 그렇지 않으면 일반적으로 확정일자 있는 통지·승낙 없이 채권을 양수받는 것이 무의미하게 되고 말 것이고, 그에 따라 채권양도에 항상 확정일자 있는 증서라고 하는 번잡한 절차를 마쳐

라고 하는 이도 있다.

나. 일본의 판례

일본의 판례는, 지명채권이 중복양도된 경우에 제1양도에는 확정일자 있는 증서에 의한 통지나 승낙이 없고, 제2의 양도에는 이것이 있을 때에는 제1양수인은, "일단 취득한 채권도 취득할 수 없는 것으로 되고, 제2의 양수인은 유일한 채권자로 됨에 이른다는 것은 논지 인용의 당원 연합[부] 판결이 판시한 바 있지만, 이는 제1의 채권양도가 있은 뒤 그 채권이 변제 그 밖의 사유로 소멸하지 않은 사이에 제2의 양도가 있는 경우에 관한 문제이고, 제1의 채권양도가 있은 뒤 그 채권이 변제 그 밖의 사유로 인하여 소멸되었음에도 다시 그 채권에 관해서 제2의 양도가 된 경우에 관해서는 이를 동일하게 해석할 수 없는 것이다. 그리하여 후자의 경우에 있어서는 설령 제1의 양수인이 채권양도의 대항요건을 갖추지 못하였다고 하더라도, 제2의 양수인은 이미 소멸한 채권을 양수받은 것에 다름 아니므로 그 양도행위는 무효로서 그 채권을 취득할 이유가 없고, 따라서 이 경우에 있어서는, 전혀 채권양도의 대항문제가 생길 여지가 없고, 제2양도행위에 관해서 확정일자 있는 증서로써 그 통지를 했다고 하여도 그 채권의 취득으로써 제1의 양수인에게 대항하는 것과 같은 문제를 생기게 할 수 없다. 무릇 '대항한다'라 함은 피차 이해가 상반되는 경우에 발생하는 관념으로, 동일채권에 관해서 중복양도와 같은, 제1양수인과 제2양수인의 이해가 대립하는 경우에 대항요건을 정한 그 요건을 갖추지 못한 자로 하여금 이를 갖춘 자에게 대항하지 못하게 하는 것이다. 따라서 제2의 양수 당시 채권이 이미 소멸한 경우와 같은 때에는 이해대립의 관계를 발생하게 하지 아니하므로 일본민법 제467조의, 이른바 제3자 중에는 이와 같은 제2의 양수인을 포함하지 않는다고 풀이할 수 있다. 그리하여 채권소멸의 원인이 변제되었거나 장래채무의 면제가 되었다는 것은 앞의 결론에 전혀 차이를 가져오는 것이 아니다."70)라고 한다.

야 한다는 결과로 되기 때문"이라고 하고, "면제도 채권을 종국적으로 소멸시키는 행위로서 변제에 준한 것으로 보아도 좋다."고 한다. 그러나 "기한유예와 경개의 경우에는, 채권은 그에 의해서 아직 종국적으로 소멸하고 있지 아니하므로 제2항의 적용을 우선하게 되어, 제2양수인은 기한유예된 채권 또는 경개의 결과 생긴 신채권을 우선적으로 취득하는 것으로 보아야 하고, 이 한도 내에서만 제2항의 적용을 인정해야 할 것"(同 債權讓渡の對抗要件, 125－128頁)이라고 한다.

70) 日本大審院 1932. 12. 6. 判決.

이 판결에 대해서는 채무자 외의 제3자의 범위에 관한 제한설의 입장에서, "채무자 이외의 제3자에 해당하는 전형적인 자는 당해 양수채권을 양도인으로부터 이중으로 양수받은 자나 양수채권을 압류한 양도인의 채권자 등이지만…. 그러나 특히 이 판지(判旨)가 중복양도에 관한 사안임에도 제1양수인을 '제3자'에 해당하지 않는다고 하는 것은 이상한 것이고, 그 근거로서 판지가 말하는 것은 불충분"71)하다고 하고, "…만약 중복양수인 사이의 우선여부가 확정일자 있는 증서에 의한 통지, 승낙의 선후에 의해서 결정된다고 하고, 그리하여 이것이 먼저인 제2양수인이 우선하는 것으로 본다면, 제1양수인이 채무자에 대해서 한 면제는 제2양수인과의 관계에서는 무효가 되고, 그에 따라 제2양수인은 채무자에게 청구할 수 있다고 해석할 여지도 있는 것으로 보인다… 또 예컨대 제1양수에 관해서 확정일자 없는 통지가 된 후에 제2양도에 관해서도 확정일자 없는 통지가 되고 그 후에 채무자가 제1양수인에게 변제하고 이어서 제2양도에 관해서 확정일자 있는 통지가 된 경우에는, 판례이론에 따르면 제2양도 시에 채권은 아직 소멸하지 아니한 것으로 되지만, 이 경우에 제2양수인은 채무자에게 청구할 수 있는가의 문제가 생긴다. 또, 예컨대 확정일자 있는 통지가 없는 제1양수인이 채무자에게 기한을 유예한 뒤에 확정일자 있는 통지가 있는 제2양수인이 나타난 경우에 제2양수인에게 채무자는 기한의 유예를 대항할 수 있는가 등의 문제가 있다."72)고 하는 이가 있다.

또한 많은 이들이 이에 의해서 양도인, 채무자 및 제1양수인이 통모하여 변제사실을 가장하고 확정일자 있는 제2양수인의 권리 취득을 방해하는 것이 가능하게 된다는 점이 문제라고 지적하고 있다.73)

4. 학설 및 판례의 검토

가. 채권양도의 대항요건에 관한 제3자의 범위의 관점

(1) 우선 민법 제450조 제2항이 대항요건의 원칙이고, 제1항은 예외적인 규정임은 앞에서 본 바와 같고, 그에 따라 제1항은 제한적으로 해석해야 한다.

---

71) 安達三季生, 前揭債權讓渡の對抗要件, 124－125頁.
72) 安達三季生, 上揭債權讓渡の對抗要件, 122頁.
73) 淡路剛久, 前揭書, 477頁; 於保不二雄, 前揭書, 321頁.

(2) 일반적으로 채무자 외의 제3자란 양도된 「그 채권에 관하여 양수인의 지위와 양립하지 않는 법률상의 지위를 취득한 자」또는 「그 채권에 관하여 법률상의 이익을 가지는 자」[74]를 뜻한다고 하여 제한적으로 보고 있다. 대법원판례[75]는 "민법 제450조 제2항 소정의 지명채권양도의 제3자에 대한 대항요건은 양도된 채권이 존속하는 동안에 그 채권에 관하여 양수인의 지위와 양립할 수 없는 법률상의 지위를 취득한 제3자"라고 하여, '양도된 채권이 존속하는 동안'에 법률상의 지위를 취득한 자'로 한정하고 있다. 그에 따라 예컨대 채권의 중복양수인, 채권질권자, 그 채권을 압류한 양도인의 채권자, 그 채권의 양도인이 파산한 경우의 파산채권자 등이 이에 속하는 것으로 보며, 양도에 의해 간접적으로 영향을 받는데 불과한 자, 가령 양도행위의 무효, 그 밖의 사유에 의한 무권리자, 양수인이 채무자의 자신에 대한 채권과 상계한 경우의 채무자의 양수인에 대한 채권을 압류한 자[76] 등은 여기의 제3자에 속하지 않는다고 한다.

이 점에 관해서 일본에서도, 채권관계가 변제 · 상계 · 면제 등에 의해서 소멸하는 대인적 · 상대적인 것이고, 더욱이 채권은 특별한 표상을 가지지 않으며, 또 단순한 통지 · 승낙에 그친 양수인도 채무자에 대해서는 양도를 주장할 수 있으므로, 제3자의 범위를 너무 확대하는 것은 타당하지 않다고 하거나,[77] 일본민법 제467조 제2항과 관련하여 보호할 수 있는 거래는 스스로 한계가 있고 무제한설을 취하면 법률관계가 복잡하게 될 뿐만 아니라 채권양도가 극히 번거롭게 된다고 하여,[78] 제한적으로 보아, 제3자라 함은 「당해 채권에 관해서 양수인의 지위와 양립하지 않는 법률상 지위를 취득한 자」[79]라고 한다. 그 전형적인 예로는 중복양수인,[80] 피양도채권을 압류 · 전부 받은 양도인의 채권자,[81] 그 밖에 피양

---

74) 郭潤直, 앞의 債權總論, 227쪽; 송덕수, 앞의 책, 362쪽.

75) 대법원 2003. 10. 24. 선고 2003다37426 판결.

76) 郭潤直, 앞의 債權總論, 227쪽.

77) 於保不二雄, 前揭書, 319頁; 角紀代惠, 前揭民法講座, 277－278頁.

78) 我妻榮, 前揭書, 541－542頁.

79) 我妻榮, 前揭書, 543頁. 과거에는 채권양도에 있어서는 대항요건은 오로지 거래의 안전을 위한 것에 지나지 않으므로, '대항할 수 없는 제3자'를 제한적으로 볼 이유는 없다고 하는 이들이 있었다고 한다(角紀代惠, 前揭民法講座, 280頁).

80) 日本大審院 1917. 3. 28. 連合部判決. 이 경우에 제1양수인이 제2양수인에게 대항할 수 없는 이상 제1양수인의 채권자가 피양도채권을 압류하더라도 제2양수인에게 우선할 수 없다고 한다(日本大審院 1936. 7. 11. 判決).

81) 日本大審院 1919. 11. 6. 判決.

도채권상의 질권자,[82] 채권양도인이 파산한 경우에 있어서의 파산채권자[83] 등을 든다. 반대로 제3자에 포함되지 않는 자로는 양도행위의 무효 등에 의한 무권리자,[84] 채권양도에 의해 간접으로 영향을 받음에 지나지 않는 자 등이 있다고 한다.[85]

(3) 민법 제450조는 채권의 중복양도를 전제로 한 것이고 그 제2항은, 채권양도통지나 승낙을 확정일자 있는 증서에 의하지 아니하면 채무자 이외의 제3자에게 대항하지 못하도록 하고 있을 뿐 그 채권양수가 다른 사람에게 변제 등으로 소멸되기 전에 그 대항요건을 갖추도록 요구하고 있지 아니하다. 설령 대항요건을 구비하기 전에 이미 다른 양수인에게 한 변제나 상계·면제 등으로 채권이 소멸하였다고 하더라도, 그 뒤에 그 채권을 취득한 자도 '그 채권에 관하여 법률상의 이익을 가지는 자'에 해당」한다.
그러므로 확정일자 있는 채권의 양수인에게 선행양수인은 그 채권소멸을 이유로 그 뒤에 확정일자 있는 대항요건을 취득한 제3자에 대하여 대항하지 못한다고 할 것이고, 이러한 불이익은 확정일자 없는 증서에 의해서 대항요건을 갖춘 양수인이 부담할 수밖에 없다.

나. 민법 제451조의 이의를 유보하지 아니한 채무자의 항변상실의 관점

민법 451조는 채무자가 이의를 보류하지 아니하고 채권양도의 승낙을 한 때에는 양도인에게 대항할 수 있는 사유로써 양수인에게 대항하지 못하도록 하고 있다. 이는 채무자가 항변할 수 있음에도 이의를 보류하지 아니한 채무자의 태도를 바탕으로[86] 한 것이지만, 그 근거가 어떠하든, 채권이 존재하는 동안에 한해서 양도가 유효하게 되는 것으로 보아야 하는 것은 아니라고 할 수 있다. 민법 451조와의 균형상 설령 채권이 소멸한 뒤에 중복양도가 되었다고 하더라도 채권을 먼저 양수하여 이를 지급받은 제1양수인은, 민법 제450조 제1항에 따라 채무

---

82) 日本大審院 1919. 8. 25. 判決.
83) 日本大審院 1933. 11. 30. 判決.
84) 日本大審院 1913. 3. 8. 判決.
85) 角紀代惠, 前揭民法講座, 278頁.
86) 그 근거에 관해서는 공신설과 항변절단설 등이 있다(이에 관해서는, 송덕수, 앞의 책, 359-360쪽).

자에 대해서는 대항할 수 있었다고 하더라도 그 후에 이를 양수받고 확정일자 있는 증서로써 대항요건을 갖춘 제2양수인에 대해서는 민법 제450조 제2항에 따라 대항하지 못한다고 해야 하고, 이때 제1양수인이 받은 급부는 제3자인 제2양수인에 대한 관계에서는, 채권양수가 무효이므로 법률상 원인없이 이득을 취득한 것이어서 부당이득으로 제2양수인에게 반환해야 하고, 그 뒤 중복양도한 양도인에게 이로 인한 손해배상이나 부당이득반환을 청구해야 한다. 또 이렇게 보는 것이 상대적무효로서의 대항요건제도의 취지에 맞는 것이락 할 수 있을 것이다.

5. 소결론

그러므로 앞에서 본 바와 같이 확정일자 있는 대항요건을 갖추지 못한 양수인이 채무자로부터 지급받은 때에는 그 뒤에 채권을 중복양수하여 대항요건을 갖춘 제2양수인에게 대항하지 못하고, 이와 같은 불이익은 대항요건을 갖추지 아니하고 변제받은 제1양수인이 감수하는 것이 타당하다.

V. 대항요건주의폐지론과 그 검토

1. 대항요건주의폐지론

가. 선의자보호주의론

(1) 선의자보호주의론의 내용

우선 독일민법, 스위스채무법 등과 같은 선의자보호주의의 관점에서 민법이 규정하고 있는 대항요건주의를 비판하는 이가 있다. 이에 따르면, 대항요건주의 아래에서는, (ⅰ) 민법 제450조의 해석론으로서는 유효한 이중양도가 가능하고,[87] 이 경우에 「제1양수인의 입장에서 보면 대항요건을 갖추기 전에는 그 지위가 불안하게 되어 거래의 안전을 해치는 결과가 되므로 편면적인 거래의 안전밖에 꾀할 수 없게 된다」. (ⅱ) 「…채권의 양도는 채권양도계약 당사자 사이에서는 준물

---

87) 徐敏, 앞의 책, 130쪽(이 저자는, 그에 따라 「민법은 이 조에 의하여 이중양도를 법적으로 승인하고 또 정당화시켰으며, 나아가서 간접적으로는 이중양도를 조장하고 있다고도 할 수 있다.」고도 한다); 같은 저자, "債權讓渡에 관한 小考", (上), 法曹, 제31권 제11호(1982.11), 法曹協會, 1982, 13쪽; 같은 저자, 앞의 註釋民法, 566쪽.

권계약인 양도계약의 효력이 발생함과 동시에 그 효력이 발생」하므로 양도계약 채결과 동시에 양수인은 채권을 취득하게 되는데,[88] 「대항요건주의의 결과 이중 양도가 가능하게 된다면 이는 논리적으로 모순」이다. (iii) 「물권변동에 관하여 형식주의를 취하는 우리 민법의 체계 아래에서는 권리변동에 관한 대항요건주의 는 생소한 개념이고 또한 민법의 체계와도 조화되지 아니 한다」[89]고 한다.

이러한 비판을 바탕으로 「물권변동에 관하여 공시방법을 그 효력발생요건 으로 삼는 법제에서 지명채권양도의 효력에 관한 규율을 함에 있어서는 양도의 통지·승낙을 채권양도의 효력발생요건으로 하고 이 통지·승낙을 모두 확정일 자 있는 증서에 의하도록 규정하든가 채권의 특성을 정면으로 인정하여 통지· 승낙과 같은 특별한 요건을 갖출 필요 없이 양도계약만으로 양도의 완전한 효력 이 발생하도록 규율함이 올바른 입법」[90]이라고 한다.

나아가 이러한 선의자보호주의로 민법을 개정해야 한다고 제안하기도 하였다.[91]

(2) 선의자보호주의론에 대한 반론

"물론 이 대항요건은 채권귀속의 공시방법으로서는 불완전한 것은 당연하 다."[92]고 하고, "채무자가 거짓말할 가능성도 있으며, 은행예금에서 채무자인 은 행 등을 생각하면 애초에 채무자에게는 회답해야 할 의무는 없다. 그러나 채무 자의 인식을 기축으로 하는 이 대항요건제도에는 채무자보호의 관점에서는 일정 한 이점이 있다고 할 수 있다(예컨대, 물권에서 등기와 같이, 일정한 기관을 이용하는 공시방법에서는 채무자가 관여[인식]하지 못하므로 채무자의 보호를 위해서 별도 규정을 마련할 필요가 생긴다. 따라서 실제로는 현행제도보다 우수한 대항요건도 간단히는 생각 하기 어렵다)."[93]고 하는 이도 있다.

---

88) 徐敏, 앞의 책 134−135쪽; 같은 저자, 앞의 註釋民法, 566쪽.

89) 이상 徐敏, 앞의 債權讓渡에 관한 小考, 16쪽.

90) 徐敏, 위의 논문, 16−17쪽; 같은 저자, 앞의 註釋民法, 566−567쪽. 이 저자는 반대로 독일 민법 제408조와 스위스채무법 제167조를 이론적으로 「모순이 없는 타당한 입법」이라고 하 고(徐敏, 앞의 책, 135쪽), 「논리를 무시한 대항요건주의의 제도적 가치에 관하여 다시 한 번 회의를 느끼게 된다.」(같은 책, 135쪽)고 한다.

91) 법무부편, 민법(재산편)개정자료집, 2004, 719쪽 이하.

92) 권철, "지명채권양도의 대항요건에 관한 일본민법 규정의 연혁 小考", 民事法學, 第64號, 韓國民事法學會(2013. 9), 374쪽, 주 23.

93) 권철, 위의 논문, 주 23.

또 일본에서는, "독일법계는…채권의 양도에는 의사주의를 취하지 않으면 안 되므로 채권양도의 사실을 알지 못한 선의의 채무자 및 제3자를 보호하는 방법을 취하고 있다. 그렇지만 선의·악의에 따라서 구별하는 것은 상대적이고 획일성·안정성이 없는 것으로 된다. 이에 대하여 프랑스법계는, 물권의 양도에도 채권의 양도에도 의사주의를 취함과 함께 양자 모두 대항요건주의를 취하고 있다(프랑스민법 제1690조, 이탈리아민법 제1539조). 채권의 재화성에서 보면, 채권의 배타적 귀속을 공시하기 위해서는 입법상으로는 대항요건주의가 낫다고 하지 않을 수 없다."[94]고 하거나, "독일민법과 같이 주관적인 선의·악의에 따라서 효력을 구분하는 것은 상대적으로, 획일성이 없는 것으로 된다. 권리관계의 획일적 확정성의 이상에서 보아, 프랑스 및 일본민법의 입법주의가 타당할 것"[95]이라고 하여 대항요건주의가 입법상 우수하다고 한다.

나. 일본에서의 확정일자불요론(무형식의 통지·승낙론)

(1) 확정일자불요론의 내용

일본에서는 채권양도의 통지나 승낙에 확정일자가 필요한 것이 아니라는 주장이 있다. 이에 따르면 "등기를 대항요건으로 함으로써 부동산거래에서 거래의 안전을 다할 수 있게 한 것은 말할 나위가 없다(등기에 공신력을 인정하는 것만이 거래안전의 수단인 것은 아니다). 이와 같이 채무자 외의 제3자에 대한 대항요건으로서 확정일자 있는 통지 또는 승낙을 인정함으로써 채권거래에 있어서의 거래안전이 이루어지게 된다. 그러나 등기의 경우와 비교하면 이 기능은 상당히 뒤진다. 이는, 통지·승낙이 원래 공시방법으로서 불완전하다는 것이 부득이하다고 하더라도, 가령 확정일자 있는 통지가 되었더라도─그에 의해서 확실히 중복양수인에 대한 관계에서는 날짜의 소급을 막을 수는 있어도─채무자와 양수인이 공모하여 양도통지가 되기 전에 채무자가 이미 변제 등으로써 소멸했다는 증거를 날조하면, 양수인은 실제로 채권을 행사할 수 없게 되고 말기 때문이다(일본민법 제468조 제2항). 그리하여 이러한 위험에서 양수인을 보호하는 방법을 마련하는 것은 입법론으로서도 불가능하다(일본민법 제468조 제1항의 채무자의 '이의 없는 승낙'은 이를 위하여 그 역할을 하는 것이 확실하지만, 채무자에게 이를 강제할 수 없

---

94) 於保不二雄, 前揭書, 307-308頁.
95) 明石三郎, 前揭注釋民法, 371頁.

다). 이와 같이 통지·승낙에 확정일자를 요구하는 것이 실제로는 거래안전을 위하여 그다지 의미를 갖지 못하므로—확정일자 있는 증서를 작성하는 것이 반드시 간단한 것이 아닌 것과 비교하여—입법론으로서는, 단순한 통지·승낙으로써 대항할 수 있도록 하는 쪽이, 오히려 낫지 않는가. 이는 확정일자를 요구하는가 아닌가는 공시방법으로서의 가치 자체에는 차이가 없고, 다른 한편으로는 확정일자를 요구하지 않으면, 그것만으로 거래절차를 간편하게 한다는 이로움도 있다. 또 단순한 통지·승낙으로 족하다고 하는 경우에도 날짜의 소급기재는 채무자와 양도인, 양수인 등 제3자의 공모를 요하고, 양도인과 양수인만의 공모만으로는 할 수 없으므로, 확정일자를 요구하는 경우에 비하여, 소급기재의 위험이 특별히 크다고는 반드시 말할 수도 없다(프랑스민법은 확정일자를 요구하고 있지 않다)"[96]고 한다.

(2) 확정일자불요론에 대한 반론

이에 대해서는 (i) "원래 근대법에 있어서 채권양도의 대항요건으로서의 통지·승낙에는 날짜의 확정성이 그 불가결의 요소로서 내포되어 있다고 생각해야 하고, 이는 프랑스민법 등 채권양도에 대항요건주의를 채용하고 있는 다른 법전을 보면 명백하다."고 하고, (ii) "프랑스민법은 확정일자를 요구하고 있지 않다"는 주장에 대해서는, 프랑스민법 제1690조를 근거로, "사실문제로서 완전히 잘못된 것"이라고 하며, (iii) 양도채권이 소멸한 뒤에 중복양도하는 사례는, "일본민법 제468조 제2항의 문제, 즉 통지의 효과의 문제이고, 그 제467조가 규정한 대항요건 본래의 문제 밖의 것"이다(사례가 '제2양수인이 제1양도통지 전에 운운'이라고 하는 것이라면 제3자의 대항요건의 문제로 되지만, 이 사례에 관해서 현행법에서는 입법상의 잘못이고 Boissonade초안과 같이 대 채무자관계에서도 확정일자 있는 대항요건을 요구하면 그 폐단을 막을 수 있고, 입법론으로 회피가 불가능한 것이 아니다). 이러한 사례는 대항요건으로서의 한계를 보여주는 것으로 이를 이유로 통지에서 확정일자를 배제하려는 주장 역시 불가해한 것"[97]이라고 하며, (iv) 나아가 "절차가 간편하게 된 결과 양수인이 부담하는 위험이 증대하고, 여러 가지로 악용될 수 있으며, (v) 마지막으로 확정일자를 요구하지 않는 경우에는 확정일자를

---

96) 安達三季生, 前揭債權讓渡の對抗要件, 124頁.
97) 池田眞郎, 前揭書, 101-102頁.

요구하는 경우에 비하여 소급기재의 위험이 각별히 크다"고 비판98)하는 이가
있다.

2. 대항요건폐지론 검토

가. 대항요건주의비판론 검토

일본에서의 확정일자불요론에 대해서는 그 반론을 소개하였으므로, 여기에
서는 선자보호주의론을 바탕으로 한 대항요건주의비판론을 살펴본다.

(1) 대항요건주의 아래에서는 유효한 이중양도로 거래안전을 해친다는 주장
에 대하여

먼저 물권양도 등 권리변동에 관하여 등기나 등록 등을 효력발생요건으로
하는 제도를 취하더라도 물권의 중복양도계약 체결이 불가능한 것은 아니다. 채권
양도에 있어서 대항요건제도를 취한다고 하여 그 중복양도를 조장하는 것이 아니
라 양도현실을 규율하는 것이고, 먼저 요건을 갖춘 이를 보호하자는 것뿐이다.

그러므로 대항요건주의 아래에서는 유효한 이중양도로 거래안전을 해친다
는 주장은 타당하지 못하다.

(2) 채권은 당사자의 합의로 양도되므로 대항요건주의 아래에서의 중복양도
는 논리적 모순이라는 주장에 대하여

물권양도에 있어서 등기가 효력발생요건인 것과 마찬가지로 채권양도에 있
어서 대항요건도 본질적으로 효력발생요건이고, 다만 전자는 그 효력발생시기가
등기 등 효력발생요건을 갖춘 때이고, 후자는 계약시로 소급할 뿐이다.99)

(3) 우리 민법의 체계 아래에서는 권리변동에 관한 대항요건주의는 생소하
고 민법의 체계와 조화되지 않는다는 주장에 대하여

우리 민법은 제2편 물권과 제3편 채권을 구별하고 있고, 물권에 관하여 민

---

98) 이상 池田眞郎, 前揭書, 100－102頁.
99) 이에 관해서는 오수원, 앞의 "대항요건을 갖춘 지명채권양도 효력의 소급성과 유동적무효
론", 201－210쪽.

법 제175조는 "물권은 법률 또는 관습법에 의하는 외에는 임의로 창설하지 못한다."고 하여 물권법정주의를 규정하고 있다. 그러나 채권에 관하여는 이러한 규정이 없고, 채권은 특정인의 다른 사람에 대한 급부청구권이라는 점에서 이와 같이 규정하는 것이 가능하지도 않다.

우리나라에서는 권리변동에 관한 대항요건주의보다는 오히려 효력발생요건주의가 생소한 것이다. 즉, 우리 민법이 제정되기 전에는 물권양도의 경우에나 채권양도의 경우 모두 대항요건주의를 취하고 있었고, 물권양도에 관한 효력발생요건주의는 민법 제정 시에 비로소 규정한 것이다. 또 독일민법의 경우에는 채권양도에는 선의자보호주의를, 물권양도에는 성립요건주의를 취하여 양자를 서로 다르게 규정하고 있는 점을 보면, 물권양도의 경우와 채권양도의 경우에 모두 어느 하나의 입법주의를 채택해야 하는 것도 아님을 알 수 있다.

그러므로 민법의 체계 아래에서는 권리변동에 관한 대항요건주의는 생소하고 민법의 체계와 조화되지 않는다는 주장은 타당하지 못하다.

나. 민법 제450조의 개정의 필요성

오히려 우리 민법이 채택한 대항요건주의에 있어서의 문제점은, 대항요건주의를 취하면서도, 그 핵심이라고 할 수 있는 공적인 확정일자 없이도 채권양도통지나 승낙으로써 채무자에게 대항할 수 있도록 하여, 불완전한 대항요건제도를 채택한 것이라고 할 수 있다.[100] 이는 앞에서 본 것처럼 확정일자 없는 대항요건을 갖춘 채권양도가 중복된 경우에는 민법 제450조 제2항을 원칙규정으로 보아 확정일자 있는 대항요건을 먼저 갖춘 자가 우선하도록 하고, 확정일자 있는 대항요건을 갖추지 못한 제1양수인이 채무자로부터 먼저 채무를 지급받음으로써 채권이 소멸한 경우에도 그 제1양수인은 대항요건을 갖춘 제2양수인에게 대항할

---

100) 이와 같이 불완전한 대항요건제도로 입법을 하게 된 것은, (i) 일본민법 제467조의 본이 되었던 프랑스민법 제1690조에서 집행관송달과 공정증서로써 한 채권양도의 승낙을 대항요건으로 규정하고 있지만, 해석상으로는 채무자의 승낙은 사서증서로써도 할 수 있도록 변용되고 있었던 점, (ii) 일본민법 제467조의 대항요건을 채무자 및 제3자를 위한 것으로 이해하여 채무자는 어떠한 방법으로든 채권양도 사실을 알면 족한 것으로 보았던 점, (iii) 일본구민법 재산편 제347조에 확정일자제도가 없었던 점 등이 원인이라고 할 수 있다(이에 관해서는 오수원, 앞의 "프랑스에서의 지명채권양도의 채무자에 대한 대항요건의 변용과 일본민법 제467조의 불완전한 대항요건제도의 성립 ─ 한국민법 제450조의 입법배경과 관련하여 ─", 63─72쪽 참조).

수 없도록 함으로써 해결할 수 있다. 이러한 해석을 보다 명백하게 하기 위하여 채무자에 대한 대항요건도 확정일자있는 증서로써 하도록 할 필요가 있다.[101]

VI. 맺음말

민법 제450조가 대항요건주의의 입법례를 따르고 있으므로, 지명채권의 중복양수인들 모두가 확정일자 없는 대항요건을 갖춘 경우에 어느 양수인이 우선하는지의 문제는, 민법 제450조 제1항과 제2항의 양 대항요건이 대항요건주의의 원칙에 있어서 서로 어떠한 관계에 있는지, 다시 말하면 어느 것을 원칙적인 것으로 보고 어느 것을 예외적인 특별규정으로 보는지에 따라서 답이 다르게 될 것이다.

채권양도의 대항요건에 있어서 공적인 확정일자가 없으면 양수인의 권리양수가 불안정하게 되며, 채권양도의 공시기능이 없게 되므로 채권양도의 대항요건에 있어서 공적인 확정일자는 핵심적인 것이어서 채권양도에 관하여 대항요건주의를 채택한 우리 민법에서는 확정일자 있는 대항요건을 규정한 민법 제450조 제2항이 원칙규정이고, 그것이 없는 그 제1항은 예외규정이라고 할 수밖에 없다. 확정일자 없는 대항요건을 갖춘 채권양도가 중복된 경우에는 민법 제450조 제2항을 적용하여 뒤에 확정일자 있는 대항요건을 먼저 갖춘 자가 우선한다고 해야 한다.

민법 제450조 제1항은 예외적인 규정이므로 제한적으로 해석해야 하고, 확정일자 있는 대항요건을 갖추지 못한 양수인이 채무자로부터 먼저 채무를 지급받은 뒤에 중복양도된 경우에 그 양수인도 법률상의 이익을 가지는 자이므로, 먼저 채무를 지급받은 제1양수인은 대항요건을 갖춘 제2양수인에게 대항할 수 없으며, 이러한 불이익은 대항요건을 갖추지 아니하고 변제받은 제1양수인이 감수해야 한다.

---

101) 이 점과 관련하여 "기초자가 수정한 채무자에 대한 대항요건방식의 완화는, 다른 중복양수인이 없는 경우에 한해서 효과가 있다. 그러나 양수인으로서는 다른 중복양수인이 나타나지 않는다는 보장이 없다. 그에 따라 양수인은, 당해 채권을 충분하게 확보하기 위해서는 채무자에 대해서도 예방책으로서 마찬가지로 확정일자 있는 통지·승낙을 취할 필요가 있다."(池田眞郎, 前揭書, 94頁)고 하는 이도 있다.

　　마지막으로 민법이 채택한 대항요건주의는, 대항요건주의를 취하면서도, 그 핵심이라고 할 수 있는 공적인 확정일자 없이도 채권양도통지나 승낙으로써 채무자에게 대항할 수 있도록 하여, 불완전한 제도를 채택한 것이라고 할 수 있다. 이는 확정일자 없는 대항요건을 갖춘 채권양도가 중복된 경우에는 민법 제450조 제2항을 원칙규정으로 보아 확정일자 있는 대항요건을 먼저 갖춘 자가 우선하도록 하고, 확정일자 있는 대항요건을 갖추지 못한 제1양수인이 채무자로부터 먼저 채무를 지급받음으로써 채권이 소멸한 경우에도 그 제1양수인은 대항요건을 갖춘 제2양수인에게 대항할 수 없도록 함으로써 그 불완전함을 보완할 수 있을 것이다. 이러한 해석을 보다 명백하게 하기 위하여 채무자에 대한 대항요건도 확정일자있는 증서로써 하도록 할 필요가 있다.

[민사법연구, 제25집, 대한민사법학회, 2017, 143-194쪽에 실림]

6. 채권양도통지인으로서의 양도인과 그 무현명대리
– 대법원 2011. 2. 24. 선고 2010다96911 판결

【대상판결요지】

채권양도의 통지를 양수인이 양도인을 대리하여 행할 수 있음은 일찍부터 인정되어 온 바이지만, 대리통지에 관하여 그 대리권이 적법하게 수여되었는지, 그리고 그 대리행위에서 현명(顯名)의 요구가 준수되었는지 등을 판단함에 있어서는 양도인이 한 채권양도의 통지만이 대항요건으로서의 효력을 가지게 한 뜻이 훼손되지 아니하도록 채무자의 입장에서 양도인의 적법한 수권에 기하여 그러한 대리통지가 행하여졌음을 제반 사정에 비추어 커다란 노력 없이 확인할 수 있는지를 무겁게 고려하여야 한다. 특히 양수인에 의하여 행하여진 채권양도의 통지를 대리권의 '묵시적' 수여의 인정 및 현명원칙의 예외를 정하는 민법 제115조 단서의 적용이라는 이중의 우회로를 통하여 유효한 양도통지로 가공하여 탈바꿈시키는 것은 법의 왜곡으로서 경계하여야 한다. 채권양도의 통지가 양도인 또는 양수인 중 누구에 의하여서든 행하여지기만 하면 대항요건으로서 유효하게 되는 것은 채권양도의 통지를 양도인이 하도록 한 법의 취지를 무의미하게 할 우려가 있다.

【참고판결요지】 대법원 2004. 2. 13. 선고 2003다43490 판결

채권양도통지 권한을 위임받은 양수인이 양도인을 대리하여 채권양도통지를 함에 있어서는 민법 제114조 제1항의 규정에 따라 양도인 본인과 대리인을

표시하여야 하는 것이므로, 양수인이 서면으로 채권양도통지를 함에 있어 대리관계의 현명을 하지 아니한 채 양수인 명의로 된 채권양도통지서를 채무자에게 발송하여 도달되었다 하더라도 이는 효력이 없다고 할 것이다. 다만, 대리에 있어 본인을 위한 것임을 표시하는 이른바 현명은 반드시 명시적으로만 할 필요는 없고 묵시적으로도 할 수 있는 것이고, 나아가 채권양도통지를 함에 있어 현명을 하지 아니한 경우라도 채권양도통지를 둘러싼 여러 사정에 비추어 양수인이 대리인으로서 통지한 것임을 상대방이 알았거나 알 수 있었을 때에는 민법 제115조 단서의 규정에 의하여 유효하다고 보아야 할 것이다.

1. 사실관계

제2심인 의정부지방법원 2010. 10. 22. 선고 2009나2584 판결에 나타난 원고의 주장을 중심으로 사실관계를 정리하면 다음과 같다.

원고는 소외 회사에 장비를 대여하고, 소외 회사는 피고가 발주한 공사현장 등에서 그 장비를 사용하였다. 소외 회사는 2007. 7. 6.경 피고의 사무실에서 위 장비대여료조로 소외 회사의 피고에 대한 공사대금채권 중 38,400,000원을 원고가 피고에게서 직접 지급받는 것으로 직불동의서를 작성하였다.[1]

원고는 피고에게 위 채권이 양도되었거나 하도급거래공정화에 관한 법률 제14조 제1항의 직접청구권행사로 위 돈 및 이에 대한 지연손해금 지급을 청구하였다.

2. 소송의 경과

가. 제1심판결: 의정부지방법원 고양지원 2009. 1. 14. 선고 2008가단 2138 판결

제1심인 의정부지방법원 고양지원 2009. 1. 14. 선고 2008가단2138 판결은, 채권양도 주장에 대해서는 채권자의 양도통지나 채무자의 승낙이 있었다는 점을

---

1) 제1심인 의정부지방법원 고양지원 2009. 1. 14. 선고 2008가단2138 판결에서는, 피고는 소외 회사에 화물알선을 의뢰하였고, 원고는 그 알선에 따라 피고의 화물을 운송한 화물운송업자로서 피고가 소외 회사에게 운송대금을 지급하지 아니하여 원고가 피고로부터 운송대금을 지급받기로 합의하였다고 한다.

인정할 증거가 없고, 직접청구권행사에 대해서는 피고의 직접지급 승낙을 인정할 증거가 없다고 하여 원고의 청구를 기각하였다. 원고가 항소하였다.

나. 제2심판결: 의정부지방법원 2010. 10. 22. 선고 2009나2584 판결

제2심인 의정부지방법원 2010. 10. 22. 선고 2009나2584 판결은, 앞의 참고판결을 바탕으로, "채권양도통지 권한을 위임받은 양수인이 양도인을 대리하여 채권양도통지를 함에 있어서는 민법 제114조 제1항의 규정에 따라 양도인 본인과 대리인을 표시하여야 하는 것이므로, 양수인이 서면으로 채권양도통지를 함에 있어 대리관계의 현명을 하지 아니한 채 양수인 명의로 된 채권양도통지서를 채무자에게 발송하여 도달되었다 하더라도 이는 효력이 없다. 다만, 대리에 있어 본인을 위한 것임을 표시하는 이른바 현명은 반드시 명시적으로만 할 필요는 없고 묵시적으로도 할 수 있는 것이고, 나아가 채권양도통지를 함에 있어 현명을 하지 아니한 경우라도 채권양도통지를 둘러싼 여러 사정에 비추어 양수인이 대리인으로서 통지한 것임을 상대방이 알았거나 알 수 있었을 때에는 민법 제115조 단서의 규정에 의하여 유효하다고 보아야 한다. 이 사건으로 돌아와 보건대, 이 사건 직불동의서에 '00창호 귀하'라는 내용이 기재된 사실은 앞서 본 바와 같고...이 사건 직불동의서를 원고가 피고에게 내용증명우편으로 발송한 사실을 인정할 수 있으며, 위 내용증명 우편이 2007. 7. 6.경 피고에게 도달한 사실은 당사자 사이에 다툼이 없다. 위 인정사실에 의하면, 이 사건 직불동의서의 내용은 원고가 피고에게 채권양도의 통지를 하는 것을 전제로 하여 작성된 것으로서 이를 작성하여 줌으로써 소외 회사가 원고에게 채권양도통지 권한을 준 것으로 보이고, 비록 원고가 소외 회사를 대리하여 채권양도통지를 하였음을 표시하지 않았다 하더라도 원고로부터 그 통지를 받은 피고로서도 원고가 대리인으로서 통지한 것임을 알 수 있었던 것으로 보이므로 원고가 한 위 통지는 유효하다."고 하여, 제1심 판결을 취소하고, 원고의 청구를 인용하였다. 피고가 상고하였다.

다. 제3심판결

대법원은 대상판결요지와 같은 이유로 원심판결을 파기하고, 사건을 원심법원으로 환송하는 판결을 하였다.

I. 머리말

채권양도에 있어서 채무자는 양도행위의 당사자가 아니므로 이를 채무자에게 알리는 것이 필요하다. 채권양도통지는 이와 같이 채권양도가 있었다는 사실을 채무자에게 알리는 행위이다. 민법 제450조 제1항은 이러한 채권양도통지에 관하여 "지명채권의 양도는 양도인이 채무자에게 통지하거나 채무자가 승낙하지 아니하면 채무자 기타 제3자에게 대항하지 못한다."고 하므로, 채권양도통지는 양도인이 채무자에게 하여야 하고, 양수인은 통지할 수 없으며, 양도인을 대위하여서도 통지할 수 없다고 보는 것이 일반적이다.2)

우리 민법에서 이와 같이 채권양도통지인을 양도인으로 제한한 것은, 가장 양수인(참칭양수인)에 의한 허위양도로 양도인 및 채무자가 피해를 입는 것을 막기 위한 것으로 본다.3) 또 「양도인(권리자)의 양도사실의 통지는 양수인(신권리자)의 양수사실의 통지보다 권리의 처분이므로 더 신빙성이 있다」4)고 하는 이도 있고, 「[민법] 제450조 제1항에서 양도인만이 통지할 수 있도록 규정함으로써 채권양도 후 발생되는 법률관계를 명료하고 간편하게 처리할 수 있다는 점이 가장 큰 장점」5)이라고 하는 이도 있다.

채무자에 대한 채권양도통지는 법률행위가 아니므로 법률행위에 관한 규정이 바로 적용되는 것은 아니다. 그러나 행위능력(제4조), 의사표시의 도달주의(제111조), 대리(제114조) 등 법률행위에 관한 일부규정들을 유추적용할 수 있는 것으로 보는 것이 일반적이다.6) 판례도 "채권양도의 통지는 양도인이 채무자에 대하여 당해 채권을 양수인에게 양도하였다는 사실을 알리는 관념의 통지이고, 법

---

2) 郭潤直, 債權總論, 博英社, 2007, 222쪽; 金曘洙, 債權總論, 三英社, 1996, 361−362쪽; 李銀榮, 債權總論, 博英社, 2009, 618쪽.

3) 김상용, 채권총론, 화산미디어, 2014, 377쪽; 金曘洙, 앞의 책, 361쪽; 李尙勳, 民法注解, [X], 債權(3), 郭潤直편, 博英社, 1996, 580쪽; 徐敏, 債權讓渡에 관한 硏究, 經文社, 1985, 119쪽.

4) 法務部, 民法(財産編) 改正資料, 2004, 양창수위원, 검토의견, 2004, 719쪽.

5) 尹喆洪, 債權總論, 法元社, 2012, 18−19쪽. 이에 따르면 「채권자가 이중 양도했을 경우에도 채권자의 통지에 의해서만 순위가 결정되는 것이기 때문에 이러한 이중양도로 인해 발생되는 문제의 해결이 비교적 간편하다」고 한다.

6) 郭潤直, 앞의 책, 222쪽; 金曘洙, 앞의 책, 361쪽; 金曾漢·金學東, 債權總論, 博英社, 1998, 302쪽; 金亨培, 債權總論, 博英社, 1998, 585쪽; 李銀榮, 앞의 책, 618쪽; 李尙勳, 앞의 民法注解, 1996. 580쪽.

률행위의 대리에 관한 규정은 관념의 통지에도 유추적용된다고 할 것이어서 채
권양도의 통지도 양도인이 직접 하지 아니하고 사자를 통하여 하거나 나아가서
대리인으로 하여금 하게 하여도 무방하다고 할 것이고, 또한 그와 같은 경우에
양수인이 양도인의 사자 또는 대리인으로서 채권양도통지를 하였다 하여 민법
제450조의 규정에 어긋난다고 볼 수도 없고, 달리 이를 금지할 근거도 없다."[7]
고 한다.

　　일반적으로 법률행위의 대리인이 대리행위를 할 때에는 그 행위가 '본인을
위한 것'임을 표시하여야 하고(민법 제114조), 본인을 위한 것임을 표시하는 것,
즉 현명을 하지 않고 한 대리행위는 대리인 자신을 위한 행위로 보게 되어 행위
의 효력이 대리인에게 귀속된다(민법 제115조 본문). 그러나 무현명으로 한 법률
행위의 경우라도 상대방이 대리인으로서 한 것임을 알았거나 알 수 있었을 때에
는 그 의사표시는 대리행위로서 효력이 있다(민법 제115조 단서).

　　그런데 대상판례는 양수인의 채권양도통지대리에는 현명주의가 엄격하게
적용되어야 하고, 양수인이 무현명으로 한 양도통지는 채권양도통지로서의 효력
이 없다고 한다.

　　원래 채권양도는 당사자의 의사표시만으로 성립하며, 양도인이 양수인에게
일단 채권을 양도하면 양도인은 이미 자신의 권리를 처분한 것이기 때문에 채권
양도의 대항요건을 갖추는데 관심을 갖지 않게 된다. 반대로 양수인은, 양도채권
의 취득자로서 그 권리행사를 위해서는 대항요건을 구비해야 하므로 채권양도통
지에 양도인보다는 더 큰 이해관계를 갖는다.

　　그렇다면 채권양도에 있어서 채권양도통지를 양도인이 해야 한다는 민법
제450조 제1항의 규정을 엄격하게 적용하여 무현명대리는 제한되어야 한다는 대
상판결은 타당한 것인가?

　　아래에서는 채권양도에 있어서 양도통지인에 관한 입법례를 살펴보고, 이어
서 민법 제450조 제1항에서 채권양도인을 그 양도통지인으로 한 규정을 엄격하
게 적용해야 하는지에 관해서 살펴보고, 마지막으로 대상판결의 타당성을 검토
하기로 한다.

---

7) 대법원 1994. 12. 27. 선고 94다19242 판결; 대법원 1997. 6. 27. 선고 95다40977 판결; 대
　법원 1960. 12. 15. 선고 4293민상455 판결.

Ⅱ. 다른 나라에서의 지명채권양도통지인에 관한 논의

1. 프랑스에서의 논의

지명채권양도의 대항요건에 관해서 프랑스민법 제1690조는 "양수인은 채무자에게 한 양도의 집행관송달(통지, signification)에 의해서만 제3자에 대하여 권리자가 된다. 그러나 양수인은 채무자가 공정증서로써 한 양도의 승낙에 의해서도 마찬가지로 권리자가 될 수 있다."고 하여, 누가 채권양도통지를 할 것인가에 관해서 명확하게 규정하고 있지 아니하다. 그러나 이 조문의 해석상 채권양도의 송달(통지)신청을 양도인이나 양수인, 그들의 상속인이 할 수 있는 것으로 보는 데 이론이 없는 것으로 보인다. 그렇지만 실제에 있어서 이러한 형식은, 통상적으로, 송달이 가장 빠르게 될 수 있고, 그에 따라 채권양도가 제3자에 대하여 대항될 수 있는 점에 관해서 명백한 이해관계를 가진 양수인에 의해서 행해진다. 양도인 자신이 이러한 형식을 실행하는 데서 오는 유일한 이익은, 채무자에게서 양수인에 대한 변제의 연기를 위하여 채권양도의 진정성을 다툴 가능성을 배제하는 것이다.[8]

거래대리인(agent d'affaires)이 양도서류(acte de cession)를 작성할 때에는, 직무상의 의무로서 양도인을 위하여 프랑스민법 제1690조의 형식요건을 갖추도록 도와야 한다.[9] 그렇지 않으면 손해배상책임이 발생할 수도 있다. 마찬가지로 채권양도 송달(통지)을 맡은 집행관(huissier de justice)이 송달을 지체하여 양수인이 양도인의 채권자에게 양도를 대항할 수 없도록 한 때에도 손해배상책임이 발생할 수 있다.[10]

---

8) T, HUC, Traité théorique et pratique de la transmission dles créances t. Ⅱ, Paris, 1891, n° 330, L. CADIET, *Lexis Nexis*, Art. 1689 à 1695, fasc. 20, Vente, Editions du Juris-Classeur, 2007, p. 14, n° 82에서 재인용.

9) Cass 3e civ, 28 févr. 1973, Bu ll.civ, 1973, Ⅱ, n° 159, L. CADIET, *op. cit.*, p. 14, n° 83, 재인용.

10) CA. Paris, 14janv. 1986, Juris-Date, n° 1986-020145. L. CADIET, *op. cit.*, p. 14, n° 83, 재인용.

2. 독일 및 스위스에서의 논의

채권양도에 관해서 선의자보호주의를 취하고 있는 독일민법이나 스위스채무법에서는, 대항요건주의를 취하고 있는 프랑스민법에서와 같이, 채권양도통지가 특별히 필요한 것은 아니지만, 이러한 통지가 있는 경우에 관하여 특별한 의미를 부여하고 있다. 즉, 독일민법 제409조 제1항은 "채권자가 채무자에게 채권을 양도하였다는 것을 통지한 때에는, 양도가 행하여지지 아니하였거나 또는 무효일지라도, 자신에 대하여 채무자에게 통지한 양도의 효력을 인정하여야 한다. 채권자가 증서에서 지정한 신채권자에게 양도에 관한 증서를 발행하고 신채권자가 이를 채무자에게 제시한 때에는, 이는 통지와 같다."고 한다. 스위스채무법 제167조에서도 "양도인 혹은 양수인이 채무자에게 양도를 통지하기 전에, 채무자가 선의로 종전의 채권자에게 변제하거나, 중복양도의 경우에 뒤에 정당하게 양수한 자에게 변제한 때에는, 유효하게 면책된다."고 한다.

독일민법 제409조의 통지와 관련하여 양도인 외에 양수인도 양도통지권한이 있는지에 관해서는 다툼이 있고,[11] 스위스채무법 제167조[12]에서 양도인 외에 양수인도 양도통지권한이 있음은 그 규정상 명백하다.

3. 일본에서의 논의

가. 일본민법 제467조의 입법

(1) 일본민법 제467조 규정

일본민법 제467조 제1항은, "지명채권의 양도는 양도인이 이를 채무자에게 통지하거나 채무자가 이를 승낙하지 아니하면 이로써 채무자 기타의 제3자에게

---

11) Cf. Münchener/Roth, Schuldrecht, Allgemeiner Teil, München, C. H. Beck, 2005, § 409, Rn. 5, S. 2547. 이에 관한 우리말 문헌으로는 尹喆洪, "채권양도의 '통지권자'에 관한 개정론", 法曹, 通卷664號(2012.1), 法曹協會, 2012, 11쪽.

12) 스위스채무법 제167조 채무자는, 양도인 또는 양수인이 자신에게 양도를 통지하기 전에, 이전의 채권자, 또는 여러 차례 양도의 경우에는 권리가 후순위인 양수인에게 선의로 변제한 때에는, 유효하게 면책된다. 이 조문에 관해서는 D. Girsberger, Basler Kommentar zum schweizerischen Privatrech, Obligationenrecht, I, Art. 1-270, 3. Auflage, Helbing & Lichtenhahn, Basel · Genf · München, 2003, Ss. 827-830. 이에 관한 우리말 문헌으로는 尹喆洪, 앞의 논문, 12쪽.

대항할 수 없다.”[13]고 하여 양도인이 채권양도 통지를 해야 한다고 규정하고 있고, 우리 민법 제450조 제1항은 일본민법 제467조 제1항에서 유래한 것이기 때문에,[14] 양자는 내용이 같다.

  (2) 일본민법 제467조의 입법이유 중 채권양도통지를 해야 할 자에 관해서는, “누가 통지를 하는가? 혹은 양수인이라고 하고 혹은 양도인 및 양수인 쌍방이라고 한다. 이 법은 양도인으로 한다. 무릇 양수인으로 할 때에는 때때로 진정한 양수인이 아닌 사람이 사기를 할 염려가 있고 또 양도인, 양수인 쌍방으로 하는 것은 쓸데없는 수고로 번잡하게 하므로 오히려 양도인 한 사람으로 하는 간편함만 못하다. 누군가 양도인 한 사람으로 할 때에는 자칫하면 양도인의 악의 또는 태만으로 통지를 발하지 아니하여 양수인을 해할 염려가 있음에도 이는 양수인 한 사람으로 하는 것에 비하여 그 위험이 적고, 또한 양수인은 양도인에게 언제든지 통지를 하도록 청구할 수 있고, 또 양도인의 이름을 사칭할 염려가 없지 않지만, 이 위험을 양도인, 양수인 쌍방으로 하더라도 이를 방지할 수 없다.”[15]고 한다.

  오늘날에도 일본에서 많은 이들이, 위의 입법이유에서 밝힌 것과 같이, 양도인만에 의한 채권양도통지제도의 취지를 동일하게 보고 있다. 즉, “양수인이 통지할 수 있다고 한다면 허위의 통지가 될 우려가 있으므로, 일본구민법 재산권 제347조 제1항과 달리, 일본민법 제467조는 이를 고쳐서, 양도인이 통지해야 하는 것으로 했다.”[16]고 하거나, “양도인은 채권양도에 의해서 불이익을 받는 자이므로 그로부터의 통지는 양도가 있다는 사실과 일치하는 것이 많다고 생각됨에 반하여, 양수인은 채권양도에 의해서 이익을 받는 자이므로 그로부터의 통지

---

13) 일본의 2017. 6. 2.에 公布한 法律 第44号(이 법률은 2020. 4. 1.부터 시행된다)에 따라 개정된 일본민법 제467조 제1항은, “채권의 양도(현재 발생하지 않은 채권의 양도를 포함한다)는 양도인이 이를 채무자에게 통지하거나 채무자가 이를 승낙하지 아니하면 이로써 채무자 기타의 제3자에게 대항할 수 없다.”고 한다(이에 관해서는 http://www.moj.go.jp/MINJI/minji06_001070000.html 참조).

14) 民議院法制司法委員會民法案審議小委員會, 民法案審議錄, 上卷, 1957, 267쪽.

15) 岡松參太郎, 註釋民法立法理由, (下卷), 債權編, 富井政章校閱, 有斐閣書房, 1899, 復刻版, 信山社, 1991, 226－227頁.

16) 於保不二雄, 債權總論, 有斐閣, 1989, 310頁, 각주 3: 明石三郎, 注釋民法, (11), 債權, (2), 西村信雄編, 1980, 373頁.

로 족하다고 하는 것은 양도통지의 진정함을 갖기 어렵"다[17]고 한다.

요컨대 일본민법 제467조의 입법취지는, 가장양도통지를 막아 양도인과 채무자를 보호하려는 취지라고 할 수 있다.

(3) 일본의 판례에 따르면, 양도인만이 채권양도통지를 하도록 한 것은 "양수인 보호의 견지에서 비난의 여지가 있을 수 있"어서, (i) "채권양도인은 당연히 양수인을 위해서 채무자에의 양도통지를 해야 할 의무를 지며,[18] 또한 통지에 관한 내용증명우편 부본을 양수인에게 교부할 의무를 진다."고 하며,[19] "양도인이 통지를 하지 아니하고 사망한 때에는 그 통지의무도 상속인에게 승계된다."[20]고 한다. 양수인은 양도인 또는 그의 상속인에 대해서 채무자에의 통지를 소로써 구하고, 일본민사집행법 제172조(개정전 일본민사소송법 제734조)에 의한 간접강제를 할 수 있고, 양도인이 통지를 하지 아니하였기 때문에 양수인에게 손해가 생기면, 양도인에게 그 배상을 청구할 수 있다.[21] 채권이 순차 양도된 경우에 최종 양수인은 채권자대위권에 의해서 통지를 소구할 수 있다.[22] 그러나 채권양도통지를 하는 것은 일본민법 제423조에서 말하는 양도인의 권리라고 할 수 없으므로, 양수인은 양도인을 대위하여 통지할 수 없다.[23] 양수인은 양도인의 대리인으로서 양도통지를 할 수 있으며, 이는 채무자를 상대방으로 하므로, 양도인 또는 양수인이, 양도인의 대리인인 경우, 제3자가 쌍방의 대리인인 경우에도 대리인이 하는 채무자에의 통지는, 자기계약 또는 쌍방대리(일본민법 제57조, 제108조)에 해당하지 않는 것으로 본다.[24] 그렇다고 하여 채권이 양도되면 당연히 양도인이 양수인에게 통지의 대리권을 부여한 것이라고는 할 수

---

17) 淡路剛久, 債權總論, 有斐閣, 2002, 450−451頁.
18) 日本大審院 1918. 10. 14. 判決, 明石三郎, 前揭注釋民法, 373頁에서 재인용, 이하의 판결도 같음.
19) 日本大審院 1941. 2. 20. 判決.
20) 大阪高等裁判所 1965. 12. 26. 判決.
21) 日本大審院 1944. 4. 23. 判決.
22) 日本大審院 1919. 6. 26. 判決; 同旨 我妻榮, 債權總論, 岩波書店, 1985, 530頁. 이때 양도인은 최종양수인을 위해서 통지할 수 있는 것으로 본다(明石三郎, 前揭注釋民法, 373頁).
23) 日本大審院 1930. 10. 10. 判決. 이에 관해서 "대리인이 본인의 의무를 이행하는 것은 가능하므로, 논리적으로는 문제가 없지만, 사칭대리인의 발생의 방지라고 하는 문제가 남게 된다"(加藤雅新, 債權總論, 有斐閣, 2005, 313頁)고 하는 이도 있다.
24) 日本大審院 1937. 11. 9. 判決.

없고,[25] 채권양도의 통지가 된 때에는 채권양도가 있었던 것으로 추정된다.[26]

(4) 일본에서의 양도통지의 실제상황에 관해서 "물론 프랑스법에서는, 통지는 단순한 통지가 아니고 조문상 집행관에 의한 송달이라고 하고 있어서 송달절차를 신청함으로 인한 심리적 억제 및 허위의 신고로 불실한 내용을 송달하게 하면(예컨대 위조양도증서에 의해서 송달증서를 작성하게 하는 것 등), 형사상의 제재를 받을 가능성이 있는 것(프랑스 형법 제147조) 등, 단순한 사신(私信)으로 할 수 있는 일본과는 상황이 다르므로, 이렇게 해도 별단의 불합리함은 없지만, 그렇다고 해도 양도통지를 신속하게 함에 대하여 이해관계를 가진 이는 양도인이 아니고 양수인이라는 것은 다르지 않으므로, 결국 일본민법 제467조의 규정 아래에서도, 실무에서는 양도를 받은 양수인이 그 자리에서 양도통지서를 작성하게 하거나, 인장을 받아 양수인이 양도인 이름의 통지서를 스스로 작성하여, 양수인이 내용증명우편으로 발신하는 것이 일반적이라고 할 수 있다."[27]고 한다.

나. 일본에서의 채권양도통지인에 관한 규정의 변천

일본민법 제467조는 프랑스민법 제1690조에서 유래한 것으로, Boissonade의 일본민법초안과 일본구민법 재산편 제347조를 거쳐서 성립한 것이고, 이러한 일본민법의 성립과정에서 채권양도통지인에 관한 규정이 바뀌었다.

(1) Boissonade초안 제367조 제1항

Boissonade의 일본민법초안 제367조 제1항은 "지명채권의 양수인은 양도가 채무자에게 정식으로 집행관송달되었거나 채무자에 의해서 공정증서 또는 확정일자 있는 증서로 승낙된 때 이후가 아니면 자기의 권리를 채권자의 승계인 또는 채무자에 대하여 대항하지 못한다."[28]고 하여 양도통지인에 관해서 특별히 규정하지 아니하였고,[29] 이와 같이 통지자를 한정하지 않는 규정방식은 프랑스

---

25) 東京高等裁判所 1957. 10. 1. 判決.
26) 日本大審院 1927. 3. 23. 判決; 日本最高裁判所 1959. 7. 14. 判決.
27) 池田眞郎, 債權讓渡の硏究, 弘文堂, 1997, 210頁.
28) G. BOISSONADE, *Projet de Code civil pour l'empire du Japon*, t. 2, 2ᵉ éd., Tokyo, Kokoubounsha, 1883, pp. 175–176.
29) "이 원문은, 통지에 관해서는 양도(cession)가 채무자에게 정식으로 송달되지 않으면 양수인은 대항할 수 없다고 할 뿐이고 통지를 해야 할 사람이 누구인가에 관해서는 전혀 지시 ·

민법과 같다.

한편 Boissonade는 프랑스민법 제1690조에서 양도통지인을 제한하지 않은 점에 관하여, "프랑스민법(제1691조[30])은 양도인이 하는 통지(signification)와 양수인이 하는 통지 사이에 차이를 두고 있지 않다. 그러나 사서증서로 하는 양도통지에 양도인의 참여를 강하게 요구하지 않는 것은 중대한 지장이 있다. 만약 가장양수인이나 가장양도통지에 의해서 채무자의 선의변제(Boissonade초안 제479조, 프랑스민법 제1270조)가 인정되면 진정한 채권자가 권리를 상실하거나, 채무자가 진정한 채권자에게 중복변제를 한다면 채무자가 손해를 보게 되는 결과에 이르는 거짓이 있을 수 있다."[31]고 한다.

(2) 일본구민법 재산편 제347조

일본구민법 재산편 제347조 제1항은 "기명증권(記名證券)의 양수인은 채무자에게 그 양수를 합식(合式, 정식)으로 고지하거나 채무자가 공정증서 또는 사서증서로 이를 승낙한 후가 아니면 자기의 권리를 양도인의 승계인 및 채무자에게 대항하지 못한다."[32]고 하여 양수인이 통지하는 것으로 하였다.

그렇다면 왜 Boissonade가 명확하게 부정한 양수인으로부터의 통지가 구민법 조문에(그것도 전혀 반대로 '양수인만으로부터의 통지'라는 모습으로) 등장하게 되었는가?

Boissonade초안 제367조 제1항은 1888.1.15.(제16회) 법률취조(取調)위원회에 다음과 같이 번역되어 제출되었다.[33]

제367조 기명채권증서의 양도는 피양채무자(被讓債務者)에게 합식(合式)으로 고지되거나 피양채무자가 공정증서 또는 확정일부(日付)의 증서로써 그 양도를

한정한 바가 없다(그에 따라 해석상으로는 양도인이라도 좋고, 양수인이라도 좋은 것으로 되고, 법원에서의 송달로도 물론 가능한 것으로 된다)."(池田眞郎, 前揭書, 23頁)고 한다.

30) 프랑스민법 제1691조 양도인 또는 양수인이 양도를 통지할 때까지 채무자가 양도인에게 변제한 때에는 채무자는 이로써 유효하게 면책된다.

31) Boissonade, *op. cit.*, p. 188, n. 177, note b; 이 부분의 일본어 번역문에 관해서는 池田眞郎, 前揭書, 21頁.

32) 그 입법이유에 관해서는 佛語公定譯日本帝國民法典並立法理由書 第2卷, 財産編·理由書, 1891(Code Civil de l'Empire du Japon Accompagné d'une Exposé de Motifs, t. second, Exposé des motifs du livre des biens, Traduction officielle, Tokio, 1891), 復刻版, 信山社, 1993, p. 443. 이는 Boissonade초안 제367조와 동일한 내용이다.

33) 이에 관해서는 池田眞郎, 前揭書, 22頁.

수락한 당시 이후가 아니면 그 양수인은 자기의 권리로써 양도인의 승계인 또는
피양채무자에게 대항할 수 없다.

그런데 당시 보고위원이 이 Boissonade초안을 번역·표기함에 있어서 수동
태를 능동태로 고치려고 시도했고, 이것이 커다란 오류가 되었다고 하며,[34] 그
뒤 이 안이 1888.10.2. 재조사되어 번역본에 관해서 논란이 있었고, 일본인 위원
의 문장정리의 결과 오역되어 일본구민법 제347조 제1항과 같이 양수인이 통지
하는 것으로 되었다고 한다.[35]

(3) 일본구민법 재산편 제347조 제1항의 일본민법 제467조로의 수정

일본민법수정안이유서에서는, 채권양도통지를 양수인이 하도록 한 일본구
민법 재산편 제347조 제1항이 양도인만이 통지하도록 한 일본민법 제467조와 같
이 수정된 이유에 관해서 "본조는 기성법전 재산편 제347조 제1항과 그 대체(大
體)의 주의(主意)를 같이하고"라고 하고, 양도통지인에 관하여 "기성법전은 전술
의 통지를 양수인에 의해서 해야 하는 것으로 되어 있다. 또 이로써 충분한 통지
가 된다고 하더라도 양수인이 스스로 그 양수를 통지하여 채무의 변제를 청구할
수 있는 것으로 할 때에는 정당한 양수를 할 수 없는 자도 때때로 [자유]자재로
양수를 통지하여 채무자를 속임으로써 그 변제를 받는 등의 염려가 있으므로,
본안(本案)은 새로이 통지는 양도인에 의해서 이를 해야 하는 것으로 하고, 이와
같이 고치는 것은 등기법에서 등기는 재산양수인이 수의(隨意)로 이를 할 수 없
는 것으로 하는 것과 동일한 정신으로 되는 것."[36]이라고 설명한다.

한편 채권양도통지를 할 자에 관해서, 일본민법 제467조(입법 당시에는 제470
조)를 심의한 1895년 3월 22일 제72회 법전조사회에서 일본민법 기초자의 한 사
람인 우메 켄지로(梅謙次郎)는 "초안에는 원래 양도인과 양수인으로부터 통지를

---

34) 池田眞郎, 上揭書, 22頁.

35) Boissonade초안 제367조 제1항이 일본구민법 제367조 제1항과 같이 바뀌는 것에 관한 보
   다 자세한 경위에 관해서는 池田眞郎, 前揭書, 24−25頁.

36) 이상 廣中俊雄編, 民法修正案(前3編)の理由書, 有斐閣, 1987, 448−449頁, 이에 관한 우리
   말 문헌으로 오수원, "프랑스에서의 지명채권양도의 채무자에 대한 대항요건의 변용과 일
   본민법 제467조의 불완전한 대항요건제도의 성립−한국민법 제450조의 입법배경과 관련하
   여−", 저스티스, 통권 제160(2017.6), 韓國法學院, 2017, 80−81쪽. 일본민법 제467조는 일
   본구민법 재산편 제347조를 수정한 것이다. 이와 같은 수정을 Boissonade초안 제367조로
   복귀한 것이라고 하는 이도 있다(池田眞郎, 前揭書, 20頁).

하거나 이것이 아니라면 양도인만이 통지를 한다고 하는 것으로 되어 있으며, 그 이유는 초안에도 설명되어 있어서 우리 모두는 감복했습니다."라고 하고, 이어서 여러 외국의 규정을 소개한 뒤에, "어떻든 후자 쪽의 예가 실제에 적절하고, 즉 Boissonade가 생각한 대로입니다. 어떻든 이것도 양도인 쪽에서 통지를 하는 것으로 해놓지 않으면 때때로 사기를 행할 우려가 있어 이와 같이 생각한 것입니다."[37]라고 한다. 또 그는, 그의 저서에서 "본조의 규정에 의하면 통지는 반드시 양도인이 이를 해야 한다는 것으로 된다. 양도인이 통지를 하지 않으면 아직 실제로 양도되었는지를 알 수 없다. 예컨대 양수인은 양도로 인하여 주로 이익을 받는 자가 되므로 이 점을 보면 양수인이 통지를 함은 합당하지 못하다. 현실로 일본구민법, 그 밖에 양수인이 통지하도록 한 예를 감안하더라도 이른바 양수인은 실제 아직 양수를 마치지 않았음에도 양도통지를 채무자에게 함으로써 채권을 횡령하거나 양도성립 후 제1순위의 권리를 얻을 수 있기 위하여 미리 이러한 통지를 하는 것과 같은 폐단이 있을 수 있음은 이론의 여지가 없으므로 양도인으로 하여금 그 통지를 하도록 하는 것"[38]이라고 한다.

---

37) 이상 法典調査會, 民法議事速記錄, 學進版, 第22卷, 141丁; 法務大臣官房司法法制調査部監修, 日本近代立法資料叢書, 商事法務研究會版, 第3卷, 525頁, 池田眞郎, 前揭書, 29頁에서 재인용; 그 밖에 同書, 85頁 참조. 이와 더불어 우메 켄지로는 다시 "이렇게 하면 더욱더 통지라고 하는 것은 채무자에 대해서는 어떠한 방법으로 하더라도 괜찮은 것"이라고도 하였다고 하고, 이에 대해서 "이는 어떻든 침소봉대이다. 왜냐하면 원래 본래의 통지에 엄밀한 방식이 고려된 것은, 사기방지, 즉 통지행위 자체의 확실함의 보장과 더불어 확정일자의 확보, 즉 통지행위시기를 확정하는 것으로 되고, 이에 더하여, 전자, 즉 통지행위 자체의 확실함을 보장하기 위해서는 양도인이 통지하면 좋다고 하는 것만으로는 충분하지 않다(확실히 양수인이 무방식으로 통지하는 것보다는 좋겠지만, 이번에도 양도인이 얽힌 사기가 되기 쉽다. 결국 어떠한 방식을 이행하도록 하지 않으면 그러한 보호는 될 수 없다."(池田眞郎, 前揭書, 85-86쪽)고 하는 이도 있다.
38) 梅謙次郎, 民法要義, 卷之一, 總則編, 1911, 復刻版, 有斐閣, 1980, 211-212頁. 그러나 앞에서 본 바와 같이 Boissonade가 양도인만이 통지하도록 했다는 것은 잘못된 것이고, 프랑스민법 제1690조나 Boissonade 모두 지명채권양도의 통지를 할 자에 관해서는 전혀 한정한 바가 없다(이 점을 지적하는 이는 池田眞郎, 前揭書, 219頁).

Ⅲ. 우리 민법에서의 지명채권양도통지인을 양도인으로 한 양도통지 제도에 관한 논의

1. 학설

가. 민법 제450조 제1항 엄격적용설

민법 제450조에 채권양도통지를 양도인으로 제한한 취지를, 앞에서 본 일본에서의 입법이유와 같이, 가장양수인에 의한 허위양도로 양도인 및 채무자가 피해를 입는 것을 막기 위한 것으로 보는 입장에서는 양도인만을 통지인으로 한 민법 제450조를 엄격하게 적용해야 하는 것으로 보게 된다.[39] 민법 제115조 단서는, "상대방이 대리인으로서 한 것임을 알았거나 알 수 있었을 때에는, 민법 제450조 제1항을 엄격하게 적용해야 한다는 입장에서 이 직접 본인에게 대하여 효력이 생긴다."고 하여 무현명대리의 효력에 관해서 규정하고 있다. 그런데 무현명대리방식에 의한 채권양도통지를 제한해야 한다는 이가 있고, 이는 민법 제450조 제1항을 엄격하게 적용해야 한다는 입장에 선 것이라고 할 수 있다. 이에 따르면, "무현명 대리방식에 의한 통지에 있어 민법 제115조 단서를 적용하여도 좋은 경우는, 채무자가 양도인 및 양수인 사이의 거래관계에 깊이 관여하여 통지권한의 수권 등 관계 사정을 잘 알고 있어 양수인이 자신의 이름으로 통지하더라도 양도인을 대리한 것이라는 점을 충분히 알 수 있는 등의 특수한 사정이 있는 경우에만 한정하여야 한다고 봄이 상당하다."[40]고 하고, 그 이유로 (ⅰ) "양수인이 통지권한을 부여받았다는 사실만으로 무현명에 의한 통지를 유효하다고 보는 것은 통지권자를 양도인으로 정해놓은 관계규정을 사문화시키는 결과를 가져올 수 있"고,[41] (ⅱ) "양수인이 대리관계에 관하여 전혀 밝히지 아니한 채 통지한 경우 채무자로 하여금 다시 첨부된 계약서의 내용 등...사정을 살펴 양도인을 대리한 통지라는 점을 판단하도록 하거나, 나아가 그러한 판단가능성을 살

---

39) 이에 대해서는 「이는 거래생활에서의 불신에 터 잡은 발상」으로서 바람직한 입법이라고 할 수 없다」고 비판하는 이[徐敏, 앞의 책, 119쪽; 같은 이, "債權讓渡에 관한 小考", (上), 法曹, 제31권 제11호(1982.11), 法曹協會, 1982, 5쪽]가 있다.

40) 具南秀, "無顯名 代理에 의한 債權讓渡通知의 效力", 判例硏究, 제16집, 부산판례연구회, 2005, 99쪽.

41) 具南秀, 위의 논문, 99쪽.

펴 정당한 양도통지인지 여부를 가리는 것은 [관념의 통지라는] 통지의 법률적 성질에 부합하는 것인지 의문"이고, (iii) "거래안전의 확보에도 보탬이 되지 않"기 때문42)이라고 한다. 또「자산유동화에 관한 법률」제7조 본문에서 채권양수인도 양도통지를 할 수 있도록 한 것과 관련하여, 양수인이 채권양도의 통지를 할 수 있도록 한 규정은 「채무자를 당혹스럽게 만들」고, 「채권양도는 양도인(즉, 채권자)과 양수인간의 법률행위에 불과하므로, 채무자의 입장에서도 양수인이 과연 진정한 양수인인지를 알 수 없」어 허위 양수인에 대한 변제로 인한 중복변제의 위험을 피하기 위하여 양도인인 채권자에게 양도사실을 확인한 후에 지급할 수밖에 없는 불합리함이 있다고 하여,43) 양수인에 의한 채권양도통지를 부정하는 이가 있다.

이에 대해서는, "채무자에게 부담을 증가시키고 채권자가 채권을 상실할 위험이 있다는 점과 양수인이 양수채권을 확실히 취득, 실현할 필요가 있다고 하는 점은 서로 배타적인 것이 아니다. 당사자들의 이해관계는 양수인을 양도통지권자에서 배제하기 보다는 양수인의 양도통지의 진정성을 확보할 수 있는 법기술을 채택함으로써 조정 가능하다."44)고 하는 이가 있다.

나. 민법 제450조 제1항 완화적용설

민법 제450조 제1항을 완화해서 적용해야 한다는 보는 이들은 대체로 다음과 같은 이유를 들을 든다.

첫째 양도인이 양도통지에 관하여 이해관계가 크지 아니하다는 점이다.45) 이에 관하여, 「채권양도시의 양도당사자의 실질관계를 보면 양도인은 권리를 잃는 자인데 심리적 · 사회적인 관점으로는 이러한· 자에게 양도의 부수적 의무에 불과한 통지의무를 열성적으로 이행할 것을 기대하기는 어려운 일」46)이라고 하

---

42) 具南秀, 같은 논문, 101쪽.
43) 李美賢, "資産流動化에관한法律에 대한 考察", 人權과 正義, 제275호(1999.7), 大韓辯護士協會, 1999, 133쪽.
44) 최수정, "지명채권양도에서의 대항요건주의 : 그 내재적 한계와 극복을 위한 과정", 民事法學, 第52號, 韓國民事法學會(2010. 12), 2010, 400-401쪽.
45) 徐敏, 앞의 책, 119쪽; 같은 이, 註釋民法, 債權總則, (2), 朴駿緖편, 韓國司法行政學會, 2000, 581쪽; 金載亨, "根抵當權附債權의 流動化에 관한 法的 問題-住宅抵當債權流動化會社法을 中心으로-", 法曹, 제51권 제7호(통권550호), 法曹協會, 2002, 85쪽; 尹喆洪, 앞의 논문, 19-20쪽.
46) 徐敏, 앞의 책, 119쪽; 이 저자는 「특히 채권양도와 관련하여 당사자 사이에 법적 · 감정적

는 이도 있고, 「특히 채권양도인이 이미 채권을 양도하면서 그에 따른 반대급부
를 받았다면 더 이상 그 채권관계로부터 어떤 권리를 취득하거나 이익을 얻는
것이 아니기 때문에 관심의 대상에서 멀어져 채권양도의 통지를 해태할 가능성
이 있고, 더 나아가 양도인이 파산 등의 경우에는 채권양도의 사실을 통지할 수
없는 상황도 발생할 수 있다.」47)고 하는 이도 있다.

둘째 다수의 입법례에서 양수인에게도 양도통지권을 인정하고 있다는 점이
다.48)

셋째 「양도의 통지는 관념의 통지」로서 양도된 사실의 통지이므로 양도인
과 양수인 중 누가 통지하든 상관없다는 점이다.49)

넷째 「채무자의 승낙도 대항요건」으로 규정하고 있는 것과 균형이 맞지 않
는다는 점이다.50)

또 이들 중에는 「통지권자를 양도인으로 한정하여야 할 논리적 필연성도 없
으려니와 입법론으로는 오히려 양도인과 양수인 모두에게 통지권능을 부여하는
것이 타당하다는 점을 고려할 때, 양수인이 채무자에게 통지한 경우에는 양도인
으로부터 그 통지 권한-이는 실제에 있어서는 통지권한이라기 보다는 양수인과
의 관계에 있어서는 통지의무이다-자체를 넘겨받았다거나 아니면 적어도 그 통
지에 관한 대리권을 수여받은 것으로 추정하는 방법도 하나의 해결책이 될 수
있을 것」51)이라고 하는 이가 있다.

대립이 있는 때에는 양도인의 성의 있는 신속한 통지를 기대할 수 없고, 이러한 경우의 양
수인을 구제하기 위하여 통지청구권을 인정한다고 하지만, 이는 사실상 실효성 없는 궁여
지책에 불과하다」(같은 책, 같은 쪽)고도 한다.

47) 尹喆洪, 앞의 논문, 19-20쪽.

48) 徐敏, 앞의 책, 121-122쪽; 李尙勳, 앞의 民法注解, 581쪽; 김재형, 앞의 논문, 85쪽(다만
이 저자는 "우리 민법에서 채권양도의 통지권자를 양도인으로 한정하고 있는데도 불구하
고, 자산유동화법과 채권유동화회사법에서 채권양도의 통지권자에 양수인을 포함한 것은
혼란을 초래할 우려가 있다. 그리하여 채권양도 통지에 관한 민법규정을 개정하여 양수인
도 채권양도통지를 할 수 있도록 개정하는 것이 바람직하다. 다만 현행 자산유동화법과 채
권유동화회사법에서 이와 같은 방식을 규정한 것은 별 실익이 없다. 왜냐하면 자산유동화
법에서는 자산보유자의 자격이 금융기관 등으로 제한되어 있고 채권유동화회사법에서는
금융기관만이 양도인인데, 그러한 채권양도인이 채권양도의 통지를 게을리 할 가능성은 거
의 없기 때문이다."라고 한다.); 尹喆洪, 앞의 논문, 19-20쪽; 최수정, 앞의 논문, 401쪽.

49) 徐敏, 앞의 책, 124쪽; 法務部, 앞의 改正資料, 서민위원 개정의견 검토, 719쪽.

50) 徐敏, 앞의 책, 124쪽; 法務部, 앞의 改正資料, 서민위원 개정의견 검토, 719쪽.

51) 李尙勳, 앞의 民法注解, 581쪽. 나아가 입법론으로 양수인의 통지를 허용하는 쪽으로 법을

2. 판례

가. 민법 제450조 제1항을 엄격하게 적용해야 하는 것으로 본 판례

(1) 대상판결(대법원 2011. 2. 24. 선고 2010다96911 판결)의 경우, 민법 제450조 제1항을 엄격하게 적용해야 하는 것으로 보아 민법 제115조 단서 적용을 부정하고 있다.

(2) 민법 제115조 단서적용을 부정한, 또 다른 판결은, 채권자가 양수인에게 채권양도증서를 작성하여 주고, 양수인이 채무자에게 내용증명우편으로 채권양도의 통지를 한 사안에서, 채권양도통지에 민법 제115조 단서를 적용하는 경우는, "채권의 양수인이 양도인으로부터 채권양도통지 권한을 위임받아 그에 대한 대리권을 가지고 있음을 전제로 하는 것"이라고 하고, "소외 1은 제1심 공동피고로서 답변서 및 준비서면을 통하여 원고에 대한 하도급 공사대금채무액에 대하여 다투면서 원고의 요구에 의하여 이 사건 채권양도증서를 작성하여 준 사실이 있다고 주장하였을 뿐이고, 나아가 그 채권양도통지 권한을 원고에게 위임하였다고까지 인정한 사실은 없음을 알 수 있고, 달리 원심이 채용한 증거들을 살펴보아도 그와 같은 권한의 위임 사실을 인정할 만한 내용을 전혀 찾아볼 수 없다."고 하고 그럼에도 채권양도통지가 유효하다고 본 "원심판결에는 심리를 다하지 아니하거나 증거에 의하지 아니한 채 사실을 명백히 잘못 인정함으로써 판결 결과에 영향을 미친 위법이 있다."[52]고 한다.

나. 민법 제450조 제1항을 완화해서 적용해야 하는 것으로 본 판례

(1) 참고판결(대법원 2004. 2. 13. 선고 2003다43490 판결)은 민법 제450조 제1항을 완화해서 적용해야 하는 것으로 보아 민법 제115조 단서적용을 긍정한다. 이

고쳐 이를 해결해야 하는 것으로 보는 이들이 있고, "채권양도 내지 양도통지의 진위에 대해 의문을 갖는 채무자는 상당한 기간 안에 증명을 요구할 수 있도록 하거나, 양수인이 통지하는 경우에는 채권양도양수계약서와 같은 증거의 첨부를 그 요건으로 할 수 있을 것"(최수정, 앞의 논문, 401쪽)이라고 하는 이도 있다. 이러한 내용의 민법 제450조의 개정안(法務部, 앞의 改正資料, 719-720쪽)과 개정시안(尹喆洪, 앞의 논문, 25-39쪽)도 있다. 그러나 민법 제450조의 채권양도통지인이 논란이 되는 것은 양도인만으로 한정한 것 때문이므로, 입법론으로는 양수인도 통지할 수 있도록 하는 것으로 하면 족한 것으로 보인다.

52) 대법원 2008. 2. 14. 선고 2007다77569 판결.

판결은, "채권양도통지서 자체에 양수받은 채권의 내용이 기재되어 있고, 채권양도양수계약서가 위 통지서에 첨부되어 있으며, 채무자로서는 양수인에게 채권양도통지 권한이 위임되었는지 여부를 용이하게 알 수 있었다는 사정 등을 종합하여 무현명에 의한 채권양도통지를 민법 제115조 단서에 의해 유효하다"고 한다.

   이 판결에 대해서는, 민법 제450조 제1항을 완화해서 적용해야 하는 것으로 본 입장에서, 다음과 같은 비판이 있다. 즉, (ⅰ) "양수인이 자신의 이름으로 통지할 경우 양도인을 대리하여 한 것인지, 아니면 법률적 무지에서 비롯된 것인지 여부는 통지방식 자체에서 용이하게 가릴 수 있는 문제는 아니"다. (ⅱ) "양수인이 자신의 이름으로 통지한 경우 대리인을 위해서 하는 것인지 여부를 채무자가 조사하여 그 유효 여부를 결정하도록 하는 것 자체가 거래안전을 해칠 뿐만 아니라 통지의 효력에 관한 일률적인 해석을 어렵게 하는 요소로 작용"할 수 있다. (ⅲ) "양수인이 자신의 이름으로 통지하면서 양도를 뒷받침하는 근거로 채권양도양수계약서를 첨부하는" 경우, "양수인이 그 계약서를 첨부하였다는 점만으로 대리권한을 부여받았다거나 대리인의 자격으로 통지하는 것으로 해석하여야 할 구체적 근거가 된다고 보는 데에는 지나친 논리의 비약"이 있다. (ⅳ) "만일 양수인이 자신의 이름으로 확정일자 있는 내용증명 등에 의한 통지를 하고, 그 후 양도인이 이중으로 채권을 양도한 다음 이중양수인 또한 확정일자 있는 통지를 한 경우 채무자는 과연 어떠한 판단을 하여야 하는지 문제"[53]고, "이중양도나 압류가 경합되는 경우 그 우선순위를 둘러싸고 자의적인 해석을 초래하거나 양도통지권한의 부여 등과 관련하여 과연 채무자가 그에 관한 사정을 쉽게 알 수 있었는지 여부 등에 관한 심리까지 요할 수도 있으며, 그러한 점은 당사자나 법원에 지나친 부담으로 작용할 수도 있다."[54]고 한다.

   (2) 민법 제115조 단서적용을 긍정한, 또 다른 판결은, "1992. 9. 28.자 확정일자부 채권양도 통지서는 양수인인 원고가 양도인인 소외 주식회사... 대표이사 황○○의 대리인 또는 사자의 자격에서 발송한 것이고, 또한 피고가 1992. 9. 25.

---

53) 이러한 비판에 대해서는 "채무자가 변제공탁을 함으로써 해결할 수 있는 것이 대부분이고, 판례에서 양수인이 한 통지를 유효한 것으로 보는 범위를 명확하게 한다면, 법적 판단의 문제를 채무자에게 강요한다고 볼 수도 없"다고 하는 이(具南秀, 위의 논문, 107쪽, 문형배 질의부분)도 있다.
54) 이상 具南秀, 앞의 논문, 102-104쪽.

에 위 황○○과 소외 신○○ 및 원고가 함께 있는 자리에서 위 황○○으로부터
위 채권양도 사실을 고지받고 더욱이 당시에 작성되어 있던 채권양도서 및 양도
통지서를 보고 그 전세보증금 채권의 표시를 각 빌딩별로 나누어 다시 통지하여
줄 것을 요구하기까지 하였던 이상 피고로서는 원고가 위 황○○의 대리인 또는
사자의 지위에서 이러한 통지를 한 것임을 알았거나 적어도 할 수 있었다고 봄
이 상당하다"[55]고 한다.

3. 학설·판례의 검토

가. 채권양도에 있어서 대항요건제도의 취지의 관점

채권양도에 있어서 대항요건제도가 누구를 위한 것인가에 관해서는 논란이
있고,[56] 앞의 민법제450조제1항엄격적용설은, 이를 양도인 및 채무자를 위한 것
으로 본 것이라고 할 수 있다. 그러나 대항요건은 양수인을 위한 제도로 보아야
한다.[57] 만약 양수인이 대항요건을 갖추지 못하면 「양수인은 채무자에 대해 양수
한 채권을 행사할 수 없고, 채무자는 양수인에게 변제할 의무 역시 발생하지 않
는다. 이에 따라 양수인이 이행을 청구하여도 채무자는 이행을 거절할 수 있고,
채무자에 대해 시효중단, 담보권의 실행, 파산신청 등의 행위를 할 수 없다」[58]
그런데 양도인만을 채권양도통지인으로 하면 양수인은 권리를 행사할 수 없어
정작 보호받아야 할 양수인이 보호받지 못하게 된다.[59]

양도인과의 관계에 있어서, 이미 채권을 처분해버린 양도인은 채권양도통지
에 이해관계가 크지 아니함은 앞의 민법 제450조제1항완화적용설에서 본 바와
같다. 다만 양수인을 통지인으로 하는 경우의 문제점으로서 허위의 양도통지의
위험성을 생각할 수 있으나, 앞의 일본의 민법이유에서 본 바와 같이, 양도인이
통지하도록 한다고 해서 양수인의 양도인명의의 허위양도통지가능성이 없는 것
이 아니다. 특히 양도인을 대리한 통지가 인정되므로 무권대리인에 의한 허위양

---

55) 대법원 1997. 6. 27. 선고 95다40977 판결.
56) 이에 관해서는 오수원, 앞의 논문, 73-76쪽.
57) 채권양도의 통지제도는, 처음 로마법에서 채권양도가 위임형식을 취한 시대에 양수인의 지
   위를 확보하기 위하여 인정된 것이라고 한다(徐敏, 앞의 책, 121쪽; 같은 책, 12-13쪽; 於
   保不二雄, 前揭書, 310頁 각주 3: 明石三郎, 前揭注釋民法, 372-373頁).
58) 尹喆洪, 앞의 논문, 17쪽; 徐敏, 앞의 註釋民法, 549쪽.
59) 앞의 改正資料, 서민위원 개정의견 검토, 719쪽.

도통지의 가능성도 배제할 수 없다. 또 채권자는 허위의 양도통지에 의하여 채권을 잃는 것이 아니다.[60)

한편 채무자와 관련하여서는, 진정한 양도통지에 대해서도 채무자는 채권이 양수인에게 양도되었다고 바로 믿고 양수인에게 변제하지는 아니하며 양도사실을 양도인에게 확인하는 것이 일반적이고,[61) 이는 양수인이 양도통지를 한다고 하더라도 마찬가지일 것이다.[62) 이를 보면 양수인이 채권양도통지를 하더라도 채무자에게 크게 불리한 점이 있다고 할 수 없다.

나. 양도통지의 법적 성질의 관점

채권양도통지는 채권양도가 있었다는 사실을 채무자에게 알리는 행위이며, 그 법적 성질은 의사표시가 아닌, 관념의 통지로 보는 것이 일반적이다. 관념의 통지는 '사실의 통지'라고도 하며, 어떠한 사실이 있었다는 것을 알리는 것이다. 관념의 통지는 통지자에 따라 그 효력이 달라지는 것이 아니다. 관념의 통지인 채권양도통지도 마찬가지이다.

다. 비교법적 관점

채권양도통지인에 관한 근대민법의 규정들은 대체로 양도인에게만 한정하고 있지 아니한 점은 앞에서 본 바와 같다. 또 양수인에게도 양도통지권을 부여하는 것이 국제적 입법추세라고도 한다.[63) 우리나라에서도 민법 외의 「자산유동화에 관한 법률」(제7조 제1항), 「한국금융주택공사법」(제26조 제1항) 등과 같은 특별법에서는 양수인에게도 양도통지권을 인정하고 있다.

라. 소송의 실제의 관점

대상판결과 같은 종류의 사건에서 채무자가 양수인의 채권양도통지를 다투는 주된 이유는, 채무자에 대한 적법한 채권양도통지 없이 채권양수인이 채무자

---

60) 徐敏, 앞의 논문, 7쪽.
61) 양수금청구소송에서 채권을 양수받았다는 사실은 양수인이 주장·입증해야 한다.
62) 「채권이 양도되었다고 채무자에 대하여 허위의 양도통지가 된 경우에 참칭양수인에 대한 선의의 변제를 보호해 주면 채무자의 이중변제의 위험을 피할 수 있다.」(徐敏, 앞의 논문, 7쪽)고 하는 이도 있다.
63) 이에 관해서는 尹喆洪, 앞의 논문, 9−16쪽.

를 상대로 양수금청구의 소를 제기함에 있어서 양수인의 소는 소멸시효기간이나 제척기간 내에 제기하였으나 양도인의 양도통지는 실질적으로 이루어지지지 아니하거나 제소 이후에 한 경우에는 양수금채권이 시효나 제척기간도과로 소멸하였다고 보기 때문이라고 할 수 있다.

그런데 시효와 관련하여 대법원은, "채권양도는 구 채권자인 양도인과 신 채권자인 양수인 사이에 채권을 그 동일성을 유지하면서 전자로부터 후자에게로 이전시킬 것을 목적으로 하는 계약을 말한다 할 것이고, 채권양도에 의하여 채권은 그 동일성을 잃지 않고 양도인으로부터 양수인에게 이전되며, 이러한 법리는 채권양도의 대항요건을 갖추지 못하였다고 하더라도 마찬가지인 점, 민법 제149조의 '조건의 성취가 미정한 권리의무는 일반규정에 의하여 처분, 상속, 보존 또는 담보로 할 수 있다.'는 규정은 대항요건을 갖추지 못하여 채무자에게 대항하지 못한다고 하더라도 채권양도에 의하여 채권을 이전받은 양수인의 경우에도 그대로 준용될 수 있는 점, 채무자를 상대로 재판상의 청구를 한 채권의 양수인을 '권리 위에 잠자는 자'라고 할 수 없는 점 등에 비추어 보면, 비록 대항요건을 갖추지 못하여 채무자에게 대항하지 못한다고 하더라도 채권의 양수인이 채무자를 상대로 재판상의 청구를 하였다면 이는 소멸시효 중단사유인 재판상의 청구에 해당한다고 보아야 한다."[64]고 한다.

또 제척기간과 관련하여 대법원은, "채권양도에 있어서 채권의 양도 자체는 양도인과 양수인 간의 의사표시만으로 이루어지고 다만 양도사실을 채무자에게 대항하기 위하여는 양도인이 채무자에게 통지를 하거나 채무자로부터 승낙을 받아야 하는데, 여기서 채무자에게 대항할 수 있다는 의미는 양수인이 채무자에게 채권을 주장할 수 있다는 것이므로, 대항요건을 갖추지 아니한 양수인은 채무자에게 채권을 주장할 수 없게 되지만, 그렇다고 하여 그러한 양수인이 채무자를 상대로 소제기 자체를 못한다거나 소제기가 무효라고 볼 수 없고, 소가 제기된 이후에 변론종결시까지 대항요건을 구비하지 못하면 청구가 이유 없는 것으로 될 뿐이므로, 위와 같은 같이 제척기간을 둔 취지와 대항요건을 갖추지 아니한 양수인과 채무자와의 법률관계에 비추어 볼 때 양수인은 그 기간 내에게 채무자

---

[64] 대법원 2005. 11. 10. 선고 2005다41818 판결. 이는 대항요건이 구비되면 채권양도의 효력이 소급하여 발생하기 때문이라고 할 수 있다(이에 관해서는 오수원, "대항요건을 갖춘 지명채권양도 효력의 소급성과 유동적무효론", 法曹, 통권 제662호(2011.11), 法曹協會, 2011, 185-220쪽 참조).

를 상대로 제소만 하면 제척기간을 준수한 것으로 보아야 할 것이고 채무자에게
대한 대항요건까지 갖출 필요는 없다고 할 것"[65]이라고 한다.

　　이러한 판결들에 비추어보면, 양도인의 통지가 없다는 채무자의 항변권은,
소송 계속 중에 양도인의 양도통지에 의하며 소멸될 수 있는, 일시적인 것으로
확고한 것이 아니다.

4. 소결론

　　요컨대 채권양도의 통지인을 양도인만으로 한정한 민법 제450조 제1항은
타당하지 못하므로 이 조문을 문자대로 채권양도통지인을 양도인으로 한정하여
적용할 것이 아니라 이를 완화하여 양도인의 양도통지를 넓게 인정하는 쪽으로
이 조항을 적용하여야 한다.

Ⅳ. 대상판결의 검토

1. 대항요건제도의 취지 등의 관점

　　앞에서 본 바와 같이 채권양도의 대항요건은, 기본적으로 양수인을 위한 것
이고, 채권양도통지의 대리가 가능하므로 민법 제115조 단서에 따라 당연히 무
현명대리도 가능하다고 해야 함은 앞에서 본 바와 같다.

2. 법률행위유효해석의 원칙의 관점

　　법률행위해석의 원칙의 하나로 '법률행위유효해석의 원칙'이 있다. "이른바
법률행위의 유효해석의 원칙은 표시행위가 여러 가지 의미를 갖는 경우 당사자
에게 가장 효용이 있는 의미로 해석하여야 한다는 원칙"[66]을 말한다. 이에 관하
여 대법원의 한 전원합의체판결의 보충의견은, "일반적으로 모든 법은 법규정의

---

65) 대법원 2000. 12. 12. 선고 2000다1006 판결. 같은 취지로 광주고등법원 2017. 1. 11. 선고
　　2013나3896 판결.
66) 서울고등법원 2010. 5. 20. 선고 2009나50522 판결.

본질을 바꾸는 정도의 것이 아닌 한도에서 이를 합리적으로 해석함으로써 뒤쳐진 법률을 앞서가는 사회현상에 적응시키는 일방 입법기관에 대하여 법률의 개정 등을 촉구하는 것은 법원의 임무에 속하는 일이라 할 것이고, 그 뒤쳐진 법규정의 재래적 해석·적용이 부당한 결과를 초래한다는 것을 알면서도 법률 개정이라는 입법기관의 조치가 있을 때까지는 이를 그대로 따를 수밖에 없다고 체념해 버리는 것은 온당치 않은 태도"[67]라고 한다.

양도인과 양수인 사이에 채권양도가 있었고, 양도인이 양도증서를 작성하여 이를 양수인에게 교부하였다면, 민법 제450조 제1항에 따라 양수인이 그 이름으로 한 양도통지는 이를 의미 없는 무효의 것으로 보기보다는 양도인의 대리인이나 사자로서 한 것으로 추정하는 것이 법률행위 유효해석의 원칙상 타당하다.

대상판결은, 수급인이 하수급인에게 작성하여 교부한 직불동의서에 관하여 「하도급거래의 공정화에 관한 법률」제14조 제1항 제2호에 정한 하도급대금 직접 지급의 요건을 갖추기 위하여 서면을 도급인에게 보내어 "그의 동의를 얻으려는 취지"이므로 그 문서가 채권양도의 합의를 포함하고 있다 하더라도 그와 같은 취지로 작성된 수급인 명의의 문서가 하수급인에게 교부되었다는 것만으로 채권양도의 통지까지 대리할 권한을 수여하였다고 볼 수 없다고 한다. 그러나 「하도급거래 공정화에 관한 법률」제14조 제1항 제2호는 "발주자가 하도급대금을 직접 수급사업자에게 지급하기로 발주자·원사업자 및 수급사업자 간에 합의한 때"를 하수급인의 발주자에 대한 직접청구권의 하나로 규정하고 있어서, 수급인(수급사업자)이 도급인(발주자)에게 "그의 동의를 얻으려는 취지"로 보냈다면 도급인이 동의하지 아니하면 직접청구를 할 수 없어서 의미 없는 것이 된다. 양도인이 이와 같이 의미 없는 문서를 만들었다고 보는 것은 법률행위유효해석의 원칙상 타당하지 못하다. 이와 같은 문서를 작성하여 교부한 것은, 양도인이 양수인에게 양도에 따른 채무자에의 통지대리권도 함께 준 것으로 보는 것이 타당하다.

---

67) 대법원 1998. 4. 23. 선고 95다36466 전원합의체 판결(여기에서는 엄격한 형식을 요하는 어음에서, 발행지를 백지로 한 어음의 효력을 인정하였다); 같은 취지로 대법원 1999. 8. 19. 선고 99다23383 전원합의체 판결(여기에서는 발행지를 백지로 한 수표의 효력을 인정하였다).

3. 소결론

대상판결이 채권양도의 대리에서 무현명대리를 제한해야 한다고 하는 것은, 민법 제450조 제1항을 엄격하게 적용해야 한다는 입장과 같은 것으로, 이러한 판결 역시 후자와 마찬가지 이유로 타당하지 못하다.

V. 맺음말

민법 제450조 제1항에서 채권양도의 통지인을 양도인만으로 한정한 것은, 채권양도통지는 채권양도의 대항요건으로서 기본적으로 양수인을 위한 것이며, 양수인이 이를 갖추지 아니하면 양수한 권리를 행사할 수 없어 그 통지에 가장 큰 이해관계를 가진 이는 양수인이다. 이미 채권을 처분해버린 양도인은 채권양도통지에 이해관계가 크지 아니하며, 채권양도통지를 양도인만으로 한정하다고 하여 허위양도통지가 없는 것은 아니다. 양도통지의 법적 성질이 관념의 통지로서 이미 양도가 있었다는 사실을 알리는 것이므로 누가 통지하든 큰 차이가 없다.

그러므로 이 조문을 문자대로 채권양도통지인을 양도인으로 한정하는 것으로 엄격하게 적용할 것이 아니라 이를 완화해서 양도인의 양도통지를 넓게 인정하는 쪽으로 민법 제450조 제1항을 적용하여야 한다.

채권양도통지는 관념의 통지이지만 대리 등 법률행위에 관한 일부규정이 유추적용될 수 있는 것으로 보며, 대리에 있어서는 무현명주의도 가능하므로 양수인에 의한 채권양도통지에 무현명대리를 부인할 이유가 없다. 또 법률행위유효해석의 원칙상 양도인과 양수인 사이에 양도가 있었고, 양도인이 양도증서를 작성하여 이를 양수인에게 교부하였다면, 양수인의 무현명대리에 의한 채권양도통지를 넓게 인정하여, 이를 대리인에 의한 유효한 통지로 보아야 하고, 이로써 양도인만이 채권양도통지를 하도록 한 민법 제450조 제1항을 보완할 수 있다.

이러한 여러 사정에 비추어보면, 민법 제450조가 엄격하게 적용되어야 한다는 대상판결은 타당하지 못하다.

[인권과 정의, 제474호, 대한변호사협회, 2018, 81−99쪽에 실림]

7. 통지 · 승낙이 없는 지명채권양도의 채무자에 대한 효력
– 대법원 2009. 2. 12. 선고 2008두20109 판결

【판결요지】

　　채권양도 후 대항요건이 구비되기 전의 양도인은 채무자에 대한 관계에서는 여전히 채권자의 지위에 있으므로 채무자를 상대로 시효중단의 효력이 있는 재판상의 청구를 할 수 있고, 이 경우 양도인이 제기한 소송 중에 채무자가 채권양도의 효력을 인정하는 등의 사정으로 인하여 양도인의 청구가 기각됨으로써 민법 제170조 제1항에 의하여 시효중단의 효과가 소멸된다고 하더라도, 양도인의 청구가 당초부터 무권리자에 의한 청구로 되는 것은 아니므로, 양수인이 그로부터 6월 내에 채무자를 상대로 재판상의 청구 등을 하였다면, 민법 제169조 및 제170조 제2항에 의하여 양도인의 최초의 재판상 청구로 인하여 시효가 중단된다.

1. 대상판결 사건의 개요

　　이 사건은 하천부지 국유화에 따른 손실보상금청구권의 양도에 관한 것이다. 제1심 내지 제3심 판결에 나타난 사실관계 중 채권양도부분은 다음과 같다.

가. 보상금청구권의 발생

　　(1) 조선총독부 내무국 경성토목출장소가 1930. 11. 22.부터 1936. 10. 21.까

지 사이에 서울 영등포구에 양천제를 설치하면서 그 하심쪽에 위치한 토지들은 제외지(일명 고수부지)가 되었다.

(2) 위 제외지들은 1971. 1. 19. 법률 제2292호로 개정된 하천법에 의하여 보상절차를 거치지 아니하고 국유로 되었다.

(3) 1984. 12. 31. 법률 제3782호로 개정된 하천법에서 위 제외지 등이 국유로 된 경우에는 관리청이 그 손실을 보상하도록 하고, 그 보상청구권의 소멸시효는 이 법 시행일로부터 기산하여 예산회계법 제71조 및 지방재정법 제53조의 규정에 따르도록 하였다.

(4) 1989. 12. 30. 법률 제4161호로 개정된 하천법에서는 위 소멸시효 기간을 1990. 12. 30.까지로 연장하였다.

(5) 1999. 12. 28. 법률 제6065호로 제정된, 「법률제3782호하천법중개정법률부칙제2조의규정에의한보상청구권의소멸시효가만료된하천구역편입토지의보상에관한특별조치법」은 소멸시효의 만료로 보상청구권이 소멸되어 보상을 받지 못한 하천구역에 관하여 특별시장·광역시장 또는 도지사가 그 손실을 보상하도록 하고, 보상청구권의 소멸시효는 2002. 12. 31. 만료된다고 규정하였다.

(6) 2002. 12. 11. 법률 제6772호 「하천구역편입토지보상에관한특별조치법」은 "법 시행 당시 제2조에 규정된 토지와 관련된 보상금청구소송이 법원에 계속 중이거나 이미 보상대상자가 아니라는 확정판결을 받은 하천편입토지에 대하여도 제2조의 개정규정에 의한 보상대상으로 본다."고 규정하였다.

(7) 2002. 12. 11. 법률 제6772호로 개정된 「하천구역편입토지보상에관한특별조치법」제3조는 "제2조의 규정에 의한 보상청구권의 소멸시효는 2003. 12. 31. 만료된다."고 라고 규정하고 있고, 부칙 제2항에서 "법 시행 당시 제2조에 규정된 토지와 관련된 보상금청구소송이 법원에 계속 중이거나 이미 보상대상자가 아니라는 확정판결을 받은 하천편입토지에 대하여도 제2조의 개정규정에 의한 보상대상으로 본다."라고 규정하고 있다.

나. 원소유자들의 원고들에 대한 채권양도

원고들(원고 29-1, 2, 3의 경우 피상속인 소외 1)은 이 사건 소가 제기되기 전에 원소유자들로부터 이 사건 토지들에 대한 소유권을 포함한 기타 권리를 양수하였다.

다. 양수인들의 원소유자들 명의의 제소와 소송승계 및 그 각하, 이 사건 소 제기

원고 26 내지 34를 제외한 나머지 원고들(1 내지 25)은 2003. 3. 14.에(서울지 방법원 2003가합19324호 사건), 소외 1, 원고 28은 같은 해 12. 22.(서울지방법원 2003가합93964호 사건) 원소유명의자들 명의로 손실보상금 청구의 소를 각 제기하 였다가 2006. 4. 7. 각 승계참가신청을 하였는데, 위 각 사건은 2006. 5. 23. 서울 행정법원으로의 이송결정이 내려졌고, 서울행정법원(2006구합21887호 사건 및 2006 구합22064호 사건)은 2007. 6. 22. 판결을 선고하면서 위 원고들의 승계참가신청을 모두 각하하였으나, 원고들은 불복하지 않고, 원고 26, 27, 30 내지 34와 함께 2007. 8. 14. 별소로 이 사건 소를 제기하였다.

라. 원소유자들의 채권양도통지여부

대상판결은 이 점에 관하여 "한편, 기록상 위 각 소제기 이전에 위 손실보상 채권 양도에 대한 대항요건이 구비되었음을 명확히 알 수 있는 자료를 찾기 어렵 고 위와 같은 점이 뚜렷하게 심리된 바도 없는 것으로 보인다."라는 점을 보면 채권양도 통지나 채무자의 승낙에 관하여는 심리가 되지 아니한 것으로 보인다.

2. 대상판결 소송의 경과

가. 서울행정법원(2007. 11. 30. 선고 2007구합30994 판결)

(1) 원고들은 위 소송에서 제외지인 이 사건 토지들이 구 하천법의 시행에 의하여 보상절차를 거치지 않고 국유로 되었으므로, 2002. 12. 11. 법률 제6772 호로 개정된 「하천구역편입토지보상에관한특별조치법」 제2조 제3호에 따라 이 사건 토지들에 대한 손실보상금을 지급하여야 한다고 주장한 데 대하여, 피고는 각 토지에 관한 소유지분 상당의 손실보상청구권을 가지고 있는 사실을 인정하 고 다만 시효로 소멸하였다고 항변하였고, 법원은 이를 받아들였다.

(2) 원고들은, 피고가 원고들에 대하여 개정된 위 특별조치법상의 소멸시효 기간 중 또는 그 기간 만료 후에 손실보상금을 공탁하였고, 이는 시효중단 사유 인 채무승인 또는 시효이익의 포기에 해당한다고 재항변하였고, 이에 대하여 법

원은 공탁에 의한 시효의 포기나 채무승인은 공탁금액에 한정된다는 이유로 원고들의 재항변은 이유 없다고 하였다.

(3) 패소한 원고들이 항소하였다.

나. 서울고등법원(2008. 10. 7. 선고 2008누1469 판결)

원고들은 제1심에 없었던 다음 몇 가지 주장을 추가하였다.

(1) 우선 원고들은 원소유자들 명의의 소송계속 중 승계참가신청을 하였고, 승계참가신청이 각하된 후 6개월 내에 이 사건 소를 제기하였으므로, 민법 제170조 제2항, 제169조에 의하여 시효중단의 효과가 발생한다고 재항변하였고, 이에 대하여 법원은,

(가) 먼저, 원고 26, 27, 30 내지 34는 양도인들 명의의 전 소를 제기하거나 양도인들 명의의 전 소에 승계참가신청을 한 사실이 없다고 하여 이유 없다고 하고,

(나) 나머지 원고들(1 내지 25, 28, 29-1, 2, 3) 중 원고 13, 24에 대하여는 재항변을 받아들이고, 이들을 제외한 그 나머지 원고들에 대하여는 원소유자들 명의의 전소의 제기 전에 권리를 매수하였으므로 원소유자들 명의의 소의 제기에 따른 시효중단의 효과를 받는 승계인에 해당되지 않는다고 하여 이들의 재항변을 받아들이지 아니하였다.

(2) 그 밖에 원고들은, 피고의 시효항변이 권리남용이라는 주장, 승계참가신청시에 등기명의자들로부터 손실보상청구권을 양수한 것으로 보아야 한다는 주장, 재판외 청구의 시효중단효력주장, 위 손실보상청구권이 제척기간이라는 주장 등을 항소심에서 추가하였으나 원심법원은 이를 모두 받아들이지 아니하였는데, 이 부분은 논제와 관련이 없으므로 구체적인 내용을 생략한다.

다. 제3심(대법원 2009. 2. 12. 선고 2008두20109 판결)

대법원은, 판결요지와 같이 채권양도 후 대항요건이 구비되기 전의 양도인은 채무자에 대한 관계에서는 여전히 채권자의 지위에 있다고 하고, 대항요건이 구비여부에 관하여 다시 심리하도록 원심판결 중 원소유자 이름으로 소를 제기한 원고 1 내지 23, 26, 27-1 내지 3에 대한 부분을 파기하였다.

3. 참고판례 : 대법원 2005. 11. 10. 선고 2005다41818 판결

【판결요지】 채권양도는 구 채권자인 양도인과 신 채권자인 양수인 사이에 채권을 그 동일성을 유지하면서 전자로부터 후자에게로 이전시킬 것을 목적으로 하는 계약을 말한다 할 것이고, 채권양도에 의하여 채권은 그 동일성을 잃지 않고 양도인으로부터 양수인에게 이전되며, 이러한 법리는 채권양도의 대항요건을 갖추지 못하였다고 하더라도 마찬가지인 점, 민법 제149조의 "조건의 성취가 미정한 권리의무는 일반규정에 의하여 처분, 상속, 보존 또는 담보로 할 수 있다."는 규정은 대항요건을 갖추지 못하여 채무자에게 대항하지 못한다고 하더라도 채권양도에 의하여 채권을 이전받은 양수인의 경우에도 그대로 준용될 수 있는 점, 채무자를 상대로 재판상의 청구를 한 채권의 양수인을 '권리 위에 잠자는 자'라고 할 수 없는 점 등에 비추어 보면, 비록 대항요건을 갖추지 못하여 채무자에게 대항하지 못한다고 하더라도 채권의 양수인이 채무자를 상대로 재판상의 청구를 하였다면 이는 소멸시효 중단사유인 재판상의 청구에 해당한다고 보아야 한다.

Ⅰ. 서론

1. 문제의 제기

가. 지명채권양도계약은 채권의 귀속주체를 변경하는 채권양도의 하나로서 「양도인과 양수인 사이에 특정인이 다른 특정인에 대하여 가진 지명채권을 양도하는 낙성계약」이라고 정의하는 것이 일반적이다. 민법 제 450조는 "지명채권양도의 대항요건"이라는 표제 하에, 그 제1항은 "지명채권의 양도는 양도인이 채무자에게 통지하거나 채무자가 승낙하지 아니하면 채무자 기타 제3자에게 대항하지 못한다."고 하고, 제2항은 "전항의 통지나 승낙은 확정일자 있는 증서에 의하지 아니하면 채무자 이외의 제3자에게 대항하지 못한다."고 한다.

나. 소멸시효의 중단사유에 관하여 민법 제168조는 "소멸시효는 다음 각 호의 사유로 인하여 중단된다."고 하고, 그 제1호는 "청구"를 규정하고 있다. 소제

기에 따른 시효중단의 시기에 관하여 민사소송법 제265조는 "시효의 중단 또는
법률상 기간을 지킴에 필요한 재판상 청구는 소를 제기한 때 또는 제260조(피고
의 경정) 제2항·제262조(청구의 변경) 제2항 또는 제264조(중간확인의 소) 제2항의
규정에 따라 서면을 법원에 제출한 때에 그 효력이 생긴다."고 한다. 소멸시효의
중단행위를 할 수 있는 자가 누구인지에 관하여 법상 명문의 규정이 있는 것 같
지는 않다. 시효중단의 효력의 인적 범위와 관련하여 민법 제169조는 "시효의
중단은 당사자 및 그 승계인간에만 효력이 있다."[1]고 하고, 재판상의 청구와 시
효중단에 관하여 같은 법 제170조 제1항은 "재판상의 청구는 소송의 각하, 기각
또는 취하의 경우에는 시효중단의 효력이 없다."고 하며, 제2항은 "전항의 경우
에 6월내에 재판상의 청구, 파산절차참가, 압류 또는 가압류, 가처분을 한 때에
는 시효는 최초의 재판상청구로 인하여 중단된 것으로 본다."고 한다. 그러므로
재판상청구에 의하여 시효를 중단시킬 수 있는 자는 청구당사자나 그 승계인으
로서 소송에서 승소할 수 있는 권리자이어야 한다.[2]

　　다. 지명채권을 양도하고 대항요건을 갖추지 못한 경우에 양도인과 양수인
중 양도계약의 목적이 된 채권을 행사하여 시효를 중단시킬 수 있는 권리자는
양도인인지 양수인인지, 양수인이 권리자라고 한다면 그는 재판상청구에 의하여
승소할 수 있는 지위에 있는지가 문제이다. 이는 대항요건을 갖추지 못한 채권
양수인이 어떠한 지위에 있는지 및 그 상태에서 양수인은 어떠한 권리를 행사할
수 있는 것인지의 문제라고도 할 수 있고, 구체적으로는 시효중단을 위한 재판
상청구뿐만 아니라 그 밖에도 저당권의 이전등기 및 그에 따른 양수인의 경매,

---

1) 대법원 1997. 4. 25. 선고 96다46484 판결은 "당사자라 함은 중단행위에 관여한 당사자를
　가리키고 시효의 대상인 권리 또는 청구권의 당사자는 아니며, 승계인이라 함은 '시효중단
　에 관여한 당사자로부터 중단의 효과를 받는 권리를 그 중단효과 발생 이후에 승계한 자'
　를 뜻하고, 포괄승계인은 물론 특정승계인도 이에 포함된다."고 한다(같은 취지로 대법원
　1994. 6. 24. 선고 94다7737 판결; 대법원 1996. 5. 28. 선고 95다40328 판결; 대법원 1997.
　2. 11. 선고 96다1733 판결; 대법원 1973. 2. 13. 선고 72다1549 판결; 대법원 1994. 6. 24.
　선고 94다7737 판결 등).
2) 대법원 2003. 5. 13. 선고 2003다16238 판결은 "채권자가 채무자의 제3채무자에 대한 채권
　을 압류 또는 가압류한 경우에 채무자에 대한 채권자의 채권에 관하여 시효중단의 효력이
　생긴다고 할 것이나, 압류 또는 가압류된 채무자의 제3채무자에 대한 채권에 대하여는 민
　법 제168조 제2호 소정의 소멸시효 중단사유에 준하는 확정적인 시효중단의 효력이 생긴
　다고 할 수 없다."고 한다.

양도인의 채무자로부터의 변제수령이 횡령죄를 구성하는지 등의 여러 문제와도 관련을 가진다. 대상판결은 지명채권을 양도하고 대항요건을 갖추지 못한 경우에 양도인이 권리(채권)를 행사하여 시효를 중단시킬 수 있는 권리자 내지 채권자임을 전제로 양수인에 의한 그 승계가능성을 인정하고 있다. 그러나 참고판례는 양수인이 시효중단행위를 할 수 있다고 함으로써 그의 권리행사를 인정하기도 한다. 그렇다면 양 판결 중 어느 것이 타당한가?

2. 이 글의 범위

이 글에서는, 민법 제450조 제1항이 규정한, 지명채권을 양도한다는 계약은 있었으나 그 양도인이 채무자에게 양도통지를 한 바도 없고 채무자도 이를 승낙하지 아니한 지명채권양도가 채무자에게 어떠한 효력이 있는지[3] 및 이 경우 채무자에 대하여는 양도인이 여전히 채권자의 지위에 있는 것으로 보고서 양도인이 채무자를 상대로 시효중단의 효력이 있는 재판상의 청구를 할 수 있다고 한, 대상판결의 타당성을 검토해보기로 한다.

Ⅱ. 본론

대항요건을 갖추지 못한 지명채권, 즉 채권양도통지나 채무자의 승낙이 없는 지명채권양도는 채무자에게 어떠한 효력이 있는지에 관하여는 민법 제450조 제1항의 "...대항할 수 없다"의 의미와 관련하여 여러 견해가 있고, 판례 또한 한결같지 아니하다.

---

3) 물권변동에 있어서와 마찬가지로 채권양도는 채권행위로서의 원인행위(채권의 매매나 증여 등)와 이를 이전시키기로 하는 준물권행위로서의 양도행위를 구별하여 후자의 독자성을 인정할 것인지에 관한 논란이 있으나 물권변동에 있어서도 독자성은 말한 것도 없고 물권행위라는 개념 자체가 과연 유용한 개념인지 의문이고(이 점에 관하여는 명순구 외 3인, 아듀 물권행위, 고려대학교출판부, 2006 참조), 채권양도에서 준물권행위의 독자성을 인정할 필요는 없다고 생각한다.

1. 학설

대항력을 갖추지 못한 지명채권양도의 채무자에 대한 효력에 관한 학설은, 민법 제450조 제1항의 대항요건을 갖추지 못한 지명채권의 양도도 그 계약과 더불어 채무자에게 바로 채권양도의 효력이 발생한다는 견해,4) 이러한 양도계약은 양도인과 양수인 사이에서만 그 효력이 발생한다는 견해, 전혀 효력이 발생하지 아니한다는 견해 등 3유형으로 분류할 수 있다.

가. 지명채권양도계약으로 채무자에게 바로 양도의 효력이 발생한다는 견해

이는 효력발생설 또는 항변설이라고 부를 수 있는 것으로, 다시 몇 가지로 나눌 수 있다.

(1) 순수항변설

이에 따르면 양수인이 대항요건을 갖추지 못한 경우에도 채무자를 상대로 재판상·재판 외에서 양수한 채권의 이행을 청구할 수 있다고 하고,5) 통지·승낙은 양수인이 채권을 행사하기 위한 적극적 요건이 아니라 채무자가 대항요건의 흠결을 항변하여 양수인의 채권행사를 저지할 수 있음에 불과하다고 한다(권리행사저지설).6)

이러한 견해에 대하여는 우선 순수항변설을 따를 경우 「대항요건불비에 대한 입증책임이 채무자에게 있다고 하는 것이 자연스러울 것인데, 도대체 채무자가 대항요건을 갖추지 아니하였다는, 존재하지 않는 사실을 입증하라는 것이 되어 일종의 불가능한 입증을 하라는 것이 될 것이어서」 부당하다는 비판7)이 있다.

---

4) 이에 따르면 "대항요건으로 한 입법 취지나 법리상의 일관성을 유지하려면 양도효력발생설이 타당하다"고 한다(李愚宰, "가. 근저당권의 피담보채권과 함께 근저당권을 양수하였으나 채권양도의 대항요건을 갖추지 못한 양수인의 저당권실행의 가부(적극) 및 배당 여부(적극), 나. 선순위의 근저당권부채권을 양수한 채권자가 채권양도의 대항요건을 갖추지 아니한 경우 후순위의 근저당권자가 채권양도로 대항할 수 없는 제3자에 포함되는지 여부(소극)", 대법원판례해설, 통권 제54호(2005년 상반기) (2006.01), 법원도서관, 2006, 168쪽).

5) 김병선, "債權讓渡의 對抗要件과 消滅時效의 中斷", 저스티스, 104號(2008/06), 韓國法學院, 2008 233쪽.

6) 徐敏, 債權讓渡에 관한 研究, 經文社, 1985, 93쪽.

7) 李愚宰, 앞의 논문, 167－168쪽.

한편 권리행사를 할 수 있다고 보는 것은 우선 법문의 뜻에 반하는 것으로 보인다. 민법에서 "대항하지 못한다"는 규정은 여러 곳에 있고,[8] 이는 일반적으로 권리를 행사하지 못한다는 의미로 사용하고 있다. 민법 제450조 제1항에서의 '대항하지 못한다'는 것도 마찬가지이다. 그러므로 항변설에서 권리를 행사할 수 있지만 상대방이 항변할 수 있다고 하는 것은 법문의 뜻에 반하는 것이다.

(2) 주장 · 입증책임분리설

항변설을 바탕으로 하면서도 증명책임까지 채무자측이 부담하여야 하는가에 관해서는 문제가 있다고 보고, 「통지 · 승낙의 부존재의 사실을 증명한다는 것은 거의 불가능에 가까울 뿐만 아니라 대항요건을 규정한 법의의 실질적 해석 등에 비추어 보면 양수인측에 통지 · 승낙이 행하여진 사실을 증명하는 것이 타당하다고」[9]하고, 「통지 · 승낙의 흠결을 채무자가 항변으로 제출하여야 비로소 양수인측이 그 존재의 사실을 증명할 책임을 진다고 할 것이고, 이는 주장책임과 증명책임이 일치하지 아니하는 예외적인 경우」라고 한다.[10]

그러나 특별한 규정이 없는 한 주장책임과 입증책임은 동일 당사자가 부담하는 것이 원칙이므로 이를 분리하는 것은 근거가 없다.

---

8) 제8조 제2항(미성년자에 대한 영업의 허락의 취소, 제한), 제54조(설립등기이외의 등기사항의 미등기), 제60조(등기 없는 이사의 대표권에 대한 제한), 제107조(진의 아닌 의사표시), 제108조(통정한 허위의 의사표시), 제109조(착오로 인한 의사표시의 취소), 제110조(사기, 강박에 의한 의사표시의 취소), 제112조(무능력자의 의사표시의 수령), 제129조(대리권소멸후의 표현대리), 제132조(상대방에게 하지 아니한 추인, 거절의 의사표시), 제335조(질권자의 우선권자에 대한 유치적 효력의 제한), 제337조(전질의 대항요건), 제359조(저당권의 과실에 대한 효력), 제405조(채권자대위권행사의 통지), 제442조(수탁보증인의 사전구상권), 제449조(당사자의 의사표시에 의한 채권의 양도성의 제한), 제451조(채무자의 이의를 보류하지 아니한 채권양도의 승낙), 제492조 제2항(의사표시에 의한 상계의 제한), 제496조(불법행위채권을 수동채권으로 하는 상계의 금지), 제497조(압류금지채권을 수동채권으로 하는 상계의 금지), 제498조(지급금지채권을 수동채권으로 하는 상계의 금지), 제502조(채권자변경으로 인한 경개), 제506조(채무면제의 의사표시), 제515조(이전배서와 인적항변단절), 제595조(공유지분의 환매), 제630조 제1항(전차인의 전대인에 대한 차임지급), 제638조(승낙임대인의 해지통고의 전차인에 대한 통지), 제692조(위임종료의 대항요건), 제718조(조합원의 제명), 제827조(부부간의 가사대리권), 제943조(후견인의 재산목록 작성전의 권한행사), 제1049조(상속재산분리의 대항요건) 등.

9) 金先錫, 證明責任의 硏究, 第2卷, 育法社, 1995, 81쪽. 그 밖에 김병선, 앞의 논문, 232-233쪽.

10) 金先錫, 같은 쪽.

(3) 행사요건설

이는 양도인의 양도통지나 채무자의 승낙이 양수인이 양수채권행사를 위한 요건이라고 한다. 이에 따르면 「실체법규인 민법 제450조의 규정에서 바로 이를 권리행사저지사유라고 그 성질을 도출할 수 있는 것도 아니고, 오히려 위 규정이 이를 권리행사의 적극적 요건으로 규정하고 있다고 해석할 수도 있는 점, 일반적으로 권리행사저지사유로 해석되는 법률행위의 부관(조건, 기한)을 그 대상인 법률행위의 성립요건과 분리하여 입증책임을 논하는 것과는 달리 채권양도에서 채무자에 대한 대항요건은 채권계약자체에서 계약당사자가 아닌 채무자에 대하여 통지 또는 승낙이 있어야 (효력을 미칠 수 있어야) 채권양도의 목적이 달성될 수 있음이 전제되어 있으니 이를 분리하여 권리행사저지사유로 해석하는 것이 더 복잡한 이론구성에 해당하는 점, 양수인에게 주장·입증책임을 지우는 것이 채무자를 이중변제의 위험으로부터 보호하려는 입증책임의 취지에 더 부합하는 측면이 있는 점, 특별한 규정이 없는 한 주장책임과 입증책임은 동일 당사자에게 기속되는 것이 원칙인 점 등을 고려하여 이를 권리행사요건으로 보는 것이 타당하다」[11]고 한다.

그러나 이러한 견해는, 양수인은 양도통지나 승낙이 없는 경우에는 권리행사가 불가능하다는 점에서 뒤에서 보는 상대적무효설과 차이가 없다.

나. 상대적무효설

양도통지나 승낙이 없는 경우에 양도인과 양수인 사이에서는 양도계약이 효력을 발생하지만 채무자에 대하여는 효력을 발생하지 아니한다고 하여 상대적으로 무효가 된다는 견해가 있고, 이는 하나의 절충설이라고 할 수 있다. 이에 따르면, "채권양도가 있은 후 아직 통지나 승낙이 없는 동안은, 양수인은 채무자에 대하여 채권양도의 효력을 주장하지 못한다. 채무자가 악의인 때에도 같다. 대항요건주의를 취하는 이상, 대항요건의 효력은 획일적으로 다루는 것이 거래의 안전을 위하여 필요하기 때문이다. 따라서 채무자는 양수인에 대하여 변제를 거절할 수 있음은 물론이고, 양도인은 채무자에 대하여 시효의 중단, 담보권의 실행, 파산신청 등의 행위를 하지 못한다. 한편 통지 또는 승낙이 있기 전에 채무자가 양

---

11) 金正晩, "지명채권양도의 요건사실 및 입증책임", 淸硏論叢, 孫基植司法硏修院長退任紀念, 사법연수원, 2009, 21-22쪽.

수인에 대하여 한 변제 기타의 면책행위는 모두 유효하며, 또한 양수인이 채무자에 대하여 행한 상계·면제 등도 유효하다. 그러나 채권양도의 효력은 양도계약만으로 곧 발생하므로 채무자가 채권양도의 효력을 인정하는 것은 무방하다. 따라서 채무자는 양수인에 대하여 유효한 변제를 할 수 있다."[12]고 한다.

이러한 견해는 채무자에 대하여 권리를 행사할 수 없다고 보는 점에서는 일면의 타당성이 있어 보인다. 그러나 이에 대하여는 다음과 같은 비판이 있다. 즉 "1) 채권양도에 있어서 대항요건은 부동산의 경우 등기, 유체동산의 경우 점유이전과 같은 권리변동요건으로서의 공시와는 명백히 다른 것이다. 마치 물권변동의 합의만 있을 뿐 공시요건을 갖추지 아니한 상태와 같은 효력을 부여하는 것이어서, 재산권변동에 있어서 공시의 기능에 관한 대원칙인 성립요건주의와 대항요건주의 구별을 차이를 무색하게 한 것 같은 느낌이 든다. 즉, 물권변동에 관하여는 우리 민법이 성립요건주의를 취하고 있으나, 채권양도에 관하여는 양도통지 등을 단지 대항요건으로만 규정하고 있다는 차이점을 망각하고 있는 것으로 보인다. 2) 통설은 채권양도는 양도인과 양수인 사이의 합의에 의하여 성립하고 채무자의 동의나 승낙은 그 요건이 아니라고 한다. 그런데 위 견해에 의하면 채권양도의 효력이 마치 대항요건을 갖춘 때에 비로소 발생하는 것처럼 구성되는데, 이는 대항요건주의의 근본취지와도 부합하지 아니하고, 특히 채무자의 승낙에 의하여 효력이 발생하는 것으로 보게 되면 양도합의의 당사자가 아닌 제3자의 행위로 인하여 효력이 발생하는 것이 되어 이상하다. 또한 일단 효력이 없다면 사실상 무효라는 것이므로, 채무자가 채권양도를 스스로 주장하는 경우 그 효력이 발생하는 점도 설명할 수 없다. 3) 또 이 견해에 의하면 하나의 채권이 일단 양도의 효력이 발생하였다고 하면서도 다시 채무자에 대하여는 양도된 것이 아니라는 것이어서 상대방에 따라 법률관계가 일관되지 못하다는 비판이 가능하다는 견해가 있다."[13]라고 한다. 그리고 이러한 비판을 따르는 견해도 있다.[14]

그렇지만 이러한 비판 가운데 당사자와 채무자 사이에 양도의 효력발생시

---

12) 郭潤直, 債權總論, 博英社, 2007, 223쪽; 그 밖에 같은 견해로 金亨培, 債權總論, 博英社, 1998, 587쪽.

13) 李愚宰, 앞의 논문, 166쪽.

14) 南孝淳, "對抗要件을 갖추지 못한 동안 債權讓渡의 債務者에 대한 효력 : 讓受人의 裁判上 請求를 中心으로", 民事判例研究, 31卷 (2009.02), 韓國民事判例研究會, 博英社, 2009, 302쪽: 김병선, 앞의 논문, 230-231쪽.

기를 달리하는 점, 상대방에 따라 법률관계가 일관되지 못하다는 점 외의 나머지 비판은 타당성이 없어 보인다.

　우선 물권변동에 있어서의 성립요건주의와 채권양도에 있어서의 대항요건의 차이를 무시하고 있다는 비판은 물권변동에 있어서의 대항요건은 행사할 수 있는 권리가 있음을 전제로 제3자에 대하여 대항할 수 없다는 것이고, 채권양도에 있어서 양도통지나 승낙이 없는 경우에는 권리를 행사할 수 없기 때문에 행사할 수 있는 권리가 없는 것과 마찬가지이며, 여기에서도 일단 행사할 수 있는 권리가 있는 경우에는 이를 제3자에게 대항할 수 있는지의 문제는 물권변동에 있어서의 대항요건과 같다.15)

　나아가 채무자의 승낙에 의하여 효력이 발생하는 것으로 보게 되면 양도합의의 당사자가 아닌 제3자의 행위로 인하여 효력이 발생하는 것이 되어 이상하며, 채무자가 채권양도를 스스로 주장하는 경우 그 효력이 발생하는 점도 설명할 수 없다는 주장 등 또한 타당하다고 할 수 없다. 우선 법률행위 가운데는 제3자와의 이해의 조정이나 그 보호 등의 필요에 의하여 이해관계 있는 제3자의 동의가 있을 때에 비로소 그 효력을 발생하게 하는 것도 충분히 가능하며, 또 우리 민법상 채무자에 의한 채권양도의 승낙에 특별한 형식을 요구하고 있지 아니하여 채무자가 채권양도를 스스로 주장하는 것을 채무자의 묵시적 승낙으로 볼 수 있으므로 채무자의 채권양도주장을 설명할 수 없는 것은 아니기 때문이다.

　그러나 예컨대, 원본채권이 양도되면 그 이전 시점 이후의 이자채권은 원본채권의 양수인에게 귀속하고 이행기가 지난 이자채권은 부종하는 것이 아니라고 하고,16) 판례17) 역시 마찬가지인데, 상대적무효설에 따르면 이러한 경우에 누가 채권자인지 합리적인 해결을 할 수 없게 된다. 상대적무효설은 앞의 견해들이 지적하는 바와 같이, 상대방에 따라 법률관계가 일관되지 못하여 양도의 효력발생시기를 달리하는 점이 문제라고 할 수 있다.

---

15) 이점에 관하여는 뒤에 다시 본다.

16) 李銀榮, 債權總論, 博英社, 2006, 129쪽.

17) 대법원 1989.3.28. 선고 88다카12803 판결(이 판결은, "이자채권은 원본채권에 대하여 종속성을 갖고 있으나 이미 변제기에 도달한 이자채권은 원본채권과 분리하여 양도할 수 있고 원본채권과 별도로 변제할 수 있으며 시효로 인하여 소멸되기도 하는 등 어느 정도 독립성을 갖게 되는 것이므로, 원본채권이 양도된 경우 이미 변제기에 도달한 이자채권은 원본채권의 양도당시 그 이자채권도 양도한다는 의사표시가 없는 한 당연히 양도되지는 않는다"고 한다).

다. 효력불발생설

양도인의 통지·채무자의 승낙이 없는 동안은 채권양도의 효력이 발생하지 아니한다는 견해로 여기에는 양도인의 통지·채무자의 승낙을 채권이전의 성립요건이라고 하는 견해와 채권양도의 효력발생요건이라는 견해가 있을 수 있으나 우리나라에서는 성립요건이라고 주장하는 견해는 없는 것으로 보인다.

양도통지나 승낙이 없는 채권양도는 효력이 발생하지 아니한다는 견해(효력불발생설)는, 채권양도의 대항요건주의는 물권변동에 관한 대항요건주의와는 그 성질이 전혀 다른 효력발생요건임을 전제로,[18] "채권이란 채무자에 대한 급부소구력을 본질적 내용으로 가지므로, 양수인에게 급부청구권이 부여되지 않는 경우에는 채권양도가 완결되었다고 할 수 없다."[19]고 하고, "양도인과 양수인 사이의 내부관계에서 채권자는 양수인이 된다. 그러나 대항요건을 갖추지 못한 채권양도에서 양수인이 채권자로서 내부적으로 인정받는다는 것만으로 양수인이 채권자가 될 수는 없다. 양수인은 채무자에게 대하여 급부청구권을 갖지 못하는데, 급부청구권 없는 채권이란 없기 때문이다. 채무자로부터 물건이나 용역을 인도·제공받을 채권의 경우에 양수인은 채무자에 대해 물건인도나 용역의 제공을 청구할 수 없으며, 채무자는 양도인에게 변제할 의무를 진다. 양도인이 두 명의 양수인에게 이중양도를 하고 두 명 모두 대항요건을 갖추지 않은 경우를 생각해 보면 양도인이 채권자라는 점이 타당하다는 것을 알 수 있다. 양수인은 양도인에게 대하여 채무자로부터 받은 급부를 자기에게 이전해 줄 것을 청구하는「양수인에 대한 채권」을 취득할 뿐이다...채무자에게 대항할 수 없는 채권양도는 처분행위로서의 효력을 갖지 못한다."[20]고 한다.

이러한 견해에 대하여는 상대적무효설에 본 바와 같은, 물권변동에 있어서의 성립요건주의와 채권양도에 있어서의 대항요건의 차이를 무시하고 있다는 비판이 있을 수 있지만, 물권변동에 있어서의 제3자에 대한 대항요건과는 달리, 채무자에 대한 채권양도통지나 채무자의 승낙은 행사할 수 있는 권리 자체에 대한 것이고 제3자에 대한 것이 아니어서 양자가 서로 다른 것이므로 이러한 비판이

---

18) 李銀榮, 앞의 책, 616쪽.
19) 李銀榮, 위의 책, 616쪽.
20) 李銀榮, 위의 책, 616-617쪽.

타당하지 못하다는 점에 관하여는 앞에서 본 바와 같다. 대항요건이 채무자에 대한 것이 아닌, 제3자에 대한 것이라면 물건변동에 있어서나 채권양도에 있어서 그 의미는 동일할 것이다.

라. 대항요건을 갖추지 못한 양수인이 일부의 권리를 행사할 수 있다고 보는 견해

지명채권의 양도에서 양도인의 양도통지나 채무자의 승낙이 없더라도 양수인이 다음과 같이 특별한 권리를 행사할 수 있다고 보는 견해가 있다.

(1) 재판상 청구에 의하여 시효를 중단할 수 있다는 설[21]

참고판례인 대법원 2005. 11. 10. 선고 2005다41818 판결과 관련하여, 재판상 청구에 의하여 시효를 중단할 수 있다는 견해가 있다. 이에 따르면 "위에서 본 채권양도의 의미, 채권양도의 효력, 민법 제149조의 법리, 원고(제1차 양수인)가 이 사건 소를 제기함으로써 피고들을 소멸시효로 보호할 필요성이 감소된 점, 채권양도와 유사한 권리관계에서의 소멸시효 중단에 관한 법리 및 유사한 사례에서의 대법원판결례 등을 종합하여 보면, 이 사건과 같이 대항요건을 갖추지 못하여 채무자에게 대항하지 못한다고 하더라도 채권의 양수인이 채무자를 상대로 재판상의 청구를 하였다면 그 청구는 소멸시효의 중단사유인 재판상의 청구에 해당한다는 결론에 이를 수 있을 것이다."[22]라고 한다.

그러나 이러한 견해는, 재판상의 권리행사도 권리행사임에는 틀림이 없고 양도통지나 채무자의 승낙이 없어 권리행사를 할 수 없는 자로 하여금 권리행사를 하도록 한다는 점에서 타당하지 못하다.

---

21) 대항요건을 갖추지 않은 경우 채권양도의 효력에 관한 학설과 대항요건을 갖추지 못한 경우 시효중단의 효력에 관한 학설은 논의의 차원이 꼭 같다고 볼 수 없다고도 할 수 있겠지만, 후자에서 대항요건을 갖추지 못한 지명채권양수인의 재판상 청구에 시효중단효를 인정하였다면 그에게 권리행사를 인정한 것이라고 보아야 할 것이므로, 여기에서는 같은 차원의 논의로 본다.

22) 李尙伷, "채권의 양수인이 채권양도의 대항요건을 갖추지 못한 상태에서 채무자를 상대로 재판상의 청구를 한 경우, 소멸시효 중단사유인 재판상의 청구에 해당하는지 여부(적극)", 대법원판례해설, 제57호(2005년 하반기)(2006.07), 법원도서관, 2006, 271쪽.

(2) 권리행사준비행위가능성설

또 다른 견해는 권리를 행사하지 못한다고 할 때의 권리행사의 의미를 (ㄱ) 권리실현을 위한 또는 그것에 이르는 과정·준비로서의 권리행사와 (ㄴ) 권리를 향유하는 상태로서의 권리행사를 구별하여 재판상의 청구는 전자에 속하고 그에 따라 재판진행 중 대항요건을 갖추면 시효가 중단된다고 한다.[23]

그러나 권리실현을 위한 또는 그것에 이르는 과정·준비로서의 권리행사 역시 권리행사이고 이는 결국 권리를 행사할 수 없는 자로 하여금 권리행사를 허용한다는 점에서 타당하지 못하다. 또 권리행사의 준비행위와 권리향유행위의 구별이 언제나 가능한지도 의문이고 가능하다고 하다면 어떠한 기준으로 할 것이지가 새롭게 문제가 된다.

마. 소결론

일반적으로 채권은 특정인인 채권자가 다른 특정인인 채무자에 대하여 일정한 급부 내지는 행위(작위, 부작위)를 청구할 수 있는 권리라고 하고, 채권자의 청구에 대하여 그 청구내용대로 일정한 행위(작위, 부작위)를 하여야 할 채무자의 의무를 채무라고 하여,[24] 청구권을 중심으로 정의하고 있고, 이와 달리 정의하는 경우는 별로 없어 보인다. 또 채권은 그 효력으로 급부의 청구력과 보유력이 있다고 한다.[25]

채권을 양도한다는 것은 이와 같이 급부청구력과 보유력이 있는 권리를 양도하는 것이다. 청구력은 재판상·재판외의 청구권을 가진다는 뜻이므로 소구력과 집행력이 있어야 한다. 채권양도를 채무자에게 대항할 수 없다는 것은 채무자에게 채권을 행사할 수 없다는 것이고, 채권을 행사할 수 없다는 것은 결국 청구력이 없다는 뜻이며, 이는 채권자와 양수인 사이의 채권양도계약만으로는 그

---

23) 南孝淳, 앞의 논문, 314-317쪽; 319쪽-320쪽.
24) 郭潤直, 앞의 책, 9쪽. 이러한 정의는 채권 내지 채무개념을 가장 넓게 보는 것이고 법적 채무와 도덕적 채무를 포함하게 된다. 채권 내지 채무를 좁게 보는 경우에는 이러한 채무 중 법적인 의미가 있는 것만을 채권이라고 하고 여기에는 불완전 법적 채무와 완전 법적 채무를 포함하고 도덕적 채무는 제외되며, 불완전법적 채무에는 자연채무와 책임 없는 채무가 있다. 가장 좁은 의미의 채권은 완전 법적채무를 말하고 법적 채무 중 재판상 청구하여 강제집행할 수 있는 것만을 의미하고 여기에는 자연채무와 책임 없는 채무는 제외된다.
25) 郭潤直, 앞의 책, 58쪽.

양도는 효력을 발생할 수 없음을 뜻한다. 앞에서 본 바와 같이 지명채권양도에 있어서 채무자에 대한 대항요건은 물권변동에 있어서의 제3자에 대한 대항요건과는 그 의미가 다른 것이다. 그러므로 지명채권의 양도에서 대항요건을 갖춤이 없이도 양도인과 양수인의 계약만으로 채권양도는 효력이 발생한다고 보는 효력발생설이나 양도인과 양수인 사이에서 효력이 발생한다고 보는 상대적무효설은 타당성이 없으며, 지명채권양도에서 양도인의 채권양도통지나 채무자의 승낙은 지명채권양도의 효력발생요건이라고 하여야 한다.

2. 판례

대항요건을 갖추지 못한 채권양도와 관련된 그 동안의 대법원판례들을 보면 어느 하나의 이론에 따르고 있지 아니하며, 그에 따라 하나의 판결도 여러 이론으로 설명할 여지가 있다. 또 이들 판례 중에는 대항요건을 갖추지 못한 양수인의 권리행사를 인정한 것도 있고 이를 부정한 것도 있다.

가. 대항요건을 갖추지 못한 양수인의 권리행사를 부정한 판결

양수인이 지명채권양도의 대항요건에 대한 주장 · 입증책임을 부담한다는 것은 이를 성립요건이거나 효력발생요건으로 본 것이라고 할 것인데, 판례는, "채권을 양수하기는 하였으나 아직 양도인에 의한 통지 또는 채무자의 승낙이라는 대항요건을 갖추지 못하였다면 채권양수인은 현재는 채무자와 사이에 아무런 법률관계가 없어 채무자에 대하여 아무런 권리주장을 할 수 없기 때문에 채무자에 대하여 채권 양도인으로부터 양도통지를 받은 다음 채무를 이행하라는 청구는 장래이행의 소로서의 요건을 갖추지 못하여 부적법하다"26)고 하여, 채무자의 재판상 청구를 부정하고, 주장 · 입증책임에 관하여는 "지명채권양도의 사실에 대한 인식을 표명하는 채무자의 행위인 승낙은 양수인이 채무자에 대하여 양수한 채권을 주장하는 요건이 되는 것이므로"27) 라고 하여 양수인이 주장책임을 부담함을 밝히고 있고, "채권양수인으로서는 양도인이 채무자에게 채권양도통지를 하거나 채무자가 이를 승낙하여야 채무자에게 채권양수를 주장(대항)할 수 있는

---

26) 대법원 1992. 8. 18. 선고 90다9452,9469(참가) 판결.
27) 대법원 1978. 3. 28. 선고 77다2513 판결.

것이며, 그 입증은 양수인이 사실심에서 하여야 할 책임이 있다."[28]고 하여 양수인이 입증책임을 부담한다고 한다.

나. 양수인의 권리행사를 인정한 판결

참고판례인 대법원 2005. 11. 10. 선고 2005다41818 판결은 「채권양도에 의하여 채권은 그 동일성을 잃지 않고 양도인으로부터 양수인에게 이전되며, 이러한 법리는 채권양도의 대항요건을 갖추지 못하였다고 하더라도 마찬가지인 점, 민법 제149조의 "조건의 성취가 미정한 권리의무는 일반규정에 의하여 처분, 상속, 보존 또는 담보로 할 수 있다."는 규정은 대항요건을 갖추지 못하여 채무자에게 대항하지 못한다고 하더라도 채권양도에 의하여 채권을 이전받은 양수인의 경우에도 그대로 준용될 수 있는 점, 채무자를 상대로 재판상의 청구를 한 채권의 양수인을 '권리 위에 잠자는 자'라고 할 수 없는 점 등」을 들어 대항요건을 갖추지 못하여 채무자에게 대항하지 못한다고 하더라도 채권의 양수인이 채무자를 상대로 재판상의 청구를 하였다면 이는 소멸시효 중단사유인 재판상의 청구에 해당한다고 보아야 한다고 한다. 그러나 양수인의 양수채권은 조건부권리가 아니며, 시효중단에 대한 재판상 청구의 허용근거가 없다는 비판이 있고[29], 이러한 비판이 정당한지는 차치하고라도 재판상 청구에 의하여 시효를 중단할 수 있는 자는 권리자이어야 함은 서론에서 쓴 바와 같고, 기대권자나 대항요건을 갖추지 못한 채권양수인은 '권리 위에 잠자는 자'인지 여부와는 무관하게 이들이 재판상 권리(채권)를 행사할 수 있는 자가 될 수는 없다. 이러한 양수인이 재판상 채권의 이행을 청구하고 그에 따라 시효중단의 효력이 인정되는 것 자체가 권리자의 권리행사임은 부인할 수 없고, 이는 결국 권리행사를 할 수 없는 자로 하여금 권리행사를 하도록 하는 것이다. 이점에서 이 판례는 문제가 있는 것이다.

또 채권양도통지나 채무자의 승낙 없이 저당권만을 이전하여 경매절차를 진행한 것과 관련하여 판례는, "피담보채권을 저당권과 함께 양수한 자는 저당권이전의 부기등기를 마치고 저당권실행의 요건을 갖추고 있는 한 채권양도의 대항요건을 갖추고 있지 아니하더라도 경매신청을 할 수 있으며, 채무자는 경매절차의 이해관계인으로서 채권양도의 대항요건을 갖추지 못하였다는 사유를 들

---

28) 대법원 1990. 11. 27. 선고 90다카27662 판결.
29) 南孝淳, 앞의 논문, 318쪽.

어 경매개시결정에 대한 이의나 즉시항고절차에서 다룰 수 있고, 이 경우는 신
청채권자가 대항요건을 갖추었다는 사실을 증명하여야 할 것이나, 이러한 절차
를 통하여 채권 및 근저당권의 양수인의 신청에 의하여 개시된 경매절차가 실효
되지 아니한 이상 그 경매절차는 적법한 것이고, 또한 그 경매신청인은 양수채
권의 변제를 받을 수도 있다.”30)고 하나, 주된 권리인 피담보채권을 행사할 수
없는 자에게 종된 권리를 행사할 수 있다고 할 수 없으며, 이와 같은 경매에 따
라 경락이 된 경우에 소유권이 이전될 수 있는지가 새롭게 문제가 된다.31)

한편 채권양도인이 양도 통지 전에 채무자로부터 채권을 추심하여 금전을
수령하여 채무자에게 주지 아니한 경우에 이것이 배임죄인지 횡령죄인지 무죄인
지가 문제인데,32) 이에 관하여 대법원전원합의체판결33)은 양도인과 양수인 사
이에서 그 금전의 소유권은 양수인에게 속하고 양도인은 위 금전을 양수인을 위
하여 보관하는 지위에 있다고 하여 횡령죄가 된다고 한다. 그러나 채권양도통지
가 있기 전에는 양도인이 권리자이므로 양도인이 채권을 추심하였다고 하더라도
이를 횡령죄가 된다고 할 수는 없다고 할 것이다.

다. 절차진행과정에서 대항요건을 갖춘 경우

채권양도통지나 채무자의 승낙 없이 저당권만을 이전하여 양수인이 신청하
여 경매절차를 진행한 것과 관련하여, 판례는 “민사소송법은 부동산에 대한 담
보권실행을 위한 경매의 개시요건으로서 민사소송규칙 제204조에 정해진 채권
자·채무자 및 소유자(제1호), 담보권과 피담보채권의 표시(제2호), 담보권의 실행
대상이 될 재산의 표시(제3호), 피담보채권의 일부에 대하여 담보권을 실행하는
때에는 그 취지 및 범위(제4호)를 기재한 신청서와 민사소송법 제724조에 정해진
담보권의 존재를 증명하는 서류를 제출하면 되는 것이고, 집행법원은 담보권의
존재에 관해서 위 서류의 한도에서 심사를 하지만, 그 밖의 실체법상 요건인 피
담보채권의 존재 등에 관해서는 신청서에 기재하도록 하는데 그치고, 담보권실

---

30) 대법원 2005. 6. 23. 선고 2004다29279 판결.
31) 이 경우 일본에서는 경락인은 소유권을 취득하지 못한다고 보는 것이 일반적이다[我妻榮,
債權總論, 岩波書店, 533쪽; 明石三郎, 註釋民法, (11), 西村信雄편, 有斐閣, 1965, 378쪽;
林良平, 林良平 외 2인, 債權總論, 靑林書院, 1996, 501쪽].
32) 이에 관하여는 김종덕, “채권양도와 재산범죄의 성립”, 法學硏究, 26輯(2007.05), 韓國法學
會 2007, 289쪽-312쪽 참조.
33) 대법원 1999. 4. 15. 선고 97도666 전원합의체 판결. 여기에는 소수의견과 보충의견이 있다.

행을 위한 경매절차의 개시요건으로서 피담보채권의 존재를 증명하도록 요구하고 있는 것은 아니므로 경매개시결정을 함에 있어서 채권자에게 피담보채권의 존부를 입증하게 할 것은 아니다."[34]라고 하거나, "채권자의 채권이 사해행위 이전에 성립되어 있는 이상 그 채권이 양도된 경우에도 그 양수인이 채권자취소권을 행사할 수 있고, 이 경우 채권양도의 대항요건을 사해행위 이후에 갖추었더라도 채권양수인이 채권자취소권을 행사하는 데 아무런 장애사유가 될 수 없다 할 것이다."[35]라고 한 판결들은, 절차가 진행 중에 대항요건을 갖춘 경우이다.

라. 대상판결의 경우

대상판결은, "채권양도 후 대항요건이 구비되기 전의 양도인은 채무자에 대한 관계에서는 여전히 채권자의 지위에 있으므로 채무자를 상대로 시효중단의 효력이 있는 재판상의 청구를 할 수 있고, 이 경우 양도인이 제기한 소송 중에 채무자가 채권양도의 효력을 인정하는 등의 사정으로 인하여 양도인의 청구가 기각됨으로써 민법 제170조 제1항에 의하여 시효중단의 효과가 소멸된다고 하더라도, 양도인의 청구가 당초부터 무권리자에 의한 청구로 되는 것은 아니므로, 양수인이 그로부터 6월내에 채무자를 상대로 재판상의 청구 등을 하였다면, 민법 제169조 및 제170조 제2항에 의하여 양도인의 최초의 재판상 청구로 인하여 시효가 중단된다."고 하는데, 이는 대항요건을 갖추기 전에는 양도인이 권리자임을 밝힌 것이다.

마. 소결론

앞에서 본 바와 같이 지명채권양도에 있어서 양도인의 양도통지나 채무자의 승낙은 그 효력발생요건이므로 대상판결을 포함하여 양도인으로 하여금 권리행사를 인정한 판결들은 이 점에서 정당하고, 반대로 대항요건을 갖추기 전의 양수인의 재판상 청구에 소멸시효의 중단효과를 인정하거나 경매신청을 인정한 앞의 판결들은 권리자 내지 채권자가 아닌 자들에게 권리를 행사할 수 있도록 하였다는 점에서 그 타당성이 없다.

---

34) 대법원 2000. 10. 25. 자 2000마5110 결정.
35) 대법원 2006. 6. 29. 선고 2004다5822 판결.

3. 비교법[36]

결론에 앞서 다른 나라의 경우를 살펴본다. 채권양도에 관하여는 2가지의 입법례가 있다. 그 하나는 「우선주의」(Priorität)로 당사자의 의사표시 외에 다른 요건을 요하지 아니하는 것이다. 독일민법(제398조), 스위스채무법(제164조) 등이 이러한 제도를 가지고 있으며 이 경우에는 채권의 중복양도가 불가능하고 항상 먼저 이루어진 채권양도만이 유효하다. 또 다른 하나는 「대항요건주의」(opposabilité)로 당사자 사이에서는 양도계약만으로 양도의 효력이 발생하고 이를 채무자에게 통지하거나 채무자가 승낙하지 아니하면 채무자에게 대항하지 못하도록 하는 것이다. 프랑스 민법(제1690조), 일본 민법(제467조) 등이 이러한 제도를 가지고 있고 이 경우에는 채권의 중복양도가 가능하고, 이때 먼저 통지하거나 승낙을 받은 양수인이 채무자에 대하여 유효한 채권을 취득하게 된다. 우리 민법은 뒤의 입법례를 따르고 있다(제450조). 이들 나라의 채권양도계약의 효력에 관하여 좀 더 구체적으로 살펴본다.

가. 독일민법의 경우

독일민법 제398조는 "채권은 다른 사람과의 계약에 의하여 채권자로부터 한 사람에게 양도될 수 있다(채권양도). 계약의 체결로써 새로운 채권자는 종전 채권자를 갈음한다."[37]고 한다. 채권양도계약의 직접적인 효과로 권리귀속의 변경이 생긴다.[38] 원래의 채권자가 잇달아서 여러 번에 걸쳐서 채권을 양도하였다면 최초의 취득자만이 채권을 취득한다(우선주의). 제1양수인과의 양도계약체결에 의하여 채권은 궁극적으로 전 채권자의 재산으로부터 벗어나게 된다. 양도인

---

36) 우리나라의 법과 관련하여 다른 나라의 법을 살피면서 이를 '입법론'이라는 말을 사용하기도 하나 이 경우 '입법'에 한정하는 것이 아니므로 이러한 용어사용은 바람직스럽지 못하다고 생각한다. 비교법에서 이것이 독립된 법이 될 수 있는지 단순히 외국법을 말하는 것인지 라는 해묵은 논의가 있으나 여기에서는 우리나라의 법과 비교가 되는 외국법을 살펴본다는 점에서 비교법이라는 말을 사용한다.

37) BGB § 398 (Abtretung) Eine Forderung kann von dem Gläubiger durch Vertrag mit einem anderen auf diesen übertragen werden (Abtretung). Mit dem Abschluss des Vertrags tritt der neue Gläubiger an die Stelle des bisherigen Gläubigers.

38) J, Busche, U. Noack und V. Rieble, *J. von Staudingers Kommentar zum Bürgerlichen Gesetzbuch mit Einführungsgesetz und Nebengestzen*, Neubearbeitung, Berlin, Seiler — de Gruyter, 2005, § 398, Rn. 27, S. 142.

은 제2차나 또 다른 양도계약체결에 의하여 더 이상 유효하게 채권을 이전하거
나39) 질권설정을 할 수가 없고40), 다만 독일민법 제185조에 따른 제1양수인의
승인에 의하여 제2양도가 유효하게 될 수는 있다.41) 순위에 늦은 채권취득을 위
한 선의보호[선의취득]는 채권양도에는 인정되지 아니하며, 제2양수인은 무권리
자와 양도계약을 체결한 것이므로 채권을 취득할 수 없다.42) 하나의 채권을 동
시에 여러 사람에게 양도한 경우에는 어떠한 양도도 유효할 수 없다.43) 그러나
채무자가 채권양도를 알지 못하여 양도인에게 급부하거나 면책행위를 한 때에는
양수인은 그 효력을 인정하여야 한다(독일민법 제407조). 또 채무자가 제2의 양수
인을 진정한 권리자로 믿고 변제 기타 면책행위를 한 때에는, 선의의 채무자를
보호하기 위하여 그 면책행위의 유효를 진정한 권리자인 제1양수인에게도 주장
할 수 있다(독일민법 제408조). 이 경우 선순위 양수인과 후순위 양수인은 어떠한
법률관계도 없다. 선순위 양수인은 후순위 양수인에 대하여 독일민법 제816조에
따라 부당이득반환청구를 할 수 있다. 선순위 양수인이 채무자에 대하여 증여를
위해서 채무를 면제한 경우에는 선순위 양수인은 채무자에 대하여 제816조 제2
항에 따라 부당이득반환청구권을 갖는다.44)

　　후순위 양수인이 급부수령 시에 선순위양도를 알았다면 그 자신이 독일민
법 제826조, 독일형법 제263조와 관련된 독일민법 제823조 제2항에 따라 손해배
상책임을 진다. 양도인은 선순위 양도인에게 제1양도를 바탕으로 한 법률관계에
따라 적극적으로 채권침해(als positiver Vertragsverletzung)로 인한 책임을 진다. 양
수인은 재차의 양도를 통하여 이러한 원인관계를 위법하고 책임 있게 침해한 것
이며, 또한 선순위 양수인에게 한 채권양도 후에는 이러한 채권관계로부터 나오
는 이행결과를 위험하게 해서는 아니 될 주의의무가 있다.45)

---

39) J. von Staudingers, a. a. O., Rn. 32, S. 143.

40) F. Jürgen Säcker und R. Rixcker, *Münchener Kommentar zum Bürgerlichen Gesetzbuch*, *Band,2, Schuldrecht Allgemeiner Teil*, 5. Auf., München, C.H. Beck, 2007, § 398, Rn. 96, S. 2481.

41) J. von Staudingers, a. a. O., Rn. 32, S. 143.

42) A. a. O.

43) A. a. O. Rn. 32, S. 143.

44) A. a. O., § 408, Rn. 11, S. 253.

45) A. a. O.

나. 스위스채무법

스위스채무법 제164조 제1항은 "법률 또는 합의, 법률관계의 성질에 반하지 않는 한, 채권자는 채무자의 동의 없이 자신에게 속한 채권을 다른 사람에게 양도할 수 있다."[46]라고 규정한다. 채권은 양도에 의하여 변함이 없이[동일성은 잃지 아니하고] 양수인의 재산 속으로 이전되며, 그와 더불어 양도인은 처분권을 잃는다.[47] 그에 따라 제2양수인이 제1양도를 알지 못하였다고 하더라도 채권은 더 이상 양도될 수 없다. 양도인은 채권청구의 방법이든 상계의 방법이든 어느 경우에나 자신의 이름으로 더 이상 채권을 주장할 수 없다. 채권양도의 원인행위가 무효인 경우에도 무인성이론에 따라 채권양도는 유효하다.[48] 채무자에 대하여 채무자의 선의변제에 관하여는 제167조가 독일민법 제406조와 마찬가지로 규정하고 있다.

다. 프랑스민법의 경우

프랑스에서 채권양도는, 매매에 있어서와 마찬가지로, 목적물과 가격을 정하여 이를 양도한다는 당사자의 의사의 합치만으로(solo consensu) 성립하는 낙성계약(contrat consensuel)이다.[49]

프랑스민법 제1690조는 "양수인은 채무자에게 한 양도의 통지에 의해서만 제3자에 대하여 권리자가 된다. 그러나 양수인은 채무자가 공정증서로써 한 양도의 승낙에 의해서도 마찬가지로 권리자가 될 수 있다."[50]고 한다. 여기에서

---

46) Art. 164. Der gläubiger kann eine ihn zustehende Forderung ohne Einwilligung des Schuldners an ennen andern abtreten, soweit nicht Gesetz, Vereinbarung oder Natur des Rechtverhältnis entgegenstehen.

47) H. Honsell, N. P. Vogt, W. Wiegand, *Basler Kommentar zum Schweizerischen Privatrecht*, Obligationenrecht, I, Art. 1−529 OR, 3 Auf., Basel·Genf·München, Helbing & Lichtenhahn, 2003, Art. 164, Rn. 46, S. 817.

48) A. a. O.

49) L. CADIET, *Juris−Classeur civil*, Art. 1602 à 1708, 16−1−(1), Art. 1689 à 1695, Fasc. 2, Transport de créances, Editions du Juris−Classeur, 1988, nos. 45 et s., p.8; B. STARCK. H. ROLAND et L. BOYER, Obligations, 3. Régime général, 4ᵉ éd., Litec, 1992, n. 17, p.10; H.−L.J. MAZEAUD et F. CHABAS, *Leçons de droit civil*, t.II, 1er vol. Obligations, Théorie générale, 8ᵉ éd., 1993, n° 1259, p.1278.

50) Article 1690 Le cessionnaire n'est saisi à l'égard des tiers que par la signification du transport faite au débiteur. Néanmoins, le cessionnaire peut être également saisi par

"제3자에 대하여 권리가 있다"(est saisi)는 것은 당사자 사이에서는 유효하지만 "제3자에게는 대항할 수 있다"(opposible aux tiers)는 뜻으로 본다.[51]

프랑스에서 채권양도통지는 통상 채무자에 대한 송달방법으로 한다. 그러나 통지는 그 밖에도 다른 방법으로 하기도 한다. 즉 이러한 성질의 통상적인 행위 형식인 집행관에 의한 송달(par exploit d'hussier)방법으로 한다.[52] 그러므로 공증 인은 이러한 절차를 취할 수 없다.[53] 채권양도에 대한 채무자의 승낙은 공정증 서로써 하여야 함은 프랑스민법 제1690조의 규정상 명백하다. 채무자가 채권양 도사실을 알았다는 것만으로 묵시적 승낙으로서의 의미가 있는 것은 아니다.[54] 그렇다고 이러한 사실이 언제나 아무런 법적 효력이 없는 것은 아니다. 채무자 의 승낙이 없는 경우에도 악의의 채무자가 양수인의 권리를 해할 목적으로 채권 양도의 대항력을 악용하는 경우에는 일반불법행위나 채권자취소권의 대상이 될 수 있다.[55] 판례 역시 채무자가 특별히 개인적으로 채권양도를 알고 있고 악의 로 채권양도를 효력이 없게 만들거나 진정한 채권자를 사해하는 경우에는 그 효 력이 없다고 한다.[56] 예컨대 프랑스민법 제1690조의 통지나 승낙요건을 갖추지 못한 경우에 양도인에 대한 채무자의 변제가, 채권양도사실을 알면서 경솔하게 하였거나 사해적으로 하였을 때에는 무효가 된다고 한다.[57]

프랑스민법 제1691조는 "양도인이나 양수인이 채무자에게 양도통지를 하기 전에 채무자가 양도인에게 변제한 때에는 채무자는 유효하게 면책된다."[58]고 한

l'acceptation du transport faite par le débiteur dans un acte authentique.
　제1692조 채권의 매매 또는 양도는 보증, 우선특권 및 저당권 등 부수권리를 포함하여 이
　전한다. (Article 1692 La vente ou cession d'une créance comprend les accessoires de la
　créance, tels que caution, privilège et hypothèque).
51) B. STARCK, H. ROLAND et L. BOYER, op. cit., 21, p.11; H.−L.J. MAZEAUD et F.
　CHABAS, op. cit, n° 1260, p.1279.
52) L. CADIET, op. cit., Fasc. 2, nos. 98−88, p. 14.
53) Cass. req. 26 fév. 1934, D.P., 1936, 1, 39.
54) L. CADIET, op. cit., Fasc. 2, n. 123, p. 17; H.−L.J. MAZEAUD et F. CHABAS, op. cit, n°
　1260, p.1279; 계약양도에 관하여 Cass. Ass. pl. 14 fév. 1975, D., 1975, 349.
55) L. CADIET, op. cit., Fasc. 2, n. 123, p. 17.
56) Cass. req. 17 fév. 1874, S., 75, 1, 399, D.P., 74, 1, 289; 12 mars 1877, D.P., 78, 1, 273;
　Cass. civ. 10 jan. 1905, S. 1905, 1328: Rennes 19 déc. 1936, Rec. Rennes, 1937, 140:
　Rouen 29 oct. 1955, J. not., 1956, art. 44980, nope Gouy.
57) 앞의 Rouen 29 oct. 1955 판결 참조.
58) Article 1691 Si, avant que le cédant ou le cessionnaire eût signifié le transport au débit−

다. 그러므로 채무자는 양도통지 전이나 승낙 전에는 양도인에게 변제할 수 있고, 양수인은 무권한자에 대한 변제를 이유로 채무자에 대하여 다시 변제를 청구를 할 수 없으며,[59] 채무자는 양도인에 대한 변제로써 양수인에게 대항할 수 있다.[60]

어떻든 채권양도 통지나 승낙이 없는 경우에도 양수인이 양도채권에 대하여 채권자와 마찬가지로 보전행위(acte conservatoire)를 하는 데에는 지장이 없다.[61] 양수인은 또 채무자에게 자기의 권리를 알리지 아니하고 유효한 소제기 전에 채무자에 대한 압류 및 처분금지명령(saisie-arrêt)[62]을 받을 수 있고,[63] 시효의 중단, 자기 자신의 이름으로의 채권을 담보하는 저당권등기의 경료, 척제[64](purge)의 경우에 있어서의 잉여경매의 실행(former une surenchère au cas de purge)[65] 등이 가능하다.[66] 그러나 채권자와 채무자 사이에 내려진 판결에 대하여 항소할 수는 없다.[67]

채무자가 사전변제를 증명하기 위하여 반드시 공인된 영수증(quittance authentique)을 제출해야 하는 것은 아니고, 확정일자(date certaine) 있는 증거일 필요도 없다.[68] 증거의 조작을 막을 수 있도록 증거나 일자의 진정성을 판단하는 것은 법원의 권한에 속한다.[69]

양도인의 양도통지나 채무자의 승낙 전 채무자의 채무소멸은 변제뿐만 아

---

eur, celui-ci avait payé le cédant, il sera valablement libéré.

59) L. CADIET, *op. cit.*, Fasc. 3, n. 63, p. 10

60) Paris, ch. 5. sect. B. 26 avril 1985, *Juris-Data*, n. 022083; Douai, 31 oct. 1985, *Juris-Data*, n. 043426; Cass. com. 7 janv. 1981, *J.C.P.*, 81, éd. G. IV. 94.

61) Cass. civ. 1er mai 1889, *D.P.*, 90, 1, 264; *S.*, 89, 1, 160; Bourges 12 fév. 1841, *S.*, 41, 2, 617; Paris août 1877, *D.P.*, 78, 2, 36.

62) 우리의 압류 및 추심명령과 유사한 것으로 현재는, 우리의 압류 및 전부명령과 비슷한 압류 및 귀속명령(saisie-attribution)으로 대체되었다.

63) 앞의 Cass. civ. 1er mai 1889.

64) 척제는 일정한 행위에 의하여 저당권이나 우선특권을 소멸시키는 방법이며(프랑스민법 제2181조 이하), 잉여경매는 경매 후 일정한 기간 내에 법이 정한 비율 이상으로 금액을 높여 재경매를 하는 것이다(프랑스민법 제2185조).

65) Cass. civ. 22 juill. 1828, *D.P.*, 28, 1, 344.

66) L. CADIET, *op. cit.*, Fasc. 3, n. 68, p.11.

67) Cass. civ. 19 mars 1919, *D.P.*, 1919, 1, 86; *S.*, 1920, 1, 120.

68) L. CADIET, *op. cit.*, Fasc. 3, n. 68, p.11.

69) Cass. req. 26 nov. 1834, *S.*, 351, 109; *D.P.* 38, 1, 439.

니라 양도인에 의한 다른 채권소멸행위, 예컨대 상계, 대물변제, 갱개[70][71] 등에 의해서도 일어날 수 있다.[72] 그러나 프랑스민법 제1321조를 적용하여 양도인이 가장채권이라는 점을 알았다면 채무자가 가진 반대증서(contre-lettre)로써 양수인에게 대항하지 못한다.[73]

채무자는 양수인에게 변제할 권리가 있고 양도인은 이에 대하여 이의를 제기할 수 없음은 명백하다.[74] 채무자의 이러한 변제는 채권양도의 묵시적 승낙으로서의 의미가 있다고 할 수 있다.[75] 그러나 채무자의 이러한 승낙은 제3자에게 대항할 수 있는 채권양도가 되지는 못한다. 제3자, 주로 양도인의 채권자들의 권리가 위협을 받게 될 때에는 채무자는 바로 양수인에게 변제할 수 없다.[76] 이러한 상황은 곤란하다. 채무자는 부지체(mis en demeure) 중이라도 보전조치로, 양도인이나 양수인 중 변제를 요구할 수 없는 어느 한 쪽에 대하여 의견을 요구하는 것이 바람직하다. 이것도 양도인과 양수인이 공모하였을 때에는 예방책이 되지 못한다. 그러므로 신중한 채무자는 그 변제 전에 채권자의 양도통지나 양수인의 법원을 통한 소환장(assignation)을 기다리거나 적극적으로 나서서 공정증서로써 채권양도를 승낙해야 한다.[77]

나아가 판례에 따르면 채무자의 변제가 채권발생 후에 나타난, 채무자나 제3자의 어떠한 권리에도 지장이 없을 때에는(dès lors que ce paiement ne fait grief à aucun droit advenu depuis la naissance de la créance, soit au débiteur lu-même, soit à un tiers) 양수인은 프랑스 민법 제1690조의 형식요건[채권자의 변제양도통지나 채무자의 승낙] 구비 전에도 채무자에게 변제를 요구할 수 있다.[78] 이러한 이론에

---

70) Paris, 11 juillet 1894, *Gaz. trib.*, 31 oct. 94.
71) 민법 제500조 이하에서 규정한 '更改'를 '경개'로 읽기도 하고(예를 들면 대법원 2009. 7. 9. 선고 2008다21303 판결) '갱개'로 읽기도 하나(예를 들면 대법원 2006. 12. 22. 선고 2004다 37669 판결), 이는 일본민법 제513조 이하의 것과 같으며, 프랑스민법 제1271조 이하에서 규정한 novation에서 유래한 것으로{石田喜久夫, 註釋民法, (12), 磯村 哲편, 有斐閣, 1980, 479쪽 참조), 그 의미는 기존의 유효한 계약을 새로이 갱신한다는 것(계약갱신)이고, 그것이 잘못되어 수정 내지 경정한다는 의미가 아니므로 '경개'가 아닌 '갱개'로 읽는 것이 타당하다.
72) L. CADIET, *op. cit.*, p.10, n. 65.
73) Cass. civ. 12 déc. 1859, *S.*, 1, 129.
74) Cass. civ. 3e, 24, mai, 1972, *Bull.civ.* III, n. 322.
75) L. CADIET, *op. cit.*, p.10, n. 66.
76) *Ibid.*, pp. 10-11, n. 66.
77) *Ibid.*, p. 11, n. 66.
78) Cass. civ. 1re., 18 mars 1969, *Bull. civ.*, I, n. 116; *Rev. tri. dr. civ.*, 1969, 770, obs.

서 권리남용의 법리의 적용을 보게 된다. 즉, 채무자가 정당한 이유 없이 자신의 권리를 행사한다면, 양도인의 양도통지나 채무자의 승낙 없이는 자기에게 대항할 수 없도록 채권양도를 통제하는, 자신의 권리를 남용하는 것이 될 것이다.79)

라. 일본의 경우

일본민법 제467조는 우리 민법 제450조와 약간의 표현상의 차이는 있으나 그 뜻은 동일하다. 그 제1항은 "지명채권의 양도는 양도인이 이를 채무자에게 통지하거나 채무자가 이를 승낙하지 아니하면 이로써 채무자 기타의 제3자에게 대항하지 못한다."고 하고 제2항은 "전항의 통지나 승낙은 확정일자 있는 증서로써 하지 아니하면 이로써 채무자이외의 제3자에게 대항하지 못한다."라고 한다.

일본민법 제467조 제1항이 규정한 "채무자 기타의 제3자에게 대항하지 못한다"의 의미에 관하여는 이를 성립요건이라고 보는 견해80)도 있으나, 대체로 양도인과 양수인사이에서는 양도계약은 효력을 발생하고, 채무자에 대한 관계에서 (ㄱ) 채권자의 양도통지나 채무자의 승낙이 없으면 채무자에 대하여 양도의 효력이 발생하지 아니하므로 양수인은 권리행사나 권리주장을 못한다는 견해(상대적무효설), (ㄴ) 양수인과 채무자 사이에서도 양도의 효력은 발생하고 다만 채무자가 그 흠결을 주장하여 양수인의 권리를 저지할 수 있다는 견해가 있고, 후자에는 다시 항변설(권리행사저지설)과 권리항변설이 있다.

(1) 상대적무효설

상대적무효설에 따르면, "채권양도가 된 뒤 통지 또는 승낙이 없는 동안은, 양수인은 채무자에 대하여 채권양도의 효력, 결국 양수 받은 채권을 주장할 수 없다. 채무자가 악의인 때에도 마찬가지이다. 무릇 대항요건주의를 취하는 입법에 있어서는. 대항요건의 효력을 획일적으로 취급하는 것이 거래의 안전을 위하여 필요하기 때문이다. 따라서 채무자는 양수인에 대하여 변제를 거절할 수 있음은 물론, 양수인은 채무자에 대하여 시효의 중단, 담보권의 실행, 파산신청 등의 행위를 유효하게 하지 못한다. 또 통지 또는 승낙 전에 채무자가 양도인에 대

Loussarn; Pais, ch. 8. sect. A, 17, déc. 1984, *D. S*, 1985, 1ifo. rap. 200; Cass. civ. 3e, 26 fév. 1985, *J.C.P.*, 87, éd. N, II, 256, obs. B. Petit).
79) L. CADIET, *op. cit.*, p.11, n. 67.
80) 山中康雄, 債權總論, 巖松堂, 1953, 133쪽.

하여 한 변제 그 밖의 면책행위는 모두 유효하고, 또한 양도인이 채무자에 대하여 한 상계 · 면제 또한 유효하다. 그러나 채권양도의 효력은 양도계약에 의하여 곧 발생하므로 채무자가 채권양도의 효력을 인정하는 것은 무방하다. 따라서 채무자는 양수인에 대하여 유효하게 변제할 수 있다."[81]고 한다.

(2) 항변설

항변설[82]은 "통지 또는 승낙은 양수인이 채권을 행사하기 위한 적극적인 요건이 아니고 채무자가 그 흠결이 있다는 것을 주장하여 양수인의 채권행사를 저지할 수 있을 뿐이다."[83]라고 하거나, "채무자에 대한 권리행사요건을 구비하지 않더라도 양수인에의 채권의 귀속자체가 부정되는 것은 아니고 양수인이 채무자에게 자기에의 채권귀속(따라서 자기에 의한 채권행사)에 대한 용인을 구하는 것만이 저지되는데 지나지 않는다."[84]라고 한다.

이러한 견해에서는 "양수인이 청구하면 채무자는 변제를 거절할 수 있을 뿐만 아니라 청구도 시효중단의 효력이 생기지 않는다."[85]라고 하고, 채권양도의 통지나 승낙이 양도 후에 있는 경우에도 "대항력은 통지시부터 생기는 것(소급효는 없다)이므로 그 통지가 있기 전에 양수채권의 소멸시효가 완성되면 그 뒤에

---

81) 於保不二雄, 債權總論, 有斐閣. 1989, 310쪽 – 311쪽; 같은 취지로 奧田昌道, 債權總論, 悠悠社, 1993, 439쪽; 상대적무효설의 입장에서 같은 뜻으로 林良平 외 2인, 債權總論, 靑林書院, 1996, 500 – 501쪽.

82) 이를 부인권설이라고도 한다[明石三郎, 註釋民法, (11), 西村信雄편, 有斐閣, 1965, 378쪽; 池田眞郎, 債權讓渡の硏究, 弘文堂, 1993, 200쪽 이하. 일본의 부인권설에 대한 한국문헌으로는 南孝淳, 앞의 논문, 294쪽 – 296쪽. 원래 부인권설이라는 용어는 물권변동에 있어서의 대항력문제로 논의되고, 이것이 같은 형태의 채권양도의 대항의 문제로 논의되는 것이며, 물권변동 쪽에서는 오히려 다수설이라고 할 수 있는 것으로, 물권법에서 말하는 부인권설은 당연한 것이지만 완전히 제3자의 대항문제로 논의되고 있고, 여기에서는 등기가 없더라도 물권변동은 당사자 및 제3자에 대한 관계에서 완전하게 그 효력을 발생하고, 다만 제3자 측에서의 등기흠결의 적극적 주장 내지 부인권행사가 있을 때에는 그 제3자에 대한 관계에 있어서 그 효력이 없는 것으로 되는 것이고, 채권양도에 있어서 채무자에 대한 대항력문제는 양수인이 채무자에 대하여 유효하게 양수받은 권리행사를 할 수 있는지의 문제이고, 여기에서는 채권자가 이러한 부인권행사에 의하여 양도의 효력을 부정하는 것과 같은 설명은 부적절한 면이 있고, 채권양도의 경우의 양수인과 채무자와의 대항이라고 하는, 물권변동에 없는 특수한 면이 있다고 한다(池田眞郎, 앞의 책, 200쪽 – 201쪽).

83) 我妻榮, 債權總論, 岩波書店, 1985, 534 – 535쪽.

84) 潮見佳男, 債權總論, 信山社, 2004, 331쪽.

85) 我妻榮, 앞의 책, 533쪽. 같은 뜻으로 明石三郎, 앞의 책, 378쪽.

통지가 있어도 시효중단의 효력은 생기지 않는다."86)라고 한다.

(3) 권리항변설

이는 주로 입증책임과 관련하여 주장된 이론으로, 채무자대항요건의 주장·입증책임의 소재에 관해서는 일본민법 제177조 등의 물권변동의 대항요건의 경우와 마찬가지로, 채무자가 권리항변인 대항요건의 항변을 행사한다고 주장하면 양수인이 재항변으로 대항요건 구비사실을 주장·입증하여야 한다고 하고, 채무자로서는 본래 채무자가 이해관계 있는 제3자인 점과 대항요건을 행사한다는 권리주장이 필요하나 채무자가 제3자에 해당함은 청구원인에서 당연히 밝혀지기 때문에 후자만을 주장하면 된다고 한다.87)

(4) 판례

일본의 판례 중에는 "채권양도에 관해 채무에 대한 통지 또는 그 승낙이 없는 때에는 채무자는 대항요건흠결에 기한 항변권을 갖는 데에 그친다."88)고 하여 항변으로 본 것도 있으나 대체로 대항요건을 갖추지 못한 채권양도는 효력을 발생하지 아니하는 것으로 본다.89) 우선 "채권양도가 대항요건이 없는 경우에는 채무자 그 밖의 제3자에 대한 관계에서 무효이다"90)라고 하고, 저당권부채권양수인의 신청에 의한 경매개시결정은 결정당시 채권양도통지가 없다면 그 후에 통지가 있어도 위법하다고 하고,91) 같은 취지에서 저당권부채권의 양수인이 경매신청을 하기 위해서는 그 채권의 양도를 채무자에게 대항할 수 있어야 한다고

---

86) 我妻榮, 앞의 책, 534쪽.
87) 伊藤滋夫 編, 民事要件事實講座, 第3卷, 民法, I, 債權總論·契約, 青林書院, 2005, 189쪽.
88) 日本大審院 大正 15年 (オ) 1223號 1927. 1. 28. 判決. 이하의 판례는 井上 登 외 7인편, 判例體系, 民法, 債權總論, (II), §§427~473, 11(I)-2, 第一法規, 11-979 이하에서 인용한 것임.
89) 채권양도의 대항요건으로 채무자의 승낙은 사전 승낙도 유효한 것으로 보고 있다. 즉 "채권양도의 목적인 채권 및 그 양수인이 어떠한 방법으로든 특정되어 있는 경우에 채무자가 미리 채권양도에 동의한 때에는 그 뒤 다시 일본민법 467조1항의 통지나 승낙이 없더라도 당해채무자에 채권양도로써 대항할 수 있다고 풀이하는 것이 상당하다. 무릇 이러한 경우에 채권양도를 채무자에게 대항할 수 있다고 풀이하더라도 당해 채무자에게는 전혀 채권의 귀속관계가 불명확하거나 이중변제 그 밖의 불측의 손해를 미칠 우려가 없기 때문이다." (最高裁判所 昭和26年 (オ) 682號 昭和28年05月29日判決)라고 한다.
90) 日本大審院 昭和12年 (オ) 687號 1937. 10. 26. 判決.
91) 日本大審院 大正 6年 (タ) 189號 1917. 8. 21. 判決.

하여 피담보채권의 양도의 통지가 없는 상태에서 한 경매신청에 대하여는 채무자가 그 취소를 신청할 수 있다고 한다.[92]

또 양도인이 권리자임을 전제로, 채무자의 양도인에 대한 변제에 의한 저당권말소와 관련하여서는 "채권의 양도가 그 주된 채권의 양도로써 채무자에 대항할 수 없는 이상 설령 종된 저당권에 관하여 이전등기를 마쳤더라도 채권양도인에 대한 채무변제에 의한 저당권말소등기를 잘못되었다고 주장할 수 없다."[93]고 하고, 양도인에 대한 채무자의 상계권 행사에 관하여 "채권양도에 관해서는 통지 또는 승낙이 없는 이상 채무자는 양도인을 채권자로 하여 이에 대한 채권으로써 상계할 수 있다."[94]고 한다.

마. 소결론

지명채권양도에 관하여 우선주의를 취하는 독일이나 스위스채무법은 우리 민법에서 입법론으로 참고의 여지는 있겠지만 해석에는 도움이 되지 않는 것으로 보인다.

프랑스와 일본의 판례와 학설 상황은 대항요건을 채무자가 양수인의 권리행사를 저지하기 위한 소극적 요건으로 운용하고 있다고 하고[95] 그 밖에 양도인의 이행청구가 채권양도이후에 채무자 또는 제3자에게 발생한 권리를 침해하지 않는 한, 양수인은 대항요건이 갖추어지지 않는 상태에서도 이행청구(les actes de poursuite)를 할 수 있고, 대항요건이 구비되지 않았다는 사실은 양수인이 채무자에 대하여 이행청구를 하는 데에 아무런 장애가 되지 않고, 이행청구를 받은 채무자는 양수에게 양도증서를 제시하여 양수인임을 증명할 것을 요구할 수 있게 될 뿐이라는 견해[96]가 있다.

우선 프랑스의 경우 채무자의 승낙은 일정한 형식을 요구하고 있고,[97] 앞에

---

92) 日本大審院 大正 9年 (オ) 915號 1920. 2. 9. 判決.
93) 日本大審院 大正 10年 (オ) 138號 1921. 3. 12. 判決.
94) 日本大審院 昭和8年 (オ) 2405號 1933. 12. 12. 判決. 그러나 양도인의 변제수령과 관련하여서는, "채권의 양도인이 양도통지를 하지 아니하고 스스로 변제를 받은 경우에 그 변제는 유효하므로 양도인은 양수인의 재산으로써 부당이득하고 그에게 손실을 입혔다고 할 수 있다"(日本大審院 1904. 5. 31. 宣告 明治37年 (オ) 69號判決)고 한다.
95) 南孝淳, 앞의 논문, 309쪽.
96) 南孝淳, 위의 논문, 290쪽.
97) 집행관에 의한 통지는 괜찮지만, 등기우편으로는 이 요건을 충족하지 못하다고 한다

서 본 바와 같이, 이러한 요건을 갖추지 못한 채권양도의 경우에 채무자에게 일반적으로 권리행사를 할 수 있도록 하는 것 같지는 아니하다.

일본의 경우에도 마찬가지로 학설, 판례가 항변설과 같이 운영되고 있다고 단정적으로 말할 수는 없는 것으로 보인다.

Ⅲ. 결론

1. 지명채권이 양도되었으나 채권양도통지나 채무자의 승낙이 없는 경우에도 양도계약은 효력을 발생한다는 효력발생설 내지 항변설에 따르면 채무자가 권리행사를 할 수 있다고 보게 된다. 민법에서 "대항하지 못한다"는 말은 일반적으로 권리를 행사하지 못한다는 의미로 사용하고 있다. 민법 제450조 제1항에서의 '대항하지 못한다'는 것도 마찬가지이다. 그러므로 항변설에서 권리를 행사할 수 있지만 상대방이 항변할 수 있다고 하는 것은 법문의 뜻에 반하는 것이다. 또 상대적무효설의 경우 양도의 효력발생시기가 달라짐에 따라 종된 채권의 귀속여부가 달라질 수 있다. 일반적으로 채권은 우선 채무자에 대한 청구력이 있어야 하는데 양도통지나 채무자의 승낙이 없는 채권양도는 청구력이 없다. 이러한 채권양도는 성질상 그 효력을 발생할 수 없는 것이어서 양도통지나 채무자의 승낙은 채권양도의 효력발생요건으로 보는 것이 타당하다.

2. 채권양도통지나 승낙을 효력발생요건으로 본다면 양도통지나 승낙이 없는 동안에는 양도인이 권리자이고 양수인은 권리자가 아니다. 그러므로 양수인은 채무자에 대하여 채권양도의 효력을 주장할 수 없고, 채무자는 양수인에게 변제할 의무를 지지 않는다. 양수인이 이행을 청구하더라도 채무자는 이행을 거절할 수 있으며, 양수인은 채무자에 대하여 담보권의 실행, 파산신청 등의 행위를 할 수 없다. 다만 채무자가 양도의 효력을 인정하여 양수인에게 변제할 수 있는데, 이는 채권양도의 승인에 특별한 형식을 요하지 않는 우리나라에서는 채무자의 승낙으로서의 의미가 있기 때문이다.

(H.-L., J. MAZEAUD et F. CHABAS, *op. cit*, n° 1260, p.1279).

3. 재판상 청구에 의하여 시효를 중단할 수 있는 자는 권리자이어야 하고 채권의 경우에는 채권자이어야 한다. 참고판례와는 달리, 대상판결은 채권양도 후 대항요건이 구비되기 전의 양도인은 채무자에 대한 관계에서는 여전히 채권자의 지위에 있으므로 그가 채무자를 상대로 시효중단의 효력이 있는 재판상의 청구를 할 수 있다고 하는데, 대항요건은 지명채권양도의 효력발생요건이라고 할 것이므로, 이러한 점에서 양도통지나 채무자의 승낙 전 채권양도인을 채권자로 인정하여 그가 한 재판상의 청구에 대하여 시효중단의 효력을 인정한 것은 정당하다고 할 수 있다.

[민사법학, 제47호, 한국사법행정학회, 2009, 679-718쪽에 실림]

8. 대항요건을 갖춘 지명채권양도 효력의 소급성과 유동적 무효론 - 대법원 2005. 6. 23. 선고 2004다29279 판결

【판결요지】

피담보채권을 저당권과 함께 양수한 자는 저당권이전의 부기등기를 마치고 저당권실행의 요건을 갖추고 있는 한 채권양도의 대항요건을 갖추고 있지 아니하더라도 경매신청을 할 수 있으며, 채무자는 경매절차의 이해관계인으로서 채권양도의 대항요건을 갖추지 못하였다는 사유를 들어 경매개시결정에 대한 이의나 즉시항고절차에서 다툴 수 있고, 이 경우는 신청채권자가 대항요건을 갖추었다는 사실을 증명하여야 할 것이나, 이러한 절차를 통하여 채권 및 근저당권의 양수인의 신청에 의하여 개시된 경매절차가 실효되지 아니한 이상 그 경매절차는 적법한 것이고, 또한 그 경매신청인은 양수채권의 변제를 받을 수도 있다.

1. 대상판결의 개요

대상판결의 제1심, 제2심 판결에 나타난 사건의 개요는 다음과 같다.

가. 소외 전 1(1997. 3. 9. 사망하여 소외 전2가 그 재산을 상속함)은 1996. 5. 29. 쌍용캐피탈 주식회사와 대출한도액 50억원의 팩토링거래 약정을 체결한 다음 위 팩토링거래 약정에 기한 채무를 담보하기 위해 1997. 1. 28. 그 소유의 부동산에

채권최고액 71억 원으로 된 2순위 근저당권을 설정하였고, 쌍용캐피탈과 소외 강 사이의 1996. 9. 19. 자 대출한도액 40억원의 팩토링거래 약정에 기한 소외 강의 채무를 담보하기 위해 1996. 9. 19. 위 부동산에 채권최고액 56억원, 채무자 소외 강, 근저당권자 쌍용캐피탈로 된 1순위 근저당권을 설정하였다.

소외 전 1은 1997. 2. 4. 피고로부터 88억원을 대출받으면서 그 대출금채무를 담보하기 위해 1997. 1. 28. 위 부동산에 채권최고액 123억 2,000만원으로 된 3순위 근저당권을 설정하였다.

나. 쌍용캐피탈은 위 팩토링거래 약정에 기하여 소외 전 1에게 4,138,267,040 원, 소외 강에게 40억 원을 각 대출하였다가 소외 강에 대한 대출원금 중 380,000,000원을 변제받았을 뿐 나머지 대출원금과 그에 대한 지연손해금 등을 변제받지 못하자, 경매신청서에 신청금액을 금 11,500,000,000원으로 기재하여 위 부동산에 대하여 담보권실행을 위한 경매를 신청하였고, 법원은 2001. 7. 28. 위 부동산에 관하여 경매개시결정을 하였다. 이것이 제1경매이다.

다. 쌍용캐피탈은 제1경매 절차가 진행중이던 2002. 3. 15. 원고에게 소외 전 1과 소외 강에 대한 위 근저당권부 대출원리금 채권을 양도하고, 2002. 3. 15. 원고 앞으로 위 근저당권의 이전등기를 마친 뒤, 2002. 3. 22. 경매법원에 채권양도통지서를 제출하는 한편, 2002. 3. 21.경부터 2002. 7. 30.경까지 소외 전 1의 재산상속인인 소외 전 2와 소외 강에 대해 각 5회에 걸쳐 채권양도통지서를 내용증명우편으로 발송하였는데 소외 전 2와 소외 강에 대한 위 각 채권양도통지서는 '수취인 부재' 등의 사유로 모두 반송되었다.

라. 원고는 2002. 4. 2. 경매법원에 원고가 쌍용캐피탈로부터 소외 전 1과 소외 강에 대한 위 각 대출원리금 채권 및 위 각 근저당권을 모두 양수하였다는 취지의 권리신고서와 쌍용캐피탈이 2002. 3. 22. 경매법원에 제출한 채권양도통지서와 동일한 내용의 채권계산서(양도일 기준 원리금 합계 15,907,488,618원)를 각 제출하였다.

마. 원고는 2002. 6. 11. 위 각 부동산에 대하여 제1경매 신청금액 115억 원

과 위 각 근저당권의 채권최고액 합계 127억 원의 차액인 12억 원을 추가 청구금액으로 기재하여 서울동부지방법원에 이중경매를 신청하였고, 위 법원은 2002. 6. 12. 위 각 부동산에 관하여 경매개시결정을 하였다.

바. 위 부동산은 낙찰기일인 2002. 6. 17. 다른 회사에게 대금 135억 5,000만 원에 낙찰되었고, 위 회사는 2002. 12. 23. 낙찰대금을 완납하였다.

사. 경매법원은 2003. 2. 14. 배당기일에 배당할 금액 13,594,947,036원에서 집행비용을 공제한 나머지 금액 13,407,462,432원에 관하여, 1순위로 송파구청에게 282,851,440원, 2순위로 원고에게 115억원, 3순위로 피고에게 1,624,610,992원을 각 배당하는 내용의 배당표를 작성하였고, 원고는 위 배당기일에 출석하여 피고에 대한 배당금액에 관하여 이의를 진술하였다.

아. 한편 원고는 소외 전 2와 소외 강에게 내용증명우편으로 보낸 채권양도 통지서가 송달불능되자 경매진행 중인 2002. 8. 14. 채권양도인인 쌍용캐피탈을 대리하여 소외 전 2, 소외 강에 대한 위 채권양도통지서의 공시송달을 신청하였고, 법원이 2002. 8. 20. 이를 허가하여 위 채권양도통지서가 공시송달의 방법으로 소외 전 2와 소외 강에게 송달되었다.

2. 대상판결의 소송경과

가. 제1심(서울동부지방법원 2003. 9. 5. 선고 2003가합1647 판결)

제1심에서 우선 제1차경매에서의 청구금액의 확장과 관련하여, 원고는 강제경매와는 달리 임의경매에서는 신청채권자의 청구금액은 경매신청서에 기재된 금액으로 한정되는 것이 아니라 채권최고액의 범위 내에서 그 확장이 허용되어야 한다고 주장한데 대하여, 제1심법원은 경매신청채권자의 청구금액은 다른 특별한 사정이 없는 한 경매신청서에 기재된 채권액을 한도로 확정된다고 하여 원고의 주장을 배척하였다.

이중경매와 관련하여 원고는 팩토링거래약정서를 바탕으로 채권양도에 대한 사전승낙의 약정이 있었고, 여신거래기본약관을 바탕으로 채무자가 신고한 최종 주소로 서면통지 등을 발송하여 보통의 우송 기간이 경과하였으므로 채권 양도는 그때에 대항요건을 갖추었다고 주장한 데 대하여 각 약정서 또는 여신거 래기본약관 조항들은 「약관의규제에관한법률」에서의 명시·설명의무위반을 이유로 무효라고 하고, 원고의 이중경매 신청 후에 채권양도의 통지가 공시송달의 방법으로 실행되었다 하더라도 채권양도통지의 효력은 그 공시송달에 의한 송달의 효력이 생겼을 때 발생하였다고 보아야 할 것이고 그 통지의 효력이 채권양도가 이루어진 때나 이중경매 신청 당시로 소급 한다고 볼 수 없다고 하여 원고의 청구를 기각하였다.

원고가 항소하였다.

나. 제2심(서울고등법원 2004. 5. 18. 선고 2003나66969 판결)

원심인 서울고등법원 2004. 5. 18. 선고 2003나66969 판결 역시 제1심판결과 동일한 이유로 원고의 항소를 기각하였다.

원고가 상고하였다.

다. 제3심(대법원 2005. 6. 23. 선고 2004다29279 판결)

대법원은 대상판결요지와 같은 이유로 원심판결을 파기하고, 사건을 서울고등법원에 환송하였다.

Ⅰ. 서론

민법 제450조 제1항은 "지명채권의 양도는 양도인이 채무자에게 통지하거나 채무자가 승낙하지 아니하면 채무자 기타 제3자에게 대항하지 못한다."고 하여 양도인의 양도통지나 채무자의 승낙을 지명채권양도의 채무자 기타 제3자에 대한 대항요건으로 하고 있다.

양도인과 양수인 사이의 지명채권양도에 있어서 그 양도계약[1] 등 양도행위

---

1) 대법원 2011. 3. 24. 선고 2010다100711 판결은 "지명채권(이하 단지 '채권'이라고만 한다)의 양도라 함은 채권의 귀속주체가 법률행위에 의하여 변경되는 것, 즉 법률행위에 의한 이전을 의미한다. 여기서 '법률행위'란 유언 외에는 통상 채권이 양도인에게서 양수인으로 이전하는 것 자체를 내용으로 하는 그들 사이의 합의(이하 '채권양도계약'이라고 한다)를

와 양도인의 양도통지나 채무자의 승낙 사이에서는 시차가 있기 마련인데, 양도
행위시와 대항요건을 갖춘 때 중 어느 때에 지명양도의 효력이 발생하는지가 문
제이다. 채권양도통지·승낙이 있을 때에 비로소 효력이 발생한다고 한다면 양수
인은 채무자에 대하여 채권양도의 효력을 주장하여 채권을 행사할 수 없고 채무
자는 양수인에게 변제할 의무를 지지 않는다. 따라서 양수인이 이행을 청구하더
라도 채무자는 이행을 거절할 수 있으며, 양수인은 채무자에 대하여 시효의 중
단, 파산신청 등의 행위를 할 수 없다.2) 담보권의 실행도 마찬가지이다.3) 이와
같은 이치는 저당권부채권양도에 있어서도 마찬가지일 것이다. 대항력을 갖추지
못한 저당권부지명채권양수인이 저당권만을 이전한 상태에서 경매를 신청하는
것이 담보권실행임을 부인하는 이론은 어디에도 보이지 않는다. 그럼에도 대상
판결은 이러한 경매신청이 정당하다고 하고 이를 바탕으로 배당까지 받을 수 있
다고 한다.

채무자와 인수인 사이의 채무인수의 효력발생시기에 관하여 규정(민법 제
457조)을 둔 것과는 달리, 채권양도의 효력발생시기에 관해서는 특별히 규정한
바가 없다. 법률행위의 성립을 위해서나 효력발생을 위해서 당사자의 의사표시
외에 다른 사실을 요건으로 하는 경우가 있다. 이러한 법률행위에 있어서는 일
반적으로 법에 특별한 규정이 있거나 조건, 기한 등 부관이 붙은 것과 같이 당사
자가 특별히 약정한 바가 없다면 그 행위의 모든 구성요건을 갖춘 때, 즉 당사자
의 의사표시 외에 다른 요건을 갖춘 때에 비로소 효력을 발생하게 된다.4) 이와

가리키고, 이는 이른바 준물권행위 또는 처분행위로서의 성질을 가진다. 그와 달리 채권양
도의 의무를 발생시키는 것을 내용으로 하는 계약(이하 '양도의무계약'이라고 한다)은 채
권행위 또는 의무부담행위의 일종으로서, 이는 구체적으로는 채권의 매매(민법 제579조 참
조)나 증여, 채권을 대물변제로 제공하기로 하는 약정, 담보를 위하여 채권을 양도하기로
하는 합의(즉 채권양도담보계약), 채권의 추심을 위임하는 계약(지명채권이 아닌 증권적
채권에 관하여서이기는 하나, 어음법 제18조, 수표법 제23조는 어음상 또는 수표상 권리가
추심을 위하여 양도되는 방식으로서의 추심 위임배서에 대하여 정한다), 신탁(다만 신탁법
제7조 참조)등 다양한 형태를 가질 수 있다. 비록 채권양도계약과 양도의무계약은 실제의
거래에서는 한꺼번에 일체로 행하여지는 경우가 적지 않으나, 그 법적 파악에 있어서는 역
시 구별되어야 하는 별개의 독립한 행위이다"라고 한다.

2) 徐敏, 註釋民法, 債權總則(2), 朴駿緖편, 韓國司法行政學會(2000), 556-557쪽.
3) 같은 쪽.
4) Cf. K. Larenz/M. Wolf, Allgemeiner Teil des burgerlichen Rechts, 9. Auf., Munchen, C.H.
Beck, 2004, § 44, Rn. 52, 우리 민법상 법률행위의 효력발생시기에 관한 일반적인 규정은
찾을 수가 없는데, 이는 법률행위의 성립 시에 효력이 발생하는 것을 당연하게 여겼기 때

는 달리 법률행위 중에는 특별히 다른 요건구비시가 아닌 법률행위 당시로 효력이 소급하는 경우도 있다. 후자를 독일민법에서는 유동적무효라고 하는데, 우리나라에서도 이를 인정하는 견해들이 있고 대법원의 판례도 토지거래허가제도와 관련하여 이를 인정하고 있다.

대상판결은 저당권부지명채권양수인이 저당권만을 이전한 상태에서 경매를 신청한 것이지만 그 경매가 진행되는 도중에 대항요건을 구비한 경우이다. 이에 관해서 제1심 및 제2심판결은 대항요건을 구비한 때에 지명채권양도는 효력이 발생한다고 보아 원고의 청구를 기각하였으나 대상판결은 이를 문제 삼지 아니하고 바로 지명채권양도 시에 효력이 발생하는 것으로 보았다. 그렇다면 이 판결은 명시적으로 밝히지는 아니하였지만 지명채권의 양도는 대항요건을 갖춘 때에 그때부터 효력이 발생한다는 것이 아니라 양도당시로 소급하여 효력이 발생하는 것을 의미하는 것은 아닌가?

이글에서는 지명채권의 채무자에 대한 대항요건이 채권양도의 효력발생요건임을 전제로 그 효력발생시기 내지 소급효, 독일과 우리나라에 있어서 유동적무효인 경우에 관하여 살펴보고, 대상판결의 타당성을 검토해보기로 한다.

Ⅱ. 대항력을 갖춘(통지 · 승낙이 있는) 지명채권 양도의 효력발생시기와 소급효 문제

1. 다른 나라에서의 지명채권양도의 효력발생시기와 소급효 문제

지명채권의 양도에 관하여는 독일민법(제398조), 스위스채무법(제164조) 등과 같은 우선주의(Priorité)와 프랑스민법(제1690조), 일본민법(제467조) 등과 같은 대항요건주의(opposabilité) 등의 입법례가 있다.[5] 우선주의의 경우에는 지명채권의 양도에 당사자의 의사표시 외에 다른 요건을 요하지 아니하며 양도의 효력은 원칙적으로 양도행위에 의하여 바로 발생하므로 그 소급효는 문제가 되지 아니한다.

대항요건주의의 경우에는 양도행위 외에 채무자에 대한 통지나 채무자의

문으로 보인다.

5) 이상의 입법례에 관하여는 오수원, "통지 · 승낙이 없는 지명채권양도의 채무자에 대한 효력", 民事法學(47호), 한국민사법학회(209.12), 700−711쪽 참조.

승낙 등 대항요건을 요구하고 있고, 이것이 지명채권양도의 효력과 관련하여 어떠한 역할을 하는지에 관하여는 여러 논란이 있으며,6) 그 효력시기는 양도행위 시인지 대항요건구비시인지, 나아가 소급효를 인정할 것인지 등이 문제된다. 먼저 프랑스민법 제1690조가 "양수인은 채무자에게 한 양도의 통지에 의해서만 제3자에 대하여 권리가 있다. 그러나 양수인은 채무자가 공정증서로써 한 양도의 승낙에 의해서도 마찬가지로 권리가 있을 수 있다."고 하고, "제3자에 대하여 권리가 있다"(est saisi)는 것은 당사자 사이에서는 유효하지만 "제3자에게 대항할 수 있다"(opposible aux tiers)는 뜻으로 보고 있으며,7) 여기의 제3자에는 채무자도 포함하는 것으로 본다.8) 프랑스에서는 채권양도의 효력발생시기나 소급효문제를 특별히 취급하고 있지는 아니한 것으로 보이는데 이는 양도 시에 효력을 발생하는 것을 당연한 것으로 보기 때문인 듯하다.

우리 민법9)과 비슷한 규정이 있는 일본의 경우 우리와 마찬가지로 지명채권양도의 효력발생시기나 그 소급효의 관점에서 하는 논의는 별로 없어 보인다. 日本大審院 판례는 "채권양수인의 소제기후 양도 통지가 되었더라도 소제기시에 소급하여 효력을 발생하는 것은 아니다"10)라고 하기도 하고, "채권양도통지가

---

6) 이에 관하여는 같은 논문, 287쪽 이하 참조.

7) B. STARCK, H. ROLAND et L. BOYER, Obligations, 3. Regimegeneral, 4ᵉ ed., Litec, 1992. p. 11; H.－L.J. MAZEAUD et F. CHABAS, Lecons de droit civil, t.II, 1er vol. Obligations, Theorie generale, 8e ed., 1993. nᵒ 1260, p. 1279.

8) L. CADIET, *Juris－Classeur civil*, Art. 1602 a 1708, Vente, 16－1－(1), Art. 1689 a 1695, Fasc. 3, Editions du Juris－Classeur, 1988, nᵒ 60, p. 10.

9) 민법 제정 당시 민법 제450조는 일본민법 제467조와 동일한 취지라고 하는데 [民議院法制司法委員會民法案審議小委員會, 民法案審議錄(上卷), (1957), 265－466쪽], 일본민법 제467조는 일본의 구민법 재산편 제347조 제1항, 제3항, 제4항과 같고(梅謙次郎, 民法要義(卷之三), 債權編(1911復刻板), 有斐閣 (1985), 208面, 후자는 Boissonade 초안 제367조에 해당하는 것이었다(G. BOISSONADE, Projet de Code civil pour L´Empire du Japon, Tome 2, Tokio, 1882, p. 175). 위 초안 제367조는 프랑스민법 제1690조에 해당하는 것인데(loc.cit.), Boissonade는 프랑스민법 제1690조를 "지명채권의 양도가 정당하게 채무자에게 통지되거나 채무자가 공정증서 또는 확정일자 있는 증서로써 승낙한 때에만 그때부터 비로소 양수인은 그의 권리를 양도인의 승계인 또는 채무자에게 대항할 수 있다."고 하여, 프랑스민법이 "제3자"에(aux tiers) 대항할 수 있다고 한 것을 "양도인의 승계인 및 채무자"(aux ayant－cause du cedant ou au debiteur cede)에게 대항할 수 있는 것으로 바꾸었다.

10) 日本大審院 大正8年 (才) 768號, 1919. 10. 15. 判決[井上 登 外 七人編, 判例體系, 民法, 債權總論, (II), §§427－473, 11(I)－2, 第一法規, 11－917 이하에서 인용한것임. 이하 같음]. 채권양도의 효력이 아닌 대항요건에 관하여도 "채권양도통지는, 통지시부터 대항력이 생기

없는 한 양수인이 채무자에 대하여 소를 제기하더라도 시효중단의 효력은 없고 그후 시효에 의하여 채권이 소멸한 후에 통지가 되었더라도 소급하여 시효 중단의 효력이 생기는 것은 아니다."[11]라고 하여 소급효를 부인하고 있다. 이에 반하여 일본의 하급심판례 중에는 "채권양도의 대항요건은 소급효가 있다."[12]고 하여 적극적으로 소급효를 인정한 것이 있다.

2. 우리나라에서의 지명채권양도의 효력발생시기와 소급효 문제
가. 학설 – 지명채권양도 대항요건의 성질의 관점에서의 논의

(1) 대항력을 갖춘 지명채권양도의 효력발생시기나 그 소급효가 있는지에 관하여 명문의 규정이 없으므로 채권양도규정의 해석이나 당사자의 법률행위의 해석을 통하여 이를 밝힐 수밖에 없다. 이론적으로 이 문제를 독립된 주제로 삼아 적극적으로 논의하고 있지는 아니하는 것으로 보이고, 다만 지명채권양도 대항요건의 성질에 관한 논의를 보면 지명채권양도의 효력발생시기를 어떻게 보고 있는지를 추측할 수 있다. 즉, 민법 제450조 제1항이 규정하고 있는, 지명채권에 있어서 채권자의 양도통지나 채무자의 승낙 등이 없을 때의 지명채권의 양도의 효력이나 채권자의 양도통지나 채무자의 승낙 등의 성질을 어떻게 볼 것인지에 관하여는 대체로 효력발생설 내지 항변설, 상대적무효설, 효력발생요건설 등이 있고,[13] 그에 따라 지명채권양도의 효력발생시기가 달라질 수 있다.

우선 효력발생설 내지 항변설에서는, "양도계약이 있으면 양도인과 양수인 사이에서는 채권양도의 효력이 곧 바로 발생하여 채권이 양수인에게 구속되므로, 채무자가 채권양도의 효력을 인정하여 변제를 하면 그것은 유효하다."[14]고 하거나 "채권양도의 효력은 양도계약만으로 곧 발생하고 대항요건은 채무자를

는 것이고 소급효를 갖지 않는다."[日本大審院 大正3年 (オ) 85號, 1914. 5. 21. 判決)라고 하기도 하고 "채권양도의 통지에 의한 대항력은 양도당시에 소급하지 않는다." [日本大審院 昭和5年 (オ) 2956號 1931. 4. 10. 判決]라고 하기도 한다.

11) 日本大審院 昭和6年 (オ) 40號 1931. 9. 22. 判決.

12) 福岡地方裁判所 大正6年 (ヤ) 42號 1917. 12. 18. 決定.

13) 이상의 학설에 관해서는 南孝淳, "對抗要件을 갖추지 못한 동안 債權讓渡의 債務者에 대한 효력 : 讓受人의 裁判上請求를 中心으로", 民事判例 研究(31卷), 韓國民事判例研究會, 博英社(2009. 02), 281쪽 이하; 오수원, 앞의 논문, 679쪽 이하 참조.

14) 金亨培, 債權總論, 博英社(1998), 587쪽.

보호하기 위한 것이므로, 채무자는 양도인의 통지가 없음에도 채권양도의 효력을 인정하여 양수인에게 변제할 수 있다."15)고 하는데, 이에 따르면 지명채권양도는 양도행위 시에 바로 효력을 발생한다고 할 것이다.

상대적무효설에서는, "채권양도의 효력은 양도계약만으로 곧 발생"16)한다고 하는데, 이에 따르면 양도인과 양수인 사이에서는 양도 계약에 의하여 바로 효력을 발생하지만 채무자와의 관계에서는 대항요건을 구비한 때에 효력이 발생한다고 할 수도 있고 양도계약 등 양도 시에 소급하여 효력이 발생한다고 할 수도 있을 것이다.

(2) 민법에서 "대항하지 못한다"는 말은 일반적으로 권리를 행사하지 못한다는 의미로 사용하고 있다. 민법 제450조 제1항에서의 "대항하지 못한다"는 것도 마찬가지이다. 그러므로 항변설에서 권리를 행사할 수 있지만 상대방이 항변할 수 있다고 하는 것은 법문의 뜻에 반하는 것이다. 또 상대적무효설의 경우 양도의 효력발생시기가 달라짐에 따라 종된 채권의 귀속여부가 달라질 수 있다. 일반적으로 채권을 가진 채권자는 우선 채무자에 대한 청구력이 있어야 하는데 양도 통지나 채무자의 승낙이 없는 채권양도의 양수인은 채무자에 대한 청구력이 없다. 지명채권양도에 있어서 채무자에 대한 대항요건은 물권변동에 있어서의 제3자에 대한 대항요건과는 그 의미가 다른 것이다. 그러므로 지명채권의 양도에서 대항요건을 갖춤이 없이도 양도인과 양수인의 계약만으로 채권양도는 효력이 발생한다고 보는 효력발생설이나 양도인과 양수인 사이에서 효력이 발생한다고 보는 상대적무효설은 타당성이 없다. 지명채권양도에 있어서는 성질상 채권양도 행위만으로는 그 효력을 발생할 수 없는 것이고, 양도통지나 채무자의 승낙이 있어야만 효력을 발생할 수 있는 것이다. 그러므로 지명채권양도에 있어서 채권자의 양도통지나 채무자의 승낙은 채권양도의 효력발생요건으로 보는 것이 타당하다.17)

---

15) 金曾漢·金學東, 債權總論, 博英社(1998), 304쪽; 같은 취지로 郭潤直 債權總論, 博英社(2007), 223쪽.
16) 金曾漢·金學東, 앞의 책, 304쪽.
17) 이점에 관해서는 오수원, 앞의 논문, 692쪽 이하 참조.

나. 판례

(1) 채권자취소권과 관련하여

민법 제406조 제1항은 "채무자가 채권자를 해함을 알고 재산권을 목적으로 한 법률행위를 한 때에는 채권자는 그 취소 및 원상회복을 법원에 청구할 수 있다."고 하여 채권자취소권을 행사할 수 있는 사람은 채권자임을 명백히 하고 있다. 채권양도가 채권자와 양수인 사이의 채권양도행위에 의하여 그때 바로 효력이 발생한다면 채권자의 채권양도통지나 채무자의 승낙이 없더라도 양수인은 양도행위만으로 채권자로서 채권자취소권을 행사할 수 있을 것이다. 그러나 채권양도는 채권자의 채권양도통지나 채무자의 승낙이 있을 때 그때부터 양수인은 채권자로서 채권을 행사할 수 있을 뿐이다. 그런데, 사해행위 이전에 성립되어 있는 채권자의 채권이 양도된 경우, 채권양도의 대항요건을 사해행위 이후에 갖춘 채권양수인이 채권자취소권을 행사할 수 있는지에 관하여, 대법원 2006. 6. 29. 선고 2004다5822 판결은 "채권자의 채권이 사해행위 이전에 성립되어 있는 이상 그 채권이 양도된 경우에도 그 양수인이 채권자취소권을 행사할 수 있고, 이 경우 채권양도의 대항요건을 사해행위 이후에 갖추었더라도 채권양수인이 채권자취소권을 행사하는 데 아무런 장애사유가 될 수 없다 할 것이다."라고 하여 이를 긍정하고 있다. 이 판결이 정당하기 위해서는 지명채권양도에서 대항요건을 갖춘 경우에 그 효력발생시기를 지명채권양도행위 시로 소급하는 것으로 보고, 양수인이 뒤늦게라도, 즉 사해행위 이후에라도 대항요건을 구비한 경우에 한하여 채권을 행사할 수 있도록 하였다고 할 수밖에 없다. 이 판결이, 사해행위 이후 뒤늦게라도 대항요건을 갖추지 못한 양수인에 대하여도 그가 채권자라고 하여 채권자취소권을 행사하도록 하는 취지라면 이는 민법 제450조 제1항이 대항요건을 갖추지 못한 지명채권의 양수인은 채무자 등에게 대항할 수 없다고 하여 그에 대하여 권리행사를 할 수 없도록 한 법문의 취지에 반한다.

(2) 시효의 중단과 관련하여

대법원 2005. 11. 10. 선고 2005다41818 판결[18]의 사안은, 채권양도 및 양도

---

18) 이 판결에 대한 평석으로는, 김병선, "債權讓渡의 對抗要件과 消滅時效의 中斷", 저스티스 (104號), 韓國法學院(2008/06), 222-239쪽; 南孝淳, 앞의 논문, 281-324쪽; 李尙靑, "채권

통지가 여러 차례에 걸쳐서 이루어진 것이나 이를 간추려 보면, 2000. 10. 13. 최초의 채권양도가 있었고, 소는 그 소멸시효 기간이 경과하기 전인 2001. 5. 23.에 제기되었으나 양도인에 의한 그 양도통지는 시효기간 3년이 지난, 소송이 진행 중인 2004. 5. 17.에 한 것이다. 이에 관하여 원심법원은 대항력 없는 양수인이 소를 제기하였다고 하여 소멸시효가 중단되었다고 할 수 없다는 이유로 채무자의 소멸시효의 항변을 받아 들였으나, 대법원은 「채권양도는 구 채권자인 양도인과 신 채권자인 양수인 사이에 채권을 그 동일성을 유지하면서 전자로부터 후자에게로 이전시킬 것을 목적으로 하는 계약을 말한다 할 것이고, 채권양도에 의하여 채권은 그 동일성을 잃지 않고 양도인으로부터 양수인에게 이전되며, 이러한 법리는 채권양도의 대항요건을 갖추지 못하였다고 하더라도 마찬가지인 점, 민법 제149조의 "조건의 성취가 미정한 권리의무는 일반규정에 의하여 처분, 상속, 보존 또는 담보로 할 수 있다."는 규정은 대항요건을 갖추지 못하여 채무자에게 대항하지 못한다고 하더라도 채권양도에 의하여 채권을 이전받은 양수인의 경우에도 그대로 준용될 수 있는 점, 채무자를 상대로 재판상의 청구를 한 채권의 양수인을 '권리 위에 잠자는 자'라고 할 수 없는 점 등에 비추어 보면, 비록 대항요건을 갖추지 못하여 채무자에게 대항하지 못한다고 하더라도 채권의 양수인이 채무자를 상대로 재판상의 청구를 하였다면 이는 소멸시효 중단사유인 재판상의 청구에 해당한다고 보아야 한다.」고 하여 원심판결을 파기하였다.

이 판결은 명시적으로 지명채권양도의 효력발생시기 내지 그 소급효에 관하여 밝히고 있지는 아니하고 여러 이유를 붙여 대항력을 갖추지 못한 양수인에 의한 소제기에 시효중단의 효력을 인정하였다. 그러나 소의 제기가 기본적으로 권리행사이고 시효중단을 위한 소의 제기는 권리자가 하여야 하는데 대항요건을 갖추지 못한 양수인은 권리자가 아니므로 이러한 양수인의 소제기에 시효중단의 효력을 인정한 점은 타당하지 못하다.[19] 그러나 이 판결의 사안에서 양도인이 소송진행 중에 양도통지를 하였고 그에 따라 채권양도는 양도 시에 소급하여 효력이 발생하는 것으로 본다면 이 판결은 정당화된다.

의 양수인이 채권양도의 대항요건을 갖추지 못한 상태에서 채무자를 상대로 재판상의 청구를 한 경우, 소멸시효 중단사유인 재판상의 청구에 해당하는지 여부(적극)", 대법원판례해설(제57호, 2005년 하반기), 법원도서관(2006. 07), 260－271쪽.
19) 이점에 관해서는 오수원, 앞의 논문, 697－698쪽.

다. 효력발생요건과 소급효

효력발생요건을 필요로 하는 법률행위는 그 요건을 갖추기 전에는 효력이 발생하지 않으며 그렇다고 이러한 법률행위가 절대적·확정적으로 무효인 것도 아니다. 이러한 상태를 독일의 예에 따라 유동적무효 또는 미확정무효라고 한다. 뒤에서 보는 바와 같이 유동적 또는 미확정무효인 법률행위는 성질상 효력발생에 필요한 요건을 갖춘 때에는 그 법률행위 시에 소급하여 효력을 발생하는 것으로 본다. 지명채권양도의 양도통지나 승낙을 지명채권양도의 효력발생요건으로 본다면 양도인, 양수인, 채무자 모두의 관계에 있어서 양도 시에 소급하여 효력이 발생한다고 해야 할 것이다.[20] 채권양도의 소급효를 부정하여 대항요건을 갖춘 때에 비로소 효력이 발생하는 것으로 본다면 양도인이나 채무자의 태도에 따라 그 효력발생시기가 늦어질 수도 있어 당사자들의 법률관계가 불확실해진다. 이러한 상황은 채권양도 당사자가 뜻한 바는 아닐 것이다.

한편 지명채권양도가 그 양도법률행위 시에 효력이 발생한다는 것과 양도인의 채권양도통지와 채무자의 승낙이 효력발생요건이라는 것은 얼핏 보기에 서로 모순되는 것이 아닌가 하는 생각이 들지만 이는 지명채권양도효력의 소급성을 인정한다면 양자는 전혀 모순되지 아니한다. 즉, 지명채권양도는 채권자의 양도통지나 채무자의 승낙 등이 있을 때에 그 효력이 소급하여 지명채권양도행위 시에 효력을 발생하는 것이고 채권자의 양도통지나 채무자의 승낙 등이 있을 때에 그 시점에서 효력이 발생하는 것은 아니라고 보는 것이다.

아래에서는 효력발생요건을 필요로 하는 법률행위에 관하여 소급효를 인정

---

20) 계약 내지 법률행위의 요건과 관련하여 성립요건과 효력(발생)요건을 구별하는 것이 일반적이나 이를 부인하는 견해가 있다. 후자에 따르면 "첫째 계약, 나아가서는 法律行爲의 要件을 성립요건과 효력발생요건으로 구별하는 것은 효력 없는 계약이나 법률행위의 존재를 인정하는 것이 되고, 이는 法律要件의 하나인 계약이나 法律行爲의 槪念자체에 반하는 것이 되어 논리적으로 모순이다. 둘째 다수설이 契約 내지는 法律行爲의 일반적 效力發生要件으로 들면서 설명하고 있는 것은 소위 성립 요건의 내용설명에 불과한 것이며, 셋째 다수설이 契約 내지는 法律行爲의 특별효력발생요건으로 들면서 설명하고 있는 것은 請求權의 發生 내지 權利의 實現性과 契約내지는 法律行爲의 效力을 혼동하는 것"(金旭坤, 註釋民法, 債權各則(1), 朴駿緒 편, 韓國司法行政學會(1999), 250쪽; 그 밖의, 성립요건과 효력발생요건부인론에 관해서는 李太載, 民法總則, 進明文化社(1981), 217쪽)이라고 하나, 뒤에 보는 유동적무효인 행위와 같이 효력 없는 계약이나 법률행위도 있을 수 있으므로 성립요건과 효력발생요건을 구별하는 것이 타당하다.

하고 있는, 독일과 우리나라에서의 유동적무효론에 관하여 살펴보기로 한다.

Ⅲ. 독일과 우리나라에서의 유동적무효와 지명채권 양도

1. 독일민법상의 유동적무효론

가. 독일민법에서 흠 있는 법률행위[21](Fehlerhaftes Rechtgeschäft)에는 취소할 수 있는 법률행위(anfechtbares Rechtgeschäft)와 무효인 법률행위가 있고, 후자에는 다시 절대적 무효인 법률행위(nichtiges Rechtgeschäft)[22]와 상대적 무효인 법률행위(relativ unwirksames Rechtgeschäft)가 있다. 상대적 무효인 법률행위에는 확정적·상대적 무효인 법률행위[23]와 불확정적·상대적 무효인 법률행위(schwebend unwirksames Rechtgeschäft)가 있다.

나. 독일민법상 불확정적 상대적 무효인 법률행위는 법률행위가 효력을 발생하기 위해서는 의사표시 외에, 예컨대 추인 또는 허가, 동의 등과 같은 법적으로 규정된 효력발생요건(gesetzlich vorgeschrieben Wirksamkeiterfordernis)을 필요로 하는 법률행위로 이를 유동적무효(schwebende Unwirksamkeit)[24]라고 한다.[25] 여

---

21) 이에 관하여는 K. Larenz/M. Wolf, a, a, O., Rn. 58 ff; H. Palm, Erman Bürgerliches Gesetzbuch, 10. Auf. B. I, 2000. Münster, Achendorf－Rechtsverl., Koln, O.schmidt, Einl. § 104, Rn. 22 ff.

22) 독일에서 절대적 무효인 법률행위는 사회질서보호를 위해 필요한 사항으로 절대적 행위무능력(7세 미만의 자, 정신병 등으로 금치산선고를 받은 자, 제104조, 제105조)의 행위, 가장행위(제117조), 진지성의 결여(제 118조), 요식행위의 방식결여(제125조), 선량한 풍속위반행위(제134, 138조), 복리(제248조 제1항), 공유해소청구권의 제한(제749조), 소유권의 법률행위에 의한 제한(제1136조), 유질계약의 금지(제1229조), 약혼불이행시 벌칙약정(제1297조 제2항) 등이 여기에 속한다(vgl. H. Palm, a, a, O., Rn. 22 ff.).

23) 독일법상 확정적 상대적 무효인 법률행위는 특정인의 보호를 목적으로 하는 것으로 이는 그 특정인에 대하여 무효인 법률행위이며, 여기에는 독일민법상 제135조 제1항, 제136조, 제506조, 제883조 제2항, 1126조 등이 있다(H. Palm, a. a. O., Rn. 24, S. 245; 허위의사표시(제117조), 비진의 의사표지(제118조), 형식흠결의 요식행위(제125조 이하) 등이 있고, 우리 민법상 상대적 무효인 법률행위가 주로 여기에 해당한다(vgl. H. Palm, a, a, O., Rn. 24 ff.).

24) K. Larenz/M. Wolf. a. a. O., Rn. 49; H. Palm, a. a. O,. Rn. 25; F. Jürgen Sacker und R. Rixcker, Münchener kommentar zum Bürgerlichen Gesetzbuch, Band 1, Allgemeiner Teil,

기에 해당하는 것으로는 7세 이상 18세 미만의 미성년자, 심신박약자, 낭비자, 음주벽 및 마약 중독으로 인한 금치산자, 가후견중인 자 등 제한적 행위무능력자 등이 법정대리인의 동의 없이 한 계약(제108조), 무권대리인의 행위(제177조), 자기거래 등의 금지에 위반한 행위(제181조),[26] 무권리자의 처분(제185조), 채무자와 인수인 사이의 채무인수계약(제415조),[27] 부부잉여공동제에서의 상대방의 동의 없는 재산 처분과 그 추인(제1365조), 동의 없는 일방배우자의 계약체결과 다른 배우자의 추인(제1366조), 일방배우자의 부부공유재산처분(제1423조), 친권행사나 후견에 있어서 후견법원의 동의 없는 행위(제1829조), 사전상속인의 부동산, 선박, 건조 중의 선박 처분, 증여(제2113조), 토지거래 등 관청의 인가가 필요한 경우 등이 이에 속하는 것으로 본다.[28]

---

1. Halbband, §§1–240, 5. Auf., München, C.H. Beck, 2006, § 108, Rn. 19. 독일의 유동적 무효에 관한 우리말 문헌으로는 丁玉泰, "浮動的 缺效", 司法行政(33卷 7號), 韓國司法行政學會(1992. 07) 15–25쪽 참조. 한편 독일의 schwebende Unwirksamkeit에 해당하는 것으로 우리나라에서 이를 유동적무효(대법원 1991. 12. 24. 선고 90다12243 전원합의체 판결), 불확정무효(梁彰洙, "權利者의 處分과 權利者에 의한 追認", 民法研究(第2卷), 博英社(1991), 49쪽), 부동적 결효(丁玉泰, 앞의 논문,15쪽–25쪽), 미확정 무효(金顯泰, 民法總則, 敎文社(1974), 393쪽; 金龍潭, 民法注解, 郭潤直 편, 博英社(1992), 286쪽 이하) 등으로 라고 옮기고 있고, 확정적무효에 대응하는 말은 불확정적무효라고 하여야 할 것 같으나, 앞의 대법원 1991. 12. 24. 선고 90다12243 전원합의체 판결에서도 확정적무효에 대응하는 것으로 유동적무효라는 말을 쓰고 있다.

25) 그 목적은 한편으로는 법률행위의 관련 요건에 대한 종속성(Abhangigkeit)을 확보하고 다른 한편으로는 그 행위의 유효화(Wirksamwerden)의 가능성을 열어놓기 위한 것이라고 한다(H. Palm, a. a. O.).

26) 독일민법 제181조 (자기계약) 대리인은, 달리 허용되지 아니한 한, 본인을 대리하여 자신과 법률행위를 하거나 제3자의 대리인으로 법률행위를 하지 못한다. 그러나 법률행위가 단지 채무의 이행일 뿐인 경우에는 그러하지 아니하다. 이 번역에 관하여는 양창수, 독일민법전, (1999), 74–75쪽 참조.

27) 독일빈법 제415조 (채무자와 인수인의 계약) ① 제3자와 채무자의 채무인수가 합의된 때에 그 효력은 채권자의 추인에 달려 있다. 추인은 채무자 또는 제3자가 채권자에게 채무인수를 통지한 때에 비로소 할 수 있다. 추인이 있기까지 당사자들은 계약을 변경하거나 실효시킬 수 있다. ②추인이 거절되면, 채무인수는 행하여지지 아니한 것으로 본다. 채무자 또는 제3자가 채권자에게 기간을 정하여 추인 여부의 의사표시를 최고한 경우에, 추인의 의사표시는 그 기간 내에만 할 수 있다; 추인의 의사표시가 없으면, 이를 거절한 것으로 본다. ③ 채권자가 추인을 하지 아니한 동안에는, 의심스러운 때에는, 인수인은 채무자에 대하여 채권자를 적시에 만족시킬 의무가 없다. 채권자가 추인을 거절한 때에도 또한 같다. 이 번역에 관하여는 양창수, 앞의 책, 175쪽 참조.

28) Vgl. H. Palm, a. a. O. 다만 "소위 流動的 無效(Schwebende Unwirksamkeit)의 법리는 독일

이러한 법률행위에 관한 확인의 소는 가능하나 이행의 소는 불가능하다고 하며,29) 필요한 추인 또는 허가, 동의 등을 얻지 못한 경우에는 확정적무효가 되고 법률행위의 당사자는 독일민법 제812조에 기한 부당이득반환청구권의 대상이 된다고 한다.30)

유동적무효의 효력발생시기에 관하여 개별법이 규정하는 경우도 있으나 독일민법 제184조는 "(1) 사후의 동의(추인)는 다른 의사표시가 없는 때에는 법률행위 시에 소급하여 효력이 있다. (2) 그러나 추인에 의하여 법률행위의 목적물에 관하여 추인한 자에 의하여 추인 전에 한 처분이나 강제집행, 가압류집행의 방법으로 또는 도산사건 관재인에 의하여 한 처분은 효력이 없는 것이 아니다."라고 하여 소급효를 규정하고 있다. 그에 따라 법률행위의 효력발생이 제3자의 동의나 추인에 의존하는 유동적무효인 법률행위의 경우에는 소급하여(ex tunc) 효력이 있는 것으로 보는 것이 일반적인 듯하다.31)

2. 우리나라에서의 유동적무효론

가. 우리나라에서 유동적무효인 경우

우리나라의 경우에도 대체로 무권대리행위(민법 제130조, 133조)32)와 토지거래허가제 하의 토지거래행위(국토의 계획 및 이용에 관한 법률 제118조 제1항, 제6

에서 토지거래상 토지거래인가제와 허가제에 관하여 적용하던 이론으로, 독일에서는 투기억제의 목적이 아니라 농지 및 산지이용의 합리적 유지와 도시재개발의 원만한 수행을 위하여, 농지와 임야의 매매(§1 Grundstückverkehrsgesetz)와 도시재개발구역(Sanierungsgebiet)의 土地所有權의 讓渡, 世襲地上權(Erbbaurecht)의 설정에서 관할관청의 認可를 요하고 있다." [蘇在先, "去來許可區域內 土地의 許可區域指定解除와 流動的 無效 契約解除의 可否", 判例月報(348號), 判例月報社(1999), 29-30쪽]고 설명하기도 하나, 독일에서 유동적무효가 토지거래인·허가제에 관해서만 적용되는 것이 아님은 앞에서 본 바와 같다.

29) H. Palm, a. a. O.
30) H. Palm, a. a. O. 착오 등으로 취소할 수 있는 법률행위는 우선 유효하고(zunachst wirksam) 취소에 의하여 소급하여 무효가 되므로 이를 유동적 유효(schwebende Wirksamkeit)라고 하고(K. Larenz/M. Wolf. a. a. O., Rn. 56, S. 809; J. von Staudingers Kommentar zum Bürgerlichen Gesetzbuch mit Einführungsgeaetz und Nebengesetz §§90-133, Berlin Seiler-de Grayten, 2004, Vorbem 116-144, Rn. 23, S. 435-436), 독일민법 제355조가 규정한 소비자계약은 여기에 속한다고 한다(K. Larenz/M. Wolf. a. a. O., Rn. 57).
31) K. Larenz/M. Wolf. a. a. O., Rn. 52, S. 808; H. Palm, a. a. O.
32) 金龍潭, 앞의 民法注解, III, 1992, 286쪽 이하.

항),33) 무권리자의 처분행위34) 등을 유동적무효로 본다. 또 채무자와 인수인 사이의 채무인수(민법 제457조)도 무권대리와 동일한 구조를 가지고 있으므로 독일 민법에서와 같이 유동적무효로 보는 것이 타당하다.

　　나아가 이에 한하지 아니하고 당사자에게 효력을 발생하게 할 수는 없지만 동의나 추인 등에 따라 소급적으로 효력이 발생하는 법률행위들, 예컨대 농지자격취득증명이 없는 자의 농지매수(농지법 제8조 제1항),35) 관할청의 허가를 받기 이전의 사립학교 기본재산의 매도·증여·교환 또는 용도를 변경하거나 담보, 의무의 부담이나 권리의 포기(사립학교법 제28조 제1항) 등과 같이 특수한 재화에 관하여 국가가 특별한 방법으로 그 유통을 제한하거나 감독·통제하기 위하여 그에 관한 법률행위를 함에 있어서 다른 행정관청의 허가나 인가 또는 증명을 갖추도록 하는 경우에 이러한 인·허가나 증명은 대체로 매매계약에 관한 것으로서 매매계약의 효력발생요건이라고 하는데,36) 이러한 경우에도 그 법률행위는 유동적무효로 보아야 한다.37) 또 이 경우 인가 또는 불허가처분이 있을 때까지

---

33) 대법원 2008. 3. 13. 선고 2007다76603 판결; 앞의 대법원 1991. 12. 24. 선고 90다12243 전원합의체 판결; 嚴東燮, "流動的 無效의 法理와 損害賠償責任", 民事判例硏究, 17卷(95.04), 博英社, 1995, 74－88: 李宙興, "土地去來許可에 있어서 이른바 流勤的 無效에 기한 法律關係", 民事裁判의 諸問題, 8卷(1994.10), 韓國司法行政學會, 1994, 32－48.

34) 金龍潭, 앞의 民法注解, Ⅲ, 1992, 286쪽 이하; 梁彰洙, "權利者의 處分과 權利者에 의한 追認", 民法硏究, 第2卷, 博英社, 1991, 31쪽－58쪽. 그 근거를 사적 자치의 원칙에서 찾는다 (같은 논문, 49쪽).

35) 다만 판례는 " 농지법 제8조 제1항 소정의 농지취득자격증명은 농지를 취득하는 자가 그 소유권에 관한 등기를 신청할 때에 첨부하여야 할 서류로서(농지법 제8조 제4항), 농지를 취득하는 자에게 농지취득의 자격이 있다는 것을 증명하는 것일 뿐 농지취득의 원인이 되는 법률행위의 효력을 발생시키는 요건은 아니다"라고 한다(대법원 2005. 7. 29. 선고 2003다14133,14140 판결; 대법원 1998. 2. 27. 선고 97다49251 판결 등).

36) 이의 논의에 관해서는 金旭坤, 앞의 註釋民法, 債權各則, 250－251쪽, 여기에서는 법률행위의 성립요건과 효력발생요건의 구별을 부인하는 입장에서 "이러한 견해는 계약은 항상 당사자의 의사의 합치만으로 완전히 성립하는 것이라고 보기 때문이다. 여기서 요구되는 認可나 許可 혹은 證明이 매매계약에 관한 것인가 하는 것이 문제되기도 하지만, 비록 그것이 賣買契約에 관한 것이라고 할지라도 그것은 매매계약의 효력발생 요건이라고 볼 것은 아니고, 특수한 재화에 관한 매매계약의 유효한 성립을 위하여 當事者의 合意 외에 법률상 특별히 요구되는 요건이라고 보는 것이 타당할 것"(金旭坤, 앞의 註釋民法, 債權各則, 251쪽)이라고 한다.

37) 郭潤直, 債權各論, 博英社, 2006, 17쪽(이에 따르면 허가 없는 토지거래가 유동적무효라는 해석은 "일정한 관서의 허가나 동의, 증명을 필요로 하는 다른 경우에도 적용하는 것이 옳다."고 한다).

의 중간기간 동안 당사자는 인가를 받는 데에 신의칙상 상호협력하여야 할 의무가 있고 이러한 의무에 위배하여 허가신청절차에 협력하지 않는 당사자에 대하여 상대방은 협력의무의 이행을 소로써 구할 수 있는 것으로 본다.[38]

나. 우리나라에서 유동적무효에 소급효가 인정되는 근거

(1) 민법 제139조는 "무효인 법률행위는 추인하여도 그 효력이 생기지 아니한다. 그러나 당사자가 그 무효임을 알고 추인한 때에는 새로운 법률행위로 본다."고 하여 소급효를 부인하지만 민법 제137조의 일부무효에서 이와 달리 규정하는 점을 보면 민법 제139조는 모든 무효의 경우에 적용되는 것이 아님을 알 수 있다.[39]

(2) 유동적무효인 법률행위의 소급효에 관해서는 우리나라에서는 독일민법 제184조와 같은 일반적 규정이 없고, 다만 무권대리의 추인에 관하여 민법 제133조가 "추인은 다른 의사표시가 없는 때에는 계약시에 소급하여 그 효력이 생긴다. 그러나 제3자의 권리를 해하지 못한다"고 하고, 채무자와 인수인 사이의 채무인수에 관하여 민법 제457조가 "채권자의 채무인수에 대한 승낙은 다른 의사표시가 없으면 채무를 인수한 때에 소급하여 그 효력이 생긴다. 그러나 제3자의 권리를 침해하지 못한다."라고 하여 각각 소급효를 규정하고 있다.[40] 나아가 판례는 "타인의 권리를 자기의 이름으로 또는 자기의 권리로 처분한 후에 본인이 그 처분을 인정하였다면 특별한 사정이 없는 한 무권대리에 있어서 본인의 추인의 경우와 같이 그 처분은 본인에 대하여 효력을 발생한다."[41]고 하여 무권리자의 처분도 무권대리와 같이 보고 있다.

그렇다면 법으로 소급효를 규정하지 아니한 경우에는 그 근거를 어디에서 찾아야 하는가? 판례는 "무권리자가 타인의 권리를 자기의 이름으로 또는 자기의 권리로 처분한 경우에, 권리자는 후일 이를 추인함으로써 그 처분행위를 인

---

38) 대법원 1992. 10. 27. 선고 92다34414 판결; 같은 취지로 대법원 1993. 1. 12. 선고 92다36830 판결; 대법원 1993. 3. 9. 선고 92다56275 판결 등.
39) 민법 제139조는 절대적·확정적 전부무효인 경우에 적용되는 것으로 보아야 할 것 같다.
40) 그 밖에 우리 민법상 소급효를 규정한 것은 제167조(소멸시효의 소급효), 제386조(선택채권에서 선택의 효력), 제860조(인지의 소급효), 제1015조(상속재산분할의 소급효), 제1042조(상속포기의 소급효), 제1074조(유증의 승인, 포기) 등이 있다.
41) 대법원 1981. 1. 13. 선고 79다2151 판결.

정할 수 있고, 특별한 사정이 없는 한 이로써 권리자 본인에게 위 처분행위의 효력이 발생함은 사적 자치의 원칙에 비추어 당연하고, 이 경우 추인은 명시적으로뿐만 아니라 묵시적인 방법으로도 가능하며 그 의사표시는 무권대리인이나 그 상대방 어느 쪽에 하여도 무방하다."고 하고, 이는 명시적으로 법률행위의 소급효에 관한 것은 아니지만 무권리자를 무권대리인과 같은 것으로 다루고 있다는 점에서 소급효가 인정되는 경우라고 할 수 있는데, 여기에서 판례는 사적 자치의 원칙을 그 유효성의 근거로 하고 있고 소급효 또한 마찬가지인 것 같다. 이론적으로는 민법 제139조에도 불구하고 당사자 사이에서 소급효를 인정하는 무효행위의 추인이 일반적으로 인정되는 점을 보면 유동적무효에서도 이러한 소급효 있는 추인은 당연히 유효한 것으로 보인다. 이러한 소급효 있는 명시적 추인이 없을 때에는 소급효의 근거는 법률행위의 해석의 문제로 될 수밖에 없는데,[42] 유동적무효에 있어서는 이 제도의 법적 성질상 추인이 있을 때에는 소급효를 갖는 것으로 보는 것이 타당하다.[43]

3. 지명채권양도의 경우

지명채권양도에 있어서 채권자의 양도통지나 채무자의 승낙은 효력발생요건이고, 일반적으로 효력발생요건의 구비를 필요로 하는 법률행위는 그 효력발생요건을 구비하기 전에는 유동적(미확정적) 무효이며 그 요건을 갖춘 때에 소급하여 효력을 발행하는 것이므로, 지명채권양도도 양도통지나 승낙이 있으면 양도 시에 소급하여 효력이 발행하는 것으로 보아야 한다.

---

42) 李英俊, 民法總則, 博英社(1987), 666쪽(이에 따르면 처분행위, 특히 물권행위의 추인은 제3자의 권리를 해하지 않는 경우에 한하여 소급효를 갖는다고 한다). 이에 대하여 "그것은 문제를 새로운 문제에 의하여 대체 하는 것이 아닌가 하는 느낌을 준다. 위에서 본 '효력귀속요건'이라는 발상은 이 문제에 대하여 소급적 효력 인정에 대한 통일적인 설명을 줄 수 있다고 생각되나, 그보다 앞서 그러한 발상 자체가 유용한가를 따져 보아야 할 것이다."(梁彰洙, 앞의 논문, 57쪽)라고 하는 이가 있다.

43) 지명채권양도에 있어서는 그 실정법적 근거를 굳이 찾는다면 민법 제457조를 유추적용할 수밖에 없어 보인다. 이는 채권과 채무는 개념상 대립되는 것이지만 채무자와 인수인이 한 채무인수에서 그 효력이 채권자의 채무인수에 대한 승낙에 의존하고 있다는 점에서 지명채권양도와 동일한 구조를 가지고 있기 때문이다.

Ⅳ. 대상판결의 검토

1. 무권리자의 저당권실행의 유효성문제의 관점

대상 판결은, 우선 피담보채권을 저당권과 함께 양수한 자가 저당권이전의 부기등기를 마치고 저당권실행의 요건을 갖추고 있는 한 채권양도의 대항요건을 갖추고 있지 아니하더라도 경매신청에 따라 개시결정된 경매는 이의나 즉시항고에 의하여 실효되지 아니한 이상 그 경매절차는 적법하다고 한다. 이러한 대상 판결에 대하여 채권양도의 통지·승낙이 없더라도 지명채권양도는 효력을 발생한다거나,44) "담보권 실행을 위한 경매신청은 비송사건을 담당하는 국가에 대한 재판청구이고, 비록 그 절차를 통하여 신청채권자가 청구채권의 만족을 얻는다고 하더라도 채무자에 대한 채권행사라고 할 수 없다. 그러므로 담보권 실행을 위한 경매신청에 관하여는 채무자에 대한 관계에서 대항요건을 규정한 민법 제450조 제1항 부분이 적용될 여지가 없다고 할 것이다"45)라고 하고, "근저당권부 채권양도의 경우 담보권인 저당권 이전의 부기등기가 기재된 등기부등본의 제출로써 충분하다"46)는 이유로 대상판결이 타당하다고 하기도 하고, 민사집행법 제264조 제1, 2항, 민사집행규칙 제192조 등이 임의경매개시결정에 유효한 채권의 존재를 전제로 하지 아니하고 법원이 이를 심사할 권한이 있는 것도 아니라고 하여 채권양도의 통지·승낙이 없더라도 저당권을 이전받은 양수인의 경매신청 및 그에 따른 경매개시가 유효하다는 견해47)도 있다. 또 저당권부채권양도에서

---

44) 李愚宰, "가. 근저당권의 피담보채권과 함께 근저당권을 양수하였으나 채권양도의 대항요건을 갖추지 못한 양수인의 저당권실행의 가부(적극) 및 배당 여부(적극), 나. 선순위의 근저당권부채권을 양수한 채권자가 채권양도의 대항요건을 갖추지 아니한 경우 후순위의 근저당권자가 채권양도로 대항할 수 없는 제3자에 포함되는지 여부(소극)", 대법원판례 해설(2005 상반기, 통권 제54호), 법원도서관(2006.01), 178-180쪽.
45) 李賢鍾, "債權讓渡의 對抗要件을 갖추지 못한 抵當權附 債權讓受人의 抵當權 實行", 民事判例研究(XXIX), 民事判例研究會編, 博英社(2007), 218쪽.
46) 같은 논문, 234쪽.
47) 文準燮, "債務者에 대한 對抗要件을 갖추지 못한 경우 債權讓受人의 法的地位", 法曹(58卷 1號, 通卷628號), 法曹協會(2009. 01), 230쪽 이하. 이에 따르면 " 민사집행법 제264조 제1항, 민사집행규칙 제92조에 의하면 부동산에 대한 담보권실행을 위한 경매의 개시를 위하여 필요한 서류로서 채권자·채무자 및 소유자, 담보권과 피담보채권의 표시, 담보권의 실행대상이 될 재산의 표시를 기재한 신청서와 담보권의 존재를 증명하는 서류를 들고 있다.

저당권만의 이전등기가 유효하다는 입장[48])에서도 대상판결이 타당하다고 할 것이다. 그러나 저당권부채권양도는 채권양도를 포함하므로 채권양도에 관한 규정이 적용되고 채무자 기타 제3자에게 대항하기 위해서는 채권양도의 대항요건을 갖추어야 한다. 그에 따라 저당권부채권이 양도되고, 저당권 이전의 등기를 마쳤더라도 채권양도통지나 채무자의 승낙이 없어 채무자가 양도인에게 변제를 한 때에는 채권과 저당권은 소멸한다.[49]) 피담보채권의 기초인 채권양도가 대항요건을 구비하지 않고 있는 동안 피담보채권이 이중으로 양도되어 제2의 양수인이 먼저 채권양도의 대항요건을 갖추면 제1의 채권양도는 효력을 상실하여 제1의 양수인은 비록 저당권의 이전등기를 마쳤더라도 저당권을 취득할 수 없게 된다.[50]) 또 주된 권리인 피담보채권을 행사할 수 없는 자에게 종된 권리인 저당권을 행사할 수 있다고 할 수 없다.

그러므로 양수인이 저당권이전의 부기등기를 마쳤더라도 채권양도의 대항요건을 갖추고 있지 아니하는 한 그가 신청한 경매절차는 효력이 없다고 하여야 한다.

집행법원은 담보권의 존재에 관해서 위 서류의 한도에서 심사를 하는 것이고 그 외에 담보권실행을 위한 경매절차의 개시 요건으로서 피담보채권의 존재를 증명하도록 요구하고 있는 것은 아니므로 경매개시결정을 함에 있어서 채권자에게 피담보채권의 존재를 입증하게 할 것은 아니"라고 하고(같은 논문, 230쪽). " 민사집행법 제264조 제2항에 정해진 '담보권 승계자가 제출하여야 할 담보권의 승계를 증명하는 서류'도 저당권이전등기가 된 등기부등본으로 족하다고 해석하여야 할 것이다. 담보권이 승계되지 않은 경우에는 담보권의 존재를 증명하는 서류. 즉 담보권이 표기된 등기부등본만 제출하면 족한 것으로 해석하면서 담보권이 승계된 경우에는 피담보채권의 양도 및 이에 대한 대항요건의 구비사실까지 증명하는 서류를 제출할 것을 요구한다면 형평에 맞지 않다(같은 쪽)고 하며, "이와 같이 집행법원이 채권양도의 대항요건을 갖추지 아니한 채권양수인의 경매개시신청을 받아들일 수밖에 없는 것은 집행법원이 경매신청인의 실체법적 권리에 대하여 심사할 수 있는 범위에 관해 절차법적으로 일정한 제한을 받고 있기 때문이지 채권양도의 대항요건을 갖추지 아니하여도 일단 채권양도의 효력이 발생하므로 채권과 담보권의 양수인은 유효한 담보권자로서 담보권을 행사 할 수 있기 때문은 아니다."(같은 논문, 231쪽)라고 한다.

48) 이점의 논의에 관해서는 정병호, "抵當權附 債權의 讓渡에 관한 하나의 試論: 對抗要件과 成立要件의 交叉", 民事法學(36號), 韓國民事法學會 (2007. 05), 427-428쪽 참조.

49) 郭潤直. 物權法, (1994), 641쪽; 呂相薰, 註釋民法, 物權,(4), 朴駿緖편, 韓國司法行政學會 (2000), 152쪽; 南孝淳, 民法注解(VII), 物債(4), 郭潤直편, 博英社(1996), 79쪽.

50) 呂相薰, 앞의 註釋民法, 152쪽.

2. 경락인의 소유권취득문제의 관점

대상판결과 같이 대항력을 갖추지 못한 저당권부채권양도에 바탕을 둔 경
매가 유효하다고 할 때 생기는 또 하나의 문제는 경락인(매수인)이 경매목적물의
소유권을 취득하는 것인가 하는 점이다.

이를 긍정하는 견해에 따르면, "이 경우는 경매개시결정이전에 이미 담보권
이 소멸된 경우와 동일시할 수 없고 오히려 담보권은 존재하나 다만 담보권자가
아닌 자(채권양수인)가 경매신청한 경우와 같이 취급하여야 한다. 이러한 경매절
차상의 하자는 경매절차종료 후에는 더이상 다툴 수 없고 낙찰자는 유효하게 소
유권을 취득한다."[51]고 한다. 그러나 민사집행법 제267조는 "매수인의 부동산
취득은 담보권 소멸로 영향을 받지 아니한다"고 한다고 하고, 이는 담보집행에
의한 경매에 공신적 효과를 인정하는 법정책적 규정으로[52] 이러한 공신적 효력
의 이론적 근거로는 대체로 담보권의 설정자가 그 소멸을 다툴 수 있음에도 다
투지 아니한 데서 오는 실권효를 드는데,[53] 이러한 실권효를 채무자가 아닌 제3
자에 대하여도 인정할 수 있는 것인지는 의문이다.[54] 또 여기에서의 '담보권 소
멸'은 그 시기가 경매개시결정 후이어야 하는가의 문제[55]는 별론으로 하더라도
일단 유효하게 성립한 담보권이 사후에 소멸한 경우를 뜻하는 것으로[56] 효력도
발생하지 아니한 담보권이 여기에 포함되는 것은 아니다.[57] 나아가 민법 제361

---

51) 文準燮, 앞의 논문, 234-235쪽(이에 따르면 "특히 경매절차의 안정성을 위하여 도입된 민
    사집행법 제267조의 취지를 고려한다면 위 대법원 98다1855 판결과 같이 경매의 공신력을
    배제하고 낙찰자의 소유권취득을 부정하는 해석은 담보권부존재의 경우와 같이 거래의 안
    전을 희생해서라도 채무자를 보호해야할 필요성이 현저한 사안으로 제한함이 상당하다."고
    한다); 그 밖에 김상수 "담보권의 실행절차에 관하여´, 比較私法, (12卷 3號, 通卷30號), 韓
    國比較私法學會(2005. 09), 244쪽 참조.
52) 김상수, 앞의 논문, 244쪽.
53) 朴三奉, 註釋民事執行法 Ⅴ, §257~§275, 金祥源외 3인편, 韓國司法行政學會(2004), 276-
    277쪽; 강대성, 민사집행법, 三英社(2003), 552쪽.
54) 대법원 1998. 10. 27. 선고 97다26104,26111 판결은 "강제경매의 개시 당시 이미 소멸하였
    음에도 형식상 등기만이 남아 있을 뿐이었던 근저당권보다 후순위라는 이유로 집행법원의
    촉탁에 의하여 이루어진 가처분 기입등기의 말소등기는 원인무효이고, 가처분채권자는 그
    말소등기에도 불구하고 여전히 가처분채권자로서의 권리를 가진다."고 한다.
55) 이에 관해서는 朴三奉, 앞의 註釋民事執行法, 280-282쪽.
56) 같은 책, 278쪽; 김상수, 앞의 논문, 244-245쪽.
57) 朴三奉, 같은 쪽; 김상수, 앞의 논문, 245쪽. 그러므로 저당권설정등기가 원인무효이거나

조는 "저당권은 그 담보한 채권과 분리하여 타인에게 양도하거나 다른 채권의 담보로 하지 못한다."고 하는데, 이를 위반한 경우의 효과에 관하여 특별히 규정한 바가 없으므로 이를 강행규정으로 보아야 하고, 그렇다면 저당권만의 양도는 효력이 없다고 보아야 한다.

더욱이 우리 민법은 부동산등기에 관하여 공신의 원칙이 적용되는 것도 아니어서 경매에 의하여 실체적 권리를 취득하는 것도 아니다.

대상판결에 따를 경우 실체적 권리가 없는 자의 경매청구로 인하여 그 매수인이 소유권을 취득하지 못하게 되는 문제점이 있다.[58]

3. 대상판결과 지명채권양도의 소급효의 관점

지명채권양도에서 대항요건을 갖춘 경우에 그 효력발생시기는 지명채권양도행위 시로 소급하는 것이고 이 사건의 경우 원고는 경매가 진행되는 도중에 대항요건을 구비한 것이므로 경매절차의 하자는 치유되고 원고는 소급하여 배당받을 권리가 있게 된다. 그러므로 대상판결은 판결이유는 타당하지 못하지만 그 결론에 있어서는 정당하다. 대상판결은 그 판결이유를 양수인의 대항요건을 구비하지 못한 최초의 소제기는 양도인이 뒤늦게라도 양도통지를 하여 그 소가 소급하여 유효하게 되었다고 하였어야 한다.

피담보채권이 당초부터 발생하지 아니한 경우 등에는 아무리 경매절차가 적정하게 이루어졌다 하더라도 매수인은 경매부동산의 소유권을 취득하지 못하는 것으로 본다(朴三奉, 같은 쪽; 김상수, 같은 쪽). 판례 또한 경매개시결정이전에 피담보채권이 소멸됨에 따라 소멸된 저당권을 바탕으로 한 경매개시 결정을 비롯한 일련의 절차와 경락허가결정이 모두 무효인 경우에는 비록 경락인이 경락대금을 완납하였다고 해도 저당물의 소유권을 취득할 수 없고 담보부동산 소유자인 채무자는 이에 대한 소유권을 상실할 리가 없으므로 피담보채권자에 대하여 손해배상을 청구할 수 없다"(대법원 1976. 2. 10. 선고 75다994 판결)고 한다. 그 밖에 앞의 대법원 1998. 10. 27. 선고 97다26104,26111 판결 참조.

58) 이 경우 일본에서는 경락인은 소유권을 취득하지 못한다고 보는 것이 일반적이다[我妻榮, 債權總論, 岩波書店, 533쪽; 明石三郎, 註釋民法, (11), 西村信雄編, 有斐閣(1965), 378쪽; 林良平, 林良平 外 二人, 債權總論, 靑林書院(1996), 501쪽]. 日本大審院判例도 피담보채권의 양도통지가 없는 상태에서 경매절차가 종결된 경우에도 저당부동산의 제3취득자는 경락인에 대해서 경매의 무효를 주장하여 자기소유권의 확인을 소구할 수 있다고 한다(日大審院 1922. 9. 23. 連合部判決, 我妻榮, 前揭書, 534面 참조).

4. 소결론

대상판결은 대항요건을 갖추지 못한 저당권부채권양수인의 저당권이전등기를 바탕으로 한 경매가 적법한 것이고 그 경매신청인은 양수채권의 변제를 받을 수도 있다고 하나, 대항요건을 구비하지 못한 채권양수인의 신청에 따른 경매는 채권이 없는 자의 경매이므로 무효라고 하여야 하고 다만 대항력을 갖춘 지명채권의 효력발생시기는 지명채권양도행위시로 소급하는 것이며 이 사건의 경우 원고는 경매가 진행되는 도중에 대항요건을 구비한 것이므로 절차의 하자는 치유되어 원고는 소급하여 배당받을 권리가 있는 것으로 보아야 한다.

V. 결론

지명채권양도에 있어서 채권자의 양도통지와 채무자의 승낙은 효력발생요건이고 효력발생요건의 구비를 필요로 하는 법률행위는 그 효력발생요건을 구비하기 전에는 유동적(미확정적)무효이며, 그 요건을 갖춘 때에 법률행위 시에 소급하여 효력을 발생하는 것이므로 지명채권양도도 양도통지나 승낙이 있으면 양도시에 소급하여 효력이 발생하는 것으로 보아야 한다.

대상판결은 대항요건을 갖추지 못한 저당권부채권양수인의 저당권 이전등기를 바탕으로 한 경매가 적법한 것이고 그 경매신청인은 양수채권의 변제를 받을 수도 있다고 하나, 대항요건을 구비하지 못한 채권양수인의 신청에 따른 경매는 채권이 없는 자의 경매이므로 무효라고 하여야 하고, 다만 대항력을 갖춘 지명채권의 효력발생시기는 지명채권양도행위시로 소급하는 것이며 이 사건의 경우 원고는 경매가 진행되는 도중에 대항요건을 구비한 것이므로 절차의 하자는 치유되어 원고는 소급하여 배당받을 권리가 있는 것으로 보아야 한다. 대상판결이 피담보채권을 저당권과 함께 양수한 자가 저당권이전의 부기등기를 마치고 저당권실행의 요건을 갖추고 있는 한 채권양도의 대항요건을 갖추고 있지 아니하더라도 경매신청에 따라 개시결정된 경매는 이의나 즉시항고에 의하여 실효되지 아니한 이상 그 경매절차는 적법하다고 하고 이를 전제로 양수인이 배당을 받을 수 있다고 한 것은 타당하지 못하나 절차종료 전에 한 채권양도통지는 소급하여 양도의 효력이 발생하였으므로 경매절차의 하자는 치유되었다고 하여야 하고, 이점에서 대상판결의 결론은 타당하다.

[법조, 통권662호(2011. 11), 법조협회, 2011. 185-220쪽에 실림]

[후 기]

대법원은, "채권양도에 있어서 채권의 양도 자체는 양도인과 양수인 간의 의사표시만으로 이루어지고 다만 양도사실을 채무자에게 대항하기 위하여는 양도인이 채무자에게 통지를 하거나 채무자로부터 승낙을 받아야 하는데, 여기서 채무자에게 대항할 수 있다는 의미는 양수인이 채무자에게 채권을 주장할 수 있다는 것이므로, 대항요건을 갖추지 아니한 양수인은 채무자에게 채권을 주장할 수 없게 되지만, 그렇다고 하여 그러한 양수인이 채무자를 상대로 소제기 자체를 못한다거나 소제기가 무효라고 볼 수 없고, 소가 제기된 이후에 변론종결 시까지 대항요건을 구비하지 못하면 청구가 이유 없는 것으로 될 뿐이므로, 위와 같은 제척기간을 둔 취지와 대항요건을 갖추지 아니한 양수인과 채무자와의 법률관계에 비추어 볼 때 양수인은 그 기간 내에게 채무자를 상대로 제소만 하면 제척기간을 준수한 것으로 보아야 할 것이고 채무자에게 대한 대항요건까지 갖출 필요는 없다"(대법원 2000. 12. 12. 선고 2000다1006 판결. 같은 취지로 광주고등법원 2017. 1. 11. 선고 2013나3896 판결)이라고 한다.

9. 채무자의 이의를 보류하지 아니한 채권양도 승낙에 의한 대항불능의 취지와 양수인의 선의·무중과실

I. 머리말

양도된 채권은 그 동일성을 유지하면서 양도인에게서 양수인에게로 이전된다. 그에 따라 채무자는 그 통지를 받을 때까지 채권자에게 대항할 수 있는 사유로써 양수인에게 대항할 수 있는 것이 원칙이다(민법 제451조 제2항). 그런데 민법 제451조 제1항은 채무자가 이의를 보류하지 아니하고 채권양도승낙을 한 때에는 양도인에게 대항할 수 있는 사유로써 양수인에게 대항하지 못한다고 하여 대항불능(inopposabilité)을 규정하고 있다.

원래 법이 규정한 일정한 법률효과를 발생하기 위한 그 발생요건은 그 법의 규정에 근거를 두는 것이 원칙이다. 그런데 채무자의 채권양도의 이의를 유보하지 않은 승낙에 의한 대항불능이 발생하기 위해서는 양수인은 항변의 존재를 알지 못함, 즉 선의여야 한다고 하여, 법이 규정하지 않은 '양수인의 선의'라는 특별한 요건을 구비해야 하는 것으로 보는 것이 일반적이고, 여기에 그치지 않고 더 나아가 양수인은 항변의 존재를 알지 못할 뿐만 아니라 이를 알지 못한데 대하여 무과실 또는 무중과실이어야 한다고 하는 이도 있다. 그리고 이들 양수인의 선의나 무과실 또는 무중과실 등의 요건의 근거를, 민법 제451조 제1항의 채무자의 승낙에 의한 대항불능효의 제도의 취지 또는 그 법적 성질과 관련짓고 있다.

아래에서는 채무자의 이의를 보류하지 아니한 채권양도의 승낙에 의한 대항불능제도의 취지와 이러한 대항불능이 발생하기 위한 요건의 하나인지가 문제가 되고 있는 양수인의 선의 또는 그 무과실이나 무중과실에 관하여 일본 및 우리나라에서의 논의를 살펴본다.

Ⅱ. 일본에서의 논의

1. 현재의 일본민법 제468조의 규정

일본민법 제468조(승낙 또는 통지의 효과) ① 채무자가 이의를 보류하지 아니하고 전조의 승낙을 한 때에는 양도인에게 대항할 수 있는 사유가 있어도 이를 가지고 양수인에게 대항하지 못한다. 이 경우에 있어서 채무자가 그의 채무를 소멸하게 하기 위하여 양도인에게 급여한 것이 있을 때에는 이를 회수할 수 있고, 양도인에 대하여 부담한 채무가 있을 때에는 이를 성립되지 아니한 것으로 볼 수 있다.

② 양도인이 양도의 통지를 하는데 그친 때에는 채무자는 그 통지를 받은 때까지 양도인에 대하여 생긴 사유로써 양수인에게 대항할 수 있다.

일본민법 제정 당시 그 민법 제468조 제1항은 우리 민법 제451조와 같은 내용을 규정하고 있었으나, 그 뒤에 본문과 단서를 제1문과, 제2문으로 바꾸었다.[1] 일본민법 제468조제2항은 우리 민법 제451조 제2항과 동일하다.

한편 일본에서는 2017년에 민법일부를 개정하면서, 채무자의 이의를 보류하지 아니한 채권양도 승낙에 관한, 기존의 일본민법 제468조 제1항의 내용을 삭제하여 채무자의 이의를 보류한 승낙이라는 제도 자체를 없앴다. 그리고 기존의 지시채권양도의 대항요건을 규정한 일본민법 제469조에서는 채무자가 상계로써

---

1) 일본에서 2004년 "일본민법의 일부를 개정하는 법률"(民法の一部を改正する法律)(平成16年法律第147号)에 따라 "일본민법의 현대어화와 보증계약의 적정화, 즉 일본민법 제1편－제3편의 표기를 히라가나(平仮名)·구어체로 고치는 것과, 주로 근보증계약의 내용을 적정화하기 위한 법정비"를 하면서 일본민법 제468조 제1항은 기존의 본문과 단서로 되어 있던 것을 현재와 같이 제1문, 제2문으로 바꾸었다(이에 관해서는 http://www.e-hoki.com/law/digest/index_11.html 참조).

대항할 수 있는 내용으로 바꾸었다.[2]

2. 일본에서의 양수인의 대항불능제도의 취지에 관한 학설 및 판례

가. 일본에서의 양수인의 대항불능제도의 취지에 관한 학설

(1) 금반언설[3]

이의를 보류하지 않은 승낙의 대항불능을 규정한 일본민법 제468조의 취지를 금반언에서 찾는 이들이 있다. 이에 따르면, "일본민법 제468조 제1항의 규정은… 신채권자의 이익을 보호하고 거래의 안전을 보호하기 위하여 법률이 양도의 무조건 승낙에 대해서 특별히 부여한 법률효과"라고 하고, "채무자가 무조건으로 채권양도를 승낙할 때는 양수인은 이를 신뢰하는 것이 보통이고, 또 이를 신뢰할 수 없으면 채권거래의 안전을 보호할 수 없게 되므로, 채무자의 무조건의 승낙에 대해서 법률은 특별히 이 법률효과를 인정하게 된 것"[4]이라고 한다. 또 일본민법 제468조 제1항의 전조의 승낙은 "단순한 양도사실에 대한 승낙을 규정한 것이고 그 이유는 영국법에서 말하는 금반언(estoppel)과 동일한 취지에서 나온 것이기 때문"[5]이라고 하며, 여기에서의 승낙은, 일본민법 제467조에서와 같이 양도사실의 승인이고 통상적인 것이므로 그 법적 성질은 단순한 관념의 통지에 지나지 않으며, 승낙은 양도인·양수인 아무에게나 해도 좋다고 한다.[6] 또 다른 이는 "무보류의 승낙을 한 자가 뒤에 양도인에 대한 항변을 주장하는 것은 금반언으로 되는 것이어서, 정형적인 항변상실효과를 부여한 것"[7]이라고 한다.

이 이론에 대해서는, 이는 "하토야마 히데오(鳩山秀夫)의 독창적인 것이라기

---

2) 2017. 6. 2.에 公布한 일본의 法律 第44号(이 법률은 2020. 4. 1.부터 시행된다). 개정된 일본민법의 내용에 관해서는 http://www.moj.go.jp/MINJI/minji06_001070000.html 참조. 한편 우리 민법에서도 채권양도에 있어서의 상계에 관해서는 별도로 규정을 마련해야 한다는 입법론을 주장하는 이[윤철홍, "채권양도의 승낙과 통지의 효력(제451조)에 대한 개정론", 東亞法學, 第52號(2011.8), 동아대학교 출판부, 2011, 511－536쪽]가 있다.

3) 이를 鳩山說이라고도 한다(池田眞郎, 債權讓渡の研究, 弘文堂, 1997. 333頁).

4) 鳩山秀夫, 日本債權總論, 1925, 360－361頁, 池田眞郎, 前揭書, 133－134頁, 淡路剛久, 淡路剛久, 債權總論, 有斐閣, 2002, 457頁 등에서 재인용.

5) 鳩山秀夫, 日本債權總論, 1925, 361頁, 池田眞郎, 前揭書, 354頁에서 재인용.

6) 이 점에 관해서는 明石三郎, 注釋民法, 11, 債權, 2, 西村信雄編, 有斐閣, 1980, 389頁.

7) 加藤雅新, 債權總論, 有斐閣, 2005, 316頁; 같은 듯으로 潮見佳男, 債權總論, 信山社, 2004, 343頁.

보다는 불명확하기는 하지만 민법 기초자인 우메 켄지로(梅謙次郎)나 그 뒤의 학
자들의 생각에 따른 것이 많고, 하토야마 히데오가 이를 명확하게 했다"고 하고,
"그 뒤의 학자들은 거의 예외 없이 하토야마 히데오을 따르고 있고, 다만 그 법
리적 근거를 금반언칙이 아닌 공신원칙에서 구하고 있다"[8]고 한다.

    이 이론에 대한 비판으로는 "채무자에 관한 항변상실효는 설명할 수 있지
만, 일본민법 제468조 제1항 단서의, 채무자의 양도인에 대한 반환청구 등의 설
명과 연결하지 않는다."[9]고 하는 이가 있다. 또 이 설은 뒤에 보는 공신력설과
동일시되기도 하는데,[10] 이 점에서 공신력설에 대한 비판이 그대로 타당할 수
있다.[11]

(2) 공신력설(공신설)[12]

    일본민법 제468조 제1항의 이의를 보류하지 않은 승낙의 대항불능제도의
취지를, 금반언설의 연장선상에서 공신력에서 찾는 이들이 있다. 이에 따르면,
일본민법 제468조 제1항 본문의 규정은, "채무자의 이의를 보류하지 않은 승낙
이라고 하는 사실에 공신력을 부여하여 양수인을 보호하고, 지명채권양도의 안
전을 꾀하려고 하는 것"[13]이라고 한다.

    이에 대해서는, 단순한 채권양도사실의 승인에 채권의 내용에까지 공신력을
인정하는 근거에 의문을 표시하는 이,[14] "공신력에 의한 보호는 권리존재의 표

---

 8) 이상 明石三郎, 前揭注釋民法, 389頁.
 9) 池田眞郎, 前揭書 400頁.
10) 明石三郎, 前揭注釋民法, 389頁; 그 밖에 池田眞郎, 前揭書, 334頁에서 인용된 문헌 참조.
    그렇기 때문에 공신력설의 최초의 주장자를 鳩山秀夫로 보는 이가 많다고 한다(明石三郎,
    前揭注釋民法, 398頁; 池田眞郎, 前揭書, 355頁; 石田喜久夫·西村峯裕, 叢書民法總合判例
    硏究, 第1卷, 25,債權讓渡と異意を留めない承諾の效力, 一粒社, 1981, 12-14頁).
11) 池田眞郎, 前揭書 400頁.
12) 이를 '양수인보호설'이라고 하는 이(於保不二雄, 債權總論, 有斐閣, 1989, 315頁)기 있고,
    "일본민법 제468조가 양수인보호와 채권거래의 안전을 보호하기 위해서 인정된 것이므로
    공신력설이 아닌 양수인보호설이라고 부를 수 있다."(明石三郎, 前揭注釋民法, 389頁)고 하
    는 이도 있다.
13) 我妻榮, 債權總論, 岩波書店, 1985, 537頁; 星野英一, 民法概論, Ⅲ, 債權總論, 良書普及會,
    1978, 220頁; 林良平, 石田喜久夫, 高木多喜男, 債權總論, 靑林書院, 1996, 506頁.
14) 安達三季生, "異議を留保めない債權讓渡の承諾と消滅した抵當權の復活", ジュリスト增刊,
    擔保法の判例, Ⅰ, 後藤安使編, 有斐閣, 1994, 102頁; 加藤雅新, 前揭書, 316頁(이곳에서는
    "사실의 승인에 공신력을 인정하는 것은 비약이 있다"고 한다).

상을 신뢰한 사람에게 권리를 취득하게 하는 반면, 진실한 권리자의 권리를 잃게 하는 것"이고, 이의 무보류 승낙에 따른 "항변절단이라고 하는 소극적 효력의 반사(反射)로서 선의자가 권리를 취득하는 결과로 되는 경우가 있지만, … 공신력과는 구별하는 것이 적당하다."[15]고 하는 이, 이의 없는 승낙에 대항불능을 인정하는 것은, 거래안전보호라는 동적 안전을 위한 것이라면 상법이 아닌, 정적 안전을 중시하는 민법전에서 규정할 리가 없고, 민법에서는 지명채권은 증권채권과 구별하여 규정하고 있으며, 이 제도가 공신력을 위한 것이라면 그 효력범위는 절대적이라고 해야 하고, 이는 양수인에 한정하는 것으로 보는 것과 모순되며,[16] "공신력이 인정되는(외형적 대상에의 신뢰가 보호되는) 대상으로 되는 공시(또는 그에 상당한 것)는 동산의 선의취득에서는 그 동산의 점유, 그 밖의 경우에는 등기 또는 유가증권의 점유이고, 동산의 선의취득 외의 경우에 공신력은 엄격한 공적인 문서에 의한 표시 또는 방식이 정해진 권리가 화체된 증서의 점유를 기초로 하여 인정되므로, 공신력을 인정할 수 있는 범위의 확대를 허용하더라도, 단순한 관념의 표시로 될 수 있는 것으로 그와 같이 방식을 묻지 않고, 서면성(書面性)도 반드시 확보되는 것도 아닌 무형식의 승낙을 규정한(일본민법 제467조 제1항이 있는 이상, 제468조에서 말하는 전조의 승인에는 어떠한 한정적 해석을 하지 않는 한, 무방식의 것도 포함한다) 것에 공신력을 인정하는 합리성은 어디에 있는가는 매우 의문"[17]이라고 하는 이 등이 있다.

(3) 양수인보호설(소극적공신력설)

공신력에 대하여, "공신력이라는 말은 권리 존재의 표상, 예컨대 점유·등기·증권 등에 부여되는 권리취득의 적극적 효력에만 한정하는 것이 타당하다. 이는 독일법학에 있어서의 물권행위의 무인성이론과 권리의 표상의 공신력에 의한 선의취득의 이론과의 혼선, 어음이론에 있어서의 항변절단의 이론과 증권의 공신력에 의한 증권상의 권리의 선의취득의 이론과의 관계의 불명확성에서 나타나는 것이다. 이의를 보류하지 않은 승낙에는, 소극적으로 항변절단의 효력이 부여되는 것뿐이고, 승낙의 공신력에 의해서 적극적으로 권리의 선의취득이 되는

---

15) 奧田昌道, 債權總論, 悠悠社, 1993, 444頁; 潮見佳男, 債權總論, 信山社, 2004, 467頁.
16) 池田眞郎, 前揭書, 401頁.
17) 池田眞郎, 前揭書, 402頁.

것이 아니"[18]라고 비판하고, 일본민법 제468조 제1항의 취지를 소극적 공신력에서 찾는 이가 있는데, 이에 따르면 "공신의 원칙의 적용에 의해서 선의의 양수인을 보호하고 채권양도의 안전을 보호하기 위해서 이의를 보류하지 않은 승낙에 공신력을 인정하여 항변을 상실하게 하는 것"[19]이라고 한다.

(4) 제재설(이중법정효과설)

이의를 보류하지 않은 승낙의 법적 성질을 의사적 요소가 있다고 하거나 관념의 통지(관념의 표시)이고 채무자의 대항불능제도의 취지를 채무자의 행위에 대한 제재라고 하여 법적 성질과 제도의 취지 양자를 동시에 설명하는 이들이 있다.[20] 이들은 제재이유의 직접적인 근거를 어떻게 보는지에 따라 다음과 같이 다시 견해가 나뉜다.

첫째로 의사적 요소와 채무자의 주의의무위반을 근거로 하는 이가 있다. 이에 따르면, "일본민법 제468조 제1항은, 채무자와 양도인, 양수인 등 3인의 태도를 고려하여, 채무자의 이의를 보류하지 않은 승낙이 있는 경우에 채무자의 항변을 절단하는 것이고, 그 항변절단효의 근거는, 여기에서 무엇인가 채무자의 의사적 관계, 의사적 행위가 있다는 점에서 부여되는 것"[21]이라고 하고, "'의사적 행위'라 함은, 우선 단순한 관념의 통지가 아니며, 이른바 의사표시 그 자체도 아니"며 "양도에 협력하고, 양도대상인 채권의 존부, 내용(항변사유의 유무) 등을 양도계약 당사자(양도인, 양수인)에게 정확하게 알게 해야 할 행동을 하는 것에 관한 의사, 즉 양도계약에 적극적으로 관여하는 것에 관한 의사"라고 하며, "채권에 있어서는 물권과는 달리 권리실현에 관해서 채무자는 불가결의 존재이고, 채무자의 태도는 채권자에게 있어서는 언제나 중대한 관심사이므로…일단 적극적으로 양도절차에 관여한 채무자는 양도인 및 양수인에 대해서, 계약 당사자가 거래상대방의 신뢰에 따라서 대응해야 할, 주의의무를 부담하는 것에 준한 주의의무를 부담하는 것"이며, "이러한 의미에서 사실에 반한, 이의를 보류하지 않은 승낙을 한 채무자는 스스로가 한 행위에 반해서 항변을 내놓는 것은 허용될 수

---

18) 於保不二雄, 前揭書, 316−317頁 주 25.

19) 於保不二雄, 前揭書 315頁(여기에서 스스로 이를 '양수인보호설'이라고 한다).

20) 그러므로 이러한 견해를 이중법정효과설이라고 한다(淡路剛久, 前揭書, 460頁; 池田眞郎, 前揭書, 415頁).

21) 池田眞郎, 前揭書, 415頁.

없고, 그에 따라 항변절단효가 근거를 갖게 된다."22)고 한다.

둘째로 채무자의 모순행위금지를 근거로 하는 이가 있다. 이에 따르면, '승낙'을 관념의 통지와는 다른 의사적인 행위(의사표시가 아니라 내부 의사를 두고 이르는 말이다)로 이해하고, 항변절단효는 '승낙'이라는 의사적 요소에 대하여 법이 부여한 특수한 법적 효과, 즉 '제재(sanction)' 라고 보고, "채무자가 한 바의 선행행위(즉, 이의를 보류하지 않은 승낙)와 모순되는 행위(이의를 제기하지 않기로 하고 난 후 이를 가지고 대항한다고 주장하는 것)에는 법적 효과를 인정하지 않는다고 하는 일반원칙(구태여 그 근거를 구한다면 신의칙에서 그 근거를 구함에 다름 아니라고 생각된다)에 근거하여 구할 수도 있다."23)고 한다.

셋째로 먼저 앞에서 본, 첫째의 주장에 대하여 "항변절단효의 근거가 '일종의 주의의무 위반'이라고 하는 점도 반드시 설득력 있다고 할 수 없다"24)고 비판하고, 관념의 통지 및 모순행위금지와 채무자의 귀책성을 근거로 이의를 보류하지 않은 승낙의 취지를 설명하는 이가 있다. 이에 따르면 "일본민법 제468조 제1항에는 …채권양도의 보호·거래안전의 보호라는 취지"와, "이의를 보류하지 않고 채무를 승낙한 채무자에의 귀책"이라는 양 취지가 포함되어 있다고 하고, 후자에 관해서는, "이의를 보류하지 않은 승낙의 성질은 관념의 통지라고 보는 것이 맞지만 이는 관념의 통지에 항변상실효가 부여된다고 하는 것이 아니고, 관념의 통지이지만 채무자에게도 이의를 보류하지 않았다고 하는 귀책성이 있으므로 항변상실의 효과가 부여되는 것"이며, "일본민법 제468조 제1항 단서에 관해서는 채무자로부터 변제를 받았으므로, 어떠한 이익을 얻어 같은 채권을 양도하는 양도인은, 실질적으로 부당이득을 한 것으로 생각할 수 있지만(논리적으로는 부당이득이라고 설명하기 곤란하다), 채무자는 스스로 이의를 보류하지 않았으므로 부당한 (법률상 원인 있는) 손실이라고는 반드시 말할 수 있는 것은 아니다. ….양도인에게도, 가령 이미 변제받은 채권을 양도했다고 하는 부적절한 행위가 있으므로, 채무자와의 이익균형을 고려하여 채무자에게 취소 등의 권리를 인정했다."25)고 한다.

---

22) 이상 池田眞郎, 上揭書, 415-417頁(여기에서는 "굳이 말한다면 승낙행위에 의해서 채권양도 계약의 준당사자라고도 할 수 있는 입장에 있는 채무자의 양수인에 대한 일종의 주의의무 위반에 바탕을 둔 책임이라고 해도 좋을 것"이라고도 한다).
23) 平井宜雄, 債權總論, 東京, 弘文堂, 143頁.
24) 淡路剛久, 前揭書, 462頁.
25) 淡路剛久, 上揭書, 463頁.

나. 일본에서의 양수인의 대항불능제도의 취지에 관한 판례

(1) 금반언설을 따른 것으로 보는 판결

일본민법 제468조 제1항에 관하여, "같은 조에 의하면 채무자가 양도인에게 대항할 수 있는 사유에 관해서 어떠한 제한도 두고 있지 않을 뿐만 아니라 앞의 입법취지에 비추어 보면 위의 이른바 대항할 수 있는 사유 중에는 같은 조 단서의 예상할 수 있는 변제, 경계, 화해 등으로 인한 채무소멸의 항변사유 외의 불법목적으로 인한 채무불발생의 항변사유와 같은 것도 또한 일반적으로 이를 포함하여야 한다는 것도 별로 의문이 없다. 그러므로 위 규정에 의해서 양수인이 취득할 수 있는 채권이 되는 것은 실로 양도인으로부터 승계취득된 것이 아니고 전혀 새로운 별개의 채권이라고 할 수 있다. 따라서 이와 같은 것은 채무자와 양수인 사이에 있어서 채무승인의 합의가 아니라면 도저히 이를 이해할 수 없다. 그렇지만 일본민법 제468조 제1항에 비추어 보면 명백히 전조의 승낙을 한 때라고 규정하고 전조에서 이른바 양도의 승낙을 지칭한 것도 문리상 전혀 의문이 없을 뿐만 아니라, 이제 만약 같은 조를 적용하는 경우를 앞의 채무승인의 계약이 성립하는 경우만으로 국한한다면 같은 조 제1항의 규정은 전혀 쓸 데 없는 규정으로 단정하지 않을 수 없게 된다. 무릇 채무자와 양수인 사이에 있어서 새로운 채무부담을 목적으로 하는 무인계약이 성립한다고 하면 양도인에게 대항할 수 있는 항변사유로써 양수인에게 대항할 수 없음이 실로 자명한 사실에 속하고, 이를 특히 입법을 기다려서 비로소 알 수 있는 것이 아니라는 것은 굳이 많은 말이 필요하지 않다. 과연 그렇다면 같은 조는 채권양도에 즈음하여 채무자에게 있어서 양수인에 대해서 새로이 채무를 승인한다는 의사를 표시했는지 아닌지를 묻지 않고 적어도 어떠한 이의도 보류하지 않은 승낙이 있는 이상, 법률은 당해 양도승낙된 관념표시에 마치 유효하게 존재하는, 하자 없는 채권의 양도와 같이, 효력을 부여하는 것으로 하여, 바꾸어 말하면 법률이 특별히 인정한 하나의 의제에 다름 아닌 것으로 해석하는 것이 마땅하다. 그렇지만 위 규정은 원래부터 양수인을 보호해야한다고 하는 것에 다름 아님은 이미 위에서 설시한 바와 같으므로 같은 조에 의해서 보호를 받을 수 있는 양수인은 그 양도목적인 채권에 하자가 있는 사실을 인식하지 못한, 이른바 선의자에 한한다고 하는 것도 무릇 당연한 귀결이 되지 않으면 안 된다."[26]고 한다.

(2) 공신력설을 취한 것으로 보는 판례

도급계약의 미완성부분의 보수채권의 양도에 관해 주문자인 채무자의 이의 없는 승낙이 있고, 그 후에 양도인(수급인)의 채무불이행에 의해 도급계약이 해제된 사례에서, "채권양도 전에 반대급부의무가 발생한 이상 채권양도 시에 이미 계약의 해제원인이 존재하더라도 이의 없는 승낙을 한 경우에는 채무자는 계약해제로써 양수인에 대항할 수 없다. 그러나 양수인이 이 채권을 미완성부분에 관한 보수청구권이라는 것을 알고 있는 경우(악의)에는 채무자는 양수인에게 대항할 수 있다. 그 이유는, 무릇 일본민법 제468조 제1항 본문이 지명채권 양도에 관해서 채무자의 이의를 보류하지 않은 승낙에 항변 상실의 효과를 인정하는 것은 채권양수인의 이익을 보호하고 일반채권거래의 안전을 보장하기 위하여 법률이 부여한 법률상의 효과라고 해석할 수 있어 악의의 양수인에 대해서는 이러한 보호를 하는 것을 요하지 않는다."27)라고 한다.

3. 일본에서의 양수인의 선의 등의 문제
가. 일본에서의 양수인의 선의 등에 관한 학설
(1) 선의필요설

제재설(이중법정효과설)의 입장에서, 일본민법 "제468조는 그 자체 양수인의 모습에서 양수인보호를 이끌어 내는 것이 아니고, 채무자의 행위의 평가에 역점을 둔 것"28)으로, "이의를 보류하지 않고 승낙한 채무자에의 제재로서의 의미도 갖는 것이므로 양수인의 요건으로서는 선의만을 요구하면 족하다."29)고 하고, "일본민법 제468조의 이의를 보류하지 않은 승낙에 광범한 항변절단효를 인정하는 것은 [확정일자를 요구하지 않는] 방식의 간략화로 인하여…간략한 형태의 채무자의 부주의한 승낙에 의해서도 항변이 절단되고, 양수인의 이익보호에 기

---

26) 日本大審院 1934. 7. 11. 判決(池田眞郎, 前揭書, 344−345頁 및 石田喜久夫·西村峯裕, 前揭論文, 6−9頁에서 재인용. 이 판결을 공신력설에 따른 것으로 보는 이(石田喜久夫·西村峯裕, 前揭論文, 9−10頁)도 있으나, 我妻榮의 공신력설은 이 판결 뒤에 나왔음을 이유로 금반언설(鳩山說)을 따른 것으로 보는 이(池田眞郎, 前揭書, 344頁)도 있다.
27) 日本最高裁判所 1967. 10. 27. 判決, 池田眞郎, 前揭書, 346頁 및 石田喜久夫·西村峯裕, 前揭論文, 10頁에서 재인용; 같은 뜻으로 日本最高裁判所 1977. 4. 8. 判決.
28) 池田眞郎, 上揭書, 421頁.
29) 池田眞郎, 上揭書, 439頁.

울 염려가 있다. 그에 따라 이를 시정할 유효하고 합리적인…해석을 찾아야 한
다. 그 하나가 이 제468조 제1항의 항변절단효를 누리기 위해서는, 양수인은 (명
문은 없지만) 선의여야 한다는 해석이다…이러한 해석은 일본민법 기초자들이 법
전조사회에서 명확하게 언급한 것이기도 하다. 그러나 Boissonade는 그 초안에
서 승낙에 공정증서 내지는 확정일자 있는 증서를 요구함으로써 승낙 자체에 무
게를 두어 경솔한 승낙에 의해서 채무자의 부담이 증가하지 않게 하는 것과 같
은, 보호의 균형을 취했지만, 그에 반해서 현행법에서는 일본민법 제468조 제1항
이 승낙의 방식을 완화한 결과, 보호의 균형이 깨져 양수인에게 과도하게 유리
한 것으로 되었다고 할 수 있다."고 하고, "따라서 그 보호의 균형을 위해서 양
수인을 선의자로 한정할 필요가 나오게 된 것"[30]이라고 하는 이가 있고, 또 다
른 이는 "악의의 양수인을 보호할 이유가 없다"는 이유로 양수인은 선의이어야
한다고 한다.

공신력설의 입장에서 일부에서는 "항변상실의 효과는 선의자보호의 견지에
서 인정된 것이므로 양수인은 선의임을 요한다."[31]고도 한다.

(2) 선의·무과실필요설

금반언설의 입장에서 양수인은 선의·무과실이어야 한다는 이가 있다. 이에
따르면, "여기에서 문제가 되는 것은 '항변사유가 존재하지 않는' 것에의 양수인
의 신뢰보호라는 것보다도 오히려 '이의를 보류하지 않는 승낙'이라는 행위자의
행위면을 파악하여 그 행위의 결과를 채무자에게 귀책하게 하는 것"으로, "양수
인의 신뢰보호는 여기에서 2차적 귀결"이며, "이러한 의미에서 일본민법 제468

---

30) 池田眞郎, 上揭書, 420−421頁. 다만 이 저자는 "지명채권양도를 보다 쉽고 또한 안전하게
   하는 것이 편리하므로 좋다"라는 가치관을 전제로 한 해석들을 전개하려고 하는 논자와는
   입장이 다르다. 그 이유는, 첫째로 이러한 일정한 가치관을 전제로 한 해석은 …조문해석
   학에는 없다 … 둘째로 … 만약 지명채권에 있어서도 계속적인 금융거래나 그에 따른 자동
   결제(전자적 결제)의 필요 등에서 쉽고 안전한 이전을 제1의적으로 고려해야 할 범주의 것
   이라면, 그것은 일반법인 민법의 틀에서 처리할 것이 아니고, 별도의 특별법에 의한 처리
   를 생각해야 하기 때문이다. 민법은 언제나 관계 당사자의 최선의 이익균형을 고려하면서
   나아가야 한다. 지명채권 양도에서 보면, 채무자를 빼고 양도인·양수인의 합의만으로 권
   리를 이전할 수 있다고 하는 기본적인 구조에서 양도의 용이함·안전함의 안이한 추구가
   채무자의 이익 및 그 채권에 이해관계를 가진 제3자의 이익을 해할 가능성이 있다는 것을
   늘 고려해야 한다"(池田眞郎, 同書, 421−422頁)고 한다.
31) 奧田昌道, 前揭書, 445頁.

조 제1항 본문은 금반언 내지 모순행위금지의 원칙이 구체적인 규범으로 발현된 것"[32]이라고 하고, 양수인은 선의·무과실을 요한다고 한다.[33].

공신력설의 입장에서, "무릇 표견적인 것에의 신뢰의 보호제도(공신의 원칙의 적용)로서 당연하기 때문"에 양수인은 선의·무과실이어야 한다고 하는 이[34]도 있다.

(3) 선의·무중과실필요설

공신력설의 입장에서 "공신력설을 취하더라도 반드시 논리필연적으로 무과실을 필요하다가 할 이유로 없고 이의를 보류하지 않은 승낙에 의해서 작출된 외관은, 온전히 일방적으로 채무자에 의한 것이고. 양수인의 보호에 그의 무과실까지 요구하는 것은 타당하지 않다. 악의에 준하는 중과실만을 보호의 범위에서 제외하는 것으로 족하다."[35)고 하는 이가 있다.

나. 일본에서의 양수인의 선의 등에 관한 판례

판례가 선의만을 요구하고 있음은 앞의 제도의 취지에 관한 판례에서 본 바와 같다.

4. 일본에서의 전득자의 선의 등의 문제

일본에서는 채무자가 이의 없는 승낙을 한 때에 양수인이 선의이면 그 양수인으로부터 다시 양수받은 전득자가 악의여도 채무자는 항변사유로써 그 전득자에게 대항하지 못한다고 보는 것이 일반적이다.[36)

양수인이 악의인 경우 전득자가 선의인 때에는 채무자는 그러한 전득자에게 대항할 수 없다고 보는 이[37)가 있다. 이에 반대하는 이는, "…악의의 양수인에게 양도된 단계에서 이의를 보류하지 않고 승낙한 것이므로, 이 단계에서 항변은 상

---

32) 潮見佳男, 前揭書, 343頁.
33) 潮見佳男, 上揭書, 343頁.
34) 我妻榮, 上揭書, 538頁; 明石三郎, 前揭注釋民法, 392頁.
35) 林良平, 石田喜久夫, 高木多喜男, 前揭書, 507頁(그 입증책임은 이를 주장하는 양수인 측에 있다고도 한다).
36) 池田眞郎, 前揭書, 439頁.
37) 於保不二雄, 前揭書, 315頁.

실되지 않을 터이어서, 이 단계에서 그 채권을 전득했다고 하더라도 채무자가 전
득자에의 양도에 관해서 재도(再度)의 이의를 보류하지 않고 승낙한 것이 아니라
면,[38] 항변을 대항하지 못할 이유가 없다"[39]고 한다. 또 "양수인에게서 전득자에
게 다시 양도한 때에는 전득자가 채무자에게서 다시 이의를 유보하지 않는 승낙
을 얻는다면 채무자는 선의의 전득자에게 양수인에 대한 항변뿐만 아니라 채권
자에 대한 항변도 상실하는 것"[40]으로 보아야 한다고 하는 이도 있다.

Ⅲ. 민법 제451조 제1항의 대항불능제도의 취지 및 양수인의 선의 등의 요건

1. 민법 제451조 제1항의 대항불능제도의 취지에 관한 학설 및 판례

가. 제도의 취지에 관한 학설

(1) 공신력설(적극적공신력부여설)

이의를 보류하지 않은 승낙의 대항불능을 적극적으로 공신력을 인정한 것
으로 보는 이들이 있다. 이에 따르면 「이 제도는 이른바 '공신의 원칙'을 바탕으
로 양수인을 보호하고, 채권양도의 안전을 보장하려는 것」[41]이라고 한다.

같은 뜻으로, 공신력이나 공신원칙은 공시원칙이 바탕이 됨을 전제로, 채권
양도에서 '공시'는 "채무자 본인"이라고 하고, "굳이 따져 본다면, 채권·채무관
계는 결국 채권자·채무자 사이에서 어떠한 급부를 하는가에 달려 있는데, 이러
한 경우 채무자의 인적 사항, 그리고 채무자가 이행하여야 할 채무내용의 대강
이 바로 '공시'의 대상"[42]이라고 하는 이도 있다.

---

38) 이때 "양수인이 전득자에게 재양도할 때까지 사이에 채무자가 선의양수인에 대해서 새로
   취득한 항변에 관해서는 재도이의를 보류하지 않은 승낙을 要"한다고 한다(池田眞郎, 前揭
   書, 439頁).
39) 池田眞郎, 前揭書, 439頁.
40) 淡路剛久, 前揭書, 465頁.
41) 郭潤直, 債權總論, 博英社, 2007, 225쪽; 같은 취지로 金曾漢·金學東, 債權總論, 博英社,
   1998, 306쪽; 金容漢, 債權法總論, 博英社, 1988. 449쪽; 金錫宇, 債權法總論, 博英社, 1977,
   324쪽; 林正平, 債權總論, 法志社, 1989, 384쪽; 玄勝鍾, 債權總論, 日新社, 1982, 309쪽; 李
   銀榮, 債權總論, 博英社, 2009, 621쪽; 金基善, 韓國債權法總論, 法文社, 1987, 284쪽. 李尙
   勳, 民法注解, [Ⅹ], 債權, (3), 郭潤直편, 博英社, 1996, 594쪽.
42) 秦鴻琪, "債權讓渡에 대한 異議를 保留하지 않은 承諾과 諸抗辯의 承繼·切斷效", 比較私

(2) 항변절단설[43]

채권양도에는 공신원칙이 인정되지 아니함을 이유로 민법 제451조 제1항은 양수인보호를 위하여 소극적으로 항변절단의 효과를 부여한 것일 뿐이라는 하는 이들이 있다. 여기에는 "공신력이라는 말은 권리존립의 표상, 예컨대 점유·등기·증권 등에 주어지는 권리취득의 적극적 효력을 의미하는 것인데, 이의를 보류하지 않은 승낙에는 이와 같은 적극적 효과가 주어지는 것이 아니"므로 "민법 제451조 제1항 본문은 "소극적인 항변절단의 효과를 규정한 것"[44]이라고 하거나, 같은 이유로 "여기[채권양도]에서 승낙을 표상이라고 하기 어렵고 또 권리취득이 인정되는 것은 아니므로, 승낙에 공신력이 인정된다고 하는 것은 적절하지 않다. 그러므로 (민법) 제451조 제1항 본문은 일정한 승낙이 있는 경우에 양수인의 신뢰보호를 위하여 두어진 특별규정이라고 이해하면 족하다."[45]고 하는 이 등이 있다.

(3) 제재설

이의를 보류하지 않은 승낙의 대항불능의 취지를 양수인보호 및 채무자에 대한 제재에서 찾는 이가 있다. 이에 따르면, "채무자는 통상 채권양도계약의 당사자가 아니므로 채권양도를 승낙하거나 양도채권과 관련한 모든 사정을 양수인에게 고지해야 할 의무를 일반적으로 부담하는 것은 아니다."라고 하고, "채무자가 적극적으로 승낙을 함에 있어서 실제와 다르게 양도인에 대하여 가진 항변사유를 표명하지 않았다면 그에 따른 불이익은 피할 수 없다고 할 것이다. 그리고 양수인은 채무자가 표시한 대로 아무런 대항사유가 존재하지 않는다고 믿을 것이므로 이러한 양수인의 신뢰를 보호할 필요가 있다. 즉 채무자에 대한 일종의 제재라는 측면과 양수인의 신뢰보호라는 측면에서 이의를 보류하지 않은 승낙에 대해 항변단절이라고 하는 무거운 효과를 부여한 것"[46]이라고 한다.

法, 第18卷 第1號(通卷52號)(2011.3.), 韓國比較私法學會, 20.11, 105쪽.

43) 이를 양수인보호설이라고 하는 이도 있으나{金亨培, 債權總論, 博英社, 1998, 593쪽; 徐敏, 註釋民法, 債權總則, (2), 朴駿緒편, 韓國司法行政學會, 2000, 575쪽}, 앞의 일본에서의 논의에서 본 바와 같이, 후자는 공신력설을 말하는 것이기도 하다.

44) 金亨培, 앞의 책, 592쪽.

45) 송덕수, 채권총론, 박영사, 2013, 360쪽: 김상용, 화산미디어, 2014, 381쪽.

46) 최수정, "지명채권양도에서의 대항요건주의 내재적 한계와 극복을 위한 과정", 民事法學, 第52號(2010. 12), 韓國民事法學會, 2010, 402쪽.

또 다른 이는 공신력의 입장에 있음에도 "민법은 채무자에게 승낙 당시에 양수인에게 항변사유를 모두 고지(告知)할 의무를 간접의무(間接義務)로서 부과하고 있다. 이 고지의무를 이행하지 않은 경우에, 채무자는 인적 항변을 박탈당하는 불이익을 입는다."[47]고 한다.

나. 제도의 취지에 관한 대법원의 판례-공신력설 인정

판례는, (i) 이의를 보류하지 아니한 채무자의 승낙의 대항불능을 공신원칙의 표현으로 보아, "민법 제451조 제1항은 채무자의 승낙이라는 사실에 공신력을 주어 양수인을 보호하고 거래의 안전을 꾀하기 위한 규정"[48]이라고 하고, (ii) 같은 공신력설을 바탕으로 "…양수인 또는 질권자가 악의 또는 중과실의 경우에 해당하는 한 채무자의 승낙 당시까지 양도인 또는 질권설정자에 대하여 생긴 사유로써도 양수인 또는 질권자에게 대항할 수 있다."[49]고 한다.

---

47) 李銀榮, 앞의 債權總論, 622쪽.

48) 대법원 1997. 5. 30. 선고 96다22648 판결. 이 판결은 "은행 지점의 지점장 대리가 허위의 정기예금통장을 만들어 가공의 정기예금에 대한 질권설정승낙의뢰서에 질권 설정에 대하여 아무런 이의를 유보하지 아니하고 승낙한다는 뜻을 기재하고 은행의 대리 약인을 찍은 질권설정승낙서를 교부한 경우, 은행은 그 질권자에게 그 정기예금채권에 대한 질권 설정에 이의를 유보하지 아니한 승낙을 하였으므로 그 정기예금채권의 부존재를 이유로 질권자에게 대항할 수 없다"고 한다.

49) 대법원 2002. 3. 29. 선고 2000다13887 판결. 이 판결은, "보험금청구권은 보험자의 면책사유 없는 보험사고에 의하여 피보험자에게 손해가 발생한 경우에 비로소 권리로서 구체화되는 정지조건부권리이고, 그 조건부권리도 보험사고가 면책사유에 해당하는 경우에는 그에 의하여 조건불성취로 확정되어 소멸하는 것이라 할 것이므로, 위와 같은 보험금청구권의 양도 또는 질권설정에 대한 채무자의 승낙은 별도로 면책사유가 있으면 보험금을 지급하지 않겠다는 취지를 명시하지 않아도 당연히 그것을 전제로 하고 있다고 보아야 하고, 그 양수인 또는 질권자도 그러한 사실을 알고 있었다고 보아야 할 것이며, 더구나 보험사고 발생 전의 보험금청구권 양도 또는 질권설정을 승낙함에 있어서 보험자가 위 항변사유가 상당한 정도로 발생할 가능성이 있음을 인식하였다는 등의 사정이 없는 한 존재하지도 아니하는 면책사유 항변을 보류하고 이의하여야 한다고 할 수는 없으므로, 보험자가 비록 위 보험금청구권 양도 승낙시나 질권설정 승낙시에 면책사유에 대한 이의를 보류하지 않았다 하더라도 보험계약상의 면책사유를 양수인 또는 질권자에게 주장할 수 있다."고 하고, "보험료 미납이라는 사유는 승낙시에 이미 발생할 수 있는 가능성이 있다는 점을 보험자가 누구보다도 잘 알고 있었다고 보아야 할 것이어서, 보험료 미납이라는 면책사유는 당연히 승낙시에 보험자가 이의를 보류할 수 있는 것이라 할 것이고, 그러함에도 보험자가 이의를 보류하지 아니한 경우에까지 면책사유의 일종이라는 이유만으로 양수인 또는 질권자에게 대항할 수 있다고 하는 것은 양수인 또는 질권자의 신뢰보호라는 원칙을 무시하는

2. 민법 제451조 제1항의 대항불능을 위한 양수인의 선의 등에 관한 학설 및 판례

가. 양수인의 선의 등에 관한 학설

(1) 공신력설의 경우

공신원칙을 바탕으로 하여, 양수인은 「이 경우에 선의보호의 일반적 요건과 달리 해석해야 할 특별한 이유는 없으므로 [양수인에게] 경과실이 있는 때에도 보호되지 않는다.」[50]고 하여 선의·무과실을 요구하는 이, 공신력설을 취하면서도 「양수인은 선의이어야 한다」[51]고 하는 이, 같은 뜻으로 "통설로 인정되는 공신설의 인정취지와 채권양도의 연혁적 측면 및 거래안전의 보호 필요성의 점증, 우리 민사법이 중과실을 다루고 있는 태도 등을 종합하여 볼 때 지명채권양도에 대하여 이의보류 없는 승낙이 있었던 경우 부여되는 항변단절의 효과가 배제되는 경우로는 채권양수인이 악의인 경우"[52]라고 하는 이들이 있고, 양수인의 중과실의 경우에도 악의의 경우와 마찬가지로 보아 선의·무중과실임을 요한다고 하는 이들[53]도 있다.

결과가 된다"고 하여 "보험자가 이의를 보류하지 아니하고 양도 또는 질권설정을 승낙한 경우에는 양수인 또는 질권자에 대하여 대항할 수 없다고 하며, "보험료 미납으로 인하여 보험료환급금 지급이 거절될 수도 있다는 예상을 하지 못한 것에 중과실이 있다고 볼 수도 없다."고 한다.

50) 徐敏, 앞의 註釋民法, 576쪽; 秦鴻璡, 앞의 논문, 109-110쪽(표견대리법리와의 균형 및 공신력을 바탕으로 한다고 한다).

51) 郭潤直, 앞의 책, 225쪽; 같은 취지로 金錫宇, 앞의 책, 324쪽; 金容漢, 앞의 책, 449쪽; 金曾漢·金學東, 앞의 책, 306쪽; 李銀榮, 앞의 책. 621쪽(다만 "지명채권양도에까지 공신의 원칙을 인정하는 것은 바람직하지 못하며, 지시채권의 양도에 관하여만 공신의 원칙을 인정하는 것이 물권변동의 경우와 균형이 맞다"고 한다.); 林正平, 앞의 책, 384쪽; 玄勝鍾, 앞의 책, 309쪽. 공신력을 취하는 것인지가 분명하지는 않으나, "양수인의 선의를 요구함으로써 그 보호의 범위가 좁아진 것을 고려하면 무과실까지는 요건으로 하지 않는 것으로 해석하여야 할 것"(趙誠民, "指名債權讓渡와 異議없는 承諾", 勞動法과 社會正義; 政波裵柄于博士 華甲記念, 정파배병우박사 화갑기념논문집 편찬위원회, 1994, 524-525쪽)이라고 하는 이도 있다.

52) 洪晙豪, "指名債權讓渡에 대한 異議保留 없는 承諾의 效果와 相計抗辯의 斷切 與否", 民事判例研究, XXIII, 民事判例研究會編, 博英社, 2001, 283, 284쪽(이 저자는 "입법론으로는 민법 제451조 제1항 단서로 "다만 양수인이 그와 같은 사정을 알았던 경우에는 그렇지 아니하다"라는 규정을 두어 이러한 점을 명백히 하여 두는 것이 타당하다고 본다."고 한다).

53) 金基善, 앞의 책, 284쪽; 민법주해/이상훈, 594-595쪽.

(2) 항변절단설의 경우

항변절단설을 바탕으로, 양수인의 선의여부 등에 관하여 「이것은 무보류승낙에 대한 양수인의 신뢰를 보호하는 것을 목적으로 하는 것이므로 양수인은 선의가 아니면 안 된다.」[54]고 하는 이, 선의·무과실이어야 한다는 이[55], 선의·무중과실임을 요한다고 하는 이[56] 등이 있다.

(3) 제재설의 경우

여기에서는 또 "양수인의 보호와 채무자에 대한 제재라고 하는 근거에서 본다면, 양수인의 적극적인 오신까지는 요구하지 않더라도 중과실을 당연히 악의와 동일하게 취급할 것은 아니"라고 한다. [57]

나. 선의 등에 관한 대법원의 판례

대법원은, "채권양도에 있어서 채무자가 양도인에게 이의를 보류하지 아니하고 승낙을 하였다는 사정이 없거나 또는 이의를 보류하지 아니하고 승낙을 하였더라도 양수인이 악의 또는 중과실의 경우에 해당하는 한, 채무자의 승낙 당시까지 양도인에 대하여 생긴 사유로써 양수인에게 대항할 수 있다고 할 것인데, 승낙 당시 이미 상계를 할 수 있는 원인이 있었던 경우에는 아직 상계적상에 있지 아니하였다 하더라도 그 후에 상계적상이 생기면 채무자는 양수인에 대하여 상계로 대항할 수 있다"[58]고 한다.

3. 우리나라의 학설·판례의 검토

가. 공신력설 및 이를 바탕으로 한 판례의 검토

(1) 공시원칙과 공신원칙 상호관계의 관점

(가) 공신력설에서 말하는 공신력이라든가 공신원칙의 내용이 무엇인지 알

---

54) 金疇洙, 債權總論, 三英社, 1996, 366쪽; 송덕수, 앞의 책, 360쪽.
55) 金亨培, 앞의 책, 593쪽(여기에서는 채무자가 상실하게 될 항변사유의 내용에 따라 양수인의 선의·무과실은 구체적으로 판단하여야 한다고 한다).
56) 秦鴻璨, 앞의 논문, 109–110쪽(여기에서는 표견대리 법리와의 균형 및 공신력을 바탕으로 한다).
57) 최수정, 앞의 논문, 403쪽.
58) 대법원 1999. 8. 20. 선고 99다18039 판결.

수 없으나,59) 일반적으로 공신원칙은 공시방법에 의하여 표상된 권리의 외형을 신뢰하여 거래한 이가 있는 경우에 비록 그 공시방법이 진정한 권리관계와 일치하지 아니하더라도 공시한 그대로의 권리가 존재하는 것처럼 다루어 그대로의 권리를 얻도록 하는 원칙이고, 진실과 다른 외관이 있는 경우에 그러한 외관을 거래한 자를 보호하는 권리외관이론의 하나라고 할 수 있다.60)

(나) 공신원칙은 선의취득을 통해서 구현되며, 민사상 선의취득은 동산의 선의취득(민법 제249조), 증권채권의 선의취득(지시채권에 관한 제514조, 무기명채권에 관한 제524조, 제514조, 어음에 관한 어음법 제16조, 제77조, 수표에 관한 수표법 제21조, 주권에 관한 상법 제359조)이 있고, 이들 가운데 공신력설의 바탕이 되는 선의취득은 어느 것을 말하는지, 아니면 민법 제451조 제1항 자체를 선의취득에 관한 규정으로 보는지 알 수 없으나, 지명채권이 채권인 점을 보면 증권채권의 선의취득을 바탕으로 하는 것으로 보인다.

(다) 한편 공신원칙은 공시방법에 의하여 표상된 권리의 외형을 신뢰해서 거래한 이를 보호하기 위한 것이므로 공시원칙을 전제로 한다. 공시원칙은 권리의 변동은 타인이 인식할 수 있는 표상, 즉 공시방법을 갖추어야 한다는 원칙을 말한다. 대표적인 공시제도로서는 부동산물권공시제도와 동산물권공시제도가 있다. 후자의 경우 동산물권 자체에 있어서는 점유를, 증권채권의 경우에는 추상적인 권리를 증권에 화체하여 그 증권의 점유를 공시방법으로 하고 있으며, 선박이나 항공기 등 특수한 동산물권에서는 등기나 등록을 공시방법으로 인정하고 있다.

이의를 보류하지 않은 채무자의 양도승낙을 공신원칙을 인정한 것이라고

---

59) 일본의 공신력설에 대하여 이 점의 지적에 관해서는 池田眞郎, 前揭書, 401頁 참조.

60) 일부에서는 "공신원칙 또는 권리외관이론의 적용에 의해서 부여되는 선의자보호의 효과를 널리 공신력"(於保不二雄, 前揭書, 316쪽 주 25)이라고 하여, 양자를 같은 것으로 보는 이도 있으나, 권리외관이론은 공신원칙의 상위개념으로 보아야 한다. 민법상 동산의 선의취득(제245조), 지시채권(제514조), 무기명채권(제524조, 제514조), 유가증권법상의 어음(어음법 제16조)이나 수표(수표법 제21조)의 선의취득제도는 공신원칙을 구현한 가장 대표적인 것이고, 그 밖에 표견대리(민법 제125조·제126조), 채권의 준점유자(準占有者)에 대한 변제(민법 제470조), 영수증소지자에 대한 변제(민법 제471조) 등은 권리외관이론을 적용한 것이라고 할 수 있다.

하려면 공시원칙이 우선 적용되어야 하며, 후자를 위해서는 채무내용과 채무자의 승낙에 공시방법이 있어야 한다. 이에 관하여, 공신력설을 주장하는 이들 중에는 "채무자의 인적 사항, 그리고 채무자가 이행하여야 할 채무내용의 대강이 바로 공시의 대상"이라고 하는 이가 있음은 앞에서 본 바와 같고, 일본에서는 "통지 또는 승낙이 있으면 채권의 소재를 채무자의 인식을 통해서 공시"[61]된다고 하는 이도 있다. 그러나 공시원칙에서 공시는 공시의 내용의 존재의 문제가 아니라 그 표시의 방법이나 형식(formalité)의 문제이다. 지명채권양도의 승낙에 있어서 채권내용에 대하여 공시원칙을 적용하기 위해서는 그에 대한 공시의 표상이나 표지가 있어야 한다. 그런데 채권양도에서 양도되는 채권의 내용 자체에는 이러한 표상이나 표지가 없다. 채무자의 인적 사항이나 채무의 내용이 있다고 해서 이를 공시원칙에서 말하는, 권리의 변동을 타인이 인식할 수 있는 표상이라고 할 수도 없다.

지명채권은 당사자의 의사만으로 성립하고 어떠한 형식이 있어야 하는 것은 아니다. 그 채권증서가 작성되었다고 하여도 이를 지명채권의 공시방법이라고 할 수도 없다. 또 채권양도의 대항요건인 양도인의 양도통지나 채무자의 승낙을 확정일자 있는 증서로 하였다면, 이는 채권양도에 대한 공시방법이 될 수도 있으나,[62] 그에 의해서 채권 자체가 공시되는 것은 아니다. 더욱이 민법 제450조, 제451조의, 채권양도의 대항요건으로서의 채무자의 승낙은 반드시 확정일자 있는 증서로 해야 하는 것이 아님은 그 규정상 명백하고,[63] 그에 따라 여

---

61) 平井宣雄, 前揭書, 140頁.

62) 원래 프랑스민법 제1690조가 규정한 채권양도에 있어서 채무자의 양도통지나 승낙은 모두 채권양도의 대항요건이었고, 그것은 집행관송달이나 공정증서와 같은, 공적인 표지가 있어 이를 공시방법으로 보았다. "적어도 19세기 후반, 특히 1870년대 이후의 학설은 거의 모두 프랑스민법 제1690조의 통지·승낙에 관해서, 그 공시(publicité)의 의미를 논하고, 통지·승낙을 채권양도의 공시방법이라고 함은 곧 프랑스학계의 통설이 되었다."(池田眞郎, 前揭書, 64頁)고 한다.

63) 일본 민법제정과정에서 승낙은 공적인 표지가 없는 단순승낙으로도 할 수 있도록 하였고, 한국민법에서도 마찬가지였다. 한국민법 제450조 및 일본민법 제467조에서 이와 같이 불완전한 대항요건제도가 성립된 배경에는, (i) 일본민법 제467조의 본이 되었던 프랑스민법 제1690조는 지명채권양도에 있어서 집행관송달과 공정증서로써 한 양도의 승낙을 대항요건으로 규정하고 있지만, 해석상으로는 채무자의 승낙은 사서증서로써도 할 수 있도록 변용되고 있었고, 일본민법의 기초자들은 이를 참작한 점, (ii) 일본민법의 기초자들은 그 민법 제467조의 대항요건을 채무자 및 제3자를 위한 것으로 이해하여 채무자는 어떠한 방법으로든 채권양도 사실을 알면 족한 것으로 보았고, 이로 인하여 일본민법 제467조의 대항요

기의 승낙에는 공적인 표지, 즉 공시방법이 있는 경우와 없는 경우가 있게 된다. 그 승낙 또한 구두로도 할 수 있어 양도승낙 자체도 공시방법이 없을 수 있다.

(2) 공신력설을 바탕으로 한 선의 등의 문제

한편 이의를 보류하지 않은 채무자의 양도승낙을 공신원칙을 인정한 것이라고 하면서도 양수인은 선의이면 족하다고 하거나 선의·무과실이어야 한다고 주장하는 이들이 있다.

그런데 민사상 선의취득에 관하여 민법 제249조는 동산의 선의취득에 관하여 "평온, 공연하게 동산을 양수한 자가 선의이며 과실 없이 그 동산을 점유한 경우에" 소유권을 취득하도록 하여 취득자의 선의·무과실을 요구하고 있다. 증권채권 중 지시채권의 선의취득에 관하여 제514조는 증권을 "소지인이 취득한 때에 양도인이 권리 없음을 알았거나 중대한 과실로 알지 못한 때."에는 선의취득을 하지 못하는 것으로 하여 취득자의 선의·무중과실을 요구하고 있으며, 무기명채권(제524조, 제514조), 어음(어음법 제16조)이나 수표(수표법 제21조)의 경우에도 지시채권의 경우와 같다.

그렇다면 양수인은 선의무과실이면 족하다고 하는 주장은, 민법 제451조 제1항의 대항불능을 민법 제249조의 동산의 선의취득과 같은 것으로 보는 것이 아닌 한, 선의·무중과실을 요구하고 있는 민법 제514조(지시채권), 524조(무기명채권), 어음법 제16조, 제77조, 수표법 제21조, 상법 제359조와 맞지 아니하다.[64]

나. 항변절단설 검토-증권채권과의 구별

(1) 민사상 항변절단이나 인적 항변절단에 관해서는 증권채권에 관한 규정

건을 채무자에 대해서는 무방식의 통지나 승낙으로도 족하다고 보았던 점, (iii) 일본민법의 기초자들은 지명채권양도에 있어서 대항요건제도의 필요성을 인정하였지만 당시 시행되고 있었던 일본구민법 재산편 제347조에 확정일자제도가 없었던 점을 고려할 수밖에 없었던 점 등을 들 수 있다(이상에 관해서는 오수원, "프랑스에서의 지명채권양도의 채무자에 대한 대항요건의 변용과 일본민법 제467조의 불완전한 대항요건제도의 성립 –한국민법 제450조의 입법배경과 관련하여–", 저스티스, 통권 제160호(2017.6), 韓國法學院, 2017, 59–82쪽 참조).

64) 한편 채무자가 항변이 존재함에도 이를 알지 못하고 채권양도를 승낙한 때에는 착오가 문제되나. 민법 제108조는 표의자에게 중대한 과실이 있는 때에는 취소하지 못하도록 하고 있다.

들, 즉 민법 제515조(지시채권), 524조(무기명채권), 어음법 제17조, 제77조, 수표법 제22조 등에서 규정하고 있고, 항변절단설에서 항변절단이 무엇을 말하는지 명백하지 않으나, 양수인보호와 거래안전을 강조하는 점을 보면 증권채권에서의 항변절단처럼 보고 있는 것으로 보인다.

(2) 공신력설과 항변절단설에 대하여, 「두 설은 모두 이 제도가 양수인의 신뢰 내지 이익을 보호하고 채권거래의 안전을 보장하기 위하여 마련한 것이라고 보는 점에서 이론이 없으며, 다만 [공신력설과 같이] 채무자의 항변상실의 효력을 인정하느냐 또는 항변절단의 효력을 인정하느냐 하는 점에 차이가 있다. 그러나 항변상실의 의미를 상대적인 의미로 파악하고 그 범위를 넓게 이해하면 항변절단의 효력을 인정하는 것과 다름이 없으며, 한편 양수인이 항변권이 붙어 있지 않은 채권을 취득하는 결과에 있어서도 어느 설에 의하거나 차이가 없다. 그러므로 위 두 설은 근본적으로 다른 것이 아니라 표현의 차이에 그친다고 봄이 옳다.」65)고 하는 이가 있고, "어떠한 설명방식에 의하든 채무자가 이의를 보류하지 않은 승낙을 함으로써 형성된 양수인의 신뢰를 보호하기 위한 제도임에는 차이가 없다."66)고 하는 이도 있다.

증권채권에서 항변절단과 선의취득은 다 같이 증권을 신뢰하고 취득한 자를 보호하여 증권채권의 유통을 원활하게 하는 제도라는 점에서 공통되지만, 항변절단은 증권에 기재된 권리가 존재하지 않는 경우에도 그 기재된 바에 따른 권리를 인정함으로써 취득자를 보호하는 제도이지만, 선의취득은 무권리자로부터 증권을 취득한 자를 보호하는 제도로서,67) 민법(제514조, 제515조)이나 어음법(제16조, 제17조, 제77조), 수표법(제21조, 제22조)에서는 양자를 구분하여 규정하고 있다.

(3) 민법에서 지명채권과 지시채권이나 무기명채권 등과 같은 증권채권을 구별하여 규정하고 있고, 후자는 동적 안전을 중시하는 것이므로 정적 안전을 중시하는 지명채권양도에 후자의 증권채권에 관한 규정을 끌어들이는 것은 양자

---

65) 徐敏, 앞의 註釋民法, 575쪽.
66) 최수정, 앞의 논문, 403쪽.
67) 孫珠瓚, 商法, (下), 博英社, 2002, 141쪽.

를 구별하여 규정한 입법취지에 반한다.

(4) 한편 이의를 보류하지 않은 채무자의 양도승낙을 항변절단을 인정한 것
이라고 하면서도 양수인은 선의이면 족하다고 하거나 선의·무과실 또는 무중과
실이어야 한다는 주장은, 증권채권에서 항변절단에 관하여 양수인의 해의(害意)
를 규정하고 있는 증권채권에 관한 규정들, 즉 민법 제515조(지시채권), 제524조
(무기명채권), 어음법 제17조, 제77조, 수표법 제22조와 맞지 아니하다.

다. 제재설 검토-다른 대항불능의 경우와의 비교의 관점

민법에서는 여러 곳에서 대항불능을 규정하고 있다. 이들 규정 중에는 민법
에서, 가령 행위자가 대항하지 못하는 상대방의 범위를 제8조 제2항(미성년자의
영업의 허락의 취소, 제한), 제107조 제2항(진의 아닌 의사표시), 제108조 제2항(통정
한 허위의 의사표시), 제109조 제2항(착오로 인한 의사표시), 제110조 제2항(사기, 강
박에 의한 의사표시), 제129조(대리권소멸후의 표현대리), 제449조 제2항(채권의 양도
금지의 의사표시), 제492조 제2항(상계금지의 의사표시) 등과 같이 '선의의 제3자'로
한 것, 제54조 제1항(법인 설립등기 이외의 등기의 효력과 등기사항의 공고), 제60조
(이사의 대표권에 대한 제한의 대항요건) 등과 같이 '제3자'로 한 것, 제450조(지명채
권양도의 대항요건)와 같이 '채무자 기타 제3자'로 한 것, 제132조(무권대리의 추인,
거절의 상대방)와 같이 '거래의 상대방'으로 한 것, 제335조(동산질권의 유치적효력)
와 같이 '자기보다 우선권이 있는 채권자'로 한 것 등 여러 부류가 있다.68) 이러
한 규정들은 일반적으로 대항불능자에 대하여 상대무효를 규정한 것으로 보고
제제를 가하기 위한 것으로 보지는 않는다.

간접의무를 부과하고 있다고 하는 이도 있음은 앞에서 본 바와 같은데, 이
는 채무자의 직접의무는 아니라는 뜻으로 보이고, 그렇다면 이를 인정할 실익이
있는지 의문이다.

---

68) 그 밖에 민법에서 대항불능을 규정한 것으로 제337조(전질의 대항요건), 제349조(지명채권
에 대한 질권의 대항요건), 제359조(과실에 대한 효력), 제405조 제2항(채권자대위권행사의
통지 후의 처분), 제442조(수탁보증인의 사전구상권), 제496조(불법행위채권을 수동채권으
로 하는 상계의 금지), 제497조(압류금지채권을 수동채권으로 하는 상계의 금지), 제498조
(지급금지채권을 수동채권으로 하는 상계의 금지), 제502조(채권자변경으로 인한 경개), 제
506조(면제의 요건, 효과), 제515조(이전배서와 인적항변) 등이 있다.

4. 양수인의 신뢰보호 및 양수인의 선의·무중과실의 필요성

가. 민법 제450조, 제451조의 대항요건과 대항불능의 보호대상의 관점

민법 제450조는 채무자의 양도통지와 더불어 채무자의 승낙을 지명채권양
도의 대항요건으로 규정하고 있다. 이러한 지명채권양도의 대항요건이 누구를
위한 제도인가에 관해서는, 일본민법 제467조의 입법이유에서는 채무자 및 제3
자를 위한 것이라고 하고,[69] 일본과 우리나라에서의 전통적인 이론 또한 채무자
및 제3자를 보호가기 위한 것으로 보고 있다. 그러나 채권양도에 있어서 대항요
건은 채권양도의 효력을 발생하게 하는데 필요한 것이라는 의미에서 이는 원래
양수인을 위한 것으로 보는 것이 타당하다.[70]

지명양도에 있어서 채무자의 이의 보류 없는 승낙도 이의를 보류한 승낙과
더불어 양수인의 대항요건의 하나이므로 이 역시 채권자의 양도통지와 마찬가지
로 양수인을 위한 제도라고 할 수밖에 없다. 또 법의 규정 가운데 행위자가 대항
하지 못하는 자의 범위를, 가령 민법 제108조와 같이 '선의의 제3자'에게 대항하
지 못한다고 하여 일반인으로 하는 경우와는 달리, 민법 제451조는 '양수인'에게
대항하지 못한다고 하여 그 범위를 '양수인'으로 한정하고 있다. 그에 따라 일반
제3자는 대항할 수 없는 상대방이 아니므로, 민법 제451조는 거래안전보호를 목
적으로 한 것이 아니다.

이론이나 판례 모두, 이의 보류 없는 승낙을 한 채무자에 대하여 항변할 수
없도록 한 것은, 항변이 부착되어 있음에도 이것이 부착되지 않은 채권처럼 채
무자가 승낙하여 이를 믿은 양수인의 신뢰를 보호하기 위한 것이라는 점을 인정
하고 있다.

채무자의 이의 보류 없는 승낙은, 존재하지 않는 채무를 새롭게 부담하는
것이고, 이는, 제3자를 위한 계약에 있어서 수익자의 수익의 의사표시에 대응하
는 것으로, 제3자의 부담을 목적으로 한 법률행위에 있어서 부담의 의사표시로
서의 효력이 있으므로,[71] 민법 제451조 제1항은, 양수인의 신뢰를 보호하기 위

---

69) 이 점에 관해서는 오수원, 앞의 논문, 74-76쪽.

70) "연혁적으로 보아도 채권양도통지제도는 양수인을 보호하기 위한 수단으로 발달하였다."
(徐敏, 債權讓渡에 관한 研究, 經文社, 1985, 120-121쪽)고 한다.

71) 이에 관해서는 오수원, "채무자의 이의를 보류하지 않은 채권양도승낙의 법적 성질과 그
채권양도의 포섭범위", 저스티스, 통권 제166호(2018.8), 한국법학원, 2018, 94-100쪽.

해서 이러한 의사표시의 유효함을 인정하여 채무자로 하여금 양도인에 대한 항변으로써 양수인에게 대항하지 못하도록 규정한 것이라고 할 수 있고,[72] 이는 공신력이나 항변절단 또는 채무자에 대한 제재 등과는 무관다고 할 것이다.

나. 양수인의 선의·무중과실

민법 제451조 제1항의 채무자의 이의를 보류하지 않은 승낙의 대항불능은, 이와 같이 증권채권에서의 공신력이나 항변절단과는 무관한 것이므로 양수인의 해의는 문제가 되지 않는다. 그러나 이 제도는, 양수인을 보호하는 반면 채무자를 희생시키며, 법을 잘 알지 못하는 일반인인 채무자가 이의를 보류하고 승낙했어야 할 것을 단순승낙을 한 경우에 채무자에게 생각하지 못한 손해를 주게 되는 가혹한 것이어서, 민법 제451조 제1항의 해석에 있어서 채무자의 책임을 제한할 필요가 있는 점,[73] 채무자가 항변의 존재를 알지 못하고 과실로 이의를 보류하지 않는 승낙을 한 경우에는 착오를 이유로 취소할 수 있으며,[74] 이때 채무자는 중대한 과실이 있는 경우에는 취소하지 못하는 불이익을 받게 되므로(민법 제109조), 양수인 또한 채무자가 이의를 보류하지 않고 승낙하였음을 중과실로 이를 알지 못한 경우에는 양수인을 보호하지 않는 것이 형평에 맞는 것으로

---

72) 이에 관해서, "이의를 보류하지 않는 승낙에 의해서 항변이 절단되고, 채무자가 양수인에 대해서 의무를 부담하는 이유를, 1차적으로는 채무자가 '자신이 채무자이다'라고 말했다는 것, 즉 자신이 채무자라는 것을 승인했다고 하는 사실에서 구하고 있다는 것, 그리하여 한편으로는, 양수인은 이를 선의로 신뢰했기 때문에 보호되어야 한다라고 하는 발상도 있고(다만 후대의 학설이 말하는 거래안전의 중시에 의한 양수인의 철저한 보호라는 발상은, 여기에서의 논의에서는 명확하게 감지되지는 않는다), 조문에 명기되어 있지 않는 양수인의 선의요건을 기초자가 당연한 전제라고 했던 것 등"(이에 관해서는 池田眞郎, 前揭書. 394頁)이었다고 하는 것을 보면, 일본민법 개정 당시부터 양수인의 선의는 당연한 요건이었던 것으로 보인다.

73) 이에 관해서는 오수원, 앞의 "채무자의 이의를 보류하지 않은 채권양도승낙의 법적 성질과 그 채권양도의 포섭범위", 102-104쪽. 일본에서는 기존의 일본민법 제468조 제1항의 규정을 삭제하였음을 앞에서 본 바와 같다.

74) 한 때 프랑스에서는 과실이나 착오로 채무자가 항변을 알지 못하고 채권양도승낙을 한 때에는 항변할 수 있는 것으로 보았다고 한다(이에 관해서는 池田眞郎, 前揭書., 356-357頁 참조). 일본에서는 "이의를 보류하지 않은 승낙은 준법률행위"라고 할 것이므로 "착오주장을 일반적으로 인정하면, 일본민법 제468조 제1항의 취지가 거의 몰각되지 않을 수 없다. 여기에서 채권양도를 안이하게 승낙한 경우에는 [채무자의] 중과실을 적극적으로 인정해도 좋다"(加藤雅新, 前揭書, 316頁)고 하는 이가 있다.

보아야 할 것이다.[75]

그러므로 양수인의 선의만을 요구하거나 선의·무과실을 요구하는 이론은 타당하지 못하며, 그 선의·무중과실을 요구한 판례는 타당하다.

다. 전득자의 선의문제

양도된 채권에 전득자가 있는 경우에 채무자의 이의 없는 승낙에 있어서 양수인의 선의와 관련하여, 많은 이들이, 양수인이나 전득자 중 어느 한 쪽이 선의이면 채무자는 대항하지 못하는 것으로 본다. 즉, 「양수인이 선의인 때에는 비록 그 양수인으로부터 다시 채권을 양수받은 전득자가 악의이더라도 채무자는 항변사유를 가지로 그 전득자에게 대항하지 못한다. 또한 양수인이 악의이더라도 전득자가 선의이면, 역시 채무자는 그 선의의 전득자에게 대항하지 못한다.」[76]고 하며, 또 「이의를 보류하지 않은 승낙에 주어지는 항변상실의 효력은, 채무자와 양수인 사이에 한하는 것이며, 제3자의 권리에는 아무런 영향도 미치지 못한다.」[77]고 한다.

이 점에 관해서 일본에서는 이에 반대하는 이들이 있음은 앞에서 본 바와 같다.

양수인이 선의인 때에는 비록 그 양수인으로부터 다시 채권을 양수받은 전득자가 악의이더라도 채무자는 양도인에 대항 항변사유로써 그 전득자에게 대항하지 못함은 당연하다고 하겠으나, 양수인이 악의인 경우에는, 일본의 한 학자가 지적한 바와 같이, "악의의 양수인에게 양도된 단계에서 이의를 보류하지 않고 승낙한 것이어서, 이 단계에서 항변은 상실되지 않으므로 이 단계에서 그 채권을 전득했다고 하더라도 채무자가 전득자에 대한 양도에 관해서 다시 이의를 보

---

75) 민법 제109조 제2항은 착오로 인한 의사표시의 취소는 선의의 제3자에게 대항하지 못하도록 하고 있어, 채무자의 이의를 보류하지 아니한 채권양도의 승낙에 있어서 양수인에게 과실이나 중과실을 요구하는 것은 타당하지 못하다고 할 수도 있으나, 양수인에 대한 관계에 있어서는 민법 제451조 제1항을 착오에 관한 민법 제109조의 특별규정으로 보아 채무자는 중과실 있는 양수인에게 대항할 수 있는 것으로 보아야 한다.

76) 郭潤直, 앞의 책, 225쪽; 金基善, 앞의 책, 284-285쪽; 金曾漢·金學東, 앞의 책, 308쪽; 金容漢, 앞의 책, 449쪽; 金錫宇, 앞의 책, 324쪽; 金亨培, 앞의 책, 592-593쪽; 尹喆洪, 債權總論, 法元社, 2012, 402쪽; 林正平, 앞의 책, 383쪽; 徐敏, 앞의 註釋民法, 576쪽; 李尙勳, 앞의 民法註解, 594쪽.

77) 郭潤直, 앞의 책, 같은 쪽; 金容漢, 앞의 책, 449쪽; 尹喆洪, 앞의 책, 402쪽; 林正平, 앞의 책, 같은 쪽; 徐敏, 앞의 註釋民法, 576쪽; 李尙勳, 앞의 民法註解, 595쪽.

류하지 않고 승낙한 것이 아니라면 항변을 대항하지 못할 이유가 없다."[78]고 할 것이다.

IV. 맺음말

민법 제450조는 채무자의 양도통지와 더불어 채무자의 승낙을 지명채권양도의 대항요건으로 규정하고 있고, 이러한 대항요건의 구비는 채권양도의 효력을 발생하게 하는데 필요한 것이므로 양수인을 위한 것으로 보아야 한다. 여기의 채무자의 승낙에는 이의를 보류한 승낙과 이의를 보류하지 않은 승낙이 있고, 후자도 양수인의 대항요건의 하나이므로 이 역시 채권자의 양도통지와 더불어 양수인을 위한 제도라고 할 수밖에 없다. 또 민법 제451조는, 대항하지 못하는 자에 관하여, '양수인'에게 대항하지 못한다고 하여 그 범위를 '양수인'으로 한정하고 있어서, 양수인 외의 일반 제3자는 대항할 수 없는 상대방이 아니므로, 민법 제451조는 거래안전보호를 목적으로 한 것이 아니다.

채무자의 이의 보류 없는 승낙은, 존재하지 않는 채무를 새롭게 부담하는 것이므로 제3자의 부담을 목적으로 한 법률행위에 있어서 부담의 의사표시로서의 효력이 있고, 민법 제451조 제1항은, 양수인의 신뢰를 보호하기 위해서 그 유효함을 인정하여 채무자로 하여금 양도인에 대한 항변으로써 양수인에게 대항하지 못하도록 규정한 것이고, 이것이 민법 제451조 제1항이 규정한 대항불능제도의 의의이고, 이는 물권이나 증권채권의 거래에 있어서의 공신력이나 항변절단 또는 채무자에 대한 제재 등과는 무관하다.

민법 제451조 제1항의 채무자의 이의를 보류하지 않은 승낙에 있어서 채무자의 항변상실은 양수인을 보호하는 반면 채무자를 희생시키며, 법을 잘 알지 못하는 일반인인 채무자가 이의를 보류하고 승낙했어야 할 것을 단순승낙을 한 경우에 채무자에게 생각하지 못한 손해를 주게 되는 가혹한 것이어서, 이 조항의 해석에 있어서 채무자의 책임을 제한할 필요가 있는 점, 채무자가 항변의 존재를 알지 못하고 과실로 이의를 보류하지 않은 승낙을 한 경우에는 착오문제가 발생하며, 이때 채무자는 중대한 과실이 있는 경우에는 취소하지 못하므로(민법

---

78) 池田眞郞, 前揭書, 439頁.

제109조), 채무자가 중과실인 경우에 불이익을 받은 것과의 균형상, 채무자가 이의를 보류하지 않고 승낙하였음을 양수인이 중과실로 이를 알지 못한 경우에는 양수인은 보호받지 못하는 것으로 보아야 할 것이다.

　　요컨대 채무자는 자신의 이의를 보류하지 않은 채권양도의 승낙으로 양도인에 대한 사유로써 선의·무중과실의 양수인에게 대항하지 못한다.

[법학연구, 제29권 1호, 충북대학교, 2018, 213-242쪽에 실림]

10. 채무자의 이의를 보류하지 아니한 채권양도승낙의 법적 성질과 그 채권양도의 포섭범위

I. 머리말

민법 제451조 제1항은 "채무자가 이의를 보류하지 아니하고 전조의 승낙을 한 때에는 양도인에게 대항할 수 있는 사유로써 양수인에게 대항하지 못한다. 그러나 채무자가 채무를 소멸하게 하기 위하여 양도인에게 급여한 것이 있으면 이를 회수할 수 있고 양도인에 대하여 부담한 채무가 있으면 그 성립되지 아니함을 주장할 수 있다."고 한다. 지명채권에 있어서 채무자의 이러한 '이의를 보류하지 아니한 승낙' 또는 '이의 없는 승낙'[1]으로 양도인에게 대항하지 못하게 되는 효력을 일반적으로 항변상실효, 항변절단효,[2] 항변단절효 등으로 부르고, 실권효라고 부르는 이[3]도 있으나, 민법 제451조 제1항의 뜻대로 '항변의 대항불능(inopposabilité)의 효력', '항변대항불능효', 또는 단순히 '대항불능'이라고 부를 수도 있을 것 같다.[4]

---

1) 이 글에서는 편의상 '이의 없는 승낙'은 '이의를 보류하지 아니한 승낙'과 같은 뜻으로 사용함.
2) 항변상실과 항변절단을 구별하는 이[徐敏, 註釋民法, 債權總則(2), 朴駿緖편, 韓國司法行政學會, 2000, 575면]도 있다.
3) 平井宜雄, 債權總論, 東京, 弘文堂, 1994, 143頁.
4) '대항불능' 또는 '상실'이라는 용어가 낫다고 하는 이(池田眞郎, 債權讓渡の硏究, 弘文堂, 1997, 360頁 주 1)도 있다.

채무자의 승낙은 이의를 보류한 경우와 이의를 보류하지 아니한 경우에 그 효력이 같지 아니하다. 민법은 이의를 보류하지 아니한 승낙의 효력에 관하여서만 규정하고 있는데(제451조 제1항 본문), 이는 이의를 보류한 승낙은 통지의 경우(민법 제451조 제2항)와 마찬가지로 채무자가 모든 항변으로써 양수인에게 대항할 수 있다고 보기 때문일 것이다.

민법 제정 당시 이의를 보류하지 아니한 채권양도의 승낙에 관해서 초안 제442조가 규정하고 있었고, 그 내용은 항(項) 표시만 없을 뿐 현재의 민법 제451조와 온전히 동일하다. 이 초안 제442조에서는 "현행법 제468조와 동일하다"[5]고 하여, 이것이 일본민법 제468조와 동일한 것임을 밝히고 있다.

일본민법 제정 시에 그 심의 원안에는 여러 나라의 조문을 참조한 것으로 되어 있으나,[6] 실제로 이들 중에서 이의를 보류하지 않은 승낙에 관하여 일체의 대항불능을 인정하고 있는 것은 일본 구민법 재산편 제347조 제2항뿐이고, 개정 전 프랑스민법 제1295조[7]와 이를 받아들인 이탈리아민법(구법) 제1291조 및 스

---

5) 民議院法制司法委員會民法案審議小委員會, 民法案審議錄 上卷, 1957, 266면.

6) 일본 구민법 재산편 제347조 제2항, 제527조, 프랑스민법 제 1295조, 오스트리아민법 제1396조, 홀란드민법 제1467조, 이탈리아민법 제1291조, 포르투갈민법 제773조, 제774조, 제777조, 스위스채무법 제189조, 몬테네그로민법 제605조, 제618조, 스페인민법 제1198조, 벨기에민법 초안 제1295조, 독일민법 제2초안 제347조, 제349조, 제350조, 프로이센국법 제1편 제11장 제407조, 제408조, 제412조 내지 제417조, 제16장 제313조 내지 제316조, 작센민법 제965조 등을 들고 있다{이에 관해서는 法典調査會, 民法議事速記錄, 學進版, 第22卷, 165丁; 法務大臣官房司法法制調査部監修, 日本近代立法資料叢書, 商法事法務研究會版, 第3卷, 537-538頁, 池田眞郎, 前揭書(주 4), 386頁에서 재인용}.

7) 개정 전 프랑스민법 제1295조 채권자가 그의 권리를 제3자에게 한 양도를 순수하고 단순하게 승낙한 채무자는 승낙 전에 양도인에게 대항할 수 있었던 상계를 양수인에게 대항할 수 없다. 채무자에게 승낙을 받지 않고, 양도통지가 된 채권양도에 관해서는, 그 통지 후의 채권의 상계만을 저지한다. Le débiteur qui a accepté purement et simplement la cession qu'un créancier a faite de ses droits à un tiers, ne peut plus opposer au cessionnaire la compensation qu'il eût pu, avant l'acceptation, opposer au cédant. A l'égard de la cession qui'na point été accepté par le débiteur, mais qui lui a été signifié, elle n'empêche que la compensation des créancier des créances postérieurs à cette notification.
이 조문은 2016.2.10.자 법률명령 2016-131호(Ordonnance n° 2016-131 du 10 février 2016)에 의해서 폐지되었고, 제1347-5 조에서 다음과 같이 규정하고 있다.
제1347-5조 이의 보류 없이 채권양도를 승낙한 채무자는 양도인에게 대항할 수 있었던 상계를 양수인에게 대항할 수 없다. Article 1347-5 Le débiteur qui a pris acte sans réserve de la cession de la créance ne peut opposer au cessionnaire la compensation qu'il eût pu opposer au cédant.

페인민법 제1198조 제1항, 포르투갈민법 제773조에서는 상계항변의 대항불능에 관해서 규정하고 있을 뿐이다.[8]

민법 제450조, 제451조(일본민법 제467조, 제468조)에서 규정한 채권양도의 대항요건으로서의 채무자의 승낙의 법적 성질에 관해서는, 이것이 채무자가 채권양도 사실의 인식을 표명하는 행위, 다시 말하면 채권양도 사실을 알고 있다는 것을 알리는 행위로서 관념의 통지인지, 아니면 의사표시인지가 문제되며, 채권양도의 승낙을 관념의 통지라고 하게 되면 이는 의사표시가 아니므로 그에 관한 규정이 바로 적용되는 것은 아니고 다만 경우에 따라서 그에 관한 규정을 유추적용하게 된다.

많은 이들이 "이의 없는 승낙도, 통지와 마찬가지로 양도사실을 승낙하는 관념의 통지이고 의사표시가 아니"라고 하고,[9] "채권양도의 사실에 관해서 채무자의 인식이 표명되어 있으면 충분하고, 그 의사에는 관계가 없는 것"[10]이어서, "적극적으로 이의 없다는 뜻의 표시를 요하지 않고, 대항할 수 있는 사유의 존재도 알 필요도 없다."[11]고 하며, "승낙의 상대방은 양도인, 양수인 어느 쪽도 좋"다[12]고 한다.[13]

채무자가 채권양도를 승인하는 경우의 양도채권에는 그 채권이 없음에도 그 양도를 승낙하는 경우와 채권은 있지만 그에 항변이 부착된 채권의 양도 등 2가지의 경우가 있다. 전자의 경우에는 존재하지 않는 채권의 양도를 채무자가 승낙한 것이므로 채무자가 그 행위에 대하여 책임을 지는 것은 당연하겠지만, 후자의 경우에는 반드시 당연한 것이라고 할 수는 없다. 왜냐하면 채권자체에 항변이 있는 것이기 때문이다. 또 일반인인 채무자가 이의보류 없이 이러한 채

---

8) 池田眞郎, 前揭書(주 4), 396頁 주 2 참조.
9) 平井宜雄, 前揭書(주 3), 142頁.
10) 我妻榮, 債權總論, 岩波書店, 1985, 532頁; 於保不二雄, 債權總論, 有斐閣, 1989, 305頁.
11) 平井宜雄, 前揭書(주 3), 142頁.
12) 我妻榮, 前揭書(주 10), 532頁; 於保不二雄, 前揭書(주 10), 305頁; 平井宜雄, 前揭書(주 3), 142頁.
13) 또 채권양도의 승낙에 착오가 있을 경우에는, 승낙을 의사표시로 보게 되면 민법 제109조를 적용하게 되며, 이를 관념의 통지로 보게 되면 민법 제109조가 당연히 적용되는 것은 아니며, 이를 유추적용할 것인지는 다시 검토해야 한다. 그 밖에 대리인에 의한 채권양도의 승낙에 특별수권이 필요한 것인지도 채권양도의 승낙의 법적 성질과 관련된 것으로 본다{이에 관해서는 吳泳俊, "이의를 보류하지 않는 채권양도에 대한 승낙의 법적 성질과 효과 등", 대법원판례해설 제95호, 법원도서관(2013, 11), 119-120면}.

권양도를 승낙하면 양도인에 대한 항변사유로써는 양수인에게 대항할 수 없게 된다는 사실 자체도 알지 못하는 경우가 많다.

그렇다면 민법 제451조 제1항의 채무자의 이의 없는 채권양도의 승낙에는 채권이 유효하게 존재하지만 그에 항변이 부착된 경우도 포함하는가?

아래에서는 채무자의 이의를 보류하지 아니한 채권양도의 법적 성질과 그 양도채권의 포섭범위에 관한 논의를 살펴보되, 그에 앞서 상계무효의 대항불능을 정하고 있는, 개정 전 프랑스민법 제1295조 제1항과 일본민법 제468조를 중심으로 한 논의를 먼저 살펴본다.

II. 프랑스와 일본에서의 채무자의 이의 없는 채권양도승낙의 법적 성질에 관한 논의

1. 프랑스에서의 채무자의 이의 없는 채권양도승낙의 법적 성질에 관한 논의

(1) 개정 전 프랑스민법 제1295조의 성립과 법적 성질론

1) 지명채권양도의 대항요건으로 프랑스민법 제1690조는 채무자에 대한 통지(집행관송달)와 채무자가 공정증서로 하는 승낙을 규정하고 있다.

우리 민법 제451조 제1항의 지명채권양도의 이의를 보류하지 않은 승낙과 관련된 프랑스민법 규정은, 앞에서 쓴 바와 같이, 개정 전 프랑스민법 제1295조 제1항이고, 이는 채권양도에 있어서 상계에 관한 것이다.

2) 개정 전 프랑스민법 제1295조 제1항을 살펴보기 전에 우선 프랑스에서의 상계에 관해서 살펴본다.

개정 전 프랑스민법 제1290조는 "상계는 채무자가 알지 못했더라도 법률의 힘만으로 당연히 이루어진다. 양 채무는 그것이 동시에 존재하는 시점에서 그 대등액을 한도로 소멸한다."[14]고 규정하고 있고, 그에 따라, 채무소멸의 효과는 양 채무가

---

14) Article 1290 La compensation s'opère de plein droit par la seule force de la loi, même à l'insu des débiteurs; les deux dettes s'éteignent réciproquement, à l'instant où elles se trouvent exister à la fois, jusqu'à concurrence de leurs quotités respectives.
이는 앞에서 본 법률명령(Ordonnance n° 2016−131 du 10 février 2016)에 의해서 폐지되

동시에 존재하는 순간에 자동적으로 이루어지며(automatisme, automaticité),[15] 채권자가 모르는 경우나 그의 의사에 반해서도 이루어지고, 무능력자에 대해서도 마찬가지이다.[16]

프랑스판례[17]는, 상계의 당연한 채무소멸 효과에 관한 규정은 강행규정이 아니며, 이해관계인은 이를 포기할 수 있는 것으로 본다. 이러한 해석은 상계의 자동법정채무소멸 효과와 양립하는 것이 쉽지 않다. [개정전] 프랑스민법 제1290조가 뜻하는 바와 같이, 채무소멸이 궁극적으로 법의 규정에 의해 이루어졌어야 한다면, 상계포기가 불가능했거나, 기껏해야 새로운 채무를 발생하게 하여, 이러한 포기는 사실상 기존 채무 소멸을 막게 된다. 또 상계포기는 명시적으로 또는 묵시적으로 할 수 있고, 이는 원인(cause)을 알면서 채무자 중의 한 사람이 상계하지 않고 변제하는 경우가 이에 해당한다.[18] [개정전] 프랑스민법 제1295 및 제1299조도 마찬가지로 상계의 묵시적 포기의 관점에서 이해할 수 있다. 이 점에서 이들 규정들은 앞의 [개정전] 프랑스민법 제 1290조와 완전하게 조화되지는 않는다."[19]고 하는 이들도 있다.[20]

었고 제1347조에서 다음과 같이 규정하고 있다.

제1347조 상계는 두 사람의 상호의 채무의 동시소멸이다. 상계는, 원용권보류 하에, 그 조건들이 동시에 갖추어진 날에, 정당한 경합범위에서 일어난다.

Article 1347 La compensation est l'extinction simultanée d'obligations réciproques entre deux personnes. Elle s'opère, sous réserve d'être invoquée, à due concurrence, à la date où ses conditions se trouvent réunies.

15) F. TERRE, Ph. SIMLER et Y. LEQUETTE, *Les obligations*, 5ᵉ éd., Dalloz, 1993, n° 1309, pp. 982-983; Ph. MALAURIE et L. AYNES, *Cours de droit civil*, t. VI, Les obligations, 4ᵉ éd., Paris, Ed. Cujas, 1993, n° 1070, p. 614.

16) H.-L. J. MAZEAUD et F. CHABAS, *Leçons de droit civil*, t. II, 1er vol. Obligations, Théorie générale, 8ᵉ éd., Paris, Montchrestien, 1993, n° 1157, p. 1197-1198. 이와 같이 상계가 자동적으로 이루어진 것은, 프랑스입법자들이 로마법 규정을 잘못 해석한 데서 비롯된 것이라고 한다(F. TERRE, Ph. SIMLER et Y. LEQUETTE, *op. cit.*, n° 1309, p. 983; H.-L. J. MAZEAUD et F. CHABAS, *op. cit.*, n°1156, p. 1197).

17) Cf. Cass. req. 11 mai 1880. *D.P.* 1880, 1. 470; S. 1881, 1. 107.

18) Cf. Cass. req. 6. juill. 1926, *S*. 1926, 1, 358.

19) F. TERRE, Ph. SIMLER et Y. LEQUETTE, *op. cit.*, n° 1310, p. 983.

20) 위의 제1290조의 문언에도 불구하고, 확립된 판례는, 상계는 원용되지 않으면, 그 효력이 발생되지 않으며, 법관이 직권으로 상계를 판단할 수 없다고 하며(Cass. civ. 1ʷᵉ 6 mai 1969, *Bull. civ.* I, n° 166; Cass. com 15 jan. 1973, *D*. 1973, 473, note Ghestin), 변론주의(프랑스신민사소송법 제7조)를 이유로, 원용이 없으면, 시효도 중단되지 않는다고 한다

3) 앞의 개정 전 제1295조 제1항의 "순수하고 단순하게"(purement et simple-ment)한 승낙에 의한 상계항변의 대항불능은, 프랑스고법에 있던 것이고,21) Pothier가 생각한 것을 프랑스민법의 기초자들이 받아들인 것이라고 한다.22) Pothier는, 이의를 보류하지 않은 채권양도의 승낙을 상계권의 포기로 보아, "나(채무자)가, 양도 이전부터 양도인의 채무자이고, 그러나 만약 나 자신의 채권을 알면서도 양도를 단순하게 승낙했다면, 나는 나의 단순승낙에 의해서 상계를 포기한 것(a renocé)으로 보게 되며, 또 나는 나의 승낙을 생각한(a compté sur) 양수인에게 상계로써 대항할 수 없을 것이다. 한편 나로서는 양도인에 대하여는 나의 채권을 행사하는 것이 가능하다."고 하였다.23) 또 프랑스민법의 기초자들 역시 "양도를 승낙한 채무자는, 그 자체에 의해서 양도인이 이미 그에게 부담하고 있는 채무에 관련된 모든 종류의 상계를 양도인이 채무자에 대해서 후에 부담하고 있는 채무에 관련된 상계와 마찬가지로 포기한 것"24)이라고 하였고, 그 뒤 [개정된] 프랑스민법 제1295조 제1항에 관한 상계항변대항불능의 이유를 기초자들과 마찬가지로 "항변포기",25) 또는 "개인적 채무약속"26)에서 구했다.

상계의 대항불능의 근거를 이와 같이 항변포기나 개인적 채무약속에서 구한다면 이는 상계항변에 한정할 이유가 없기 때문에, 이 점에서 대항불능항변을

(Cass. req. 21 mars 1934, *S*. 1934, 1, 361, repport Pilon, note Gény; *D*. 1954, 1, 129, note R, Savatier).

21) LAROMBIERE, *Théorie et pratique des obligations*, t. 3, 1857, p. 705, 池田眞郎, 前揭書(주 4), 350頁에서 재인용.

22) 이에 관해서는 池田眞郎, 前揭書(주 4), 350頁. POTHIER, Traité des obligations, IIIᵉ partie, n° 632, Bugnet, Oeuvre de Pothier, t. 2, 1848, p. 344; LAURENT, *Pricipes de droit civil français*, t. 18, 3ᵉ éd., 1878, n° 464. pp. 478 et s., 池田眞郎, 前揭書(주 4), 350頁에서 재인용.

23) 池田眞郎, 上揭書(주 4), 350−351頁에서 재인용.

24) FENET, *Recueil complet des travaux préparatoires du code civil*, 1827, réimprimé. 1968, t. 13, p. 163, 池田眞郎, 上揭書(주 4), 351頁에서 재인용.

25) TROPLONG, Le droit civil expliqué, De la vente, t. 2, 1834, n° 922, p. 507., 池田眞郎, 上揭書(주 4), 352頁 참조.

26) DURANTON, *Traité des contrats et des obligations en général, suivant le code civil*, t. XII, n° 436; LAROMBIERE, *op. cit*., p. 706, 이상 池田眞郎, 上揭書(주 4), 352頁 참조, 승낙의 법적 성질에 관하여 "프랑스에서는, 프랑스민법이 독일민법이나 일본민법과 같은 법률행위나 의사표시에 관한 개념규정이 없기 때문에 승낙이 의사표시인가 관념통지인가라고 하는 의론은 엄밀하게 되어 있지 않다."(池田眞郎, 民法典の百年, III, 個別的觀察, 2, 債權編, 廣中俊雄, 星野英一編, 有斐閣, 1998, 116頁)고 한다.

모든 항변으로 확대하려는 이들이 있었고,[27] 여기에서 프랑스민법 제1690조 제2항의 공정증서에 의한 승낙과 제1295조 제1항의 승낙은 어떠한 관계에 있는가가 문제되었다.

프랑스민법이 시행된 초창기에는 많은 이들이, 채무자가 이의를 보류하지 않음으로 인하여 대항할 수 없는 항변을 개정 전 프랑스민법 제1295조 제1항의 상계항변으로 엄격하게 제한해야 하는 것으로 보았고,[28] 이러한 입장을 취한 Aubry와 Rau는, 프랑스민법 제1690조의 설명 중에서, 채권양도는 원래의 채권을 모든 담보권 등을 부착시킨 그대로 그 동일성을 변하지 않고 이전하는 것이므로, 채무자는 양도인에게 가진 항변을 모두 양수인에게도 대항할 수 있는 것이 원칙이고, 프랑스민법 제1295조 제1항이 규정하는 항변절단은 상계 하나에만 엄격하게 한정한 것[29]이라고 하였다. 반대로 일부에서는 프랑스민법 제1690조 제2항의 승낙에 의한 항변상실에서의 항변을 채무자가 양도인에 대해서 갖는 모든 항변으로 보았고, 이러한 입장에서 Colmet de Santerre는, " … 승낙은 일정한 관계로서는, 송달보다도 양수인에게 유리한 것이다. 승낙은 채무자가 양수인을 채권자로서 받아들인다는 것을 알리는 것이므로 채무자측에서 보면, 일종의 약속 또는 적어도 채무의 승인을 포함하는 것이다. 그러므로 채무자는 이미 양수인의 소구(訴求)에 대항할 수 있는 방어방법을 원용할 수 없는 것이다. 법전에서는 이 점을 상계에 관해서 규정하고 있지만, 일반화하지 않으면 안 된다. 무릇 이는, 상계라고 하는 채권소멸형태에 특유의 원칙에서 생긴 것이 아니고 채무자의 채권양도 거래에의 능동적인 간섭의 자연스러운 귀결이기 때문"[30]이라고 하였다.

20세기에 들어와서도 개정 전 프랑스민법 제1295조 제1항을 상계 외의 다른 항변에도 확장하려는 주장이 있었다. 가령 Capitant은 이의를 보류하지 않은 승낙에 의한 채무소멸의 항변을 주장할 수 없고, 채무자가 양수인에 대해서 변제할 의무를 진다는 점에서 지급위탁(délégation)과 유사하다고 하여, 프랑스민법 제

---

27) 그 자세한 내용은 池田眞郎, 前揭書(주 4), 352−357頁 참조.

28) 이에 관해서는 池田眞郎, 上揭書(주 4), 352−356頁.

29) AUBRY et RAU, *Cours de droit civil français, d'après la méthode de Zacharie,* 4ᵉ éd, 1871, t. 4, n° 359 bis p. 440. 池田眞郎, 上揭書(주 4), 352頁에서 재인용.

30) DEMANTE, *Cours analytique de Code civil,* continuité depuis l'article 980 par COLMET DE SANTERREl, 1873, t. 7, n° 136 bis Ⅶ, p, 184, 池田眞郎, 上揭書(주 4), 353−354頁에서 재인용. 그 밖에 19세기 다른 학자들의 견해에 관해서는 池田眞郎, 上揭書(주 4), 355−360頁,

1295조 제1항의 항변상 실효를 상계항변 외의 항변에 확장해야 한다고 하였다.31)

　　오늘날에는 많은 이들이, 채무자가 순수하고 단순한 승낙을 한 경우에는 채무자는 양도인에 대한 상계항변으로써만 양수인에 대항할 수 없는 것으로 본다.32) 그러나 일부에서는 적어도 채무자의 변제, 채권자의 채무면제(remise de dette) 등 채무소멸의 경우로 확대해야 한다고 하는 이들33)도 있는데, 후자의 입장에서 Larroumet는 "양수인의 무보류의 단순한 승낙은 (원칙적으로) 채무자에 의한 양도에 관한 인식의 표백에 지나지 않는다. 만약 채무자가, 그 후에 채무소멸을 원용할 수 있다고 한다면, 이 표백은, 양수인의 신뢰를 배반하게 할 염려가 있다. 이와 같은 항변 없이 한 표백은 비논리적이며, 채무자는 면책 가능한 모든 항변에도 불구하고 변제할 의무를 부담한다고 해야 한다."34)고 한다.

　　한편 판례 중에는 임대차의 해지원인이 발생한 뒤 임차인의 채권이 양도된 경우에 임대인은 양수인에 대해서 해지로써 대항할 수 없다고 한 것도 있으나,35) 개정 전 프랑스민법 제1295조 제1항에 관한 대부분의 판결들36)은 확장에 반대하고 있다.

　　4) 프랑스에서도 채권양도에 의하여 양도인은 자신이 가진 권리 이상을 양도할 수 없으므로(Nemo plus juris ad alium transferre potest, quam ipse habet. 어느 누구도 자기가 가지는 이상의 권리를 타인에게 줄 수 없다), 채무자는 그가 양도인에 대해서 갖는 모든 항변으로써 양수인에게 대항할 수 있음은 당연한 것으로 본다. 또 채무자는, 공정증서로써 채권양도를 승낙할 때 자신의 채권자에 대한 채권과

31) CAPITANT, *De la cause des obligations*, 3ᵉ éd, 1927, n° 181, p, 390 et s; BEUDANT. *Cours de droit civil français*, par Brethe de la Gressaye, t. 9, 1938, n° 364, 池田眞郎, 上揭書(주 4), 431頁에서 재인용. 그에 따라 "위탁인수인의 무보류의 단순승낙은 위탁자와의 사이의 동의(consentement)에 상당한 것으로 되어 이른바 채무부담의 의사표시가 될 수밖에 없게 되었다"(池田眞郎, 上揭書(주 4), 431頁)고 한다.
32) H.-L. J. MAZEAUD et F. CHABAS, *op. cit.*, n° 1291, p. 1271; F. TERRE, Ph. SIMLER et Y. LEQUETTE, *op. cit.*, n° 1194, p. 902, note 4; D. R. MARTIN, *Juris-Classeur*, Art. 1294 à 1299, Fasc. 112 à 117, Contrats et Obligations, Editions du Juris-Classeur, 1995, n° 29. p. 6.
33) F. TERRE, Ph. SIMLER et Y. LEQUETTE, *loc. cit.*
34) LARROUMET, *Les opérations juridiques à trois personnes en droit privé*, thèse, Bordeux, 1968, n° 75, 池田眞郎, 前揭書(주 4), 434頁 주 5에서 재인용.
35) Cass. civ. lre, 5 juin 1967, *Bull. civ.* I, n 194.
36) Cass. civ. 3e 30 mars 1989, *Bull. civ.* III, n° 77; Cass. com, ler déc. 1992, *Bull. civ.* IV. n° 581; Cass. soc. 7 mai, *Bull. civ.* V. n° 294, *RTD. civ.* 1988, 141, obs. Mestre.

자신의 채무와의 상계권을 보류할 수 있고, 여기에는 특별한 형식이 필요한 것이 아니며, 특별한 언급도 필요하지 않다고 본다.[37] 반면에 채무자가 순수하고 단순하게 채권양도를 승낙한 때에는 승낙 전에 양도인에게 할 수 있었던 상계를 양수인에게 할 수 없다. 다시 말하면 채무자는 (개정 전) 프랑스민법 제1290조를 이유로 양도 전에 당연히 실행할 수 있었던 상계를 양수인에게 대항할 수 없다.[38]

(2) 개정 전 프랑스민법 제1295조의 상계대항불능의 효력범위

채권양도의 승낙에 이의의 보류가 없으면, 채무자는 그의 상계를 묵시적으로 포기(renonciation tacite)한 것으로 여겨지고,[39] 여기의 승낙은 공정증서에 의한 것뿐만 아니라 사서증서(acte sous seing privé)에 의한 것도 포함한다.[40] 채무자는, 자신을 위해서 상계할 수 있었던 항변을 알지 못했다고 하여 그 포기를 취소할 수 없고, 이 점에서 사실상 개정 전 프랑스민법 제1295조 제1항은 절대적 효력이 있다. 반대로 양수인이 양수된 채권의 소멸을 알았거나 양도가 무상으로 된 경우에는 채무자는 항변할 수 있다.[41]

채무자와 양도인 사이에서는 양도인의 채권은 소멸하고, 채무자가 상계를 알지 못하고 양도를 승낙한 것이 아닌 한(개정 전 프랑스민법 제1299조[42]), 양도인에 대하여 더 이상 상계할 수 없고, 채무자가 그에게 가진 채권은 온전히 존속한다. 채무자는 채권자에 대하여 갖는 채권을 행사할 수 있다. 채권자는 이미 상계된 채권을 양도하면서 묵시적으로 자신의 채무자에 대한 채권으로써 하는 상계를 포기했기 때문이다.[43] 그는 제3자에게 불리하게 그 채권에 따른 선취특권, 저당권을 행사할 수 없고, 보증인에 대한 청구도 할 수 없다.[44]

---

37) D. R. MARTIN, *op. cit.*, n° 29. p. 6
38) D. R. MARTIN, *loc. cit.*
39) H. -L. J. MAZEAUD et F. CHABAS, *op. cit.*, n° 1291, p. 1271.
40) F. TERRE, Ph. SIMLER et Y. LEQUETTE, *op. cit.*, n° 1194, p. 902, note 4.
41) D. R. MARTIN, *op. cit.*, n° 30, p. 6.
42) 개정 전 프랑스민법 제1299조 상계에 의하여 당연히 소멸한 채무를 변제한 자는, 채무자가 그의 채무를 상계할 수 있는 채권을 알지 못한 데 정당한 사유가 없는 한, 상계로 대항하지 아니한 채권을 행사함에 있어서 그 채권에 붙어있는 선취특권 또는 저당권을 원용하여 제3자의 이익을 해하지 못한다.
43) AUBRY et RAU, *op. cit.*, t, Ⅳ, p. 329, p. 359, D. R. MARTIN, *op. cit.*, n° 31. p. 7에서 재인용.
44) D. R. MARTIN, *op. cit.*, n° 31. pp. 6-7.

　　채무자와 양수인의 관계에 있어서 채권양도는 완전한 효력을 발생하고 상계는 이루어지지 않은 것으로 보게 되며, 옛 채권은 되살아난다. 그에 따라 양수인은 채무자에게 양수채권에 부수된 권리나 특성 그대로, 가령 집행권원이 있거나 상사채권으로서의 성격이 있는 그대로 권리를 청구할 수 있다.45)

　　마지막으로 양수인과 제3자, 특히 보증인이나 저당부동산의 취득자와의 관계에 있어서 제3자는 법정상계가 되는 순간에 제한 없는 확정된 권리를 취득하는 것으로 보는 것이 일반적이다. 그에 따라 이들에게 대해서는 어떠한 권리도 행사할 수 없게 된다.46)

2. 일본민법 제468조의 성립과 채무자의 이의 없는 채권양도승낙의 법적 성질 및 채권양도의 포섭범위

(1) 일본민법 제468조의 성립

1) 일본민법 제468조의 규정

　　일본민법 제468조(승낙 또는 통지의 효과) ① 채무자가 이의를 보류하지 아니하고 전조의 승낙을 한 때에는 양도인에게 대항할 수 있는 사유가 있어도 이를 가지고 양수인에게 대항하지 못한다. 이 경우에 있어서 채무자가 그의 채무를 소멸하게 하기 위하여 양도인에게 급여한 것이 있을 때에는 이를 회수할 수 있고, 양도인에 대하여 부담한 채무가 있을 때에는 이를 성립되지 아니한 것으로 볼 수 있다.47)

　　② 양도인이 양도의 통지를 하는데 그친 때에는 채무자는 그 통지를 받은 때까지 양도인에 대하여 생긴 사유로써 양수인에게 대항할 수 있다.

　　일본민법 제468조 제1항은 우리 민법 제451조와 같은 내용을 규정하고 있고, 제2항은 우리 민법 제451조 제2항과 동일하다.

---

45) D. R. MARTIN, *op. cit.*, n° 32, p. 7.
46) D. R. MARTIN, *op. cit.*, n° 32, p. 7.
47) 2004년 "일본민법의 일부를 개정하는 법률"(平成16年法律第147号)에 따라 "일본민법의 현대어화와 보증계약의 적정화, 즉 일본민법 제1편－제3편의 표기를 히라가나(平假名)·구어체로 고치는 것과, 주로 근보증계약의 내용을 적정화하기 위한 법정비"를 하면서 일본민법 제468조 제1항은 기존의 본문과 단서로 되어 있던 것을 현재와 같이 제1문, 제2문으로 바꾸었다. (http://www.e-hoki.com/law/digest/index_11.html 참조)

일본민법 제468조의 입법이유에 관해서, "본조는 기성법전 재산편 제347조 제2항 및 제527조를 병합하여 그 뜻을 확장, 부연한 것에 지나지 않는다. 이 제347조 제2항은 단순히 채무자는 양도를 승낙할 때에는 양도인에 대한 항변으로써 신채권자에게 대항할 수 없다고 하고, 양도 이전에 이미 변제, 경개 또는 상계 등을 한 때에는 어떻게 해야하는가를 상세하게 규정하지 아니하였다. 또 제527조는 단순히 상계에 관해서 말했을 뿐이었다. 이에 본조와 같이 수정해서 모든 경우를 명백하게 규정했다."48)고 한다.

한편 2017년 일본민법 일부를 개정하면서 이의를 보류하지 아니한 승낙에 대하여 대항불능을 인정하지 아니하여 그 제468조 1항은 "채무자는 대항요건(양도인의 통지, 채무자의 승낙) 구비시까지 양도인에 대하여 생긴 사유로써 양수인에게 대항할 수 있다."고 한다.49)

2) Boissonade초안 제367조50)와 제549조

(가) Boissonade초안 제367조는 아래와 같다.

Boissonade초안 제367조 ① 지명채권의 양수인은 양도가 채무자에게 정식으로 집행관송달되었거나 채무자에 의해서 공정증서 또는 확정일자 있는 증서로 승낙된 때 이후가 아니면 자기의 권리를 채권자의 승계인 또는 채무자에 대하여 대항하지 못한다. [1690]

② 채무자의 승낙은, 채무자가 양도인에게 대항할 수 있었던 모든 항변 또는 불수리이유로써 양수인에게 대항하는 것을 저지한다. 송달만으로는 채무자로 하여금 그 송달 후에 생긴 항변을 상실하는데 그친다. [1295]

③ 전항의 행위 중의 하나가 있을 때까지는, 채무자의 변제, 채무면제의 합의, 양도인의 채권자가 한 지급금지나 이의 또는 정식으로 송달되었거나 승낙받은 채권의 새로운 취득은 모두 선의로 한 것으로 추정되며 또한 과실 있는 양수

---

48) 廣中俊雄編, 民法修正案(前3編)の理由書, 有斐閣, 1987, 449頁.

49) 일본의 2017. 6. 2.에 公布한 法律 第44호(이 법률은 2020.4.1.부터 시행된다). 개정된 일본민법의 내용에 관해서는 http://www.moj.go.jp/MINJI/minji06_001070000.html 참조.

50) G. BOISSONADE, *Projet de Code civil pour l'empire du Japon*, t. 2, 2e éd., Tokyo, 1883, Kokoubounsha, pp. 175−176), 이 초안 제367조의 우리말 번역문에 관해서는 오수원, "프랑스에서의 지명채권양도의 채무자에 대한 대항요건의 변용과 일본민법 제467조의 불완전한 대항요건제도의 성립 − 한국민법 제450조의 입법배경과 관련하여 −", 저스티스, 통권 제160호, 韓國法學院((2017. 6), 76면.

인에게 대항할 수 있다. [1691]

④ 승계인의 악의는 그 자백 또는 법정에서의 선서의 거절로써만 증명할 수 있다. 그러나 양도인과 공모하여 한 속임이 있을 때에는, 그 공모는 모든 통상의 증거방법으로써 증명할 수 있다.

⑤ 배서로써 하는 상업증권의 양도에 관한 특별규정은 상법으로 규정한다.

이 조문의 일부 항(項)의 끝에 프랑스민법의 해당 참조조문을 써놓고 있는데, 이 초안 제367조에서 프랑스민법 조문이 제1항은 제1690조, 제2항은 제1295조, 제3항은 제1691조로 되어 있고, 제4항, 제5항은 참조조문이 없으며, 제4항은 프랑스민법 중에 같은 규정이 없고, 제5항은 오랜 관념때문에 쓴 것이나 규정으로서의 특별한 의미가 없다고 한다.[51]

이 초안 제367조 제2항에 관해서 Boissonade는 다음과 같이 설명하고 있다.[52]

"본조 제2항은, 이상의 2개의 방식 사이에 큰 차이가 있다는 것을 알리고 있다. 즉, 통지(송달)는, 채무자가 참가하지 않은 행위이므로 이로써 채무자를 해할 수는 없다(제365조 참조).[53] 그 결과 통지(송달)는 채무자에 대하여, 그가 양도인에 대하여 가진 모든 방어수단으로써 그 양수인에게 대항할 권리를 유지하게 한다. 예컨대 합의, 원인이나 목적의 흠결에 의한 채무의 무효, 합의나 능력의 하자에 의한 취소, 채무의 일부 또는 전부에 관한 모든 소멸원인이 그것이다. 이와 반대로, 승낙은, 채무자의 행위(oeuvre)이므로, 일종의 권리들의 포기 또는 채무의 승인에 의해서(par une sorte renonciation à des droits ou de confirmation de la dette), 이들 항변수단을 배제하는 것이다. 프랑스법은 상계(제1295조)라는 한 가지 점에 관해서만 이들 통지(송달)와 승낙 사이의 차이를 보이고 있을 뿐이다. 그러나 이 규정은 반드시 일반화하지 않으면 안 된다. 문제가 되는 유일한 경우는, 무효는 추인에 의해서 치유될 수 없는 절대무효의 경우일 것이다. 그러나 채

---

51) 池田眞郎, 前揭書(주 4), 368頁.

52) G. BOISSONADE op. cit., n° 178, p. 189, 이의 일본어 번역에 관해서는 池田眞郎, 上揭書(주 4), 369−370頁.

53) Boissonade 초안 제365조 합의는 일반적으로 계약 당사자 사이 및 그 승계인에 대해서만 효력이 생긴다. 합의는 법률에서 정한 경우에, 또는 법률에서 정한 조건에 따른 때가 아니면, 제3자를 이롭게 할 수 없고, 또 이에 대항할 수 없다. 이의 일본어 번역에 관해서는 池田眞郎, 前揭書(주 4), 379−380頁, 주 11.

무는, 그것이 유효한 원인과 목적을 갖는 경우에는 새로운 합의에 의하여 생길 수 있다."[54]고 한다.

Boissonade가 일본민법 초안에서 이처럼 프랑스민법 제1295조 제1항의 규정을 모든 항변사유에 확대하려고 한 이 입법은, "특이한 것",[55] "독특한 것"[56] 또는 "꽤 독창적인 것"[57]이라고 하는 이들도 있으나, 이는 "프랑스의 동시대의 학설 중 Colmet de Santerre의 것과 동일하고, Boissonade의 프랑스법 강의에서 말한 것을 입법화한 것으로 밖에 볼 수 없으므로, Boissonade가 Colmet de Santerre의 이론에 따른 것이라고 할 수 있다"[58]고 한다.

(나) 한편 Boissonade는 [개정 전] 프랑스민법 제1295조에 상당한 규정을 상계의 관(款)에서도 규정하고 있다. 이것이 초안 제549조(구민법재산편 제527조)이고, 그 내용은 다음과 같다.

Boissonade초안 제549조 ① 채무자는, 채권양도의 단순한 송달을 받은 때에는 그 양도인에게 대항할 수 있었던 종전의 법률상의 상계의 원인으로써 양수인에게 대항할 권리를 잃지 않는다.

② 채무자는 이미 양도인에 대해서 가진 법률상의 상계에 관한 자신의 권리를 보류하지 아니하고 양도를 승낙한 때에는, 양수인에 대해서 그 상계를 원용할 수 없다.[59]

Boissonade 초안 제549조는 거의 형태의 변함없이 구민법재산편 제527조가 되었고,[60] 그에 따라 양자는 거의 동일하다. Boissonade초안 제549조는 프랑스

54) G. BOISSONADE op. cit., p. 189.
55) 明石三郎, 注釋民法, 11, 債權, 2, 西村信雄編, 注釋民法, 11, 債權, 2, 有斐閣, 1980, 387頁.
56) 平井宜雄, 前揭書(주 3), 142頁.
57) 淡路剛久, 債權總論, 有斐閣, 2002, 455頁.
58) 池田眞郎, 前揭書(주 4), 370-371頁. 개정 전 프랑스민법 제1295조 제1항의 해석으로 상계의 항변을 이의보류 없는 승낙에 의한 채무자의 모든 항변으로 확장하는 소수설이 있었음은 앞에서 본 바와 같고, 일본민법 제468조는 이러한 소수설을 따른 것이라고도 한다(明石三郎, 前揭注釋民法, 387頁). 한편 이 점과 관련하여 Boissonade가 채권자취소권의 효과에 관한 Colmet de Santerre의 절대적효력설에 따라 일본민법 제426조(우리 민법 제407조)를 입법한 것과 같은 뜻으로 본다[이에 관해서는 池田眞郎, 前揭書(주 4), 380頁, 주 14 참조].
59) 이 초안의 일본어번역에 관해서는 池田眞郎, 前揭書(주 4), 368-369頁.
60) 池田眞郎, 上揭書(주 4), 369頁.

민법 제1295조 제1항과 같이, 이의를 보류하지 않은 승낙에 의한 상계항변상실을 규정하고 있는 것이어서, 초안 제367조 제2항은, 여기에서 말하는 항변사유 중에는 상계의 항변이 포함된다고 해석하는 한 프랑스민법 제1295조 제1항의 취지를 모든 항변으로 확장한 것이고, 초안 제367조 제2항은 초안 제549조 제2항을 포함하는 것이 된다.[61]

3) 일본구민법 재산편 제347조에서의 이의를 보류하지 않은 채권양도의 승낙
일본구민법 재산편 제347조의 규정은 아래와 같다.[62]

일본구민법 재산편 제347조 ① 기명증권(記名證券)의 양수인은 채무자에게 그 양수를 합식(合式)으로 고지하거나 또는 채무자가 공정증서 또는 사서증서로 이를 승낙한 후가 아니면 자기의 권리를 양도인의 승계인 및 채무자에 대항하지 못한다.

② 채무자는 양도를 승낙한 때에는 양도인에 대한 항변으로써 신채권자에 대항하지 못한다. 또 양도에 관한 고지만으로는 채무자로 하여금 그 고지 후에 생긴 항변만을 상실시킨다.

③ 위 행위의 하나를 하기 전까지는 채무자의 변제, 면책의 합의, 양도인의 채권자에 의한 불도압류(拂渡押留, 급여압류) 또는 합식(合式)으로 고지 또는 수락된 신양도는 모두 선의로 이를 행한 것으로 추정하며, 또한 이를 게을리 한 양수인에게 대항할 수 있다.

④ 당사자의 악의는 그 자백에 기인하는 것이 아니면 이를 증명하지 못한다. 그러나 양도인과 통모한 사해가 있는 때에는 그 통모는 통상의 증거방법으로써 이를 증명할 수 있다.

⑤ 배서로써 하는 상업증권의 양도에 [관한] 특별한 규칙은 상법으로 이를 규정한다.

그 입법이유는, 앞의 Boissonade초안 제367조의 것과 거의 동일하다.[63]

---

61) 池田眞郎, 上揭書(주 4), 369頁, 이런 의미에서 초안 제549조 제2항은 불필요한 규정을 오랜 관념 때문에 규정한 것에 지나지 않는다고 한다{池田眞郎, 前揭書(주 4), 同頁}.

62) 이 조문의 우리말 번역문에 관해서는 오수원, 앞의 논문, 79면, 일본어문언에 관해서는 前田達明編, 史料民法典, 成文堂, 2004, 980면 참조.

63) 이 일본구민법 재산편 제347조의 입법이유에 관해서는 佛語公定譯日本帝國民法典並立法理

4) 일본의 법전조사회에서의 심의대상 규정

한편 일본민법 제정 시에 그 제468조는 일본의 1895.3.22. 제72회 법전조사회에서 심의되었고, 이때의 조문은 제471조이고, 원안은 아래와 같다.[64]

제471조 ① 채무자가 [이의를] 보류하지 않고 전조의 승낙을 한 때에는 양도인에게 대항할 수 있는 사유로써 양수인에게 대항할 수 없다. 그러나 채무자가 채무를 소멸하게 하기 위하여 양도인에게 급여한 것이 있을 때에는 이를 회수하고, 부담한 채무가 있을 때에는 이를 성립되지 아니한 것으로 보거나 자기의 채무와 상계할 수 있고, 채권이 있을 때에는 양도인에 대하여 이를 행사하는 것을 막지 못한다.

② 양도인이 양도통지를 한 데 그친 때에는 채무자는 그 통지를 받을 때까지 양도인에 대하여 생긴 사유로써 양수인에게 대항할 수 있다.

일본민법 초안 작성 시 1895.3.22. 일본의 72회 법전조사회에서 일본민법의 기초자 중 1인인 우메 켄지로는, 일본민법 제468조 제1항의 일단 소멸한 채권이 부활하는 근거에 관해서 "법률이 새로운 의무를 지운 것과 같은 것으로, 일종의 법률이 정한 특별한 효과"라고 하고, 그 제1항 단서에 관해서는, "채무자의 변제, 경개에 의해서 일부 또는 전부가 이미 소멸한 채권을 양도하는 경우에는 반드시 양도인에게 사기(과실) 또는 과실이 있으므로, 제1항 단서는 이러한 양도인에의 제재로서 둔 것"[65]이라고 한다.

由書, 第2卷, 財産編·理由書, 1891(Code Civil de l'Empire du Japon Accompagné d'une Exposé de Motifs, t. second, Exposé des motifs du livre des biens, Traduction officielle, Tokio, 1891), 復刻版, 信山社, 1993, t. 2, p. 444.

64) 이에 관해서는 法典調査會, 前揭民法議事速記錄, 學進版, 第22卷, 119丁; 法務大臣官房司法法制調査部監修, 日本近代立法資料叢書, 商法事法務硏究會版, 3卷, 513頁, 池田眞郎, 前揭書(주 4), 386頁에서 재인용.

65) 法典調査會, 前揭民法議事速記錄, 學進版, 第22卷, 177丁; 商法事法務硏究會版, 3卷, 544頁, 池田眞郎, 前揭論文(주 26), 117頁에서 재인용. 이때 그 밖에도 일본민법의 기초자들이 밝힌 것은, "일본민법 제468조 제1항은 그 자체가 일본구민법 재산편 제347조 제2항과 제527조를 합한 것과 거의 같은 뜻의 것을 기초하였다는 것, 이의를 보류하지 않는 승낙이 가진 항변절단효에 관해서는, 법률이 새로운 의무를 지운 것과 같은 것으로, 일종의 법률이 정한 특별한 효과로 생각할 수 있다는 것, 여기에서 이의를 보류하지 않는 승낙의 법적 성질 (의사표시인가 관념의 통지인가)은 명확하게 논의가 된 것은 아니라는 것, 이의를 보류하

(2) 일본에서의 채무자의 승낙의 법적 성질론

1) 일본의 학설

일본민법 초안 작성 과정에서, "이의를 보류하지 않는 승낙의 법적 성질(의사표시인가 관념의 통지인가)은 명확하게 논의가 된 것은 아니라는 것"은 앞에서 본 바와 같은데, 일본민법의 기초자의 저작물에서 이의를 보류하지 않는 승낙의 법적 성질이 관념의 통지라는 등의 말은 찾을 수 없다.[66] 그러나 오늘날에는 일본에서 채무자의 이의 없는 채권양도승낙의 법적 성질에 관해서는 이를 대체로 관념의 통지로 보고 있고, 다만 일부에서는 이를 의사표시로 보는 이도 있고, 의사적 요소가 있다고 하는 이도 있다.

① 관념의통지설

일본의 많은 이들이, 일본민법 제468조가 규정한, 채권양도에서의 채무자의 이의 없는 승낙으로 인한 대항불능의 취지를 공신력이나 금반언, 또는 모순행위 금지설에서 찾으면서 채권양도의 승낙을 관념의 통지라고 하는 이들이 있다. 이들 중에는, "채권양도의 대항요건으로서의 승낙은, 채무자가 채권이 양도된 사실에 관해서의 인식—양도사실을 안다(了承)는 뜻—을 표명하는 것이다. 따라서 그 성질은, 통지와 마찬가지로 관념의 표시이다."[67]라고 하는 이, "승낙이라 함은 신청에 대한 승낙이 아니고 채권양도 사실을 요지(了知) 한 것을 표시하는 채무자의 행위이고, 이것도 통지와 마찬가지로 일종의 관념의 통지이다."[68]라고 하는 이, "일본민법 제467조(우리 민법 제450조)에서 말하는 '승낙'은 양도라고 하는 사실을 안다는(了承), 인식의 표명을 의미하고, 채권양도에 대한 동의가 아니다. 이 조문에서 말하는 '통지'에 대응하는 것이므로, 이는 관념의 통지로서, 준법률

지 않는 승낙에 의해서 항변이 절단되고, 채무자가 양수인에 대해서 의무를 부담하는 이유를, 1차적으로는 채무자가 '자신이 채무자이다'라고 말했다는 것 … 등"이다(이에 관해서는 池田眞郎, 同書. 394頁).

66) 梅謙次郎, 民法要義, 卷之一, 總則編, 1911, 復刻版, 有斐閣, 1980, 207–218頁. 이를 보면 이의를 보류하지 않는 승낙의 법적 성질을 관념의 통지라고 하는 것은 후대의 독일법의 영향으로 보인다.

67) 我妻榮, 前揭書(주 10), 532頁; 淡路剛久, 前揭書(주 57), 450頁. 이들은 '관념의 표시'라는 말을 쓰고 있으나 '관념의 통지'와 같은 뜻으로 보인다.

68) 於保不二雄, 前揭書(주 10), 309頁; 奧田昌道, 債權總論, 悠悠社, 1993, 438頁; 明石三郎, 前揭注釋民法, 391頁.

행위의 하나로 된다."[69]고 하는 이 등이 있다.

또 다른 이는, 채무자의 이의 없는 승낙을 관념의 통지로 보고, 모순행위금지와 채무자의 귀책성을 근거로 승낙으로 인한 대항불능의 취지를 설명하고 있는데, 이에 따르면 "이의를 보류하지 않은 승낙의 성질은 관념의 통지라고 보는 것이 맞지만 이는 관념의 통지에 항변상실효가 부여된다고 하는 것이 아니고, 관념의 통지이지만 채무자에게도 이의를 보류하지 않았다고 하는 귀책성이 있으므로 항변상실의 효과가 부여되는 것"[70]이라고 한다.

② 의사표시설

이의를 보류하지 않은 승낙을 의사표시로 보는 이들이 있고, 여기에는 승낙을 채무승인으로 보는 이, 처분권을 주는 것으로 보는 이, 항변포기로 보는 이가 있다.

(i) 채무승인설[71]

이의를 보류하지 않은 승낙을 의사표시인 채무승인이라고 하는 이가 있다. 이에 따르면, "일본민법 제467조[우리 민법 제450조]의 '승낙'은 채권양도통지와 마찬가지로 단순한 대항요건이지만 일본민법 제468조 제1항(우리 민법 제451조 제1항)의 '승낙'은 대항요건 이상의, 항변절단이라는 효력이 있으므로 양자는 서로 다른 것으로, 전자의 '승낙'은 단순한 양도사실의 승인으로서 이른바 '관념의 통지'이지만, 후자, 즉 일본민법 제468조 제1항의 '전조의 승낙'은 단순한 양도의 사실의 승인이 아니라, 그 이상의 것으로서 양수인에 대하여 채무를 승인하는, 즉 새로운 채무를 부담하는 의사표시로서의 의미를 가진다."[72]고 한다.

채무승인설에서의 채무승인은 프로이센국법 제1편 제11장 제412조,[73] 오스

---

69) 加藤雅新, 債權總論, 有斐閣, 2005, 314-315頁; 我妻榮, 前揭書(주 10), 532頁.

70) 淡路剛久, 上揭書(주 57), 463頁.

71) 이를 石坂說이라고도 한다(明石三郎, 前揭注釋民法, 388頁).

72) 石坂音四廊, "債權讓渡の承諾の性質", 法學新報, 第24卷 第4號, 1914, 63頁, 石田喜久夫·西村峯裕, 叢書民法總合判例研究, 第1卷, 25, 債權讓渡と異意を留めない承諾の效力, 一粒社, 1981, 10-11頁, 明石三郎, 前揭注釋民法, 388頁, 池田眞郎, 前揭書(주 4), 336頁 등에서 재인용. 이에 관한 우리말 문헌으로는 秦鴻璡, "債權讓渡에 대한 異議를 保留하지 않은 承諾과 諸抗辯의 承繼·切斷效", 比較私法 第18卷 第1號/通卷52號), 韓國比較私法學會(2011. 3), 100-102면 이하.

73) 그 내용을 알 수 없으나, 독일민법 제781조의 채무승인(Schuldanerkenntnis)과 같은 것으로

트리아민법 제1396조[74])에서 말하는 채무승인과 같은 것으로 본다.[75]) 이 설의 주창자는 "오스트리아 민법 제1396조 제2항은 '채무를 승인하면'이라고 규정하고 있는데, 일본민법의 규정은 이러한 '채무승인'과 '양도의 승인'을 혼동하고 있다. 채무의 승인은 형식적으로는 기존의 채무의 승인이지만, 실질적으로는 새로운 채무의 부담이다. 이러한 채무의 승인은 양도에 있어서 채무자와 양도인 사이의 계약에 의해 성립한다. 그러므로 본조 제1항의 '전조의'는 삭제해서 읽어야 한다."고 한다. 또 그는, 자신의 이론의 문제점으로 (ⅰ) 당사자의 의사해석에 의해서 진정한 채무의 승인의 경우로 인정되는 경우에만 일본민법 제468조 제1항을 적용하게 되어 그 적용범위가 한정적으로 될 수밖에 없게 된다는 점, (ⅱ) "본조 제1항의 본문과 단서[현재는 제1항 제1문과 제2문] 간에 문리상의 조화가 곤란하게 된다. 즉, 단서에 따르면 채무자가 채권자에게 급여한 것의 반환을 청구할 수 있는 것은, 그것이 채권자에게 부당이득으로 되기 때문이지만, 새로운 채무의 승인에 의해서 전채권자, 즉 양도인이 부당이득을 한 것으로 되기 위해서는 새로운 채무의 승인에 의해서 양도인의 채권이 소멸해야 한다. 그렇지만 채무자가 채무의 변제로서 그 전에 급여할 때에 이미 채권은 소멸한 것이므로 새로운 채무의 승인에 의해서 채무자가 급여 이전으로 소급한 채권이 소멸했다고 하는 별난 의제(擬制)를 쓸 수밖에 없다."[76])고 하고, "이것이 무인적인 채무의 승인이라면 양도인에 대한 항변사유로써 양수인에게 대항할 수 없는 것은 당연하므로 굳이 본조를 둘 필요가 없고, 기존 채무부존재에 의한 부당이득의 반환을 청구할 수 있는 상대방은, 무인의 채무승인에 의해서 이득이 생길 때의 채무자이므로 채권양도인이 아니고 오히려 채권양수인이 될 것이므로, 이 점에서도 본조 제1항의 규정의 취지와 일치하지 않게 된다."[77])고 한다.

　　이 설에 의하면, 이의 없는 채무자의 승낙은 양수인에 대한 채무승인의 의사표시이므로 승낙의 상대방은 언제나 양수인이 되어야 하며, 항변사유의 존재

보인다{於保不二雄, 前揭書(주 10), 316頁}.

74) 오스트리아민법 제1396조(ABGB § 1396) 이(통지 전 양도인에 대한 변제)는 양수인이 채무자에게 승인된 때에는 할 수 없다. 다만 채권에 대한 자신의 항변권을 주장할 권리는 있다. 채무자가, 양도된 채권의 양수인에 대하여 정당하다고 승인하였다면, 그는 그 양수인을 자기의 채권자로서 만족시킬 의무가 있다.

75) 池田眞郎, 前揭書(주 4), 332頁.

76) 石坂音四郞, 前揭論文, 1231頁, 明石三郎, 前揭注釋民法, 388頁에서 재인용.

77) 石坂音四郞, 前揭論文, 1231頁, 明石三郎, 前揭注釋民法, 388頁에서 재인용.

에 관해서 양수인의 선의·악의를 묻지 않는 것으로 된다.[78]

이 이론에 대한 비판으로 일본민법 제568조는 프랑스법에서 유래한 것임에
도 전혀 계통이 다른 "독일류의 채무승인으로 설명"하고, 그 "민법학의 개념법학
적 방법론 때문에, 당초의 고찰로부터 독일류의 의사표시개념을 전제로 하는 분
석방법의 틀에서 벗어나지 못하고 있다."[79]고 하며, "일본민법의 기초자의 의도
는, 규정의 문언에서 명백하게 프로이센, 오스트리아의 입법에서 말하는 '채무의
승인'을 모방한 것이 아니고 '양도의 승인'에 항변상실의 효과를 부여하고 있는
것"[80]이라고 하는 이, "채무승인설은, 양수인에 대한 이의보류 없는 승낙은 새로
운 채무의 승인의 의사표시로 보게 되므로 채무자는 양도채권의 무효를 양도인
에게도 주장할 수 없는 것으로 될 것"[81]이라고 하는 이 등이 있다.

(ii) 처분수권설(지시인수설, 위탁인수설)[82]

독일 민법 제784조[83]의 지시인수 또는 위탁인수(Annahme der Anweisung[84])
는, 독일민법 제780조[85]의 의미에 있어서의 무인채무의 구속(Verbindlichkeit als
abstrakte Schuld)을 받는 약속[86]의 하나로 본다. 일본의 지시인수설은 독일의 이

---

78) 이러한 점들을 지적하는 이는, 石田喜久夫·西村峯裕, 前揭書(주 72), 10－11頁.

79) 池田眞郞, 前揭書(주 4), 398－399頁.

80) 池田眞郞, 上揭書(주 4), 342頁,

81) 西村峯裕, "債權讓渡における異議を留保めない承諾の效力" 民法判例百選, Ⅱ, 債權, 別冊
ジュリスト, No. 176, 有斐閣(2005. 4). 70頁.

82) 安達說이라고도 한다(明石三郎, 前揭注釋民法, 390頁).

83) 독일민법 제784조(위탁인수) 위탁인수인이 위탁을 인수한 때에는, 그는 위탁수령인에게 급
부할 의무가 있다; 위탁인수인은, 인수의 유효성에 관한 대항사유, 지시의 내용 또는 인수
의 내용에서 발생하는 대항사유 또는 위탁인수인이 위탁수령인에 대하여 갖는 대항사유로
써 위탁수령인에게 대항할 수 있다. 위탁의 인수는 위탁증서에 기재함으로써 한다. 위탁증
서상의 기재가 위탁수령인에 대한 교부 전에 이루어진 때에는, 위탁인수는 위탁수령인에
대해서는 교부 시부터 효력이 발생한다.

84) 이를 통상 지시인수라고 옮기고 있고, 어음법이나 수표법에서 지시문구나 민법상 지시증권
이 있기는 하나, 지시라는 말이 명령과 복종관계를 나타내는 경우가 많아 평등한 당사자
관계에서는 타당하지 않다고 생각되므로, 지시인수는 위탁인수라고 옮기는 것이 좋을 것
같으나, 여기에서는 주창자의 표현을 그대로 따른다.

85) 독일민법 제780조 어떠한 급부를 약속하는 계약에서 그 약속이 독자적으로 의무를 발생시
킨다는 내용인 경우(채무약속)에, 그 계약이 유효하기 위해서는, 다른 방식이 정해지지 않
는 한, 약속의 의사표시가 서면으로 행해짐을 필요로 한다.

86) Münchener / Habersack, Band 5, Schuldrecht, Besonderer Teil, Ⅲ, §§ 705－853, 5 Aufl.,

러한 지시인수개념과 독일민법 제185조[87])에서 규정한 처분수권개념을 바탕으로, 일본민법 제468조 제1항에서 규정한 이의를 보류하지 않은 승낙은 '전조의 승낙'과 같을 수 없는, 의사표시의 일종으로, 그 "항변절단의 법리는 어음·수표나 무기명채권에 있어서의 항변절단의 법리와 기본적으로 공통된 것으로 항변절단을 규정한 것"이고, 그 기초적 구성원리로서 독일민법 제185조가 규정한 처분수권이라는 특수한 형태로서의, "'가정적 채무자의 처분수권'이라는 개념을 고안하여, 채무자의 이의 없는 승낙을 이러한 처분수권으로 파악한 것"[88])이고, "채무승인설과 공신력설의 종합을 시도한 구성"[89])이라고 한다.

이때 "양수인이 양도인에게서 채권을 양수함과 동시에 채무자의 지시인수를 받게 되면 양수인에 대하여 채무자의 채권자에 대한 항변은 절단되지만(독일민법 제784조 제1항), 채무자는 양도인에 대해서 부당이득반환청구권을 갖는 것으로 되며, 그리하여 공신력설이 본조의 승낙을 전조의 승낙과 동일하게 단순양도사실의 인식의 표명에 지나지 않는다고 한 결함을 보충하고, 이를 한 걸음 더 나아가 채무의 승인의 의사표시라고 하므로, 다른 한편으로는 채무승인설이 갖는 본조 제1항 본문과 단서와의 부조화, 즉 채무가 다시 한 번 소멸하는 것으로 함으로 인한 부당이득을 채무자가 양도인에게 청구하는 불합리함을 극복할 수 있다."[90])고 한다.

이 이론에 대한 비판으로, 이 설은 다른 법제도의 유추에 의해서 일본민법 제468조 제1항을 설명하고 있는데 "그 유추하는 법제도인 독일의 지시이론은 유추되는 법제도인 일본민법 제468조의 이의를 보류하지 않은 승낙과는 연혁적으

2009, § 784, Rn. 1, S. 1211,

87) 독일민법 제185조(무권리자의 처분) ① 무권리자가 어떤 목적물에 대하여 한 처분이 권리자의 사전승인 아래 행하여진 경우에는 그 처분은 효력이 있다. ② 권리자가 이를 추인한 경우, 처분자가 목적물을 취득한 경우 또는 권리자가 처분자를 상속하고 또 권리자가 상속채무에 대하여 무한의 책임을 지는 경우에는 그 처분은 효력이 있게 된다. 후 2자의 경우에 목적물에 대하여 한 다수의 처분이 서로 저촉되는 때에는 최초의 처분만이 효력이 있다.

88) 安達三季生, "異議を留保めない債權讓渡の承諾と消滅した抵當權の復活", ジュリスト增刊, 擔保法の判例, Ⅰ, 後藤安使編, 有斐閣(1994), 106頁. 이 저자는 이의 없는 승낙을 독일민법 제185조에서 규정하고 있는 처분수권과 유사한, "가정적 채무자의 처분권한"이라는 개념을 사용하므로 이 학설을 '지시인수설'이라고도 한다{이에 관해서는 池田眞郎, 前揭書(주 4), 336頁}.

89) 安達三季生, 前揭論文(주 88), 38頁, 池田眞郎, 前揭書(주 4), 336頁.

90) 明石三郎, 前揭注釋民法, 390頁.

로 관계가 없는 것"이고, 항변절단과 같은 원래 어음이론(유가증권이론)을 지명채
권양도의 논의에 가져오는 것은, 민법이 지명채권과 지시채권 이하 3종의 증권
채권을 구별하여 규정한 기본정신에 비추어 부적당하며,[91] 경개나 채무 전부의
변제 등에 의해서 본래의 채권이 완전하게 소멸하는 것과 같은 경우에 "당해 채
권의 제3자에의 양도를 채무자가 승낙한다면 이는 통상 (일본민법의 기초자도 명
확하게 말한 바와 같이) 채무자의 착오나 오신에 의한 것이고 여기에 실제로 존재
하지 않는 채권의 양도에 대한 채무자의 처분수권인 채무자의 적극적인 의사를
생각하는 것 또한 무리"[92]라고 하는 이, "현실로 존재하는 채권이 양도된 경우
에 현실의 채권과 가정적 채권 등 2개의 채권이 있다는 꽤나 기교적·의제적인
이유를 드는 등의 문제"[93]가 있다고 하는 이 등이 있다.

(ⅲ) 항변포기설
일본의 판례 가운데에는 채무자의 이의를 보류하지 않은 승낙을 채무자의
항변포기로 본 것이 있고, 이러한 판례에 관해서는 뒤에서 본다.
이에 대하여는, "항변포기설에 의하면 채무항변사유의 존재 – 가령 도박채
권의 공서양속 위반을 이유로 한 무효를 알면서 양수인에 대해서 이의보류 없이
양도를 승낙한 경우에는 채무자는 그 무효를 양수인에게 주장할 수 없는 것으로
될 것"[94]이라고 한다.

③ 의사적요소설
이의를 보류하지 않은 승낙에 채무자의 의사적 요소가 있다고 보고, 일본민
법 제468조는 이러한 의사적 요소를 바탕으로 한 채무자의 행위에 대한 제재라
는 이중법정효과가 있다고 설명하는 이들이 있는데,[95] 이들이 주장하는 제재의
직접적인 근거는 같지 않다.
첫째로 제재의 근거를 의사적 요소와 채무자의 주의의무위반을 근거로 하
는 주장이다. 이에 따르면, 우선 "지명 채권양도에 있어서 대항요건주의를 취한

---

91) 池田眞郎, 前揭書(주 4), 404-405頁.
92) 池田眞郎, 上揭書(주 4), 407頁.
93) 淡路剛久, 上揭書(주 57), 462頁.
94) 西村峯裕, 前揭論文(주 81), 70頁.
95) 그러므로 일본에서는 이를 이중법정효과설이라고 한다.

본질적 의미는 … 양도계약의 목적인 채권의 가치를 현실로 획득하기 위하여 역할이 필요한 채무자라는 존재를, 본래 채권양도계약에 끌어 들이는 것"으로, "일본민법 제468조 제1항은, 채무자와 양도인, 양수인 등 3인의 태도를 고려하여, 채무자의 이의를 보류하지 않은 승낙이 있는 경우에 채무자의 항변을 절단하는 것이고, 그 항변절단효의 근거는, 여기에서 무엇인가 채무자의 의사적 관계, 의사적 행위가 있다는 점에서 부여되는 것"96)이라고 하고, "'의사적 행위'라 함은, 우선 단순한 관념의 통지가 아니며, 이른바 의사표시 그 자체도 아니"며 "양도에 협력하고, 양도대상인 채권의 존부, 내용(항변사유의 유무) 등을 양도계약 당사자(양도인, 양수인)에게 정확하게 알게 해야 할 행동을 하는 것에 관한 의사, 즉 양도계약에 적극적으로 관여하는 것에 관한 의사"97)라고 한다.

이에 대해서는 "이 설에서 사용하고 있는 '의사적 행위'라고 하는 개념이 불명확"98)하다고 비판하는 이가 있다.

둘째로 의사적 요소와 채무자의 모순행위금지를 근거로 하는 주장이다. 이에 따르면, '승낙'을 관념의 통지와는 다른 의사적인 행위(의사표시가 아니라 내부의사를 두고 이르는 말이다)로 이해하고, 항변절단효는 '승낙'이라는 의사적 요소에 법이 부여한 특수한 법적 효과 즉, '제재(sanction)'라고 한다.99)

2) 일본의 판례100)

① 관념의 통지로 본 판결

일본민법 제468조 제1항에 관하여, "같은 조에 의하면 채무자가 양도인에게 대항할 수 있는 사유에 관해서 어떠한 제한도 두고 있지 않을 뿐만 아니라

---

96) 池田眞郎, 前揭書(주 4), 415頁. 이 저자는 기존 일본의 학설들에 대해서는, "대부분이 일본민법 제468조의 해명에 있어서 독일민법의 이론을 차용하고 있음(금반언설에 관해서는 영국법의 영향도 보인다)을 쉽게 알 수 있을 것"이라고 하고, "일본민법의 지명채권양도의 규정은 프랑스민법 및 Boissonade 구민법을 계수한 것이고, 독일민법은 이 분야에서는 직접적인 계수관계가 없을 뿐만 아니라 원래 지명채권양도제도의 기본적인 구조가 다른 것"이라고 하며, "독일민법의 이론으로 일본민법 제468조를 설명하는데 문제의 핵심이 있다"(池田眞郎, 上揭書(주 4), 348頁)고 한다.

97) 池田眞郎, 上揭書(주 4), 415-416頁.

98) 淡路剛久, 前揭書(주 57), 462頁.

99) 平井宜雄, 前揭書(주 3), 143頁.

100) 이하의 판례는 주로 池田眞郎, 前揭書(주 4), 341-345頁 및 石田喜久夫·西村峯裕, 前揭書(주 72), 4-10頁을 중심으로 정리한 것임.

앞의 입법취지에 비추어 보면 위의 이른바 대항할 수 있는 사유 중에는 같은 조 단서에서 예상할 수 있는 변제, 경개, 화해 등으로 인한 채무소멸의 항변사유 외의, 불법목적으로 인한 채무불발생의 항변사유와 같은 것도 일반적으로 이를 포함하여야 한다는 것도 별로 의문이 없다. 그러므로 위 규정에 의해서 양수인이 취득할 수 있는 채권이 되는 것은 실로 양도인으로부터 승계취득된 것이 아니고 전혀 새로운 별개의 채권이라고 할 수 있다. 따라서 이와 같은 것은 채무자와 양수인 사이에 있어서 채무승인의 합의가 아니라면 도저히 이를 이해할 수 없다. 그렇지만 일본민법 제468조 제1항에 비추어 보면 명백히 '전조의 승낙을 한 때'라고 규정하고 있고, '전조의 승낙'은 이른바 양도의 승낙을 지칭한 것도 문리상 전혀 의문이 없을 뿐만 아니라, 이제 만약 같은 조를 적용하는 경우를 앞의 채무승인의 계약이 성립하는 경우만으로 국한한다면 같은 조 제1항의 규정은 전혀 쓸 데 없는 규정이라고 단정하지 않을 수 없게 된다. 무릇 채무자와 양수인 사이에 있어서 새로운 채무부담을 목적으로 하는 무인계약이 성립한다면 양도인에게 대항할 수 있는 항변사유로써 양수인에게 대항할 수 없음이 실로 자명한 사실에 속하고, 이를 특히 입법을 기다려서 비로소 알 수 있는 것이 아니라는 것은 굳이 많은 말이 필요하지 않다. 과연 그렇다면 같은 조는 채권양도에 즈음하여 채무자에게 있어서 양수인에 대해서 새로이 채무를 승인한다는 의사를 표시했는지 아닌지를 묻지 않고 적어도 어떠한 이의도 보류하지 않은 승낙이 있는 이상, 법률은 당해 양도승낙된 관념표시에 마치 유효하게 존재하는, 하자 없는 채권의 양도와 같이, 효력을 부여하는 것으로 하여, 바꾸어 말하면 법률이 특별히 인정한 하나의 의제에 다름 아닌 것으로 해석하는 것이 마땅하다. 그렇지만 위 규정은 원래부터 양수인을 보호해야한다고 하는 것에 다름 아님은 이미 위에서 설시한 바와 같으므로 같은 조에 의해서 보호를 받을 수 있는 양수인은 그 양도목적인 채권에 하자가 있는 사실을 인식하지 못한, 이른바 선의자에 한한다고 하는 것도 무릇 당연한 귀결이 되지 않으면 안 된다."[101] 고 한다.

---

101) 日本大審院 1934.7.11.判決{池田眞郎, 前揭書(주 4), 344-345書 및 石田喜久夫·西村峯裕, 前揭書(주 72), 7-10頁에서 재인용}.

② 의사표시로 본 판결

(i) 항변포기설을 취한 판결

일본의 한 판결은, 일본민법 제468조 제1항의 "법의는 채무자가 이의를 보류하지 않고 승낙한 때에는 양도인에게 대항할 수 있는 사유가 있어도 그 항변을 포기한 것이라고 하지 않을 수 없으므로 이를 양수인에게 대항할 수 없어 양수인은 채무자에 대해서 어떠한 항변도 부착되지 않은 채권을 취득하는 것"[102]이라고 한다.

(ii) 채무승인설에 가까운 판결

일본의 다른 판결은, 대항요건으로서의 승낙이 있었는지가 다툼의 대상이었는데, 그 방론으로 "이 조[일본민법 제468조]는 채권양도사실에 관해서 채무자가 양수인에 대해서 이의를 보류하지 아니하고 승낙한 때에는 이로 인하여 채무의 승인과 같은 효과를 낳게 한다는 취지로 특별히 규정한 것이라고 해석할 수 있다"고 하고, "이의를 보류한 승낙은 양도인 또는 양수인 누구에게나 할 수 있지만, 이의를 보류하지 않는 승낙은 반드시 양수인에 대해서 하지 않으면 안 된다."[103]고 한다.

(3) 일본에서의 채권양도승낙에 있어서의 채권양도의 포섭범위

일본민법 제468조가 규정한 채무자의 이의 없는 승낙의 효력범위에 관하여 "이의를 보류하지 않은 승낙에 대하여 주어진 항변상실의 효과는 항변권상실보다는 넓고 채권의 성립·존속 또는 행사를 저지·배척하는 일체의 사유, 즉 항변권은 말할 것도 없고, 변제·경개·화해 등에 의한 채권소멸의 항변사유 외에 불법의 목적에 의한 채권불발생의 항변도 모두 이에 포함된다"[104]고 하고, 일본의 판례도 마찬가지이다.[105] 이는 일본민법 제468조 제1항이 규정한 채권양도는 채권이 현실로 존재하는 것이든 존재하지 않는 것이든 모두 제한이 없는 것으로 본다는 뜻으로 보인다.

---

102) 日本大審院 1916. 8. 18. 判決; 長野地方裁判所松本支部 1888. 6. 25. 判決.
103) 日本大審院 1917. 10. 2. 判決.
104) 於保不二雄, 前揭書(주 10), 315頁.
105) 日本大審院 1934. 7. 判決.

Ⅲ. 민법에서의 채무자의 이의 없는 승낙의 법적 성질 및 양도채권의 포섭범위

1. 민법상 채무자의 채권양도승낙의 법적 성질

(1) 학설 및 판례

1) 학설

많은 이들이 민법 제451조 제1항이 규정한, 채권양도에 있어서 채무자의 이의 없는 승낙의 대항불능의 취지를 공신력이나 항변사실에서 찾으면서 이의 없는 승낙의 법적 성질을, 민법 제450조에서의 승낙과 같이, 관념의 통지로 보고 있고, 이를 의사표시라고 보는 이는 없는 것으로 보인다. 그러나 채무자의 이의 없는 채권양도의 승낙의 대상이 무엇인지, 다시 말하면 무엇을 승낙한다는 것인지에 관하여 양도사실의 인식, 즉 양도사실을 알고 있다는 것인지 아니면 양도사실 그 자체인지에 관해서는 차이를 보이고 있다.

먼저 채무자의 이의 없는 채권양도의 승낙을 채권양도사실에 대한 인식을 표명하는 행위라고 하는 이들이 있는데, 이에 따르면, 이때의 채무자의 「'승낙'은, 채권양도의 사실에 대한 인식을 표시하여 밝히는 채무자의 행위이다. 채권양도의 청약에 대한 승낙이 아님을 주의하여야 한다. 즉, 그의 법률적 성질은, 위에서 설명한 통지와 마찬가지로, 의사표시가 아니라 역시 일종의 '관념의 통지'이다.」106)라고 하기도 하고, 「승낙이란 채권양도의 사실을 알고 있다는 것을 표시하는 것으로서, 통지와 마찬가지로 관념의 통지이다.」107)라고 하기도 한다.

일부에서는, 이의 없는 채무자의 채권양도 "승낙은 채권양도의 사실을 승낙하는 채무자의 행위이며, 이것 역시 전술한 통지와 마찬가지로 일종의 '관념의

---

106) 郭潤直, 債權總論, 博英社, 2007, 222면. 같은 뜻으로 金基善, 韓國債權法總論, 法文社, 1987, 281면(같은 책, 284면에서, 이 저자는 채무승인설도 소개하고 있고, 「이곳에서 말하는 승인은 단순히 채권양도의 사실을 승인하는 것이 아니고 그 이상으로 양수인에 대한 채무의 승인, 즉 새로운 채무의 부담행위로서 하는 의사표시」라고 하는데, 우리나라에서 이 설을 주장하는 이는 없는 것으로 보인다); 金曾漢 · 金學東, 債權總論, 博英社, 1998, 356면; 徐敏, 앞의 책(주 2), 554면.

107) 金疇洙, 債權總論, 三英社, 1996, 363면(여기에서는 또 「채권양도는 채무자의 관여 없이 행하여지므로, 여기에서의 승낙은 양도에 대한 동의라는 의미를 포함하지 않는다.」고도 한다).

통지'"108) 라고 한다.

2) 판례
① 채권양도사실의 승인이라고 한 판결

한 판결은 "채권양도 통지가 채무자에 대하여 이루어져야 하는 것과는 달리 채무자의 승낙은 양도인 또는 양수인 모두가 상대방이 될 수 있다. 한편 지명채권 양도의 대항요건인 채무자의 승낙은 채권양도 사실을 채무자가 승인하는 의사를 표명하는 채무자의 행위라고 할 수 있는데, 채무자는 채권양도를 승낙하면서 조건을 붙여서 할 수 있다."109)고 하고, 다른 판결은, 주권발행 전 주식양도승인과 관련하여 "민법 제450조 소정의 채무자의 승낙은 채권양도의 사실을 채무자가 승인하는 뜻으로서 동조가 규정하는 채권양도의 대항요건을 구비하기 위하여서는 채무자가 양도의 사실을 양도인 또는 양수인에 대하여 승인함을 요한다."110)고 하여, 채권양도의 사실을 승인한 것으로 보았다.

② 양도사실의 인식의 승인이라고 한 판결

또 다른 판결은, "민법 제451조 제1항 전문은 '채무자가 이의를 보류하지 아니하고 전조의 승낙을 한 때에는 양도인에게 대항할 수 있는 사유로써 양수인에게 대항하지 못한다.'고 규정하고 있는데, 이는 채무자의 승낙이라는 사실에 공신력을 주어 양수인을 보호하고 거래의 안전을 꾀하기 위한 규정이다. 여기서 '승낙'이라 함은 채무자가 채권양도 사실에 관한 인식을 표명하는 것으로서 이른바 관념의 통지에 해당하고, 대리인에 의하여도 위와 같은 승낙을 할 수 있다."111)고

---

108) 尹喆洪, 債權總論, 法元社, 2012, 400면.
109) 대법원 2011. 6. 30. 선고 2011다8614 판결. 같은 취지에서 대법원 1989. 7. 11. 선고 88다카20866 판결은, "지명채권의 양도를 승낙함에 있어서는 이의를 보류하고 할 수 있음은 물론이고 양도금지의 특약이 있는 채권양도를 승낙함에 있어 조건을 붙여서 할 수도 있으며 승낙의 성격이 관념의 통지라고 하여 조건을 붙일 수 없는 것은 아니다."라고 한다.
110) 대법원 1986. 2. 25. 선고 85다카1529 판결.
111) 대판 2013. 6. 28, 2011다83110{이 사건은, 피고가 소외 회사와 사이에 병원 신축공사에 관하여 공사도급계약을 체결하고, 소외 회사가 이 공사의 부분하수급인들과 사이에 공사대금 일부씩을 양도하기로 하는 계약을 체결하였으며, 소외 회사는 이 계약상 채권양도 금액을 정리한 문서를 피고의 대리인인 소외 1에게 교부하고, 소외 1은 그 문서 기재에 따라 각 공사대금을 지급하기로 승낙하였고, 이를 바탕으로 양수인들이 각각 자신들의 양수금을 청구한 사안이다. 이 판결의 평석으로 吳泳俊, 앞의 평석(주 13), 111-127면}.

하여, 채무자의 승낙을 채권양도 사실에 관한 인식을 표명하는 관념의 통지라고
하였다.

(2) 채권양도에 있어서 채무자의 승낙의 의미와 대상 및 제3자의 부담의사 의 표시

1) 승낙의 의미 – 채권양도를 승낙하는 것

앞에서 본 바와 같이, 학설이나 판례는, 민법 제450조, 제451조의 채무자의
승낙에 있어서의 승낙은 관념의 통지이고, 이러한 승낙의 대상은 '채권양도의 사
실에 대한 인식'이라고 하거나 '채권양도사실'이라고 하고 있다.[112]

원래 민법에서 승낙이라는 것은, 가령 제120조(임의대리인의 복대리인 선임의
승낙), 제454조(채무자와의 계약에 의한 채무인수에 대한 채권자의 승낙), 제528조(승
낙기간을 정한 계약의 청약에 대한 상대방의 승낙) 등에서 보는 바와 같이 상대방이
청하는 바를 들어 주는 것이고, 어떤 사실이 있다는 것을 알리는 것이 아니므로,

또 질권설정계약의 해지 통지는 "이른바 관념의 통지로서, 통지는 제3채무자에게 도달됨
으로써 효력이 발생하고, 통지에 특별한 방식이 필요하지는 않다."(대판 2014. 4. 10,
2013다76192)고도 한다.

112) 이러한 입장에서는 "채권양도에 관한 채무자의 '승낙'이라는 대항요건은 법률용어를 잘못
선택한 예들 가운데 하나이며, 채권이 양도인과 양수인 사이의 합의로 양도되었다는 역사
적 사실을 인식하고 있다는 채무자의 주관적 용태를 통지하는 것임이 맥락상 명백한 것"
으로 되겠지만, 대항요건을 규정한 민법 제450조는 일본민법 제467조를 그대로 받아들인
것이고, 후자는 프랑스민법 제1690조를 바탕으로 한 Boissonade의 일본민법초안 제367조
제1항과 일본구민법 재산편 제347조를 거치면서 성립한 것(이에 관해서는 오수원, 앞의
논문, 62면)이다. 위 프랑스민법 제1690조는 "양수인은 채무자에게 한 양도의 통지
(signification, 집행관송달)에 의해서만 제3자에 대하여 권리자가 된다. 그러나 양수인은
채무자가 공정증서로써 한 양도의 승낙에 의해서도 마찬가지로 권리자가 될 수 있다."
(Article 1690 Le cessionnaire n'est saisi à l'égard des tiers que par la signification du
transport faite au débiteur. Néanmoins, le cessionnaire peut être également saisi par
l'acceptation du transport faite par le débiteur dans un acte authentique)고 하여, '양도의
통지'(la signification du transport)와 '양도의 승낙'(l'acceptation du transportt)을 구별하
고 있고, 민법 제451조는 개정 전 프랑스민법 제1295조에서 유래한 것이고 후자는 '채권
자가 그의 권리를 제3자에게 한 양도를 순수하고 단순하게 승낙한 채무자'(Le débiteur
qui a accepté purement et simplement la cession qu'un créancier a faite de ses droits à
un tiers)라고 하고 있으므로, 민법 제450조 제451조의 채권양도에 관한 채무자의 '승낙'이
라는 대항요건은 법률용어를 잘못 선택한 것이라고 할 수 없다.

그것은 의사표시이고 관념의 통지나 사실의 통지가 아니다.

민법 제450조, 제451조에서는 채권자의 채권양도의 통지와 채무자의 채권양도의 승낙을 구별하여 사용되었고, 채무자의 양도승낙은, 민법 제450조 제1항이 "지명채권의 양도는 … 채무자가 승낙하지 아니하면"이라고 하여, 채권의 '양도를 승낙'하는 것으로 규정하고 있으며,113) 채권양도사실을 알고 있다거나 양도사실을 승낙하는 것으로 규정하고 있지 않다. 양도사실을 알고 있다는 사실을 양수인으로 하여금 알게 하도록 하는 것이라면 이를 통지해야 하고, 그로써 충분하므로 이와 구별하여 승낙이라는 용어를 사용할 필요가 없다.

채권양도란 넓은 뜻으로는 채권을 그 동일성을 유지하면서 다른 사람에게 이전하는 것을 말하고, 여기에는 법의 규정에 의한 것과 법률행위에 의한 것을 포함하지만, 좁은 뜻으로는 이들 가운데 법률행위에 의한 것만을 말하며, 법률행위에 의한 채권양도를 계약에 의한 것으로 한정하는 이114)도 있고 유언 등의 단독행위를 포함하는 이115)도 있으나, 판례는 "'법률행위'란 유언 외에는 통상 채권이 양도인에게서 양수인으로 이전하는 것 자체를 내용으로 하는 그들 사이의 합의"116)를 가리킨다고 하여 단독행위는 포함하지 않는 것으로 본다. 채권양도를 승낙하는 것은 이와 같은 채권양도라는 법률행위를 승낙하는 것이며, 이는 채권양도사실을 승낙하는 것이 아니다(또 이것이 채권양도사실을 알고 있다는 사실을 승낙하는 것도 아님은 말할 나위가 없다).

채권양도를 승낙하는 것과 채권양도사실이나 채권양도사실을 알고 있다는 사실을 승낙하는 것은 전혀 다른 것이다.117) 채권양도의 승낙은, 앞의 이론이나

---

113) 2004년 개정 전 일본민법 제467조 제1항은 "지명채권의 양도는 … 채무자가 이를 승낙함이 아니면"(指名債權ノ讓渡ハ, 債務者カ之ヲ承諾スルニ非サレハ)이라고 하였고, 일본민법 제정 무렵의 입법이유서에서도 "전조의 승낙 – 채권양도의 승낙"{岡松參太郎, 註釋民法立法理由, (下卷), 債權編, 富井政章校閱, 有斐閣書房, 1899, 復刻版, 信山社, 1991, 231頁}이라고 하였다. 프랑스민법 제1680조는 "채무자에 의해서 행해진 '이전(양도)의 승낙'에 의하여"(par l'acceptation du transport faite par le débiteur)이라고 하여, 우리 민법 제450조 제1항에 비하여 보다 명확하게 채권양도의 승낙이 대항요건임을 밝히고 있다.

114) 郭潤直, 앞의 債權總論(주 106), 211면; 金容漢, 債權法總論, 博英社, 1988, 424면; 송덕수, 앞의 책(주 106), 343면; 徐敏, 앞의 책(주 2), 510면.

115) 金疇洙, 앞의 책(주 107), 345면; 金亨培, 債權總論, 博英社, 1998, 614–615면; 李銀英, 債權總論, 博英社, 2009, 600면; 김상용, 앞의 책, 361면.

116) 대법원 2011. 3. 24. 선고 2010다100711 판결.

117) '채권양도사실을 알고 있다'고 통지하였다고 하여 이를 '채권양도를 승낙하였다'고 할 수

판례가 말하는 바와 같은, '채권양도 사실에 관한 인식을 표명하는 것', 즉 '자기가 채권양도를 알고 있다는 사실을 알리는 것'이 아니므로,[118] 이를 관념의 통지나 사실의 통지라고 할 수 없으며, 이는 채권자가 한 양도를 승낙 또는 승인하는 행위이므로 의사표시라고 할 수밖에 없다.[119]

2) 채권양도에 있어서 채무자의 구속력

민법 제449조 제1항 본문은 "채권은 양도할 수 있다."고 하여 채권의 양도성을 인정하고, 그 단서에서 "그러나 채권의 성질이 양도를 허용하지 아니하는 때에는 그러하지 아니하다."고 하고 있다. 또 민법 제449조 제2항은 "채권은 당사자가 반대의 의사를 표시한 경우에는 양도하지 못한다. 그러나 그 의사표시로써 선의의 제3자에게 대항하지 못한다."고 하여 채권의 양도성을 당사자의 의사에 의존하게 하고 있다.

채권은 원래 "특정인이 다른 특정인에 대해서 청구할 수 있는 권리"이고, 주된 채권발생 원인인 계약상의 채권의 경우에는 특히 채무자가 채권자에게 급부하기로 약속한 것이며, 이 점에서 본다면, 채권양도 자체가 채권을 청구할 수 있는 특정인을 바꾸는 것이므로 그 성질상 허용될 수 없는 것이고, 채무자는 양수인에게 급부를 이행할 의무를 부담하지 않는다고 할 수도 있다. 그럼에도 채권양도가 채무자에게도 효력이 있다고 보는 것, 즉 채무자에 대해서 구속력(force obligatoire)을 인정하는 근거는 무엇인가?

이에 관해서 우리나라에서나 일본에서는 논의된 바 없으나,[120] 프랑스에서는 채권발생계약 당시 채무자가 미리서 준 그의 묵시적 동의(consentement tacite)에서 그 근거를 찾는 이[121]도 있고, 원래의 채권발생계약(contrat originaire)에서

없음은 자명하다.

118) '채권이 양도된 사실을 알고 있다는 것을 승낙한다'는 것은 사리에 맞지 아니하다.

119) 이 점에 관하여 일본에는 채무자의 승낙은, "대항요건의 기능으로서는 [통지와] 동가치이지만, 그 밖의 의미에서 통지가 된 경우와 채무자로부터의 승낙 있는 경우에 효과가 다른 것은 오히려 당연한 것"{池田眞郎, 前揭書(주 4), 110頁}이라고 하는 이가 있다.

120) 양도인과 양수인 사이의 합의에 불과한 채권양도가 채무자를 구속하는 근거와 관하여, 민법 제449조 제1항 본문에서 "채권은 양도할 수 있다."고 하여 채권의 양도성을 규정한 데서 찾는 이가 있을 수 있으나, 채권양도의 채무자에 대한 구속력의 근거와 채권의 양도성은 서로 별개의 것이다.

121) LARROUMET, op. cit., n° 34, L. AYNES, La cession de contrat et les opérations juri- diques à trois personnes, Préface Ph. MALAURIE, Economica, 1984, n° 18, p, 30−31에

구하는 이[122])도 있다.

채권자가 채권을 양도하고 이를 채무자에게 통지한 경우에는 채권은 그 동일성을 가진 채 양수인에게 이전된다. 이때 채권이 당사자의 의사에 의해서 발생되는 것이라면 그 내용 또한 당사자의 의사에 의해서 정해지는 것은 당연하다. 채권양도에 있어서 채무자의 양수인에 대한 구속력도 이러한 당사자의 의사에서 찾을 수밖에 없고, 그것이 계약에서 명시된 것이 아니라면, 당사자의 묵시적인 의사에서 찾을 수밖에 없다. 또 채무자는 모든 사유로써 항변할 수 있다고 하더라도 채무자의 양수인에 대한 구속력에 반하는 것은 아니다. 이때의 채권자의 양도통지는 양도인과 양수인이 양도계약을 한 사실을 알리는 것이므로 관념의 통지나 사실의 통지일 수 있다.

반면에 채권자가 채권을 양도하고 채무자가 이를 승낙한 경우에는 사정이 이와 같지 않다. 이때의 채무자의 승낙은, 이의를 보류하고 한 것과 이의를 보류하지 아니하고 한 것이 있고, 후자는 양도채권이 존재하지 아니할 수도 있고, 항변이 부착된 채권을 이로써 대항하지 못함으로 인하여 양수인에게 변제해야 할 채권의 내용이 달라질 수도 있어서, 원래의 채권이 그 동일성을 유지하면서 양수인에게 그대로 이전된다고 할 수 없다. 이때의 채무자의 양수인에 대한 구속력은, 채권발생 당시의 당사자의 명시적 또는 묵시적 의사에서 찾을 수는 없고, 이는 채무자의 채권양도의 승낙에서 찾아야 한다. 이러한 채권양도의 승낙은 채권발생과는 무관한 별개의 의사표시가 될 수밖에 없다.

3) 제3자의 부담을 위한 계약

① 채무자의 이의 없는 승낙을 의사표시라고 한다면 어떠한 내용의 의사표시인가?

민법 제539조가 규정한 '제3자를 위한 계약'에 대립하는 관념으로서, '제3자의 부담을 목적으로 하는 계약'이 있다. 이에 관해서 "특히 법률에 규정이 있는 경우를 제외하고는, 누구도 자기의 의사에 의하지 않고서 의무를 부담하지 않으므로, 계약에 관여하지 않은 제3자로 하여금 직접 당사자의 한 쪽에 대하여 급부할 의무를 부담케 하는 계약은 무효"이지만, "제3자가 의무를 부담하는 데 동

서 재인용.
122) L. AYNES, *op. cit.*, n° 19, p. 31.

의하고 있으면, 그러한 계약도 유효"123)한 것으로 본다. 판례도 이러한 계약이
유효함을 인정하여, "제3자를 위한 계약은 제3자에게 단순히 권리만을 부여하는
것을 필요로 하지 아니하고, 제3자에게 일정한 대가의 지급 기타 일정한 부담
하에 권리를 부여하는 것도 가능한 법리"124)라고 한다.

② 채권양도에서 채무자의 항변은 채권이 존재하지 않는 경우와 존재하는
경우가 있다.

채권이 처음부터 무효 등으로 부존재하거나 변제나 면제 등으로 소멸한 경
우와 같이 채권이 없음에도 채권자가 한 채권양도는, 양도인에게는 양수인을 기
망하는 행위로, 양수인에게는 채권의 목적이 없으므로 무효인 행위가 되겠지만,
채무자가 이를 인정하는 경우에는 그로 하여금 새로운 부담을 지게 하는 계약이
된다는 점에서 '채무자의 부담을 목적으로 하는 계약'이고, 채무자의 승낙은, 제
3자를 위한 계약에 있어서의 수익의 의사표시(민법 제539조 제2항)에 대응하는
'채무부담의 의사표시'125)라고 할 수 있다.126) 또 채권이 유효하게 존재하는 경

---

123) 郭潤直, 債權各論, 博英社, 2007, 73면.
124) 대법원 1965. 11. 9. 선고 65다1620 판결, 그 밖에 채무자의 "채무를 면제하는 계약도 제3
     자를 위한 계약에 준하는 것으로서 유효하다."(대법원 2004. 9. 3. 선고 2002다37405 판
     결)고도 한다.
125) 이 경우에도, 채권양도는 양도인의 통지나 채무자의 승낙이 있어야 효력이 발생되므로(민
     법 제450조), 애당초 채권양도계약 당시에 양도인과 양수인 사이에서 제3자(채무자)에게
     부담을 지우고자 하는 합의(이른바 제3자 약관)를 당연히 포함하는 것이고, 사후에 채권
     양도계약의 당사자도 아닌 채무자가 이의를 유보하지 않은 승낙을 하면 채권양도계약 당
     시로 소급하여 이러한 제3자 약관이 성립 또는 의제되는 것이 아니다.
126) 이와 비슷한 구조로 되어 있는 것으로 채권자와 채무자 사이에 이루어지는 채무인수계약
     이 있다. 이는 제3자인 채무인수인이 채무부담의 의사를 표시한 때에 채무인수로서의 효
     력이 발생하는데, 이를 제3자를 위한 계약의 하나로 보는 이[閔亨基, 民法注解, X, 債權,
     (3), 博英社, 1996, 614면]도 있고, "인수인에 대한 채권을 취득케 하는 동시에 구 채무자
     에 대한 채권을 잃게 한다는 점", "계약체결과 동시에 효력이 발생하는 제3자를 위한 계
     약과는 달리 채무자의 승낙에 의해 효력이 발생한다는 점"을 들거나(李銀榮, 債權各論,
     博英社, 2005, 196면), "채권자로 하여금 새로운 채권을 취득케 하는 것이 아니"라는 이유
     로(郭潤直, 債權各論, 博英社, 1979, 96면) 면책적 채무인수는 제3자를 위한 계약이 아니
     라고 하는 이들이 있다. 기존 채무가 어떠하든 제3자인 인수인의 의사에 따라서 그가 채
     권자에게 새로운 의무를 부담한다는 점에서 제3자를 위한 계약의 하나로 보는 것이 타당
     하다. 한편 프랑스민법이나 일본 민법에는 채무인수에 관한 규정이 없다.
     한편 채권양도를 준물권행위라고 보는 입장에서는, "동일한 채권양도에 대해 사후에 통지

우에 채권자가 항변이 부착된 채권을 그것이 없는 것처럼 하여 양도한 경우에 채권은 동일성을 유지하면서 항변이 붙은 채로 이전되는 것인데, 이때 채무자가 이의를 보류하지 않고 양도승낙을 하였다면 그 승낙은 제3자의 부담을 위한 계약의 '항변 없는 채무부담의 의사표시'라고 할 수 있다.

  ③ 민법 제451조 제1항의 이의보류 없는 승낙을 한 채무자에 대하여 항변할 수 없도록 한 것은 항변이 부착되어 있음에도 이것이 부착되지 않은 채권처럼 채무자가 승낙하여 이를 믿은 양수인의 신뢰를 보호하기 위하여 공신력127)이나 항변상실128) 또는 채무자에 대한 제재129)를 위하여 마련한 특별규정으로 보는 것이 일반적이다. 그러나 이의보류 없는 승낙을 '제3자의 부담을 목적으로 한 법률행위의 부담의 의사표시'로서의 효력이 있는 것으로 본다면, 민법 제451조 제1항은, 선의의 양수인의 신뢰를 보호하기 위하여 그 유효함을 인정한 당연한 규정이라고 할 수 있고, 이는 공신력이나 항변절단 또는 채무자에 대한 제재 등과는 무관하다고 할 것이다.
  또 채무자의 이의 없는 채권양도승낙을 제3자를 위한 계약의 수익의 의사표시에 해당하는 '부담의 의사표시'로 본다면, 이는 새로운 채무의 부담이며 단독행위라는 점에서, 프랑스에서 항변포기나 개인적 채무약속으로 보는 것이나 일본에서 계약으로 보는 채무승인이나 항변포기로 보는 것과는 다르다.
  한편 채무자의 이의 없는 승낙을 이처럼 제3자를 위한 계약의 하나로 본다

가 이루어졌는지 승낙이 이루어졌는지에 따라, 전자의 경우에는 채권양도가 양도인과 양수인 사이의 계약으로서 이른바 준물권행위에 해당하는 반면, 후자의 경우에는 제3자의 부담을 위한 계약으로서 일종의 채권계약에 해당한다는 입론이 과연 가능한지" 의문을 제기할 수 있으나, 채권은 이를 매도하거나 증여하는 의사표시 자체에 의하여 당연히 양도되는 것으로 별도로 그 양도행위가 있는 것도 아니고 이를 필요로 하는 것도 아니며, 채권의 매도나 증여를 준물권행위라고 할 수도 없다. 물권행위나 처분행위라는 개념 자체가 모호한 것이고, 물권양도를 준채권행위라고 하지는 아니하므로 채권양도를 준물권행위라고 하거나 처분행위라고 하는 것과 같은 용어사용은 바람직하지 않다.

127) 郭潤直, 앞의 債權總論(주 106), 225면; 金曾漢·金學東, 債權總論, 博英社, 1998, 306면; 金容漢, 앞의 책(주 114), 449면; 林正平, 債權總論, 法志社, 1989, 384면; 李銀榮, 앞의 債權總論(주 115), 621면.
128) 金亨培, 앞의 책(주 115), 592면.
129) 최수정, "지명채권양도에서의 대항요건주의 : 그 내재적 한계와 극복을 위한 과정", 民事法學, 第52號, 韓國民事法學會(2010. 12), 402면.

면 그 승낙은 민법 제539조 제2항에 따라 채무자가 양수인에게 해야 하고, 민법 제451조 제1항 단서는 제3자를 위한 계약의 원인관계(대가관계)로 보게 되며, 프랑스나 일본에서처럼 채권포기로 보는 문제나 일본민법 제468조 제1항 제1문과 제2문(우리 민법 제451조 제1항 본문과 단서) 간에 문리상의 조화가 곤란하게 된다는 문제는 생기지 아니한다.

2. 채권양도승낙에 있어서의 채권양도의 포섭범위

(1) 학설 및 판례

민법 제451조 제1항의 이의를 보류하지 않은 승낙의 뜻에 관하여, 이는 「채무자가 채권양도를 승인하는 경우에, 그 채권의 불성립·성립에 있어서의 흠·채권의 소멸 기타의 항변을 양수인이 가지고 있음을 보류하지 않고서 행하는 단순승인을 말한다.」[130]고 하고, 그 효력범위에 관하여 "이의를 보류하지 않은 승낙에 대하여 주어진 항변절단의 효과는 항변권상실보다 넓은 개념으로서 채권의 성립·존속 또는 행사를 저지하고 배척하는 일체의 사유, 즉 항변권은 말할 것도 없고, 변제·경개·화해 등에 의한 채권의 소멸의 항변 이외에 불법의 목적에 의한 채권불발생의 항변도 이에 포함된다"[131]고 하고, 판례도 "양수인에게 대항하지 못하는 사유는 협의의 항변권에 한하지 아니하고 넓게 채권의 성립, 존속, 행사를 저지하거나 배척하는 사유를 포함"[132]한다고 한다.

이는, 일본에서처럼, 민법 제451조의 채권양도는, 대상 채권이 현실로 존재하는 것이든 존재하지 않는 것이든 모두 제한이 없는 것으로 본다는 뜻으로 보인다.

한편 일부에서 쌍무계약상의 채권의 반대급부와의 견련성은 그 채권의 속성이고 인적 항변이 아니므로 채무자는 동시이행의 항변이나 위험부담 등을 주장할 수 있다고도 한다.[133]

---

130) 郭潤直, 앞의 債權總論(주 106), 225면; 金亨培, 앞의 책(주 115), 591면.
131) 金亨培, 앞의 책(주 115), 592면.
132) 대법원 1997. 5. 30. 선고 96다22648 판결; 같은 뜻으로 대법원 2002. 3. 29. 선고 2000다13887 판결.
133) 李銀榮, 앞의 債權總論(주 115), 624면

(2) 양도채권부존재의 경우의 민법 제451조 제1항의 승낙

앞에서 본 바와 같이, 민법 제451조 제1항이 규정한 채무자의 승낙은 '제3자의 부담을 목적으로 한 계약'의 '부담의 의사표시'로서의 효력이 있으므로, 채무자의 승낙 중 채권이 무효 등으로 부존재하거나 소멸되었음에도 그 양도를 승낙한 경우에는 채무자는 존재하지 않은 채권의 양도를 승낙하였으므로, 그 승낙으로 인하여 그가 양도인에게 가진 항변으로써 양수인에게 대항하지 못함은 당연하다고 할 수 있다.

상계에 관해서 의사표시제도를 취하고 있는 우리 민법이나 일본민법과는 다르게, 프랑스민법 제1295조 제1항은 상계무효에 한하여 대항하지 못하도록 하고, 프랑스에서의 상계는, 개정 전 프랑스민법 제1290조에 따라서 '법률의 효력에 의하여 당연히'(de plein droit par la seule force de la loi) 발생하는 것(법정당연상계주의)이어서 채권양도 시에 상계적상에 있었던 채권은 이미 소멸되어 존재하지 않는 것이고, 이를 확대하여 Larroumet는 채무자는 면책 가능한 모든 항변에도 불구하고 변제할 책임이 있다고 하였음은 앞에서 본 바와 같은데, 이는 채무자가 상계에 의한 소멸로 존재하지 않는 채권의 양도승인을 한 데 대하여 책임을 지도록 한 것이라고 할 수 있다.

그렇다면 채권이 유효하게 존재하고 다만 항변이 붙은 경우에는 어떠한가?

(3) 채권이 유효하게 존속하는 경우의 채무자의 승낙의 의미

1) 항변의 일체성

항변이 붙어 있는 채권의 양도, 즉 채권이 유효하게 존재하고, 다만 그 채권에 항변이 붙어 있는 경우의 채권양도에 있어서는 채권은 동일성을 유지하면서 이전되는 것이 원칙이며, 양도채권에 부착된 항변은 그 채권에 속하는 것이고, 채권을 한정하는 것으로서 채권과 일체화된 것이라고 할 수 있다. 이때 채무자가 채권양도를 승낙하는 것은 이러한 채권, 즉 항변이 붙은 채권 그 자체의 양도를 승낙하는 것이므로, 이때 항변만을 별도로 분리하여 채권양도를 승낙하는 것은 생각하기가 어렵다. 채권이 유효하게 존속하는 경우에는 채무자가 이의를 보류하지 않고 승낙하였더라도 이를 민법 제451조 제1항의 이의를 보류하지 않은 승낙이라고 할 수 없다고 할 것이다.

한편 상계의 항변은, 채무자가 "양도인의 채권자인 지위에 대하여 가지는 항변권일 뿐이고 양도된 채권 자체에서 우러나오는 항변권이 아니"므로, 채무자는 당연히 이를 양수인에게 대항할 수는 없다고 하는 이[134]가 있으나, 민법 제451조 제1항은 "양도인에게 대항할 수 있는 사유로써 양수인에게 대항하지 못한다"고 하고 있을 뿐, 양도채권에 부착된 항변임을 요하고 있지 않으며, 상계항변도 양도인에게 대항할 수 있는 사유임은 부인할 수 없으므로 채무자는 양수인에게 대항할 수 있다고 해야 한다.[135]

2) 채무자에게 예상하지 못한 손해를 주는 규정

① 채권양도통지와 채무자의 승낙은 같은 대상요건임에도 양도통지의 경우에는 채무자는 양도인에 대한 모든 항변사유로써 양수인에게 대항할 수 있지만, 승낙의 경우에는 이의를 보류한 경우에만 대항할 수 있도록 하고 있는데, 이에 관하여 "양도인·양수인을 당사자로 하는 채권양도계약에 대한 채무자의 주체적·적극적 관여라는 점에서 통지와는 명백하게 다르"고, 그에 따라 통지와 승낙은 대항요건으로서는 등가치이지만, 그 효과는 다르다고 하는 이[136]도 있으나, 이와 같이 효력이 다름으로 인하여 "양수인을 보호하는 반면 채무자를 희생시키는" 결과를 가져오게 된다.[137]

민법 제450조, 제451조는, 채무자의 승낙에 일정한 형식이 필요하지 않은 것으로 하여, 단순승낙이나 구두승낙도 가능한 것으로 보고 있다. 이는 프랑스민법 제1689조에서 승낙을 공정증서에 의해서 하도록 한 것과는 다르다. 이와 같

---

134) 徐敏, 債權讓渡에 관한 硏究, 經文社, 1985, 171면(그러므로 "양수인에게 대항하기 위해서는 법적 근거가 마련되어야 한다고 하고, 상계항변은 양수인의 권리취득에는 대단히 중요한 영향을 미치는 사유이므로 그 범위를 명확하게 정해줄 필요가 있다고 한다."고 한다).
135) 2017년에 개정된 일본민법 제469조는 채무자의 상계에 관하여 다음과 같이 규정하고 있다.
   제469조 ① 채무자는, 대항요건구비시부터 전에 취득한 양도인에 대한 채권에 의한 상계로써 양수인에게 대항할 수 있다.
   ② 채무자가 대항요건구비시부터 후에 취득한 양도인에 대한 채권이라도, 그 채권이 상계로써 다음에 든 것인 때에는, 전항과 마찬가지로 한다. 다만 채무자가 대항요건구비시부터 후에 타인의 채권을 취득한 때에는 그러하지 아니하다.
   1. 대항요건구비시부터 전의 원인을 바탕으로 발생된 채권
   2. 전호에 든 것 외에 양수인이 취득한 채권의 발생원인인 계약을 바탕으로 발생된 채권
   ③ (번역을 생략함).
136) 池田眞郎, 前揭書(주 4), 417頁.
137) 그러므로 채무자가 "승낙한 경우에 통지받은 경우보다 채무자를 불이익하게 하는 것은 균형이 맞지 않"은 것(李銀榮, 앞의 債權總論, 621면)이라고 하는 이도 있다.

이 채권양도에 대한 채무자의 승낙도 공정증서에 의하도록 한 경우에는 그 증서 작성에 의한 승낙은 구두로 한 것보다는 신중하게 하게 될 것이므로 그 승낙에 상계무효를 주장하지 못하도록 하는 것도 이해할 수도 있다.

비교법적으로 프랑스민법 제1689조에서는 대항불능의 범위를 상계 무효인 경우로 한정하고 있고,[138] 채권양도에 관하여 선의자보호주의를 취하고 있는 독일민법에서도, 항변의 범위를 한정하여 그 제405조[139]는, '채무부담의 부담 또는 승인이 가장(假裝)으로 행하여졌거나 양도인과의 합의에 의하여 양도가 금지되었음'이라는 2가지 사유로써만 대항하지 못하도록 하고 있다. 반면에 우리 민법 제451조 제1항은 대항불능의 범위를 모든 사유로 하고 있다.

민법의 규정은 결국 법을 잘 알지 못하는 일반인인 채무자가 이의를 보류하고 승낙했어야 할 것을 단순승낙을 한 경우에 생각하지 못한 손해를 주는 것이 된다.[140]

② 민법 제451조는 이와 같이 채무자에게 불의의 손해를 주는 규정이므로, 이를 제한해야 한다고 하는 이들이 있다.

우선 많은 이들이 민법 제451조 제1항의 양수인에 대한 항변불능효를 위해

---

138) 일본민법 기초과정에서 Boissonade가 모든 항변사유로 확장하였음은 앞에서 본 바와 같다.

139) 독일민법 제405조 채무자가 채무에 관한 증서를 발행하고 그 증서를 제공하여 채권이 양도된 때에는, 채무자는 채무관계의 개시나 승인이 가장(假裝)하여 행하여졌거나 양도인과의 합의에 의하여 양도가 금지되었음을 양수인에 대하여 대항할 수 없다. 그러나 양수인이 양도 당시 그 사실을 알았거나 알 수 있었던 때에는 그러하지 아니하다.

이 조문의 규범목적을, "이 규정은 부수적으로 문서로 작성한 채권의 선의취득의 보호를 실현하고, 그 한도에서 독일민법 제399조[내용변경 없이 다른 사람의 급부가 불가능한 채권 또는 합의로 양도 금지된 채권의 양도금지], 제404조[채권양도에서의 채무자의 항변]에 따른 채무자의 권리를 제한한다. 선의보호를 위한 연결점은 채권증서의 발행과 교부이다. 그러나 선의보호는 진정한 유가증권에 있어서 보다 강하게 나타나 있지 않다. 왜냐하면 독일민법 제405조에서 2가지의 특별한 항변만이 배제되기 때문"(Münchener/Roth, Band 2, Schuldrecht, Allgemeiner Teil, §§ 241-432, 5 Aufl., 2007, § 784, Rn. 1, S. 2531)이라고 한다.

140) 李銀榮, 앞의 債權總論(주 115), 622면. 채무자가 이의를 보류하지 않고 한 승낙은 관념의 통지이며 이는 "채권이 양도되었다는 사실을 인식하고 있다는 것을 확인해 준 것"(金亨培, 앞의 책, 592면)에 지나지 않음에도 대항불능의 불이익을 받게 되고, 그에 따라 모든 항변을 대항할 수 없게 되어, 현실적으로 채무자가 예상하지 못한 중복변제를 할 수도 있다고 하는 이도 있고, 일본에서는 "단순한 관념 표시에 부담을 2배로 가중하는 것은 부당하다"{池田眞郎, 前揭書(주 4), 448頁}고 하는 이도 한다.

서는, 법에 규정된 바 없는 양수인의 선의나,[141] 나아가서는 그 무과실 또는 무중과실을 요구하기도 하고, 판례[142] 또한 양수인이 선의 무중과실을 요구하고 있다. 또 다른 이는, "항변사유를 고지하여야 할 것과 그렇지 않은 것으로 분류하여 합리적인 해결을 도모하는 것이 바람직하다 …… 거래경험이 많은 양수인 (상인)이 채무자(소비자)에게 승낙을 구할 때에 이의 없는 승낙이 인적 항변을 절단시키므로 이의(異議)를 말해야 한다는 것을 알려 줄 의무를 부과하는 것이 바람직하다. 그 고지의무는 신의칙에 기해 인정될 수 있을 것"[143]이라고 한다.

앞에서 본 바와 같이 민법 제451조 제1항이 규정한, 채무자가 항변할 수 없는 채권양도를, 무효·취소나 소멸 등으로 채권이 존재하지 않는 경우로 한정하고, 유효하게 존재하지만 항변이 붙은 채권의 양도의 경우에는 이를 제외하다고 하더라도, 민법 제451조 제1항은 채무자에게 불의의 불이익을 주는 규정이다.

그러므로 이 문제를 근본적으로 해결하기 위해서는, 이의를 보류하지 않은 승낙에 대하여도 대항할 수 있도록, 민법 제451조를, 앞에서 본 개정된 일본민법 제468조와 같이 개정하는 것이 바람직하다.[144]

3. 소결론

요컨대 민법 제450조 제1항은 '양도를 승낙'하는 것으로 규정하고 있으므로 채권양도의 승낙은 관념의 통지나 사실의 통지가 아닌, 승낙이라는 의사표시라고 할 수밖에 없다.

민법 제451조 제1항이 규정한 채무자의 승낙은, 채권이 무효 등으로 부존재하거나 소멸되었음에도 그 양도를 승낙한 경우의 승낙을 말하고, 이는 '제3자의 부담을 목적으로 한 법률행위'의 '부담의 의사표시'로서의 효력이 있으며, 민법 제451조 제1항이 규정한 대항불능은 선의의 양수인의 신뢰를 보호하기 위하여

---

141) 일본에서 이 점을 지적하는 이로는 池田眞郎, 前揭書(주 4), 386頁.

142) 대법원 2002. 3. 29. 선고 2000다13887 판결.

143) 李銀榮, 앞의 債權總論(주 115), 622면. 그러나 신의칙을 이와 같이 확대하여 적용하는 것은 타당하지 못하다.

144) 채권자가 존재하지 않는 채권을 양도한 경우에는 담보책임을 물을 수 있으며{徐敏, "債權賣渡人의 擔保責任", 法學研究 재11권 제1호, 충남대학교 법학연구소(2000), 1-22면}, 채무자가 이러한 채권의 양도를 승낙한 때에는, 양수인은 그에게 불법행위책임을 묻는 경우도 있을 수 있다.

'부담의 의사표시'의 유효함을 인정한 것이다. 반면에 채권이 존재하는 경우에 그에 붙은 항변은 그 채권 자체에 속하고, 채무자의 이러한 채권양도의 승낙은 항변이 부착된 채권의 양도의 승낙이므로 이의무보류가 문제가 되지 않으며, 이때에도 대항불능을 인정하는 것은 채무자에게 불의의 손해를 주게 되므로 채권이 존재하는 경우에 그 항변만을 별도로 떼어서 항변하지 않았다고 하더라도 이는 민법 제451조 제1항의 채무자가 양수인에게 대항할 수 없는 항변이라고 할 수 없다.

Ⅳ. 맺음말

민법 제450조의 대항요건으로서의 채무자의 승낙은 '채권양도를 승낙'하는 뜻으로 규정하고 있고, 이론이나 판례에서 말하는 바와 같이 '채권양도 사실에 관한 인식'을 표명하는 것을 승낙하는 뜻으로 규정하고 있지 아니하다. 또 채권양도는 법률행위이다. 민법 제450조가 규정한 승낙은 이러한 법률행위를 승낙하는 것이다. 그에 따라 이를 관념의 통지나 사실의 통지라고 할 수 없고, 승낙이라는 의사표시라고 할 수밖에 없다.

민법 제451조 제1항에서 규정한, 채권양도에 대한 채무자의 이의를 보류하지 않은 승낙에 있어서의 승낙 또한 민법 제450조와 같은 뜻으로 이 역시 의사표시이며, 이러한 승낙은 제3자를 위한 계약에 있어서 수익의 의사표시처럼 '제3자의 부담을 목적으로 한 계약'에 있어서 '부담의 의사표시'로서의 효력이 있고, 민법 제451조 제1항은, 선의의 양수인의 신뢰를 보호하기 위하여 그 유효함을 인정한 당연한 규정이고, 이는 공신력이나 항변절단 또는 채무자에 대한 제재 등과는 무관하다.

민법 제451조 제1항의 채무자의 승낙은 이와 같이 '제3자의 부담을 목적으로 한 계약'의 '부담의 의사표시'로서의 효력이 있으므로, 채무자의 승낙 중 채권이 무효 등으로 부존재하거나 소멸되었음에도 그 양도를 승낙한 경우에는 채무자는 그 승낙으로 인하여 채무자가 양도인에게 대항할 수 있는 항변으로써 양수인에게 대항하지 못함은 당연하다. 반면에 채권이 존재하는 경우에 그에 붙은 항변은 그 채권 자체에 속하는 것으로 양도채권과 일체성이 있고, 채무자의 이러한 채권양도의 승낙은 항변이 부착된 채권의 양도의 승낙이므로 항변만을 떼어서 이의를 보류하도록 하는 것은 생각하기가 어렵고 법을 잘 알지 못하는 일반인들에게 이를 기대하기도 어렵다. 또 이러한 경우에 대항불능을 인정하는 것은 채무자에게 불의의 손해를 주기도 한다.

그러므로 민법 제451조 제1항의 채무자의 이의 없는 승낙으로 양수인에게 대항할 수 없는 항변은, 채권이 무효 등으로 부존재하거나 소멸 등으로 채권이 존재하지 않는 항변에 한정되어야 한다.

[저스티스, 통권 제166호, 한국법학원, 2018, 73-110쪽]

11. 채무자의 이의무보류 채권양도승낙에 의한 대항불능효의 인적 범위와 저당권의 부활문제

I. 머리말

민법 제451조 제1항은 "채무자가 이의를 보류하지 아니하고 전조의 승낙을 한 때에는 양도인에게 대항할 수 있는 사유로써 양수인에게 대항하지 못한다. 그러나 채무자가 채무를 소멸하게 하기 위하여 양도인에게 급여한 것이 있으면 이를 회수할 수 있고 양도인에 대하여 부담한 채무가 있으면 그 성립되지 아니함을 주장할 수 있다."고 하고, 제450조 제1항은 "지명채권의 양도는 양도인이 채무자에게 통지하거나 채무자가 승낙하지 아니하면 채무자 기타 제3자에게 대항하지 못한다."고 하며, 제2항은 "전항의 통지나 승낙은 확정일자 있는 증서에 의하지 아니하면 채무자 이외의 제3자에게 대항하지 못한다."고 한다. 이와 같이 채무자가 이의를 보류하지 아니하고 채권양도의 승낙을 한 때에는 양도인에게 대항할 수 있는 사유로써 양수인에게 대항하지 못하게 되는 효력을 민법 제451조 제1항의 문언에 따라 "대항불능(inopposabilité)의 효력" 또는 단순히 "대항불능효"라고 부를 수 있다.[1]

채무자의 이의무보류 채권양도승낙에 의한 대항불능효가 미치는 범위에 관

---

[1] 이에 관해서는 오수원, "채무자의 이의를 보류하지 아니한 채권양도승낙의 법적 성질과 그 채권양도의 포섭범위", 저스티스, 통권 제166호(2018. 6), 韓國法學院, 2018, 74쪽.

해서는 사람에 관한 것과 대항사유에 관한 것으로 나눌 수 있다. 사람에 관한 것은 대항불능효가 어떠한 사람에게 미치는가에 관한 것으로 인적 범위(또는 주관적 범위)에 관한 것이라고 할 수 있고, 대항사유에 관한 것은 채무자의 이의무보류 채권양도승낙에 의한 대항불능효가 어떠한 사유나 사항에 미치는가에 관한 것으로 물적 범위(또는 객관적 범위)에 관한 것이라고 할 수 있다.2)

채무자의 이의무보류 채권양도승낙에 대한 대항불능효의 인적 범위에 관해서 민법 제451조 제1항은, "채무자는……양수인에게 대항하지 못한다."고 규정하고 있을 뿐이다. 그에 따라 채무자 외의 다른 사람은 이러한 항변으로써 양수인에게 대항할 수 있는지, 대항할 수 있다면 구체적으로 어떠한 사람이 대항할 수 있고 어떠한 사람은 대항할 수 없는지, 특히 대항불능효로 인하여 부존재하거나 소멸한 저당권은 부활하는지 등이 문제된다.3) 또 대항불능효의 물적 범위 또는 객관적 범위에 관해서는 민법 제451조 제1항은 "……양도인에게 대항할 수 있는 사유로써 양수인에게 대항하지 못한다."고 할 뿐 어떠한 사유를 대항할 수 없는 것인지에 관해서 규정한 바가 없다. 이러한 사유에 해당하는지가 주로 문제되는 경우로는 중복양도된 채권에서 누가 귀속자인지에 관한 경우, 채권발생원인이 강행법규위반으로 무효인 경우, 소멸시효가 완성된 채권의 경우, 취소·해제·상계권 등 형성권 행사의 경우4) 등이 있다.

한편 민법 제451조 제1항은 일본민법 제468조 제1항에서 유래한 것이며, 후자는 상계항변의 대항불능효를 규정한, 개정 전 프랑스민법 제1295조에서 유래

---

2) 대항불능효의 인적 범위나 주관적 범위, 물적 범위나 객관적 범위라는 용어는 확정판결의 기판력의 범위에 관한 것을 따른 것이다. 일본에서는 대항불능효와 관련하여 '인적 범위'라는 용어를 쓰는 이가 있다(池田眞郎, 債權讓渡の硏究, 弘文堂, 1997, 435頁). 기판력의 범위에 관해서는 주관적 범위나 객관적 범위 외에 시적 범위에 관한 것이 있고, 기판력의 표준시 후에, 취소권, 해제권, 상계권 등의 형성권행사가 가능한지의 문제를 주로 논하는 것으로 이 글에서는 객관적 범위에 관한 문제의 하나로 본다.

3) 그동안 이들 문제 중 저당권의 부활문제가 주로 논의되어 왔다. 종래 일본에서도 "학설에서는 저당권과의 관계에 역점을 두어 논하는 이가 많고, 채무자의 이의를 보류하지 않은 승낙에 영향을 주는 인적 효력범위에 관해서, 제3자의 범주를 명료하게 인식하면서 포괄적으로 한 논의가 반드시 많다고 할 수 없다."(池田眞郎, 前揭書, 454頁)고 한다.

4) 형성권의 경우 민법 제451조 제1항의 양수인에게 대항할 수 없는 사유는, 채권양도 통지나 승낙 시까지 현실적으로 취소·해제·상계권 등 형성권을 행사한 것을 이르는 것인지, 아니면 형성권이 발생한 사유를 이르는 것인지, 더 나아가 그 발생의 기초가 존재하는 것으로 족한지가 문제 된다.

한 것임은 이론이 없다.

아래에서는, 이의를 보류하지 아니한 채권양도의 승낙으로 인한 대항불능효의 물적 범위에 관해서는 별고로 미루고, 그 인적 효력범위와 저당권의 부활문제에 관하여, 먼저 프랑스와 일본에서의 논의를 살펴보고, 이어서 우리 민법 제451조 제1항을 중심으로 한 논의를 살펴보기로 한다.

Ⅱ. 프랑스와 일본에서의 채무자의 이의 무보류 승낙에 의한 대항불능효의 인적 범위 및 저당권의 부활문제

1. 프랑스에서의 채무자의 이의 무보류 승낙에 의한 대항불능효의 인적 범위 및 저당권의 부활문제

가. 상계규정

(1) 2016.2.10.자 법률명령 2016−131호(Ordonnance n° 2016−131 du 10 février 2016)로 개정하기 전 프랑스민법 제1290조는 "상계는 채무자가 알지 못했더라도 법률의 힘만으로 당연히 이루어진다. 양 채무는 그것이 동시에 존재하는 시점에서 그 대등액을 한도로 소멸한다."[5]고 규정하고 있고, 그에 따라, 채무소멸의 효과는 양 채무가 동시에 존재하는 순간에 자동적으로 이루어지는 것(automatisme, automaticité)으로 보았다. 그러나 이 제1290조의 문언에도 불구하고, 확립된 판례는, 상계는 원용되지 않으면, 그 효력이 발생되지 않으며, 법관이 직권으로 상계를 판단할 수 없다고 하였다.[6]

그렇기 때문에 "2016.2.10. 프랑스민법 개정 전에는 법정상계의 실행에는 명백히 모순되는 2개의 규정이 있었다. 하나는 상계는 당연히(de plein droit) 일어난

---

5) 이 조문은, 상계는 채무자가 알지 못하더라고 '당연히', '오직 법의 힘만으로' 그 효력을 발생한다고 하였기 때문에 그 간결한 문장 속에 중복법(pléonasme)이 특이했다."(Ph. MALAURIE, L. AYNES et Ph. STOFFEL−MUNCK, *Droit des obligations*, 9ᵉ éd., Ed. Cujas, 2017, n° 1191. p. 697.)고 하는 이들도 있다. 실제에 있어서 개정전 프랑스민법 제1290조는 로마법 조문을 오역한 것으로 보는 이가 있는데, 이에 따르면 로마법에서는 "상계는 항변으로 비로소 원용될 수 있다."고 하였으나, 프랑스법에서는, 이 "원용될 수 있다"는 표현이, '당연히'(de plein droit)로 번역되었다고 한다(Y. BUFFELAN−LANORE et V. LARRIBAU−TERNEYRE, *Droit civil, Les obligations*, 15ᵉ éd., Sirey, 2017, p. 223, n° 92.

6) 이상의 개정전 프랑스민법 제1290조 관해서는 오수원, 앞의 논문, 77쪽.

다는 것이고, 또 하나는 상계는 원용되어야(invoqué) 한다는 것이었다."[7]고 하는 이들이 있다.

(2) 앞의 개정전 제1290조는 2016.2.10.자 법률명령에 의해서 폐지되었고, 현재는 제1347조에서 "상계는 두 사람의 상호의 채무의 동시소멸이다. 상계는, 원용권보류 하에, 그 조건들이 동시에 갖추어진 날에, 정당한 경합범위에서 일어난다."고 한다.

현행법은 상계의 원용에 관해서 규정하고 "원용하면 당연히"(de plein droit, si invoquée)[8] 효력이 발생되는 것으로 하였다. 그에 따라 "상계의 효력발생방법은 2가지 관념이 지배한다. 그것은 원용해야 하지만 소급효가 있다는 것"이라고 하고, "프랑스법은, 당연히 효력 발생하는 것이 아닌 상계의 의사표시를 필요로 하는 BGB 제388조와 스위스민법 제124조에 접근하고 있고, 후자는 프랑스법에 이처럼 법정상계는 소급효가 있다는 점에서, 서로 접근하고 있다."[9]고 하는 이들도 있고, 프랑스민법 제1347조는, 상계는 원용권 보류 하에(원용을 조건으로) 그 요건이 갖추어진 때에 이루어진다고 규정하고 있는데, 개정전 프랑스민법 제1290조의 해법은 실질적으로 바꾸지 아니하였다. 특히 그 의미에 포함되었던, 상계의 자동화를 상기시키는 점에 관해서는 더욱 그러하다[10]고 하는 이들도 있다.

나. 상계항변제한규정

(1) 개정 전 프랑스민법 제1295조는 "채권자가 그의 권리를 제3자에게 한 양도를 순수하고 단순하게 승낙한 채무자는 승낙 전에 양도인에게 대항할 수 있었던 상계를 양수인에게 대항할 수 없다. 채무자에게 승낙을 받지 않고, 양도통지가 된 채권양도에 관해서는, 그 통지 후의 채권의 상계만을 저지한다."고 하였다. 이를 바탕으로 채무자와 양수인의 관계에 있어서 채권양도는 완전한 효력을 발생하고 상계는 이루어지지 않은 것으로 보게 되며, 옛 채권은 되살아난다. 이

---

7) Ph. MALAURIE, L. AYNES et Ph. STOFFEL−MUNCK, *loc. cit.*

8) Ph. MALAURIE, L. AYNES et Ph. STOFFEL−MUNCK, *op. cit.*, n° 1191. p.696.

9) 이상 Ph. MALAURIE, L. AYNES et Ph. STOFFEL−MUNCK, *op. cit.*, n° 1191. p. 697.

10) Y. BUFFELAN−LANORE et V. LARRIBAU−TERNEYRE, *op. cit.*, p. 223, n° 92; 그 밖에 프랑스민법상의 상계의 효력에 관해서 A. BENABENT, *Droit des obligations*, 16° éd., LGDJ, 2017. n° 784, p. 610; M. FABRE−MAGNAN, *Droit des obligations*, 4° éd., puf. 2016. n° 634, p. 689.

때 양수인은 채무자에게 양수채권에 부수된 권리나 특성 그대로, 가령 집행권원이 있거나 상사채권으로서의 성격이 있는 그대로 권리를 청구할 수 있다고 하였다. 제1299조는 "상계에 의하여 당연히 소멸한 채무를 변제한 자는, 채무자가 그의 채무를 상계할 수 있는 채권을 알지 못한 데에 정당한 사유가 없는 한, 상계를 대항하지 아니한 채권을 행사하면서, 제3자의 불이익으로 그 채권에 붙어 있는 선취특권 또는 저당권을 행사할 수 없다."고 하였다. 채무자의 순수하고 단순하게 승낙에 의한 상계항변제한의 제3자에 대한 관계에 관하여 이러한 개정전 프랑스민법 제1299조를 바탕으로 양수인과 제3자, 특히 보증인이나 저당부동산의 취득자와의 관계에 있어서 제3자는 법정상계가 되는 순간에 제한 없는 확정된 권리를 취득하는 것으로 보는 것이 일반적이었다. 그에 따라 이들에게 대해서는 어떠한 권리도 행사할 수 없게 된다고 하였다.[11]

(2) 상계항변제한에 관한 개정 전 프랑스민법 제1295조는 2016.2.10.자 법률명령 2016-131호에 의해서 폐지되고, 제1347-5 조에서 "이의 보류 없이 채권양도를 승낙한 채무자는 양도인에게 대항할 수 있었던 상계를 양수인에게 대항할 수 없다."고 규정하고 있다.

다. 담보권의 소멸

한편 개정 전 프랑스민법 제1298조는 "상계는 제3자의 기득권을 해하지 못한다. 또한 제3자에 의한 압류가 있은 후에 채권자가 된 채무자는 압류채권자의 불이익으로 상계로써 대항할 수 없다."고 하였다.

그 뒤 개정 전 프랑스민법 제1298조는 폐지되었고, 현재의 프랑스민법 1347-7조는 "상계는 제3자의 기득권을 해하지 못한다."고 한다. 또 앞에서 본 개정전 프랑스민법 제1299조는 폐지되어 대체하는 조문이 없고, 다만 앞에서 본 현재의 프랑스민법 1347-7조에서 같은 의미를 찾는다.[12] 그에 따라 개정 전과 마찬가지로 "상계에 의해서 채권 및 그 종된 권리, 특히 담보권도 소멸한다."[13]고 한다.[14]

---

11) 이상의 내용에 관해서는 오수원, 앞의 논문, 81쪽.
12) 이에 관해서는 Ph. MALAURIE, L. AYNES et Ph. STOFFEL-MUNCK, *op. cit.*, p. 839.
13) Ph. MALAURIE, L. AYNES et Ph. STOFFEL-MUNCK, *op. cit.*, n° 1191. p. 696.
14) 프랑스에서 19세기 말까지의 학설은, 대체로, 채무자의 단순한 승낙에 의해서 채무자는 양

2. 일본에서의 이의무보류 채권양도승낙에 의한 대항불능효의 인적 범위 및 저당권의 부활문제

가. 일본에서의 이의무보류 채권양도승낙에 의한 대항불능효의 인적 범위

일본민법 제468조 제1항 제1문은 "채무자가 의의를 보류하지 않은 사유로 써 양수인에게 대항할 수 없다."[15)]고 규정하고 있으므로, 이때 채무자가 양수인에게 대항할 수 없는 것은 명백하다. 그러나 채무자 외의 제3자가 양수인에게 대항할 수 있는지 여부에 관해서는 아무런 규정이 없다, 일본에서의 채무자 외의 제3자는 양수인에게 대항할 수 없는 자에 포함되는지에 관한 학설과 판례는 아래와 같다.

(1) 제3자의 포함여부에 관한 일본의 학설[16)]

(가) 제3자전면부정설

채무자의 이의를 보류하지 않은 채권양도승낙에 의하여 양수인에게 대항할 수 없는 자를 일본민법 제468조 제1항 제1문의 규정상 채무자로 한정하고 있어서, 그 밖의 제3자 모두가 양수인에게 대항할 수 있는 것으로 보는 이들이 있다. 이에 따르면, "이의를 보류하지 않은 승낙에 의하여 부여된 항변상실의 효력은 채무자와 양수인 사이에 그치고 제3자의 권리에는 전혀 영향을 미치지 않"으며, "저당권부채권이 변제 그 밖의 사유로 소멸했음에도 채무자가 이의를 보류하지 않고서 채권양도를 승낙하였기 때문에 채무자는 양수인에 대해서 채권 및 저당권의 소멸을 대항할 수 없는 경우에도 채권의 소멸에 의해서 저당권 또는 보증채무는 소멸하는 것이고, 물상보증인, 보증인, 후순위담보권자, 저당부동산의 제3취득자의 권리에는 전혀 영향을 미치는 것이 아니다."[17)]라고 한다.

수인에 대해서 상계의 항변을 잃지만, 이는 이해관계 있는 제3자를 해하는 것은 아니고, 보증인, 물상보증인, 후순위 저당권자 등의 제3자는 역시 상계의 효과를 누릴 수 있는 것으로 보았고, 그 이유로, 가령 단순승낙을 일종의 약속 내지 채무승인으로 보아, 채무자의 단순승낙은 어디까지나 채무자의 양수인에 대한 개인적 약속이므로, 담보제공자는, 일단 발생한 채무소멸을 주장할 수 있는 권리를 채무자의 악의나 잘못으로 인해서 박탈될 수 없다는 것 등을 들었다고 한다(이에 관해서는 池田眞郎, 前揭書, 435頁 및 同書 354-355頁 참조).
15) 이는 그 내용이 한국민법 제451조 제1항 본문과 동일하다.
16) 일본에서의 학설에 관해서는 池田眞郎, 前揭書, 454-457頁.
17) 於保不二雄, 債權總論, 有斐閣, 1989, 315-316頁.

(나) 제3자수정전면부정설

"물상보증인, 저당물의 제3취득자, 압류채권자, 후순위담보권자, 보증인들은 채무자가 이의를 보류하지 않고 채권양도를 승낙함으로 인하여 양수인에게 대항할 수 없는 항변사유로써 원칙적으로 대항할 수 있지만(채무자의 행위만으로 제3자의 이익을 해할 수 있는 것은 부당하다), 이의 없는 승낙을 알면서 이러한 제3자로 된 사람은 대항할 수 없다(악의의 제3자라는 점을 상대방이 입증책임을 부담한다)"[18] 고 하여, 악의의 제3자를 제외한 그 밖의 모든 제3자는 대항할 수 있는 것으로 보는 이가 있다.

(다) 제3자일부긍정설

① 특정이해관계인대항불가설

채무자의 이해에 관계있는 제3자 중에도, 가령 보증인,[19] 물상보증인[20] 등과 같이, 대항불능효가 미쳐서 양수인에게 대항할 수 없는 사람이 있다고 보는 이들이 있다.

② 제3자유형분류설

"원칙적으로 이의를 유보하지 않은 승낙을 한 채무자는 자신의 행위에 의해서 대항불능의 불이익을 받을 수 있다고 하더라도, 채무자 외의 이해관계인이면서 채무자 자신의 대항불능으로 인하여 논리적으로 그 영향이 미칠 가능성이 있는 자"의 유형을 구분하여 논하는 이가 있다. 이에 따르면 우선 제3자의 유형을, ① 채무자를 위하여 인적·물적 담보를 제공한 자(보증인 및 물상보증인 등), ② 채무자 자신이 제공한 담보목적물의 승계인(제3취득자), ③ 채무자의 저당목적물의 압류채권자·후순위저당채권자, ④ 간접이해관계인(일반채권자) 등으로 분류한 뒤, "① 이의를 유보하지 않은 승낙이 된 당해채권과 직접 이해관계를 가진 보증인, 물상보증인, ② 당해 채권의 담보목적물과 직접 이해관계를 가진 자, ③ 채무자가 설정한 저당목적물의 제3취득자, 압류채권자, 후순위저당권자, 저당목적물의 제3취득자의 압류채권자 등은 모두(이의를 유보하지 않은 승낙 이전에 그와 같은 자

---

18) 前田達明, 口述債權總論, 1990, 410頁, 池田眞郎, 前揭書, 455頁에서 재인용.

19) 我妻榮, 債權總論, 岩波書店, 1985, 487頁.

20) 林良平·石田喜久夫·高木多喜男, 前揭書, 512−513頁.

리에 있었던 경우에도)… 채무자의 항변사유로써 양수인에게 대항할 수 있다(다만 항변의 종류에 관해서 성질상 제3자가 주장할 수 있는 것에 한한다.)"21)고 하고, ④ "이의 무보류 승낙된 당해채권 및 당해 담보목적물과는 직접관계가 없는, 채무자의 다른 일반채권자에 관해서는 원래(채권자대위권 및 채권자취소권을 행사하는 경우를 제외하고) 채무자 자신의 채권·채무의 처분 등을 간섭할 수 있는 위치에 있지 아니하여, 여기에서 말하는 제3자에 해당하지 아니하므로, … 대항불능효를 감수할 수밖에 없다."22)고 하며, "채무자에 의한 이의를 보류하지 않은 승낙이 있은 후에 새로이 제3자로 된 자에 관해서는 기본적으로는 채무자가 받은 제재를 그대로 감수하지 않으면 안 된다."23)고 한다.

(라) 개별화설

일본민법 제468조 제1항 제1문의 채무자를 제외한 개개 제3자에 관하여 개별적으로 논하는 이들이 있다.

① 채무자의 다른 채권자

이의를 보류하지 않은 승낙의 효력은 제3자에게 미쳐서 채무자 자신이 양수인에게 대항할 수 없는 사유로써 대항할 수 없게 되면 제3자, 가령 채무자의 다른 채권자도 마찬가지로 양수인에게 대항할 수 없는 것으로 보는 이들이 있다.24)

② 보증인

보증인에 관해서는, "채무소멸에 따른 보증채무의 소멸의 이익을 빼앗길 수 없다"25)고 하거나, "채무자의 별개의 행위에 의해서 보증인이 책임이 가중되는 것은 타당하지 않다."26)고 하거나, "자신이 미리 알지 못하고, 주채무자 한 쪽의 승낙에 의해서 보증인의 책임이 가중되는 것은, 거래의 안전과의 비교형량 면에

---

21) 池田眞郎, 前揭書, 477-478頁.
22) 池田眞郎, 上揭書, 478頁.
23) 池田眞郎, 上揭書, 478頁.
24) 於保不二雄, 前揭書, 315頁; 奧田昌道, 前揭書, 448頁.
25) 奧田昌道, 前揭書, 448頁.
26) 明石三郎, 注釋民法, 11, 債權, 2, 西村信雄編, 有斐閣, 1980, 394頁; 於保不二雄, 前揭書, 315-316頁.

있어서도 타당하지 못하다."[27]고 하는 등의 이유로 보증인은 양수인에게 항변할 수 있다고 하는 이들이 있다.

반대로 이른바 일본민법 제468조 제1항 제1문의 입법취지에 관한 공신력설의 주장자 중 일부에서는 "채무자의 승낙에 공신력을 인정하여 채권양도의 안전을 꾀하려는 제도의 취지에서 볼 때에는, 보증인은 구속되는 것이 정당"[28]하다고 하여, 보증인에게도 대항불능효가 미친다고 하는 이가 있다.

③ 물상보증인

물상보증인에 관해서는 많은 이들이 보증인과 마찬가지로 보고 담보부채권의 양도에서 채무자가 이의를 보류하지 아니한 경우 소멸된 담보권은 부활하지 아니하는 것으로 보지만,[29] "물상보증인과 후순위저당권자 · 저당목적물의 제3취득자와의 관계를 등기의 대항력의 차원에서 보면, 물상보증인은 '당사자'이므로 등기의 유무를 묻지 않고 저당권의 부존재를 주장할 수 없다… 이러한 해석은 채무자의 이의 없는 승낙에 의해서 물상보증인이 다시 저당권을 부담하는 것으로 되고, 그에게 가혹한 것처럼 생각된다. 그러나 물상보증인은 저당권의 소멸에 의해서 무효가 된 저당권설정 등을 말소할 수 있고, 이를 방치했기 때문에 선의의 저당권 양수인이 출현한 경우에는, 이러한 양수인의 이익을 우선하게 하는 해석은 부득이하다."[30]고 하는 이들이 있다.

(2) 제3자의 포함여부에 관한 일본의 판례

일본의 판례는, 채무자의 다른 채권자에 관하여, "소외 A는 소외 B에게 부담하고 있는 채무를 변제했지만, 그 뒤 B는 A의 변제에 의해서 소멸한 이 채권을 피상고인 Y에게 양도하고, A는 이 채권의 양도를 이의를 보류하지 않고 승낙했고, 다른 한편으로 이 채권 이전에 A에 대해서 별개의 채권을 가진 소외 C의 채권자인 X는 A의 앞의 채권양도 승낙 후 A에 대한 강제집행에서 배당 신청을 하고, 같은 배당 신청을 한 Y에 대해서 (아마도 대위하여) 배당이의소를 제기한"

---

27) 石田喜久夫 · 西村峯裕, 前揭書, 58頁.

28) 我妻榮, 前揭書, 487頁.

29) 明石三郎, 前揭注釋民法, 394頁; 池田眞郎, 前揭書, 456頁; 石田喜久夫 · 西村峯裕, 前揭書, 58頁.

30) 林良平·石田喜久夫 · 高木多喜男, 前揭書, 512−513頁.

사안에서, "… 채무자가 이의를 보류하지 않고서 채권 양도의 승낙을 한 경우의 제3자라고 하여도 그 채무자의 양수인에게 대항할 수 있는 사유로써 양수인에게 대항할 수 없는 것으로 보는 것이 상당하다."[31]고 하여 배당이의소가 부적법하다고 하였다.

연대보증에 관해서는 "… 채무자의 대항불능 때문에 이러한 승낙 사실이 없는 연대보증인까지 양도인에 대한 이의로써 양수인에 대하여 권리를 잃는 것은 아니므로…"[32] 라고 하여 대항할 수 있다고 한다.

또 물상보증인에 관해서는, 채무자의 이의를 보류하지 않은 승낙이 있더라도 당해 양도채권에 관한 물상보증인은 양수인에 대해서 저당권의 소멸을 주장할 수 있다고 한다.[33]

나. 일본에서의 저당권의 부활문제

일본에서 채무가 부존재하거나 소멸로 인하여 저당권이 부존재 또는 소멸한 경우에 채무자의 이의 보류 없는 승낙에 의하여 저당권이 부활하여 채무자나 이해관계 있는 제3자가 저당권의 부존재나 소멸을 주장할 수 있는지에 관해서 여러 이론과 판례가 있다.

---

31) 日本大審院 1916. 8. 18. 判決(石田喜久夫·西村峯裕, 叢書民法總合判例研究, 第1卷, 25, 債權讓渡と異意を留めない承諾の效力, 一粒社, 1981, 5頁; 同書 56-57頁; 池田眞郎, 前揭書, 451頁 등에서 재인용). 이 판결은 "(일본민법 제468조 제1항의) 법의는 채무자가 이의를 보류하지 않고 승낙한 때에는 양도인에게 대항할 수 있는 사유가 있어도 그 항변을 포기했다고 할 수 있으므로 이를 양수인에게 대항할 수 없도록 하는데 있고, 그에 따라 양수인은 채무자에 대해서 어떠한 항변도 부착되지 않은 채권을 취득하는 것이다. 그리하여 채무자가 한 이러한 승낙이 취소되지 않은 한 일반적으로 그 효력이 있어서 제3자도 또한 양수인의 채권이 전혀 항변이 부착되지 않은 것이라는 것을 인용하지 않을 수 없는 이치이다. 채무자가 채권양도를 승낙한 때에는 양수인은 안심하고 그 채권을 양수할 수 있어야 하고 만약 양수인이, 다른 때에 제3자로부터 채무자가 이미 포기한 항변으로써 대항을 받을 수 있게 된 때에는 생각하지 못한 손해를 입게 된다. 그러므로 채무자가 이의를 보류하지 않은 채권양도 승낙을 한 때에 있어서는 제3자라도 그 채무자의 양도인에게 대항할 수 있는 사유로써 대항할 수 없는 것으로 봄이 상당하다."고 한다.
32) 日本大審院 1940. 10. 9. 判決, 石田喜久夫·西村峯裕, 前揭書, 57頁에서 재인용.
33) 日本大審院 1933. 8. 18. 決定, 池田眞郎, 前揭書, 452頁에서 재인용.

(1) 학설[34]

(가) 저당권부활전면부정설

"저당권부채권이 부존재하거나 소멸하였음에도 채무자가 이의를 보류하지 않고 채권양도를 승낙한 경우에 저당권의 이전에는 공신력이 인정되지 않"[35]다고 하거나, 이의를 보류하지 않은 승낙이라는 채무자의 일방적 행위에 의해 후순위저당권자의 이익을 해치는 것은 타당하지 않다고 하여[36] 저당권 부활을 부정하고 채무자나 제3자 모두 저당권소멸을 양수인에게 주장할 수 있다고 하는 이들이 있다.

(나) 저당권부활전면긍정설

저당권이 부활함으로써 후순위저당권자가 입는 불이익은 채권양도의 거래 안전을 꾀하는데 불가피한 희생이라고 하여 전면적으로 긍정하는 이들[37]이 있다.

이에 대하여는 "이의 없는 승낙 전에 기득권을 가진 제3자는 스스로 이의 없는 승낙에 관여하지 않았으므로 기득권을 침해 당할 수 없다."[38]고 하고, "저당권의 부종성은 기본적으로는 당사자의 합리적 의사의 추정을 기초로 하는 것이고, 이러한 법리의 적용의 결과, 저당권설정자가 부당하게 불이익을 받는 것이어서는 안 된다." [39]고 비판하는 이가 있다.

(다) 저당권부활일부긍정설

① 제3자제외부활긍정설(채무자관계부활긍정설)

앞에서 본 바와 같이, 채무자의 이의무보류 채권양도승낙에 의한 대항불능효의 인적 범위에 관한 전면부정설의 입장에서 대항불능효를 주장할 수 없는 사람으로 채무자는 포함되지만 제3자는 포함되지 않는 것으로 보게 되면 채무자

---

34) 이에 관해서는 安達三季生, "異議を留保めない債權讓渡の承諾と消滅した抵當權の復活", ジュリスト增刊, 擔保法の判例, Ⅰ, 後藤安使編, 有斐閣, 1994, 106頁; 石田喜久夫·西村峯裕, 前揭書, 67頁.

35) 吾妻光俊, "昭和6年11月21日事件評釋", 判例民事法, 昭和6年度113事件, 453頁, 石田喜久夫·西村峯裕, 前揭書, 67頁에서 재인용.

36) 明石三郎, 前揭注釋民法, 394頁.

37) 吾妻光俊, "昭和8年8月18日事件評釋", 判例民事法, 昭和8年度141事件, 530頁, 石田喜久夫·西村峯裕, 前揭書, 67頁에서 재인용.

38) 安達三季生, 前揭論文, 107頁.

39) 安達三季生, 上揭論文, 107頁.

외의 모든 제3자와의 관계에 있어서는 저당권은 부활하지 않게 된다.[40]

② 채권소멸후저당권부활전제3자제외부활긍정설

"(채권소멸)전부터 후순위였던 자는 또 순위가 내려가도 별로 불이익하게 된다고 할 수 없으므로, 그에 대해서는 취득·부활을 인정해도 좋다. 전부터의 물상보증인에 대해서도 마찬가지이다. 그러나 채권소멸 후 그 부활시까지 사이에 새로운 이해관계를 가진 제3자(예컨대 저당물을 취득한 자)와의 사이에서 그의 권리를 해할 수 없으므로 부활은 인정할 수 없다."[41]고 하는 이가 있다.

이에 대해서는 "양수인과 제3자의 이해를 가장 잘 조정하는 것 같지만, 이설은 논리적으로 치명적인 결함이 있다. 즉, 채권(1번 저당권) 소멸 이전부터의 2번 저당권자 A와, 소멸 후 이의를 보류하지 않은 승낙이 있기까지 사이에 생긴 3번 저당권자 B와, 부활한 1번 저당권을 채권과 함께 양수받은 C와의 관계를 보면, C는 A에게 우선하고 A는 B에게 우선하지만 B는 또 C에게 우선한다.… 3자의 우열을 결정하는 것은 논리적으로 불가능하다."[42]고 비판하는 이가 있다.

③ 저당권부활전제3자제외부활긍정설(이의무보류승낙시기준설)

저당권의 부활여부를 제3자가 "저당부동산에 관해서 이해관계가 발생한 시기에 따라서 구별해야 한다."고 하고, "채권(따라서 저당권)의 불성립 또는 소멸 후, 이의 없는 승낙이 있을 때까지 사이에 후순위저당권을 취득한 자, 저당부동산을 취득한 자, 저당부동산을 압류한 채권자 등은 그 후에 채무자의 이의 없는 승낙에 의한 양도가 있어도 양수인의 저당권취득을 부인할 수 있다. 이에 반해서 이의를 보류하지 않은 승낙에 의한 양도가 있은 뒤 이러한 이해관계를 취득해 제3자는, 양수인의 저당권 취득을 부인할 수 없다."[43]고 하는 이가 있다. 같은 뜻으로 저당권부활의 문제는, "채무자 외의 제3자 사이의 문제이므로 기본적으로는 이들은 [저당권]소멸을 주장할 수 있다(즉, 양수인은 그 부활을 주장할 수 없다)고 보아야 할 것이다. 아울러 이의 없는 승낙 이전부터 저당권을 취득하고

---

40) 於保不二雄, 前揭書, 315-316頁.

41) 安達三季生, 前揭論文, 106頁; 明石三郎, 前揭注釋民法, 393-394頁.

42) 石田喜久夫·西村峯裕, 前揭書, 68頁.

43) 我妻榮, 前揭書, 540頁(이 저자는 채무자 및 물상보증인에 관해서는 부활을 인정한다); 池田眞郎, 前揭書, 477頁; 石田喜久夫·西村峯裕, 前揭書, 68頁.

있는 후순위 저당권자는, 이의 없는 승낙에 의한 소멸에 따른 순위상승의 이익
을 박탈당할 수 없으므로 소멸을 주장할 수 있다는 점은 의문이 없는 것으로 생
각할 수 있을 것이다. 그러나 이의 없는 승낙 후에 저당권을 취득하는 등의 이해
관계를 가진 제3자는, 본래 선순위저당권 또는 저당권의 존재를 각오하고 있을
터이므로 마침 이의 없는 승낙이 있다고 해서 소멸을 주장할 수 있다고 한다면
공정하지 않는 결과가 될 것이다. 그러므로 이의 없는 승낙 후의 제3자는 소멸
을 주장할 수 없다고 보아야 한다."[44]고 하는 이, "소멸하지 않은 것으로 되는
채권·저당권(의 존재)을 바탕으로(또는 채권·저당권에 관해서) 새로운 법률관계를
갖게 된 제3자(전득자)와의 관계에서는 채권·저당권의 부활이 인정"[45]된다고 하
는 이, "이의를 보류하지 않은 승낙 후에 이해관계를 취득한 제3자에 관해서는
이의를 보류하지 않은 승낙의 지·부지를 문제 삼지 않고 저당권의 소멸을 주장
할 수 없다"[46]고 하는 이 등이 있다.

④ 저당권소멸등기전제3자제외부활긍정설(저당권부활등기기준시설)

"(가정적)저당권설정자의 이의 없는 승낙(＝처분수권)에 의해서 양수인이 저
당권을 취득하는 것, 제3자가 저당부동산을 취득하거나 저당권을 취득하는 것,
또 하위저당권의 순위가 상승하는 것 모두 부동산 물권변동이다. 따라서 일본민
법 제177조[한국민법 제186조]의 규정은 원칙적으로 적용되어야 한다."고 하고,
"저당권설정자의 이의 없는 승낙에 의한 양수인의 저당권의 취득은, 그 자체의
등기가 없더라도 저당권 이전의 부기등기가 있으면 제3자에 대한 효력을 줄 수
있는 것으로 볼 수 있다."고 하며, "1번 저당권자에의 변제에 의한 1번 저당권의
소멸 및 2번 저당권자의 순위상승은, 변제에 의해서 당연히 발생하는 효과이므
로 그 등기가 없어도 제3자에게 대항할 수 있다."[47]고 하는 이가 있고, "저당권

---

44) 平井宜雄, 債權總論, 東京, 弘文堂, 1994, 145頁.
45) 奧田昌道, 前揭書, 446頁.
46) 淡路剛久, 債權總論, 有斐閣, 469頁[이에 따르면, "제3자로서는 저당권등기가 남아있음에도
   이해관계를 취득하는 것은, 채무자가 그 변제 사실을 알게 했기 때문일 것이지만, 역으로
   저당권등기가 남아 있는 것 자체가, 제3자로서는 정당한 권리자에게 항변의 존부에 관해서
   사실을 확인할 필요가 있고, 여기에서 이의를 보류하지 않은 승낙사실을 알 수 있기 때문
   이다. 후자는 부지(不知)를 문제로 하는 설에 따르더라도 과실이 있는 것으로 될 것."(同
   書, 469-470頁}이라고 한다].
47) 이상 安達三季生, 前揭論文, 108頁.

부채권의 변제 후, 그 저당권소멸의 등기가 되지 않은 사이에 채권자가 채권을 양도하고 채무자가 그 채권양도를 이의 보류 없이 승낙한 경우, 저당권은 부활하지 않고, 후순위 저당권과, 제3취득자 등은, 저당권의 소멸을 주장할 수 있지만, 채무자 자신 및 이의를 보류하지 않은 승낙 후 제3취득자는, 저당권의 소멸로써 채권자에게 대항할 수 없다"[48]고 하는 이도 있다.

⑤ 무효등기유용설

채무자의 이의를 보류하지 않은 승낙의 대항불능효가 아닌, 무효등기의 유용의 차원에서 대항불능효를 처리하려는 이들이 있다. 이에 따르면, "채무자의 이의 없는 승낙을 믿은 양수인이 단순히 채권만을 취득하면서도 저당권을 취득할 수 없다고 하면 담보 없는 채권의 경제적 가치가 통상 낮은 것(변제를 받을 가능성이 낮다)을 생각하면 양수인의 보호로서는 불충분하다고 하지 않을 수 없다."고 하고, "일본민법 제468조 제1항은, 직접적으로는 채권관계의 차원에서만 양수인을 보호하는 것을 목적으로 한 규정이고, 그에 따라 이 조항에서 저당권의 부활까지도 끌어낼 수 있는 것은 아닐 것이다. 그러나 저당권은 채권관계의 소멸에 의해서 소멸된다. 그렇다면 채권의 소멸이 부정되어, 채권이 부활하는 것이라면, 저당권도 부활한다고 하여, 양자의 운명을 같게 하는 것이 저당권의 부종성으로 보아 오히려 무리 없는 해석"이라고 하며, 나아가 "이 문제는 무효등기의 유용(일반적으로 이 문제는 유용의 합의가 있는 경우에 논의될 수 있는 것이지만, 실질적으로는 동일한 문제라고 해도 좋다) 그 자체"[49]라고 한다. 또 "일단 무효화된 저당권설정등기가 이에 맞는 실체관계의 발생에 의해서 유효하게 된 것(일종의 무효등기의 유용)이면 양수인은 이로써 제3자에게 대항할 수 있다."[50]고 하고, "이 문제를 무효등기유용의 차원에서 생각하여 [등기의]대항문제로 처리하면 좋고"라고 하며, "이의 없는 승낙이 있고, 저당권이 부활할 때까지에 후순위 저당권자·제3취득자가 출현한 경우에는, 양수인은 무효등기의 효력부활을 주장할 수 없고, 이들에게 대항 할 수 없다. 이는 저당권이 변제 등에 의해서 소멸하기 전부터 존재하

48) 加賀山 茂, "抵當權と異議を留保めない承諾の效力", 民法判例百選, Ⅱ, 債權, 別冊 ジュリスト, No. 176(2005. 4), 星野英一, 平井宜雄, 能見善久編, 有斐閣, 2005, 73頁(이때 소멸한 저당권에 관해서 부활한 저당권을 위한 등기로서 유용하는 것을 인정한다).
49) 이상 林良平·石田喜久夫·高木多喜男, 上揭書, 509頁.
50) 林良平·石田喜久夫·高木多喜男, 上揭書, 511頁.

는 후순위저당권자·제3취득자에 대한 관계에서도 다르지 않다. 이들은 원래 저당권의 존재를 각오한 것이라고 하더라도 일단 그 소멸에 의해서 얻은 이익을 빼앗을 수 없기 때문.”[51]이라고 한다.

무효등기유용설에 대해서는, “이 설도 무효등기의 유용이라는 우회방법으로 일단 무효로 된 저당권설정등기를 유효화하려고 한 것이고, 제한적으로 저당권의 부활을 인정하는 이론(일부부활설)의 하나”[52]라고 하는 이가 있고, “부활된 저당권의 대항력을 문제 삼는 것은 현안이지만, 모두가 일관해서 그에 의해서 처리되는 것은 아니다. 실질적인 권리관계와 대항관계가 반드시 명확하게 구별하여 논할 수 있는 것은 아니다.”[53] 라고 하거나 “‘채권 및 저당권이 일단 소멸했다가 부활한다.’는 것과 ‘채권 및 저당권의 소멸의 항변을 할 수 없다’는 것은 결코 표현상의 차이에 그치는 것이 아니고 엄밀하게는 별개의 개념”이며, 후자의 경우에는 “무효 등기의 유용의 문제는 논할 필요가 없다.”[54]고 비판하는 이가 있다.

(2) 저당권의 부활에 관한 일본의 판례

일본의 판례는 대체로 채권이 변제에 의해서 소멸하였음에도 피담보채권의 양도에 대하여 채무자가 이의 없이 승낙한 경우에 한하여 채무자는 이 채권 및 저당권의 소멸로써 양수인에게 대항할 수 없는 것으로 볼 뿐 그 밖의 경우에는 대항할 수 있는 것으로 본다. 그 구체적인 내용은 아래와 같다.

(가) 채무자와 양수인 사이

① 저당권 소멸의 경우

일본의 판례는 저당권이 소멸한 경우에 관하여, “…저당권부채권에 관한 채권자가 채무자의 완제(完濟)에 의해서 채권 및 저당권이 소멸하였음에도 저당권과 함께 그 채권을 양수인에게 양도하고, 채무자가 이의를 보류하지 않고 이를 승낙한 경우에 있어서도 일본민법 제468조 제1항의 규정에 의해서 채무자는 양수인에게 이 채무소멸을 주장할 수 없음을 물론이지만, 저당권의 소멸에 관해서

---

51) 林良平·石田喜久夫·高木多喜男, 上揭書, 512頁.
52) 加賀山 茂, 前揭評釋, 73頁.
53) 安達三季生, 前揭論文, 107頁.
54) 池田眞郎, 前揭書, 458頁.

는 오로지 이와 동일한 추론을 할 수 있는 것이라고 단정할 수 없다. 왜냐하면 일본민법 제468조는 채권양도만에 관한 것이고 물권의 양도에 관해서 채무자가 이의를 하지 않고 이를 승낙한 경우의 효과에 관해서 법률이 전혀 규정한 바가 없으므로 일반의 법리에 의해서 이를 결정할 수밖에 없기 때문이다. 원래 저당권은 채권에 종된 물권으로서 채권의 소멸에 의해서 그 채무의 변제를 담보하는 저당권이 소멸함은 당연한 사유에 속하고, 적어도 채권의 소멸을 주장할 수 있는 자는 저당권의 소멸을 그 소멸등기의 유무에 불구하고 누구에 대해서도 주장할 수 있다고 하지 않으면 안 되지만, 그 반면에 채권의 소멸을 대항할 수 없는 자가 저당권의 소멸의 등기가 없음에도 채권의 소멸을 이유로 한 저당권의 소멸을 주장할 수 없다는 것도 또한 부정할 수 없는 바"[55]라고 한다.

저당권부채권의 일부소멸의 경우에도 같은 취지로, "채무자가 이의를 인정하지 않고서 채권의 양도를 승낙했을 때에는 양도인에게 대항할 수 있는 사유가 있어도 이로써 양수인에게 대항할 수 없음에 이르게 되더라도, 이는 단지 채권관계에 관해서 그리됨에 그치고, 이를 담보하는 저당권의 효력에 관해서는 채권양도의 승낙은 어떠한 영향을 주는 것이 아니다. 채무자가 저당권부채권의 양도를 승낙해도 이미 피담보채권의 일부가 소멸한 경우에 있어서는 그 부분에 관해서 저당권을 취득할 수 없게 된다."[56]고 한다.

② 저당권부존재의 경우

저당권이 존재하지 않는 경우에 관하여, "채권계약이 무효로서 채권이 처음부터 존재하지 않을 때에는 이를 담보해야 할 저당권설정계약도 또한 무효로서 저당권은 처음부터 존재하지 않는다. 이 저당권이 채권과 함께 존재하는 것으로 하여 양도되었어도 양수인은 본래 존재하지 않은 저당권을 취득함에 이유가 없음은 말할 나위 없다. 다만 채권에 관해서는, 채무자가 이의를 보류하지 않고서

---

55) 日本大審院 1933. 8. 18. 判決, 石田喜久夫·西村峯裕, 前揭書, 58–59頁에서 재인용(이 판결에서는 또 "이와 같이 보면, 예컨대 채무자 외의 저당권설정자 또는 선순위저당권의 소멸에 의하여 순위가 올라간 후순위저당권자와 같이 그 저당권의 소멸에 관해서 정당한 이익을 가진 제3자로 하여금 불측의 손해를 입히게 된다. 무릇 이들 제3자는 채권소멸 사실을 주장할 수 있게 함으로써 채권의 부존재를 전제로 한 저당권의 소멸을 주장할 수 있는 것은 전단 설시와 같다."고 한다).

56) 日本大審院 1940. 12. 24. 判決, 石田喜久夫·西村峯裕, 前揭書, 60頁에서 재인용.

양도를 승낙한 때에 한해서 일본민법 제468조 제1항에 의해서 채무자는 채권부존재를 양수인에게 대항할 수 없으므로 양수인은 채무자에 대해서는 채권을 가짐에 이를지라도, 이 때문에 저당권도 취득함에 이르는 것은 아니다. 저당물의 소유자인 채무자 또는 제3자는 양수인에 대해서 저당권부존재를 대항할 수 있다. 무릇 만약 이 조항의 규정에 의해서 채권의 양수인이 본래 존재하지 않은 저당권도 취득하는 것으로 보는 것은, 저당물이 제3자의 소유에 속하는 경우 또는 저당물에 대한 후순위저당권자가 있는 경우에 이들은 단지 이의유보 없는 채무자의 행위로 인하여 불측의 손해를 볼 수 있고, 이러한 해석은 도저히 시인할 수 없다."[57]고 한다.

(나) 제3자와 양수인 사이

① 채권소멸 후의 양수인의 경우

일본의 판례는, 채무자 소유의 저당부동산을 채권이 소멸되기 전에 양수한 제3자와의 관계에서 채무자가 이의를 보류하지 않은 승낙을 한 경우에 관하여, "이 저당권은 피상고인 X가 그의 피담보채권인 이건 대부금채권을 대위변제함으로써 소멸하고, 상고인 Y2가 그 뒤에 A에게서 당해 대부금채권을 양수하고, 채무자인 Y1이 이의를 보류하지 않고 채권양도를 승낙했어도 이로써 Y1이 Y2에 대해서 이건 대부금채권의 소멸을 주장할 수 없는 것은 별개 문제로, 저당부동산의 제3취득자인 X에 대한 관계에 있어, 그 피담보채권의 변제로 소멸한 이건 저당권의 효력이 부활하는 것은 아니라고 보는 것이 상당하다."[58]고 하여 부활을 부정하였다.

② 이의무보류 승낙전 설정자 또는 취득자가 있는 경우

첫째로 채권 및 저당권의 변제에 의한 소멸 후 이의를 보류하지 않은 승낙을 하기 전에 저당권을 설정 받은 후순위저당권자(제3취득자가 있는 경우도 같이 보고 있다)가 있는 경우에 관하여 "애초에 채무를 부담하는 것은 본래 채무자의 자유에 속한다. 이미 변제에 의해서 소멸한 채권의 양도를 채무자가 이의 없이

---

57) 日本大審院 1936. 3. 13. 判決, 石田喜久夫·西村峯裕, 前揭書, 59−60頁에서 재인용.

58) 日本晨高裁判所 1992. 11. 6. 宣告 平成 3年(オ) 제324호 判決, 이 판결에 대한 평석으로
    加賀山 茂, 前揭評釋, 72−73頁; 安達三季生, 前揭論文, 1994, 105−108頁. 같은 취지로 앞
    의 日本大審院 1933. 8. 18. 判決.

승낙했기 때문에 이에 구채무자의 부활을 볼 수 있더라도 그 어떤 사해행위 폐
파[취소]의 요건을 갖추지 않는 한 제3자, 특히 다른 채권자에게 또 이를 어떻게
할 이유가 없음을 말할 나위 없지만, 단지 그 물상담보권이 전에 변제된 채무에
대해서 존재하는 것과 같은 경우에는 이를 어떻게 할 것인가? 담보물의 소유자
가 마침 채무자 자신이고, 후순위담보권도 없는 경우에는 일단 소멸한 담보권의
부활도 역시 채무자의 자유처분의 범위 밖에 있지 않다고 할 수 있다. 그 담보물
이 제3자의 소유에 관련하거나(일본민법 제518조[59] 단서 참조), 또는 후순위담보가
있는 경우에, 실로 그렇게 가볍게 말할 수 있는 것이 아니다. 전에 한 변제와 함
께 당해 저당권은 담보물 위에서 일소됨에 따라서 다른 담보권은 그만의 순위를
올라갈 수 있는 객관적 권리상태는 당사자의 지·부지에 관계없이 당연히 또 대
세적으로 발생한다. 게다가 이러한 객관적 권리상태는 뒷날의 채무자 한 쪽의
행위에 의해서 바로 말소·환원 되게 하는 정도로 그렇게 잠정·부동(浮動)의 형
태의 것인가? 선순위담보권의 소멸에 의해서 순위를 올라갈 수 있는 후순위담보
권자의 당연한 권리이다."[60]라고 하여 부활을 부정하였다.

둘째로 저당부동산의 압류채권자에 관하여, "변제에 의해서 채권이 일단 소
멸한 이상 그 뒤에 한 채권양도에 대해서 채무자가 이의를 보류하지 않고 이를
승낙했더라도 전에 채권의 소멸과 함께 소멸한 담보물권은 또한 이를 부활하게
할 이유가 없다는 것은 이미 이 법원의 판례로 한 것이고[61]… 저당권…을 그 손
에 받을 수 있었다고 하는 상대방은 원래 어떠한 저당권을 갖지 않았음에 다름
아니다. 전에 그와 누군가와의 사이에서의 판결과 같이 당사자를 달리하고 그
밖의 어떠한 확정력이 미치는 사유가 없는 이건에 있어서 조금도 영향을 미칠
수 없음을 많은 말을 필요로 하지 아니하며 상대방의 저당권을 부정할 수 있음
은 이론이 없다"[62]고 하여, 저당권소멸을 주장할 수 있다고 하였다.

셋째로 저당권부채권의 채무자가 채권양도를 이의 없이 승낙한 뒤 채무자

---

59) 이는 한국민법 제505조(경개에 있어서 신채무에의 담보이전)에 해당하고 그 내용은 다음과
   같다.
   일본민법 제518조(담보의 이전) 경개의 당사자는 구채무의 목적의 한도에서 그 채무의 담
   보에 제공했던 질권 또는 저당권을 신채무에 이전할 수 있다. 그러나 제3자가 이를 제공한
   경우에는 그 승낙을 요한다.
60) 日本大審院 1931. 11. 21. 決定, 石田喜久夫·西村峯裕, 前揭書, 62-63頁에서 재인용.
61) 日本大審院 1933. 11. 21. 昭和6年(才)第523號 決定.
62) 日本大審院 1933. 3. 31. 決定, 石田喜久夫·西村峯裕, 前揭書, 64-65頁에서 재인용.

로부터 그 저당권의 목적인 채굴권(採掘權)을 양도 받은 제3취득자에 관하여, "무릇 일본민법 제468조 제1항 본문(제1문)은 원래 지명채권의 양도가 있을 때 채무자는 양도인에게 대항할 수 있는 모든 사유로써 양수인에게 대항할 수 있었 던 것이어도 채무자가 이의를 보류하지 아니하고 양도의 승낙을 한 경우에 이것 을 대항할 수 있게 되면 양수인으로 하여금 불측의 손해를 입게 할 염려가 있으 므로 오히려 대항하지 못하게 함이 상당한 것으로 하여 양수인 보호를 위해서 둔 규정에 지나지 않으며, 채무자 외의 제3자에 대해서는 어떠한 규정도 있지 않다. 따라서 채무자가 이의를 보류하지 아니하고 채권양도 승낙을 한 때에는 일본민법 제468조 제1항 본문의 규정에 의해서 채무자는 양도인에게 대항할 수 없는 사유로써 이를 양수인에게 대항할 수 없음은 명백하지만, 채무자 외의 제3 자는 채무자의 이러한 승낙이 확정일자 있는 증서로써 한 것인지 아닌지를 묻지 않고 양수인에게 대항할 수 있는 사유가 있으면 이로써 양수인에게 대항할 수 있다고 하지 않을 수 없다."[63]고 하여, 변제에 의한 저당권의 소멸을 양수인에게 대항할 수 있다고 하였다.

Ⅲ. 우리나라에서의 채무자의 이의무보류승낙의 대항불능효가 미치는 인적 범위 및 저당권의 부활문제

1. 채무자와 제3자의 대항불능효

채무자의 이의무보류승낙의 대항불능효에 관하여 민법 제451조 제1항은 "채무자가… 양수인에게 대항하지 못한다."고 하고 있으므로 채무자가 이의를 보류하지 않고 채권양도를 승낙함으로 인한 채무자의 항변으로써 양수인에게 대 항할 수 없는 사람은 우선 채무자이다.

그렇다면 이의를 보류하지 않은 승낙은, 채무자 외의 제3자와 사이에서도 대항불능효가 발생하는가, 즉 채무자 외의 제3자는 양수인에게 항변할 수 없는 자에 포함되는가?[64]

63) 日本大審院 1930. 4. 11. 決定, 石田喜久夫·西村峯裕, 前揭書, 66-67頁에서 재인용.
64) 이 문제에 관하여 「지명채권의 양도에 있어 채무자가 이의없이 승낙을 한 경우 항변권상 실의 효력은 모든 사람에게 적용되는 것인지(절대적 효력) 아니면 채무자와 양수인간에만 적용되는 것인지의 문제」가 있고, 「이에 관하여 통설·판례인 공신력설은 항변권상실의 상

가. 제3자의 대항불능효에 관한 학설

(1) 제3자무제한불포함설

채무자가 이의 보류 없이 채권양도를 승낙한 경우에 양수인에게 대항할 수 없는 자를 채무자를 제외한 모든 제3자로 보는 이들이 있다. 이에 따르면, "이의를 보류하지 않은 승낙에 주어지는 항변상실의 효력은 채무자와 양수인 사이에 한하는 것이며, 제3자의 권리에는 아무런 영향도 미치지 않는다."65)고 하거나, "채무자의 이의 없는 승낙에 의하여 물상보증인·보증인·후순위저당권자·저당부동산의 제3취득자 등의 지위는 영향을 받지 않는다."66)고 한다. 같은 뜻으로 "이의 없는 승낙에 부여되는 공신력은 채무자와 양수인 간에만 미치고 제3자의 권리에는 영향을 미치지 않"으므로, 그 채권에 붙어 있는 물상보증인·저당부동산의 제3취득자·보증인 등의 항변권은 그대로 존속한다."67)고 하는 이도 있다.

(2) 제3자일부불포함설

① 승낙전이해관계인불포함설

후순위저당권자·물상보증인·저당부동산의   제3취득자·보증인·압류채권자 등과 같이 "당해 부동산에 대하여 구체적 권리 내지 지위를 가지고 있는 자와의 관계에 있어서, 이들이 이의를 보류하지 않은 승낙을 하기 전에 이미 해당 권리 내지 지위를 보유하고 있었던 때에는, 피담보채권의 소멸에 따른 저당권의 소멸에 의하여 받게 된 이익을 이들로부터 박탈할 수 없으므로 저당권의 부활을 가지고 대항할 수 없다"고 하고,68) "일반(무담보)채권자에 대해서는 그들의 이의를 보류하지 않은 승낙이 있기 전에 배당가입하고 있을 때에는 저당권의 부활을 가지고 대항할 수 없으나, 그렇지 않은 때에는 대항할 수 있다."69)고 하는 이가 있다.

대적 효력만을 인정한다.」(趙誠民, "指名債權讓渡와 異議없는 承諾", 勞動法과 社會正義, 政波裵柄于博士 華甲記念, 정파배병우박사 화갑기념논문집편찬위원회편, 1994, 526쪽)고 하는 이가 있다.

65) 郭潤直, 앞의 책, 225쪽: 尹喆洪, 앞의 책, 402쪽.
66) 金曾漢·金學東, 앞의 책, 308쪽.
67) 趙誠民, 앞의 논문, 526-527쪽.
68) 金亨培, 앞의 책, 594쪽.
69) 金亨培, 위의 책, 594쪽.

② 저당권소멸인식제3취득자불포함설

저당목적물과 이해관계를 가진 자 중에서 「채무자가 이의무보류승낙을 한 경우에는 제3자도 그 채무자가 양도인에게 대항할 수 있었던 사유를 가지고 양수인에게 대항하지 못」하고, 이미 변제에 의하여 소멸한 저당권 있는 채권의 양도에 대하여 무보류승낙을 한 경우에 「공신의 원칙의 적용으로 저당권도 부활하지만 그러나 피담보채권이 소멸하여 저당권도 또한 무효로 되었음을 알고 목적부동산에 관하여 이해관계를 취득한 제3자에 대하여서는 손해를 입혀서는 안 되므로 그와 같은 제3자에게 대하여서는 저당권의 부활을 가지고 대항할 수 없」다[70]고 하는 이가 있다.

나. 학설의 검토

(1) 법률행위로서의 이의무보류승낙의 관점

채무자의 이의무보류승낙의 법적 성질에 관해서는 준법률행위의 하나인 관념통지로 보는 이도 있고, 의사표시로 보는 이들도 있다.[71] 채권자가 채권을 양도하고 이를 채무자에게 통지한 경우에는 채권은 그 동일성을 가진 채 양수인에게 이전된다. 이때 채권이 당사자의 의사에 의해서 발생되는 것이라면 그 내용 또한 당사자의 의사에 의해서 정해지는 것은 당연하므로 채권양도에 있어서 채무자의 양수인에 대한 구속력도 이러한 당사자의 의사에서 찾을 수밖에 없고, 그것이 계약에서 명시된 것이 아니라면, 당사자의 묵시적인 의사에서 찾을 수밖에 없다. 그런데 채권이 처음부터 존재하지 아니하거나 뒤에 소멸하였음에도 채권자가 채권을 양도하고 채무자가 이의를 보류하지 아니하고 승낙한 경우에 이는 원래의 채권이 그 동일성을 유지하면서 양수인에게 그대로 이전된다고 할 수 없으며, 이때의 채무자의 양수인에 대한 구속력은, 채권발생 당시의 당사자의 명시적 또는 묵시적 의사에서 찾을 수는 없고, 이는 채무자의 채권양도의 승낙에서 찾아야 한다. 이러한 채권양도의 승낙은 원래의 채권발생과는 무관한 별개의 의사표시로서, 민법 제539조가 규정한 제3자를 위한 계약의 '수익의 의사표시'에 대응하는, '제3자의 부담을 목적으로 하는 계약'의 '부담의 의사표시'이므로,[72]

---

70) 金疇洙, 앞의 책, 367쪽; 金容漢, 債權法總論, 博英社, 1988, 450쪽.

71) 이에 관해서는 오수원, 앞의 논문, 73－110쪽.

72) 이에 관해서는 오수원, 위의 논문, 84－100쪽.

법률행위라고 할 수밖에 없다. 법률행위는 그 법률행위의 성질에 따르거나 법의 규정 등으로 달리 정한 바가 없으면 그 행위 당사자에게만 효력이 있고 제3자에게는 효력이 없는 것이 원칙이다.[73]

그러므로 채무자의 이의를 보류하지 아니한 채권양도승낙의 대항불능효의 인적 범위는 이와 같은 승낙이라는 법률행위를 한 채무자에 한정되고, 제3자에 대해서는 효력이 미치지 아니함이 원칙이다.[74]

이러한 원칙에도 불구하고 일부 제3자에 대해서는, 그 성질이나 법률의 규정 등으로 채무자의 이의를 보류하지 아니한 채권양도승낙의 대항불능효가 미치는지가 문제되는 경우가 있으므로 그 개별적인 검토가 필요하다.

(2) 개별적인 검토
(가) 양도채권관련자 – 채무자의 승계인 및 채무자의 다른 채권자

채무자의 채권자에 대한 항변인 한, 상속인등 채무자의 승계인도 양수인에게 항변하지 못한다고 할 것이다.

또 양도채권과 전혀 관련이 없는 제3자, 가령 채무자의 다른 채권자에 관하여 "채무자가 양수인에게 대항하지 못하는 항변사유는, 제3자도 이를 주장하지 못"하는 것[75]으로 보는 것이 일반적이다. 다만 이 경우에 채무자의 이의무보류 승낙의 법적 성질은, 앞에서 본 바와 같이, 제3자를 위한 계약의 채무부담의 의사표시로서 법률행위이므로, 채권이 처음부터 존재하지 아니하거나 뒤에 소멸하였음에도 채권자가 채권을 양도하고 채무자가 이의를 보류하지 아니하고 채권양도를 승낙한 경우에는 민법 제406조의 채권자취소권의 대상이 될 수 있다.[76]

---

73) 일본민법의 기초자들(가령 梅謙次郎, 民法要義, 卷之一, 總則編, 1911, 復刻版, 有斐閣, 1980, 214−218頁 일본민법 제468조 부분)도 제3자 관계에 관하여 특별히 논하고 있지 않고 있는데, 이는 당연히 채무자만을 전제로 했기 때문으로 보인다.

74) 채권양도에 대한 채무자의 승낙을 관념표시로 보는 입장에서는 채무자의 이의를 보류하지 아니한 승낙의 인적 효력 범위문제에 관해서도 의사표시에 관한 규정을 유추적용할 수 있는지는 의문이다.

75) 郭潤直, 앞의 책, 225쪽; 金亨培, 앞의 책, 594쪽; 尹喆洪, 앞의 책, 402쪽.

76) 일본의 판례는 "채무자가 자기의 제3자에 대한 채권을 양도한 경우에 채무자가 이에 관해서 한 확정일자 있는 채권양도의 통지는, 채권자취소권 행사의 대상으로 되지 않는다."[日本最高裁判所 1999. 6. 12. 宣告 平成8年(才)第1307號 判決, 이 판결에 관해서는 滝沢昌彦, "債權讓渡通知と詐害行爲取消權", 別冊ジュリスト, 民法判例百選, II, 債權, 星野英一 外2人編, 有斐閣, 2005, 40−41頁]고 한다. 이는 "일본의 부동산양도에 있어서 대항요건 구비

(나) 양도채권의 종된 권리관련자

① 보증인

보증인은 이의 없는 채권양도의 승낙이라는 법률행위의 당사자가 아니므로 그에게 이의 보류 없는 승낙으로 인한 대항불능효가 미치지 않음은 당연하며, 그 밖에도 "채무자의 그러한 승낙으로 제3자가 불이익을 받는 것은 부당할 뿐만이 아니라, 채무자의 항변포기는 보증인에게 효력이 없기(민법 제433조 2항) 때문"[77]에, 보증인은 양수인에게 대항할 수 있는 것으로 보는 것이 일반적이다.

② 저당권관련자

저당권관련자가 채무자의 이의 보류 없는 채권양도 승낙에 의하여 양수인에게 항변할 수 없는 자에 해당하는지에 관해서는 통상 저당권의 부활문제로 다루고 있고, 이에 관해서는 뒤에서 본다.[78]

2. 우리나라에서의 저당권의 부활문제

가. 학설

(1) 부활부정설

저당권이 변제 기타의 사유로 소멸하였음에도 채무자가 이의를 보류하지 않고서 승낙하였기 때문에 채무자가 양수인에 대하여 채권 및 저당권의 소멸을 대항하지 못하는 경우에도, 채권의 소멸로 저당권이 소멸하고 부활하지 않는다고 하고, 나아가 "물상보증인 · 보증인 · 후순위담보권자 · 저당부동산의 제3취득자의 권리에는 영향을 미치는 일이 없다."[79]고 하는 이들이 있다.

(2) 제한적부활설

채권의 소멸로 저당권도 소멸하지만 부분적으로 저당권이 부활하는 경우가

행위인 등기경료행위의 취소를 인정하지 않는 판례(日本最高裁判所 1980. 2. 24. 判決)와 같은 이치"(明石三郎, 前揭注釋民法, 869頁)라고 한다.

77) 金曾漢 · 金學東, 앞의 책, 308쪽,

78) 郭潤直, 앞의 책, 225쪽; 金基善, 앞의 책, 285쪽; 金疇洙, 앞의 책, 367쪽; 李銀榮, 앞의 책, 621쪽.

79) 郭潤直, 앞의 책, 225쪽; 金基善, 앞의 책, 285쪽; 金曾漢, 앞의 책, 283쪽; 金容漢, 앞의 책, 450쪽.

있다고 보는 이들이 있다.

(가) 채무자관계부활긍정설

우선 채무자관계에서 저당권이 부활한다고 보는 이들이 있다. 이에 따르면, "담보물권의 채권에 대한 수반성 때문에 양수인이 채권을 취득한 이상, 저당권도 취득한다고 기대하는 것이 보통 거래관념이다. 민법 제451조 제1항의 취지는, 「이의를 보류하지 않은 승낙」에 일종의 공신력을 부여함으로써 채권의 양수인을 보호하고, 그럼으로써 거래의 안전을 도모하는 것이다. 그렇다고 한다면 양수인의 저당권의 취득에 대한 기대도 똑같이 보호해 주어야 한다고 생각된다. 따라서 채무자 소유의 토지에 설정되어 있던 저당권은 그 말소등기가 경료되어 있지 않은 이상 채무자의 「이의를 보류하지 않은 승낙」에 의해 채무자의 항변권 상실로 저당권도 부활하는 것으로 해석하는 것이 타당하다."[80]고 한다.

또 다른 이는 「물권인 저당권이 피담보채권의 소멸로 인하여 일단 소멸되면 채무자의 이의를 보류하지 아니한 승낙에 의하여 대외적으로 부활될 수는 없고, 다만 채무자로서는 그 소멸을 가지고 채권의 양수인에게 대항하는 것이 허용되지 아니한다는 것일 뿐」[81]이라고 하여, 저당권의 부활은 부인하면서 그 부활과 동일한 결과를 이끌어 내고 있다.

(나) 이의무보류승낙후제3자관계부활긍정설

후순위저당권자와의 관계에서 이의무보류승낙후의 제3자관계에서는 부활을 긍정하는 이들이 있다. 이들에 따르면, "후순위 저당권자가 존재하는 경우에는 그 자의 선순위 저당권소멸에 의한 이익도 보호할 필요가 있다."고 하고, '이의

---

80) 秦鴻璂, "債權讓渡에 대한 異議를 保留하지 않은 承諾과 擔保權의 復活", 民事法學, 第51號 (2010.12), 한국민사법학회, 2010, 283쪽. 이 저자는 물상보증인의 경우에는. 담보부채권의 양도에서 채무자가 이의를 보류하지 아니한 경우 "이의를 보류하지 않은 승낙을 한 자는 물상보증인이 아니라 채무자이고, 또한 물상보증인은 양수인에게 신뢰의 기초를 준 것은 아니기 때문에 채무자의 행위에 의한 불이익을 물상보증인에게 돌리게 하는 것은 가혹하다. 그래서 물상보증인은 피담보채권이 존재하는 한도에서 자기의 부동산을 담보한 것이므로, 물상보증인의 기대를 보호하여 일단 피담보채권이 소멸한 이상, 저당권도 소멸하였다"(秦鴻璂, 같은 논문, 287쪽)고 하여 담보권은 부활하지 아니한다고 한다.

81) 李尙勳, 앞의 民法注解, 596쪽; 金亨培, 앞의 책, 593−594쪽("따라서 이것은 항변절단의 효과에 지나지 않으며, 공신의 원칙이 적용된 결과라고는 할 수 없다."고 한다).

를 보류하지 않은 승낙'전과 후를 나누어, "후에 출현한 후순위 저당권자에 대하여는 그가 출현한 시점에 이미 양수인의 저당권은 부활하고 있다고 보아야 한다. 그렇다면 후순위 저당권지는 선순위 저당권자가 존재하는 것을 전제로 하여 이해관계에 진입한 것이라고 말할 수 있기 때문에 저당권의 존재에 관한 양수인의 신뢰를 보호하여도 후순위 저당권자를 해하지는 않는다고 볼 수 있다."[82]고 하거나, "후순위담보권자·저당부동산의 제3취득자·압류채권자·물상보증인과 같이 당해 부동산에 대하여 구체적 권리 내지 지위를 가지고 있는 자와의 관계에 있어서, 이들이 이의를 보류하지 않은 승낙을 하기 전에 이미 해당 권리 내지 지위를 보유하고 있었던 때에는, 피담보채권의 소멸에 따른 저당권의 소멸에 의하여 받게 된 이익을 이들로부터 박탈할 수 없으므로 저당권의 부활을 가지고 대항할 수 없다. 일반(무담보)채권자에 대해서는 그들이 이의를 보류하지 않은 승낙이 있기 전에 배당가입하고 있을 때에는 저당권의 부활을 가지고 대항할 수 없으나, 그렇지 않은 때에는 대항할 수 있"다[83]고 한다.

(다) 저당권유용론

채무자의 이의를 보류하지 않은 승낙에 의한 저당권의 부활문제를 저당권의 유용문제로 보는 이들이 있다. 이에 따르면, "이의를 보류하지 않은 승낙에 의하여 소멸하지 않은 것으로 된 채권·저당권에 기하여(또는 관해서) 새로운 법률관계를 갖게 된 제3자와의 관계에서 채권·저당권의 부활은 그대로 인정된다. 즉, 이의를 보류하지 않은 승낙이 있은 후에 제3자가 그 권리 내지 지위를 취득할 때에는, 잔존등기의 존재로 미루어 저당권의 존재도 예상했었을 것이므로 선의양수인의 이익을 존중하여 저당권의 부활을 가지고 이들에게 대항할 수 있는 것으로 보아야 한다(다만 채권의 소멸에 수반하여 저당권이 소멸한 후에도 이와 같은 사실을 알면서 장기간에 걸쳐 저당권등기를 말소하지 아니하고 그대로 방치한 경우에, 민법 제108조 2항이 유추적용되어 저당권의 소멸을 주장할 수 없게 되는 것은 별개의 문제이다). 따라서 이 경우에 소멸된 저당권에 관한 말소되지 않은 등기(잔존등기)를 부활된 저당권을 위한 등기로서 유용하는 것도 인정된다."[84]고 하는 이가 있다.

---

82) 秦鴻璂, 앞의 논문, 289-290쪽.
83) 金亨培, 앞의 책, 594쪽.
84) 金亨培, 앞의 책, 594쪽.

또 다른 이는, "등기는 분명히 실체적인 권리변동의 태양과 그 과정을 정확하게 나타내어야 한다는 것이 등기법의 이상이라고 한다면, 등기의 유용은 원칙적으로 인정할 수 없다. 그러나 무릇 물권변동의 효력발생요건으로서의 등기가 요구되는 것은, 현재 권리관계의 정확한 공시에 의해 부동산 거래의 안전을 보장함으로써, 제3자의 권리도 해하지 않도록 하는 것이다. 그렇다고 한다면 관련된 등기가 현재의 권리관계를 정확하게 공시하고 있는 이상, 그 등기는 그러한 범위 내에서 제3자의 권리도 해하지 않는다고 할 것이므로 대항력을 인정하여도 불합리한 점이 없다."[85]고 한다.

나. 학설의 검토

(1) 공신원칙이 적용되지 않는 부동산등기의 관점

우리 민법상 부동산등기에 공신원칙이 적용되지 않는다는 점에 대해서는 이론이 없다. 그러므로 저당권이 부존재하거나 소멸한 경우에 이를 유효하게 존재·존속하는 것으로 믿었더라도 이러한 저당권은 부활할 수 없다.

(2) 무효등기의 유용의 문제

저당권은 특정의 채권을 담보하는 것을 목적으로 한다. 그에 따라 민법 제369조는 "저당권으로 담보한 채권이 시효의 완성 기타 사유로 인하여 소멸한 때에는 저당권도 소멸한다."고 한다. 또 우리 민법은 선순위의 저당권이 소멸하여도 그 순위가 상승하지 않는다는 뜻의 순위확정원칙을 채택하지 않고 있다(순위승진원칙채택).[86] 그에 따라 채무자가 이의를 보류함이 없이 채권양도를 승낙하였다고 하더라도 부존재하거나 소멸한 저당권은 부활할 수 없다. 문제는 이 경우에 무효등기의 유용으로 볼 수 있는 것인가라는 점이다.

무효등기의 유용이란 어떤 등기가 행하여져 있으나, 그것이 실체적 권리관계에 부합하지 않은 것이어서 무효로 된 후에, 그 등기에 부합하는 실체적 권리관계가 있게 된 때에 이 무효인 등기를 유효한 등기로 취급하는 것이다.[87] 이는 특히 무효인 저당권설정등기가 문제되고 이러한 무효인 저당권설정등기의 유용

---

85) 秦鴻琪, 앞의 논문, 294쪽.
86) 郭潤直, 物權法, 博英社, 1987, 542쪽; 李英俊, 物權法, 博英社, 1990, 764쪽.
87) 이에 관해서는 郭潤直, 앞의 物權法, 158쪽; 李英俊, 앞의 物權法, 130-134쪽.

에 관해서는 이론상 여러 견해가 있으나,[88] 대체로 유용합의이전에 등기상 이해
관계인이 생기지 아니하는 한 유효하다는 보고 있다.[89] 판례도 "당사자가 무효
로 된 처음의 근저당권설정등기를 유용하기로 합의하고 새로 거래를 계속하는
경우 유용합의 이전에 등기부상 이해관계 있는 제3자가 없는 때에는 그 근저당
권설정등기는 유효하다."[90]고 한다.

한편 무효등기의 유용을 위해서는 (i) 등기권자와 의무자의 등기유용의 합
의가 있을 것, (ⅱ) 등기에 맞는 새로운 실체관계의 발생, (ⅲ) 유용합의 이전에
등기부상 이해관계 있는 제3자의 부존재 등과 같은 요건을 갖추어야 한다.[91] 그
런데 저당권부채권의 부존재나 소멸의 경우에 양수인이 그 저당권을 취득하기
위해서는 채무자와 양수인 사이에 저당권 유용의 합의가 있어야 한다. 채무자가
이의를 보류함이 없이 한 채권양도승낙은 존재하지 않는 채무를 부담하겠다고
하는 것으로, 앞에서 본 바와 같이, 이는 제3자를 위한 계약의 부담을 인수하는
의사표시이므로 이를 그 저당권을 유용하기로 합의하였다고 할 수도 없어, 채무
자의 이의무보류 채권양도승낙의 경우에 저당권 유용의 합의가 없다고 할 수밖
에 없다. 설령 이러한 유용의 합의가 있다고 하더라도 이는 그러한 유용합의와
효력문제이고 채무자의 이의무보류 채권양도승낙의 효력문제는 아니다.

그러므로 채무자의 이의무보류 채권양도승낙에 관하여 무효등기의 유용을
논하는 것은 타당하지 못하다.

Ⅳ. 맺음말

민법 제451조 제1항이 규정한, 채무자가 이의를 보류함이 없이 한 채권양도

---

88) 학설의 소개에 관해서는 權龍雨, "根抵當權의 被擔保債權額의 確定과 無效登記의 流用",
判例月報, 第239號, 判例月報社, 1990, 29－30쪽.
89) 郭潤直, 앞의 物權法, 158쪽; 같은 책, 552쪽; 李英俊, 앞의 物權法, 131쪽; 權龍雨, 앞의 평
석, 30쪽; 吳世彬, "無效登記의 流用에 관한 合意의 效力", 대법원판례해설, 제12호(1990
년), 법원도서관, 1990, 290쪽,
90) 대법원 1963. 10. 10. 선고 63다583 판결; 같은 뜻으로 대법원 1970. 12. 24. 선고 70다1630
전원합의체 판결; 대법원 1974. 9. 10. 선고 74다482 판결; 대법원 1986. 12. 9. 선고 86다카
716 판결.
91) 이들 요건에 관해서는 李英俊, 앞의 物權法, 131－133쪽.

승낙은 존재하지 않는 채무를 부담하겠다고 하는 것으로 이는 제3자를 위한 계약의 부담을 인수하는 의사표시이므로 그로 인한 대항불능효의 인적 범위는 이와 같은 승낙이라는 법률행위를 한 채무자에 한정되고, 제3자에 대해서는 효력이 미치지 아니함이 원칙이다. 그러나 이러한 원칙에도 불구하고 일부 제3자에 대해서는, 그 성질이나 법률의 규정 등으로 채무자의 이의를 보류하지 아니한 채권양도승낙의 대항불능효가 미치는 경우가 있고, 채무자의 지위를 승계한 사람 또는 그의 다른 채권자 등과 같다.

우리 민법상 부동산등기에 공신원칙이 적용되지 않으므로 저당권이 부존재하거나 소멸한 경우에 이를 유효하게 존재·존속하는 것으로 믿었더라도 부존재하거나 소멸한 저당권은 부활할 수 없다.

채무자가 이의를 보류함이 없이 한 채권양도승낙은 제3자를 위한 계약의 부담을 인수하는 의사표시이므로 이를 그 저당권을 유용하기로 합의하였다고 할 수도 없어, 채무자의 이의무보류 채권양도승낙의 경우에 저당권 유용의 합의가 없다고 할 수 밖에 없다. 설령 이러한 유용의 합의가 있다고 하더라도 이는 그러한 유용합의와 효력문제이고 채무자의 이의무보류 채권양도승낙의 효력문제는 아니다.

그러므로 채무자의 이의무보류 채권양도승낙에 관하여 무효등기의 유용을 논하는 것은 타당하지 못하다.

[無等春秋, 제14호, 光州地方辯護士會, 2018, 173－203쪽에 실림]

12. 채권양도에 있어서 채무자의 이의무보류승낙에 의한 대항불능효의 물적 범위

I. 머리말

민법 제451조 제1항은 "채무자가 이의를 보류하지 아니하고 전조의 승낙을 한 때에는 양도인에게 대항할 수 있는 사유로써 양수인에게 대항하지 못한다. 그러나 채무자가 채무를 소멸하게 하기 위하여 양도인에게 급여한 것이 있으면 이를 회수할 수 있고 양도인에 대하여 부담한 채무가 있으면 그 성립되지 아니함을 주장할 수 있다."고 한다. 이와 같이 채무자가 이의를 보류하지 아니하고 채권양도의 승낙을 한 때에는 양도인에게 대항할 수 있는 사유로써 양수인에게 대항하지 못하게 되는 효력을 민법 제451조 제1항의 문언에 따라 채무자의 "대항불능(inopposabilité)의 효력" 또는 단순히 채무자의 "대항불능효"라고 부를 수 있을 것 같다.

채무자의 이의무보류 채권양도승낙에 의한 대항불능효가 미치는 범위에 관해서는 사람에 관한 것과 대항사유에 관한 것으로 나눌 수 있다. 사람에 관한 것은 이러한 대항불능효가 어떠한 사람에게 미치는가에 관한 것으로 인적 범위(또는 주관적 범위)에 관한 것이라고 할 수 있고, 대항사유에 관한 것은 채무자의 이의무보류 채권양도승낙에 의한 대항불능효가 어떠한 사유나 사항에 미치는가에 관한 것으로 물적 범위(또는 객관적 범위)에 관한 것이라고 할 수 있다.[1]

채무자의 이의무보류 채권양도승낙에 의한 대항불능효의 인적 범위에 관해서 민법 제451조 제1항은, "채무자는······양수인에게 대항하지 못한다."고 규정하고 있을 뿐이다. 그에 따라 채무자 외의 다른 사람은 이러한 항변으로써 양수인에게 대항할 수 있는지, 대항할 수 있다면 구체적으로 어떠한 사람이 대항할 수 있고 어떠한 사람은 대항할 수 없는지 등이 문제 된다. 대항불능효의 물적 범위 또는 객관적 범위에 관해서는 민법 제451조 제1항은 "······양도인에게 대항할 수 있는 사유로써 양수인에게 대항하지 못한다."고 할 뿐 어떠한 사유로써 대항할 수 없는 것인지에 관해서 규정한 바가 없다.

한편 민법 제451조 제1항은 일본민법 제468조 제1항에서 유래한 것이며, 후자는 상계항변의 대항불능효를 규정한, 개정 전 프랑스민법 제1295조[2])에서 유래한 것으로 본다.[3)]

아래에서는 이의를 보류하지 아니한 채권양도의 승낙으로 인한 대항불능효의 물적 범위에 관하여, 일본에서의 논의를 살펴보고, 이어서 우리 민법 제451조 제1항을 중심으로 한 논의를 살펴보기로 한다.

Ⅱ. 일본에서의 채무자이의무보류승낙에 의한 대항불능효의 물적 범위

원칙－채무자의 양도인에 대하여 생긴 사유와 양도인에게 대항할 수 있는 사유의 동일취급

---

1) 대항불능효의 인적 범위나 주관적 범위, 물적 범위나 객관적 범위라는 용어는 확정판결의 기판력의 범위에 관한 것을 따른 것이다.

2) 상계항변제한에 관한 개정 전 프랑스민법 제1295조는 2016.2.10.자 법률명령 2016－131호에 의해서 폐지되고, 제1347－5 조에서 "이의 보류 없이 채권양도를 승낙한 채무자는 양도인에게 대항할 수 있었던 상계를 양수인에게 대항할 수 없다."고 규정하고 있다.

3) 민법 제451조의 연혁에 관해서는 오수원, "채무자의 이의를 보류하지 아니한 채권양도승낙의 법적 성질과 그 채권양도의 포섭범위", 저스티스, 통권 제166호(2018. 6), 韓國法學院, 2018, 74－75쪽.

1. 일본민법 제468조의 규정[4]

일본민법 제468조(승낙 또는 통지의 효과) ① 채무자가 이의를 보류하지 아니하고 전조의 승낙을 한 때에는 양도인에게 대항할 수 있는 사유가 있어도 이를 가지고 양수인에게 대항하지 못한다. 이 경우에 있어서 채무자가 그의 채무를 소멸하게 하기 위하여 양도인에게 급여한 것이 있을 때에는 이를 회수할 수 있고, 양도인에 대하여 부담한 채무가 있을 때에는 이를 성립되지 아니한 것으로 볼 수 있다.

② 양도인이 양도의 통지를 하는데 그친 때에는 채무자는 그 통지를 받은 때까지 양도인에 대하여 생긴 사유로써 양수인에게 대항할 수 있다.

채권양도에서 양도인이 단순통지를 한 경우, 즉 일본민법 제468조 제2항의 경우나 채무자가 이의를 보류하고 채권양도를 승낙한 경우에 있어서의 "양도인에게 대하여 생긴 사유"에 관하여 "예컨대 채무불성립·무효·취소·동시이행의 항변, 그 밖에 변제·상계·경개·면제 등에 의한 채권소멸의 항변 등 일체의 사유로써 양수인에게 대항할 수 있다."[5]고 한다. 채무자가 이의를 보류하고 채권양도를 승낙한 경우에도 채권양도의 단순통지의 경우와 마찬가지로 보는데 이론이 없다. 채무자가 이의를 보류하지 않고 채권양도를 승낙한 경우, 즉 일본민법

---

4) 2004년 "일본민법의 일부를 개정하는 법률"(平成16年法律第147号)에 따라 일본민법 제468조 제1항은 기존의 본문과 단서로 되어 있던 것을 현재와 같이 제1문, 제2문으로 바꾸었고, 일본의 2017.6.2.에 公布한 法律 第44号(이 법률은 2020.4.1.부터 시행된다)에 의하여 2017년 일본민법 일부를 개정하면서 이의를 보류하지 아니한 승낙에 대하여 대항불능효를 인정하지 아니하여 그 제468조 제1항은 "채무자는 대항요건(양도인의 통지, 채무자의 승낙) 구비시까지 양도인에 대하여 생긴 사유로써 양수인에게 대항할 수 있다."고 한다(이상의 내용에 관해서는 오수원, 앞의 논문, 81-82쪽 참조). 개정된 일본민법 제468조 제1항 개정 당시, "이러한 개정안에 이르는 논의과정에서 일본 학자들은, 통지와 승낙의 효과를 원칙적으로 구분하지 않는 방향으로 가야 한다는 점에는 일찍 합의를 이루었던 것으로 보이고, '항변권 포기'로 해석될 수 있는 구체적 행위를 일반 의사표시 해석에 맡겨 둔다면 그것이 어떻게 실무상 다루어질 것인가에 관하여 많은 논의를 하였다."(전원열, "채권양도에 대한 이의보류 없는 승낙에 있어서 대항사유의 단절", 財産法硏究, 제33권 제3호(2016.11), 법문사, 16쪽)고 한다.

5) 於保不二雄, 債權總論, 有斐閣, 1989, 312頁; 淡路剛久, 債權總論, 有斐閣, 2002, 453頁. 이 때 채무자가 양도인에 대하여 가진 항변에 한하며 양도인과 양수인 사이의 채권양도계약이 무효인 경우에는 항변이 절단되지 아니한다고 보는 데는 이론이 없어 보인다.

제468조 제1항의 경우에 있어서도, 일본민법 제468조 제2항에서와 마찬가지로, '양도인에게 대항할 수 있는 사유'란 "협의의 항변권에 한하지 않고, 널리 채권의 성립·존속 또는 행사를 저지배척하는 일체의 사유"[6]를 가리키는 것으로 보며, "채권이 변제나 그 밖의 사유로 소멸한 것", "채권발생의 원인으로 되었던 계약이 취소 또는 무효이기 때문에 불성립인 것" 등을 주장하지 못하는 것으로 본다.[7]

요컨대 일본민법 제468조 제2항의 '채무자의 양도인에 대하여 생긴 사유'와 제1항의 '양도인에게 대항할 수 있는 사유'를 동일하게 보며, 채무자가 이의를 보류하고 채권양도를 승낙한 경우에도 일본민법 제468조 제1항과 같으므로 채무자가 이의를 보류한 경우에는 양수인에게 일체의 항변으로 대항할 수 있으나, 이의를 보류하지 아니한 경우에는 일체의 항변으로 대항할 수 없다는 결과가 된다.

그러나 채무자가 '이의를 보류하지 않고 승낙'을 한 경우에는 언제나 '어떠한 경우'에도 양수인에게 대항하지 못하는 것으로 보는 이는 없으며, 아래에서 보는 바와 이의를 보류하지 않고 채권양도를 승낙한 채무자가 이의할 수 있는지가 문제 되는 경우가 있다.

2. 일본에서 대항불능효가 문제되는 구체적인 경우

가. 채권의 중복양도－일본민법 제467조와 제468조의 경합

채권의 귀속(채권이 이미 타인에게 양도되었다는 사실)은 채무자의 이의할 수 없는 항변에 포함되는지, 즉 제1양도에 관해서 확정일자 있는 증서에 의하지 않고 이의를 보류하지 않은 채 승낙된 뒤, 제2양도가 있었고 이에 관해서 확정일자 있는 증서에 의해서 통지가 된 경우에 이의를 보류하지 않은 승낙을 받은 선행양수인의 이행청구에 대하여 채무자는 채권이 이미 확정일자 있는 증서에 의한 양도통지가 있었음을 주장하여 변제를 거부할 수 있는지가 문제 된다. 이에 관하여 "양수인 보호의 이상에서 보면 거부할 수 없다고 해야 할 것 같지만, 민법은 채권의 귀속에 관해서의 우열은 오로지 확정일자 있는 증서에 의해서 결정하도록 하는 것이므로 '양도인에게 대항할 수 있는 사유' 중에는 양도(채권의 귀속)는 포함되지 않는다. － 채권의 존부, 내용 등에 한한다. － 라고 보는 것이

---

6) 日本大審院 1931. 11. 21. 決定.
7) 我妻榮, 債權總論, 岩波書店, 1985, 538頁.

정당하다"8)고 하는 이, 같은 뜻으로 "이의를 보류하지 않은 승낙의 효과는.....
채무자의 항변의 대항불능을 가져오는데 그치는 것이고 이의를 보류하지 않은
승낙이 된 결과 양수인에게 채권이 원시취득이 되는 것은 아니므로 제3자 대항
요건구비의 우열관계에서 뒤진 채권을 취득한 양수인은, 설령 채무자로부터 이
의를 보류하지 않은 승낙을 얻었다고 하더라도 채권 취득이 불가능하게 되어,
채무자에 대해서 (채권양도의 법리상)전혀 책임을 물을 수 없는 것으로 된다."9)고
하는 이 등이 있다.

일본의 판례 또한 "이의를 보류하지 않은 승낙은 그 효과로서 채무자의 양
수인에 대한 항변을 잃게 하는 것뿐이고, 누가 양수인으로 되는가라는 채권의
귀속의 다툼에는 영향이 없다. 따라서 대항관계의 처리는 오로지 일본 민법 제
467조 제2항의 제3자 대항요건 구비의 선후(즉, 통지이든 승낙이든 확정일자 있는
증서에 의해서 먼저 된 — 통지의 경우에는 채무자에게 먼저 도달한 — 쪽의 양도가 우
선한다)에 의해서 결정되고, 이 경우에 확정일자 있는 증서에 의해서 갖추어진
대항요건의 종류(통지인가 이의를 보류하지 않은 승낙인가 등)는 대항요건에 의한
우열결정에 어떠한 영향도 미치지 않는다. 왜냐하면 이의를 보류하지 않은 승낙
은... 대항요건으로서는 어디까지나 통지나 이의를 보류한(항변을 보류한) 승낙과
등가치의 것이고, 이는 다른 우선하는 중복양수인이나 압류채권자의 우선적 지
위를 뒤엎는 것은 아니기 때문"10)이라고 한다.

이러한 이론과 판례에 대하여는 반대하는 이도 있다. 이에 따르면, 가령 채
권자가 채무자에 대한 채권을 중복양도한 뒤 채무자가 제2양수인에게 이의 없는
승낙을 한 경우에, "채권자와 제1양수인 사이의 양도에 관한 확정일자가 채무자
에게 도달한 시점에서 양도인은 완전히 무권리자가 되며 양도인과 제2양수인 사
이의 채권양도는 중복양도가 아니고 무권리자에 의한 양도이고, 이 점에서 양도
인이 변제에 의해 무권리자로 된 뒤 채권을 양도한 경우와 기본적으로 다르지
않다."11)고 하고, 이는 채권의 귀속문제가 아니므로 일본민법 제468조 제1항에

---

8) 我妻榮, 前揭書, 538-539頁; 같은 취지로 明石三郎, 注釋民法, 11, 債權, 2, 西村信雄編, 注
　釋民法, 11, 債權, 2, 有斐閣, 1980, 392頁; 於保不二雄, 前揭書, 315頁; 奧田昌道, 債權總論,
　悠悠社, 1993, 449頁; 平井宜雄, 債權總論, 弘文堂, 1994, 144頁.
9) 池田眞郎, 債權讓渡の硏究, 弘文堂, 1997, 447쪽.
10) 大審院 1919. 3. 28. 判決, 池田眞郎, 前揭書, 447頁; 같은 뜻으로 日本大審院 1932. 6.28.
　判決.
11) 田山輝明, 債權總論, 成文堂, 2011, 193頁. 이는 채권양도가 취소된 뒤 2양수인이 재양도

의해서 제2양수인은 보호되어야 한다고 한다.

나. 소멸된 담보권의 부활문제

담보부채권의 양도에서 채무자가 이의를 보류하지 아니한 경우, 많은 이들이 소멸된 담보권은 부활하는 것으로 본다.[12] 이에 반해서 "채무자에 대한 관계에 있어서 변제, 그 밖의 사유로 채권이 소멸함과 더불어 소멸한 저당권은 부활"하지만, "채권이 처음부터 발생하지 않은 경우에는, - 양수인은 그럼에도 불구하고 채권은 취득하지만 - 저당권은 취득하지 않는다"고 하는 이,[13] "저당권이 소멸한 경우나 불성립의 경우, 모두 이의를 보류하지 않은 승낙에 의해서 부활한다고 하는 사고방식은, 저당권부채권의 취득이라고 하는 공신설적 발상 내지 구성에 설 때 비로소 성립할 수 있다"고 하고 그렇지 않은 입장에서 "처음부터 존재하지 않은 저당권을 양수인에게 취득시키는 것은, 항변의 상실이라고 하는 일본민법 제468조 제1항 제1문의 취지를 넘는 것으로, 또는 저당권의 부종성을 넘는 것"[14]이라고 하는 이가 있다. 또 다른 이는 "저당권의 부활은, 채권의 부활에 의해서 당연히 생기는 것은 아니고, 이론적으로는 저당권의 공신력의 문제로서, 저당권의 등기에 공신력이 인정되지 않는 이상 채권은 이의를 보류하지 않은 승낙에 의해서 부활하더라도 저당권은 부활하지 않는다."[15]고 한다.

일본의 판례는, 처음에 양도채권이 변제에 의해 소멸한 경우에 채무자는 저당권의 소멸을 주장할 수 없다고 하였으나,[16] 채권이 처음부터 위법·무효로서 불성립했다고 한 사안에서는 "채권이 처음부터 존재하지 않고, 따라서 저당권도 처음부터 존재 하지 않는데도, 저당권과 채권이 모두 존재하는 것으로 하여 양도된 경우에는, 채무자가 이의를 보류하지 않는 승낙을 하여도, 양수인에 대한 저당권의 부존재를 주장할 수. 있다."고 한다.[17] 이 판결을 부연하여 또 다른 판결은 "피담보채권이 일부불성립 및 변제에 의해서 소멸하고 그 결과 저당권이

하고 채무자가 이의를 보류하지 않고 재양도를 승낙한 경우에도 마찬가지라고 한다(同書, 193－194頁.

12) 我妻榮, 前揭書, 539頁; 奧田昌道, 前揭書, 447頁.
13) 我妻榮, 前揭書, 539頁.
14) 淡路剛久, 前揭書, 468頁.
15) 加藤一郎, "債權讓渡", 民法練習, III, 141頁, 池田眞郎, 前揭書, 459頁 재인용.
16) 日本大審院 1933.8.18. 決定.
17) 日本大審院 1936. 3. 13. 判決.

소멸한 경우에서도 양수인은 저당권을 취득할 수 없다"[18]고 하였다.

　　이러한 판결에 대해서 채권의 "소멸과 부존재를 구별할 이유가 없다"[19]고 하거나, "항변절단과 권리취득을 구별하지 않았기 때문에 채무자에 대한 관계와 제3자에 대한 관계를 혼동하고 있다"[20]고 비판하는 이들이 있다.

다. 반사회질서행위(일본민법 제90조)와 이의를 보류하지 않은 승낙

　　가령 도박채권이 양도되고 그것에 대해 채무자가 이의를 보류하지 않고 승낙한 경우처럼, 채무자는 채권발생원인이 공서양속에 위반하여 무효인 경우(일본민법 제90조) 양수인에게 대항할 수는 없는지가 문제 된다.

(1) 일본의 학설

　　일본에서는, 공서양속위반의 항변도 이의를 보류하지 않은 승낙을 한 후에는 양수인에게 대항할 수 없다고 하는 이,[21] 이러한 항변은, "일반적으로 채무자가 무효 채권임을 알면서 감히 이의 없는 승낙을 한 때에는, 원래 양수인의 선의·악의를 묻지 않고 채무자는 양수인에게 유효한 채무를 부담할 뿐만이 아니라, 채무자가 유효한 채권을 부담한다고 오신하여 이의 없는 승낙을 한 때에는 양수인이 채무의 무효에 관해서 선의·무중과실이면 채무자는 양수인에게 채무를 부담한다."[22]고 하는 이, "공서양속위반에 의해서 무효로 되는 채권의 양도는, 그 행위 자체가, 채권양도를 이용한 '탈법행위에 준하는 것'이라고 할 수 있을 것"이라고 하고, "이러한 채권양도는 무효이고, 양수인은 선의·악의 등의 주관적 태양에 관계없이 새로운 채권자가 될 수 없고, 양수채권의 행사가 불능하다"[23]고 하는 이, 거래안전보다는 강행법규의 목적이 우선해야 한다는 이유로 이의를 보류하지 않은 승낙을 한 후에도 이로써 양수인에게 대항할 수 있다고 하는 이[24] 등이 있다.

---

18) 日本大審院 1940. 12. 24. 判決.

19) 我妻榮, 前揭書, 539頁; 奧田昌道, 前揭書, 447頁.

20) 於保不二雄, 前揭書, 317頁.

21) 我妻榮, 前揭書, 538頁; 於保不二雄, 前揭書, 315頁 등.

22) 安達三季生, "異議を留保めない債權讓渡の承諾と消滅した抵當權の復活", ジュリスト增刊, 擔保法の判例, Ⅰ, 後藤安使編, 有斐閣, 1994, 107頁.

23) 加藤雅新, 債權總論, 有斐閣, 2005, 317頁.

24) 明石三郎, 前揭注釋民法, 267頁; 武久征治, "異議を留めない債權讓渡の承諾はどのような

(2) 일본의 판례

일본의 판례는, 처음에 위법행위는 양도인과 채무자 사이의 문제이고, 양수인은 이를 알 수 없었음을 이유로 "채무자가 양수인에 대하여 새로운 채무를 승인하는 의사표시를 하였는지에 관계없이, 적어도 이의를 보류하지 않은 승낙을 한 이상, 그 승낙이라는 관념의 표시에 해당하여도 유효하게 존재하는 하자 없는 채권양도와 동일한 효력을 법률이 부여하는 것"25)이라고 하였다. 그 뒤, 앞의 저당권설정이 거래소법 위반으로 무효인 사안에서 본 바와 같이, 저당권의 소멸의 경우와 불성립의 경우를 구별하여 채권이 처음부터 존재하지 않고, 따라서 저당권도 처음부터 존재 하지 않는데도, 저당권과 채권이 모두 존재하는 것으로 하여 양도된 경우에는, 채무자가 이의를 보류하지 않는 승낙을 하여도, 양수인에 대한 저당권의 부존재를 주장할 수 있다26)고 하여, 채권·저당권의 불성립 항변을 할 수 있다고 하였다. 또 다른 일본의 판례는 "도박의 승부에 의해 발생한 채권이 양도된 경우에 있어서는, 위 채권의 채무자가 이의를 보류하지 않고 위 채권양도를 승낙한 때에 있어서도, 채무자에게 신의칙에 반하는 행위가 있다는 등의 특단의 사정이 없는 한, 채무자는 위 채권의 양수인에 대하여 위 채권의 발생에 관한 계약이 공서양속위반에 의하여 무효임을 주장하여 그 이행을 거부하는 것이 가능하다고 해야 한다. 왜냐하면 도박행위는 공서양속에 반하는 것으로 현저하고, 도박채권이 직접적으로나 간접적으로 만족을 받는 것을 금지해야 하는 것이 법의 강한 요청이고, 이 요청은 채무자의 이의 없는 승낙에 의한 항변상실 제도에 기초하는 채권양수인의 이익보호의 요청을 상회하는 것으로 해석해야 하기 때문"27)이라고 하였다.

라. 형성권

취소권, 해제권, 상계권 등 형성권에 있어서 일본민법 제468조 제1항의 양수인에게 대항할 수 없는 사유는, 채권양도 통지나 승낙 시까지 현실적으로 발

　　效力をもっか", 民法學, 債權總論重要問題, 奧田昌道外6人編, 有斐閣, 1976, 273頁.

25) 日本大審院 1934. 7. 11. 判決.

26) 앞의 日本大審院 1936. 3. 13 判決.

27) 日本最高裁判所 2007. 11. 11. 判決, 判例時報, 1624號, 77頁. 이 판례에 관해서는 秦鴻琪, "債權讓渡에 대한 異議를 保留하지 않은 承諾과 諸抗辯의 承繼·切斷效", 比較私法, 第18卷 第1號(通卷第52號)(2011.3.), 韓國比較私法學會, 2011, 107쪽.

생한 사유를 이르는 것인지 그 발생의 기초가 존재하는 것으로 족한지가 문제된다.

(1) 취소권의 경우

① 착오나 사기·강박으로 인한 취소권의 경우, 채무자의 대항불능효가 발생하기 위해서는 그 승낙시까지 취소의 의사표시가 되어야 하는가에 관하여 일본에서는 일반적으로 "....하자 있는 의사표시의 규정은, 기본적으로 이의를 보류하지 않는 승낙에 적용해야 할 것"[28])으로 본다. 그런데 일본민법 제468조 제2항의 '양수인에게 생긴 사유'를 제1항의 '대항할 수 있는 사유'보다도 넓게 보고, 통지시에 양수인에 대한 항변사유가 발생한 것이 필요한 것은 아니고, 항변사유 발생의 기초가 통지시에 있으면 되는 것으로 보아, 취소권의 존재 자체(취소가능성)가 있으면 된다고 한다.[29]) 이에 반대하는 이는, "[일본민법 제468조] 제2항의 '생긴 사유'는 제1항의 '대항할 수 있는 사유'보다도 넓다는, 앞의 설명은 (기초단계의 검토 등에 의해서 뒷받침되는 해석이라고도 생각되지 않으며) 그 근거가 의문이다."[30])라고 하는 이가 있다.

② 착오로 인한 취소와 관련하여, "이의를 보류하지 않은 승낙은 준법률행위"라고 할 것이므로 "착오주장을 일반적으로 인정하면, 일본민법 제468조 제1항의 취지가 거의 몰각되지 않을 수 없다. 여기에서 채권양도를 안이하게 승낙한 경우에는 [채무자의] 중과실을 적극적으로 인정해도 좋다"[31])고 하는 이가 있다.
반대로 채무자의 이의 없는 채권양도승낙의 법적 성질을 처분수권 또는 지시인수로 보는(처분수권설 또는 지시인수설)[32])의 입장에서 착오에 관한 규정(일본

---

28) 加藤雅新, 前揭書, 316頁.
29) 林良平·石田喜久夫·高木多喜男, 債權總論, 靑林書院, 1996, 452頁; 奧田昌道, 前揭書, 441頁.
30) 池田眞郎, 前揭書, 440-441頁. 이 저자는, 이 문제를 취소의 소급효로써 설명하는 것에 대하여, "소급효의 결과, 취소에 의한 무효의 효과는 통지할 때까지에 생긴 것으로 되고, 채무자는 이로써 양수인에게 대항할 수 있다고 하는 구성이지만, 이는 순환논법에 빠진 의론(議論)이고, 문제는 양도 후에 취소원인이 구체화된 것과 같은 때에 이를 취소할 수 있는가라고 하는 점에 있는 것이고, 소급효가 있다는 것은 취소한 경우에 양도 전부터 무효였다고 하는 결과를 이끌어 내는 것뿐이고, 소급효가 있은 뒤에 취소가 되는 것은 아니다."라고 한다.
31) 加藤雅新, 前揭書, 316頁.
32) 이 학설의 소개에 관해서는 오수원, 앞의 논문, 89-80쪽.

민법 제95조)을 적용해야 한다고 하는 이가 있다. 이에 따르면, 채권이 부존재하거나 소멸하였음에도 채무자가 이의 없는 채권양도 승낙을 한 때에는 "채무자는 통상 양도인에 대해서 현실로 유효한 채무를 부담한다고 믿고서 양도인의 의뢰에 따라 이의 없는 승낙을 한다. 그에 따라 실제로는 채무자는 양도인에게 채무를 부담하지 아니함에도 부담한다고 믿고 행한 때, 동기의 착오가 있게 된다. 그러나 그 중요성에 비추어, 양수인이 그 착오를 알았거나 과실로 알지 못하고 이의 없는 승낙을 받은 때에 채무자는 양수인에게 '법률행위의 중요부분의 착오'를 이유로 그 무효를 주장할 수 있고, 그에 따라 채무자는 양수인에게 현실 채무를 부담하지 않는다. 이를 전제로 하여 양수인은 양수시에 채무자의 양도인에 대한 채무의 무효·소멸을 알았거나 중과실로 알지 못한 때에는—양수인은 채무자의 동기의 착오에 관해서 선의라도 과실이 있다고 볼 수 있으므로—채무자는 양수인에 대해서 채무를 부담하지 않는다."[33]고 한다.

(2) 해제권의 경우

예컨대 채무불이행에 의한 해제의 경우, "해제원인인 채무불이행이 이의 무보류 승낙 시까지 사이에 발생한 경우에는… 채무자가 해제로써 대항할 수 없다."[34]고 하는 이가 있고, "쌍무계약상의 일방의 채권이 양도되고, 채무자가 이의를 보류하지 않고 승낙한 경우, 승낙시점에서 해제원인(채무불이행)이 이미 발생한 경우, 또는 이미 해제가 된 경우에는, 채무자가 이의를 보류하지 않고 승낙한 때에는, 이러한 사유들(채무불이행, 해제에 의한 채권소멸)로써 선의의 양수인에게는 대항하지 못한다."[35]고 하는 이, "…쌍무계약상의 채권에서는, 동시이행의 항변이나 채무불이행에 의한 해제의 가능성이 있음은 당연한 것이고, 이러한 사유들은 일본민법 제468조 제1항의 범위 밖에 있다."[36]고 하여 항상 대항할 수 있는 것으로 보는 이 등이 있다.

일본의 판례는, "미완성공사부분에 관한 도급보수금채권의 양도에 관해서 채무자의 이의를 유보하지 않은 승낙이 되었더라도 양수인이 이 채권이 미완성공사부분에 관한 도급보수금채권이라는 것을 안 경우에는 채무자는, 이 채권의

---

33) 安達三季生, 前揭評釋, 107頁.
34) 林良平·石田喜久夫·高木多喜男, 前揭書, 105頁.
35) 奧田昌道, 前揭書, 446頁.
36) 奧田昌道, 前揭書, 446頁; 같은 뜻으로 池田眞郎, 前揭書, 441頁.

양도 후에 생긴 공사완성의무의 불이행을 사유로 한 당해 도급계약의 해제로써 양수인에게 대항할 수 있다."37)고 한다. 이 판결에 대하여 "양수인이 양도채권이 쌍무계약상의 이행급부에 관한 보수청구권이라는 것을 알았기 때문에 채무자의 이의를 보류하지 않은 승낙의 항변상실효를 누릴 수 없는 것이 아니라 채무불이행을 이유로 하는 계약해제의 항변을 양수인의 채권의 성질에 관한 선의·악의에 관계없이 양도통지 후에도 지장 없이 주장·대항할 수 있다"38)고 하는 이가 있다.

(3) 상계

① 일본민법 제468조 제2항의 '양도인에게 생긴 사유로서의 상계'에 관해서는, 양도통지 시에 이미 상계적상에 있어야 하는지 장래의 상계가능성으로 족한지, 그 사이에 양도채권(수동채권)과 반대채권(자동채권)의 변제기와의 관계에서 어느 범위까지 대항할 수 있는지가 문제 된다.39) 이에 관하여는, 압류시 또는 채권양도 대항요건 성립시에 상계적상에 도달하여 있어야 한다고 하는 이(상계적상설, 엄격설), 압류시 또는 채권양도 대항요건 성립시에 상계적상에 도달하여 있거나 제3채무자 또는 양수채권의 채무자가 가지고 있는 자동채권의 변제기가 먼저 또는 적어도 동시에 도달하여야 한다고 하는 이(제한설), 개별적인 사안에서 합리적인 상계의 기대권이 인정되는 경우 상계를 허용해야 한다고 하는 이(합리적 기대설) 등40)이 있다.

일본의 판례는, 처음에 "채권의 양도는 채무자가 이를 승낙한 경우가 아니면 양도인에 대하여 생긴 사유는 대항할 수 있으므로" 상계적상에 있는 경우에는 양수인에 대하여 상계할 수가 있다고 하였고,41) "상계적상에 있기 위해서는

---

37) 日本最高裁判所 1967. 10. 27. 宣告 昭和42年才86 判決. 이에 대하여 "아직 발생하지 않은 항변사유가, 이의 무보류승낙에 의해서 저지된다는 결과는, 부당할 뿐만이 아니라, 일본민법 제468조 제1문에서는 끌어낼 수 없는 해결"이라고 하는 이(淡路剛久, 前揭書, 466頁)가 있다(같은 취지로 林良平·石田喜久夫·高木多喜男, 前揭書, 508頁).

38) 池田眞郎, 前揭書, 441-442頁; 奧田昌道, 前揭書, 446頁.

39) 일본에서는 채권양도와 상계의 문제는 채권에 대한 압류 또는 가압류와 상계의 문제에 대응하여 논의되어 왔고(가령 伊藤進, "差押と相殺-第三者の權利關與と相殺理論", 民法講座, 4, 債權總論, 星野英一편, 有斐閣, 1985, 373頁 이하), 이에 대하여 이렇게 해도 좋은지는 검토를 요한다고 하는 이(池田眞郎, 前揭書, 442頁)도 있다.

40) 이상의 학설의 소개에 관해서는 伊藤進, 前揭論文, 387-411頁.

41) 日本大審院 1901. 2. 21. 判決(이 판결에 관해서는 伊藤進, 前揭論文, 388頁).

반대채권은 이미 변제기에 있음을 필요하다고 할 수는 없어도 주채권에 관해서는 이를 필요하고 채무자로서는 즉시 그 변제를 할 권리가 있는 이상 기한 포기의 의사표시는 현재 이를 해서도 채무자는 바로 상계를 함을 방해받지 않는 것"[42]이라고 한다. 그 뒤 상계제도는 간이결제와 담보권으로서의 기능 및 목적이 있다고 하고, "…무엇보다도 일본민법 제411조는, 일방에 있어서 채권을 압류한 채권자의 이익을 고려하고, 제3채무자가 압류 후에 취득한 채권에 의한 상계는 압류채권자에게 대항할 수 없다는 뜻을 규정하고 있다. 그렇다면 이 조문의 문언 및 앞의 상계제도의 본질에 비추어 보면, 이 조문은, 제3채무자가 채무자에 대해서 가진 채권으로서 압류채권자에 대해서 상계를 할 수 있는 것을 당연한 전제로 한 위에, 압류 후에 발생한 채권 또는 압류 후에 다른 사람으로부터 취득한 채권을 자동채권으로 하는 상계만을 예외적으로 금지함으로서, 그 한도에서 압류채권자와 제3채무자간의 이익의 조절을 꾀한 것으로 보는 것이 상당하다. 그러므로 제3채무자는, 그 채권이 압류 후에 취득한 것이 아닌 한, 자동채권 및 수동채권의 변제기 전후를 묻지 않고, 상계적상에 이르면, 압류 후에 있어서도, 이를 자동채권으로 하여 상계를 할 수 있다고 보아야"한다[43]고 하였다.

② 한편 일본민법 제468조 제1항의, 채무자의 이의무보류 승낙에 의한 양도인에게 대항할 수 있는 사유로서의 상계에 관하여는, 일본민법 제468조 제2항에서처럼 무제한 상계를 허용하지 아니할 것인지에 관한 논의는 없는 것으로 보인다. 다만 "상계제도는 간이결제에 관한 것만이 아니고 공평유지라고 하는 기능도 있어, 결국 여기에서는 '상계의 기대'는 보호해야 할 가치가 있으므로, 채권양도에 의해서 이러한 상계의 기대가 일방적으로 빼앗겨서는 안 되고, 이의를 보류하지 않은 승낙이 아닌 한 양수인에게도 대항할 수 있게 해야 한다."[44]고 하는 이가 있다.

---

42) 日本大審院 1933. 5. 30. 判決(이 판결에 관해서는 伊藤進, 前揭論文, 393頁).
43) 日本最高裁判所 1970. 6. 24. 宣告 昭和39年才155號 判決. 이 판결에 관해서는 平野裕之, "差押ぇ·債權讓渡と相殺", 民法判例百選, Ⅱ, 債權, 別冊 ジュリスト, No. 160(1991.10.), 星野英一, 平井宜雄, 能見善久編, 有斐閣, 1991, 96~97頁.
44) 平野裕之, 前揭評釋, 97頁.

Ⅲ. 민법 제451조 제1항의 대항할 수 있는 사유의 물적 범위

1. 대항불능효의 물적 범위에 관한 원칙—채무자가 양도인에게 대항할 수 없는 사유는 채권이 부존재하는 경우에 한함

가. 대항불능효의 물적 범위에 관하여 민법 제451조 제1항이 "양도인에게 대항할 수 있는 사유"라고 하는 것과는 다르게, 제2항은 "양도인이 양도통지만을 한 때에는 채무자는 그 통지를 받은 때까지 양도인에 대하여 생긴 사유로써 양수인에게 대항할 수 있다."고 하여 "양도인에 대하여 생긴 사유"를 규정하고 있으며, 이러한 제2항의 '양도인에 대하여 생긴 사유'는 채무자의 양도인에 대한 모든 항변사유, 즉 협의의 항변권에 한하지 않고, 널리 채권의 성립, 존속, 행사를 저지·배척하는 사유를 가리키는 것으로 보는 것이 일반적이다.[45] 민법 제451조 제1항의 "양도인에게 대항할 수 있는 사유"에 관해서도, 「이의를 보류하지 않은 승낙이라 함은 채무자가 채권양도를 승낙하는 경우에 그 채권의 불성립·성립에 있어서의 흠·채권의 소멸 기타의 어떤 항변을 양도인에 대하여 가지고 있음을 보류하지 않고서 행하는 단순승낙을 말한다.」[46] 고 하는데, 이는 실질적으로, 앞에서 본 민법 제451조 제2항의 양도인에게 생긴 사유와 같은 뜻으로 본 것이라고 할 수 있다. 이 점은 판례를 보면 더욱 명백해진다. 즉, 판례도 "민법 제451조 제1항은 채무자의 승낙이라는 사실에 공신력을 주어 양수인을 보호하고 거래의 안전을 꾀하기 위한 규정으로서, 이 경우 양도인에게 대항할 수 있는 사유로서 양수인에게 대항하지 못하는 사유는 협의의 항변권에 한하지 아니하고 넓게 채권의 성립, 존속, 행사를 저지하거나 배척하는 사유를 포함"[47]한다고 하여, 제2항의 "양도인에 대하여 생긴 사유"와 같은 뜻으로 보고 있다.

---

45) 郭潤直, 債權總論, 博英社, 2007, 225쪽; 金曾漢·金學東, 債權總論, 博英社, 1998, 305쪽; 金亨培, 債權總論, 博英社, 1998, 583−584쪽; 송덕수, 채권총론, 박영사, 2013, 379쪽; 尹喆洪, 債權總論, 法元社, 2012, 401쪽; 李尚勳, 民法注解[X], 債權(3), 郭潤直편, 博英社, 1996, 576−577쪽; 徐敏, 註釋民法, 債權總則(2), 朴駿緒편, 韓國司法行政學會, 2000, 550−565쪽; 李銀榮, 債權總論, 博英社, 2009, 620−621쪽.

46) 郭潤直, 앞의 책, 225쪽; 김상용, 채권총론, 박영사, 2014, 380쪽; 李尚勳, 앞의 民法注解, 597쪽.

47) 대법원 1997. 5. 30. 선고 96다22648 판결; 같은 뜻으로 대법원 2002. 3. 29. 선고 2000다13887 판결.

그러나 많은 이들이, 아래의 물적 범위가 문제되는 경우에서 보는 바와 같이, 민법 제451조 제1항의 "양도인에게 대항할 수 있는 사유" 중에는 채무자가 양수인에게 대항할 수 있는 것이 있음을 인정한다.

그러므로 민법 제451조 제2항의 '채무자의 양도인에 대하여 생긴 사유'는 제1항의 '양도인에게 대항할 수 있는 사유'를 포함하는 것으로 전자가 후자보다 그 범위가 넓은 것이어서 양자는 동일한 뜻을 가진 것이 아니며, 양자를 동일한 것으로 보는, 앞의 일반적인 이론이나 판례는 타당하지 못하다.

나. 원래 항변이 붙어 있는 채권의 양도, 즉 채권이 유효하게 존재하고, 다만 그 채권에 항변이 붙어 있는 채권의 양도에 있어서는 채권은 동일성을 유지하면서 이전되는 것이 원칙이며, 양도채권에 부착된 항변은 그 채권에 속하는 것이고, 채권을 한정하는 것으로서 채권과 일체화된 것이라고 할 수 있다. 이때 채무자가 채권양도를 승낙하는 것은 이러한 채권, 즉 항변이 붙은 채권 그 자체의 양도를 승낙하는 것이므로, 이때 항변만을 별도로 분리하여 채권양도를 승낙하는 것은 생각하기가 어렵고, 그에 따라 채권이 유효하게 존속하는 경우에는 채무자가 이의를 보류하지 않고 승낙하였더라도 이를 민법 제451조 제1항의 이의를 보류하지 않은 승낙이라고 할 수 없다.[48]

그러므로 채권양도에 있어서 채무자의 이의무보류승낙의 대항불능효의 물적 범위는 양도채권이 부존재 또는 무효임에도 이를 존재 또는 유효한 것처럼 이의보류 없이 승낙한 경우에, 형성권의 경우에는 형성권행사에 의하여 채권이 소멸하였음에도 존재하는 것처럼 이의보류 없이 승낙한 경우에, 한하여 채무자는 대항할 수 없다고 해야 한다. 또 이 경우에도 채무자가 채권이 부존재 또는 무효임에도 이를 존재 또는 유효한 것처럼 승낙하는 것에 착오가 있을 때에는 법률행위의 내용의 중요부분에 착오가 있는 경우에 해당하므로 채무자는 그 승낙을 취소할 수 있고(민법 제109조 제1항), 다만 취소를 하더라도 선의의 양수인에게 대항하지 못한다(민법 제109조 제2항).

다. 이러한 원칙에도 불구하고 채무자가 이의를 보류하지 아니한 승낙한 경우에 채무자가 항변할 수 있는지가 문제 되는 경우가 있다.

---

48) 이에 관해서는 오수원, 앞의 논문, 100-104쪽.

2. 물적 범위가 문제되는 경우

가. 중복양도항변－민법 제450조와 제451조의 경합

(1) 채무자가 이의를 보류하지 아니하고 승낙한 채권이 제3자에게 양도된 경우에 민법 제450조를 적용하여 제3자간의 대항문제로 다룰 것인지, 아니면 민법 제451조 제1항을 적용하여 채무자는 양수인에게 대항하지 못하는 것으로 볼 것인지가 문제 된다. 이에 대하여, 이론적으로 "[채무자의] 이의를 보류하지 않은 승낙이 있는 경우이더라도, 채권이 제3자에게 양도되어 확정일자 있는 증서로 통지를 한 때에는, 그 가운데 양도에 있어서의 대항관계가 되어, 뒤의 양도가 우선하는 것이 된다."[49]고 하거나, "채권의 귀속에 관한 우열은 오로지…확정일자 있는 증서에 의하여 결정하는 것"[50] 이라고 하여, 채무자가 중복양도의 항변을 할 수 있는 것으로 보는 것이 일반적이다.

대법원판례도, "민법은 채권의 귀속에 관한 우열을 오로지 확정일자 있는 증서에 의한 통지 또는 승낙의 유무와 그 선후로써만 결정하도록 규정하고 있는 데다가, 채무자의 "이의를 보류하지 아니한 승낙"은 민법 제451조 제1항 전단의 규정 자체로 보더라도 그의 양도인에 대한 항변을 상실시키는 효과밖에 없고, 채권에 관하여 권리를 주장하는 자가 여럿인 경우 그들 사이의 우열은 채무자에게도 효력이 미치므로, 위 규정의 '양도인에게 대항할 수 있는 사유'란 채권의 성립, 존속, 행사를 저지·배척하는 사유를 가리킬 뿐이고, 채권의 귀속(채권이 이미 타인에게 양도되었다는 사실)은 이에 포함되지 아니한다."[51]고 한다.

(2) 앞의 일본의 한 학자가 지적한 바와 같이, 채권자가 채무자에 대한 채권을 중복양도한 뒤 채무자가 제2양수인에게 이의 없는 승낙을 한 경우에, 채권자와 제1양수인 사이의 양도에 관한 확정일자 있는 통지나 승낙이 채무자에게 도달한 시점에서 양도인은 완전히 무권리자가 되며, 그 양도는 무권리자에 의한

---

49) 郭潤直, 앞의 책, 225쪽; 金亨培, 債權總論, 博英社, 1998, 595쪽.

50) 金曾漢·金學東, 앞의 책, 309쪽; 같은 뜻으로 金基善, 韓國債權法總論, 法文社, 1987, 284쪽; 尹喆洪, 앞의 책, 403쪽; 金疇洙, 債權總論, 三英社, 1996, 367쪽; 李尚勳, 앞의 民法注解, 594쪽.

51) 대법원 1994. 4. 29. 선고 93다35551 판결. 이 판결에 대한 해설로 이성룡, "채권의 귀속이 민법 제451조 제1항 전단의 양도인에게 대항할 수 있는 사유에 해당하는지의 여부", 대법원판례해설, 21호(1994.11), 법원도서관, 1994, 123－132쪽.

양도이고, 그럼에도 채무자가 제2양도에 대하여 이의 없는 승낙을 하였다면 이
는 존재하지 않은 권리의 양도를 승낙한 것이므로, 민법 제450조의문제가 아닌
제451조의 문제로서 채무자는 항변할 수 없다고 해야 한다.

나. 강행법규위반행위를 바탕으로 한 채권

(1) 강행법규위반행위를 바탕으로 한 채권에 대하여 채무자가 이의를 보류
하지 않고 승낙한 경우에 "이의를 보류하지 않은 경우에 대항하지 못하는 사유로
는 채권발생의 기초인 법률행위에 취소원인이 있거나 무효인 경우에 그러한 사
유도 포함된다. 따라서, 예컨대 채무자가 도박을 원인으로 발생된 것이어서 무효
인데 채무자가 이의를 보류하지 않고 승낙한 때에는, 양수인에 대하여 그 채무의
무효를 주장할 수 없다."[52]고 하거나 "양수인을 보호하기 위한 제451조 제1항의
법정효과보다도 도박채권과 같은 반사회성이 강한 경우에는 사법의 기본이념인
제103조를 우선 적용하여야"[53]한다는 이유로 항변을 긍정하는 이가 있다.

대법원판례는, "피고가 갑으로부터 빌린 백미가 노름에 쓰이는 줄 알고 건
네준 것이라면 이 법률행위는 무효라 할 것이므로 채권자인 갑은 피고에 대하여
이 백미반환채권을 취득할 수 없을 것이요 따라서 원고가 갑으로부터 피고에 대
한 백미채권을 양수받았다 할지라도 채무자인 피고가 이의를 보류하지 아니하고
승낙을 하지 않는 한 원고는 피고에게 대하여 양수채권의 추심을 하지 못할
것"[54]이라고 하고, 또 다른 판례는 "농지개량조합의 조합장이 수급회사의 대표
이사 등과 통정하여 허위의 공사도급계약서를 작성한 후, 수급회사가 농지개량
조합에 대한 위 계약상의 공사대금채권 중 일부를 은행에 양도한 데 대하여 이
의를 보류하지 않고 승낙을 한 경우, 허위의 공사도급계약서 작성에 의한 공사
도급계약 체결과 그 공사대금채권의 양도에 대한 승낙은 구 농지개량조합법 제
24조 제8호에 의하여 조합 총회의 의결을 얻어야 하는 일련의 '예산 외에 조합
의 부담이 될 계약의 체결'에 해당하므로 조합 총회의 의결을 거치지 않아 무
효"[55]라고 한다.

---

52) 金曾漢·金學東, 앞의 책, 307쪽. 같은 취지로 조선고등법원 1917. 1. 26. 판결; 1922. 3. 10.
    판결.
53) 秦鴻琪, 앞의 논문, 106쪽.
54) 대법원 1962. 4. 4. 선고 4294민상1296 판결.
55) 대법원 2004. 3. 12. 선고 2003다53275,53282 판결.

(2) 민법 제450조, 제451조에서 규정한 채권양도의 대항요건으로서의 채무자의 승낙의 법적 성질은, 이를 채무자가 채권양도 사실의 인식을 표명하는 행위, 다시 말하면 채권양도 사실을 알고 있다는 것을 알리는 행위로서 관념의 통지로 보는 것이 일반적이지만, 민법 제450조, 제451조는 채무자가 하는 승낙은 '채권양도를 승낙'하는 뜻으로 규정하고 있고, '채권양도 사실에 관한 인식'을 표명하는 것을 승낙하는 뜻으로 규정하고 있지 아니하며, 이는 채권양도인 법률행위를 승낙하는 것이므로 관념통지나 사실통지라고 할 수 없고, 이는 승낙이라는 의사표시라고 할 수밖에 없다.[56]

한편 민법 제139조는, 무효행위추인에 관하여 "무효인 법률행위는 추인하여도 그 효력이 생기지 아니한다. 그러나 당사자가 그 무효임을 알고 추인한 때에는 새로운 법률행위로 본다."고 하는데, 이때 강행규정 위반이나, 사회질서에 위반한 법률행위의 무효는 추인할 수 없는 것으로 보는 것이 일반적이다.[57]

강행법규위반으로 인한 채권에 있어서 채무자가 이의를 보류하지 아니하고 그 양도를 승낙한 경우에 채권이 존재하지 아니함에도 존재하는 것처럼 승낙하는 것이므로 채무자는 항변할 수 없는 것으로 보이는 면이 있기도 하지만 강행법규위반으로 인한 무효는 절대적이므로 채무자는 항변할 수 있다고 해야 한다.

다. 소멸시효의 경우

(1) 소멸시효가 완성된 채권의 양도를 채무자가 이의를 보류하지 않고 승낙한 경우에 채무자는 양수인에게 대항하지 못하는가? 이를 긍정하는 이들[58]이 있고, 반대로 조선고등법원 판례는 "채권불행사의 상태는 일본민법 제468조 제1항의 소위 양수인에게 대항하지 못하게 되는 사유가 아니다."[59]라고 한다.

(2) 소멸시효 완성의 효과와 관련하여 민법 제163조, 제164조 등은 "……행사하지 아니하면 소멸시효가 완성한다."고 하고 있을 뿐이어서, 소멸시효 완성으로 권리가 당연히 소멸한다고 보는 이들도 있고, 시효이익을 받을 자에게 시효

---

56) 이에 관해서는 오수원, 앞의 논문, 94-100쪽.
57) 가령 곽윤직·김재형, 민법총칙, 박영사, 2015, 386-387쪽.
58) 金曾漢·金學東, 앞의 책, 307쪽.
59) 조선고등법원 1932. 3. 26. 판결.

원용권을 준 것으로 보는 이들도 있다.[60] 판례는 "당사자의 원용이 없어도 시효완성의 사실로서 채무는 당연히 소멸한다."[61]고 한다.

채무자가 이의를 보류하지 아니하고 소멸시효가 완성된 채권의 양도를 승낙하는 것은 소멸되어 존재하지 않는 채권의 양도를 승낙한 것이므로 채무자는 항변할 수 없다고 보는 것이 타당하다.

라. 저당권의 부활문제

(1) 담보부채권의 양도에서 채권이 발생하지 않거나 무효·취소 등으로 존재하지 않음에도 채무자가 그 이의를 보류하지 아니한 채 채권양도를 승낙한 경우 채무자는 담보권의 소멸로써 양수인에게 대항할 수 있는지에 관하여,[62] 저당권설정등기에 공신력을 인정하지 않으므로 저당권의 부종성에 따라서 저당권은 부활하지 않는다고 하는 이,[63] "저당권은 피담보채권의 존부와 운명을 같이 하므로 이해관계 있는 제3자가 없을 때 부활한다"고 하는 이[64] 등이 있다.

(2) 일단 피담보채권의 소멸로 인하여 담보권도 소멸함은 그 부종성에 비추어 당연한 것이므로 채무자의 이의 보류 없는 채권양도 승낙에 의하여 저당권은 부활한다고 할 수 없다. 다만 주된 권리인 채권소멸을 항변할 수 없는 경우에는 종된 권리인 저당권의 소멸도 항변할 수 없다고 할 것이다.

---

60) 이상의 논의에 관해서는 곽윤직·김재형, 앞의 책, 447쪽.

61) 대법원 1966. 1. 31. 선고 65다2445 판결. 그러나 대법원 1962. 10. 11. 선고 62다466 판결은 "새 민법이 시효원용에 관한 규정을 삭제하였다 하여 소송에서 시효이익을 받을 자의 항변 유무에 불구하고 직권으로 시효완성의 사실을 인정하여 그 이익을 부여하여야 한다고 해석할 수 없다."고 한다. 그 밖에 대법원 1978. 10. 10. 선고 78다910 판결 참조.

62) 이 문제는 채무자가 대항할 수 있는지 없는지라는 항변의 물적 범위에 관한 문제이므로 물상보증인이나 저당물의 제3취득자가 대항할 수 있는지라는 인적 범위의 문제와는 구별해야 한다. 또 이 문제는 저당권의 부활의 문제로 논할 것이 아니라 "정확하게는 이의를 보류하지 않은 승낙과 채권 및 저당권의 소멸의 항변의 대항불능(상실)'의 문제라고 해야 할 것"(池田眞郎, 前揭書, 458쪽)이라고 하는 이가 있다.

63) 金曾漢·金學東, 앞의 책, 308쪽.

64) 郭潤直, 앞의 책, 225쪽; 金基善, 앞의 책, 285쪽; 金疇洙, 앞의 책, 367쪽; 李銀榮, 앞의 책, 621쪽.

마. 형성권의 경우

(1) 이의 보류 없는 채권양도승인 후에 채무자는 양도인에 대한 형성권의 행사로써 양수인에게 대항할 수 있는지,[65] 특히 민법 제451조 제1항의 양수인에게 대항할 수 없는 사유는, 취소, 해제, 상계권 등 형성권에서 채권양도 통지나 승낙 시까지 이를 행사하여 현실적으로 발생한 사유를 이르는 것인지 그 발생의 기초가 존재하는 것으로 족한지가 문제 된다.[66]

(2) 형성권의 경우 채권양도 승낙에 의하여 채무자는 자신이 양도인에게 가진 권리행사의 자유가 제한을 받아 권리행사의 의무가 발생하는 것이 아니므로, 형성권행사에 의하여 채권이 부존재하거나 소멸하였음에도 유효하게 존재하는 것처럼 이의보류 없이 승낙한 경우에 한하여 채무자는 대항할 수 없다고 해야 한다.[67]

---

65) 이 점은 민사소송법에서 기판력의 범위와 관련하여 표준시 후에, 취소권, 해제권, 상계권 등의 형성권행사가 가능한지의 문제와 비슷한 모습을 가지고 있다. 이에 관해서는 모두비실권설, 상계권비실권설, 상계권이 있음을 할지 못한 경우에 실권되지 않는 것으로 보는 제한적상계권비실권설, 전부실권설 등이 있고(이상의 학설 소개에 관해서는 李時潤, 新民事訴訟法, 博英社, 2011, 593쪽 참조), 판례는, 채무자가 확정판결의 변론종결 전에 상대방에 대하여 상계적상에 있는 채권을 가지고 있었으나 상계의 의사표시는 그 변론종결 후에 한 경우, 적법한 청구이의 사유가 된다고 하여(대법원 1998. 11. 24. 선고 98다25344 판결), 상계권비실권설을 따르고 있다. 시효의 경우에도 채권이 소멸되었다고 하는 점에 중점을 두면 변론종결전에 이미 채권이 소멸되어 버렸으니까 다시 변론종결후에 주장하는 것은 차단된다고 보게 되나 원용의 의사표시에 중점을 두면 변론종결 후에 원용을 하는 경우에는 차단되지 아니한다고 보게 된다(이에 관해서는 金容喆, "旣判力의 範圍와 失權效", 法學論集, 翠峰金容喆先生古稀紀念 翠峰金容喆先生古稀紀念論文集刊行委員會, 1993, 84−85쪽 참조). 뒤의 판결은 앞의 판례를 변경한 것이라기보다는 불법성의 평가가 다른 것이라고 하는 이(담로, 466頁)가 있다.

66) 일본의 통설은 후자라고 한다(奧田昌道, 前揭書, 441頁; 林良平·石田喜久夫·高木多喜男, 前揭書, 452頁).

67) 2016년 개정 전 프랑스민법 제1290조는 "상계는 채무자가 알지 못했더라도 법률의 힘만으로 당연히 이루어진다. 양 채무는 그것이 동시에 존재하는 시점에서 그 대등액을 한도로 소멸한다."고 규정하고 있었고, 현재는 제1347조에서 "상계는 두 사람의 상호의 채무의 동시소멸이다. 상계는, 원용권보류 하에, 그 조건들이 동시에 갖추어진 날에, 정당한 경합범위에서 일어난다."고 한다. 그러므로 프랑스에서는 상계에 의해서 채무가 소멸하였음에도 채무자가 이의를 보류함이 없이 승낙한 경우에 책임지게 된다.

(3) 다음의 형성권에 관해서는 논의가 있다.

(가) 취소권의 경우

① 민법 제451조 제2항의 양도인에게 생긴 사유와 관련하여, 예컨대 사기에 의한 의사표시의 취소의 경우에 취소자는 선의의 제3자에게 대항할 수 없게 되는데(민법 제110조 제3항). 여기서 취소의 효과(채권의 부존재)를 대항할 수 있기 위해서는 그 취소권은 통지를 받은 때까지(또는 승낙을 한 때까지) 행사되어야 하는지에 문제 된다. 이에 관하여, "취소권의 존재(취소가능성) 자체를 양도인에게 생긴 사유로 넓게 해석하고, 통지가 있을 때 이미 취소권을 행사하지 않았더라도 항변사유발생의 기초(취소권의 존재)가 통지 시에 이미 존재하고 있는 것이면, 채무자는 취소가능성을 가지고 양수인에게 대항할 수 있다"고 보는 이가 있을 수 있고, 이와 같이 "취소권의 존재를 넓게 해석하는 것이 옳다고 생각된다. 왜냐하면 넓게 해석하더라도 양수인은 양도인으로부터 채권의 만족을 얻는 것이 불가능하지 않기 때문."[68]이라고 하는 이가 있다.

② 이때 민법 제451조 제2항의 '양도인에게 생긴 사유'와 제1항의 '양도인에게 대항할 수 있는 사유'가 동일한 것으로 본다면 채무자가 이의를 보류하지 아니하고 채권양도를 승낙한 경우에는 취소권을 행사하지 아니하였더라도 양도 후의 취소로써 양수인에게 대항할 수 없다고 할 것이나, 앞에서 본 바와 같이 민법 제451조 제2항의 '양도인에게 생긴 사유'와 제1항의 '양도인에게 대항할 수 있는 사유'가 동일한 것이 아니므로 이렇게 보는 것은 타당하지 못하다. 이 경우에도 취소권 행사에 의하여 채권이 부존재함에도 존재하는 것처럼 이의보류 없이 채권양도를 승낙한 경우에 한하여 채무자는 대항할 수 없다고 해야 한다.

(나) 해제권의 경우─쌍무계약상의 채권의 반대급부와의 견련성

① 민법 제451조 제2항의 양도인에게 생긴 사유로서의 해제와 관련하여, 채권양도 후 본래의 계약이 채무불이행 등으로 해제된 경우에, 이를 민법 제451조 제2항의 '통지를 받을 때까지 양도인에 대하여 생긴 사유'라고 하여 채무자는 채무이행을 거절할 수 있는가에 관해서 "(민법) 제451조 제2항의 「통지를 받기까지

---

68) 金亨培, 앞의 책, 589쪽.

양도인에 대하여 생긴 사유」란 항변사유 그 자체뿐만 아니라, 항변사유발생의 기초가 되는 법률관계도 포함된다고 해석하는 것이 타당하다. 왜냐하면 이렇게 보는 것이 제451조 제2항의 문언상으로 부드러운 해석이고, 채권양도에 관여하지 않은 채무자가 채권양도에 의하여 불이익을 받게 해서는 안 된다고 하는 제451조 제2항의 취지에도 부합"되고, "양도채권이 쌍무계약으로부터 발생한 경우에는 장래 채무불이행이 예견되므로 항변사유의 기초가 되는 법률관계는 채권양도의 통지 전에 이미 존재한다고 말할 수 있"기 때문이라고 하는 이[69]가 있다.

한편 민법 제451조 제1항의 양도인에게 대항할 수 있는 사유로서의 해제와 관련하여, "쌍무계약에 의한 일반의 채권이 양도되고 채무자가 이의를 보류하지 않은 승낙을 한 경우로서, 예컨대 승낙의 시점에서 해제의 원인(채무불이행)이 이미 발생하고 있는 때 또는 이미 해제가 행하여진 때에는, 채무자는 이와 같은 사유(채무불이행 또는 해제에 의한 채권의 소멸)를 가지고 선의의 양수인에 대하여 대항할 수 없다…… 이에 반해서 승낙이 있은 후에 채무불이행이 생긴 때에는 채무자는 언제나 해제에 의한 채권의 소멸을 대항할 수 있는 것으로 새겨야 한다. 왜냐하면 이 경우에는 항변절단의 효과가 귀속되는 승낙이 없었기 때문"[70]이라고 하는 이도 있고, 또 "쌍무계약상의 채권의 반대급부와의 견련성은 그 채권의 속성이고 인적 항변이 아니므로 채무자는 동시이행의 항변이나 위험부담 등을 주장할 수 있다."[71]고 하는 이도 있다.

앞에서 본 바와 같이, 판례는 "양수인에게 대항하지 못하는 사유는 협의의 항변권에 한하지 아니하고 넓게 채권의 성립, 존속, 행사를 저지하거나 배척하는 사유를 포함"한다고 하는데, 이는 동시이행의 항변권 등도 항변절단사유로 본다는 뜻인 것 같다.

② 해제권의 경우에도 그 행사에 의하여 채권이 부존재함에도 존재하는 것처럼 이의보류 없이 채권양도를 승낙한 경우에 한하여 채무자는 대항할 수 없다고 해야 한다.

---

69) 秦鴻璣, 앞의 논문, 93頁; 그 밖에 金亨培, 앞의 책, 589쪽. 이때 계약해제 전에 채권을 양수한 자는 민법 제548조 제1항 단서에 의해서 보호되는 제3자에 포함되지 않는다고 본다 (秦鴻璣, 앞의 논문, 93頁; 그 밖에 金亨培, 앞의 책, 589쪽).

70) 金亨培, 앞의 책, 593쪽.

71) 李銀榮, 앞의 책, 624쪽.

(다) 상계권

① 민법 제451조 제2항의 양도인에게 생긴 사유로서의 상계와 관련하여 채권이 양도될 때 채무자가 양도이전부터 양도인에 대하여 가지고 있는 채권으로써 상계할 수 있음은 별 의문이 없다. 문제는 채권이 양도된 뒤 채무자의 채권(자동채권)의 변제기가 도래한 경우이다. 이를 긍정하는 이들이 있고,[72] "수동채권인 양도채권의 변제기의 도래가 앞서는 경우에까지 채무자의 상계에 의한 대항을 인정한다면, 채권을 양수받은 양수인의 이익은 전혀 도외시되므로 채무자의 반대채권의 변제기가 먼저 도래하는 경우에만 상계에 의한 대항을 인정하는 것이 타당하다."[73]고 하는 이도 있다. 판례는 "승낙 당시 이미 상계할 수 있는 원인이 있었던 경우에는 아직 상계적상에 있지 아니하였다 하더라도 그 후에 상계적상이 생기면 채무자는 양수인에 대하여 상계로 대항할 수 있다."[74]고 한다.

② 압류 전에 취득한 채권으로써 압류채권자에게 대항하기 위해서는 압류 전에 상계적상이 있어야만 하는지에 관하여 상계적상에 있어야 한다고 하는 이(상계적상설), 자동채권의 이행기가 먼저 도래해야 하는 것으로 보는 이(이행기선도래설), 무제한하게 인정하는 이(무제한설) 등이 있다.[75]

③ 어떻든 상계권 행사에 의하여 채권이 존재하지 아니함에도 존재하는 것처럼 이의보류 없이 채권양도를 승낙한 경우에 한하여 채무자는 대항할 수 없다고 해야 한다.

Ⅳ. 맺음말

민법 제451조 제1항이 규정한, 채무자가 이의를 보류하지 아니하고 채권양도를 승낙한 경우에 그 대항불능의 범위는 인적 범위와 물적 범위로 나눌 수 있다. 민법 제451조 제1항에 따라 채무자는 양도인에 대한 일체의 항변으로 양수

---

72) 郭潤直, 앞의 책, 224쪽.
73) 金亨培, 앞의 책, 590쪽; 김상용, 앞의 책 380쪽.
74) 대법원 1999. 8. 20. 선고 99다18039 판결.
75) 이상의 논의에 관해서는 李銀榮, 앞의 책, 755−756쪽.

인에게 대항할 수 없는 것은 아니고, 대항할 수 있는 경우가 있으며, 이 점에서 민법 제451조 제2항의 양도인이 단순통지를 하거나 채무자가 이의를 보류하고 채권양도를 승낙한 경우에 양도인에게 생긴 일체의 항변으로써 양수인에게 대항할 수 있는 것과는 다르다.

　원래 채권이 유효하게 존재하고, 다만 그 채권에 항변이 붙어 있는 채권의 양도에 있어서는 채권은 동일성을 유지하면서 이전되는 것이 원칙이며, 양도채권에 부착된 항변은 그 채권에 속하는 것이고, 채권을 한정하는 것으로서 채권과 일체화된 것이며, 이때 채무자가 채권양도를 승낙하는 것은 항변이 붙은 채권 그 자체의 양도를 승낙하는 것이므로, 이를 민법 제451조 제1항의 이의를 보류하지 않은 승낙이라고 할 수 없다. 그에 따라 채권양도에 있어서 채무자의 이의무보류승낙의 대항불능효의 물적 범위는 양도채권이 부존재 또는 무효임에도 이를 존재 또는 유효한 것처럼 이의보류 없이 승낙한 경우로 한정된다. 또 이 경우에도 채무가 존재하지 아니함에도 존재하는 것으로 승낙하는 것이므로 주로 법률행위의 내용의 중요부분에 착오(민법 제109조)가 있는 경우에 해당할 수 있다.

　채권의 중복양도항변의 경우에 선행양도가 대항요건까지 갖추고 있음에도 후행양도에 관하여 채무자가 그 양도를 이의보류 없이 승낙한 경우에는 존재하지 않은 채권의 양도를 승낙한 것이므로 채무자가 항변할 수 없다. 강행법규위반행위를 바탕으로 한 채권의 경우에, 강행법규위반으로 무효인 법률행위는 추인하여도 그 효력이 생기지 아니하며, 강행법규위반으로 인한 무효는 절대적이므로 채무자가 이의를 보류하지 아니하고 그 양도를 승낙한 경우에도 채무자는 항변할 수 있다. 채무자가 이의를 보류하지 아니하고 소멸시효가 완성된 채권의 양도를 승낙하는 것은 소멸된 채권의 양도를 승낙하는 것이므로 채무자는 항변할 수 없다. 저당권의 경우 부종성에 의해서 일단 피담보채권의 소멸로 담보권은 소멸하며, 다만 주된 권리인 채권소멸을 항변할 수 없으므로 종된 권리인 저당권의 소멸로써도 그 소멸을 항변할 수 없다. 형성권의 경우에는 형성권행사에 의하여 채권이 소멸하였음에도 존재하는 것처럼 이의보류 없이 승낙한 경우에 한하여 채무자는 대항할 수 없다.

[사법, 48호(2019년 6월), 사법발전재단, 2019, 247-273쪽에 실림]

13. 지명채권양도통지에 있어서의 확정일자도달시설의 재검토 – 대법원 1994. 4. 26. 선고 93다24223 전원합의체 판결

【대상판결요지】

가. 채권이 이중으로 양도된 경우의 양수인 상호간의 우열은 통지 또는 승낙에 붙여진 확정일자의 선후에 의하여 결정할 것이 아니라, 채권양도에 대한 채무자의 인식, 즉 확정일자 있는 양도통지가 채무자에게 도달한 일시 또는 확정일자 있는 승낙의 일시의 선후에 의하여 결정하여야 할 것이고, 이러한 법리는 채권양수인과 동일 채권에 대하여 가압류명령을 집행한 자 사이의 우열을 결정하는 경우에 있어서도 마찬가지이므로, 확정일자 있는 채권양도 통지와 가압류결정 정본의 제3채무자(채권양도의 경우는 채무자)에 대한 도달의 선후에 의하여 그 우열을 결정하여야 한다.

나. 채권양도 통지, 가압류 또는 압류명령 등이 제3채무자에 동시에 송달되어 그들 상호간에 우열이 없는 경우에도 그 채권양수인, 가압류 또는 압류채권자는 모두 제3채무자에 대하여 완전한 대항력을 갖추었다고 할 것이므로, 그 전액에 대하여 채권양수금, 압류전부금 또는 추심금의 이행청구를 하고 적법하게 이를 변제받을 수 있고, 제3채무자로서는 이들 중 누구에게라도 그 채무 전액을 변제하면 다른 채권자에 대한 관계에서도 유효하게 면책되는 것이며, 만약 양수채권액과 가압류 또는 압류된 채권액의 합계액이 제3채무자에 대한 채권액을 초과할 때에는 그들 상호간에는 법률상의 지위가 대등하므로 공평의 원칙상 각 채권액에 안분하여 이를 내부적으로 다시 정산할 의무가 있다.

1. 사실관계

원심인 부산지방법원 1993. 4. 16. 선고 92나16741 판결의 이유에 나타난 사실 관계는 아래와 같다.

소외 주식회사 이○○은 1992. 8. 2. 피고에 대한 금 7,779,750원의 물품대금채권을 원고에게 양도하고 같은 달 3. 확정일자 있는 내용증명우편으로 양도통지를 하여 그 통지가 같은 달 4. 피고에게 도달되었다. 한편 소외 회사의 피고에 대한 위 채권 중 금 6,290,000원에 대하여 채권자 피고 보조참가인, 채무자 소외회사, 제3채무자 피고로 된 채권가압류결정의 결정정본이 같은 달 4. 피고에게 송달되었다.

원고는 피고에게 채권양수금 7,779,750원 및 그 지연손해금을 청구하였다.

2. 소송의 경과

가. 제1심판결: 부산지방법원 1992. 3. 26. 선고 92가단68185 판결

제1심법원은, 원고가 채권양수인으로서 지급을 구하는 물품대금 7,779,750원 중 가압류채권액인 금 6,290,000원에 대하여는 피고가 위 가압류결정의 통지를 채권양도통지와 동시에 받았음을 이유로 원고에게 대항할 수 있다고 하여 채권양수금에서 가압류채권액을 공제한 잔액인 1,489,750원(= 7,779,750 − 6,290,000) 및 지연손해금만을 인용하였다.

이에 대하여 원고가 항소하였다.

나. 제2심판결: 부산지방법원 1993. 4. 16. 선고 92나16741 판결

원심법원인 부산지방법원도 같은 이유로 원고의 항소를 기각하였다.

이에 대하여 원고가 상고하였다.

다. 제3심판결

대법원은 대상판결요지와 같은 이유로 원심판결을 파기하고 사건을 원심법원으로 환송하는 판결을 하였다.

I. 머리말

채권양도의 효력발생과 관련하여 2가지의 입법례가 있다. 그 하나는 채권양도사실을 채무자에게 통지하거나 채무자가 승낙하는 것을 대항요건으로 하는 것이고(프랑스민법 제1690조, 일본민법 제467조)이고, 다른 하나는 양도 당사자의 의사표시 외에 다른 요건을 요하지 아니하는 것이다(독일민법 제398조, 제407조, 제408조, 스위스채무법 제167조). 전자의 경우에서는 채권의 중복양도가 가능하고, 이때 먼저 통지하거나 승낙을 받은 양수인이 채무자에 대하여 유효한 채권을 취득하게 되나, 후자의 경우에는 채권의 중복양도가 불가능하고 항상 먼저 이루어진 채권양도만이 유효하나 채무자의 선의변제를 유효한 것으로 본다. 우리 민법은 전자에 따라 제450조 제1항은 "지명채권의 양도는 양도인이 채무자에게 통지하거나 채무자가 승낙하지 아니하면 채무자 기타 제3자에게 대항하지 못한다."고 하고, 제2항은 "전항의 통지나 승낙은 확정일자 있는 증서에 의하지 아니하면 채무자 이외의 제3자에게 대항하지 못한다."고 규정하고 있다.

지명채권양도에 있어서 대항요건은 채권의 중복양도나 이와 유사한 질권설정, 압류·전부명령이 경합된 경우에 그 우열을 결정하는 기준이 된다. 그런데 중복된 양도에 모두 확정일자 있는 증서에 의한 통지 또는 승낙이 있는 경우에 그 우열결정을 확정일자의 선후를 기준으로 할 것인지 증서의 도달일자의 선후를 기준으로 할 것인지가 문제된다.

연구대상판결은 이 문제에 관하여 확정일자의 선후를 기준으로 해야 한다고 한, 기존의 판례를 채권양도 통지의 채무자에의 도달의 선후를 기준으로 해야 하는 것으로 변경한 것이다.

채권양도의 우열의 기준을 이와 같이 채권양도 통지의 채무자에의 도달의 선후를 기준으로 한 경우에는 그 논리필연적인 귀결로서 2개의 양도통지가 동시에 도달한 경우 또는 선후를 알 수 없는 경우에 채무자는 변제를 해야 하는지 변제를 해서는 아니 되는지, 후자의 경우에는 어떻게 할 것인지, 변제를 해야 한다면 누구에게 해야 하며, 얼마만큼 해야 하고, 채무자가 한 양수인에게 모두 변제한 경우에 양수인들 사이에서는 어떻게 처리할 것인지, 채권양도의 통지와 가압류 또는 압류명령이 제3채무자에게 동시에 송달된 경우에는 이를 어떻게 처리하며, 채권양도통지와 채권압류결정이 동시에 도달한 경우에 양수인과 압류채권자의 우열관계는 어떠하며, 이 때 채무자가 채권액을 공탁한 경우에는 이를 어떻게 처리할 것인지, 도달의 선후가 불명한 경우에는 또 어떻게 할 것인지 등의 새로운 문제가 생긴다.[1]

대상판결은 이러한 새로운 문제들에 관하여, 앞에서 본 바와 같이, 양수인들은 모두 자기의 채권액 전부를 청구할 수 있고, 양수인들 사이에서는 각 채권액에 안분하여 이를 내부적으로 다시 정산할 의무가 있다고 하며, 그 밖에도 "채권양도의 통지와 가압류 또는 압류명령이 제3채무자에게 동시에 송달되었다고 인정되어 채무자가 채권양수인 및 추심명령이나 전부명령을 얻은 가압류 또는 압류채권자 중 한 사람이 제기한 급부소송에서 전액 패소한 이후에도 다른 채권자가 그 송달의 선후에 관하여 다시 문제를 제기하는 경우 기판력의 이론상 제3채무자는 이중지급의 위험이 있을 수 있으므로, 동시에 송달된 경우에도 제3채무자는 송달의 선후가 불명한 경우에 준하여 채권자를 알 수 없다는 이유로 변제공탁을 함으로써 법률관계의 불안으로부터 벗어날 수 있다."고 하고, "채권양도 통지와 채권가압류결정 정본이 같은 날 도달되었는데 그 선후관계에 대하여 달리 입증이 없으면 동시에 도달된 것으로 추정한다."고 한다.

원래 공시방법은 권리의 변동을 타인이 인식할 수 있도록 하는 표상이고 이는 권리의 소재를 제3자가 알 수 있는 방법으로 하지 않으면 제3자에게 예측하지 못한 손해를 끼쳐서 거래의 안전을 해치게 되므로 이를 막기 위해서 요구되는 것이다. 채권양도의 확정일자 있는 증서로써 하는 양도통지나 승낙 등의 대항요건이 공시방법인가에 관해서는 논란이 있으나, 물권변동에 있어서 부동산등기나 동산인도에 비하여 충분한 것은 아니지만, 공적으로 양도사실을 보여주는 것이므로 공시방법이라고 할 수 있다.

지명채권의 중복양도에 있어서 그 우열의 기준결정을, 대상판결과 같이, 양도통지가 채무자에게 도달한 때를 기준으로 하는 것이 과연 공시방법으로서 채권양도통지를 확정일자 있는 증서로 하도록 한 취지에 맞는 것인지 그 재검토가 필요하다.

---

1) 확정일자 있는 양도통지의 동시도달의 경우에 누구에게 변제해야 할 것인지의 문제에 관해서는 오수원, "확정일자 없는 대항요건을 갖춘 지명채권양도의 경합과 민법 제450조 제1항, 제2항의 상호관계", 민사법연구, 제25집, 대한민사법학회, 2017, 145쪽, 주 3.

대항요건을 규정한 민법 제450조는 일본민법 제467조를 받아들인 것이고, 후자는 프랑스민법 제1690에서 유래한 것임은 두루 알려진 바이다. 프랑스민법 제1690조에서는 채권양도의 대항요건으로서의 통지와 채무자의 승낙에 관하여 채무자에 대한 집행관에 의한 송달 또는 채무자에 의한 공정증서에 의한 승낙의 방법으로 하고 있으므로 중복양도에 따른 우열의 결정을 양도통지의 확정일자를 기준으로 할 것인지 그 도달시를 기준으로 할 것인지와 같은 문제는 생기지 않는 것으로 보인다.[2]

아래에서는 중복된 양도에 모두 확정일자 있는 증서에 의한 통지 또는 승낙이 있는 경우에 그 우열결정을 확정일자의 선후를 기준으로 할 것인지 증서의 도달일자의 선후를 기준으로 할 것인지의 문제에 관하여 우선 일본에서의 논의를 살펴보고, 이어서 우리나라에서의 논의를 살펴본다.

II. 일본에서의 논의

1. 일본의 학설

(1) 확정일자설[3]

일본최고재판소의 1974.3.7. 판결 전에는 일본에서는 전통적으로 지명채권양도에 있어서 그 우열의 결정을 확정일자를 기준으로 해야 하는 것으로 보았다. 이에 따르면, "제1의 양도가 확정일자 있는 증서로 된 경우에는 제2의 양도가 마찬가지로 확정일자 있는 증서로써 되었어도 일자가 후라면 양도의 효력은 생기지 않는 것으로 된다."[4]고 한다. 또 다른 이는, "확정일자를 채권양도 전후

---

2) 2016.2.10. 개정된 프랑스민법 제1323조 제1항은 "당사자 사이에서 채권의 양도는 행위 시에 이루어진다."고 하고, 제2항은 "채권양도는 이 시점부터 제3자에게 대항할 수 있다. 이의가 있는 경우, 양도날짜에 관한 입증은 양수인이 하고, 모든 증거방법으로 이를 할 수 있다."고 하며, 제1325조는 "중복된 양수인들 사이의 경합은 날짜가 앞선 사람을 위한 것으로 된다. 날짜가 앞선 사람은 채무자에게서 변제를 받은 사람에 대하여 상환청구를 할 수 있다."고 하여 채권양도의 효력발생시기를 양도 시로 규정하고 있다.

3) 이를 통지작성시등확정일자설이라고 하는 이(加藤雅新, 債權總論, 有斐閣, 2005, 318頁)도 있다.

4) 於保不二雄, 債權總論, 有斐閣, 1989, 321頁; 그 밖에 我妻榮, 債權總論, 岩波書店, 1985, 547−548頁; 明石三郎, 注釋民法, (11), 債權, (2), 西村信雄編, 有斐閣, 1981, 382頁.

의 법정증거방법으로 보고, 양도시만 확정되면 그 한도 내에서 거래의 안전은
보호된다"5)고 하거나, "일본민법 제467조[한국민법 제450조] 제2항은 공시주의
요청과는 관계없이 거래질서를 명확하게 하기 위하여 둔 규정이고, 그 때문에
제1항의 규정은 실질적으로 제2항에 의해서 제한을 받아, 채권양도 상호간의 대
항관계를 처리할 기능을 잃게" 되므로6) 확정일자의 선후에 의해 우열을 정해야
한다고 한다.

이에 대하여는 "뒤에 계략을 꾸밀 여지가 없는 확정일자의 선후에 의해 법
률관계를 정해야 하는 것으로 보므로 대항요건으로서의 명확성·획일성을 중시하
는 것이고, 그 결과 당사자의 통모에 의해 제3자를 해할 여지가 적게 된다고 해
도 좋다."7)고 하면서도, 확정일자를 기준으로 하면 "뒤에 도달된 통지라도 그 확
정일자가 먼저 된, 도달된 통지의 것보다 앞선 경우에는 우선하게 되고, 통지의
도달 전에 대항력이 생기는 것과 같은 해석으로 된다."8)고 하거나, "통지서에 확
정일자를 받은 그대로 장기간 통지를 발신하지 않고 있어도 우선한다면, 법적
안정성을 해하는 결과가 생긴다."9)고 비판하는 이가 있다.

(2) 도달시설10)

채권양도통지도달시를 기준으로 해야 한다는 이에 따르면, 이것은 "채권양
도에서의 채무자의 인식을 기초로 하여 성립하는 것이라고 하는 대항요건의 구
조에서의 논리적 귀결"11)이라고 한다. 또 다른 이는, 일본민법 제467조[한국민법
제450조]의 입법취지는 채무자 및 제3자를 위한 것으로 그 제1항은 이를 위한 공
시방법을 정한 것이고, 제2항은 채무자와 양도인이 통모하여 그 날짜를 소급하게
하는 것을 막기 위한 것으로 보고, "이러한 입법취지를 충분하게 실현하려면, 중

5) 石田喜久夫, 判例批評, 判例評論, 第191號(判例時報, 第759號), 1975, 20頁, 角紀代惠, 民法
   講座, 4, 債權總論, 星野英一編, 有斐閣, 1985, 290頁에서 재인용.
6) 山本進一, "一般擔保の讓渡が行われた場合の法律関係", "銀行去來判例百選, 有斐閣, 1972,
   141頁, 角紀代惠, 前揭論文, 290頁에서 재인용.
7) 角紀代惠, 前揭論文, 291頁.
8) 角紀代惠, 前揭論文, 293頁; 加藤雅新, 前揭書, 319頁. "이러한 해석은 제1항의 규정에 저촉
   된다."(林良平 외 2인, 債權總論, 靑林書院, 1996, 520頁)고 하는 이도 있다.
9) 池田眞郎, "債權讓渡の對抗要件の構造", 民法判例百選, II, 別冊ジュリスト, N. 176(2005/4),
   星野英一 外 2人編, 有斐閣, 2005, 75頁.
10) 이를 통지수령시등확정일자설이라고 하는 이(加藤雅新, 前揭書, 318頁)도 있다.
11) 平井宜雄, 債權總論, 東京, 弘文堂, 1994, 149頁.

복양도의 우열의 기준으로서는, 첫째로 통지 또는 승낙이 채무자 외의 제3자에 대해서도 대항요건으로 될 수 있는 이유는, 그것이 채무자로 하여금 채권양도의 사실을 확실하게 알게 하는 행위(통지) 또는 그 행위의 전제로서 채무자가 이미 채권양도를 확실하게 알고 있다고 볼 수 있는 행위(승낙)인 것, 그리하여 채무자가 확실하게 알고서 제3자로부터의 문의에 응하는 것으로, 이러한 의미에서 통지 또는 승낙이 채무자 외의 제3자에 대해서도 공시방법이 되는 것이라는 점을 생각하면 채무자가 양도를 확실하게 알았다고 볼 수 있는 때, 즉 통지가 채무자에게 도달한 때 또는 승낙이 외형적으로(서면에의 기재 등에 의하여) 표시된 때의 선후가 기준이 되어야 한다. 둘째로 우열의 기준인 일시의 선후관계가, 당사자의 통모에 의해서 부당하게 소급되지 않도록 하기 위해서는 이러한 통지의 도달 또는 승낙시가 확정일자 있는 증서로 증명되는 것이 필요한 것"[12]이라고 한다.

이에 대해서는, 통지도달시에는 확정일자가 따르지 않고, 그 때문에 일반 증거방법에 의존할 수밖에 없는 이상 그 일시가 언제나 명확하게 될 수 없고,[13] 또 양수인과 채무자가 공모하여 도달시를 소급하게 할 위험이 있으므로, 획일성을 요하는 대항요건의 기준으로는 부적절하다는 비판이 있다.[14]

한편 도달시을 기준으로 해야 한다고 하는 이들도 채무자의 승낙의 경우에는, 확정일자를 기준으로 양도의 우열을 정해야 하는 것으로 보는데, 이에 따르면, "채무자가 승낙을 하면 그 시점에서 그에게는 채권양도의 인식이 있다고 볼 수 있고, 채권양도의 대항요건은 채무자의 이러한 인식을 근간으로 하고 있는 이상, 승낙 자체가 통지에서 채무자에의 도달과 같은 효력을 가지며, 승낙서가 양도인이나 양수인에게 도달해야 할 필요는 없기 때문"[15]이라고 한다.

(3) 수정도달시설

도달시를 기준으로 해야 한다는 이론을 수정하려는 이들도 있다. 이들은,

---

12) 安達三季生, "指名債權の二重讓渡と優劣の基準", ジュリスト, 增刊, 民法の判例, 基本判例解說シリーズ, 4, 加藤一郎, 平井宜雄編, 有斐閣, 1979, 133頁. 그 밖에 도달시설을 따르는 이는 北川善太郎, 債權總論, 有斐閣, 2004, 270頁; 淡路剛久, 債權總論, 有斐閣, 2002, 479頁; 林良平 외 2인, 前揭書, 520頁; 奧田昌道, 債權總論, 悠悠社, 1993, 456頁 등.

13) 加藤雅新, 前揭書, 319頁.

14) 藤井正雄, 判例批評, 判例タイムス, 第288號, 1973, 85頁, 角紀代惠, 前揭論文, 290頁에서 재인용.

15) 安達三季生, 前揭評釋, 136-137頁; 池田眞郎, 債權讓渡の硏究, 弘文堂, 1993, 158-159頁, 角紀代惠, 前揭論文, 291頁.

확정일자를 기준으로 하면 확정일자가 있는 증서에 의한 통지가 먼저 도달했더라도 후에 도달한 통지의 확정일자가 먼저 도달한 쪽의 확정일자에 선행하면 그 양도는 뒤집어지는 것으로 되어 법적 안정성을 해한다고 보고, 도달시설을 수정하여 "확정일자 일시로부터 장기간 경과하여 통지가 채무자에게 발송된 경우에는 신의칙상 확정일자의 효력을 인정할 없다"16)고 하거나, "확정일자를 받은 후에 이에 접속하여 통지한 것을 입증해야 비로소 대항요건의 입증을 다한 것"17)이라고 한다.

또 "도달시를 확정일자로 증명해야 한다"는 도달시확정일자설을 주장하는 이가 있는데,18) 이에 따르면 "지명채권 양도에 있어서 대항요건은, 양도대상인 권리뿐만 아니라 채무자가 있다는 점에서, 물권변동에 관한 대항요건주의 하의 등기와는 다르"고,19) 일본민법 제467조[한국민법 제450조]의 제1,2항의 관계에 관하여, "제2항의 확정일자 있는 증서에 의한 통지, 승낙 쪽이 채권양도 대항요건의 원칙형"이라는 전제 아래,20) "채권양도의 대항요건구비절차에 있어서의 증거력은 본래 중요한 것이고, 일자의 확정성은, 그 불가결의 요소로 내포해야 하는 것"21)이므로 도달시를 확정일자로 증명해야 한다고 한다.

이에 대해서는 확정일자설에서 말하는 대항요건의 획일성·명확성을 잃게 된다고 비판하는 이22)가 있다.

2. 일본의 판례

일본의 판례는 처음에 채무자가 통지를 받은 것을 확정일자 있는 증서로써 증명하면 제3자에게 대항할 수 있다는 취지로 해석해야 하는 것으로 보았고,23)

---

16) 石田喜久夫, 前揭判例批評, 21頁, 角紀代惠, 前揭論文, 291頁에서 재인용.
17) 藤井正雄, 前揭判例批評, 86頁, 角紀代惠, 前揭論文, 291頁에서 재인용.
18) 池田眞郎, 前揭書, 163-164頁; 같은 뜻으로 加藤雅新, 前揭書, 319頁. 이것이 "가장 적절하지만 이를 위한 제도적 준비가 반드시 충분하지 아니한 현행제도 하에서는 차선의 해결로서" 도달시를 기준으로 해야 한다고 하는 이(淡路剛久, 前揭書, 479頁)도 있다.
19) 池田眞郎, 前揭書, 106-107頁 및 162-163頁.
20) 池田眞郎, 前揭書, 164頁.
21) 池田眞郎, 前揭書, 164頁.
22) 角紀代惠, 前揭論文, 291頁.
23) 日本大審院 1903. 3. 30. 判決; 日本大審院 1908. 11. 26. 判決.

그 뒤 이를 고쳐서 확정일자를 기준으로 하였다.[24] 다시 이를 고쳐, 채무자에의 도달시를 기준으로 하였는데 이 판결내용은 아래와 같다.[25]

생각건대, 일본민법 제467조 제1항이 채권양도에 관하여 채무자의 승낙과 아울러 채무자에 대한 양도의 통지로써 채무자뿐만 아니라 채무자 이외의 제3자에 대한 관계에 있어서도 대항요건으로 한 것은, 채권을 양수받는 것과 같은 제3자는 먼저 채무자에 대하여 채권의 존부 내지는 그 귀속을 확인하고, 채무자는 당해채권이 이미 양도되었다 하더라도 양도의 통지를 받지 않았다든가 또는 그 승낙을 하고 있지 않는 한, 제3자에 대하여 채권의 귀속에 변동이 없다는 것을 표시하는 것이 통상이고, 제3자는 이러한 채무자의 표시를 신뢰하여 그 채권을 양수한 것이라고 하는 사정이 존재하는 것에 의한 것이다. 이와 같이, 일본민법이 규정하는 채권양도에 관한 대항요건제도는, 당해 채권에 대한 채권양도의 유무에 관한 채무자의 인식을 통하여, 위 채무자에 의하여 그것이 제3자에게 표시될 수 있다는 것을 근간으로 해서 성립하는 것이라고 할 수 있다. 그리고 같은 조 제2항이 위 통지 또는 승낙이 제3자에 대한 대항요건이라고 할 수 있기 위해서 확정일자 있는 증서로써 하는 것을 필요로 하는 취지는 채무자가 제3자에 대해서 채권양도가 없다는 것을 표시했기 때문에 제3자가 이것을 신뢰해서 그 채권을 양수한 뒤에 양도인인 구채권자가 채권을 타인에게 이중으로 양도하고, 채무자와 통모하여 양도의 통지 또는 그 승낙이 있었던 일시를 소급시키는 등의 작위로써 위 제3자의 권리를 해함에 이르는 것을 가급적 방지하는데 있다고 해석해야 하므로 전술한 바와 같은 같은 조 제1항 소정의 채권양도에 관한 대항요건제도의 구조에 어떠한 변경도 가하는 것은 아니다. 위와 같은 일본민법 제467조의 대항요건제도의 구조에 비추어보면, 채권이 이중으로 양도된 경우, 양수인 상호간의 우열은, 통지 또는 승낙에 붙여진 확정일자의 선후에 의해서 정해야 할 것은 아니고, 확정일자 있는 통지가 채무자에게 도달한 일시 또는 확정일자

24) 日本大審院 1914. 12. 22. 連合部判決. 이상의 판결에 관해서는 安達三季生, 前揭評釋, 133
–135頁; 池田眞郞, 前揭評釋, 75頁; 우리말 문헌으로 朴慶亮, "指名債權의 二重讓渡와 對
抗要件 –日本의 判例와 學說을 中心으로–", 民事法學, 韓國民事法學會 創立30周年 및 晴
軒金曾漢敎授停年記念, 第6號, 韓國司法行政學會, 1986, 189–190쪽.
25) 日本最高裁判所 1974. 3. 7. 宣告 昭和47年(オ)596判決(이 판결은 승낙의 경우에는 "확정일
자 있는 채무자의 승낙의 일시의 선후"를 기준으로 해야 하는 것으로 본다). 이 판결에 관
해서는, 安達三季生, 前揭評釋, 132–137頁; 池田眞郞, 前揭評釋, 74頁. 우리말 번역에 관해
서는 朴慶亮, 앞의 논문 195–197쪽.

있는 채무자의 승낙의 일시의 선후에 의해서 정해야 하고, 또한 확정일자는 통
지 또는 승낙 그 자체에 관해서 필요하다고 해석해야 할 것이다. 그리고 위의 이
치는 채권양수인과 동일채권에 대하여 가압류명령의 집행을 한 자 사이의 우열
을 정하는 경우에 있어서도 하등 다를 바가 없다.

이 판결에 대하여는 "채무자가 정식으로 양도를 인식한 시점으로서 도달시
를 기준으로 한 것은 정당하다고 할 수는 있지만, 한편으로는 그 도달시의 인정
에 관해서는 일반 증거방법에 맡기는 것으로 하였기 때문에 일본민법 규정이 애
써서 확정일자라고 하는 시간적인 증거력이 있는 수단을 채용하고 있는 것은 의
미 없는 것으로 되고 만다."[26]고 비판하는 이가 있다.

III. 우리나라에서의 논의

1. 학설 및 판례

가. 학설

(1) 확정일자설

채권의 중복양도통지가 모두 확정일자가 있는 대항요건을 갖춘 경우에 있
어서 그 우열결정기준은 확정일자를 기준으로 해야 한다고 하는 이들이 있다.
이에 따르면, 채권양도의 "확정일자 있는 통지·승낙을 요하는 것이 일자의 소급
을 막으려는데 그 목적이 있고 도달은 그 시점을 객관적으로 확정하기가 어려운
일이 많은 점 등을 고려하면 일자변경이 위험이 없는 확정일설이 타당"하다[27]고
한다.

(2) 도달시설

채권의 중복양도통지가 모두 확정일자가 있는 대항요건을 갖춘 경우에 있
어서 그 우열결정은 확정일자 있는 통지가 채무자에게 도달한 시점의 선후에 의
하여 결정해야 한다고 하는 이들이 있다. 이들은 "우선 채권양도통지는 그 법률

---

26) 池田眞郎, 前揭書, 155頁 및 164頁; 同, 前揭評釋, 74頁.
27) 徐敏, 債權讓渡에 관한 硏究, 經文社, 1985, 98쪽; 그 밖에 확정일자를 기준으로 해야 한다
    는 이로는 金亨培, 債權總論, 博英社, 1998, 662쪽; 金疇洙, 債權總論, 三英社, 1996, 337쪽.

적 성질이 관념의 통지"이므로 "의사표시에 관한 규정은 원칙적으로 적용하지 않으나, 도달에 의하여 효력이 생긴다는 것……등의 규정은 이에 준용된다고 새겨야 한다."[28]고 하거나, 채권양도에서 있어서 "……채무자의 인식을 통해서 공시기능이 작용하는 것을 기대하고, 그 실효성을 높이기 위해서 확정일자를 요구한 것이고 이 채무자의 인식은 통상 채무자에 대한 통지의 도달에 의해서 형성되는 것이기 때문에 통지의 도달이야말로 중시되어야 할 것이고……확정일부설이 논거로 하는 획일적 명확성은, 예컨대 채권자측(양도인과 양수인의 1인)과 채무자가 통모한 뒤 다른 양수인에 대한 통지 이전에 변제 등에 의해서 채무가 소멸한 취지의 증거를 작출한 것과 같은 경우에는 작용하지 않는 것이고, 불명확성은 증서의 존재를 필요로 하지 않는 지명채권에 불가피한 공시방법의 불완전에서 유래하는 어쩔 수 없는 숙명"[29]이라고 한다. 같은 뜻으로 "채무자의 인식은 통상 채무자에 대한 통지의 도달에 의하여 형성되는 것이므로 통지가 도달한 때 또는 승낙이 외형적으로 표시된 때의 선후에 의하여 정하는 것이 타당하다."[30]고 하는 이, "확정일자설에 의할 경우 확정일자 있는 통지서의 발송 및 도달이 장기간 늦어지고 그 사이 후순위 확정일자 있는 양도통지서가 채무자에게 도달된 경우 거래안전을 해할 우려가 있으므로 부당하다."[31]고 하는 이 등이 있다.

이에 대하여는 "도달시설이 채무자를 통한 공시라고 하는 제도적 취지에 부합하는 것은 분명하지만, 당사자들이 통모에 의해 도달시점의 선후를 조작할 수 있게 되어 확정일자를 요구하는 의미를 희석시킨다. 그리고 확정일자를 받더라도 여전히 우열관계가 확정되지 않는 까닭에 당사자의 지위를 불안하게 하고 분쟁의 소지를 남긴다는 점에서 문제가 없지 않다."[32]고 비판하는 이가 있다.

28) 郭潤直, 債權總論, 博英社, 2007, 221쪽.
29) 朴慶亮, 앞의 논문, 197-198쪽.
30) 鄭淇雄, 債權總論, 法文社, 2009, 455쪽.
31) 강용현, "채권양도통지와 가압류결정이 동시에 도달된 경우에 양수인이 채무자에 대하여 양수금을 청구할 수 있는가?", 대법원판례해설, 제21호, 법원도서관, 91-92쪽. 그 밖에 도달시설로는 송덕수, 363쪽; 尹喆洪, 債權總論, 法元社, 2012, 406쪽; 李銀榮, 債權總論, 博英社, 2009, 629쪽; 서민, 註釋民法, 債權總則, (2), 朴駿緒편, 韓國司法行政學會, 2000, 564쪽; 李尙勳, 民法注解, [X], 債權(3), 郭潤直편, 博英社, 1996, 450쪽; 朴鏞秀, "確定日字있는 指名債權 讓渡通知의 同時到達과 辨濟請求", 判例研究, V, 釜山判例研究會, 1995, 123-124쪽. 朴仁鎬, "確定日字있는 指名債權讓渡通知와 債權假押留決定이 第三債務者에게 同時 到達된 경우 債權讓受人의 辨濟請求權 有無", 대법원판례해설, 제8호, 법원도서관, 1988, 41쪽.
32) 최수정, "지명채권양도에서의 대항요건주의 : 그 내재적 한계와 극복을 위한 과정", 民事法

나. 판례

(1) 먼저 대법원 1987. 8. 18. 선고 87다카553 판결은 확정일자를 기준으로 해야 한다는 것을 전제로 "갑이 1985.11.18. 을에게 자신이 병에 대하여 가지고 있는 점포임차보증금반환청구권을 양도하고 그날 병에게 내용증명우편으로 그 양도사실을 통지하였고 또 갑의 채권자 정이 같은 날 위 임차보증금반환청구권에 대하여 가압류신청을 하자 이를 가압류하는 결정이 고지되었는바 그 가압류 결정정본과 확정일자 있는 위 채권양도통지서가 1985.11.20. 병에게 동시에 도달되었다면 위 가압류채권자인 정이 위 채권양수인인 을에 대하여 우선하는 것은 아니지만 채무자인 병으로서는 위 가압류결정의 통지를 채권양도통지와 동시에 송달받은 사실로써 위 채권양수인인 을에게 대항할 수 있다"고 하였다.

(2) 그러나 앞의 연구대상판결은 도달시를 기준으로 해야 한다고 하여 위 판결을 파기하였다. 연구대상 판결에 대해서는 "이와 같은 대법원의 판결은 채권의 2중양도에 있어서 도달의 일시에 관한 입증의 문제를 남김으로서 새로운 문제점을 야기시키고 있다."[33]고 비판하는 이가 있다.

(3) 연구대상판결 후에도 아래와 같이 대상판결과 같은 취지의 판결이 이어지고 있다.

(가) 확정일자 있는 채권양도통지와 두 개의 채권압류 및 전부명령 정본이 제3채무자에게 동시에 송달된 사안이 경우

"동일한 채권에 대하여 두 개 이상의 채권압류 및 전부명령이 발령되어 제3채무자에게 동시에 송달된 경우 당해 전부명령이 채권압류가 경합된 상태에서 발령된 것으로서 무효인지의 여부는 그 각 채권압류명령의 압류액을 합한 금액이 피압류채권액을 초과하는지를 기준으로 판단하여야 하므로 전자가 후자를 초과하는 경우에는 당해 전부명령은 모두 채권의 압류가 경합된 상태에서 발령된 것으로서 무효로 될 것이지만 그렇지 않은 경우에는 채권의 압류가 경합된 경우

學, 第52號(2010. 12), 韓國民事法學會, 2010, 409쪽.
33) 金疇洙, 앞의 책, 369쪽.

에 해당하지 아니하여 당해 전부명령은 모두 유효하게 된다고 할 것이며, 그 때 동일한 채권에 관하여 확정일자 있는 채권양도통지가 그 각 채권압류 및 전부명령 정본과 함께 제3채무자에게 동시에 송달되어 채권양수인과 전부채권자들 상호간에 우열이 없게 되는 경우에도 마찬가지라고 할 것"[34]이라고 한다.

(나) 확정일자 있는 채권양도 통지와 채권가압류명령이 동시에 도달됨으로써 제3채무자가 변제공탁을 하고, 그 후에 다른 채권압류 또는 가압류가 이루어진 사안의 경우

"압류의 처분금지 효력은 절대적인 것이 아니고, 이에 저촉되는 채무자의 처분행위도 그 압류채권자와 처분 전에 집행절차에 참가한 압류채권자나 배당요구채권자에게 대항하지 못한다는 의미에서의 상대적 효력을 가지는데 그치므로 압류의 효력발생 전에 채무자가 처분한 경우에는 그보다 먼저 압류한 채권자가 있어 그 채권자에게는 대항할 수 없는 사정이 있더라도 그 처분 후에 집행에 참가하는 채권자에 대하여는 처분의 효력을 대항할 수 있는 것이고, 이는 가압류의 경우에도 마찬가지이므로 동일한 채권에 관하여 가압류명령의 송달과 확정일자 있는 양도통지가 동시에 제3채무자에게 도달함으로써 채무자가 가압류의 대상인 채권을 양도하고 채권양수인이 채권양도의 대항요건을 갖추었다면 다른 채권자는 더 이상 그 가압류에 따른 집행절차에 참가할 수는 없다."[35]고 하여, 양도통지와 가압류결정이 동시에 도달된 채권양수인과 선행가압류채권자 사이에서만 채권액에 안분하여 배당하여야 한다고 한다.

2. 학설·판례의 검토

가. 도달시설의 근거 요약

채권의 중복양도 통지의 경우 그 우열결정에 도달시설의 근거는 다음과 같이 요약할 수 있다.

첫째 채권양도에 있어서 대항요건은 그 입법취지가 채무자 및 제3자를 위한

---

34) 대법원 2002. 7. 26. 선고 2001다68839 판결.
35) 대법원 2004. 9. 3. 선고 2003다22561 판결; 같은 취지로 대법원 2013. 4. 26. 선고 2009다 89436 판결; 대법원 2013. 6. 28. 선고 2011다83110 판결.

것이다.

둘째 채권양도의 통지·승낙이라는 대항요건이 공시방법이 될 수 있는 것은 그것이 채권양도사실을 채무자에게 알리는 것이기 때문이다.

셋째 채권양도통지는 도달에 의하여 효력이 발생하며, 확정일자를 기준으로 하면 확정일자가 먼저 된, 뒤에 도달된 통지는 그 도달 전에 대항력이 생기는 것으로 되어 거래안전을 해친다.

넷째 통지서에 확정일자를 받은 그대로 장기간 통지를 발신하지 않고 있어도 우선한다고 하는 것은 법적 안정성을 해하는 결과가 생긴다는 것 등이다.

나. 도달시설의 근거의 개별적 검토

(1) 대항요건제도의 취지의 관점

지명채권양도의 대항요건이 누구를 위한 제도인가에 관해서는 논의가 있고, 이를 양수인을 위한 것이라고 보는 입장에서는 채무자에 대한 대항요건을 어떠한 방식으로든 채무자가 알게 하는 것으로 족하다고 할 수는 없고, 채무자에 대한 대항요건과 제3자에 대한 대항요건을 다르게 할 이유가 없다. 반대로 이 대항요건을 양도를 알지 못함으로 인하여 입는 손해로부터 채무자 및 제3자를 보호하기 위한 것이라고 보게 되면 채무자에 대해서는 어떠한 방법으로든 채무자가 양도사실을 아는 것으로 족하게 되어 그에 대한 대항요건을 제3자에 대한 대항요건과 같이 엄격한 방식을 요하지 않게 된다.36)

채권을 가진 채권자는 우선 채무자에 대해서 주장하거나 행사할 수 있는 청구력이 있어야 하는데, 양도통지나 채무자의 승낙이 없는 경우에 채권양도의 양수인은 채무자에 대하여 권리를 행사할 있는 청구력이 없다. 채권양도에 있어서 채권자의 양도통지나 채무자의 승낙이, 효력이 발생하지 않는 불완전한 채권을 취득한 양수인으로 하여금 완전한 채권을 취득하도록 하는 기능을 하므로, 이러한 의미에서 대항요건은 우선 양수인을 위한 것이라고 할 수 있다.37)

그러므로 채무자에 대한 대항요건을 어떠한 방식으로든 채무자가 알게 하

---

36) 이에 관해서는 오수원, "프랑스에서의 지명채권양도의 채무자에 대한 대항요건의 변용과 일본민법 제467조의 불완전한 대항요건제도의 성립 – 한국민법 제450조의 입법배경과 관련하여 –", 저스티스, 통권 제160호, 한국법학원, 2017, 59–85쪽.

37) 이에 관해서는 오수원, 앞이 "확정일자 없는 대항요건을 갖춘 지명채권양도의 경합과 민법 제450조 제1항, 제2항의 상호관계", 143–194쪽.

는 것으로 족하다고 할 수는 없고, 이는 엄격한 방식을 요구하게 되고, 공적인 확정일자는 그 핵심적인 요소가 된다고 할 수밖에 없어, 지명채권이 중복양도된 경우에 그 우열의 기준은 확정일자 있는 증서의 도달시가 아닌 그 확정일자 자체가 기준이 될 수밖에 없다.

(2) 확정일자제도의 공시기능의 관점

원래 공시방법은 권리의 변동을 타인이 인식할 수 있도록 하는 표상이고, 이는 권리의 소재를 제3자가 알 수 있는 방법으로 하지 않으면 제3자에게 예측하지 못한 손해를 끼쳐서 거래의 안전을 해치게 되므로 이를 막기 위해서 요구되는 것이다. 그에 따라 공시방법에는 공적인 표상이 있어야 하며, 이러한 표상으로써 일반인이 공시대상사실을 알 수 있어야 하고, 채무자 등 특정인이 이를 알 수 있는 것만으로는 충분하지 아니하다. 채권양도의 대항요건이 공시방법인가에 관해서는 논란이 있으나, 채권양도의 공시방법으로서의 확정일자 있는 통지나 승낙은, 물권에 있어서 부동산등기나 동산인도에 비하여 충분한 것은 아니지만, 공적으로 양도사실을 보여주는 것이므로 공시방법이라고 할 수 있다. 채권양도의 대항요건에 있어서 공적인 확정일자가 없으면 공적인 표상이 없어 채권양도의 공시기능이 없게 되므로 채권양도의 대항요건에 있어서 공적인 확정일자는 채권양도의 공시에 있어서 핵심적인 것이다.[38] 가령 채권자가 개인적으로 채권을 양도한다는 서신을 보내거나 구두의 양도통지를 하고, 채무자가 같은 방법으로 승낙하는 것 등과 같은, 확정일자 없는 통지나 승낙 등의 대항요건의 경우에는 공시기능이 있다고 보기 어렵다.

그러므로 채권양도에 확정일자 있는 증서가 있다면 그 자체가 공적인 표상으로서 채권양도의 공시방법이라고 할 수 있다.

(3) 채권양도의 통지에 의한 양도효력의 소급발생의 관점

지명채권양도에 있어서 채권자의 양도통지와 채무자의 승낙은 효력발생요건이고 이러한 효력발생요건을 구비하기 전에는 채권양도는 유동적(미확정적) 무

---

[38] 이에 관해서는 오수원, 위의 논문, 143-194쪽. 그러므로 채권양도에 관하여 대항요건주의를 채택한 우리 민법에서는 확정일자 있는 대항요건을 규정한 민법 제450조 제2항이 원칙규정이고, 그것이 없는 그 제1항은 예외규정이라고 할 수밖에 없다.

효이며, 그 요건을 갖춘 때에 법률행위 시에 소급하여 채권양도는 효력이 발생한다.[39)]

대법원도, "채권양도에 있어서 채권의 양도 자체는 양도인과 양수인 간의 의사표시만으로 이루어지고 다만 양도사실을 채무자에게 대항하기 위하여는 양도인이 채무자에게 통지를 하거나 채무자로부터 승낙을 받아야 하는데, 여기서 채무자에게 대항할 수 있다는 의미는 양수인이 채무자에게 채권을 주장할 수 있다는 것이므로, 대항요건을 갖추지 아니한 양수인은 채무자에게 채권을 주장할 수 없게 되지만, 그렇다고 하여 그러한 양수인이 채무자를 상대로 소제기 자체를 못한다거나 소제기가 무효라고 볼 수 없고, 소가 제기된 이후에 변론종결 시까지 대항요건을 구비하지 못하면 청구가 이유 없는 것으로 될 뿐이므로, 위와 같은 같이 제척기간을 둔 취지와 대항요건을 갖추지 아니한 양수인과 채무자와의 법률관계에 비추어 볼 때 양수인은 그 기간 내에게 채무자를 상대로 제소만 하면 제척기간을 준수한 것으로 보아야 할 것이고 채무자에게 대한 대항요건까지 갖출 필요는 없다"[40)]고 하여 이러한 이치를 인정한다.

그러므로 채권양도나 채권양도통지[41)]는 도달에 의하여 효력이 발생한다고 할 것은 아니며, 확정일자를 기준으로 하면 확정일자가 먼저 된, 뒤에 도달된 통지는 그 도달 전에 대항력이 생긴다고 하는 것이 잘못된 것도 아니다.

(4) 채권의 준점유자에 대한 변제의 관점

채권의 중복양도통지에 있어서 도달시설의 근거 중 '확정일자를 받은 그대로 장기간 통지를 발신하지 않고 있어도 우선한다고 하는 것은 법적 안정성을 해하는 결과가 생긴다'는 주장은, 후행확정일자 있는 증서에 의한 통지가 있은 뒤 채무자가 그에게 변제하고, 그 뒤에 선행확정일자 도달한 경우를 상정한 것

---

39) 이에 관해서는 오수원, "대항요건을 갖춘 지명채권양도 효력의 소급성과 유동적무효론 ─ 대상판결 : 대법원 2005. 6. 23. 선고 2004다29279 판결 ─", 법조, 통권662호(2011. 11), 법조협회, 2011. 185─220쪽.

40) 대법원 2000. 12. 12. 선고 2000다1006 판결. 같은 취지로 광주고등법원 2017. 1. 11. 선고 2013나3896 판결.

41) 통상은 채권의 중복양도통지에서 그 우열결정의 기준을 확정일자를 기준으로 할 것인지 그 도달시를 기준으로 할 것인지의 문제를 채권양도통지의 효력발생문제로 다루고 있으나, 채권양도의 대항요건문제는 채권양도의 효력발생요건이므로 이 문제는 채권양도통지의 효력발생문제가 아닌, 채권양도의 효력발생문제로 다루는 것이 타당하다.

일 것이다.[42)

이러한 경우에 채무자는 채권의 준점유자에 대한 변제규정(민법 제470조)에 따라서 유효한 변제를 할 수 있으므로 채무자가 해를 입는 것은 아니다.[43)

그러므로 통지서에 확정일자를 받은 그대로 장기간 통지를 발신하지 않고 있어도 법적 안정성을 해하는 결과가 생기는 것은 아니다.

IV. 맺음말

채권양도에 있어서 채권자의 양도통지나 채무자의 승낙이, 효력이 발생하지 않는 불완전한 채권을 취득한 양수인으로 하여금 완전한 채권을 취득하도록 하는 기능을 하므로, 이러한 의미에서 대항요건은 우선 양수인을 위한 것이므로 채무자에 대한 대항요건을 어떠한 방식으로든 채무자가 알게 하는 것으로 족하다고 할 수는 없고, 이는 엄격한 방식을 요구하게 되고, 공적인 확정일자는 그 핵심적인 요소가 된다고 할 수밖에 없어, 지명채권이 중복양도된 경우에 그 우열의 기준은 확정일자 있는 증서의 도달시가 아닌 그 확정일자가 기준이 될 수밖에 없다.

공시방법에는 공적인 표상이 있어야 하며, 이러한 표상으로써 일반인이 공시대상사실을 알 수 있어야 하며, 채무자 등 특정인이 이를 알 수 있는 것만으로는 충분하지 아니하다. 채권양도에 확정일자 있는 증서가 있다면 그 자체가 공적인 표상으로서 채권양도의 공시방법이라고 할 수 있다.

지명채권양도에 있어서 채권자의 양도통지와 채무자의 승낙은 효력발생요건이고 이러한 효력발생요건을 구비하기 전에는 채권양도는 유동적(미확정적) 무효이며, 그 요건을 갖춘 때에 법률행위시, 즉 채권양도시에 소급하여 채권양도는 효력이 발생한다. 확정일자를 기준으로 하면 확정일자가 먼저 된, 뒤에 도달된

---

42) 채무자의 변제 전이라면 그는 선행확정일자 있는 증서에 의한 양수인에게 변제하면 그로써 충분하기 때문이다.

43) 판례는 "채권양도를 승낙한 채무자가 그 후 채권양도인이 확정일자를 받았는데 그 여부를 살펴보지 않은 채 그 후 그 채권을 압류하고 전부한 제3자에게 위 채무를 변제한 경우에는 그것이 채권의 준점유자에 대한 변제라 하더라도 채무자에게 과실이 있다"(대법원 1965. 12. 21. 선고 65다1990 판결)고 한다.

통지는 그 도달 전에 대항력이 생긴다고 하는 것이 잘못된 것도 아니다.

확정일자가 늦은, 먼저 도달된 통지에 따라 제2양수인에게 변제한 경우에 채무자는 채권의 준점유자에 대한 변제규정(민법 제470조)에 따라서 유효한 변제를 할 수 있으므로 채무자가 해를 입는 것은 아니며, 통지서에 확정일자를 받은 그대로 장기간 통지를 발신하지 않고 있어도 법적 안정성을 해하는 결과가 생기는 것은 아니다.

그러므로 연구대상판결이 채권의 중복양도통지가 모두 확정일자가 있는 대항요건을 갖춘 경우에 있어서 그 우열결정을 확정일자 있는 통지가 채무자에게 도달한 시점의 선후에 의하여 결정해야 한다고 한 것은 타당하지 못하며, 오히려 이러한 경우에는 그 우열결정을 확정일자의 선후를 기준으로 해야 하며, 대상판결의 사안에서 확정일자가 앞선 채권양수인이 진정한 채권 양수인이라고 해야 한다.

14. 유류분 산정에 가산되는 증여의 기준시점[1]
- 대법원 1996. 8. 20. 선고 96다13682 판결

【판결요지】

유류분 산정의 기초가 되는 재산의 범위에 관한 「민법」 제1113조 제1항에서의 '증여재산'이란 상속개시 전에 이미 증여계약이 이행되어 소유권이 수증자에게 이전된 재산을 가리키는 것이고, 아직 증여계약이 이행되지 아니하여 소유권이 피상속인에게 남아 있는 상태로 상속이 개시된 재산은 당연히 '피상속인의 상속개시시에 있어서 가진 재산'에 포함되는 것이므로, 수증자가 공동상속인이든 제3자이든 가리지 아니하고 모두 유류분 산정의 기초가 되는 재산을 구성한다.

1. 사실관계

원심인 대구고등법원 1996. 1. 18. 선고 95나5340 판결을 중심으로 사건의 내용을 보면 다음과 같다.

다툼의 대상이 된 각 부동산은 원래 망인 소유였으나 그가 생전인 1991. 6. 1. 그중 제1부동산은 장남인 원고 1에게 그 2/3 지분을, 차남인 원고 2에게 나머지 1/3 지분을 증여하고, 제2부동산은 이를 전부 위 원고 1에게 증여한 후 1994. 9. 14. 사망하였고, 그 처가 3/13 지분, 원고들인 두 아들들과 세 딸들이 각 2/13 지분의 비율로 위 망인의 재산을 공동상속 하였다.

---

1) 이 연구는 2008년도 조선대학교 교내 학술연구비 지원으로 한 것임.

2. 소송의 경과

가. 제1심(대구지방법원 1995. 8. 24. 선고 94가합25067 판결)

증여를 받은 두 아들들이 어머니와 세 자매들을 상대로 위 각 부동산의 각 지분에 관한 증여를 원인으로 한 소유권이전등기절차의 이행을 구하는 소를 제기하였고 제1심인 대구지방법원 1995. 8. 24. 선고 94가합25067 판결은 원고들 전부승소의 판결을 하였다. 피고들 중 어머니를 제외한 나머지가 항소하였다.

나. 제2심(대구고등법원 1996. 1. 18. 선고 95나5340 판결)

피고들은 망인이 위 각 부동산을 원고들에게 적법히 증여하였다 하더라도 그에 대한 피고들의 상속지분 중 유류분에 해당하는 부분에 대하여는 원고들의 청구에 응할 수 없다고 주장하였다. 이에 대하여 원고들은 유류분 산정의 기초 재산에 포함되는 수증재산은 그 증여가 상속개시 전 1년간에 행하여진 것에 한하는데 망인이 원고들에게 위 각 부동산을 증여한 것은 그 사망으로 상속이 개시된 1994. 9. 14.로부터 1년 이전임이 역수상 명백한 1991. 6. 1.에 행하여진 것이어서 위 각 부동산은 유류분 산정의 기초재산에 포함되지 않는다고 주장하였다. 법원은 「민법」 제1114조는 증여가 상속개시전의 1년간에 행하여진 것에 한하여 수증재산을 유류분 산정의 기초재산에 포함시키는 것으로 규정하고 있으나 한편 수증자가 공동상속인인 경우에는 「민법」 제1118조에 의하여 「민법」 제1008조가 유류분에 관하여도 준용되어 그 증여의 시기를 묻지 아니하고 모든 수증재산이 유류분 산정의 기초재산에 포함된다는 이유로 원고들의 주장을 받아들이지 아니하고, 피고들은 원고들에게 위 각 부동산에 대한 2/13의 각 상속지분 중 유류분에 해당하는 1/13 지분을 공제한 나머지 1/13에 한하여 원고들이 증여받은 지분비율별로 소유권이전등기절차를 이행할 의무가 있다고 하여 피고의 일부항소를 받아들였다.

이에 대하여 원고들이 상고하였다.

다. 제3심(대법원 1996. 8. 20. 선고 96다13682 판결)

대법원은 앞의 판결요지와 같은 이유로 "원심의 이유설시에 미흡한 점이 없지 아니하나, 위 각 부동산이 유류분 산정의 기초가 되는 재산에 포함된다고 판단함으로써, 원고들이 피고들을 상대로 각자의 상속분비율에 따라 위 증여계약의 이행을 구하는 이 사건 청구 중 피고들의 유류분에 해당하는 비율의 부분을 배척한 결론 자체는 정당하고, 거기에 상고이유로 주장하는 바와 같은 위법이 없다. 그 주장하는 바는 결국 이 사건과 같이 아직 이행되지 아니한 증여계약의 목적물도 「민법」 제1113조 제1항에 규정된 '증여재산'에 포함된다는 견해를 전제로 하여 원심의 결론을 비난하는 것에 지나지 아니하므로, 그 어느 것도 받아들일 수 없다."라고 하여 원고들의 상고를 모두 기각하였다.

Ⅰ. 서론

1. 문제의 제기

가. 유류분은 피상속인의 상속인 중 일정한 근친자에게 보류된 상속재산의 일부로서 피상속인의 생전처분 또는 사인처분으로 빼앗을 수 없는 부분을 말한다. 이러한 유류분의 산정에 관하여 「민법」 제1113조 제1항은 "유류분은 피상속인의 상속개시시에 있어서 가진 재산의 가액에 증여재산의 가액을 가산하고 채무의 전액을 공제하여 이를 산정한다."고 하고, 이 경우 산입되는 증여에 관하여 제1114조는 "증여는 상속개시전의 1년간에 행한 것에 한하여 제1113조의 규정에 의하여 그 가액을 산정한다. 당사자 쌍방이 유류분권리자에 손해를 가할 것을 알고 증여를 한 때에는 1년 전에 한 것도 같다."고 규정하고 있다. 그러므로 유류분을 산정하기 위해서는 ①피상속인이 상속개시시에 가진 재산, ②피상속인이 상속개시전의 1년간에 행한 증여재산의 가액, ③상속채무 전액(공제되는 채무), ④유류분권자의 순상속분 등이 밝혀져야 한다.

나. 「민법」 제554조는 "증여는 당사자일방이 무상으로 재산을 상대방에 수여하는 의사를 표시하고 상대방이 이를 승낙함으로써 그 효력이 생긴다."고 하여 무상의 재산출연계약이 증여라고 한다. 그에 따라 소유권 등의 권리양도, 용익물권의 설정, 무인채무의 부담, 채무면제계약 등을 무상으로 하는 경우에는 증여라고 본다.[2] 그러나 무상으로 물건을 사용하게 하는 것은 이론적으로는 증여

---

2) 高永錕, 郭潤直편 「民法注解 [XIV]. 債權 (7)」, 博英社, 1997, 20면.

이지만 민법은 이에 관하여 사용대차나 소비대차(무이자부)라는 전형계약의 성립을 인정하므로 증여로 보지 아니한다.3)

「민법」 제554조가 규정한 증여와는 달리 「민법」 제1113조, 제1114조에서 규정한 '증여'에 관하여는 어떤 법률행위가 여기에 해당하는 증여인지를 판단함에 있어서 중요한 것은 바로 '무상성'이라고 하고,4) 일반적으로 「민법」 제554조 이하에서 규정한 전형계약으로서의 증여뿐만 아니라 널리 모든 무상처분을 가리키는 것으로 보고 있다.5) 그에 따라 무상의 법인설립을 위한 출연행위,6) 사용대차, 무이자부 소비대차와 같이 이론상으로는 증여이나 민법상 따로 이에 대한 규정이 있기 때문에 「민법」 제554조의 증여로 보지 않는 것,7) 일방적 채무면제와 같은 단독행위이기 때문에 「민법」 제554조의 증여로는 볼 수 없는 것8)들 및 "널리 무상처분도 포함하여 실질적으로 증여와 같은 결과가 되는 것"9)도 「민법」 제1113조, 제1114조에서 규정한 '증여'에 포함되는 것으로 본다.10)

---

3) 郭潤直, 「債權各論」, 博英社, 2007, 118면; 高永錞, 위의 책, 21면.

4) 邊東烈, "遺留分 制度", 「民事判例研究 XXV」, 博英社, 2003, 832면.

5) 金疇洙, 「註釋民法 相續 (2)」, 韓國司法行政學會, 2002, 319면(이에 따르면 "贈與란 널리 모든 無償處分을 의미하며, 法人設立을 위한 出捐行爲, 無償의 債務免除 등도 증여에 포함된다고 보아야 할 것이다."라고 한다.); 郭潤直, 「相續法」, 博英社, 1997, 456면; 朴運吉, 「親族相續法講義」, 朝鮮大學校出版部法, 2008, 449면; 한복룡, 「家族法講義」, 충남대학교 출판부, 2007, 315면; 李庚熙, 「遺留分制度」, 三知院, 1995, 106면; 金能煥, "遺留分返還請求", 「裁判資料」 第78輯 相續法의 諸問題, 法院圖書館, 1998, 23면; 邊東烈, 위의 논문, 832면(이에 따르면 "원칙적으로 「민법」 제554조의 증여를 의미 한다"(같은 논문, 831면)라고 하기도 한다).

6) 郭潤直, 위의 相續法, 457면; 邊東烈, 위의 논문, 832면; 李銀榮, "遺留分의 개정에 관한 연구", 「家族法研究」 第18卷 第1號, 韓國家族法學會, 2004, 206면.

7) 邊東烈, 위의 논문, 832면.

8) 邊東烈, 위의 논문, 832면; 李銀榮, 앞의 논문, 206쪽.

9) 李義榮, "遺留分算定方法", 「대법원판례해설」 통권 제24호, 법원도서관, 1996, 160면 각주 13).

10) 그러나 무상행위와 증여는 서로 다른 개념이고 모든 무상행위를 유류분 산정의 대상이 되는 증여에 포함시키는 것은 유류분 산정의 대상을 지나치게 확대하는 것이 되어 타당하지 못하다. 그러므로 무상행위를 개별적으로 검토하여 증여로서의 성질이 강한 것에 한하여 유추적용하는 것이 바람직하다[이러한 점에서 법인에의 출연을 바로 유류분대상이 되는 증여라고 하지 아니하고 증여규정을 유추적용한 독일법원의 판결(LG Baden−Baden, ZZV, 99, 152, W. Erman, Erman Bürgerliches Gesetzbuch, II, 10. neubearbeitete auf., 2000. Münster, Achendorf−Rechtsverl., Köln o. schmidt, Vor §2325, S.14688, Rn. 1에서 재인용)은 참고할만하다).

다. 민법은 '증여재산'이 유류분 산정에 가산됨을 밝히고(「민법」 제1113조), 다만 당사자 쌍방이 유류분권리자에 손해를 가할 것을 알고 한 것이 아닌 한[11] 상속개시 전의 1년간에 행한 증여에 한하여 피상속인이 사망시에 가진 재산에 가산하는 것으로 제한하고 있다(제1114조). 그런데 여기의 '증여재산'에는 물권, 채권, 무체재산권 등 여러 가지가 있고, 이들 가운데에는 그 양도계약만으로 권리변동 내지 재산권이 이전 되는 것도 있지만 그렇지 못한 것도 있다. 특히 물권이나 특허권 등의 무체재산권의 이전에는 양도계약 외에 등기나 인도, 등록 등 이행행위가 필요하다. 또 증여라는 말은 증여계약을 뜻하기도 하지만, 그 이행까지를 포함하기도 한다. 우리 민법은 물권변동에 관하여 등기나 인도를 그 효력발생요건으로 하는 형식주의를 취하고 있어(「민법」 제186조, 제188조), 물권을 목적으로 한 증여계약이 있더라도 등기나 인도가 없으면 수증자는 바로 그 물권을 취득하지 못한다. 이때의 유류분 산정과 관련하여 ①피상속인이 생전에 증여계약을 체결하였으나 이행하지 아니한 경우에 그 증여계약의 목적이 된 재산은 피상속인이 상속개시시에 가진 재산인지 아닌지, ②이러한 재산은 피상속인이 상속개시전의 1년간에 행한 증여재산의 가액에 포함되는 것인지, ③이러한 증여채무를 상속채무로 보아 이를 피상속인이 상속개시시에 가진 재산에서 공제할 것인지, ④유류분권자의 순상속분은 법정상속분을 기준으로 할 것인지 구체적 상속분을 기준으로 할 것인지 등이 문제가 된다.

라. 대상판결은, 피상속인이 그 사망 3여 년 전에 증여계약을 하고 사망당시까지도 이행되지 아니한 증여에 관하여, 앞의 판결요지에서 보는 바와 같이 ①'피상속인이 상속개시시에 가진 재산'과 관련하여서는 "아직 증여계약이 이행되지 아니하여 소유권이 피상속인에게 남아 있는 상태로 상속이 개시된 재산은 당연히'피상속인의 상속개시시에 있어서 가진 재산'에 포함되는 것이므로, 수증자가 공동상속인이든 제3자이든 가리지 아니하고 모두 유류분 산정의 기초가 되는 재산을 구성한다."고 하고, ②'피상속인이 상속개시전의 1년간에 행한 증

---

11) 또 판례에 따르면 "공동상속인 중에 피상속인으로부터 재산의 증여에 의하여 특별수익을 한 자가 있는 경우에는 「민법」 제1114조의 규정은 그 적용이 배제되고, 따라서 그 증여는 상속개시 전의 1년간에 행한 것인지 여부에 관계없이 유류분 산정을 위한 기초재산에 산입된다."(대법원 1995. 6. 30. 선고 93다11715 판결)고 한다. 대상판결의 원심도 같은 이유로 증여재산이 유류분 산정에 포함되는 것으로 보았다.

364 14. 유류분 산정에 가산되는 증여의 기준시점

여재산의 가액'과 관련하여서는 "유류분 산정의 기초가 되는 재산의 범위에 관한「민법」제1113조 제1항에서의 '증여재산'이란 상속개시 전에 이미 증여계약이 이행되어 소유권이 수증자에게 이전된 재산을 가리키는 것이고"라고 하여 사망 당시 이행되지 아니한 증여는 유류분산정의 대상이 된다고 한다.

2. 이글의 범위

그동안 유류분 산정과 관련된 이상의 문제 중 유류분권자의 순상속분은 법정상속분을 기준으로 할 것인지 구체적 상속분을 기준으로 할 것인지 등에 관하여는 비교적 깊이 있는 논의가 있었다.[12] 이 글에서는 대상판결이 판시한 내용과 관련하여 피상속인이 상속개시 전의 1년간에 행한 증여재산의 가액의 문제를 중심으로 유류분 산정에 있어서 가산되는 증여를 증여계약체결시를 기준으로 할 것인지 등기나 인도 등을 마친 때인 이행시를 기준으로 할 것인지를 살펴보고 대상판결의 타당성을 검토하기로 하되, 그에 앞서 비교법적인 관점에서 다른 나라의 입법례를 살펴본다.

Ⅱ. 입법례

1. 프랑스민법

프랑스민법은 먼저 제893조에서 제911조에 걸쳐 무상양여를 규정한 뒤, 이어서 제912조에서 제930-5조에 걸쳐 유류분에 관하여 규정하고 있다.[13] 프랑스

---

12) 오병철, "유류분 부족액의 구체적 산정방법에 관한 연구", 「家族法硏究」第20卷 第2號, 韓國家族法學會, 2006, 199-232면; 尹眞秀, "遺留分 侵害額의 算定方法", 「法學」第48卷 第3號, 서울대학교 법학연구소 2007, 250-277면; 鄭求兌, "遺留分 侵害額의 算定方案에 관한 小考: 相續에 의해 取得한 積極財産額의 算定方法을 中心으로", 「高麗法學」, 제51호, 고려대학교 법학연구원, 2008, 439-484면 등.
13) 프랑스 민법상의 유류분제도는 2006. 6. 23. 일부 개정되어 2007. 1. 1. 부터 시행되고 있다. 프랑스 민법상의 개정된 유류분에 관한 우리말 문헌으로는 李鳳敏, "프랑스法上 遺留分 制度-2006年 6月 23日 改正 프랑스 民法을 中心으로-", 서울대학교 석사학위 논문, 2009, 개정 전의 것에 관하여는 Marc DONNIER, Donations et testaments, *Juris-Classeur civil*, Paris, Editions du Juris-Classeur, Art. 912 à 916, Fasc. A, 1993; Art. 917 à 919, Fasc. 20, 1995; Art. 920 à 930, Fasc. 30, 1994. 각 참조.

유류분제도의 특징은 피상속인이 처분할 수 있는 임의분(quotité disponible)[14]이라는 개념을 인정하고 망인이 생전에 이를 초과하여 무상양여를 한 경우에 유류분 침해를 인정하는 점이라고 할 수 있다. 「프랑스민법」 제912조는 유류분과 임의분을 정의하여 "유류분은 유류분권자인 어떤 상속인이 상속 자격이 있어 이를 승인했을 때, 법이 그 유류분권자에게 부담 없이 귀속을 보장하는 상속재산 및 상속권이 일부이다. 임의분은 법에 의해 유보되지 않는, 망인이 이를 무상양여에 의하여 자유롭게 처분할 수 있었던 상속재산 및 상속권의 일부이다."[15]라고 한다. 또 제893조는 "무상양여[16]란 한 사람이 다른 사람을 위하여 자신의 재산 또는 권리의 전부 또는 일부를 무상으로 처분하는 행위이다. 무상양여는 생전증여 또는 유언에 의해서만 할 수 있다"[17]라고 하고, 제913조는 "생전행위 또는 유언에 의한 무상양여는 망인이 사망시 자녀를 1명 남긴 때에는 그 재산의 1/2을, 2명을 남긴 때에는 1/3을, 3명 이상을 남긴 때에는 1/4을 초과할 수 없다. 상속을 포기한 자녀는 그가 피대습자이거나 제845조의 적용에 있어서 무상양여의 특별상속분반환(rapport)[18]의무가 있는 경우에만 망인이 남긴 자녀에 포함된다."[19]라고 한다. 제920조는 "1인 또는 수인의 유류분을 직·간접적으로 침해하는 무상양여는 상속개시시의 임의분으로 감액할 수 있다."[20]고 하며, 제

---

14) 이를 '자유분'이라고 옮기도 한다(李鳳敏, 위의 논문, 20면).

15) Article 912 La réserve héréditaire est la part des biens et droits successoraux dont la loi assure la dévolution libre de charges à certains héritiers dits réservataires, s'ils sont appelés à la succession et s'ils l'acceptent.
   La quotité disponible est la part des biens et droits successoraux qui n'est pas réservée par la loi et dont le défunt a pu disposer librement par des libéralités.

16) '무상처분'이라고 옮기기도 하나(李鳳敏, 앞의 논문, 23면 이하), 통상 '처분'에는 사실행위까지도 포함하는 것이므로 이렇게 옮기는 것은 적당하지 않은 것 같다.

17) Article 893 La libéralité est l'acte par lequel une personne dispose à titre gratuit de tout ou partie de ses biens ou de ses droits au profit d'une autre personne.
   Il ne peut être fait de libéralité que par donation entre vifs ou par testament.

18) 이를 '상속조정'이라고 옮기는 이도 있다(李鳳敏, 앞의 논문, 28면 이하 참조).

19) Article 913 Les libéralités, soit par actes entre vifs, soit par testament, ne pourront excéder la moitié des biens du disposant, s'il ne laisse à son décès qu'un enfant; le tiers, s'il laisse deux enfants; le quart, s'il en laisse trois ou un plus grand nombre.
   L'enfant qui renonce à la succession n'est compris dans le nombre d'enfants laissés par le défunt que s'il est représenté ou s'il est tenu au rapport d'une libéralité en application des dispositions de l'article 845.

20) Article 920 Les libéralités, directes ou indirectes, qui portent atteinte à la réserve d'un ou

922조는 "감액[21]은 증여자 또는 유언자의 사망시 현존하는 모든 재산을 일체로 하여 결정한다. 생전증여에 의하여 처분한 재산은 채무 및 부담[22]을 공제한 후, 증여시의 상태 및 상속개시시의 가액에 따라 의제적으로 이를 합산한다. 그 재산이 이미 양도된 때에는 양도시의 가액을 고려한다. 대체물이 있는 때에는 취득시의 상태에 따라서 상속개시일의 새로운 재산가액을 고려한다. 새로운 재산의 취득시 성질상 그 가치하락이 불가피한 때에는 그 대체물은 고려하지 않는다. 이들 모든 재산을 바탕으로 상속인의 자격을 고려하여, 망인이 처분할 수 있는 재산분을 계산한다."[23]고 한다.

　　프랑스에서는 이와 같이 유류분의 대상이 생전증여와 유증에 한정되어 있고 유류분의 계산에 있어서 증여에 대한 시적인 제한이 없으며 물권변동에 관하여 당사자의 의사표시만으로 효력이 발생하고,[24] 독일이나 우리 민법에서처럼

---

　　plusieurs héritiers, sont réductibles à la quotité disponible lors de l'ouverture de la succession.

21) '감쇄'라고 옮기기도 하나(李鳳敏, 앞의 논문, 60면) 익숙한 우리말이 아니다.

22) 개정법에 따라 부담도 공제하도록 하고 있다.

23) Article 922 La réduction se détermine en formant une masse de tous les biens existant au décès du donateur ou testateur.

　　Les biens dont il a été disposé par donation entre vifs sont fictivement réunis à cette masse, d'après leur état à l'époque de la donation et leur valeur à l'ouverture de la suc－cession, après qu'en ont été déduites les dettes ou les charges les grevant. Si les biens ont été aliénés, il est tenu compte de leur valeur à l'époque de l'aliénation. S'il y a eu subrogation, il est tenu compte de la valeur des nouveaux biens au jour de l'ouverture de la succession, d'après leur état à l'époque de l'acquisition. Toutefois, si la dépréciation des nouveaux biens était, en raison de leur nature, inéluctable au jour de leur acquisition, il n'est pas tenu compte de la subrogation.

　　On calcule sur tous ces biens, eu égard à la qualité des héritiers qu'il laisse, quelle est la quotité dont le défunt a pu disposer.

24) 「프랑스민법」 제711조 물건에 대한 소유권은 상속, 증여, 유증 및 채권의 효과로 취득되고 이전된다(Article 711 La propriété des biens s'acquiert et se transmet par succession, par donation entre vifs ou testamentaire, et par l'effet des obligations).

　　제1138조 물건의 이전채무는 계약 당사자의 합으로 완성된다. 합의는 채권자를 소유자로 만들며 아직 물건에 대한 점유이전이 이루어지지 않았더라도 목적물의 이전채무가 완성된 시점부터 채권자는 당해 물건에 대하여 위험을 부담하나, 채무자가 물건의 이전채무에 관하여 지체상태에 있는 때에는 그러하지 아니하며, 이 경우에는 채무자가 위험을 부담한다(Article 1138 L'obligation de livrer la chose est parfaite par le seul consentement des parties contractantes. Elle rend le créancier propriétaire et met la chose à ses risques dès l'instant où elle a dû être livrée, encore que la tradition n'en ait point été faite, à moins

계약 외에 별도의 이행문제가 생기는 것이 아니므로 증여계약 체결시와 그 이행 시를 구분하여 유류분을 계산할 여지가 없는 것 같다.

2. 독일민법[25]

독일민법은 유류분(Pflichtteil)에 관하여 제2303조에서 제2338조에 걸쳐서 규 정하고 있다. 증여의 개념은 원칙적으로 「독일민법」 제1624조를 포함한 제516 조, 제517조의 것으로 본다.[26] 다만 법인에의 출연도 증여규정을 유추하여 유류 분의 대상이 되는 것으로 본다.[27]

상속개시시에 있어서 이행되지 아니한 단순증여는 제2325조에 해당하지 않 는 것으로 보는데, 이는 채무로서 상속재산가액을 줄이는 것이기 때문이라고 한 다.[28] 여기에서 청구권은 상속인에 대한 것이다. 항변권을 행사하는 방법으로 하는 수증자에 대한 이행의 거부는 「독일민법」 제2329조 제1항 제2문의 경우에 오로지 상속인 측에서만 할 수 있다. 그 밖의 다른 상속인은 그 이행을 거부할 수 없고 보충의무를 수증자에게 전가할 수 없다. 상속개시시에 이행된 증여가 제2325조에 해당하고, 반면에 사망시점에 있어서 미처 이행되지 못한 증여는 상 속에서의 제2301조 제1항의 유증으로서 순서에 따라 유류분권의 대상이 된다.[29] 상속재산에 가산되는 증여에 관하여는 제2325조[30]에서 증여가액을 상속재산에

---

que le débiteur ne soit en demeure de la livrer; auquel cas la chose reste aux risques de ce dernier).

25) 독일민법상의 유류분제도에 관한 우리말 문헌으로는 최준규, "독일의 유류분 제도", 「家族 法硏究」 第22卷 第1號 韓國家族法學會, 2008, 256–302면 참조.

26) U. Haas, R. Kanzleiter und W. Olshaushausen, von Staudingers Kommenter zum Bürgerlichen Gesetzbuch mit Einführungsgeaetz und Nebengesetz, Buch 5, Erbrecht, §§2265–2338, Berlin, Seiler–de Grauter, Berlin, 2006, §§2325, S.776, Rn. 1; W. Erman, Erman Bürgerliches Gesetzbuch, a.a.O., S.14688, Rn. 1.

27) LG Baden–Baden, ZZV, 99, 152(W. Erman, Erman Bürgerliches Gesetzbuch, a.a.O., S.14688, Rn. 1에서 재인용.

28) U. Haas, R. Kanzleiter und W. Olshaushausen, J. von Staudingers, a.a.O., S.777, Rn. 4.

29) A.a.O.

30) 「독일민법」 제2325조(증여에 있어서 유류분보충청구권) (1) 피상속인이 제3자에게 증여를 한 때에는 유류분권자는 증여의 목적물이 상속재산에 가산되었을 경우에 유류분이 증가되 는 가액을 유류분의 보충으로서 청구할 수 있다.
(2) 소비할 수 있는 물건은 증여시에 가진 가액을 기준으로 한다. 그 밖의 목적물은 상속개

합산하여 유류분을 청구할 수 있도록 하고(제1항), 증여 목적물의 급부 후 상속 개시시까지 10년이 경과한 때에는 그 증여는 고려하지 않도록 하고 있다(제3항). 그에 따라 "증여 목적물의 급부"(Leistung des verschenkten Gegenstands)개념의 해석이 법적 처리를 위한 출발점이 되어 이를 급부효과(Leistungserfolg), 급부행위(Leistungshandlung), 그 중간단계(Zwischenstadium) 중 어느 것을 기준으로 할 것인지에 관하여 다투어지고 있다.[31] 독일연방최고법원(BGH)의 판례[32]는 처음에는 피상속인이 수증자의 증여목적물 취득에 필요한 모든 것을 했는지를 기준으로 하였다.[33] 그 뒤 부동산 증여에 있어서는 급부효과의 방향에 대하여 신중히 하여, 부동산 증여에 있어서의 10년 기간의 개시를 위해서는 최소한 양도합의의 의사표시(Auflassungserklärung)[34]가 필요하다고 하였다.[35] 그 다음에는 양도합의

시시에 가진 가액을 기준으로 한다. 그러나 증여시의 가액이 더 작은 때에는 증여시의 가액만이 기준으로 된다.

(3) 증여 목적물의 급부 후 상속개시시까지 10년이 경과한 때에는 그 증여는 고려하지 아니한다. 그러나 피상속인의 배우자에 대한 증여는 혼인의 해소 전에는 그 기간이 개시되지 아니한다.

BGB § 2325 Pflichtteilsergänzungsanspruch bei Schenkungen (1) Hat der Erblasser einem Dritten eine Schenkung gemacht, so kann der Pflichtteilsberechtigte als Ergänzung des Pflichtteils den Betrag verlangen, um den sich der Pflichtteil erhöht, wenn der verschenkte Gegenstand dem Nachlass hinzugerechnet wird.

(2) Eine verbrauchbare Sache kommt mit dem Wert in Ansatz, den sie zur Zeit der Schenkung hatte. Ein anderer Gegenstand kommt mit dem Wert in Ansatz, den er zur Zeit des Erbfalls hat; hatte er zur Zeit der Schenkung einen geringeren Wert, so wird nur dieser in Ansatz gebracht.

(3) Die Schenkung bleibt unberücksichtigt, wenn zur Zeit des Erbfalls zehn Jahre seit der Leistung des verschenkten Gegenstands verstrichen sind; ist die Schenkung an den Ehegatten des Erblassers erfolgt, so beginnt die Frist nicht vor der Auflösung der Ehe.

31) K. Lebmann, F. J. Säcker und R. Rixcker, Münchener Kommentar zum Bürgerlichen Gesetzbuch, Band 9, Errecht, §§ 1922-2385, §§ 27-35 BeurkG, 4. Auf., München, C.H. Beck, 2004, § 2325, 1975, Rn.36.

32) 이하의 판례는 K.Lebmann, F. J. Säcker und R. Rixcker, Münchener Komment, a. a. O; U. Haas, R. Kanzleiter und W. Olshaushausen, J. von Staudingers, a.a.O., SS.793 ff. Rn.54 ff. 에서 재인용한 것임.

33) BGH NJW 1970, 1638(이는 인적 회사의 사원의 지분을 정지조건부로 양도한 사인증여가 문제가 된 것이다).

34) 「독일민법」 제873조 (합의와 등기에 의한 취득) (1) 부동산의 소유권을 양도하거나 부동산에 권리를 설정하거나 또는 그 권리를 양도하거나 그 권리에 부담을 설정함에는 법률에 다른 정함이 없는 한, 권리변동에 관한 권리자와 상대방의 합의 및 부동산등기부에의 권리변

(Auflassung)만으로는 충분하지 않다고 보았다.[36) 마지막으로 1987. 12. 2. 자 판
결에서 등기부에의 등기의 경료 및 수증자 자신의 소유권취득이라는 궁극적인
법률효과가 기간개시를 위한 요건이라는 점을 명백히 하였다.[37)

　　판례의 이러한 태도는 법적인 급부효과를 목표로 하는 한 법적 명확성의 관
점에서 환영할만하다고 한다.[38) 또 이는 BGB의 급부개념에도 적합하고 예방사
법을 위하여 기간개시결정에 대한 명확한 기준을 제시한 것이라고도 한다.[39) 피
상속인의 사망을 정지조건으로 한 재산양도는 피상속인의 사망에 의하여 비로소
기간이 개시되고 이행되지 않은 형식을 완비한 증여계약(BGB §516)은 피상속인
의 사망 전에는 10년의 기간이 진행되지 않는다.[40) 이는 제3자를 위한 계약의
방법으로 특히 저금통장이나 그 밖의 예금에서처럼 피상속인의 처분의 자유를

경의 등기를 요한다.

(2) 당사자는 등기 전에는, 의사표시가 공정증서로 작성되었거나 부동산등기소에서 행하여
졌거나 거기에 제출된 때 또는 권리자가 부동산등기법의 규정에 좇은 등기승낙서를 상대
방에게 교부한 때에 한하여, 제1항이 합의에 구속된다.

BGB § 873 Erwerb durch Einigung und Eintragung (1) Zur Übertragung des Eigentums an
einem Grundstück, zur Belastung eines Grundstücks mit einem Recht sowie zur Übertragung
oder Belastung eines solchen Rechts ist die Einigung des Berechtigten und des anderen
Teils über den Eintritt der Rechtsänderung und die Eintragung der Rechtsänderung in das
Grundbuch erforderlich, soweit nicht das Gesetz ein anderes vorschreibt.

(2) Vor der Eintragung sind die Beteiligten an die Einigung nur gebunden, wenn die
Erklärungen notariell beurkundet oder vor dem Grundbuchamt abgegeben oder bei diesem
eingereicht sind oder wenn der Berechtigte dem anderen Teil eine den Vorschriften der
Grundbuchordnung entsprechende Eintragungsbewilligung ausgehändigt hat.

제929조 (합의와 인도) 동산소유권의 양도에는 소유자가 양수인에게 물건을 인도하고 또
쌍방이 소유권의 이전에 합의하는 것을 요한다. 양수인이 물건을 점유하고 있는 경우에는
소유권이전의 합의로 족하다.

§ 929 Einigung und Übergabe Zur Übertragung des Eigentums an einer beweglichen Sache
ist erforderlich, dass der Eigentümer die Sache dem Erwerber übergibt und beide darüber
einig sind, dass das Eigentum übergehen soll. Ist der Erwerber im Besitz der Sache, so
genügt die Einigung über den Übergang des Eigentums.

35) BGH NJW 1974, 2319.
36) BGH NJW, 1988, 183.
37) BGHZ. 102, 289 = BGH. NJW, 1988, 821.
38) U. Haas, R. Kanzleiter und W. Olshaushausen, J. von Staudingers, a.a.O. S.793, Rn.54.
39) A.a.O.
40) A.a.O., S.793, Rn.55.

보류한 피상속인이 한 생전증여(lebzeitige Zuwendung auf den Todesfall)도 마찬가
지이다.41)

3. 일본민법

「일본민법」 제1029조 제1항은 "유류분은 피상속인의 상속개시시에 있어서
가진 재산의 가액에 증여재산의 가액을 가산하고 그 중에서 채무의 전액을 공제
하여 이를 산정한다."고 하고, 제2항은 "조건부의 권리 또는 존속기간이 불확정
한 권리는 가정법원이 선임한 감정인의 평가에 의하여 그 가격을 정한다."고 하
여 제1항에 "그 중에서"라는 말을 제외하고는 「민법」 제1113조와 같다. 또 「일
본민법」 제1030조는 "증여는 상속개시전의 1년간에 행한 것에 한하여 전조의 규
정에 의하여 그 가액을 산정한다. 당사자 쌍방이 유류분권리자에 손해를 가할
것을 알고 증여를 한 때에는 1년 전에 한 것도 같다"고 하여, 「일본민법」이 "전
조의 규정에 의하여"라고 한 것을 우리 민법이 "「민법」 제1114조가 "제1113조의
규정에 의하여"라고 한 점을 제외하면 양자는 모두 동일하다.

증여의 의의에 관하여, 여기에 있어서 증여는 민법이 증여계약이라고 한 것
에 한하지 아니하고 널리 무상처분을 의미하고 기부행위, 무상의 신탁이익의 공
여, 무상의 채무면제, 경우에 따라서는 무상의 인적·물적 담보의 공여도 여기의
증여에 포함된다고 한다.42)

「일본민법」 제1029조, 제1030조의 유류분 산정에서 가산되는 증여에 관하여
증여계약 체결시를 기준으로 하고 있고 이에 대한 이론은 없는 듯하다.43) 즉, 일
본의 이론은 "상속개시 전 1년간에 한 증여는 당연히 산입된다(본조 전단). 이러
한 증여는 당사자에게 해의가 있는지 어떤지를 묻지 아니하고 산입되므로 유류
분권리자는 이러한 증여에 있어서는 당사자의 해의의 입증책임을 면한다. 상속
개시 전 1년간에 한 것이라 함은 증여계약이 1년간에 되었다는 것이고, 증여계
약이 1년 전에 되었을 때에는 그 이행이 1년간에 되었더라도 여기에 포함되지

---

41) A.a.O.

42) 高木多喜男, 「遺留分制度の硏究」, 成文堂, 1987, 189面.

43) 中川淳, 「新版注釋民法 28, 相續 3, 遺言·遺留分 960-1044」, 中川善之助新, 加藤英一 編,
   有斐閣, 1988, 437面; 같은 취지의 高木多喜男, 前揭書, 189面; 埼玉辯護士會 編, 「遺留分の
   法律と實務」, 「ぎょうせい」, 2007, 55-57面.

아니한다."44)고 한다. 또 "정지조건부 증여가 상속개시 1년 전에 되고 조건성취가 1년 내에 이루어진 경우에도 1년간에 한 증여 중에 포함되지 아니한다."45)고한다. 그리고 이에 대한 특별한 이유는 없다. 그러나 부동산물권변동에 관하여의사주의를 채택하여 "물권의 설정 및 이전은 당사자의 의사표시만으로 그 효력을 발생한다."(「일본민법」 제176조)고 하고, 등기를 대항요건으로 보아 "부동산에관한 물권의 득상 및 변경은 부동산등기법이 정한 바에 따라 그 등기를 하지 아니하는 한 이로써 제3자에게 대항할 수 없다."(제177조)고 하는 일본민법 하에서는 계약만으로 물권변동이 일어나게 되므로 증여에 관한 앞에서와 같은 해석은당연한 것으로 보인다.

계약만으로 물권변동이 일어나는 일본이나 프랑스에서는 조건부가 아닌 한피상속인의 사망시까지 생전증여가 이행되지 않는 경우는 생각할 수 없을 것이므로 상속채무에서 공제되어야 할 채무로서의 증여채무는 문제되지 아니한다.그러나 우리 민법이나 독일민법의 경우에는 계약과 그 이행은 별개의 것이므로상속개시시에 이행되지 아니한 증여가 있게 되며 이를 공제되어야 하는지가 문제된다.

Ⅲ. 학설 및 판례와 그 검토

1. 학설 및 판례

민법은 유류분의 산정에 있어서 당사자 쌍방이 유류분권리자에 손해를 가할 것을 알고 한 것이 아닌 한 상속개시 전의 1년간에 행한 증여에 한하여 피상속인이 사망시에 가진 재산에 가산하도록 하고 있는데(제1114조), 이는 증여가 무한정으로 산정되고 반환청구의 대상이 되면 수증자나 그 이해관계인에게 불측의손해를 줄 우려가 있기 때문이라고 한다.46) 그렇다면 상속개시 전 1년간에 한증여는 이행된 증여이어야 하는가 아니면 증여계약을 말하는가?「민법」 제1114조의 1년간에 한 증여는 증여계약체결시를 기준으로 할 것인가 그 이행시를 기

---

44) 中川淳, 前揭書, 437面.
45) 中川淳, 上揭書, 437面.
46) 李庚熙, 앞의 책, 108면.

준으로 할 것인가?

이에 관하여 다음과 같은 견해들이 있다.

(1) 학설

1) 증여계약체결시설

상속개시 전 1년간에 한 증여에 관하여 절대다수의 견해[47])는 증여계약체결시를 기준으로 한다고 한다. 예를 들면 "너무 오래된 증여가 무한적으로 산정되고 반환청구의 대상이 되면 거래의 안전을 해하므로, 상속개시 전의 1년간에 행하여진 것에 한하여 그 가액을 산정한다(본조 전단). 이것은 증여계약이 체결된 때(상속재산으로부터 떨어져 나간 것이 확정된 때)를 기준으로 하며, 이행이 상속개시 전 1년간에 행하여진 것을 의미하는 것이 아니다."[48])라고 한다. 또 이러한 견해가 통설임을 전제로 "수증자는 증여 계약만 체결한 상태에서는 보통의 계약 당사자보다 약한 지위를 가지고 있는 점(「민법」 제555조는 서면에 의하지 않은 증여계약의 해제권을, 제556조는 수증자의 일정한 행위를 이유로 하는 해제권을, 제557조는 증여자의 재산상태가 변경된 경우의 해제권을 각 인정하고 있는데 반하여 제558조는 증여 계약이 이행된 경우에는 계약을 해제할 수 없다는 취지의 규정을 두고 있어 증여 계약에 있어서 이행 여부에 따른 구별을 하고 있다), 따라서 수증자의 증여 목적물 취득에 대한 기대는 이행 이전에는 그다지 확고하지 않은 것으로 볼 수 있는 점, 소송에 있어서 허위 계약서의 작성 등으로 그 계약 시기를 특정하기 어려워지게 되는 증거 수집상의 문제도 있는 점을 고려하여 「독일민법」 제2325조 제3항이 명시적으로 규정하고 있는 것처럼 이행시를 기준으로 하는 것이 어떨까 하는 의문이 있다."[49])고 하면서도 "통설이 결과적으로 유류분 반환의 대상이 되는 증여의 범위를 줄이게 되는 점, 「민법」 제1114조 전문이 '증여는…행한 것에'라는 표

---

47) 金疇洙, 앞의 책, 319면; 郭潤直, 앞의 相續法, 457면; 박운길, 앞의 책, 449면; 金疇洙·金相瑢, 「親族·相續法」, 法文社, 2008, 712면; 李庚熙, 앞의 책, 108쪽; 李鎭萬, 앞의 논문, 372면.

48) 金疇洙, 위의 책, 319면; 같은 취지의 郭潤直, 앞의 相續法, 457면(이에 따르면 "여기서 '행한 贈與'라는 것은 贈與契約이 행하여진 것이라는 뜻이며, 相續開始의 1년 이전에 贈與契約을 한 때에는 그 履行을 상속개시 전 1年間에 하였더라도 여기서 말하는 贈與에는 해당하지 않는다."라고 한다); 邊東烈, 앞의 논문, 833면(그러나 공동상속인에게 한 증여와 관련하여서는 "미이행의 증여는 상속 개시시의 상속재산에 포함되는 것으로 보아야 할 것이므로 가산되어야 할 증여에 해당하는 것은 아니다."(같은 논문, 836면)라고 한다].

49) 邊東烈, 위의 논문, 832면 각주 82).

현을 쓰고, 그 후문이 '증여를 한 때에는'이라는 표현을 사용하고 있어 전문과 후문 모두 증여를 한 시기는 통일적으로 규정되어야 할 것으로 보이는데, 본문의 뒤에서 보듯이 후문의 '증여를 한 때'는 증여 계약시로 보아야 하는 점에서 통설에 찬성한다."[50]고도 한다. 또 계약체결시를 기준으로 하는 것이 일반적인 견해라고 하기도 한다.[51] 이들 견해에서는 "증여계약 체결시를 기준으로 하는 이상 정지조건부 증여계약도 조건 완성시나 이행시가 아닌 계약 체결시를 기준으로 하여야 할 것이다."[52]라고 한다.

2) 이행조건부증여계약체결시설

1년간에 한 증여인지는 증여계약체결시를 기준으로 하지만 상속개시 당시에는 그 증여계약이 이미 이행되어 있어야 한다는 견해가 있는데, 이는 이행조건부증여계약체결시설이라고 부를 수 있을 것이다. 이에 따르면 "증여에 관해서는 상속개시가 있기 전의 1년 사이에 행해진 것에 한해서만 그 가격을 산정한다(제111조 전문). 이것은 증여계약이 체결된 때를 기준으로 하며 이행이 상속개시 전 1년간에 행해진 것을 의미하는 것은 아니다... 증여재산이란 상속개시 전에 이미 증여계약의 소유권이 수증자에게 이전된 재산을 가리키는 것이다."[53]라고 한다. 또 증여계약체결시를 기준으로 한다고 하면서도 유류분 산정의 기초가 되는 재산에서의 '증여재산'은 상속개시 전에 이미 증여계약이 이행되어 소유권이 수증자에게 이전된 재산을 가리키며 아직 증여계약이 이행되지 아니하여 소유권이 피상속인에게 남아 있는 상태로 상속이 개시된 재산은 당연히 '피상속인의 상속개시시에 있어서 가진 재산'에 포함된다는 견해[54]가 있는데, 이 역시 증여

---

50) 邊東烈, 위의 논문, 832면 각주 82).

51) 尹眞秀, 앞의 논문, 257면 각주 7). 이에 따르면 이설이 없는 것으로 보인다고 하나, 타당하지 못하다.

52) 邊東烈, 앞의 논문, 833면.

53) 金容漢, 「親族相續法」, 博英社, 2004, 43면. 같은 뜻으로 金能煥, 앞의 논문, 23면 이하(이에 따르면 " '상속개시 전 1년간에 행한'이라는 것은 贈與契約이 상속개시 전 1년간에 이루어진 것을 뜻한다. 따라서 상속개시 1년 전에 이루어진 贈與契約의 이행이 상속개시 전 1년 내에 이루어진 것은 이에 해당하지 않는다... 그러나 어느 경우이든 상속개시 당시에는 그 贈與契約이 이미 이행되어 있는 것이어야 한다. 贈與契約이 아직 이행되지 아니한 것은 被相續人이 相續開始時에 있어서 가진 재산에 포함되어 加算되기 때문이다."(金能煥, 같은 논문, 25면)라고 한다).

54) 박운길, 앞의 책, 449면; 김민중 외 7인, 「로스쿨가족법」, 청림출판, 2007, 107-108면; 박

계약체결시를 기준으로 하지만 상속개시 전에는 그 증여계약이 이미 이행되어 있는 것이어야 한다는 앞의 견해와 같은 것이라고 할 수 있다.

이러한 견해에 따르면 정지조건부 증여계약이 상속개시 1년 전에 이루어지고 그 조건이 상속개시 전 1년 내에 성취되어 이행된 경우에는 「민법」 제1114조의 상속개시 전 1년간에 행한 증여가 아니라고 한다.[55]

(2) 판례

유류분에 산입되는 증여가 그 계약체결을 말하는 것인지 그 이행을 말하는 것인지에 관한 판례는 대상판결이 유일한 것으로 보이는데, 이 대상판결은 "유류분 산정의 기초가 되는 재산의 범위에 관한 「민법」 제1113조 제1항에서의 '증여재산'이란 상속개시 전에 이미 증여계약이 이행되어 소유권이 수증자에게 이전된 재산을 가리키는 것이고"라고 한다. 이 판례는 이행시설을 취한 것으로 보이기도 하지만 「민법」 제1114조와 같이 '상속개시 1년 전'에 이미 이행된 것을 요구하지 아니하고 '상속개시 전'에 이미 증여계약이 이행되어 있음을 요하고 있는 점을 보면 증여계약체결시를 기준으로 하면서 상속개시 전에는 그 증여계약이 이미 이행되어 있는 것이어야 한다는 취지로도 보인다.[56]

2. 학설 및 판례의 검토

(1) 학설의 검토

1) 이행조건부증여계약체결시의 검토

먼저 증여계약체결시를 기준으로 하지만 상속개시 전에는 그 증여계약이 이미 이행되어 있는 것이어야 한다는 견해를 검토해보기로 한다. 이 견해에 따라 증여계약체결시를 기준으로 하지만 상속개시 전에는 그 증여계약이 이미 이행되어 있어야 한다면 상속개시 1년 전에 증여계약을 하였으나 증여자의 사망시까지 이행이 안 된 경우에는 피상속인이 사망시에 가진 재산이 되어 유류분 산

운길, "遺留分制度에 관한 小考", 「法學研究」 第30輯, 韓國法學會, 2008, 141-142면; 李鎭萬, "遺留分의 算定", 「民事判例研究 XIX」, 博英社, 1997, 372면.

55) 金能煥, 앞의 논문, 25면.
56) 후자로 보는 견해로는 金能煥, 위의 논문, 23면; 김민중 외 7인, 앞의 책, 107면; 李鎭萬, 앞의 논문, 372면.

정의 기초재산에 산입되기 때문에 「민법」 제1114조가 증여를 상속 개시전의 1년
간에 한 것으로 제한하는 의미가 없게 된다. 또 이 견해가 상속개시 전에 이전되
어야 한다는 것은 증여계약이 그 목적물에 관한 등기나 인도, 등록 등 효력발생
요건을 갖춤으로써 이전되는 것을 조건으로 하는 것이 되는데, 이는 법이 요구
하지 아니하는 것을 요구하는 것이며 또 증여계약체결시를 기준으로 한 증여를
상속개시 전 1년간에 그 이행이 이루어진 것과 그 이행이 이루어지지 아니한 것
으로 구별하여 차이를 둘 근거가 없으므로 위의 견해는 타당하지 못하다.[57]

2) 증여계약체결시설의 검토

증여계약체결시를 기준으로 하는 견해는 ①권리변동 특히 「민법」 제186조,
제188조가 규정한 물권변동과 제1113조가 규정한 '피상속인의 상속개시시에 있
어서 가진 재산'의 관점, ②유증과의 관점, ③비교법의 관점에서 검토를 할 필요
가 있다.

① 권리변동 및 '피상속인의 상속개시시에 있어서 가진 재산'의 관점
a) 피상속인이 생전에 증여계약을 체결하고 사망시까지 이를 이행하지 아니
한 경우에 그 증여목적 재산이 「민법」 제1113조가 규정한 '피상속인의 상속개
시시에 있어서 가진 재산'에 해당하는지에 관하여 대부분이 언급이 없고,[58] 극히
일부가 이를 긍정하고 있는데, 이에 따르면 "피상속인이 생전증여를 하였으나
아직 그 이행을 하지 아니하여 소유권이 피상속인에게 남아 있는 상태로 상속이
개시된 재산은 당연히 여기의 '피상속인이 상속개시시에 있어서 가진 재산'에 해
당한다. 상속인은 이들 재산의 소유권을 상속함과 아울러 수증자에 대해 피상속
인의 증여계약을 이행할 채무를 상속하는 것이기 때문이다."[59]라고 하기도 하
고, "우선 일본민법은 물권변동에 관하여 이른바 의사주의를 취하고 있어 증여

---

57) 이 견해는 다수의 견해가 「민법」 제1114조의 1년간에 한 증여를 계약체결시를 기준으로
    하고, 대상판결이 이를 피상속인의 사망전에 이행하여야 한다고 하는 것을 혼합한 것으로
    보인다.
58) 이점은 일본에서도 마찬가지인데, 일본의 경우에는 물권변동에 관하여 등기를 대항요건으
    로 보는 의사주의를 취하고 있고, 앞에서 본 바와 같이 정지조건부 증여를 유류분 산정의
    기초재산으로 보지 아니하여 증여계약의 이행이 문제되지 아니하기 때문인 듯하다.
59) 金能煥, 앞의 논문, 23면.

나 유증의 경우 곧바로 물권변동이 일어나 소유권은 수증자 또는 수유자에게 곧
바로 이전되므로 피상속인의 증여나 유증에 의하여 당연히 그 재산은 상속재산
의 범위에서 벗어나게 되고, 등기의 이행 여부에 따라 상속재산의 범위가 달라
지는 일은 없게 된다. 이에 대하여 우리 민법은 이른바 성립요건주의를 취하고
있어 증여가 있더라도 등기가 경료 되지 않는 이상, 수증자는 채권자의 지위에
그치게 되고, 상속인들은 증여재산 자체는 상속하나, 수증자에 대한 채무를 상속
채무로서 부담하게 되는 결과가 되고"[60]라고 하기도 한다.

　　대상판결도 "아직 증여계약이 이행되지 아니하여 소유권이 피상속인에게
남아 있는 상태로 상속이 개시된 재산은 당연히 '피상속인의 상속개시시에 있어
서 가진 재산'에 포함되는 것이므로, 수증자가 공동상속인이든 제3자이든 가리
지 아니하고 모두 유류분 산정의 기초가 되는 재산을 구성한다."고 한다.

　　b) 위의 일부견해나 판례가 밝힌 바와 같이 권리변동에 관하여 일부권리의
경우를 제외하면[61] 물권이나 지적 재산권 등은 그 양도에 관한 등기(「민법」 제
186조)나 인도(제188조), 등록(「특허법」 제101조, 「실용신안법」 제28조) 등이 권리이
전의 효력발생요건이므로, 이러한 등기·등록 등을 하지 아니하면 권리가 이전되
지 아니한다. 피상속인이 한 물권이나 지적재산권의 증여의 경우에도 그 증여계
약만으로 권리가 이전되지 아니하고 등기 등을 갖추었을 때 이전되는 것이므로
이러한 형식을 갖추기 전에는 증여계약 대상재산도 상속재산이라고 할 수밖에
없다.[62]

　　한편 피상속인의 사망 전의 1년간에 한 증여를 상속개시시에 가진 재산에
더하도록 한 것은 이미 타인의 것이 된 재산이라고 하더라도 그 기간 안의 것은
유류분 산정의 기초재산에 포함시킨다는 취지이므로, 증여재산이 먼저 피상속인
의 사망시에 가진 재산에 포함되었다면 이를 다시 피상속인이 1년간에 한 증여
즉, 가산되는 증여에 다시 포함해서는 안 된다.

　　더 나아가 이러한 증여계약체결시를 기준으로 하는 견해(증여계약시설)에 따

---

60) 邊東烈, 앞의 논문, 828면.
61) 예컨대 지명채권양도는 양도계약시에 그 효력이 발생한다. 그러나 이에 대하여 양도계약의
　　효력발생이 양도계약시가 아닌 채무자의 승낙이나 채권자의 양도통지시로 보는 견해도 있다.
62) 邊東烈, 앞의 논문, 828면. 이때 수증자는 채권자의 지위에 그치게 되며 상속인들은 수증자
　　에 대하여 상속채무를 부담하는데 그친다(같은 쪽).

르면 피상속인이 사망 전의 1년간에 증여계약을 하고 이를 이행하지 않은 경우에 이 증여계약 대상재산은 '피상속인의 상속개시시에 있어서 가진 재산'이 되면서 다른 한편으로는 피상속인이 상속개시 전의 1년간에 한 증여로서 상속개시시에 가진 재산에 가산되는 증여가 되어 유류분의 산정의 기초재산에 중복하여 포함되게 되는데, 이는 미이행 된 증여를 다시 가산할 수 없다는 점과도 모순된다.

② 유증과의 대비의 관점

a) 유증도 유류분 산정에 기초가 되거나 가산되는가?

「민법」 제1113조 및 제1114조 제1문은 유류분의 산정 및 이에 산입될 것으로 '증여'만을 규정하고 있을 뿐 '유증'에 관하여는 규정하고 있지 아니하다. 그러나 제1116조는 "증여에 대하여는 유증을 반환 받은 후가 아니면 이것을 청구할 수 없다."고 하여 유증이 유류분청구권의 대상이 됨을 밝히고 있다. 그런데 제1114조는 1년의 기간 제한이 있는 것은 증여로 한정하고 있고, 유증은 포함하고 있지 아니하다. 그렇다면 유증은 유류분 산정에서 어떻게 처리하여야 하는가?[63]

유증에는 특정유증과 포괄유증이 있지만 유류분과 관련하여서는 대체로 이

---

63) 사인증여는 증여와 유증의 중간적·이중적 성격을 갖지만(高永錕, 앞의 「民法注解」, 66면) 무상행위임은 틀림이 없다. 그럼에도 사인증여에 관해서 민법은 유증에 관한 규정을 준용하므로(제562조), 이를 증여로 본다면 「민법」 제1114조가 적용되어 유류분 산정시 가산되는 것이 피상속인의 사망전의 1년간에 한 것에 한정되고, 이를 유증으로 본다면 이러한 제한이 없고 제1116조가 적용되어 증여에 앞서 공제된다. 사인증여는 대체로 유증의 효력에 관한 규정이 준용되고 그 방식에 관한 것은 준용되지 않는 것으로 보고 있고(대법원 1996. 4. 12. 선고 94다37714·37721 판결; 高永錕, 같은 책, 66~71면), 유류분 산정에 있어서 사인증여를 어떻게 처리할 것인가는 일단 이것이 성립한 뒤에 그 효력을 어떻게 볼 것인가의 문제라고 할 수 있어 증여와 같이 취급할 여지도 있으나 사인증여 자체가 증여자의 사망으로 비로소 효력이 발생하는 것이므로 .이것도 유증과 마찬가지로 취급하여야 할 것이다(金亨培, 「民法學講義」, 新潮社, 2010, 같은 쪽; 李鎭萬, "遺留分의 算定", 「民事判例研究 XIX」, 博英社, 1997, 370면). 판례는 "유류분반환청구의 목적인 증여나 유증이 병존하고 있는 경우에는 유류분권리자는 먼저 유증을 받은 자를 상대로 유류분침해액의 반환을 구하여야 하고, 그 이후에도 여전히 유류분침해액이 남아 있는 경우에 한하여 증여를 받은 자에 대하여 그 부족분을 청구할 수 있는 것이며, 사인증여의 경우에는 유증의 규정이 준용될 뿐만 아니라 그 실제적 기능도 유증과 달리 볼 필요가 없으므로 유증과 같이 보아야 할 것이다."(대법원 2001. 11. 30. 선고 2001다6947 판결)라고 한다). 이에 대하여는 사인증여는 사망으로 인하여 그 효력이 발생하는 것이므로 이를 증여와 같은 것으로 보든 아니면 유증과 같은 것으로 보든 그 목적물은 피상속인이 상속 개시시에 가지는 적극 재산에 포함된다고 보아야 할 것이라는 견해가 있다(邊東烈, 앞의 논문, 830면).

를 구별하지 아니하고 "유증한 재산은 상속개시시에 현존하는 재산으로 취급된
다."[64]고 하여 이를 피상속인이 사망 당시에 가진 재산에 포함시키고 있다. 그러
나 포괄유증은 물권적 효력이, 특정유증은 채권적 효력이 있는 것으로 본다.[65]
판례도 "포괄적 유증을 받은 자는 민법 제187조에 의하여 법률상 당연히 유증
받은 부동산의 소유권을 취득하게 되나, 특정유증을 받은 자는 유증의무자에게
유증을 이행할 것을 청구할 수 있는 채권을 취득할 뿐이므로"[66]라고 하여 같은
뜻을 밝히고 있다. 포괄적 유증을 받은 자는 상속인과 동일한 권리의무가 있다
(「민법」 제1078조). 포괄유증과 특정유증은 이와 같이 성질이 다르므로 양자를 구
별하여 살펴보는 것이 바람직하다.

　　우선 특정유증은 채권적 효력이 있을 뿐이므로 피상속인이 사망 당시에 가
진 재산에 포함되며, 이에 대해서는 이론이 없는 것으로 보인다. 그러나 포괄유
증이 상속 개시 1년 전에 행해진 때에는 상속 개시시 물권적 효력을 가지고 그
대로 이행이 되어버리는 셈이 되어 1년 이내의 증여에 해당되지 않는 것으로
볼 여지가 있다.[67] 그에 따라 특정유증과 포괄유증을 구별하여 특정유증은 채
권적 효력만 있으므로 상속 개시시의 재산에 포함되지만, 포괄 유증은 물권적
효력이 있으므로 상속 개시시의 재산에 포함되지 않고 다만, 가산되는 증여에
준하여 취급하여야 한다는 견해[68]와 유증은 포괄유증이든 특정유증이든 모두
이행이 안 된 증여와 마찬가지로 피상속인이 상속개시시에 가진 재산에 포함된
다고 보는 견해[69]가 있다. 후자에 따르면 "포괄수유자는 상속인과 같은 권리 의

---

64) 金亨培, 위의 책, 1977면; 같은 뜻으로 金疇洙·金相瑢, 앞의 책, 712면; 郭潤直, 앞의 相續
　　法, 456면. 이에 따르면 "「민법」 제1113조 제1항의 '피상속인의 상속개시시에 있어서 가진
　　재산'에 유증이 포함되는지에 관하여 "주의할 것은, 遺贈이나 死因贈與(제562조 참조)한
　　財産을 제외해서는 안 되며, 그것도 당연히 相續財産에 포함시켜야 한다(이 점은 第1113條
　　1項의 規定上 명백하다. 즉 이들 財産의 價額을 加筆하여야 하는 것으로 하지 않는 것은
　　相續財産 속에 포함되어 있는 것으로 보기 때문이다."라고 한다); 邊東烈, 위의 논문, 828
　　면; 李鎭萬, 위의 논문, 370면; 오병철, 앞의 논문, 208면 각주 18).
65) 郭潤直, 앞의 相續法, 417-418면.
66) 대법원 2003. 5. 27. 선고 2000다73445 판결(그에 따라 특정유증을 받은 자는 유증 받은 부
　　동산의 소유권자가 아니어서 직접 진정한 등기명의의 회복을 원인으로 한 소유권이전등기
　　를 구할 수 없다고 한다).
67) 이점을 지적하는 견해로는 邊東烈, 앞의 논문, 830면.
68) 李庚熙, 앞의 책, 107-108면.
69) 郭潤直, 앞의 相續法, 456면; 金能煥, 앞의 논문, 24면.

무를 가지고 상속재산의 분할에도 참가 할 수 있으며, 적극 재산과 소극 재산 모두를 포괄하여 유증을 받아 상속재산에 대한 지분비율적인 권리·의무를 가지고 있는 점을 감안하여 본다면 물권적인 효력이 있다고 하더라도 상속재산으로부터 완전히 이탈한 것이라고 보기는 어려운 점이 있다. 포괄 유증의 물권적 효력이라는 것은 상속인이 상속으로 인하여 '물권적으로' 상속재산에 대한 권리 의무를 취득한다는 것과 크게 다르지 않은 것이므로 여기서는 상속 개시시의 재산에 포함된다고 보는 것이 타당할 것이다(그렇다고 해서 포괄 유증을 상속인의 지정 혹은 상속분의 지정과 같은 것이라고 보는 것은 아니다). 더욱이 민법은 증여를 가산한다고만 규정하고 있을 뿐, 포괄 유증에 대하여는 이러한 가산 규정을 두고 있지 않다."[70]라고 하거나, "포괄유증의 경우에는 유증의 목적물은 상속개시시에 상속재산의 범위에서 제외되지만 유류분의 산정에는 그 기초로 되는 재산에 포함시켜야 한다."[71]고 한다.

이러한 견해의 대립은 유류분 산정시의 가산되는 증여에서 1년이라는 기간을 적용함에 있어 이행시설이 아닌 계약체결시설을 취하는 입장에서 생기는 문제이고,[72] 유증은 유증자가 사망한 때로부터 그 효력이 발생하므로(제1073조) 당연히 피상속인이 사망 당시에 가진 재산에 포함되어야 하고, 그렇기 때문에 제1116조가 유증을 유류분의 대상으로 하면서도 시적인 제한을 두지 않은 것으로 보아야 한다.

b) 미이행된 증여와 유증

유증은 유증자의 생존시에는 효력이 발생하지 아니하므로 그 목적물은 유증자의 생존시에는 유증자의 재산이고 이점에서 피상속인이 생전에 증여계약을 하였으나 이를 이행하지 아니한 미이행 증여와 같다. 유증의 목적물이 피상속인이 사망시에 가진 재산에 포함되듯이 미이행된 증여재산 또한 피상속인이 사망시에 가진 재산에 포함된다.

---

70) 邊東烈, 앞의 논문, 830면.
71) 李鎭萬, 앞의 논문, 370면.
72) 이점을 지적하는 견해로 邊東烈, 앞의 논문, 830면.

③ 비교법의 관점

물권변동에 관하여 형식주의 내지 성립요건주의를 취하는 독일민법에서는 증여계약만으로 물권이 변동되지 아니하며 그에 따라 피상속인이 사망당시에 가진 재산에 가산되는 증여는 등기시를 기준으로 하고, 반대로 물권변동에 관하여 의사주의 내지 대항요건주의를 취하고 있는 일본민법에 있어서는 증여계약에 의하여 바로 소유권은 수증자에게 이전되므로 피상속인의 증여에 의하여 당연히 그 재산은 상속재산에서 벗어나게 되고, 등기의 이행 여부에 따라 상속재산의 범위가 달라지는 일은 없다. 우리 민법은 독일민법과 비슷한 형식주의 내지 효력발생요건주의를 취하고 있어 증여계약이 있더라도 등기를 마치지 않으면 증여계약의 대상이 된 재산 자체가 수증자에게 이전되지 아니하므로 피상속인이 상속개시시에 가진 재산에 포함되어 상속인의 상속재산이 되고 상속채무로서 이를 수증자에게 이전할 의무를 부담하는데 그친다.

(2) 판례(대상판결)의 검토

제1114조의 증여가 증여계약을 뜻하는지 이행된 증여를 뜻하는지에 관하여 유일한 판례로 보이는 대상판결은, 앞에서 본 바와 같이, "유류분 산정의 기초가 되는 재산의 범위에 관한 「민법」 제1113조 제1항에서의 '증여재산'이란 상속개시 전에 이미 증여계약이 이행되어 소유권이 수증자에게 이전된 재산을 가리키는 것이고"라고 하는데, 이는 이행시설을 취한 것으로 보이기도 하지만 이때 증여를 증여계약이행시를 기준으로 하는 의미가 아니고 상속개시 전에 이행된 증여를 뜻하는 것으로 본다면, 앞의 이행조건부증여계약체결시설에 대한 비판이 그대로 타당하다. 즉, 증여가 상속개시 전에 이전되어야 한다는 것은 증여계약이 그 목적물에 관한 등기나 인도, 등록 등 효력발생요건을 갖춤으로써 이전되는 것을 조건으로 하는 것이 되고, 이는 법이 요구하지 아니하는 것을 요구하는 것이며, 증여계약체결시를 기준으로 하면서 상속개시 전 1년간에 그 이행이 이루어진 것과 이행이 이루어지지 아니한 것을 구별할 근거가 없음에도 이를 구별하여 그 공제여부를 결정하는 것이어서 타당하지 못하다는 앞의 비판은 대상판결에도 그대로 가능하다.

(3) 소결론

1) 재산의 증여는 계약만으로 권리변동이 있는 경우도 있지만 그렇지 못한 경우도 있다. 특히 물권의 경우 그 변동에 관하여 형식주의 내지 효력발생요건주의를 취하고 있는 우리 민법에 있어서는 증여계약이 있더라도 등기 등 이행행위를 마치지 않으면 증여계약의 대상이 된 재산은 피상속인이 사망시에 가진 재산으로서 상속인이 상속하여 그의 상속재산이 된다(이때 상속인은 이를 상속채무로서 수증자에게 이전할 의무를 부담한다). 「민법」 제1113조, 제1114조의 피상속인이 상속개시시에 있어서 가진 재산의 가액에 가산되는 증여재산은 증여에 의하여 이미 타인 소유가 되었기 때문에 상속재산이 될 수 없는 것을 상속재산에 가산한다는 뜻이다. 그러므로 여기에서 "가산되는 증여'라고 하는 것은 증여계약시가 아니라 등기나 인도 등 증여계약 이행시를 기준으로 하여야 한다. 이렇게 보는 것이 법률행위로 인한 물권의 변동은 등기나 인도시에 그 효력을 발생하도록 한 규정(「민법」 제186조, 제188조)의 취지에 부합한다.

2) 그러나 이러한 이론을 수미일관 할 수 없는 경우가 있다. 재단법인에의 출연이 하나의 증여로 취급됨은 앞에서 본 바와 같다. 그런데 「민법」 제48조 제1항은 "생전처분으로 재단법인을 설립하는 때에는 출연재산은 법인이 성립된 때로부터 법인의 재산이 된다."고 하고, 제2항은 "유언으로 재단법인을 설립하는 때에는 출연재산은 유언의 효력이 발생한 때로부터 법인에 귀속한 것으로 본다."고 한다. 이에 관하여 판례는 "재단법인의 설립함에 있어서 출연재산은 그 법인이 성립된 때로부터 법인에 귀속된다는 「민법」 제48조의 규정은 출연자와 법인과의 관계를 상대적으로 결정하는 기준에 불과하여 출연재산이 부동산인 경우에도 출연자와 법인 사이에는 법인의 성립 외에 등기를 필요로 하는 것은 아니지만, 제3자에 대한 관계에 있어서 출연행위는 법률행위이므로 출연재산의 법인에의 귀속에는 부동산의 권리에 관한 것일 경우 등기를 필요로 한다."[73]고 하고, "민법 제48조 제2항의 규정에 의하면, 유언으로 재단법인을 설립하는 때에는 출연재산은 유언의 효력이 발생한 때, 즉 출연자가 사망한 때로부터 법인에 귀속한다고 되어 있다. 이것은 출연자의 재산상속인 등이 출연자 사망 후에 출연

---

[73] 대법원 1979. 12. 11. 선고 78다481,482 전원합의체 판결; 대법원 1993. 9. 14. 선고 93다8054 판결.

자의 의사에 반하여 출연재산을 처분함으로써 법인재산이 일실되는 것을 방지하고자 출연자가 사망한 때로 소급하여 법인에 귀속하도록 한 것이므로 출연재산은 재산상속인의 상속재산에 포함되지 않는 것으로서 재산상속인의 출연재산처분행위는 무권한자의 행위가 될 수 밖에 없다."[74]고 하며, "유언으로 재단법인을 설립하는 경우에도 제3자에 대한 관계에서는 출연재산이 부동산인 경우는 그 법인에의 귀속에는 법인의 설립 외에 등기를 필요로 하는 것이므로, 재단법인이 그와 같은 등기를 마치지 아니하였다면 유언자의 상속인의 한 사람으로부터 부동산의 지분을 취득하여 이전등기를 마친 선의의 제3자에 대하여 대항할 수 없다."[75]고 하여 마치 부동산물권변동에 관한 의사주의와 같은 해석을 하고 있다.[76] 그러므로 재단법인에의 출연은 「민법」 제48조 및 판례에 따라 계약체결시를 기준으로 하여 제1114조가 규정한 1년간에 한 증여인지를 가려야 한다.

IV. 결론

유류분의 산정과 관련하여 「민법」 제1113조는 '증여재산'을 규정하고 있고, 여기의 증여재산에는 물권, 채권, 무체재산권 등 여러 가지가 있다. 이들 가운데에는 그 양도계약만으로 권리변동 내지 재산권이 이전 되는 것도 있지만 그렇지 못한 것도 있고, 특히 물권이나 특허권 등의 무체재산권의 이전에는 양도계약 외에 등기나 인도, 등록 등이 필요하다. 물권변동과 등기 등에 관하여 의사주의 내지 대항요건주의를 취하고 있는 일본민법과는 달리, 성립요건주의를 취하는 독일민법과 비슷한 형식주의 내지 효력발생요건주의를 취하고 있는 우리 민법에

---

74) 대법원 1984. 9. 11. 선고 83누578 판결.
75) 대법원 1993. 9. 14. 선고 93다8054 판결.
76) 대법원 1999. 3. 18. 선고 98다32175 전원합의체 판결은 "시효제도는 일정 기간 계속된 사회질서를 유지하고 시간의 경과로 인하여 곤란해지는 증거보전으로부터의 구제를 꾀하며 자기 권리를 행사하지 않고 소위 권리 위에 잠자는 자는 법적 보호에서 이를 제외하기 위하여 규정된 제도라 할 것인바, 부동산에 관하여 인도, 등기 등의 어느 한 쪽 만에 대하여서라도 권리를 행사하는 자는 전체적으로 보아 그 부동산에 관하여 권리 위에 잠자는 자라고 할 수 없다 할 것이므로, 매수인이 목적 부동산을 인도받아 계속 점유하는 경우에는 그 소유권이전등기청구권의 소멸시효가 진행하지 않는다."고 하는데, 피상속인이 사망 1전에 부동산을 증여하여 인도하였지만 등기를 하지 아니한 경우에 유류분산정의 대상이 되는지가 문제될 수 있다.

있어서는 증여계약이 있더라도 등기를 마치지 않으면 증여재산 자체는 피상속인이 그 사망시에 가진 재산으로서 상속인이 상속하는 상속재산에 포함되고 상속인은 이를 상속채무로서 수증자에게 이전할 의무를 부담하는데 그친다. 이와 같이 이행되지 아니한 증여대상재산은 이미 상속재산에 포함되므로 「민법」 제1113조, 제1114조의 피상속인이 상속개시시에 있어서 가진 재산의 가액에 가산되는 증여는, 증여계약시가 아니라 등기나 인도 등 증여계약이 이행된 때를 기준으로 하여 「민법」 제1114조가 규정한 사망 전의 1년간에 이행된 것으로 한하여야 한다.

대상판결은 증여계약의 이행시를 기준으로 한 것으로 보이기도 하지만, 이것이 증여계약체결시를 기준으로 하나 상속개시 전에는 그 증여계약이 이미 이행되어 있는 것이어야 한다는 뜻이라면, 이는 증여계약이 그 목적물에 관한 등기나 인도, 등록 등 효력발생요건을 갖추어 이전되는 것을 조건으로 하는 것으로, 법이 요구하지 아니하는 것을 요구하는 것이 되어 타당하지 못하고, 증여계약체결시를 기준으로 하면서 상속개시 전 1년간에 그 이행이 이루어진 것과 이행이 이루어지지 아니한 것을 구별하여 산입여부를 결정할 근거도 없다.

따라서 「민법」 제1113조, 제1114조가 규정한 유류분산정의 기초가 되는 재산에 산입되는 증여는 그 이행을 기준으로 하여 상속개시 전에 이행된 모든 것이 아닌, 상속개시 1년 전에 이행된 증여만을 산입하지 않는 것으로 보아야 한다.

[법학논총, 제17집 제1호, 조선대학교 법학연구소, 2010, 293-323쪽에 실림]

15. 중첩적 채무인수의 법적 성질과 인수인의 상계
– 대법원 1997. 4. 22. 선고 96다56443 판결

【판결요지】

중첩적 채무인수인이 채권자에 대한 손해배상채권을 자동채권으로 하여 채권자의 자신에 대한 그 채권에 대하여 대등액에서 상계의 의사표시를 하였다면, 연대채무자 1인이 한 상계의 절대적 효력을 규정하고 있는 민법 제418조 제1항의 규정에 의하여, 다른 연대채무자인 원채무자의 채권자에 대한 채무도 상계에 의하여 소멸되었다고 보아야 한다.

1. 사실관계

원심인 부산지방법원 1996. 11. 8. 선고 96나2818 판결의 내용을 중심으로 중첩적 채무인수부분과 상계부분을 간추리면 다음과 같다.

원고와 소외 1, 2, 3, 등 4인은 공동주주로서 피고 1(회사)을 경영하던 중, 피고 1의 자금사정이 악화되어 자기들의 개인재산이 강제집행될 위기에 처하게 되자, 피고 2와의 사이에 피고 1이 농수산물유통공사에게 지고 있는 급한 부채를 변제하여 주면 피고 1에 대한 경영권과 주식 전부를 피고 2에게 넘기기로 하여 피고 2가 피고 1의 부채 변제자금을 지급한 후, 1992. 6. 3. 원고 및 소외인 등 네사람은 자신들이 가지고 있던 피고 1의 주식 및 출자금을 모두 포기하여 이를 피고 2에게 양도하면서 피고 1회사의 대표이사 또는 이사직에서도 모두 사임하였고, 그와 동시에 인증서에 첨부된 그 해 5. 30.자를 기준으로 한 외상매입현황표, 미지급현황표, 외상매출현황표, 공사비 미지급명세표 및 그 달 19.자를 기준으로 한 미수금명세표에 따라 피고 회사의 채권, 채무를 확정하면서 만일 채권내역이 실제와 달리 과장되었거나 그 외의 채무가 더 있을 경우에는 양도인 측인 원고와 위 소외인 3인이 모두 이에 관한 책임을 질 것을 약정하였다.

한편 피고 2는 위와 같은 방법으로 피고 회사의 경영을 넘겨받는 외에 이와는 별도로 그 해 6. 12. 원고 및 위 소외 3의 요청에 따라 피고 회사의 원고에 대한 단기차입금반환채무 금25,891,521원(여기에는 원고가 1992. 5. 31.까지 한 소외 4에 대한 대위변제금잔금이 포함됨)을 포함하여 원고 및 위 소외 3에 대한 피고 1의 채무 일체를 중첩적으로 인수하기로 약정하였다.

그 후 피고 1회사의 재산을 실사한 결과 (가) 위 공사비미지급명세표에 기재되지 않거나 과소하게 기재되어 피고 회사가 추가로 지급한 채무금액, (나) 위 미수금명세표에 기재되어 있으나 실제로는 존재하지 않는 채권금액, (다) 위 외상매출채권표에 기재되어 있으나 존재하지 않는 외상매출채권금액 등의 합계가 금 34,387,800원에 이를 정도임이 밝혀졌다.

2. 소송의 경과

가. 제1심판결은 원심이 인정한 것과는 다르게 사실인정을 하였다. 즉, 원고 등과 피고 2와 피고 1회사 인수당시의 계약서에 명기되지는 않았지만 그 무렵 피고 2는 원고가 피고회사를 위하여 소외 4에게 대납한 위 돈 39,300,000원을 추후 피고회사에서 지급하지 않으면 피고 자신의 돈으로라도 이를 책임지고 변제하겠다고 구두로 약속을 하였고, 원고는 위 금원 중 일부만을 피고회사로부터 지급받았고 나머지 금 25,891,521원을 아직까지 지급받지 못하고 있다고 사실인정을 한 다음 그렇다면 피고들은 연대하여 피고 1의 채무를 지급할 의무가 있다고 하였다. 제1심에서 피고들은 피고 2가 인수한 피고 1의 원고에 대한 채무인수액에서 위 추가채무 및 가공채권의 합계액 상당을 당연히 공제 내지 상계되어야 할 것이라는 공제 내지는 상계항변을 하지 아니하였다.

나. 제2심(부산지방법원 1996. 11. 8. 선고 96나2818 판결)

제1심에서 패소한 피고들이 항소하여 원심인 제2심에서 피고 2가 비로소 원고 등이 앞의 추가채무 및 가공채권에 대하여 책임지기로 하였으므로 합계액 상당을 인수채무에서 당연히 공제 내지 상계되어야 할 것이라고 주장하였다. 이에 법원은 우선 피고 2가 원고에 대하여 피고 1의 채무를 중첩적으로 인수하였으므로 피고들은 연대하여 이를 원고에게 지급할 의무가 있지만 피고 2의 상계주장 또한 이유 있다고 하여 피고 2에 대한 원판결을 취소하였다. 그러나 피고 2와 원고 사이에 위와 같이 채권내역이 실제와 달리 과장되었거나 그 밖의 채무가 더 있을 경우에는 양도인측인 원고와 위 소외인 3인이 모두 이에 관한 책임을 지기로 하는 약정이 이루어졌다 하더라도 그 효력이 약정의 직접 당사자도 아닌 피고 1회사에게까지 미친다고 볼 수는 없고, 피고 1회사가 원고에 대하여 재산 실사에 기한 위와 같은 채무소멸을 주장할 수 있을 만한 다른 구체적 사실을 인정함에 족한 증거도 없으므로, 피고 1회사의 위 주장은 받아들일 수 없다고 하여 피고 1회사의 항소를 기각하였다.

3. 대법원

피고 1회사가 상고하였다. 이에 대하여 대법원은 원심이 인정한 사실관계를 바탕으로, "그러나 피고 회사의 실제 재산상태가 원고 등 4인이 보증한 것보다 금 34,387,800원 상당만큼 적은 것으로 판명되었다면, 피고 2로서는 원고 등 4인에게 위 약정에 따라 같은 금원 상당의 손해배상채권을 갖게 되었다고 할 것인데, 원심판결 이유에 의하면 피고 2가 피고 1의 원고에 대한 금 25,891,531원의 채무를 중첩적으로 인수함으로써 그 채무에 관하여 피고 회사와 연대채무자의 관계에 있다는 것이므로, 피고 2가 원고에 대한 위 손해배상채권을 자동채권으로 하여 원고의 자신에 대한 위 금 25,891,531원의 채권에 대하여 대등액에서 상계의 의사표시를 하였다면, 연대채무자 1인이 한 상계의 절대적 효력을 규정하고 있는 민법 제418조 제1항의 규정에 의하여, 다른 연대채무자인 피고 회사의 원고에 대한 채무도 위 상계에 의하여 소멸되었다고 보아야 할 것이다. 그럼에도 불구하고 원심은, 원고와 피고 2 사이의 약정에 의하여 피고 2가 원고에 대하여 갖게 된 권리가 무엇인지, 피고 2의 상계의 의사표시가 다른 연대채무자에게

는 어떠한 효력이 미치는지 등에 관하여 심리하지 아니한 채, 단지 피고 2와 원
고 사이의 약정은 약정 당사자가 아닌 피고 1회사에게는 미치지 않는다는 이유
만으로 상계에 관한 피고 1회사의 주장을 배척하고 말았으니, 원심판결에는 연
대채무자 1인이 한 상계의 효력에 관하여 심리를 제대로 다하지 아니하거나 이
유모순의 위법이 있다고 할 것이고, 이러한 위법은 판결에 영향을 미쳤음이 명
백하므로, 이 점을 지적하는 논지는 이유가 있다."고 하여 원심판결을 파기하여
사건을 원심법원에 환송하였다.

I. 서론

1. 중첩적 채무인수의 개념

(1) 민법 제453조에서 제459조까지에 걸쳐서 채무인수를 규정하고 있고, 이
경우 원채무자의 채무를 면하게 한다는 점에서 이를 강학상 면책적 채무인수
(befreiende Schuldübernahme)라고 하고 있다. 민법이 규정하고 있는 이러한 면책
적 채무인수와는 달리, 채무자가 아닌 다른 사람이 채무자의 채무를 중첩적·병
존적으로 인수하여 원채무자의 채무를 면책시키지 아니하고 그와 더불어 채권자
에 대하여 원채무자와 동일한 내용의 채무를 부담하기로 하는 새로운 계약을 체
결할 수 있는데, 이를 강학상 중첩적·병존적·부가적·첨가적·확보적 채무인수
라고 하고,[1] 계약자유의 원칙에 따라 그 유효함을 인정하고 있다.[2]

---

1) 郭潤直, 債權總論, 博英社, 1995, 448쪽; 金容漢, 債權法總論, 博英社, 1983, 477쪽; 金疇
洙, 債權總論, 三英社, 2003, 414쪽; 林正平, 債權總論, 法元社, 1989, 403쪽; 椿壽夫, 注釋
民法, (11), 債權, (2), 西村信雄편, 東京, 有斐閣, 1980, 427쪽－428쪽 등. 그 밖에 設定的
債務引受라고도 한다(於保不二雄, 債權總論, 有閣閣, 1989, 338쪽). 독일에서는 채무가입
(Schuldbeitritt), 채무공동인수(Schuldmitübernahme), 중첩적, 강화적 채무인수(kumulative,
bestärkende Schuldübernahme)(cf. W. Möschel, Münchener Kommentar zum Bürgerlichen
Gesetzbuch, 2 Auf. München, C.H. Beck, 1985, vor 414 Rn.9, S.1340), 중복적 채무인수
(vervielfältigende Schuldübernahme)(K. LARENZ, Schuldrecht, Allgemeiner Teil 12.auf.,
München, C.H. Beck, 1982, §35. S. 553)라고도 한다. 그러나 채무인수인은 원채무
(Urschuld)로부터 어떠한 것도 취득하여 인수하는 것이 아니므로 채무공동인수나 중첩적
채무인수라는 표현은 잘못된 것이라는 견해도 있다(J. von Staudingers Kommentar zum
Bürgerlichen Gesetzbuch mit Einführungsgesetz und Nebengesetz, 13. auf., II, §§397－432,
Berlin, Seiler－de Gruyter, 1999, §414, Rn. 25, S.273).
2) J. von Staudingers Kommentar, a. a. O., Rn, 23, S.273.

민법 제298조(승역지소유자의 의무와 승계), 민법 제630조(전대의 효과), 상법 제42조(상호를 속용하는 양수인의 책임), 상법(제44조, 채무인수를 광고한 양수인의 책임), 상법 제213조(합명회사신입사원의 책임) 등의 채무인수는 중첩적 채무인수로 볼 수 있고, 판례는 연구대상판결처럼 일정한 물건이나 권리의 매매의 매수인이 채무를 인수한 경우[3]나 책임보험, 손해보험의 보험자의 보험계약에 따른 피보험자의 피해자에 대한 손해배상채무[4]의 인수[5] 등 여러 경우에 이러한 중첩적 채무인수를 인정 인정하고 있다.[6]

---

3) 대법원 1997. 10. 24. 선고 97다28698 판결; 대법원 1995. 5. 9. 선고 94다47469 판결 등 참조.

4) 이것이 보험금채무인지 손해배상채무인지는 이론상 다툼이 있으나(이 점의 논의에 관하여는 李縝甲, "責任保險에 있어서 直接請求權과 相計의 效力, 民事判例研究, 民事判例研究會 編. XXIV, 2002. 238쪽 이하 참조), 판례는 손해배상채무라고 하고(대법원 1993. 5. 11. 선고 92다2530 판결; 1995. 7. 25. 선고, 94다52911 판결; 1999. 2. 12. 선고, 98다44956 판결; 2005. 1. 14. 선고 2003다38573,38580 판결 등 참조), 실무도 마찬가지다. 일본에서는 이를 보험금청구권이라는 견해, 손해배상청구권이라는 견해, 법이 정책적으로 부여한 청구권이라는 견해 등이 있다고 한다(新山一範, "保有者に對する權利と保險者に對する權利", 損害保險判例百選, 제2판, ジュリスト, 別冊, 138호, 1996. 97쪽 참조)

5) 앞의 대법원 1993. 5. 11. 선고 92다2530 판결 등.

6) 독일의 경우 BGB 제419조(재산인수에 따른 채무인수), 제556조 제3항(임차인이 제3자에게 물건을 사용하도록 양도한 경우 임대차종료후에 임대인이 임차인과 물건을 사용하는 제3자에 대하여 갖는 임대목적물반환청구권), 제238조(상속재산매매에서 그 채권자에 대한 매도인과 매수인의 책임), HGB 제25조(상호속용영업양수인의 책임), 제28조(단독상인의 영업에 조합원으로 가입한 사람의 책임), 제130조(합명회사 신입사원의 책임), 자동차보유자에 대한 의무보험법(PHVG) 제3조 1호, 2호(피해자의 보험자에 대한 직접청구권), 강제집행 및 강제관리법(ZVG) 제53조(개인적 채권에 대한 매수인의 책임), 출판법(VeriG) 제28조 제2항 2호(출판권의 양도) 등의 경우에 중첩적 채무인수가 있는 것으로 본다(W. Möschel, a.a. O., vor §414, Rn. 10, S.1340 ff.). 프랑스 민법전에는 임대목적물양도(프랑스 민법 제1743조), 피보험목적물의 양도 (L. 121-10 du Code des assurances) 등과 같이 특정재산의 양도에 따른 채무인수를 인정하는 외에(Y. BUFFELAN-LANORE, Droit civil, Deuxième année, 6° éd., Armand Colin, 1998, n° 401, p.301) 채무인수에 해당하는 일반적인 제도가 없다. 일본의 경우에는 일본민법 제286조(민법 제298조, 승역지소유자의 의무와 승계), 제613조(민법 제630조, 전대의 효과), 일본상법 제26조(상법 제42조, 상호를 속용하는 양수인의 책임), 제28조(상법 제44조, 채무인수를 광고한 양수인의 책임), 제82조(상법 제213조, 합명회사신입사원의 책임) 등의 경우에도 중첩적 채무관계로 보고 이를 법률의 규정에 의하여 성립하는 경우라고도 한다(小池信行, "債務引受に關する判例の整理", 擔保法大系, 第5券, 加藤一郎, 林良平編,金融財政研究會, 1984, 384쪽; 平岡建樹, "債務引受の利用とその效力をめぐる實務上の問題點", 擔保法大系, 413쪽).

(2) 중첩적 채무인수도 넓은 의미에서 채무인수의 일종으로 보고 있지만 채무인수인에게 채무의 이전이 생기지 않으므로 민법 제453조 이하에서 규정한 원래의 채무인수가 아니며, 이점에서 면책적 채무인수와 구별된다. 그러나 중첩적 채무인수와 면책적 채무인수를 실제로 구분하는 것은 쉽지 않으며, 당사자의 의사표시의 내용을 바탕으로 여러 사정을 참작하여 어느 쪽인지를 확정하지 않으면 안 된다. 판례는 당사자의 의사가 면책적인 것인지 중첩적인 것인지 분명하지 않을 때에는 대체로 중첩적 채무인수로 추정하고 있고,[7] 학설도 대체로 채무인수가 채권담보를 목적으로 하고 면책적 채무인수가 원채무를 소멸시키는 등 채무관계의 적극적 변화를 가져오므로 양자 중 어느 것인지가 불분명한 경우에는 중첩적으로 채무를 인수한 것으로 추정하고 있다.[8]

중첩적 채무인수에 의하여 인수인은 채권자에게 원채무자와 더불어 동일한 내용의 새로운 채무를 병존하여 부담한다. 이점에서 인수인이 채무자에 대하여 그 채무를 변제할 의무를 부담하는데 그치고 채권자는 그 인수인에게 채권을 취득하지 않는 이행의 인수와 구별된다.[9][10]

또 중첩적 채무인수는 원채무자의 채무의 존재를 전제로 하고 그것과 병존하여 채무를 부담하고 실제로 담보의 목적으로 채무인수를 하는 경우가 많다는 점에

---

7) 대법원 1962. 4. 4. 선고 4294민상1087 판결; 1988. 5. 24. 선고 87다카3104 판결; 2002. 9. 24. 선고 2002다36228 판결 등.

8) 郭潤直, 앞의 책, 449쪽; 金容漢, 앞의 책,476쪽; 金曾漢, 金學東, 債權總論, 博英社, 1998, 326쪽; 金相容, 債權總論, 法文社, 2003, 424쪽; 金疇洙, 債權總論, 三英社, 2003, 415쪽; 金滉植, 註釋民法, 債權總則, (2), 朴駿緒편, 韓國司法行政學會, 2000, 616쪽; 閔亨基, 民法注解, 郭潤直편, 第X卷, 債權, (3), 博英社, 1995, 618쪽; 玄勝鍾, 債權總論, 日新社, 1982, 344쪽. 다만 독일에서는 면책적 채무인수추정설, 이를 의사해석의 문제로 보고 이러한 추정은 부당하다는 추정부정설 등이 있다고 한다(이에 관하여는 椿壽夫, 앞의 注釋民法, 433쪽 참조). 일본에서는 "또 이행인수 및 설정적(중첩적) 채무인수의 경우에 채무의 이전성이 제한될 때는 이 때문에 채권자의 승인이 필요하고 설정적 채무인수에서 채무자가 면책되기 위하여서는 채권자의 승인을 필요로 함은 말할 것도 없다."(於保不二雄, 앞의 책, 338-339쪽)고 하여 채권자의 면책승인이 없으면 중첩적 채무인수로 보는 견해도 있다.

9) 대법원 1997. 10. 24. 선고 97다28698 판결.

10) 채권자가 채무자나 인수인의 일방을 선택, 채무자로 지정하여 그들 사이에 주관적 선택채무(persönliche Wahlschuld)관계가 성립되는 경우를 선택적 채무인수(alternative schuldübernahme)라 하여 중첩적 채무인수 및 면책적 채무인수와 구분하기도 하면서도 실제로는 이러한 구별은 거의 중요성이 없다고 하는 견해도 있다(W. Fikentscher, Schuldrecht, 8 auf., Berlin; New york, Walter de Gruyter, 1992, Rn. 614, S. 367).

서 단순보증과 비슷하다. 그러나 보충성의 존부라는 점에서 양자는 구별된다.

2. 문제점과 이 글의 범위

이러한 중첩적, 병존적 채무인수와 관련하여 우선 기존의 원채무와 인수된 채무가 채권자에 대하여 대외적으로 어떠한 관계에 있는지, 즉 그것이 보증채무관계인지 연대채무관계인지 부진정연대채무관계인지가 문제이고 이는 법이 규율하지 아니한 중첩적 채무인수의 법적 성질을 밝히고 적용할 법규범을 찾는 일이라고 할 수 있다.[11) 또 이러한 관계를 어떻게 보는지에 따라 원채무자와 채무인수인 중 어느 한 쪽에 생긴 사유가 절대적 효력이 있는지 상대적 효력에 그치는지가 달라지게 된다. 이러한 사유 중의 하나가 상계로서 인수인이 채권자에 대하여 가진 반대채권으로써 상계하여 자신의 채무를 소멸시킨 경우에 그 채무소멸의 효력은 원채무자에게도 미치는지도 또한 문제이다.[12)

이러한 문제들에 관하여 연구대상판결은 "채무를 중첩적으로 인수함으로써 그 채무에 관하여 피고 회사와 연대채무자의 관계에 있다는 것이므로"라고 하여 중첩적 채무인수를 연대채무관계로 보고,[13) 채무인수인이 채무자에 대하여 가진 반대채권으로써 상계하여 자신의 채무를 소멸시킨 경우에 그 채무소멸의 효력은 원채무자에게도 미친다고 하고 있다.[14)

---

11) 그동안의 논의들은 원채무자와 중첩적 채무인수인과의 관계를 중심으로 이를 보증채무관계, 연대채무관계, 부진정연대채무관계 등으로 설명하고 있으나 중첩적 채무인수는 보증채무나 연대채무, 부진정연대채무가 아닌, 법규범에 규정되지 아니 한 별개의, 중첩적 채무인수라는 법률행위에 관하여 어떠한 법규범을 유추적용하여야 할 것인가 문제이다.

12) 나아가 이는 인수인에 대하여 생긴 사유나 원채무자에게 생긴 사유, 특히 연대채무에 있어서 그 채무자 중의 1인에 대하여 생긴 사유가 절대적 효력을 가진다고 민법이 정하고 있는 이행청구(제416조)·갱개(제417조)·상계(제418조)·면제(제419조)·혼동(제420조)·소멸시효의 완성(제421조)·채권자지체(제422조) 등이 인수인이나 원채무자에게 어떠한 효력을 갖는지에 관한 문제이기도 하다.

13) 이 판례와 관련하여 판례가 병존적 채무인수를 연대채무로 보는 것으로 비칠 수 있지만 이 사안은 채무자와의 약정하에서 채권자에게 변제하기로 한 점에서, 즉 연대의 합의가 있었던 경우임을 유의할 필요가 있다는 견해가 있으나(金俊鎬, 民法講義, 法文社, 2005, 1028쪽), 앞의 사실관계에서 본 바와 같이 채권자인 원고와 채무인수인인 피고 2가 피고 1이 원고에 대하여 지고 있는 채무를 중첩적으로 인수하여 원고에게 변제하기로 약정하였을 뿐이고 연대합의나 그 유사의 법률행위가 있었던 것은 아니다.

14) 이 사건에서 원고 및 소외인 3인 등 4인이 피고 1회사의 추가채무나 실제 존재하지 않는

(3) 이글에서는 중첩적 채무인수와 관련하여 앞의 2가지 문제에 관하여 기존의 이론 등을 검토하고 연구대상판례의 이러한 판시 내용의 타당성을 살펴보기로 한다.

II. 중첩적 채무인수의 법적 성질에 관한 학설 및 판례 등

1. 학설 및 판례

가. 서설

중첩적 채무인수로 채권자·채무자·인수인 사이에는 하나의 급부를 목적으로 하는 다수당사자의 채권관계가 성립된다. 그러나 인수된 채무는 원채무와는 별개로 병존적으로 존속한다. 여기에 원채무와 인수된 채무가 채권자에 대하여 대외적으로 어떠한 관계에 있는지가 문제된다. 이에 관하여 우선 당사자의 의사 기타 구체적인 사정에 따라 판단하여야 한다는 점에 대하여는 이론이 없다. 그러나 그러한 사정이 명백하지 아니한 경우에 어떻게 할 것인가?

나. 학설

이에 관한 학설로는 보증채무관계설, 보증 또는 연대보증채무관계설, 연대채무관계설, 부진정연대채무관계설, 연대채무 또는 부진정연대채무관계설 등 여러 견해가 있다.

(1) 우선 보증채무관계설은, 인수인의 이익을 위하여 부종성이 있는 보증채무로 하여야 한다고 한다.15)

채권이 있음이 확인될 때에는 원고 등 4인이 그에 따른 모든 책임을 지기로 약정하였다는 것으로 이들 4인이 원고에 대하여 부담하는 채무가 분할채무가 되는 단순공동채무인지 인수인이 각자 전부의 채무를 부담하는 불가분채무 내지는 연채채무나 부진정연대채무인지에 관하여 정확하게 밝히고 있지는 아니하나 각자 전부의 채무를 부담하는 것을 전제로 하고 있고 상사채무인 회사의 채무를 책임지기로 한 것이므로 단순공동채무가 아닌 연대채무를 전제로 하고 있는 것으로 보인다.

15) 金基善, 韓國債權法總論, 法文社, 1987, 296쪽.

(2) 보증 또는 연대보증관계설은, 중첩적 채무인수는 채권자와 인수인만의 계약으로 성립하고 채무자의 승낙을 얻을 필요가 없고 그 의사에 반하여도 할 수 있음을 전제로 채무담보를 위하여 별개의 채무를 부담하는 것은 보증 특히 연대보증의 성질을 지니므로 보증채무의 규정을 이 경우에 준용하여야 한다고 한다.16)

(3) 연대채무관계설은, 중첩적 채무인수는 채무자의 부탁이 없이도 할 수 있을 뿐만 아니라 한 걸음 더 나아가서 채무자의 반대 의사가 있더라도 할 수 있지만 이와 같은 경우는 오히려 예외에 속하고 대개의 경우 채무자와 인수인 사이에는 주관적으로 공동의 목적을 가지고 연결되어 있는 것이 보통이므로 이 보통의 경우를 원칙이라고 보아 중첩적 채무인수는 연대채무관계에 있다고 보아야 한다고 한다.17) 또 타인의 채권관계에 개입하는 자에게 채무자와의 사이에 공동관계를 인정하는 것이 타당하고, 당사자의 계약을 기초로 발생하는 연대관계를 부진정연대채무로 보는 것은 부진정연대채무의 개념 및 성질에 혼란을 가져올 우려가 있고, 연대채무규정에 있어서 의용민법보다 훨씬 합리적으로 절대적 효력사유를 축소한 우리 민법 아래에서 이 경우를 부진정연대채무로 보아야 할 실익이 없다는 이유 등을 들어 부진정연대채무가 아닌 연대채무로 보아야 한다고도 한다.18)

(4) 부진정연대채무관계설은, 독일민법과는 달리 우리 민법이 규제하는 연대채무에 있어서는 채무자의 한사람에 관하여 생긴 사유에 절대적 효력을 인정하는 범위가 매우 넓고, 중첩적 채무인수는 보통은 채권자와 인수인 사이의 계약이며, 특히 채무자의 부탁이 없이도 할 수 있는 것인데, 그럼에도 연대채무의 규정을 적용하여 채무자 특히 인수인에 관하여 생긴 사유에 절대적 효력을 인정하는 것은 부당하므로(독일 민법의 경우 연대채무에 있어 채무를 소멸하게 하는 사유 이외에는 연대적 효력이 없으므로 채무자와 인수인의 채무를 연채채무로 파악하여도 부

16) 金顯泰, 新債權法總論, 一潮閣, 1973, 287쪽.
17) 玄勝鍾, 앞의 책, 345쪽. 이에 따르면 경우에 따라서 부진정연대채무가 성립할 수도 있으나 그것은 구체적인 사정 내지 당사자의 특별한 의사표시에 따른 예외적인 경우에 해당할 것이라고 한다(같은 쪽).
18) 李銀榮, 債權總論, 博英社, 1999, 634쪽.

당하지 않다고 한다)¹⁹⁾ 연대채무가 아닌 것으로 되는 경우에는 부진정연대채무로 추정하여야 한다고 한다.²⁰⁾

(5) 연대채무 또는 부진정연대채무관계설은, 경우에 따라서 연대채무가 되기도 하고 부진정연대채무가 되기도 한다는 견해로, "다음에 연대채무관계설에 대하여 보면, 첫째 민법상 연대채무에 있어서 채무자의 한 사람에 관하여 생긴 사유에 절대적 효력을 인정하는 범위가 매우 넓기 때문에… 병존적 채무인수를 연대채무로 보는 것은 당사자의 예기(豫期)에 반하는 불합리가 생긴다. 둘째, 병존적 채무인수가 채권자·인수인 사이의 계약으로 행하여지는 경우가 많고, 또 채무자의 부탁 없이도 할 수 있는데, 이러한 경우에 연대채무의 규정을 적용하여 채무자 특히 인수인에 관하여 생긴 사유에 절대적 효력을 인정하는 것은 불합리하다. 따라서 일률적으로 병존적 채무인수가 있는 경우에 연대채무관계가 성립한다고 해석하는 것은 문제이다. 그러므로 원채무자와 인수인사이에 주관적인 공동관계가 있는 경우(당사자가 연대채무를 성립시킬 의사를 표시한 겨우)에 한하여 연대채무로 된다고 해석하고, 이러한 관계가 없을 때에는 부진정연대채무관계로 해석하는 것이 타당할 것이다."²¹⁾라고 하거나, "실제로 인수인이 채무자의 부탁을 받지 아니하고 채권자와의 계약으로 채무를 인수하는 것은 매우 드문 일 것이다. 다시 말하면 채무자와 인수인은 연대채무관계에 있는 것이 원칙이고, 구체적인 사정(채무자와 인수인 사이에 부탁관계=주관적 공동관계가 없는 경우) 내지

---

19) 예컨대 채권자가 인수인으로부터 채권만족을 받을 생각으로 구채무자에 대해서는 아무런 조치도 하지 않고 단지 인수인에게 기한의 유예를 해 주었는데 구채무자의 채무가 소멸시효에 걸려서 소멸한 경우에는, 인수인은 구채무자의 부담부분에 관하여 시효소멸을 주장할 수 있게 되고(제421조 참조), 그렇게 되면 채권자는 예기치 못한 불이익을 입게 되며, 더욱이 병존적 채무인수는 채권자와 인수인 사이의 계약으로 ——— 특히 채무자의 의사에 반해서도 ———할 수 있는데, 그럼에도 어느 일방의채무자에 관해서 생긴 사유에 절대적 효력을 인정하는 것은 부당하다고 한다(金曾漢, 金學東, 앞의 책, 328쪽).
20) 郭潤直, 앞의 책, 451쪽; 金錫宇, 債權法總論, 博英社, 1977, 346쪽; 金容漢, 앞의 책, 481; 金曾漢, 金學東, 앞의 책, 328쪽; 李太載, 債權總論, 進明文化社, 1985, 253쪽; 연대채무상호간에는 변제를 공동목적으로 하고 있으므로 공동목적이 있는지 여부에 따라 연대채무와 부진정연대채무로 구별할 일은 아니고 채무자와 인수인 사이에는 상대적 효력이 발생할 뿐이므로 부진정연대채무관계로 새김이 타당하다는 견해도 있으나(金相容, 앞의 책, 426쪽), 채무자와 인수인 사이에 상대적 효력이 있는지는 중첩적 채무인수의 성질을 어떻게 보는지 및 구체적인 경우에 따라 달라진다.
21) 金疇洙, 앞의 책, 417쪽; 같은 취지로 林正平, 앞의 책, 405쪽; 閔亨基, 앞의 民法注解, 622쪽.

당사자의 특별한 의사표시에 따른 예외적인 경우에 부진정연대채무관계이 있는 것으로 보아야 할 것이다."[22]라고 한다.

(6) 비교법적으로 다른 나라의 경우를 살펴본다.

(가) 독일에서는 일반적으로 이를 연대채무관계(Gesamtschuldverhältnis)로 보고 있다.[23]

(나) 스위스 채무법 제181조는 "적극적 또는 소극적 재산이나 영업을 인수한 사람은 채무자에게 이를 통지하거나 인수공고를 한 때 바로 채무자에게 그에 관한 채무를 이행할 의무를 진다. 그러나 원채무자는 새로운 채무자와 연대하여 2년간 책임을 지고, 이 기간은 지급기한이 된 채권에 대하여는 통지 또는 고지에 의하여, 뒤에 지급기한이 되는 채권에 대하여는 지급기한이 되었을 때부터 진행한다."고 하고, 제333조 제1항은 "사용자가 제3자에게 영업을 양도하고 제3자와 고용관계의 인수를 약정한 경우에 노무자가 이전을 거절하지 아니한 때에는 고용관계는 모든 권리의무와 함께 영업승계일에 취득자에게 이전된다." 라고 하고, 같은 조 제3항은 "종래의 사용자와 영업의 취득자는 이전 전에 변제기에 달한 노무자의 청구권과 이전 후 고용관계가 정상적으로 종료되었을 시점 또는 노무자가 이전을 거절한 경우에, 종료될 시점까지 변제기가 도래하는 노무자의 청구권에 관하여 연대하여 책임을 진다." 라고 하여 연대채무관계로 보고 있다.

(다) 프랑스의 경우 이론적으로 채무인수는 완전채무인수(cession de dette parfaite)와 불완전채무인수(cession de dette imparfaite)가 있고, 전자는 면책적 채무인수, 후자는 중첩적 채무인수에 해당한다. 한편 프랑스 민법전에는 임대중인 목적물 양도(프랑스민법 제1743조), 피보험목적물의 양도(L. 121–10 du Code des assurances) 등과 같이 특정재산의 양도에 따른 채무인수를 인정하는 외에[24] 채무

---

22) 金亨培, 債權總論, 博英社, 1998, 633쪽.

23) W. Erman, Bürgerliches Gesetzbuch, 10. auf. Bd. 1, Münster, Aschendorf–, Rechtsverl., Köln, O. Schmidt, 2000, Vor §414 Rn.7, S.1014; K. LARENZ, Schuldrecht, Allgemeiner Teil, München, C.H.Beck, §35, S. 555; W. Fikentscher, Schuldrecht, 8 auf., Berlin; New york, Walter de Gruyter, 1992, Rn. 614, S. 366.

24) Y. BUFFELAN–LANORE, op. cit., n° 401, p.301.

인수에 해당하는 일반적인 제도가 없고, 채무이전위임(délégation),25) 채권양도,
제3자를 위한 계약 등이 간접적으로 채무인수의 기능을 하고 있다.26)

　　법이 규정하고 있지 아니한 일반적인 채무인수가 인정되는지에 관하여는
의사자치의 원칙(principe de l'autonomie de la volonté)을 이유로 이를 긍정하는 견
해27)와 프랑스민법 제정때 이를 규정하지 아니하였던 입법자의 의사존중을 이
유로 이를 부인하는 견해,28) 불완전채무인수의 경우에 부인하는 견해29) 등이
있다.

　　직접소권의 경우 채권자는 원채무자보다는 제3채무자를 상대로 제소하는
것을 선호하지만 그렇다고 채무자가 면책되는 것은 아니어서 경개의 효력(effet
novatoire)이 전혀 없고 일반적으로 채권자에 대하여 원채무자도 제3채무자와 불
완전연대채무(전부의무, obligation in solidum)30)관계에 있는 것으로 여기고 있
고,31) 판례도 보험사건에서 이를 인정한 뒤 다른 모든 직접소권에 확장하고 있

---

25) 채무이전위임은 프랑스민법 제1275조 이하에 규정된 것으로 위임인(délégant)의 지시로
　　(sur instruction) 수임인(délégué)이 위임인의 이름과 계산으로 제3자인 수취인(délégataire)
　　에게 수임인의 금전 그 밖의 재화를 급부할 의무를 부담하는 계약으로, 위임인이 수임인의
　　채권자 겸 수취인의 채무자인 경우에 3자간의 결제를 간편하게 할 수 있다. 또 위임인의
　　채무자가 아닌 수임인이 위임인의 수취인에 대한 채무를 담보하기 위하여 채무를 인수하
　　거나 위임인이 수임인을 통하여 수취인에게 증여하는 경우에도 채무이전위임관계가 있게
　　된다. 여기에는 완전채무이전위임(délégation penfaite)과 불완전채무이전위임(délégation
　　imparfaite)가 있고, 전자는 채무자교체에 의한 채무관계의 갱개(novation)의 효력이 있고
　　후자는 이러한 효력이 없는 것이다. 채무이전위임을 '채무전이'(명순구, 프랑스 민법전, 法
　　文社, 2004, 553쪽) 또는 '채무전부'(債務轉付)(李尙勳, 앞의 民法注解, 545쪽 이하)라고 옮
　　기기로 한다. 이에 관한 자세한 내용은 (李尙勳, 앞의 民法注解, 545쪽 이하 참조).
26) Y. BUFFELAN−LANORE, *op. cit.*, n° 403. p131. H. −L., J. MAZ(EAUD et F. CHABAS,
　　Leçon de droit civil, obligations, Théorie générale, 8ᵉ éd., Montchrestien, 1991, n° 1282.
　　pp. 1298 et s.
27) Y. BUFFELAN−LANORE, *op. cit.*, n° 403, p. 130.
28) H. −L., J. MAZEAUD et F. CHABAS, *op. cit.*, n° 1281. p. 1298.
29) F. TERRE, Ph. SIMIER et Y. LEQUETTE, *Droit civil, Les obligations*, 5ᵉ éd. Dalloz, 1993,
　　n° 1211, p. 915.
30) 이를 전액채무라고 옮기기도 한다(鄭泰綸, "共同不法行爲者의 責任과 求償關係, 判例實務
　　研究, Ⅲ, 比較法實務研究會編, 博英社, 1999, 26쪽 참조). 우리의 부진정연대채무와 같은
　　것이고 할 수 있다.
31) J. GHESTIN, *Traité de droit civil, Les effets du contrat*, 2ᵉ éd., avec concours de C.
　　JAMIN et M. BILLIAU, Paris, L.G.D.J. 1994, n° 818. p. 867; M.L. IZORCHE, *Encyclopédie
　　Dalloz, Réoertoire de droit civil*, Action directe, n° 214. p.19; Ch. JAMIN, La notion

다고 한다.32)

(라) 일본에서는 중첩적 채무인수를 연대채무관계설, 부진정연대채무관계설, 경우에 따라 연대채무나 부진정연대채무관계가 된다는 설33) 등이 있고, 그 주장의 근거는 대체로 우리나라의 경우와 같다. 그러나 책임보험에서의 직접청구권과 관련하여서는 이러한 중첩적 챔무인수에 관한 견해외에도 신원보증인 내지는 계약상의 연대보증인의 지위유추적용설이 주장되고 있다. 이에 따르면 "오늘날, 예를 들면 (일본)가정용자동차보험의 보통보험약관배상책임조항 제6조1항은, 대인사고로 피보험자에게 법률상의 손해배상책임이 발생했을 때는, 피해자는, 보험회사가 피보험자에 대하여 부담하는 손해전보책임의 한도에서, 보험회사에 대하여 손해배상의 지불을 청구할 수 있다고 정하고 있고, 현실적으로 계약내용으로 책임면탈급부를 인수하는 계약이 등장하고 있다. 이에 대하여, (일본)자배법 제16조는, 그 본질 내지 근거에 관해서는 이를 자배책보험계약내용으로서의 책임면탈급부에서 찾게 되더라도, 교통사고의 피해자구제라는 공공적 정책목적달성을 위하여, 상당히 특수한 제도로 구성되어 있다고 하지 않을 수 없다. 이상과 같이, 책임보험에 있어서 제3자의 직접청구권이 있다고 하더라도, 그 내용·성질은, 현 단계에 있어서는 책임보험계약의 부정형성으로 인하여, 다양하게 풀이하여야 한다. 따라서 제3자의 권리가 보험금청구권을 대위한 것이라면, 피보험자의 보험금청구권행사에 관한 조건(범위, 항변, 시효 등)이 원칙적으로 제3자의 권리에도 타당하다. 또 책임면탈급부로서의 손해배상책임부담이라는 것이라면 보험자의 제3자에 대한 관계에 있어서는, 신원보증인 내지는 계약상의 연대보증인의 지위가 유추되어야 할 것이다. 더욱이 자배책보험은 공공정책목적달성을 위한 특수한 제도이기 때문에 자배법으로 정하고 있는 한, 이와는 다른 효과가, 책임보험계약법리에 있어서는 일종의 변칙으로 인정되어야 하는 것으로 된다."34)고 한다.

---

d'action directe, préface de J. GHESTIN, Paris, L.G.D.J. 1991. n° 412. p. 361; Ch. JAMIN, *Juris-Classeur*, Add. 1166. n° 29. p.7.
32) Ch. JAMIN, La notion d'action directe, *loc. cit.*
33) 이상의 학설의 소개에 관하여는 椿壽夫, 앞의 注釋民法, 472쪽 이하; 책임보험피해자의 보험자에 대한 직접청구권과 관련하여서는 新山一範, 앞의 논문, 97쪽 각 참조.
34) 倉澤康一郎, 保險契約法の現代的課題, 東京, 成文堂, 1978, 133쪽. 이와 유사한 이론으로 일본에서는 보험자를 자동차보유자의 법정연대보증인으로 취급하는 견해가 있다(西島梅

다. 판례

(1) 조선고등법원의 경우

조선고등법원판례는 "添加的 債務의 引受는 保證과 그 성질을 달리하는 것으로서 引受人은 소위 先訴의 抗辯權이 없다."35)고 하고, "重疊的 債務의 引受人 또는 原債務者의 一方에 대하여 裁判上의 請求가 있을 때에는 他方에 대하여도 時效中斷의 效果를 발생한다."36)고 하였는데, 이는 중첩적 채무인수가 연대채무 관계임을 전제로 한 것이라고 할 수 있다.37)

(2) 일본의 경우

(가) 연대채무와 소멸시효

일본의 판례는 "채무인수에 있어서는 인수인은 종래의 채무관계에 들어가 원채무 그 자체를 부담하는 것이므로 원채무자로 하여금 그 채무를 면하게 하지 않는 채무인수 즉, 중첩적(첨가적) 채무인수가 있는 경우에는 이후 원채무자와 인수인과는 완전히 동일한 원인의, 동일한 급부를 목적으로 하는 채무를 부담하고 양자 가운데 한 사람의 변제에 의하여 양자 모두 그 채무를 면하게 된다고 하여야 하고 이러한 관계는 원래부터 여러 사람이 동일한 원인을 바탕으로 동일한 급부를 목적으로 하는 연대채무를 부담하는 경우와 다르지 않으므로 중첩적 채무인수가 있을 때에는 이후 원채무자와 인수인과는 연대채무를 부담하는 것으로 보는 것이 상당하다."38)고 하고, "중첩적채무인수가 된 경우에는 반대로 해석 해야 할 특단의 사정이 없는 한 원채무자와 인수인과의 관계에 있어서 연대채무가 발생 하는 것으로 보는 것이 상당하다. 이건에 있어서 원판결이 위 채무인수의 경위로 인정하여 판시한 것을 보면 상고인의 선대 갑은 이건 대여금청구의 원채무자 을회사의 해산 후 위 회사의 청산인에게서 그 청산사무의 하나로 위 회사소유 부동산을 매각처분할 권한을 부여받고 이를 처리한 사실, 그 무렵 상

治, 商法判例百選, 第一版, 57쪽, 新山一範, 앞의 논문, 97쪽에서 재인용).

35) 조선고등법원 1935. 10. 29. 判決, 判例總覽, 民法, 債權, Ⅰ-2, 217쪽.

36) 조선고등법원 1940. 7. 6. 判決, 判例總覽, 民法, 債權, Ⅰ-2, 217쪽.

37) 小池信行, "債務引受に關する判例の整理", 擔保法大系, 第5券, 加藤一郎, 林良平編,金融財政研究會, 1984. 390쪽.

38) 日大審院, 1936. 4. 15. 判決.

고인의 대리인 병은 위 회사의 청산인에 대하여 이건 대여금의 이행을 청구하였지만 그 채무존재의 승인을 받지 못하였기 때문에 위 회사의 전 사장으로 사실상 청산사무의 일부를 담당하고 있던 위 갑에 대하여 그 책임을 질 것을 요구하였고 갑은 개인으로서 위 회사의 채무에 관하여 중첩적 채무인수를 하게 되었으므로 이에 의하여 중첩적 채무관계가 연대채무관계가 생기지 아니하는 특단의 사정이 있다고는 보이지 아니하고 따라서 위 원채무자의 채무시효소멸의 효과는 (일본)민법 제439조의 적용상 위 원채무자의 부담부분에 관하여 채무인수인에게도 미친다고 보는 것이 상당하다."[39)고 하여 연대책임관계로 보고 소멸시효에 절대적 효력을 인정하였다.

(나) 면제 또는 청구포기

책임보험피해자의 보험자에 대한 직접청구권[40)에 관하여 "(일본)자배법 제3조 및 (일본)민법 제609조에 의하여 보유자 및 운전자가 피해자에 대하여 손해배상책임을 부담하는 경우에 피해자가 보험회사에 대하여도 (일본)자배법 제16조 제1항에 기한 손해배상청구권을 가지는 때에는, 양 청구권은 별개 독립의 것으로서 병존하고, 물론 피해자는 이로 인하여 이중으로 지급받을 수는 없지만, 특별한 사정이 없는 한 위 보험회사로부터 받은 지급액의 내용과 저촉되지 않는 범위에서는 가해자측에 대한 재산상 또는 정신상의 손해배상을 청구할 수 있다고 보는 것이 상당하다."[41)고 하여 피해자가 보험자에 대하여 직접청구권을 행사하여 손해배상액의 지급을 받고 나머지를 면제한 후에도 가해자에게 다시 이를 청구할 있는 것으로 보아 상대적 효력만을 인정하고,"자동차손해배상보험법(이하 자배법이라 약칭한다)은 자동차운행으로 사람의 생명 또는 신체가 해를 당한 경우에 손해배상을 보장하는 제도를 확립함으로써, 한편으로는 자동차운송의 건전한 발달에 도움이 됨과 동시에 다른 한편으로는 피해자의 보호를 꾀하고, 이

---

39) 日最高裁判所, 1966. 12. 20. 판결.
40) 1960년대 중반과 1970년대 중반까지의 일본하급심판례에서 채무인수, 특히 중첩적채무인수의 성부가 가장 많이 다투어진 것은 교통사고소송분야였고 이것은 가해자가 손해배상지불능력이 없는 경우에 피해자측이 가해자의 친족이나 그의 사용자인 회사 등을 상대로 채무인수에 기한 책임을 묻는 사례가 많았기 때문으로 추정하고 있다(小池信行, 앞의 논문, 391쪽, 주1 참조).
41) 日最高裁判所, 1964. 5. 12. 판결.

와 더불어 같은 법은 자동차사고가 발생된 경우 피해자측이 가해자측에게 손해배상을 받은 다음 배상한 가해자가 보험회사로부터 보험금을 받는 것을 원칙으로 하며, 다만 피해자 및 가해자 쌍방의 편리를 위해 보조적 수단으로서, 피해자측부터 보험회사에게 직접 일정한 범위 내에서의 손해액 지불을 청구할 수 있다는 취지에 비추어 보면 (일본)자배법3조 또는 (일본)민법709조에 의하여 보유자 및 운전자가 피해자에 대하여 손해배상책임을 질 경우에, 피해자가 보험회사에 대하여도 자배법16조 1항을 바탕으로 손해배상청구권을 가질 때는, 위의 양청구권은 별개독립적인 것으로서 병존하며, 물론 피해자는 이를 위하여 2중으로 지불받을 수는 없지만, 특별한 사정이 없는 한, 위 보험회사로부터 받은 지불액내용과 저촉하지 않는 범위에서는 가해자측에 대한 재산상 또는 정신상의 손해배상을 청구할 수 있다라고 해석하는 것이 상당하다. 따라서 특별한 사정이 인정되지 않는 한 본건에서는 X의 전기 서면제출에 의하여, 가해자측에 대한 청구권을 포기한 것이라고는 인정할 수 없어서, X의 Y에 대한 본건 손해배상청구를 용인한 원판결의 판단은 정당하다고 할 수 있다."[42]고 하여 일본청구포기의 상대적 효력을 인정하였다.

(다) 혼동

"자동차손해배상보장법(이하 「자배법」이라고 한다.) 제3조에 의하여 피해자의 보유자에 대한 손해배상채권 및 보유자의 채무가 동일인에게 돌아갈 때는 (일본)자배법 제16조1항을 바탕으로 한 피해자의 보험회사에 대한 손해배상액지불청구권은 소멸하는 것으로 풀이하는 것이 상당하다. 생각건대 (일본)자배법 제3조의 손해배상채권에 관해서도 (일본)민법제520조(민법 제507조)이 본문 적용되므로 위의 채권 및 채무가 동일인에게 돌아갈 때는, 혼동에 의하여 위의 채권은 소멸하는 것으로 되지만, 한편, 자동차손해배상책임보험은, 보유자가 피해자에 대하여 손해배상책임을 부담함으로써 받은 손해의 전보를 목적으로 한 책임보험이라는 점, 피해자 및 보유자 쌍방의 편의를 위하여 보조적 수단으로서, 자배법 제16조 1항을 바탕으로 피해자는 보험회사에 대하여 직접손해배상액의 지불을 청구할 수 있고 이러한 취지로 미루어 보면 그 직접청구권의 성립에는 자배법 3조에 의하여 피해자의 보유자에 대한 손해배상채권이 성립되어 있다는 것이 요건으로

---

42) 日最高裁判所 1964. 5. 12. 判決.

되며, 또 위의 손해배상채권이 소멸하면, 위의 직접청구권도 소멸한다라고 풀이하는 것이 상당하기 때문이다. (일본)자배법 제15조에서 말하는 '자기가 지불했다'라고 함은 자동차손해배상책임보험의 피보험자가 자기의 출연에 의하여 손해배상채무를 전부 또는 일부 소멸시킨 것을 의미하며, 혼동에 따라 손해배상채무가 소멸된 경우는, 여기에 해당되지 않는다고 풀이한다."43)고 하여 혼동의 절대적 효력을 인정하였다.

(3) 대법원 판례
(가) 연대채무와 상계

연구대상판결에서 "...채무를 중첩적으로 인수함으로써 그 채무에 관하여 피고 회사와 연대채무자의 관계에 있다는 것이므로..."라고 하여 중첩적 채무인수를 연대채무로 보고 있고,44) 손해보험의 보험자는 피보험자의 피해자에 대한 손해배상채무를 병존적(중첩적)으로 채무를 인수함은 앞에서 본 바와 같은데, 보험자의 상계와 관련하여 대법원은 "상법 제724조 제2항의 규정에 의하여 인정되는 피해자의 보험자에 대한 손해배상채권과 피해자의 피보험자에 대한 손해배상채

---

43) 日最高裁判所 1989. 4. 20. 判決.

44) 李銀榮, 앞의 책, 643쪽. 康鳳洙, 註釋民法, 債權總則, (2), 韓國司法行政學會, 2000, 180쪽; 다만 이 판례를 사실관계에 비추어 보면 중첩적 채무관계가 연대채무가 될 수도 있고 부진정연대채무가 될 수도 있다는, 이분설의 태도를 취한 것으로도 볼 수 있을 것이라는 견해가 있다(李縯甲, 앞의 논문, 242쪽). 그러나, 제1심 판결은 "또한, 원고등과 피고 2와의 위 1992.6.12. 당시 계약서에 명기되지는 않았지만 그 무렵 피고 2는 위 마.항과 같이 원고가 피고 1회사를 위하여 소외 4에게 대납한 위 돈 39,300,000원을 추후 피고 1회사에서 지급하지 않으면 피고 2 자신의 돈으로라도 이를 책임지고 변제하겠다고 구두로 약속을 하였다."라고 하고, 이어 그 일부를 변제한 사실을 인정한 뒤 그렇다면, 피고들은 연대하여 위 나머지 돈을 지급할 의무가 있다 할 것"이라고 하였고(여기에는 채무인수가 면책적인지 중첩적인지 불분명한 경우에 이를 중첩적인 것으로 보아야 한다는, 대법원 1988. 5. 24.선고 87다카3104판결 등 확립된 판례를 전제로 한 것으로 보인다), 원심판결은 피고 2가 피고 1회사 채무인수를 중첩적으로 인수하였다는 사실을 인정하고 결론에서 피고들은 연대하여 채무를 이행할 의무가 있다고 하였다. 대법원은 "원고에 대한 금25,891,531원의 채무를 중첩적으로 인수함으로써 그 채무에 관하여 피고회사와 연대채무자의 관계에 있다는 것이므로"라고 하여 원심이 인정한 중첩적 채무인수를 바탕으로 연대채무관계에 있음을 밝히고 있다. 더욱이 제1심에서 인정한 사실에서 보는 바와 같이 원고 등에게 피고 2는 원고에 대한 피고 1회사의 채무를 개인재산으로라도 변제하겠다고 하여 회사인 피고 1의 승낙이나 동의 내지는 부탁이 있었던 경우가 아니다. 그러므로 연구대상판결이 2분설을 취한 것으로도 볼 수 있다는 앞의 주장은 타당하지 못하다.

권은 별개 독립의 것으로서 병존한다고 하더라도, 위 각 채권은 피해자에 대한 손해배상이라는 단일한 목적을 위하여 존재하는 것으로서 객관적으로 밀접한 관련공동성이 있으므로 그 중 하나의 채권이 만족되는 경우에는 특별한 사정이 없는 한 다른 채권도 그 목적을 달성하여 소멸한다고 보아야 할 것인바, 보험자가 자신의 피해자에 대한 반대채권을 스스로 행사하여 상계를 한 경우에는 상계한 금액의 범위 내에서 피해자에 대한 변제가 이루어진 것과 같은 경제적 효과가 달성되어 피해자를 만족시키게 되므로 그 상계로 인한 손해배상채권 소멸의 효력은 피보험자에게도 미친다."45)고 하여 상계의 절대적 효력을 인정하고, 같은 뜻으로 "차량사고로 인한 피해자는 보험회사에 대하여 자동차손해배상보장법 소정 범위내의 손해배상액(보험금)의 지급을 청구할 수 있고 보험회사가 피해자에게 지급한 위 법 소정의 손해배상액(보험금)범위 내에서 가해자인 보험가입자는 피해자에 대한 자기의 배상책임을 면하게 되고 사고가 피해자의 과실도 경합하여 발생한 경우에는 피해자가 병원에 입원하여 가료하는데 소요된 비용은 가해자가 배상함에 있어서는 과실상계하여야 할 것이고 그 치료비 전액을 가해자가 가입한 보험회사가 지급한 경우에는 그 치료비에 대하여 사고발생에 과실이 있는 피해자로서 부담하여야 할 부분을 가해자의 배상책임과 그 금액을 정함에 있어 이를 참작 또는 공제하여야 한다."46)고 하고, "가해자가 가입한 한국자동차보

---

45) 대법원 1999. 11. 26. 선고 99다34499 판결. 다만 피해자에 대한 피보험자의 손해배상채무와 보험자의 손해배상채무가 부진정연대채무임관계임을 전제로 이판례는 대법원은 직접청구권과 손해배상청구권 사이의 관계가 부진정연대의 관계가 아니라고 본 것이라고 생각할 수도 있고, 이 판결을 계기로 부진정연대채무 개념의 해체 또는 개별화를 시도한 것이라고 볼 수도 있고, 혹시 보험자에 대한 직접청구권이 가해자(보유자)에 대한 손해배상청구권을 전제로 한다는 특수성(부종성) 때문에 대상판결에서 부진정연대채무의 인정을 주저한 것은 아닌지 등의 의문을 제기하고, "...이 사건 채무들 사이의 관계, 직접청구권, 중첩적 채무인수, 부진정연대채무 일반에 관한 학설 및 판례에 비추어 보면, 이 판결은 분명히 부진정연대채무 관계에서 채무자 1인의 상계에 절대적 효력을 인정한 판결로 볼 수 있고, 이후의 대법원 판결에서 이 문제에 관한 선례로서의 지위가 부여될 가능성이 높다고 할 수 있다."(李縯甲,앞의 논문, 245쪽)고 하나(그 밖에 서울중앙지방법원편, 손해배상소송실무, 韓國司法行政學會, 2005, 446쪽도 피해자에 대한 피보험자의 손해배상채무와 보험자의 손해배상채무가 부진정연대채무임관계임을 전제로 이 판결을 비판하고 있다), 그동안의 판례가 공동불법행위의 경우와는 달리 피해자에 대한 보험자와 피보험자의 손해배상채무를 부진정연대채무관계로 보고 있는 것은 아니므로 이러한 견해는 타당하지 못하다.

46) 대법원 1975. 7. 22. 선고 75다153 판결; 이 판례의 취지에 반대하는 견해로는 邊在承, "自動車保險會社로부터 支給받은 治療費 중 被害者의 過失에 相當한 部分의 控除 또는 相計",

험회사로부터 피해자가 지급받은 치료비액수 중 피해자의 과실에 상당하는 부분은 피해자가 부담하여야 할 것인데도 이를 가해자가 부담한 셈이므로 이 건 청구가 치료비에 관한 것이 아니라고 하더라도 이를 가해자의 손해배상액에서 공제하여야 한다."[47]고 한다.

(나) 혼동

또 대법원판례는, "민법 제507조가 혼동을 채권의 소멸사유로 인정하고 있는 것은 채권과 채무가 동일한 주체에 귀속한 때에 채권과 채무의 존속을 인정하여서는 안 될 적극적인 이유가 있어서가 아니고 그러한 경우에 채권과 채무의 존속을 인정하는 것이 별다른 의미를 가지지 않기 때문에 채권·채무의 소멸을 인정함으로써 그 후의 권리의무 관계를 간소화하려는 데 그 목적이 있는 것이라고 여겨지므로, 채권과 채무가 동일한 주체에 귀속하게 되더라도 그 채권의 존속을 인정하여야 할 특별한 이유가 있는 때에는 그 채권은 혼동에 의하여 소멸되지 아니하고 그대로 존속한다고 봄이 상당함에 비추어, 채권과 채무가 동일인에게 귀속되는 경우라도 그 채권의 존재가 채권자 겸 채무자로 된 사람의 제3자에 대한 권리행사의 전제가 되는 관계로 채권의 존속을 인정하여야 할 정당한 이익이 있을 때에는 그 채권은 혼동에 의하여 소멸하는 것이 아니라고 봄이 상당하다. 자동차 운행 중 교통사고가 일어나 자동차의 운행자나 동승한 그의 친족이 사망하여 자동차손해배상보장법 제3조에 의한 손해배상채권과 채무가 상속으로 동일인에게 귀속하게 되는 때에, 교통사고를 일으킨 차량의 운행자가 자동차 손해배상 책임보험에 가입하였다면, 가해자가 피해자의 상속인이 되는 등의 특별한 경우를 제외하고는 생존한 교통사고 피해자나 사망자의 상속인에게 책임보험에 의한 보험의 혜택을 부여하여 이들을 보호할 사회적 필요성이 있는 점은 다른 교통사고와 다를 바 없고, 다른 한편 원래 자동차 손해배상 책임보험의 보험자는 상속에 의한 채권. 채무의 혼동 그 자체와는 무관한 제3자일 뿐 아니라 이미 자신의 보상의무에 대한 대가인 보험료까지 받고 있는 처지여서 교통사고의 가해자와 피해자 사이에 상속에 의한 혼동이 생긴다는 우연한 사정에 의

民事裁判의 諸問題; 李在性大法官華甲紀念, 第5卷, 民事實務硏究會편, 韓國司法行政學會, 1989, 155쪽 이하 참조.
47) 대법원 1981. 7. 7. 선고 80다2271 판결.

하여 자기의 보상책임을 면할 만한 합리적인 이유가 없으므로, 자동차 책임보험의 약관에 의하여 피해자가 보험회사에 대하여 직접 보험금의 지급청구를 할 수 있는 이른바 직접청구권이 수반되는 경우에는 그 직접청구권의 전제가 되는 자동차손해배상보장법 제3조에 의한 피해자의 운행자에 대한 손해배상청구권은 상속에 의한 혼동에 의하여 소멸되지 아니한다고 보아야 한다."[48])고 하고, 나아가 이러한 혼동을 전제로 상속포기는 자기를 위하여 개시된 상속의 효력을 상속개시시로 소급하여 확정적으로 소멸시키는 제도로서 피해자의 사망으로 상속이 개시되어 가해자가 피해자의 자신에 대한 손해배상청구권을 상속함으로써 그 손해배상청구권과 이를 전제로 하는 자동차손해배상보장법 제9조 제1항에 의한 보험자에 대한 직접청구권이 소멸하였다고 할지라도 가해자가 적법하게 상속을 포기하면 그 소급효로 인하여 위 손해배상청구권과 직접청구권은 소급하여 소멸하지 않았던 것으로 되어 다른 상속인에게 귀속되고, 그 결과 '가해자가 피해자의 상속인이 되는 등 특별한 경우'에 해당하지 않게 되므로 위 손해배상청구권과 이를 전제로 하는 직접청구권은 소멸하지 않으며 상속포기를 하지 아니하였더라면 혼동으로 소멸하였을 개별적인 권리가 상속포기로 인하여 소멸하지 않게 되었더라도 그 상속포기가 신의칙에 반하여 무효라고 할 수 없다고 한다고 한다.[49])

(다) 채무승인과 시효중단

또 "손해배상채무자가 가입한 자동차보험회사가 손해배상채권자에게 자동차사고로 인한 손해배상금의 일부를 지급하고, 합의금액의 절충을 시도한 경우, 위 보험회사는 보험가입자를 위한 포괄적 대리권이 있다고 해석되고 채무자의 대리인인 보험회사가 채권자들에 대한 손해배상채무를 승인 하였다고 할 것이니 그 승인의 효과는 채무자에게 미친다고 할 것이므로, 채권자들의 손해배상청구권에 대한 소멸시효의 진행은 위 승인시에 중단되었다고 할 것이다."[50])라고 하

---

48) 대법원 1995. 5. 12. 선고 93다48373 판결(이에 대한 평석으로는 尹眞秀, "自動車損害賠償報障法; 제3조의 損害賠償債權과 債務가 同一人에게 歸屬되는 경우, 混同에 의한 直接請求權의 消滅與否, 判例月報, 302號, 1995. 11., 38쪽 이하 참조); 같은 취지의 대법원 1995. 7. 14. 선고 94다36698 판결; 대법원 2003. 1. 10. 선고 2000다41653,41660 판결 등 참조.
49) 대법원 2005. 1. 14. 선고 2003다38573,38580 판결.
50) 대법원 1990. 6. 8. 선고 89다카17812 판결. 같은 뜻으로 대법원 1993. 6. 22. 선고 93다18945 판결은, "보험가입자를 위한 포괄적 대리권이 있는 보험회사가 입원비와 수술비, 통원치료비 등을 피해자에게 지급하고 또 보험가입자에게 손해배상책임이 있음을 전제로 하

여 채무의 승인이라는 소멸시효의 중단사유(민법 제168조)에 관하여도 절대적 효력을 인정하였다.

2. 학설 및 판례 등의 검토

가. 우선 연대채무관계설을 검토해본다.

(1) 연대채무는 법률행위에 의하여 성립할 수도 있고 법률의 규정에 의하여 성립할 수도 있다. 법률행위인 계약에 의하여 성립할 경우에 그 계약은 1개의 공동계약일 필요는 없다. 그러나 이 경우에 연대채무는 상호보증적 변제공동체 관계이므로 연대에 관하여 연대채무자 사이에 연대에 관한 사전 또는 사후의 합의나 동의가 필요하다.[51] 그러나 채권자와 인수인 사이의 계약에 의한 중첩적 채무인수의 합의는 원채무자의 동의를 요하지 아니하고 채무자의 의사에 반하여도 할 수 있다.[52]

(2) 연대채무가 1개의 법률행위에 의하여 발생한 경우에도 각 채무는 독립한 별개의 채무이므로 서로 보증채무에서와 같은 부종성이 없고, 따라서 연대채무의 1채무자에 관하여 법률행위의 무효 또는 취소의 원인이있더라도 다른 채무자의 채무의 효력에는 영향을 미치지 않는다(민법 제415조). 그러나 중첩적 채무

여 손해배상금으로 일정 금원을 제시하는 등 합의를 시도하였다면 보험회사는 그때마다 손해배상채무를 승인하였다 할 것이므로 그 승인의 효과는 보험가입자에게 미친다.”고 한다. 그러나 이들 판결은 보험자를 중첩적 채무인수인이 아닌 포괄대리인으로 보는 것도 문제이고(그렇게 되면 중첩적 채무인수를 한 것이 아니므로 보험자가 책임질 이유가 없다), 연대채무에서 이행의 청구 외의 사유로 인한 시효 중단은 상대적 효력이 있을 뿐이므로(郭潤直, 앞의 책, 329쪽, 金亨培, 앞의 책, 468쪽) 채무승인의 경우에 절대적 효력을 인정한 이 판결은 중첩적 채무인수를 연대채무관계라고 하더라도 문제가 있다. 이러한 경우에는 오히려 금반언이나 신의칙을 이유로 실질적인 책임부담자인 보험자의 시효주장을 인정하지 않는 것이 타당하다.

51) 郭潤直, 앞의 책, 319쪽; 金亨培, 앞의 책, 456쪽; 金錫宇, 앞의 책, 231쪽; 金容漢, 앞의 책, 272쪽; 林正平, 앞의 책, 272쪽; 玄勝鍾, 앞의 책, 235쪽; 반대 金基善, 앞의 책, 210쪽.

52) 대법원 1962. 4. 4. 선고 4294민상1087 판결; 1965. 3. 9. 선고 64다1702 판결; 1966. 9. 6. 선고 66다1202 판결; 1988. 11. 22. 선고 87다카1836 판결; 金錫宇, 앞의 책, 344쪽; 金容漢, 앞의 책, 477쪽; 金亨培, 앞의 책, 631쪽; 金疇洙, 앞의 책, 415쪽; 金滉植, 앞의 註釋民法, 617쪽; 閔亨基, 앞의 民法注解, 621쪽; 林正平, 앞의 책, 404쪽; 玄勝鍾, 앞의 책, 344쪽; 小池信行, 앞의 논문, 386쪽.

인수의 경우에는 뒤에 보는 바와 같이 원채무에의 부종성이 있어 원채무가 무효이거나 취소되는 경우에는 마찬가지로 중첩적 채무인수도 무효가 된다.

(3) 나아가 연대채무의 본질에 관하여는 주관적 공동관계설,[53] 변제공동체설[54]과 상호보증관계설[55] 등이 있고, 주관적 공동관계설에서 주장하는 연대채무자 상호간에 긴밀한 주관적 공동관계나 변제공동체라는 것이 총유인지 공유인지 합유인지 아니면 이와는 전혀 다른, 예컨대 프랑스에서처럼 상호대리(représentation mutuallle)와 같은 별개의 개념인지가 분명하지 아니하므로 공동관계설보다는 연대채무자 상호관계는 채권자에 대하여 각자가 자기의 부담부분에 관해서는 실질적으로 주채무자의지위에 있고 다른 채무자의 부담부분에 관하여는 보증인의 지위에 있는 등 연대채무자들이 상호보증관계로 맺어져 있다고 보는 상호보증관계설이 타당하고, 이 점에 있어서 연대채무자체가 한편으로는 보증적 성질을 가지고 있다고 할 수 있고 인적담보로서는 연대채무보다는 보증채무가 더 본질적이라고 할 수 있다. 따라서 중첩적 채무인수를 인적 담보라고 한다면 원채무와 중첩적 채무인수를 연대채무관계라고 보기보다는 보증채무라고 하여야 한다.

나. 중첩적 채무인수의 경우 부종성이 있으나 통상 부진정연대채무의 경우 채무자들 사이에 부종성이 없다. 또 부진정연대채무자체가 법이 직접 규율하지 않은, 이론적으로 만들어진 개념일 뿐만 아니라 이를 인정할 것인가, 어떠한 경우에 인정할 것인가에 관하여 회의적인 견해[56]도 있고 이를 수정하려는 견해도 있어,[57] 이것이 성립되는 경우를 제한할 필요가 있다.

이와 같이 불확정적이고 제한할 필요가 있는 개념을 바탕으로 중첩적 채무인수를 부진정연대채무관계라고 하는 것은 타당하지 못하다.

---

53) 郭潤直, 앞의 책, 315쪽; 金基善, 앞의 책, 209쪽; 金錫宇, 앞의 책, 229쪽; 金容漢, 303쪽; 金曾漢·金學東, 앞의 책, 226쪽; 金顯泰, 앞의 책, 189쪽; 李太載, 앞의 책, 190쪽; 林正平, 앞의 책, 217쪽; 玄勝鍾, 앞의 책, 234쪽.
54) 金亨培, 앞의 책, 451쪽.
55) 李銀榮, 앞의 책, 506쪽.
56) 梁彰洙, "不眞正連帶債務者 중 1人이 한 相計의 다른 債務者에 대한 效力", 民法硏究, (2), 博英社, 1991, 144쪽; 이 점에 관한 그 밖의 논의에 관하여는 金亨培, 앞의 책, 481쪽 참조.
57) 이 점에 관한 논의에 관하여는 金亨培, 앞의 책, 480쪽 참조.

다. 중첩적 채무인수가 경우에 따라서 연대채무가 되거나 부진정연대채무가 된다는 견해는 연대채무관계설이나 부진정연대채무관계설과 마찬가지로 타당하지 못하다.

라. 마지막으로 보증채무관계설의 경우, 중첩적 채무인수에서 채권자는 원채무자나 인수인 누구에 대하여도 채무전액의 청구를 할 수 있고 원채무자가 이행하지 아니하는 경우에 채무를 이행하는 것이 아니어서 보증채무가 가진 보충성이 없으므로58) 이를 단순한 보증이나 보증에 유사한 것으로 보아 단순보증채무에 관한 규정을 유추 적용하는 것도 타당하지 못하다.

마. 중첩적 채무인수는 보증채무에서와 같은 보충성은 없지만 인적 담보로서 독립성, 부종성이 있다는 점59)에서 연대보증과 매우 유사하다.60) 이를 좀 더 구체적으로 살펴본다.

(1) 중첩적 채무인수의 독립성

일반적으로 중첩적 채무인수는 채권자·채무자·인수인 사이의 3면계약, 채권자·인수인 사이의 계약, 채무자·인수인 사이의 계약 등으로 이루어지고 이는 채권자와 원채무자 사이의 원채무의 부담과는 독립된 채무의 부담을 목적으로 하는 별개의 계약이라고 하여61) 중첩적 채무인수의 독립성을 인정한다. 이 가운

---

58) 대부분의 학자들이 원채무자의 채무와 인수인의 채무사이에는 주종의 관계가 없다거나(玄勝鍾, 앞의 책, 같은 쪽), 평등한 입장에서 채무를 부담하기 때문에(郭潤直, 같은 쪽) 보증채무설이 타당하지 못하다고 하기도 하고 부종성의 존부라는 점에서 보증과 구별된다고 하기도 하고 하나(金疇洙, 앞의 책, 415쪽), 주종관계나 평등한 입장이라는 것이 명확하지는 않지만 이를 보증채무에서 말하는 부종성과 보충성을 의미한다면 연대보증채무와 같이 보증채무자체가 보충성이 있는 경우가 있고, 중첩적 채무인수는 뒤에 보는 바와 같이 부종성이 있다.
59) 대체로 채무내용의 동일성 내지는 동질성, 수반성 등을 보증채무의 성질 중의 하나로 보고 있으나(郭潤直, 앞의 책, 349쪽 이하; 金亨培, 앞의 책, 491쪽; 李銀榮, 앞의 책, 540쪽 이하; 李太載, 앞의 책, 210쪽 이하 참조), 이는 부종성의 내용에 불과하고 수반성은 더욱 그러한 것으로 보인다{동일성에 관하여는 金亨培, 앞의 책, 492쪽 및 503쪽 참조, 수반성에 관하여 같은 뜻으로 金基善, 앞의 책, 234쪽; 朴炳大, 民法注解, 第X卷, 債權, (3), 郭潤直 편, 博英社, 1995, 173쪽}.
60) 閔亨基, 앞의 民法注解, 618쪽.
61) 金疇洙, 앞의 책, 415쪽; 閔亨基, 앞의 民法注解, 620~621쪽.

데 채권자와 인수인 사이의 계약에 의한 중첩적 채무인수의 합의는 중첩적 채무
인수의 채권담보기능을 고려한 한다면 이러한 형태가 기본적인 것이라고 할 것
이고,[62] 원채무자의 동의를 요하지 아니하고 채무자의 의사에 반하여도 할 수
있고,[63] 채권자·인수인 사이의 계약은 채권자로 하여금 직접 인수인에 대하여
채권을 취득하게 하는 것으로 제3자를 위한 계약으로서의 성질을 가진다.[64]

중첩적 채무인수는 원채무와는 별개의 독립된 채무부담행위이므로 원채무
자에 대한 채권자승소의 확정판결이 있는 경우에도 그 판결의 기판력은 중첩적
채무인수인에게 미친다고 할 수 없다.[65]

---

62) 平岡建樹, 앞의 논문, 416쪽.

63) 대법원 1962. 4. 4. 선고 4294민상1087 판결; 金錫宇, 앞의 책, 344쪽; 金容漢, 앞의 책, 477
쪽; 金亨培, 앞의 책, 631쪽; 金疇洙, 앞의 책, 415쪽; 金滉植, 앞의 註釋民法, 617쪽; 閔亨
基, 앞의 民法注解, 621쪽; 林正平, 앞의 책, 404쪽; 玄勝鍾, 앞의 책, 344쪽; 小池信行, 앞
의 논문, 386쪽. 반대설은 채권인수에 의하여 제3자의 변제가 이루어지고 이해관계 없는
제3자는 채무자의 의사에 반하여 변제할 수 없다는 민법 제469조 2항의 취지에 비추어 반
대의사가 있는 경우에는 이를 무효로 하여야 한다고 한다(李銀榮, 앞의 책, 641쪽). 일본의
판례는 중첩적 채무인수가 채권담보의 작용을 한다는 점에서 보증채무와 유사하므로 보증
에 관한 규정을 유추적용하여 원채무자의 의사에 반하여도 할 수 있다고 한다(日大審院
1915. 3. 25. 판결).

64) 대법원 1997. 10. 24. 선고 97다28698 판결; 1989. 4. 25. 선고 87다카2443 판결; 郭潤直, 앞
의 책, 450쪽; 金錫宇, 앞의 책, 345; 金容漢, 앞의 책, 479; 金疇洙, 앞의 책, 415쪽; 金曾漢,
債權總論, 博英社, 1988, 300쪽; 金相容, 앞의 책, 425쪽, 李銀榮, 앞의 책, 641쪽; 林正平, 앞
의 책, 404쪽, 玄勝鍾, 앞의 책, 344쪽; 小池信行, 앞의 논문, 387쪽; 平岡建樹, 앞의 논문,
416쪽; W. Fikentscher, a.a.O., Rn. 614, S. 366; W. Möschel, Münchener Kommentar, a.a.
O. vor 414 Rn.11, S. 1341), 민법 제539조 2항에 따라 이 경우에는 채권자의 수익의 의사표
시를 필요로 하고 채권자의 수익의 의사표시 이전에는 중첩적 채무인수가 아닌 단순한 이행
인수에 불과하므로 인수인은 채무자에 대하여 인수채무를 이행할 의무를 부담할 뿐 채권자
는 인수인에 대하여 직접 이행을 청구할 수 없다는 견해도 있으나(郭潤直, 앞의 책, 450쪽;
金錫宇, 앞의 책, 345; 金容漢, 앞의 책, 479; 金疇洙, 앞의 책, 415쪽; 金曾漢, 300쪽; 金曾漢,
金學東, 앞의 책, 327쪽; 金相容, 앞의 책, 425쪽, 李太載, 앞의 책, 253쪽; 李銀榮, 앞의 책,
642쪽; 林正平, 404쪽, 玄勝鍾, 앞의 책, 344쪽), 채권자에게 새로운 권리를 강요하는 것이 아
니라 단지 기존의 지위를 강화시키는 것일 뿐이고 민법 제539조 2항은 임의규정이므로 이러
한 의사표시가 반드시 필요한 것은 아니라고 할 것이다(金曾漢, 金學東, 앞의 책, 327쪽; 그
밖에 李縯甲, 앞의 논문, 238쪽, 주13 참조. W. Fikentscher, a.a.O., Rn. 614, S. 367). 후자의
경우 BGB 제333조에 따라 채권자에게 거절권(Züruekweisungsrecht)가 있다고도 한다(W.
Fikentscher, a. a. O.). 대법원판례는 채무인수의 효력이 생기기 위하여 채권자의 승낙을 요하
는 것은 면책적 채무인수의 경우에 한한다고 한다(대법원 1998. 11. 24. 선고98다33765 판결).

65) 金基善, 앞의 책, 295쪽, 반대설은 면책적 채무인수에 있어서와 마찬가지로 그 기판력이 미

(2) 부종성

중첩적채무인수는 채무의 발생·변경·소멸에 있어서 원채무에의 부종성이 있다.

(가) 중첩적 채무인수는 채무발생에 있어서 원채무에의 부종성이 있다. 중첩적 채무인수는 원채무를 인수한 인수인이 채무자가 부담하고 있는 것과 동일한 내용의 채무를 중복하여 부담할 뿐 원채무가 이전되는 것은 아니므로[66] 중첩적 채무가 성립하기 위하여서는 원채무가 적법·유효하게 성립하고 존재하여야 함은 이론이 없다.[67] 그러므로 원채무가 적법하게 존재하지 아니하거나 성립하지 아니하여 본래부터 무효이거나 인수 당시 이미 소멸한 경우에는 채무인수계약도 부존재이거나 무효이다.[68]

연대채무의 1채무자에 관하여 법률행위의 무효 또는 취소의 원인이 있더라도 다른 채무자의 채무의 효력에는 영향을 미치지 않는다는 민법 제415조는 중첩적 채무인수에 적용될 수 없다.[69] 그러나 원채무가 채무인수계약 이전에 반드

친다고 한다(閔亨基, 앞의 民法注解, 622쪽); 平岡建樹, 앞의 논문, 416쪽. 이 문제는 주로 민사소송법 제218조 제1항이 규정한 기판력의 주관적 범위와 관련하여 중첩적 채무인수인이 변론종결 뒤의 승계인에 해당하는지의 문제로 논의되고, 판례는 확정판결의 변론종결 후 그 확정판결상의 채무자로부터 영업을 양수하여 양도인의 상호를 계속 사용하는 영업양수인은 변론종결후의 승계인에 해당된다고 할 수 없다고 하여 이를 부인하고 있다(대법원 1979. 3. 13. 선고 78다2330 판결). 일본에서는 기판력이 미친다는 설이 다수설이라고 한다(平岡建樹, 같은 쪽 참조).

66) 그러므로 중첩적 채무인수는 처분행위가 아닌, 단순한 채권행위 내지 채무부담행위로서의 성질을 지닌 것으로 본다(郭潤直, 앞의 책, 448쪽; 金容漢, 앞의 책, 477쪽; 金亨培, 앞의 책, 630쪽; W. Möschel, a.a.O., Rn. 11, S. 1341; §415, Rn.8, S.1351 참조). 이 경우 의무부담의 의사표시는 명확하여야(zweifelfrei) 하므로 판례는 주식회사가 채무를 인수한 시기에 대표이사로 있던 자가 자기 개인의 재산을 팔아서라도 이를 변제하겠고 하였더라도 이러한 사실만으로 그 채무를 중첩적으로 인수한 것으로 볼 수 없다고 한다(대법원 1976. 9. 14. 선고 76다1257 판결 참조).

67) 金錫宇, 앞의 책, 344쪽; 小池信行, 앞의 논문, 384쪽; 平岡建樹, 앞의 논문, 413쪽.

68) 閔亨基, 앞의 民法注解, 622쪽; 金顯泰, 앞의 책, 287쪽; 小池信行, 앞의 논문, 384쪽; 平岡建樹, 앞의 논문, 413쪽. 일본의 하급심판례는 타인이 일으킨 교통사고를 자신의 자식이 일으킨 것으로 오신하고 아버지가 그 사고의 피해자와의 사이에서 한 중첩적 채무인수계약을 착오에 의하여 무효라고 하였으나(日本水戸地判, 1969. 6. 30. 判例タイムズ, 238號, 255쪽), 이 경우 착오가 아닌 중첩적 채무인수의 부종성문제로 보아 원채무부존재를 이유로 하여야 한다는 견해가 있고(平岡建樹, 앞의 논문, 413쪽), 타당하다고 생각한다.

69) 平岡建樹, 앞의 논문, 413쪽.

시 성립·존속되어야 하는 것은 아니고 원채무의 발생과 동시에 이루어지더라도 상관없다.[70] 장래발생할 채무에 관하여 그 발생을 정지조건으로 하여 미리 병존적·중첩적 채무인수를 할 수 있는가가 문제이나 근보증과 같이 불특정의 채무를 중첩적으로 인수하는 것도 가능하다고 할 것이다.[71]

　　(나) 중첩적 채무인수는 채무내용에 있어서 목적·범위·형태 등에서 보증채무와 같은 부종성이 있다(민법 제428조 이하 참조). 중첩적 채무인수는 원채무자의 채무를 전제로 그와 동일한 채무를 부담하는 것이므로 인수인의 채무내용은 특별한 합의가 없으면 원칙적으로 원채무의자의 채무내용에 따라 정해진다.[72] 인수채무의 급부의 범위와 태양은 원채무와 동일하다.[73] 원채무가 조건이나 기한에 따르는 것이라면 인수인도 그와 같은 성질의 채무를 부담한다. 성질상 원채무자가 아닌 제3자도 실현할 수 있는 것이어야 하고 一身전속적 또는 부대체적인 급부를 내용으로 하는 채무는 채권자의 동의가 없는 한 원칙적으로 인수의 대상이 될 수 없다.[74] 그 범위도 같고, 이자, 위약금 등 원채무에 종속된 채무도 여기에 포함된다.[75] 그러나 인수 이후에 발생한 이자나 위약금 등 채무는 당사자 사이의 특약이 없는 한 당연히 인수되는 것은 아니다.[76] 중첩적 채무에서 원채무는 그대로 존속하므로 그 채무를 위한 담보의 효력에는 아무런 영향이 없고, 따라서 담보의 소멸여부는 문제가 되지 아니한다.[77]

---

70) 日大審院 1934. 6. 30. 판결.

71) 이를 근인수(根引受)라고 부르기도 한다(平岡建樹, 앞의 논문, 413쪽).

72) W. Erman, a.a.O., Vor§414 Rn. 8, S.1014.

73) 金錫宇, 앞의 책, 344쪽; 金疇洙, 앞의 책, 416쪽; 金顯泰, 앞의 책, 287쪽; 閔亨基, 앞의 民法注解, 622쪽; 小池信行, 앞의 논문, 385쪽.

74) 郭潤直, 앞의 책, 449쪽, 金基善, 앞의 책, 295쪽; 金錫宇, 앞의 책, 344쪽, 金容漢, 앞의 책, 478쪽; 金疇洙, 앞의 책, 415쪽; 金相容, 앞의 책, 425쪽; 林正平, 앞의 책, 404쪽, 閔亨基, 앞의 民法注解, 620쪽; 平岡建樹, 앞의 논문, 414쪽. 다만 면책적 채무인수와는 달리 원채무자도 여전히 채무자로서 이행의무를 부담하므로 그 제한의 정도는 보다 완화될 수 있다고 한다(金亨培, 앞의 책, 698, 閔亨基, 앞의 民法注解, 620쪽).

75) 金滉植, 앞의 註釋民法, 618쪽; 閔亨基, 앞의 民法注解, 622쪽; 於保不二雄, 앞의 책, 342쪽; 平岡建樹, 앞의 논문, 419쪽. 반대설, 金疇洙, 앞의 책, 416쪽.

76) 金滉植, 앞의 註釋民法, 618쪽; 閔亨基, 앞의 民法注解, 622쪽; 椿壽夫, 앞의 注釋民法, 469쪽.

77) 金曾漢, 金學東, 앞의 책, 329쪽; 閔亨基, 앞의 民法注解, 622쪽; 平岡建樹, 앞의 논문, 418쪽; 大河純夫, "債務引受序論", 앞의 擔保法大系, 370쪽.

원채무의 이행지와 인수채무의 이행지도 동일한다. 그러나 당사자 사이의 특약으로 조건이나 이행기, 이행지 등 채무의 태양을 변경할 수 있다. 인수인에게 유리한 경우는 물론, 불리한 경우도 마찬가지이다.[78] 또 가분급부를 목적으로 하는 채무의 일부인수(Teilübernahme)를 할 수도 있다.

인수인이 원채무의 범위를 초과하여 채무를 인수하기로 약정한 경우에는 초과부분에 대응하는 원채무가 존재하지 아니하므로, 그 부분에 대하여는 중첩적 채무인수가 성립될 수 없으므로 인수인은 민법 제430조를 유추하여 원채무의 범위로 감축하여 책임을 부담하는 것으로 보아야 한다.[79]

(다) 중첩적 채무인수는 채무의 변경·소멸에 있어서도 원채무에의 부종성이 있다. 원채무의 내용변경에 따라 중첩적 채무인수인의 채무내용도 변경되는 것을 원칙으로 한다. 원채무가 채권양도로 이전할 때에는 인수인의 채무도 이전한다. 그러나 중첩적 채무인수후 제3자의 면책적 채무인수로 원채무자가 변경되는 경우에는 그 변제자력이나 신용이 달라지게 되므로 중첩적 인수인의 채무는 소멸한다고 해야 한다. 원채무가 압류된 경우에는 채권자에 대한 추심금지의 효력은 중첩적 채무인수에게도 미친다.[80]

원채무가 변제·대물변제· 갱개·상계·면제·혼동·시효소멸 등 어떠한 이유로든 소멸하면 그 이유를 묻지 않고 중첩적 채무인수인의 채무도 소멸한다.[81]

(라) 중첩적 채무인수인은 원채무자가 그 채무관계에 있어 가졌던 모든 항변사유로써 채권자에게 대항할 수 있다.[82] 이 점에 관하여 상법 제724조 제2항은 "第三者는 被保險者가 責任을 질 事故로 입은 損害에 대하여 保險金額의 限度내에서 保險者에게 직접 補償을 請求할 수 있다. 그러나, 保險者는 被保險者가

78) 閔亨基, 앞의 民法注解, 622쪽, 椿壽夫, 앞의 注釋民法, 같은 쪽.
79) 郭潤直, 앞의 책, 449; 金基善, 앞의 책, 295쪽; 金容漢, 앞의 책, 479쪽 金疇洙, 앞의 책, 416쪽; 李太載, 앞의 책, 253쪽.
80) 平岡建樹, 앞의 논문, 415쪽.
81) 李太載, 앞의 책, 253쪽.
82) 金顯泰, 앞의 책, 287쪽; 金曾漢, 金學東, 앞의 책, 328쪽; 林正平, 앞의 책, 405쪽; 閔亨基, 앞의 民法注解, 624쪽.중첩적 채무인수를 연대채무관계로 보는 독일에서는 BGB 제417조를 적용하여 인수이전에 있었던 모든 항변권을 행사할 수 있지만 인수이후의 것은 개별적으로 검토하여야 한다고 한다(W. Erman, .a.a.O., Vor§414 Rn 8, S.1015).

그 事故에 관하여 가지는 抗辯으로써 第三者에게 對抗할 수 있다."고 하여 중첩적 채무인수인인 보험자의 항변권을 인정하고 있다.

해제권이나 취소권은 계약당사자로서의 지위에서 갖는 것이므로 인수인은 이를 갖지 못한다. 그러나 원채무자가 해제권이나 취소권을 행사하여 원채무를 소멸시킨 경우 인수인은 이로써 채권자에게 대항할 수 있음은 물론이다. 원채무자가 가진 해제권이나 취소권을 행사하지 아니하는 동안 인수인은 해제요건이나 취소요건을 주장하여 채권자에 대하여 그 이행을 거절할 수 있다고 할 것이다(민법 제435 참조).[83] 이 경우 원채무자가 해제권이나 취소권의 발생사유에 대하여 추인을 함으로써 그 법률관계가 유효하게 되면 인수인은 그러한 항변권을 잃는다고 하여야 한다.

중첩적 채무인수가 이루어진 후 원채무를 발생시킨 법률관계가 취소되었을 때 중첩적 채무인수인이 채무인수계약당시 그 취소원인이 있음을 안 경우 민법 제436조를 유추 적용하여 인수인이 독립채무를 부담한 것으로 볼 것인가가 문제이나, 민법 제436조는 보증채무의 성질에서 나오는 당연한 규정이라기보다는 이러한 경우에도 책임을 지도록 하는 정책적 규정으로 보증채무의 부종성에 반하고 보증인의 의사해석으로서 뿐만 아니라 보증인에 대한 책임귀속으로서도 지나친 규정이라는 비판이 있어 이를 엄격하게 해석하여야 하므로[84] 중첩적 채무인수에는 그 적용이 없다고 하여야 한다.[85]

3. 소결론

가. 중첩적 채무인수는 인적 담보로서 원채무에 대하여 독립성이 있다. 연대채무나 부진정연대채무도 이러한 성질을 가지로 있으므로 이러한 점들만으로는 서로를 구별할 표지가 될 수가 없다. 그러나 중첩적 채무인수의 경우에는 연대채무나 부진정연대채무에는 없는 부종성이 있다. 이와 같이 부종성이 있는 중첩적 채무인수에 부종성이 없는 연대채무나 부진정연대채무에 관한 규정을 유추 적용하거나 그 이론을 적용하는 것은 타당하지 못하다.

---

83) 閔亨基, 앞의 民法注解, 624쪽. 그 타당성에 대하여 의문을 제기하는 견해도 있다(平岡建樹, 앞의 논문, 421쪽 참조).
84) 郭潤直, 앞의 책, 357쪽; 金容漢, 앞의 책, 356쪽; 金曾漢, 앞의 책, 242쪽.
85) 閔亨基, 앞의 民法注解, 平岡建樹, 앞의 논문, 422쪽.

　중첩적 채무인수에는 보증채무와 같이 부종성은 있지만 보충성이 없다. 이는 연대보증채무와 같다, 따라서 중첩적 채무인수가 있을 때에는 연대보증채무에 관한 규정을 유추적용하여야 하고 연대채무에 관한 규정을 유추적용하여야 할 것은 아니다.

　나. 이러한 중첩적 채무인수에 대한 연대보증채무에 관한 규정을 유추적용하여야 한다는 견해에 대하여는, 책임보험의 직접청구권과 관련하여 첫째 보험자를 보유자의 연대보증인으로 보게 되면 연대보증인인 보험자의 변제는 주채무자에 대한 관계에서 타인의 채무를 변제한 것이고, 따라서 주채무자에 대한 구상권이 발생하여야 하는 것인데(민법 제441조, 제444조), 책임보험에 있어서는 보험자와 피보험자 사이에 이와 같은 구상권이 생기지 않으며, 둘째 보험자가 피해자로부터 손해배상채무의 일부를 면제받더라도 가해자가 피해자로부터 손해배상청구를 받아 손해배상금을 지급한 후, 보험자에게 보험금의 지급을 구하면, 보험자는 특별한 사정이 없는 한 이를 거절할 수 없다고 보아야 할 것이므로 이 점에서도 위 견해는 타당하지 않다는 비판이 있다.[86]

　그러나 첫째의 변제한 보험자의 주채무자에 대한 구상권문제는, 구상권이 채무소멸 후의 부담부분의 청산철자이므로 보증계약에 표시된 형식상, 명목상의 지위와 상관없이 보증인과 주채무자 또는 보증인 상호간의 내부적 실질관계에 따라 그 유무와 범위가 결정되고,[87] 대외적으로는 보증인으로 되어 있지만 내부관계에서는 주채무자인 사람은 변제를 하더라도 구상권을 취득할 수 없으며,[88] 반대로 채권자에 대한 관계에서는 주채무자이지만 실질상으로는 보증인에 지나지 않는 사람에 대하여는 다른 보증인이 채무를 이행하였다고 하더라도 그 출재한 금액 전액을 구상할 수는 없고 보증인간의 부담부분의 비율로만 구상할 수 있을 뿐이고,[89] 이와 같은 실질관계가 없을 때에는 원채무자의 부탁이 있는지 여부에 따라 보증인의 구상권에 관한 민법규정으로 처리하여야 할 것인데,[90] 책

---

86) 李績甲, 앞의 논문, 244-245쪽, 각주 33 참조.
87) 朴炳大, 앞의 民法注解, 317쪽.
88) 日最高裁判所, 1966. 1. 28. 판결.
89) 日最高裁判所, 1971. 3. 16. 판결.
90) 보증채무에서 우선 주채무자의 부탁에 의하여 보증인이 된 경우에는 보증인은 주채무자에 대한 관계에서 타인의 사무를 위탁받아 처리하는 일종의 수임인으로서의 지위에서는 것이고, 이 때 보증인이 가지는 구상권은 수임인의 필요비상환청구권(민법 제687조, 제688조)

임보험의 보험자가 변제한 경우 보험자와 피보험자의 내부적 실질관계에서 보험자가 피보험자에게 구상권이 있다고 할 수 없으므로 첫 번째 비판은 타당하지 못하다.

둘째의 피해자가 보험자에 대하여 손해배상채무의 일부를 면제한 뒤 이를 가해자인 피보험자에게 다시 청구하여 이를 피보험자가 지급하고 보험자를 상대로 청구하는 문제는 면제에 한하지 아니하고 중첩적 채무인수인에게 생긴 사유 중 변제·대물변제·공탁, 상계 등 채권자의 만족으로 절대적 효력이 있는 사유가 아닌, 그 밖의 이행지체, 갱개, 혼동, 소멸시효,[91] 이행지체 등 연대채무에서 절대적 효력이 있는 모든 경우에 중첩적 채무인수를 보증채무나 연대보증채무, 부진정연대채무로 보는 모든 경우에 생기는 것이고 면제에 절대적 효력을 인정하는 연대채무라고 보거나 일본 민법과 같이 연대보증채무에도 연대채무에 관한 규정을 준용하는 경우에(일본 민법 제458조) 비로소 해결될 수 있는 문제이다(민법 제416조, 제417조, 제419조 내지 제22조 참조).[92] 그렇다고 하여 부종성이 있는 중첩적채무인수를 연대채무라고 할 수는 없다.

라. 그러므로 판례가 중첩적 채무인수를 연대보증채무가 아닌 연대채무로 본 것은 타당하지 못하다.

에서 연유하는 것이라고 할 수 있고, 이에 반하여 주채무자의 부탁 없이 보증한 보증인은 의무 없이 타인을 위하여 사무를 관리하는 일종의 사무관리자의 지위에 서는 것이고, 그의 구상권은 사무관리자의 비용상환청구권(민법 제739조)과 그 구조를 같이 하는 것으로 부당이득반환청구에 대비할 때, 수탁보증인의 구상권은 선의수익자에 대한 반환청구(민법 제748조 제1항)와 연결될 수 있고, 무수탁보증인의 구상권은 악의수익자에 대한 반환청구(민법 제748조 제2항)와 그 궤를 같이하는 것이라고 할 수 있다(朴炳大, 앞의 民法注解, 第X卷, 316쪽).

91) 예컨대 채권자가 인수인인 보험자에게서 채권만족을 받을 생각으로 보험자에게 이행청구를 하고 소를 제기하여 소송 중에 피보험자에 대한 채무가 시효기간이 지난 경우에 보험자는 이를 항변할 수 있는 불합리한 점이 있다.

92) 이와 관련하여 일본의 판례는 상대적 효력만을 인정하고 있음은 앞에서 본 바와 같다. 중첩적 채무인수를 연대보증채무로 보는 경우에도 피해자에 대한 손해는 실질적으로 위험을 인수한 보험자가 배상 하는 것이고 이러한 실질적인 위험을 인수한 사람과 면제나 일부청구포기를 한 뒤 다시 가해자를 상대로 손해배상을 청구하는 것은 신의칙에 반한다고 할 수 있다. 실무에서 재판상·재판외의 합의의 경우 대부분 가해자를 상대로 다시 청구하지 못하도록 하고 있으므로 피해자의 손해배상채권 일부면제후의 가해자를 상대로 한 재청구문제는 거의 일어나지 아니한다.

Ⅲ. 중첩적 채무인이 한 상계의 원채무자에 대한 효력

1. 학설 및 판례

가. 중첩적 채무인수인이 채권자에 대하여 가진 반대채권으로써 상계하여 자신의 채무를 소멸시킨 경우에 그 채무소멸의 효력은 원채무자에게도 미치는지에 관하여는 구체적으로 논의된 바가 없으나 중첩적 채무인수의 성질을 어떻게 보는지에 따라 달라질 수 있다.

나. 우선 중첩적 채무인수를 보증채무관계라고 하거나 연대보증채무관계라고 한다면 채권자와 보증인 사이에서 생긴 사유는 원칙적으로 주채무자에 대하여 영향을 미치지 않지만 변제·대물변제·공탁·상계 등과 같이 채권을 만족시키는 사유는 절대적 효력이 있으므로[93] 인수인이 채권자에 대하여 가진 반대채권으로써 상계하여 자신의 채무를 소멸시킨 경우에 그 채무소멸의 효력은 원채무자에게도 미친다. 그러나 원채무자는 인수인이 채권자에 대하여 가진 채권으로써 상계하기 전에는 상계권을 대위행사할 수는 없다고 할 것이다.

다. 중첩적 채무인수를 연대채무관계라고 한다면 연대채무에서 연대채무자의 1인 한 상계는 절대적 효력이 있으므로(민법 제418조) 중첩적 채무인수를 보증채무관계로 보는 경우와 마찬가지로 인수인이 상계한 경우 원채무자는 채무소멸의 효력을 항변할 수 있을 뿐만 아니라 더 나아가 상계권의 대위행사도 가능하게 된다. 연구대상판례도 이러한 관점에서 상계의 절대적 효력을 인정하고 있고, 앞의 대법원 1999. 11. 26. 선고 99다34499 판결은 중첩적 채무인수가 명백하게 연대채무라는 점을 밝히고 있지는 않지만 중첩적 채무인수에 대하여 같은 취지에서 상계의 절대적 효력을 인정하고 있다.

라. 부진정연대채무자의 1인이 한 상계의 절대적 효력을 인정할 것인가에 관하여는 견해가 통일되어 있지 아니하고,[94] 판례는 상계에 의한 면책[95]이나 상

---

[93] 郭潤直, 앞의 책, 377쪽.

[94] 이 점의 논의에 관하여는 梁彰洙, 앞의 논문, 144쪽–146쪽 참조.

[95] 대법원 1989. 3. 28. 선고 88다카4994 판결(이에 관한 판례평석 중 판례의 취지에 찬성하는 것으로는 李鴻薰, "不眞正連帶債務者중 1人이 한 相計의 다른 債務者에 대한 效力", 법원

계권의 대위행사96) 모두를 부인하고 있다.

　　마. 한편 다른 나라의 경우를 보면, BGB 제422조는 연대채무자의 1인의 상
계는 다른 채무자에 대하여 효력이 있다고 하여 상계의 절대적 효력을 인정하지
만 연대채무자의 1인이 가진 채권으로써 다른 채권자는 상계할 수 없다고 하여
상계권의 대위행사를 금하고 있다.
　　프랑스의 경우에는 상계적상이 있으면 당사자의 의사표시 없이 자동적으로
상계되어 쌍방의 채권액이 그 대등액에서 소멸하는 당연상계제도(프랑스민법 제
1290조 이하)를 취하고,BGB 제422조에서와 마찬가지로 연대채무자는 다른 연대
채무자의 상계권을 대위행사할 수 없다고 하여(프랑스민법 제1294조 3항) 다른 연
대채무자의 상계권의 대위행사를 금하고 있다. 그러나 연대보증인의 상계에 관
하여는 상대적 효력이 있다는 견해97)도 있지만, 대체로 연대채무자의 1인이 상
계를 원용하는 경우에는 절대적 효력을 인정하고 있다.98)
　　프랑스에서 불완전연대채무는 대체로 주된 효력(effets principaux)인 채권자
에 대한 관계에서는 연대채무와 같고 다만 2차적 효력(effets secondaires)인 내부
적 구상권이 없다는 점99)에 차이가 있을 뿐이고, 따라서 변제 등은 절대적 효력
이 있다고 본다.100) 그러나 판례는 프랑스 민법 제1294조 제3항의 상계권의 대
위행사금지규정에도 불구하고 상계가 원래 당연상계임을 이유로 절대적 효력이

　　도서관편, 대법원판례해설, 제11호, 1989. 223쪽 이하 참조, 반대하는 것으로는 梁彰洙, 앞
　　의 논문, 139쪽 이하; 河良明, "不眞正連帶債務者중 1인이 한 相計의 다른 債務者에 대한
　　效力", 釜山判例研究會편, 判例研究, 1989. 171쪽 이하; 秦成哲, "不眞正連帶債務者中 1人
　　이 한 相計의 다른 債務者에 대한 效力", 대구판례연구회편, 裁判과 判例, 4집, 1989. 100쪽
　　이하 각 참조).
96) 대법원 1994. 5. 27. 선고 93다21521 판결.
97) G. LEGIER, Droit civil, Les obligations, 14ᵉ éd., Dalloz, 1993. p. 153.
98) H. −L., J. MAZEAUD et F. CHABAS, Leçon de droit civil, obligations, Théorie générale,
　　8ᵉ éd., Montchrestien, 1991, n° 1066, p. 1126; F. TERRE, Ph. SIMIER et Y. LEQUETTE,
　　Droit civil, Les obligations, 5ᵉ éd. Dalloz, 1993, n° 1157, p. 872.
99) 연대채무자 상호간의 구상권의 근거를 상호대리(représentation mutuelle)관계에서 찾는 프
　　랑스에서는 불완전연대채무의 경우에 이해공동체관계가 없고 상호대리를 생각할 수 없기
　　때문이라고 한다(Y. BUFFELAN−LANORE, Droit civil, Deuxième année, 6e éd., Armand
　　Colin, 1988, n° 372, p. 182).
100) Y. BUFFELAN−LANORE, loc. cit; H. −L., J. MAZEAUD et F. CHABAS, op. cit., n°
　　1072, p. 1132; F. TERRE, Ph. SIMIER et Y. LEQUETTE, op. cit., n° 1166, p. 880.

있다고 한다.101)

2. 소결론

중첩적 채무인수는 원채무에의 부종성이 있으므로 채권자에 대하여 원채무자와 인수인은 연대보증채무관계에 있다고 보아 이에 관한 규정을 유추적용하여야 하고, 그렇다면 채권자와 보증인 사이의 관계에서 생긴 사유는 원칙적으로 주채무자에 대하여 영향을 미치지 않지만 변제·대물변제·공탁·상계 등과 같이 채권을 만족시키는 사유는 절대적 효력이 있으므로 원채무자가 채무인수인의 채권자에 대한 상계로써 항변할 수 있다고 판단한 대법원의 판결은 결론에 있어서는 타당하지만 그 전제인 중첩적채무인수의 법적 성질이 연대채무관계라고 한 판단은 타당하지 못하다.

IV. 맺음말

중첩적 채무인수에 있어서 채권자에 대한 원채무자와 채무인수인의 관계는 중첩적 채무인수가 인적 담보로서 원채무에 대하여 부종성이 있으므로 이러한 부종성이 없는 연대채무에 관한 규정을 유추적용할 수 없을 뿐만 아니라 마찬가지의 이유로 부진정연대채무에 관한 이론을 적용하는 것도 타당하지 못하다. 중첩적 채무인수의 경우 보충성은 없지만 부종성은 있다. 그러므로 중첩적 채무인수에는 연대보증채무에 관한 규정을 유추적용하여야 한다.

또 연대보증의 경우와 마찬가지로 상계는 절대적 효력이 있으므로 채무인수인이 상계한 경우 원채무자는 채권자에 대하여 이로써 항변할 수 있다.

---

101) Cass, civ., lre, 29 nov. 1966, *Bull. civ.* I, n° 5319(위 판결의 요지는, "연대채무와 불완전 연대채무자가 서로 채무자로 하여금 채권자의 채권을 모두 변제하도록 강제하는 것을 목적으로 하는 것이라면 [프랑스 민법] 제1294조 제3항을 불완전연대채무에 확장될 수 없고 일반규정이 적용되어야 한다."라는 것이다). 그 밖에 Cass. com. 19 juil. 1982. *Bull. civ.* IV, n° 278 참조. 연대채무와 불완전 연대채무의 상계권의 대위행사에 관하여 판례가 이와 같이 서로 달리 보는 점을 비판적인 견해도 있다(Ph. MALAURIE et L. AYNES, *Cours de droit civil, Les obligations*, 9ᵉ éd., Cujas, 1998, n° 1170, p. 710).

그러므로 중첩적 채무인수를 연대채무관계라고 하여 상계의 절대적 효력을 인정한 대법원의 판결은 이 상계부분에 대한 결론에 있어서는 타당하지만 그 전제인 중첩적채무인수의 법적 성질이 연대채무관계라고 한 판단이 타당하지 못하다. 부종성이 있는 중첩적 채무인수를 연대채무라고 할 수는 없는 것이다.

[법조, 제56권 제1호(2007.1), 법조협회, 2007, 246-289쪽에 실림]

[후 기]

1. 이 대상 이후에 대법원은, "중첩적 채무인수에서 인수인이 채무자의 부탁 없이 채권자와의 계약으로 채무를 인수하는 것은 매우 드문 일이므로 채무자와 인수인은 원칙적으로 주관적 공동관계가 있는 연대채무관계에 있고, 인수인이 채무자의 부탁을 받지 아니하여 주관적 공동관계가 없는 경우에는 부진정연대관계에 있는 것으로 보아야 한다."(대법원 2009. 8. 20. 선고 2009다32409 판결; 대법원 2010. 10. 28. 선고 2010다53754 판결; 대법원 2014. 8. 20. 선고 2012다97420 판결; 대법원 2014. 8. 26. 선고 2013다49428 판결 대법원 2014. 8. 26. 선고 2013다49404 판결 등)고 하고, 같은 취지로 "상법 제724조 제2항에 의하여 피해자에게 인정되는 직접청구권의 법적 성질은 보험자가 피보험자의 피해자에 대한 손해배상채무를 중첩적으로 인수한 결과 피해자가 보험자에 대하여 가지게 된 손해배상청구권이고, 중첩적 채무인수에서 인수인이 채무자의 부탁으로 인수한 경우 채무자와 인수인은 주관적 공동관계가 있는 연대채무관계에 있는바, 보험자의 채무인수는 피보험자의 부탁(보험계약이나 공제계약)에 따라 이루어지는 것이므로 보험자의 손해배상채무와 피보험자의 손해배상채무는 연대채무관계에 있다."(대법원 2010. 10. 28. 선고 2010다53754 판결; 대법원 2018. 10. 25. 선고 2018다234177 판결)고 한다.

2. 일본에서는 개정된 일본민법 제3편 채권 제1장 총칙 제5절 채무의 인수 중 제1관 병존적채무인수(제470조, 제471조), 제2관 면책적채무인수(제472조의 1 내지 4)를 새로 규정하고, 병존적채무인의 요건 및 효과에 관하여 그 제470조는 "병존적채무인수의 인수인은, 채권자와 연대하여, 채무자가 채권자에 대하여 부담하는 채무와 동일한 내용의 채무를 부담한다."고 하고 있다.

참고문헌

I. 국내문헌

高翔龍, 民法總則, 法文社, 1990.

곽윤직·김재형, 민법총칙, 박영사, 2015.

郭潤直, 物權法, 博英社, 1987.

_____, 債權總論, 博英社, 2007.

_____, 債權各論, 博英社, 2007.

_____편, 「相續法」, 博英社, 1997.

_____편, 民法注解, [X], 債權(3), 博英社, 1996.

_____편, 民法注解, [IV], 物權, (1), 博英社, 1996.

김민중 외 7인, 「로스쿨가족법」, 청림출판, 2007.

金基善, 韓國債權法總論, 法文社, 1987.

金大貞, 債權總論, 피데스, 2007.

김상용, 채권총론, 화산미디어, 2014.

金錫宇, 債權總論, 博英社, 1977.

金容漢, 債權法總論, 博英社, 1988.

金疇洙, 債權總論, 三英社, 1996.

_____, 註釋民法, 相續 (2), 韓國司法行政學會, 2002.

金疇洙·金相瑢, 親族·相續法, 法文社, 2008.

金俊鎬, 民法講義, 法文社, 20005.

金顯泰, 新債權法總論, 一潮閣, 1973.

金亨培, 債權總論, 博英社, 1998.

金亨培, 金奎完 李明淑, 民法學講義, 新潮社, 2010.

金曾漢·金學東, 債權總論, 博英社, 1998.金亨培, 債權總論, 博英社, 1998.

朴運吉, 親族相續法講義, 朝鮮大學校出版部法, 2008.

徐 敏, 債權讓渡에 관한 硏究, 經文社, 1985.

송덕수, 채권총론, 박영사, 2013.

梁彰洙, 民法硏究, 第1卷, 博英社, 1991.

尹喆洪, 債權總論, 法元社, 2012.

李庚熙, 「遺留分制度」, 三知院, 1995.

李時潤, 新民事訴訟法, 博英社, 2011.

李英俊, 民法總則, 博英社, 1987.

李銀榮, 債權總論, 博英社, 2009.

李銀榮, 債權各論, 博英社, 2005.

李太載, 債權總論, 進明文化社, 1985.

林正平, 債權總論, 法志社, 1989.
한복룡, 「家族法講義」, 충남대학교출판부, 2007.
玄勝鍾, 曺圭昌, 로마法, 博英社, 1996.

朴駿緒편, 註釋民法, 債權總則, (2), 韓國司法行政學會, 2000.
金龍潭편, 註釋民法, 債權總則, (3), 韓國司法行政學會, 2014.
民議院法制司法委員會民法案審議小委員會, 民法案審議錄, 上卷, 1957.
사법연수원편, 프랑스법, II, 2004.

具南秀, "無顯名 代理에 의한 債權讓渡通知의 效力", 「判例研究」, 제16집, 부산판례연구회, 2005.
權龍雨, "根抵當權의 被擔保債權額의 確定과 無效登記의 流用", 判例月報, 第239號, 判例月報社, 1990.
권 철, "지명채권양도의 대항요건에 관한 일본민법 규정의 연혁 小考", 民事法學, 第64號, 韓國民事法學會(2013. 9), 2013.
金紋寬, "채권양도금지 특약으로 대항할 수 있는 제3자 및 확정일자 있는 증서의 의미", 대법원 판례해설, 제83호(2010 상반기), 법원도서관, 2010.
金能煥, "遺留分返還請求", 裁判資料, 第78輯 相續法의 諸問題, 法院圖書館, 1998.
김병선, "債權讓渡의 對抗要件과 消滅時效의 中斷", 저스티스, 104號(2008/06), 韓國法學院, 2008.
金先錫, "指名債權讓渡의 證明責任", 司法論集, 第23輯, 法院行政處, 1992.
金容喆, "旣判力의 範圍와 失權效", 法學論集; 翠峰金容喆先生古稀紀念 翠峰金容喆先生古稀紀念論文集刊行委員會, 1993.
金載亨, "根抵當權附債權의 流動化에 관한 法的 問題-住宅抵當債權流動化會社法을 中心으로 -"「法曹」, 제51권 제7호 (통권 550호), 法曹協會, 2002.
金正晩, "지명채권양도의 요건사실 및 입증책임", 淸研論叢, 孫基植 司法研修院長退任紀念, 사법연수원, 2009.
김종덕, "채권양도와 재산범죄의 성립", 法學研究, 26輯(2007.05), 韓國法學會 2007
南孝淳, "對抗要件을 갖추지 못한 동안 債權讓渡의 債務者에 대한 효력: 讓受人의 裁判上請求를 中心으로", 民事判例研究, 31卷 (2009.02), 韓國民事判例研究會, 博英社, 2009.
文興洙, "債權의 讓渡性과 押留可能한 債權의 範圍-특히 讓渡禁止特約의 效力과 관련하여-", 人權과 正義, 제284호, 대한변호사협회, 2000.
朴慶亮, "指名債權의 二重讓渡와 對抗要件 -日本의 判例와 學說을 中心으로-", 民事法學; 韓國民事法學會 創立30周年 및 晴軒金曾漢敎授停年記念, 제6호, 한국사법행정학회, 1986.
朴孝寬, "債權 讓渡禁止 特約과 善意의 讓受人", 判例研究, 제8집(1998년), 부산판례연구회, 1998.
朴鏞秀, "確定日字있는 指名債權 讓渡通知의 同時到達과 辨濟請求", 判例研究, V, 釜山判例研究會, 1995.
박운길, "遺留分制度에 관한 小考", 法學研究, 第30輯, 韓國法學會, 2008.
邊東烈, "遺留分 制度", 民事判例研究, 第25卷, 博英社, 2003.
邊在承, "自動車保險會社로부터 支給받은 治療費 중 被害者의 過失에 相當한 部分의 控除 또는 相計", 民事裁判의 諸問題; 李在性大法官華甲紀念, 第5卷, 民事實務研究會편, 韓國司法行政學會, 1989.

徐　敏, "債權讓渡에 관한 小考", (上), 法曹, 제31권 제11호(1982.11), 法曹協會, 1982.

_____, "讓渡禁止特約 있는 債權의 讓渡에 대한 事後承諾의 效力", 民事判例研究, XXIII, 民事判例研究會편, 博英社, 2001.

_____, "債權賣渡人의 擔保責任", 法學研究 제11권 제1호, 충남대학교 법학연구소(2000).

梁彰洙, "不眞正連帶債務者 중 1人이 한 相計의 다른 債務者에 대한 效力", 民法研究, (2), 博英社, 1991.

오병철, "유류분 부족액의 구체적 산정방법에 관한 연구", 家族法研究, 第20卷 第2號, 韓國家族法學會, 2006.

吳世彬, "無效登記의 流用에 관한 合意의 效力", 대법원판례해설, 제12호(1990년), 법원도서관, 1990.

吳泳俊, "이의를 보류하지 않는 채권양도에 대한 승낙의 법적 성질과 효과 등", 대법원판례해설, 제95호, 법원도서관(2013).

尹容德, "無效에서의 對抗不能에 대한 考察 - 相對的 無效를 중심으로-", 比較私法, 第9卷 第4號(通卷 第19號)(2002.12), 韓國比較私法學會, 2002.

尹眞秀, "遺留分 侵害額의 算定方法", 法學, 第48卷 第3號, 서울대학교 법학연구소 2007.

_____, "自動車損害賠償保障法; 제3조의 損害賠償債權과 債務가 同一人에게 歸屬되는 경우, 混同에 의한 直接請求權의 消滅與否, 判例月報, 302號, 1995.

尹喆洪, "채권양도의 금지특약에 관한 소고", 法曹, 通卷 第651號 (2010. 12.), 法曹協會, 2010.

_____, "채권양도의 승낙과 통지의 효력(제451조)에 대한 개정론", 東亞法學, 第52號(2011.8), 동아대학교 출판부, 2011.

_____, "채권양도의 '통지권자'에 관한 개정론" 「法曹」, 通卷664號(2012. 1.), 法曹協會, 2012.

李鍵浩, "債權讓渡禁止特約의 效力", 司法行政, 第27卷 第10號, 韓國司法行政學會, 1986.

李美賢, "資産流動化에관한法律에 대한 考察" 「人權과正義」 제275호(1999. 7.), 大韓辯護士協會, 1999.

李鳳敏, "프랑스法上 遺留分 制度-2006年 6月 23日 改正 프랑스 民法을 中心으로-", 서울대학교 석사학위논문, 2009.

李尙伷, "채권의 양수인이 채권양도의 대항요건을 갖추지 못한 상태에서 채무자를 상대로 재판상의 청구를 한 경우, 소멸시효 중단사유인 재판상의 청구에 해당하는지 여부(적극)", 대법원판례해설, 제57호(2005년 하반기)(2006.07), 법원도서관, 2006, 271쪽.

李相旭, "債權讓渡 禁止 特約의 제3자에 대한 效力", 영남대 영남법학: 月汀 曹定鎬 敎授 停年退任紀念特輯號, 제4권 제1·2호(통권 제7·8호), 영남대학교 법학연구소, 1998.

이성룡, "채권의 귀속이 민법 제451조 제1항 전단의 양도인에게 대항할 수 있는 사유에 해당하는지의 여부", 대법원판례해설, 21호(1994.11), 법원도서관, 1994.

李縯甲, "責任保險에 있어서 直接請求權과 相計의 效力, 民事判例研究, 民事判例研究會編, XXIV, 2002.

李愚宰, "가. 근저당권의 피담보채권과 함께 근저당권을 양수하였으나 채권양도의 대항요건을 갖추지 못한 양수인의 저당권실행의 가부(적극) 및 배당 여부(적극), 나. 선순위의 근저당권부채권을 양수한 채권자가 채권양도의 대항요건을 갖추지 아니한 경우 후순위의 근저당권자가 채권양도로 대항할 수 없는 제3자에 포함되는지 여부(소극)", 대법원판례해설, 통권 제54호(2005년 상반기) (2006.01), 법원도서관, 2006.

李銀榮, "債權讓渡에 관한 最近判例動向", 考試界, 제45권제11호(통권525호), 2000.

_____, "遺留分의 개정에 관한 연구", 家族法研究 第18卷 第1號, 韓國家族法學會, 2004.

李鎭萬, "遺留分의 算定", 民事判例研究, XIX, 博英社, 1997.

李在性, "債權讓渡禁止의 特約과 轉付命令의 效力", 民事裁判의 理論과 實際, 第3卷, 法曹出版社, 1978.

李義榮, "遺留分算定方法", 대법원판례해설, 통권 제24호, 법원도서관, 1996.

전원열, "채권양도에 대한 이의보류 없는 승낙에 있어서 대항사유의 단절", 財産法研究, 제33권 제3호, 법문사, (2016.11).

鄭求兌, "遺留分 侵害額의 算定方案에 관한 小考: 相續에 의해 取得한 積極財産額의 算定方法을 중심으로", 高麗法學, 제51호, 고려대학교 법학연구원, 2008.

鄭泰綸, "共同不法行爲者의 責任과 求償關係, 判例實務研究, III, 比較法實務研究會編, 博英社, 1999.

趙誠民, "指名債權讓渡와 異議없는 承諾", 勞動法과 社會正義; 政波裵柄于博士 華甲記念, 정파배병우박사 화갑기념논문집 편찬위원회편, 1994.

朱基東, "指名債權讓渡 通知의 要件과 效力", 民事裁判의 諸問題, 第7卷, 韓國司法行政學會(1993).

秦鴻琪, "債權讓渡에 대한 異議를 保留하지 않은 承諾과 諸抗辯의 承繼・切斷效", 比較私法, 第18卷 第1號(通卷52號)(2011.3.), 韓國比較私法學會, 2011.

秦鴻琪, "債權讓渡에 대한 異議를 保留하지 않은 承諾과 諸抗辯의 承繼・切斷效", 比較私法 第18卷 第1號 / 通卷52號), 韓國比較私法學會(2011. 3).

崔秀貞, "지명채권의 양도금지특약 재고", 民事法學 第38號(2007.9), 韓國司法行政學會, 2007.

_____, "지명채권양도에서의 대항요건주의: 그 내재적 한계와 극복을 위한 과정", 民事法學, 第52號, 韓國民事法學會(2010. 12), 2010.

최준규, "독일의 유류분 제도", 家族法研究, 第22卷 第1號, 韓國家族法學會, 2008.

II. 외국문헌

加藤雅新, 債權總論, 有斐閣, 2005.

岡松參太郎, 註釋民法立法理由(下卷), 債權編, 富井政章校閱, 有斐閣書房, 1899, 復刻版, 信山社, 1991.

廣中俊雄編, 民法修正案(前3編)の理由書, 有斐閣, 1987.

廣中俊雄, 星野英一編, 民法典の百年, III, 個別的觀察, 2, 債權編, 有斐閣, 1998.

高木多喜男, 遺留分制度の研究, 成文堂, 1987.

磯村哲편, 註釋民法, (12), 有斐閣, 1980.西村信雄編, 注釋民法, (11), 債權, (2), 1980.

埼玉辯護士會 編, 遺留分の法律と實務, ぎようせい, 2007.

淡路剛久, 債權總論, 有斐閣, 2002.

梅謙次郎, 民法要義, 卷之三, 債權編, 1911復刻板, 有斐閣, 1985.

米倉明, 債權讓渡－禁止特約の第三者效, 學陽書房, 1976.

山中康雄, 債權總論, 巖松堂, 1953.

西村信雄편, 註釋民法, (11), 有斐閣, 1965.

石田喜久夫・西村峯裕, 叢書民法總合判例研究, 第1卷, 25, 債權讓渡と異意を留めない承諾の效力, 一粒社, 1981.

星野英一, 民法概論, III, 債權總論, 良書普及會, 1988.

星野英一編, 民法講座, 4, 債權總論, 有斐閣, 1985.

我妻榮, 債權總論, 岩波書店, 1985.

於保不二雄, 債權總論, 有斐閣, 1989.

鈴木祿彌, 債權法講義, 東京, 創文社, 1995.

奧田昌道, 債權總論, 悠悠社, 1993.

林良平 外 二人, 債權總論, 靑林書院, 1996.

田山輝明, 債權總論, 成文堂, 2011.

前田達明편, 史料民法典, 成文堂, 2004.

潮見佳男, 債權總論, 信山社, 2004.

中川善之助新, 加藤英一 編, 新版注釋民法 28, 相續 3, 遺言·遺留分, 有斐閣., 1988.

池田眞郎, 債權讓渡の研究, 弘文堂, 1997.

川井 健外4人編, 民法コメンタール, (10), 債權總則, 2, § 427-520, ぎょうせい, 1991.

新版注釋民法, (3), 總則, (3), 川島武宜, 平井宜雄編, 有斐閣, 2003.

村上博已, 證明責任の研究, 有斐閣, 1982.

平井宜雄, 債權總論, 東京, 弘文堂, 1994.

倉澤康一郎, 保險契約法の現代的課題, 東京, 成文堂, 1978.

司法研修所編, フランスにおいて民事訴訟の運營, 法曹會, 1993.

判例體系, 民法, 債權總論, (II), §§427-473, 11(I)-2, 第一法規.

加賀山 茂, "抵當權と異議を留保めない承諾の效力", 民法判例百選, II, 債權, 別册 ジュリスト, No. 176(2005. 4), 星野英一, 平井宜雄, 能見善久編, 有斐閣, 2005.

鎌田薫, "いわゆる「相對的無效」について, (上), 法律時報, 67卷4號(通卷825號)(1995.4), 日本評論社, 1995.

米倉明, 債權讓渡-禁止特約の第三者效, 學陽書房, 1976.

寺田正春, 民法判例百選, II, 債權, 第五版, 別册ジュリスト, No. 160(2001/10), 有斐閣, 2001.

西村峯裕, "債權讓渡における異議を留保めない承諾の效力" 民法判例百選, II, 債權, 別册 ジュリスト, No. 176, 有斐閣(2005. 4).

小池信行, "債務引受に關する判例の整理", 擔保法大系, 第5券, 加藤一郎, 林良平編, 金融財政研究會, 1984.

新山一範, "保有者に對する權利と保險者に對する權利", 損害保險判例百選, 第2판, ジュリスト, 別册, 138호, 1996.

安達三季生, "異議を留保めない債權讓渡の承諾と消滅した抵當權の復活", ジュリスト增刊, 擔保法の判例, I, 後藤安使編, 有斐閣, 1994.

_____, "債權讓渡の對抗要件", ジュリスト, 民法の判例, 基本判例解說シリーズ, 4, 山本阿母里編, 有斐閣, 1967.

_____, "指名債權の二重讓渡と優劣の基準", ジュリスト, 增刊, 民法の判例, 基本判例解說シリーズ, 4, 加藤一郎, 平井宜雄編, 有斐閣, 1979.

野澤正充, 民法判例百選, II, 債權, 第五版, 別册ジュリスト, No. 176(2005/4), 有斐閣, 2005.

滝沢昌彦, "債權讓渡通知と詐害行爲取消權", 別册ジュリスト, 民法判例百選, II, 債權, 星野英一 外2人編, 有斐閣, 2005.

佐久間毅, "讓渡禁止特約付指名債權の讓渡後にされた債務者の讓渡承諾と承諾前の第3者", 平成9年度重要判例解說, ジュリスト, 臨時增刊6月10日號, No. 1135, 有斐閣, 1997.

池田眞郎, "同順位の債權讓受人間における供託金還付請求權の歸屬", 民法判例百選, II, 別冊ジュリスト, N. 176(2005/4), 星野英一 外 2人編, 有斐閣, 2005.

_____, "債權讓渡の對抗要件の構造", 民法判例百選, II, 債權, 第五版, 別冊ジュリスト, No. 176(2005/4), 有斐閣, 2005,

平野裕之, "差押ぇ·債權讓渡と相殺", 民法判例百選, II, 債權, 別冊 ジュリスト, No. 160(1991.10.), 星野英一, 平井宜雄, 能見善久編, 有斐閣, 1991,

佛語公定譯日本帝國民法典並立法理由書 第1卷, 條文, 1891(Code Civil de l'Empire du Japon Accompagné d'une Exposé de Motifs, t. premier, Texte, Traduction officielle, Tokio, 1891), 復刻版, 信山社, 1993.

佛語公定譯日本帝國民法典並立法理由書 第2卷, 財産編·理由書, 1891(Code Civil de l'Empire du Japon Accompagné d'une Exposé de Motifs, t. second, Exposé des motifs du livre des biens, Traduction officielle, Tokio, 1891), 復刻版, 信山社, 1993.

AYNES L., *La cession de contrat et les opérations juridiques à trois personnes*, Préface Ph. MALAURIE, Economica, 1984.

BENABENT A., *Droit des obligations*, 16e éd., LGDJ, 2017.

Basler Kommentar zum Schweizerischen Privatrecht, Obligationenrecht, I, Art. 1−270, hrsg. von H. Honsell/N. P. Vogt/W. Wiegant, Basel · Genf · München, Helbing & Lichtenhahn, 2003.

BOISSONADE G., *Projet de Code civil pour l'empire du Japon*, t. 2, 2e éd., Tokyo, Kokoubounsha, 1883.

BUFFELAN−LANORE Y. et LARRIBAU−TERNEYRE V., Droit civil, Les obligations, 15e éd., Sirey, 2017.

Erman W, Bürgerliches Gesetzbuch, 10. auf., B.1, Münster, Achendorf−Rechtsverl, Köln o.schmidt, 2000.

FABRE−MAGNAN M., Droit des obligations, 4e éd., puf. 2016.

Fikentscher W. und Heinemann A., Schuldrecht, 10, Auf., Berlin, De Gruyter Rechtwissenschaften Verlag−GmbH, 2006.

GHESTIN J., Traité de droit civil, Les effets du contrat, 2e éd., avec concours de C. JAMIN et M. BILLIAU, Paris, L.G.D.J. 1994.

JAMIN Ch., La notion d'action directe, préface de J. GHESTIN, Paris, L.G.D.J. 1991.

Juris−Classeur, Art. 1294 à 1299, Fasc. 112 à 117, Editions du Juris−Classeur, 1995.

Juris−Classeur, Art. 1689 à 1695, 1996, Edition du Juris−Classeur, Fasc. 236, 1996.

Juris−Classeur, Art. 1602 à 1708, 16−1−(1), Art. 1689 à 1695, Editions du Juris−Classeur, 1988

Juris−Classeur, Art. 912 à 916, Fasc. A, Editions du Juris−Classeur, 1993.

Juris−Classeur, Art. 917 à 919, Fasc. 20, Editions du Juris−Classeur, 1995.

Juris−Classeur, Art. 920 à 930, Paris, Editions du Juris−Classeur, 1994.

K. Larenz, Lehrbuch des Schuldrechts, Band 1, Allgemeiner Teil, München, 13. Auf., 1982.

K. Larenz und M. Wolf, Allgemeiner Teil des Bürgerlichen Rechts, 9. Auf., München, C. H. Beck, 2004.

LEGIER G., Droit civil, Les obligations, 14e éd., Dalloz, 1993.

Lexis Nexis, Art. 1689 à 1695, Fasc. 20, Editions du Juris—Classeur, 2007.

MALAURIE Ph. et AYNES L., *Cours de droit civil*, t. VI, Les obligations, 4e éd., Paris, Ed. Cujas, 1993.

MALAURIE Ph., AYNES L. et STOFFEL—MUNCK Ph., Droit des obligations, 9e éd., Ed. Cujas, 2017.

MAZEAUD H.—L. J. et CHABAS F., *Leçons de droit civil*, t. II, 1er vol. Obligations, Théorie générale, 8e éd., Paris, Montchrestien, 1993.

Medicus D., Schuldrecht, I, Allgemeiner Teil, 8. Auf., München, C. H. Beck, 1995.

Münchener/Roth, Schuldrecht, Algemeiner Teil, München, C. H. Beck, 2005.

Münchener/Roth, Band 2, Schuldrecht, Allgemeiner Teil, §§ 241—432, 5 Aufl., 2007.

Münchener/Habersack, Band 5, Schuldrecht, Besonderer Teil, III, §§ 705—853, 5 Aufl., 2009.

STARCK B.. ROLAND H. et BOYER L. Obligations, 3. Régime général, 4e éd., Litec, 1992.

Staudinger/Jan Bouche, Buch 2, §§ 397—432, Berlin, Sellier—de Gruyter, 2005.

TERRE F. et SIMLER Ph., *Les obligations*, 4e éd., Dalloz, 1986.

TERRE F., SIMLER Ph. et LEQUETTE Y., *Les obligations*, 5e éd., Dalloz, 1993.

찾아보기

[저자 약력]
전남 영광종합고등학교 졸업
서울 연세대학교 졸업(법학사)
전남대학교 대학원 졸업(법학석사)
파리1대학교(Université de Paris 1, Panthéon-Sorbonne) 졸업(법학박사)
제24회 사법시험합격
사법연수원수료(14기)
조선대학교 법과대학 부교수
현 변호사

[저서]
손해배상의 이론과 실무(도서출판 바로, 2007)
민법연구 제1권 채권자대위권(박영사, 2016)

[연구 논문]
특정물인도채무자의 선관의무와 과실에 있어서의 주의의무
채권자취소권의 대상으로서의 소송상화해
하수급인의 직접청구권의 우선권성
동의 있는 전차인의 이행보조자성과 임차인의 책임제한문제
한정승인항변의 기판력과 집행에 관한 이의 등 50여 편

민법연구 제 2 권 채권양도와 채무인수

초판발행   2020년 1월 10일

지은이   오수원
펴낸이   안종만 · 안상준

편 집   한두희
기획/마케팅   이영조
표지디자인   박현정
제 작   우인도 · 고철민

펴낸곳   (주) **박영사**
             서울특별시 종로구 새문안로3길 36, 1601
             등록 1959. 3. 11. 제300-1959-1호(倫)
전 화   02)733-6771
f a x   02)736-4818
e-mail   pys@pybook.co.kr
homepage   www.pybook.co.kr
ISBN   979-11-303-3511-7   93360

정 가   29,000원